（第3版）

中国皇后全传

封建王朝的历史长卷　中国皇后的隐秘岁月

李瀚之◎编著

当代世界出版社

图书在版编目（CIP）数据

中国皇后全传 / 李瀚之编著. —3 版. —北京：当代世界出版社，2019.1

ISBN 978-7-5090-1404-2

Ⅰ.①中… Ⅱ.①李… Ⅲ.①皇后-列传-中国 Ⅳ.①K827=2

中国版本图书馆 CIP 数据核字（2018）第 149744 号

编　　著：	李瀚之
出版发行：	当代世界出版社
地　　址：	北京市复兴路 4 号（100860）
网　　址：	http：//www.worldpress.org.cn
编务电话：	（010）83907528
发行电话：	（010）83908409
	（010）83908377
	（010）83908423（邮购）
	（010）83908410（传真）
经　　销：	全国新华书店
印　　刷：	北京毅峰迅捷印刷有限公司
开　　本：	710 毫米×1000 毫米　1/16
印　　张：	34
字　　数：	660 千字
版　　次：	2019 年 1 月第 3 版
印　　次：	2019 年 1 月第 1 次
书　　号：	ISBN 978-7-5090-1404-2
定　　价：	56.00 元

如发现印装质量问题，请与承印厂联系调换。
版权所有，翻印必究，未经许可，不得转载！

前言

皇帝身边的女人,安享着荣华富贵,接受众人的膜拜,又可以光宗耀祖,护佑自己的家族,因此是古代女性羡慕的对象。可是,后宫这个地方,也是一个战场,这里虽没有刀光剑影,却经常掀起血雨腥风。

从中国历史上看,宫廷斗争一直是残酷的。龙椅只有一把,有实力的男人都想争夺;同样,后冠也只有一顶,宫中的女人哪个不向往?更何况,对她们来说,男人只有一个——皇帝,要想让自己的生命之花绽放,就要想方设法接近他。她们个个都是世间的美人,谁甘愿青灯独守,寂寞地老去?

后宫的女人都是一群可怜的人,她们没有完整的爱情,没有健康的家庭,更谈不上自己的事业。她们进宫,不是入了龙门,而是跳入了火坑。在古代社会,女人几乎没有选择自己婚姻的自由,很多女性是经过选秀入宫的,家人还渴望通过她改变家族的命运呢;还有的婚姻完全是政治交易,这个女人的背后是一个强大的利益集团,她像个木偶一样被扯来扯去。这些女人生活在后宫的夹缝之中,成为宫廷斗争的牺牲品。

历史是男人写的,所以女人往往处于不利的地位。忧郁的褒姒一笑背负上千古的骂名,美丽的杨玉环成了安史之乱的替罪羊,天真的冯小怜不得不被贴上亡国祸水的标签。吕后、武则天都是不认命的女人,但在旧史家的笔下,她们是"牝鸡司晨"。今天,我们不妨以同情和理解的眼光看她们。

当人身处绝境时,应该允许她抗争,这才符合人性。我们看到,历史上有很多女性,在腥风血雨中展现着智慧,在千钧重压下依旧顽强,在冰天雪地中热烈地吟唱。比如王昭君远嫁塞外,在那里扎根,生儿育女,拉近了匈奴与中原的距离,她是文明传播的使者。北魏的胡充华,她的儿子被立为太子,根据鲜卑族"立子杀母"的旧俗,她应该被处死,但她置之死地而后生,并战胜了对手，主政北魏十余年，我们不能不为她喝彩。西晋的羊献容，嫁了个白痴老公——惠帝司马衷，后来西晋被匈奴人刘曜所灭，她再嫁刘曜。没想到她活得十分精彩，不仅得到了刘曜的宠爱，还可以发挥自己的才情和能力，偶尔给皇帝提些建议。有一次刘曜问她："我与你的前夫司马衷相比如何？"羊献容回答道："他怎么能和你相提并论呢！你是开国之主，他却是亡国之君。以前我生长在深闺，了解的男人只有司马衷一人，还以为世上的男人都像他那样。如今嫁给了你，才知道世上真有大丈夫。"遭逢乱世的羊皇后饱尝了苦难，学会了如何适应生活，懂得了什么是真正的幸福，她的话不完全是吹捧。

还有些皇后，跟着丈夫颠沛流离，过着担惊受怕的日子，着实不容易。比如东汉末年的伏皇后，嫁了个老公汉献帝，一会被董卓挟持，一会又被曹操软禁，在位二十多年，从未体验过皇后的威仪。朱元璋的马皇后，看着自己的丈夫阴狠好杀，劝也没有用，只好天天吃斋念佛，为老公赎罪。这也让我们思考一个问题：女人除了夫唱妇随之外，还能做点什么？在生活中，女人能不能协助丈夫校正航向，避开礁石？一个男人犯下了罪孽，他身后的女人有没有责任呢？

本书汇集了历代皇后的传记，上起先秦，下至清末，共四百多人。举凡后妃的相夫教子、母仪天下、花容月貌、嗜好秉性、争宠倾轧、主政弄权，都有所涉猎，构成了一幅异彩纷呈的后宫生活的历史画卷。在尊重历史的前提下，我们加强了对人物的描述，尽量恢复她们有血有肉、栩栩如生的形象。

这里有丰富的人生故事，深刻的人生经验，值得读者细细品味。一切古代史都是现代史，不是吗？

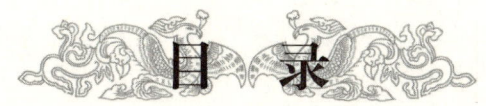

先秦

亡国自焚——殷纣王妃妲己 ··· 1
一笑倾国——周幽王皇后褒姒 ··· 4
桃花夫人——楚文王妾息妫 ··· 8
祸晋红颜——东周晋献公妃骊姬 ·· 11
天下第一美女——吴王夫差妃西施 ·· 16
始皇之母——秦庄襄王皇后赵姬 ·· 21

汉

刚毅狠毒——西汉高祖刘邦皇后吕雉 ·· 27
包办婚姻——西汉惠帝刘盈皇后张嫣 ·· 32
苦尽甘来——西汉文帝刘恒皇后窦氏 ·· 33
她本是有夫之妇——西汉景帝刘启皇后王姞 ·································· 36
金屋藏娇——西汉武帝刘彻皇后陈阿娇 ······································ 37
传奇皇后——西汉武帝刘彻皇后卫子夫 ······································ 39
病容拒见皇夫——西汉武帝刘彻皇后李夫人 ·································· 41
身不由己——西汉昭帝刘弗陵皇后上官氏 ···································· 43
当了皇后命不保——西汉宣帝刘询皇后许平君 ································ 44
为了家族的意志——西汉宣帝刘询皇后霍成君 ································ 46
民族团结的使者——匈奴呼韩邪单于阏氏王昭君 ······························ 47
历汉四世的寿星——西汉元帝刘奭皇后王政君 ································ 48
魂断皇宫深渊——西汉成帝刘骜皇后许氏 ···································· 54

楚腰纤细掌中轻——西汉成帝刘骜皇后赵飞燕 ⋯⋯⋯⋯⋯⋯⋯⋯ 56
知书守礼的女人——西汉成帝刘骜婕妤班氏 ⋯⋯⋯⋯⋯⋯⋯⋯ 59
奸雄王莽之女——西汉平帝刘衍皇后王氏 ⋯⋯⋯⋯⋯⋯⋯⋯⋯ 61
跟着丈夫担惊受怕——西汉新帝王莽皇后王氏 ⋯⋯⋯⋯⋯⋯⋯ 62
色衰爱弛——东汉光武帝刘秀皇后郭圣通 ⋯⋯⋯⋯⋯⋯⋯⋯⋯ 64
人人仰慕——东汉光武帝刘秀皇后阴丽华 ⋯⋯⋯⋯⋯⋯⋯⋯⋯ 65
与世无争保平安——东汉明帝刘庄皇后马氏 ⋯⋯⋯⋯⋯⋯⋯⋯ 69
以复兴家族为己任——东汉章帝刘炟皇后窦氏 ⋯⋯⋯⋯⋯⋯⋯ 71
为争宠害己祸家——东汉和帝刘肇皇后阴氏 ⋯⋯⋯⋯⋯⋯⋯⋯ 73
大权独揽——东汉和帝刘肇皇后邓绥 ⋯⋯⋯⋯⋯⋯⋯⋯⋯⋯⋯ 74
皇亲国戚——东汉安帝刘祜皇后阎姬 ⋯⋯⋯⋯⋯⋯⋯⋯⋯⋯⋯ 81
祸起兄长——东汉顺帝刘保皇后梁妠 ⋯⋯⋯⋯⋯⋯⋯⋯⋯⋯⋯ 82
与夫君俱是傀儡——东汉灵帝刘宏皇后何氏 ⋯⋯⋯⋯⋯⋯⋯⋯ 84
人质般的皇族——东汉献帝刘协皇后伏寿 ⋯⋯⋯⋯⋯⋯⋯⋯⋯ 85

三国

母仪天下的歌姬——魏王曹操王后卞氏 ⋯⋯⋯⋯⋯⋯⋯⋯⋯⋯ 87
无言悲诗遭杀身——魏文帝曹丕皇后甄洛 ⋯⋯⋯⋯⋯⋯⋯⋯⋯ 87
害人害己无善终——魏文帝曹丕皇后郭氏 ⋯⋯⋯⋯⋯⋯⋯⋯⋯ 90
争风吃醋杀身祸——魏明帝曹叡皇后毛氏 ⋯⋯⋯⋯⋯⋯⋯⋯⋯ 91
寡妇立后——蜀汉昭烈帝刘备皇后吴氏 ⋯⋯⋯⋯⋯⋯⋯⋯⋯⋯ 92
姐亡妹继——蜀汉后主刘禅皇后大小张氏 ⋯⋯⋯⋯⋯⋯⋯⋯⋯ 93
祸起外戚——吴会稽王孙亮皇后全氏 ⋯⋯⋯⋯⋯⋯⋯⋯⋯⋯⋯ 94

晋

固执己见犯大错——西晋武帝司马炎皇后杨艳 ⋯⋯⋯⋯⋯⋯⋯ 95
因福得祸——西晋武帝司马炎皇后杨芷 ⋯⋯⋯⋯⋯⋯⋯⋯⋯⋯ 96
一代毒后——西晋惠帝司马衷皇后贾南风 ⋯⋯⋯⋯⋯⋯⋯⋯⋯ 98
因子而贵,因子而死——西晋惠帝司马衷夫人谢玖 ⋯⋯⋯⋯⋯ 102
两朝皇后——西晋惠帝司马衷、前赵刘曜皇后羊献容 ⋯⋯⋯⋯ 103
福荫家人——东晋元帝司马睿夫人郑阿春 ⋯⋯⋯⋯⋯⋯⋯⋯⋯ 105
倚兄垂帘起兵变——东晋明帝司马绍皇后庾文君 ⋯⋯⋯⋯⋯⋯ 105

历经六代三次垂帘——东晋康帝司马岳皇后褚蒜子 ……………… 106
弑夫的女人——东晋孝武帝司马曜贵人张氏 ………………………… 111

十六国

不甘寂寞——前凉国文公张骏皇后马氏 ………………………………… 112
直言敢谏——汉国昭武帝刘聪皇后刘娥 ………………………………… 112
红杏出墙羞辱难当——汉国昭武帝刘聪皇后靳月光 …………………… 113
外戚专权遭杀身——汉国昭武帝刘聪皇后靳月华 ……………………… 114
侍夫及子——汉国昭武帝刘聪皇后王氏 ………………………………… 114
辅子争权遭杀身——后赵高祖石勒皇后刘氏 …………………………… 115
夫死自亦不保——后赵高祖石勒皇后程氏 ……………………………… 116
因仁心而事败——后赵太祖石虎皇后郑樱桃 …………………………… 116
俘虏变皇后——后赵太祖石虎皇后刘氏 ………………………………… 117
侄女填姑房——代国昭成帝拓跋什翼犍皇后慕容氏 …………………… 118
勇略过人——前燕景昭帝慕容儁皇后可足浑氏 ………………………… 118
忠言不被采纳——前秦宣昭帝苻坚夫人张氏 …………………………… 119
激昂赴死——后燕成武帝慕容垂皇后段氏 ……………………………… 120
行乐无度——后燕昭文帝慕容熙皇后苻训英 …………………………… 121
护子被杀——北燕昭成帝冯弘王后慕容氏 ……………………………… 122
姐妹争宠——西秦文昭王乞伏炽磐皇后秃发氏 ………………………… 123
贞洁烈女——后凉灵帝吕纂皇后杨氏 …………………………………… 124
理智而退——北凉哀王沮渠牧犍皇后李敬受 …………………………… 125
政治婚姻难幸福——北凉哀王沮渠牧犍皇后拓跋氏 …………………… 125
颠沛流离多坎坷——南燕末主慕容超皇后呼延氏 ……………………… 126
知书识礼有节操——西凉武昭王李暠皇后尹氏 ………………………… 127

南北朝

贤妻良母——南宋武帝刘裕皇后臧爱亲 ………………………………… 129
大姐配小弟——南宋少帝刘义符皇后司马茂英 ………………………… 129
生子不肖——南宋文帝刘义隆皇后袁齐妫 ……………………………… 130
溺爱败子——南宋文帝刘义隆淑媛路惠男 ……………………………… 131
逆来顺受——南宋孝武帝刘骏皇后王宪嫄 ……………………………… 131

正气凛然——南宋明帝刘彧皇后王贞凤·················132
王朝日暮——南宋后废帝刘昱皇后江简珪·················133
宫廷险恶——南齐海陵王萧昭文皇后王韶明·················133
明敬皇后——南齐明帝萧鸾皇后刘惠端·················134
步步金莲花——南齐废帝萧宝卷贵妃潘氏·················134
大家闺秀——南梁武帝萧衍皇后郗微·················137
养育了一个好儿子——南梁武帝萧衍贵嫔丁令光·················137
半老徐娘——南梁元帝萧绎贵妃徐昭佩·················138
颇有贤名——南陈武帝陈霸先皇后章要儿·················140
坎坷的一生——南陈文帝陈蒨皇后沈妙容·················140
为人宽厚——南陈宣帝陈顼皇后柳敬言·················141
晚年出家——南陈后主陈叔宝皇后沈婺华·················142
胭脂井留名——南陈后主陈叔宝贵妃张丽华·················142
多了一点幸运——北魏道武帝拓跋珪皇后慕容氏·················146
死后追谥皇后——北魏道武帝拓跋珪贵人刘氏·················146
美丽而识大义——北魏明元帝拓跋嗣夫人姚氏·················147
有为女主——北魏文成帝拓跋濬皇后冯氏·················147
子贵而母死——北魏文成帝拓跋濬贵人李氏·················153
受妹妹排挤，抑郁出家——北魏孝文帝元宏皇后冯清·················153
风流成性被赐死——北魏孝文帝元宏皇后冯润·················154
英年早逝——北魏孝文帝元宏皇后高氏·················156
遭人陷害——北魏宣武帝元恪皇后于氏·················156
恶有恶报——北魏宣武帝元恪皇后高氏·················157
在残酷的宫廷斗争中胜出——北魏宣武帝元恪妃胡氏·················158
胡太后之侄——北魏孝明帝元诩皇后胡氏·················165
身处乱世难有尊严——北魏孝庄帝元子攸皇后尔朱英娥·················165
高欢长女——北魏孝武帝元脩皇后高氏·················166
地位每况愈下——东魏孝静帝元善见皇后高氏·················167
"九龙之母"——北齐神武帝高欢皇后娄昭君·················168
人生如一场噩梦——北齐文宣帝高洋皇后李祖娥·················169
饱受折磨——北齐孝昭帝高演皇后元氏·················170
风流成性，沦为娼妓——北齐武成帝高湛皇后胡氏·················170
惨遭废黜，改嫁他人——北齐后主高纬皇后胡氏·················173
小人得志——北齐后主高纬皇后穆黄花·················173
晋阳已陷休回顾——北齐后主高纬淑妃冯小怜·················174

性格柔顺被人欺——西魏文帝元宝炬皇后乙弗氏	175
柔然长公主——西魏文帝元宝炬皇后郁久闾氏	176
殉夫自杀——西魏废帝元钦皇后宇文氏	176
铲凶不成，出家为尼——北周孝闵帝宇文觉皇后元胡摩	176
生活在权臣的阴影下——北周明帝宇文毓皇后独孤氏	177
政治婚姻——北周武帝宇文邕皇后阿史那氏	178
"姐弟恋"——北周武帝宇文邕皇后李娥姿	179
杨坚长女——北周宣帝宇文赟皇后杨丽华	179
母以子贵——北周宣帝宇文赟皇后朱满月	180
宫廷丑闻——北周宣帝宇文赟皇后尉迟繁炽	180

隋

驭夫高手——隋文帝杨坚皇后独孤伽罗	182
晚节不保的宣华夫人——隋文帝杨坚夫人陈氏	186
命运多舛——隋炀帝杨广皇后萧氏	188

唐

雀屏选夫——唐高祖李渊皇后窦氏	192
盛世贤后——唐太宗李世民皇后长孙氏	196
贤惠多才——唐太宗李世民贤妃徐惠	201
惨遭毒手——唐高宗李治淑妃萧氏	202
出身高贵，性情温顺——唐高宗李治皇后王氏	204
中国唯一的女皇——唐高宗李治皇后武则天	206
死于武则天毒手——唐中宗李显皇后赵氏	212
杀夫害己——唐中宗李显皇后韦氏	212
才高命蹇——唐中宗李显昭仪上官婉儿	217
巫蛊招祸——唐睿宗李旦皇后刘氏	220
玄宗的生母——唐睿宗李旦皇后窦氏	221
无子的遗憾——唐玄宗李隆基皇后王氏	221
三千宠爱在一身——唐玄宗李隆基贵妃杨玉环	224
死于宫廷斗争——唐肃宗李亨皇后张氏	233
代宗之母——唐肃宗李亨皇后吴氏	235

短暂的生命——唐德宗李适皇后王氏 ·················· 237
节俭而自律——唐顺宗李诵皇后王氏 ·················· 237
神奇的传说——唐宪宗李纯皇后郑氏 ·················· 239
晚景可慰——唐穆宗李恒皇后萧氏 ···················· 240
陪丈夫颠沛流离——唐昭宗李晔皇后何氏 ·············· 241
汉藏团结的使者——吐蕃赞普松赞干布皇后文成公主 ···· 244
在西藏高原扎根——吐蕃赞普赤德祖丹皇后金城公主 ···· 247

五代十国

以虎狼为伴的人——后梁太祖朱温皇后张惠 ············ 249
薄情寡恩，为人不齿——后唐庄宗李存勖皇后刘玉娘 ···· 250
以身殉唐——后唐明宗李嗣源皇后曹氏 ················ 255
自焚而死——后唐末帝李从珂皇后刘氏 ················ 256
从皇后到囚徒——后晋高祖石敬瑭皇后李氏 ············ 257
最后的狂欢——后晋出帝石重贵皇后冯氏 ·············· 263
知礼义，识大体——后汉高祖刘知远皇后李氏 ·········· 265
慧眼识夫君——后周太祖郭威皇后柴氏 ················ 266
把握自己的命运——后周世宗柴荣皇后符氏 ············ 267
谦恭守礼——南唐烈祖李昇皇后宋福金 ················ 268
温良恭顺——南唐元宗李璟皇后钟氏 ·················· 270
姐妹同夫——南唐后主李煜皇后大小周氏 ·············· 270
国破人亡——前蜀高祖王建贤妃徐氏 ·················· 273
花蕊夫人——后蜀后主孟昶贵妃费氏 ·················· 277
水性杨花——闽惠宗王延钧皇后陈金凤 ················ 279
好景不长——闽康宗王昶皇后李春燕 ·················· 280
被继子缢死——北汉睿宗刘钧皇后郭氏 ················ 280

宋

结发夫妻——北宋太祖赵匡胤皇后贺氏 ················ 282
开国皇后——北宋太祖赵匡胤皇后王氏 ················ 282
膝下无子的遗憾——北宋太祖赵匡胤皇后宋氏 ·········· 283
真宗之母——北宋太宗赵光义皇后李氏 ················ 284

功臣之女——北宋太宗赵光义皇后李氏……284
连丧三子实可哀——北宋真宗赵恒皇后郭氏……285
《狸猫换太子》的原型——北宋真宗赵恒皇后刘娥……285
争风吃醋——北宋仁宗赵祯皇后郭氏……289
将门之女——北宋仁宗赵祯皇后曹氏……292
死后哀荣——北宋仁宗赵祯皇后张氏……295
女中尧舜——北宋英宗赵曙皇后高氏……298
支持旧党,废除新法——北宋神宗赵顼皇后向氏……301
哲宗之母——北宋神宗赵顼皇后朱氏……303
因祸得福——北宋哲宗赵煦皇后孟氏……304
恃宠成骄,失势受辱——北宋哲宗赵煦皇后刘氏……310
惨死在荒凉的北国——北宋徽宗赵佶皇后郑氏……312
誓言灵验瞎一眼——北宋徽宗赵佶皇后韦氏……313
客死金邦——北宋钦宗赵桓皇后朱氏……319
客死金邦——南宋高宗赵构皇后邢氏……319
安分守己的贤后——南宋高宗赵构皇后吴氏……319
出身寒家——南宋孝宗赵昚皇后夏氏……322
夫唱妇随——南宋孝宗赵昚皇后谢氏……322
既悍且妒——南宋光宗赵惇皇后李凤娘……323
工于心计——南宋宁宗赵扩皇后杨氏……327
客死他乡——南宋理宗赵昀皇后谢道清……330
国破家亡,晚年削发——南宋度宗赵禥皇后全氏……333

辽

"断腕太后"——辽太祖耶律阿保机皇后述律平……335
夫妻死于政变——辽世宗耶律阮皇后甄氏……340
死于政变——辽世宗耶律阮皇后萧撒葛只……341
跟着残暴的丈夫一同遭殃——辽穆宗耶律璟皇后萧氏……342
辽国女主,青史留名——辽景宗耶律贤皇后萧绰……343
死于陷害——辽圣宗耶律隆绪皇后萧菩萨哥……350
母子失和——辽圣宗耶律隆绪皇太后萧耨斤……351
临危不惧,平息叛乱——辽兴宗耶律宗真皇后萧挞里……354
千古奇冤——辽道宗耶律洪基皇后萧观音……356
国运衰败,人事荒唐——辽道宗耶律洪基皇后萧坦思……357

金

女中豪杰——西辽德宗耶律大石皇后萧塔不烟……358

夫妻争权——金熙宗完颜亶皇后裴满氏……359
丈夫死于政变——金海陵王完颜亮皇后徒单氏……360
乱世难安——金宣宗完颜珣皇后王氏……360

西夏

宫廷喋血，母子罹难——西夏景宗李元昊皇后野利氏……362
生活不检，死于情杀——西夏景宗李元昊皇后没藏氏……365
母家招祸——西夏毅宗李谅祚皇后没藏氏……366
以太后身份临朝——西夏毅宗李谅祚皇后梁氏……366
不肯放权遭毒杀——西夏惠宗李秉常皇后梁氏……369
母国灭亡，绝食而死——西夏崇宗李乾顺皇后耶律南仙……370
外戚之祸——西夏崇宗李乾顺皇后任氏……371
贤德多才——西夏仁宗李仁孝皇后罔氏……371
被迫为政敌说话——西夏仁宗李仁孝皇后罗氏……371

元

受人尊敬的母亲——元太祖铁木真皇后孛儿帖……373
给帝国的分裂埋下种子——元太宗窝阔台皇后乃马真……374
难挽家族颓势——元定宗贵由皇后斡兀立海迷失……377
有胆有识——元宪宗蒙哥皇后忽都台……378
助夫兴国——元世祖忽必烈皇后察必……379
老夫少妻——元世祖忽必烈皇后弘吉剌氏南必……381
儿子是她的一切——元成宗铁穆耳皇后弘吉剌氏失怜答里……382
一度把持朝政——元成宗铁穆耳皇后伯岳吾氏卜鲁罕……383
争权祸国——元成宗次兄答剌麻八剌皇太后答己……384
品行仁德——元仁宗拔力八达皇后阿纳失失里……390
秀外慧中——元英宗硕德八剌皇后速哥八剌……392
投入仇人的怀抱——元泰定帝也孙铁木儿皇后弘吉剌氏八不罕……394

悔不当初——元文宗图帖睦尔皇后卜答失里 ………………… 395
寄人篱下——元明宗和世㻋皇后八不沙 …………………… 400
权臣之女，飞扬跋扈——元顺帝妥懽帖睦尔皇后答纳失里 … 402
温良恭俭——元顺帝妥懽帖睦尔皇后弘吉剌氏伯颜忽都 …… 403
贪权的末代皇后——元顺帝妥懽帖睦尔皇后完者忽都 ……… 404

明

一生不改平民本色——明太祖朱元璋皇后马秀英 …………… 407
靖难之乱，生死不明——明惠帝朱允炆皇后马氏 …………… 411
将门贤后——明成祖朱棣皇后徐氏 …………………………… 412
青史留名——明仁宗朱高炽皇后张氏 ………………………… 418
恬退隐忍的一生——明宣宗朱瞻基皇后胡善祥 ……………… 423
处心积虑当皇后——明宣宗朱瞻基皇后孙氏 ………………… 424
大臣为她打抱不平——明英宗朱祁镇皇后钱氏 ……………… 425
七年荣华一场梦——明代宗朱祁钰皇后汪氏 ………………… 429
福祸相倚，世事难料——明代宗朱祁钰皇后杭氏 …………… 432
遭遇强大的情敌——明宪宗朱见深皇后吴氏 ………………… 432
徒有虚名——明宪宗朱见深皇后王氏 ………………………… 437
畸形的爱——明宪宗朱见深贵妃万氏 ………………………… 439
悔恨而终——明孝宗朱祐樘皇后张氏 ………………………… 449
礼仪之争——明武宗朱厚照皇后夏氏 ………………………… 451
不幸嫁入皇家——明世宗朱厚熜皇后陈氏 …………………… 453
死后没有谥号——明世宗朱厚熜皇后张氏 …………………… 456
死于宫中火灾——明世宗朱厚熜皇后方氏 …………………… 458
忠言获罪——明穆宗朱载垕皇后陈氏 ………………………… 459
精心辅佐幼帝——明穆宗朱载垕贵妃李氏 …………………… 461
雍容大度——明神宗朱翊钧皇后王氏 ………………………… 462
三大奇案之凶魁——明神宗朱翊钧贵妃郑氏 ………………… 462
母以子贵——明神宗朱翊钧贵妃王氏 ………………………… 469
死后追封——明光宗朱常洛皇后郭氏 ………………………… 470
以正胜邪——明熹宗朱由校皇后张氏 ………………………… 470
自缢全节——明思宗朱由检皇后周氏 ………………………… 472
割股奉君——南明唐王朱聿键皇后曾氏 ……………………… 473
义不受辱，以死全节——南明桂王朱由榔皇后王氏 ………… 474

清

皇太极之母——清太祖努尔哈赤皇后叶赫纳喇氏 ················· 477
多尔衮之母——清太祖努尔哈赤皇后阿巴亥 ···················· 477
政治婚姻——清太宗皇太极皇后博尔济吉特氏哲哲 ············· 481
著名的孝庄太后——清太宗皇太极庄妃博尔济吉特氏 ··········· 482
迟来的幸福——清世祖顺治皇后博尔济吉特氏 ··················· 489
辅政大臣索尼之女——清圣祖康熙皇后赫舍里氏 ················ 490
谦逊仁孝——清世宗雍正皇后乌拉那拉氏 ························ 490
乾隆之母,颐养天年——清世宗雍正皇后钮祜禄氏 ·············· 490
生逢盛世,不忘节俭——清高宗乾隆皇后富察氏 ················ 491
性情刚烈,赌气剪发——清高宗乾隆皇后乌喇那拉氏 ············ 492
高产的母亲——清高宗乾隆皇后魏佳氏 ························· 493
不贪富贵盼和平——清高宗乾隆容妃和卓氏 ···················· 493
平淡的一生——清仁宗嘉庆皇后喜塔腊氏 ······················· 496
工于心计——清仁宗嘉庆皇后钮祜禄氏 ·························· 497
沐浴在帝国的夕阳中——清宣宗道光皇后佟佳氏 ················ 499
备受宠爱——清宣宗道光皇后钮祜禄氏 ·························· 499
纵虎成患——清文宗咸丰皇后慈安 ······························ 500
弄权有术,治国无方——清文宗咸丰贵妃慈禧 ·················· 505
死得离奇——清穆宗同治皇后阿鲁特氏 ·························· 513
慈禧太后的侄女——清德宗光绪皇后叶赫那拉氏 ················ 515
凄凉悲惨的一生——清末帝宣统皇后婉容 ······················· 523

先 秦

亡国自焚——殷纣王妃妲己

纣王，又称帝纣，子姓，帝乙少子。纣才思敏捷，武力超凡。但纣好酒淫乐，信宠妲己，重刑无辜，偏用奸臣，百姓离心。在牧野败于周武王，自焚而亡。殷商亡。

殷商是中国历史上极为强盛的时期，其疆域广袤，经济发达，国力强大，但到了纣王时期，却被周所灭。溯其原由，纣王与妲己的情感故事成了殷商巨厦坍塌的根源之一。相传妲己以美色迷惑纣王，而纣王则沉醉于声色犬马，不理朝政，致使被周打败。后人常以"红颜祸水"来比拟以色乱政的后宫姬妾。

妲己是有苏氏的女儿、殷纣王的妃子，嬖幸于纣王。她墨云秀发，杏脸桃腮，眉如春山浅黛，眼若秋波宛转，胜似海棠醉日，梨花带雨。纣王定都朝歌，国号商。史书记载，纣王生性聪明，才力过人，徒手能格猛兽，身能跨骏马，智足以拒谏，言足以饰非，常自以为天下之人都不如自己，常以文武双全、智勇兼备来标榜自己。

相传妲己不仅荒淫狐媚，而且性情残忍，怂恿纣王设计出种种令人触目惊心的残忍酷刑，以欣赏别人被凌迟折磨至死的情景来刺激自己的欲望。纣王自进妲己之后，朝朝宴乐，

妲己

夜夜欢娱，迷于妲己的美色，对她言听计从，荒理朝政。

有一天，纣王与妲己在鹿台上欢宴，三千六宫妃嫔，聚集在鹿台下，纣王命令她们脱去裙衫，赤身裸体地唱歌跳舞，恣意欢谑。纣王与妲己在台上纵酒大笑。只有已故姜后宫中的嫔御72人，掩住脸流泪，不肯裸体歌舞。

妲己说："这是姜后以前身边的宫女，怨恨大王杀了姜后，听说私下打算作乱，以谋杀大王！妾开始不相信，现在看她们竟敢违抗大王的命令，看来谋反的传闻不假！应当对她们施以严刑，好使其他人不敢起谋逆的心！"

纣王说："什么才称得上严刑？"

妲己说："依小妾之见，可以在摘星楼的空地上挖一个大坑，然后将蛇蝎蜂虿之类丢进穴中，将这些宫女投入坑穴，与百虫囓咬，这叫作虿盆之刑。"

纣王大悦，立即照妲己的话做了一个虿盆，方圆数百步，深达五丈，将这72名宫女，一齐投入坑中，一时间坑下传出揪心的悲哀号哭。纣王大笑："要不是皇后的妙计，不能灭此叛妾！"

太子殷郊听到这件事，忙去鹿台进谏纣王说："法令是为人有罪而设，现在众妾并没有谋逆之罪，却加以极惨的刑罚，这都是妲己误惑圣聪，以致使天下百姓知道父王是无道之君。请斩妲己，以正朝纲！"妲己说："太子与众妾同谋，所以妄图诋毁妾，请大王做主。"纣王当即喝令侍卫锤死殷郊，比干慌忙劝阻说："太子是国家的根本，不可随意加刑。"纣王才没有杀死太子，但依旧把他贬谪到了荒远的地方。

梅伯入觐见纣王说："姜皇后没过错却被处死，太子无罪过而被贬谪。请大王召回太子，复立东宫，臣愿代死！"

妲己谗言道："梅伯是太子一党，因此才狼狈为奸。"

纣王问："那怎么对付这些人？"

妲己说："群臣轻侮大王的尊严，都是因为刑法轻薄的原因！依妾之见，可铸一个空心的铜柱，里面烧火，外涂油脂，让犯人裸体抱柱，皮肉焦烂，肋骨粉碎，如此他们才知道畏惧，朝中也不再有奸党了！"纣王立刻依言竖立铜柱，将梅伯的衣服剥光，绑在铜柱上，顷刻间烧得肉焦骨碎化为灰烬。妲己又说："可以再制一个铜斗，也加火在里面。罪轻而不至于处死的，让他们以手持熨斗，则手足焦烂，这样可以区别法律的轻重。"妲己听到犯人的惨叫，就像听到刺激感官的音乐一样发笑。纣王为了博得妲己一笑，滥用重刑。于是纣王立铜柱、铜斗各数十，置于殿前，凡有罪的大臣，即加此刑。从此后没有人再敢劝诫纣王了。

纣王与妲己见群臣畏刑不谏，更加恣意妄为，旦夕荒淫欢宴。常宴于摘星楼，每宴饮者多至三千人，令男女裸体混杂其间，追逐戏谑。妲己道："这样玩久了没意思，不妨在台下挖两个坑穴。一个引酒为池，一个悬肉为林，令各嫔妃裸戏于酒池肉林，互相扑打，胜者浸死在酒池中，败者投于虿盆内。"纣王大笑，依其言而行，每天宫女因此被折磨至死者不计其数。

纣王好酒淫乐，寸步不离妲己，妲己所称赞的就以之为贵，妲己所憎恶的就加以诛灭。纣王又在朝歌与邯郸之间纵横数千里内，每隔五里建一所离宫，每隔十里建一个别馆，与妲己同乘逍遥车，白天在车上欢谑，夜里张灯结彩，管弦歌韵，做长夜之饮。一天在摘星楼上欢宴，时值隆冬，天寒地冻，远远地看见岸边有几个人将要渡河，其中有两三个老年人挽裤腿正在水中，但一些年轻人却逡巡不敢下岸。

纣王问妲己："河水虽然冰寒，但老人尚且不畏，年轻人却那么怕冷，这是怎么回事？"

妲己回答："妾听说人生一世，得父精母血，方得成胎。若父母在年轻时生子，那时他们身体强健，生下的孩子气脉充足，髓满其胫，即使到了暮年，耐寒傲冷。假如父老母衰时才得子，那他们的孩子气脉衰微，髓不满胫，不到中年，便怯冷怕寒。"纣王极为惊讶："竟然有这种事？"

妲己说："大王不信的话，就将此一起渡河的人，砍断他们的胫骨看一看便知。"纣王就命人将过河的几个人活捉到楼下，一人一斧断去两腿，果然老年的那些人髓满，年少的却骨空。

纣王大笑说："爱妾料事如神！"

妲己说："妾不但能辨老幼的强壮，即使妇女怀孕是男是女，妾一看就知道！"

纣王问："怎么才能知道？"

妲己说："这也与父母的精血有关，男女交媾时，男精先至女血后临，属于阴包阳，因此会生男；如果女血先至男精后临，就属于阳包阴，生下的孩子必为女。"

纣王不信，妲己曰："大王不信妾的话，可以搜取城中的孕妇验证。"纣王立刻令兵士捉数十个孕妇，集中在楼下。妲己一一指着说，哪一个怀的是男胎，哪一个怀的是女胎。纣王令人剖开孕妇的肚子视之，果真像妲己说的那样。

后来纣王在妲己的蛊惑下，又将周文王之子伯邑考醢为肉酱。比干忠心直言，指责纣王杀皇后、杀大臣、谪太子，斥责妲己的暴政，要纣王改过，劝谏说："不修先王的典法，而用妇言，大祸不远了。"纣王大怒，要杀比干。妲己说："妾听说圣人的心有七窍，比干自诩为圣人，剖开比干的心看看如何？"纣王听从妲己的话，杀比干剖其心。自此朝廷上忠良的大臣几乎已荡然无存。

天下诸侯起兵以反对纣王的暴虐。在动荡的战火烟尘中，其中最强盛的是西岐的周武王。在攻入朝歌的牧野之战中，纣王虽有兵数十万，但早已人心离散，临阵倒戈。最后纣王自知大势已去，自登鹿台，身衣宝物，火焚宫殿，投入火中而死。

神话小说《封神榜》载，武王令刽子手斩妲己的时候，因为妲己容颜过于娇媚，以致刽子手都不忍心下手。另换刽子手也是如此。刽子手俱不忍心杀妲己，愿意替死。姜太公曰："我听说妲己是妖非人。"就高悬起照妖镜，妲己才显露本相，原来是个九尾金毛狐狸。刽子手手起斧落，斩杀了妲己。

每个王朝的灭亡，几乎都与一个红颜祸水的传说有关。最著名的例子要算"妲己亡殷"，说她掩袖工谗，狐媚惑主，把殷纣王搅得魂不守舍，最后连好端端的河山也给弄丢了。不过，国家灭亡，究其原由，应首推国君的治国不力，把一个政权的灭亡完全算到一个女人的头上是不公平的。

据《史记》记载，纣王征伐有苏部落，俘获到美艳的妲己，纳为妾。纣王非常宠爱她，在卫州设"酒池肉林"。《封神榜》属于神话小说，还有许多稗官野史，内容皆不可信。传说妲己是在被其父护送入朝歌的途中，狐狸附身而成为妖妇。妇而为妖，似乎为商朝的灭亡找到一个理由。

直到20世纪初，考古学家在河南省安阳挖掘出许多殷商时期的甲骨，上面所刻的"卜辞"，才对妲己和纣王时代生活风俗等资料有了比较确切的认识。有人据此认为纣王热衷于声色的事是事实，杀比干也有甲骨文上确切的记载，然而砍掉人脚看骨髓、剖开孕妇之腹就难以令人理解，因为当时的人巫风颇盛，任何重大举措，都要求神问卜来决定吉凶休咎，纣王更可能取决于占卜，而不是妇人之言。但这么推测也不可靠。因为砍掉人脚看骨髓、剖开孕妇之腹在一个暴虐的国君看来并不是大事。何况敬鬼神的人不一定就是个慈悲为怀的人，历代昏君不一定不相信鬼神，但残暴起来连鬼神都怕！有人还认为倘若妲己在被宠幸的那些年月之中，掌握政治权力，为何有苏氏的一族人，始终就没有能够得势呢？由此推断妲己的恶名是后人宣传的结果。

今日我们既不能说那些有关妲己的传说是假的，也不能断定历史上实有其事。不过有一点可以肯定，商朝的亡国绝不是因为妲己一个女人的缘故。

一笑倾国——周幽王皇后褒姒

周武王姬发所创立的周朝，已经传了十任君王，度过了漫长的340年。到了公元前782年，周宣王姬靖驾崩，儿子姬宫涅即位，史称周幽王。周幽王只当了十一年的皇帝，西周就灭亡了。

周幽王有个叫褒姒的妃子，很受宠爱。然而，中国自古就有"红颜祸水"的说法，人们将西周的灭亡归罪为褒姒。果真如此吗？

关于周幽王如何得到褒姒，还得从头说起。

一天，有一对周朝的逃难夫妇来到一条河边，隐约却见这河面上漂浮着一个东西，上面还有许多乌鸦盘旋。他俩仔细一看，漂流的分明是一张草席，上面还躺着一个熟睡的婴儿，草席的四角各有一只大鸟衔着，正费力地把草席往

先 秦

岸上拖。

这对夫妻动了恻隐之心，再加上他们结婚多年无子女，面对这河面上飘来的小娃娃，心想：莫不是上天所赐？于是，他们赶紧把草席捞起，抱起婴儿，继续乘着黑夜逃命。

天刚亮时，这对夫妇带着婴儿，离开周朝的国都镐京。一路上靠讨饭维生，终于来到褒国（今陕西褒城县东南），投靠褒国君王褒呴为奴，生活总算是安定了下来。

古时候，奴隶都跟主人姓，这对善良的夫妇和捡来的女儿都得姓褒，主人替女儿取名叫褒姒。

公元前782年，在位四十六年的周宣王驾崩，他的儿子姬宫湦（音生）即位为周幽王。幽王在当太子时，已娶申国（今河南南阳）国君之女申氏为妻，还生下了一个儿子，取名宜臼。幽王即位后，申氏自然升格为王后，姬宜臼理所当然地成了太子。

幽王的父亲宣王是个英明的君主，对太子管束极严。父亲一死，幽王就没了管束。人到中年的周幽王姬宫湦便开始放荡无忌，他下令全国各地方官进贡美女，他要夜夜跟不同的美女共度良宵。

大臣们动员数十万工匠重新修建镐京，把镐京建造得美轮美奂，富丽堂皇！周幽王自然是"龙心大悦"，而那些长期背井离乡、抛家弃子的工匠们却怨声载道。

不久，镐京附近出现了河枯山崩的异象，大臣们慌张地向周幽王禀奏说："不得了了，岐山崩塌了，泾河、洛河、渭河（均源于岐山）的水也一齐干涸了。"百姓们心里说，真是天怒人怨啊！

而周幽王却不在意地说："河干山崩乃是自然现象，无须大惊小怪！"

当时褒国国君褒呴正好朝觐在朝，便直言规劝周幽王道："河干山崩是不祥之兆，岐山是我朝建立大业的基地，岐山倒塌是上天给予的警告，若能减少赋役，使百姓能安居乐业，则是国家之幸，天下之幸。"

周幽王一听大怒，立刻下令把褒呴逮捕下狱。

此事传到褒国，褒国朝野上下都很

褒姒

着急，太子褒洪德决定以美女贿赂幽王，营救父亲。

在这之前，褒国已征选一批美女由褒姁带进镐京献给周幽王了，所以第二次下令征求美女时，找了一个多月，才找到九名可勉强称得上是"美女"的人，褒洪德心里很着急。一天，褒洪德偶然看到褒姒从他面前经过，发现褒姒已出落得亭亭玉立，楚楚动人了，只要穿上漂亮的衣服，再修饰一番，还是个美人儿。于是，他决定把褒姒也选进去，凑成十名美女，派特使送往镐京，以换得周幽王赦免褒姁冒犯之罪。

周幽王本来只是一时愤恨褒姁扫了他的兴，他知道褒姁是出于忠心，如今听说褒国又送了十名美女来赎罪，一高兴，也就把褒姁放了。

周幽王在位的第三年（公元前779年）春天，幽王一时兴起，在后宫闲逛。他走累了，坐在一棵大树下休息时，有个宫女手捧金盘、奉上一杯美酒。幽王接过酒杯，忽见捧盘的手好白好嫩，不觉抬头向宫女一望。

他这一望，好个美人啊，半天才回过神来。便问道："你叫什么名字？我怎么没有见过？"

宫女樱唇轻启，娇声答道："妾是褒国国君的家奴，名叫褒姒，去年进贡入宫的。妾是下人，刚来时在浣衣局做事，因为管事太监的提拔，今年初开始才得以在后宫中担任打杂之事。"

周幽王连叹与褒姒相见恨晚，立刻把娇小的褒姒带进了后宫。褒姒就这样成了飞上枝头的凤凰。

可是，褒姒并不快乐。在褒国时，她的养父母在五年前先后去世了，周围的人不是欺虐她就是奉承她，谁也没有把她当朋友看待，她如今在镐京没有亲人、没有朋友，一直快活不起来。眼下周幽王姬宫湦也只把她当作玩物而已，荣华富贵并不能带给褒姒什么快乐。因此，褒姒的神情总是淡漠的、忧郁的，她很少开口说话，更难得露出笑容来。

过了一年多，褒姒替周幽王生了一个儿子，取名姬伯服。但初为人母也没有给褒姒带来多少喜悦，她依旧整日愁眉不展。

周幽王也察觉到褒姒不爱笑。问她，她也不说；再问，只能勉强挤出一丝笑容来，让幽王看了更心疼。

"是不是她们母子没有名分，所以不开心呢？"周幽王心里说道。

想了半天，幽王觉得一定是这个缘由，把心一横，就下令将申后和太子宜臼废了，立褒姒为王后、伯服为太子。

宜臼见大势不妙，连夜逃出了京城，不知所终。

周朝的史官伯阳，看见周幽王如此任意胡为，心里头大惑不解，便翻开史册，想找出个中原因。他从史册中看到了一段传说，才知道褒姒的身世，不禁大惊失色，叹息道："原来褒姒是孽种之后、亡国之妖；她如今当了妖后，周朝算是亡定了。"

先　秦

周幽王原先还为自己的安排暗自得意，心想这下子褒姒总该高兴了吧，可是没想到褒姒依旧没有笑容。

周幽王已经付出惨重的代价了，却未能收到预期的效果。这天，他灵机一动，想给褒姒一个大大的意外，便立刻叫人去烽火台上点燃烽火，并擂动大鼓，发出震天的响声。

烽火台正确的名称应该是"烽燧台"，在西周时，中国人发明了利用烽火传递军情的方法，在军事要塞和通往要塞地区的道路上，五里一燧、十里一墩、三十里一堡、百里一城寨，各城寨墩堡上都筑有烽燧台，有军官戍卒守卫管理。如果发现敌人来袭，白天放烟，夜晚举火，以不同的燃放方式说明敌军多寡，各烽燧台依次传递到京师，京师也燃起烽火，向四方依次传递告急，于是各地诸侯立刻派兵驰赴京师，结集后再开往边区救援驱敌。

点燃烽火原是关系着国家存亡的战争信号，周幽王为了取悦褒姒，却在没有敌人来袭之时，随便点燃起了烽火，真是一个无道的昏君。

周幽王把褒姒带到京城的墙头上，只见由近而远，一处处寨堡冒起了笔直的狼烟，直向天霄冲去，壮丽极了。

烽烟既然点燃，各路诸侯一见，不知周幽王在镐京出了什么事，都急急忙忙率领了兵马赶来救驾。等各路军马忙乱地赶到镐京时，却发现一点事情也没有，只好带着失望和愤怒的心情打道回府。而远处又有慌忙赶来救援的军队，在驰道上你推我挤、乱成一团。

站在城墙上的褒姒，看到诸侯大军的狼狈模样，不禁哈哈大笑起来。

"哈哈哈——"，褒姒的笑声，在镐京城头四散开来，惊起一树的老鸦，发出"呀——呀——"的回应声，在夕阳残霞里盘旋，而后往远方飞逝。

周幽王看褒姒展开了难得一见的笑容，心里头又开心，又得意。以后，他一想要逗引褒姒开怀大笑，就叫人到烽火台上去点燃烽火。可是，赶来受骗的诸侯一次比一次少了。最后，当周幽王点燃起烽火时，再也没有人理睬了。

于是，褒姒又开始闷闷不乐了。

周幽王的岳父申侯，是一个势力很大的诸侯，幽王无故废掉申后和太子宜臼，使申侯怀恨在心，寻机报复。

公元前771年，周幽王知道宜臼逃到申国后，为了讨褒姒的欢喜，便派人带了一封信去交给申侯，要他把宜臼处死，让来人把宜臼的首级带回镐京。

申侯当然不肯杀掉自己的外孙，他写了一封激烈的抗议书给周幽王说："从前夏桀王宠施妹喜，结果夏朝灭亡；商纣王宠苏妲己，结果商朝灭亡；今天你又宠妖女褒姒，废嫡立庶，既无夫妻之情，又无父子之情，如果再不立刻改过自新的话，只怕你也快要灭亡了。"

周幽王见信大怒，便要出兵讨伐申国。申侯得到消息，先下手为强，以重金厚礼向西夷、犬戎借兵。西夷、犬戎一向与周朝有仇，接得申侯礼币，欣然答应，便联合出师攻打幽王。

周幽王见申侯的联军像潮水一般涌来，吓得胆颤心惊，立刻叫人去点燃烽火，向诸侯讨救兵。哪知，这"狼来了"的把戏玩多了就不灵验了，诸侯看到烽火，以为又是周幽王骗人的把戏，都不肯出兵，结果周幽王被申侯打败，狼狈地带着褒姒和伯服往骊山逃命。

在山脚下，幽王被追来的犬戎士兵一刀杀死，褒姒被俘虏去献给犬戎之主。

犬戎、西夷把镐京的珍宝美女掳掠一空后，放火烧了镐京，西周灭亡。诸侯则拥立在申国的姬宜臼做天子，于东都洛阳即位，史称东周。

至于落入蛮族酋长之手的褒姒下场如何？史书上并无记载。中国历史上向来有"红颜祸水"之说，其实褒姒哪有什么独立意志？她也是周幽王昏庸误国的牺牲品。

桃花夫人——楚文王妾息妫

息妫，出生于陈国的妫姓世家，因嫁于息侯，又称息妫。她的姐姐为蔡哀侯夫人。

一次息妫回陈国省亲，路经蔡国姐姐家，蔡哀侯对她无礼，引起息侯的愤怒，遂引楚国之兵伐蔡，俘虏了哀侯。蔡哀侯想了一个损主意，向楚文王称赞息夫人之美，引得楚文王蠢蠢欲动，遂灭息，掳之为夫人，生二子堵敖和成王。

这事要从头说起。话说先秦时，楚国一度很强盛，相继灭掉了邓国，攻克了权国，征服了随国，打败了郧国，汉水以东诸国基本上都被楚国降伏了，无不称臣纳贡。只剩下蔡国自恃与强大的齐国联婚，未曾向楚称臣。楚文王熊赀即位后，于周庄王八年把楚国的都城由丹阳迁到郢，这时楚称王已及二世。有斗祈、屈重、斗伯比、遭章、斗廉、胃拳诸人为辅，虎视汉阳，渐有向中原扩张的意图。

陈国的国君姓妫，有两个女儿，大女儿已嫁给蔡哀侯，小女儿嫁给息侯。蔡娶在先，息娶在后。息夫人妫氏有绝世之貌，眼如秋水，脸似桃花，丽若芙蓉，雅若蕙兰，站着像弱柳扶风，走路像仙子凌波。就在这一年，息妫回陈国省亲，路经蔡国，进城探望姐姐。蔡哀侯说："我小姨至此，岂可不见？"派人邀请息妫至宫中款待，亲自作陪，在席上对息妫进行调戏，语及戏谑，全无敬客之意。息妫大怒而去。从陈国归来时也没有再入蔡国。息侯闻蔡侯调戏他的妻子，登时火冒三丈，图谋报复。

息侯遣使入贡于楚，使者对楚王说："臣主母归宁于陈，经过蔡国，蔡侯不以礼貌相待，臣主公怨咎蔡侯失礼，但国小兵少，不能报怨，现在听到大王东征西伐，威镇汉东，特令臣奉表求师伐蔡，况且蔡自恃与齐联姻，不肯朝贡于楚。蔡亡则息国的贡赋全归于楚，望王察之。"楚王踌躇说："但是以什么理由进兵呢？"使者说："若楚兵假装进攻我国，我求救于蔡，蔡君鲁莽好勇，必然亲来相救。我与楚合兵攻蔡，就可以俘虏蔡侯。那样就不怕蔡不朝贡了。"楚文王定都郢后，势力已伸向南阳盆地，这时正图谋东向，以扩大北上争霸的通道，而地处汝水、淮水之滨的蔡、息，正是楚文王梦寐以求的地方，所以当听到息侯的请求后，当然就按此计划进行，决定兴兵假攻息国。息侯求救于蔡侯，蔡哀侯果然起兵救息。安营未定，楚伏兵齐起。哀侯不能抵挡，急走息城。息侯闭门不纳，蔡哀侯大败而走。楚兵从后面追赶，在莘野活房哀侯归国。息侯大犒楚军，亲自送楚文王出境。被俘的蔡侯问楚王："君处

息夫人

南海，分土为界，为什么要兴兵掳我？"楚王笑说："你的亲戚息侯请兵擒你！"蔡哀侯始知中了息侯之计，仰天叹道："唇齿相伤，难道蔡亡息能保全么？"

孔子编《春秋》，第一次记载了楚国的事。蔡是姬姓国，开国君主是周武王弟叔度。现在楚文王竟然把蔡国君都俘虏走了，中原各国当然不敢小看楚国了。

楚文王回国，打算把蔡哀侯烹了，以飨太庙。大臣鬻拳劝说道："大王方有取中原的意向，假若杀了蔡侯，诸侯都恐惧，必然联合抵抗，不如把他放回去。"

经过再三苦谏，楚文王就放了蔡侯。回国前楚王于迎晖堂大摆筵席，为他饯行，席中盛张女乐。有个弹筝的女子，仪容秀丽，楚王指谓蔡侯曰："此女色技俱胜，可进你一杯酒。"即命此女以一大杯酒敬蔡侯，蔡侯一饮而尽。

楚王得意地笑问："君生平所见，有此绝世美色否？"蔡侯想起息侯引楚败蔡之仇，就曰："天下女色，没有比得上息妫的，那才是天仙啊！"

楚王问："其色何如？"蔡侯曰："目如秋水，脸似桃花，长短适中，举动

生态，世上无有其二！"接着摇动三寸不烂之舌，把息妫的容貌着实夸耀了一番。

楚王叹气道："寡人得一见息夫人，死不恨矣！"

蔡侯说："以君之威，虽齐姬来了，致之不难，何况是屋檐下的一位妇人？"楚王大悦，是日尽欢而散。蔡侯遂辞归本国。

楚王闻蔡侯夸息妫之貌，心生倾慕，欲得息妫，借巡视各方为名，来到息国。息侯迎谒道左，极其恭敬。亲自安排馆舍，于朝堂设宴款待。息侯执杯而前，请楚王畅饮。楚王接酒杯在手，微笑着说："昔者寡人曾效微劳于你的夫人，今寡人至此，你的夫人为何不为我进一杯酒？"息侯惧楚之威，明知弦外有音，但又不敢违抗，只好连声答应，即时传语宫中。不一会儿，听到环佩的声音，夫人息妫盛服而至，别设毯褥，再拜称谢。楚王答礼不迭。息夫人拿白玉酒杯，满倒一杯向楚王进酒。素手与玉色相映，楚王视之大惊。其姿色果然天上徒闻，人间罕见，便想以手亲接其杯。谁知息妫不慌不忙，将酒杯递与宫人，然后转递给楚王。楚王一饮而尽。息妫再拜后告辞回宫。

楚王心念息妫，心思恍惚。席散归馆，辗转反侧，夜不能寐。第二天，楚王设酒宴于馆舍，名为答礼，暗中埋伏了许多兵甲。息侯赴席，酒至半酣，楚王假装喝醉，对息侯说："寡人有大功于你的夫人，今三军在此，你的夫人为何不来慰劳？"

息侯推辞道："敝国褊小，不足用此礼仪，望宽容小君。"

楚王拍案曰："匹夫背义，敢花言巧语抗拒我？左右何不为我擒下！"息侯正待分辩，伏甲猝起，就席间把息侯捆绑起来。

楚王亲自引兵来到息宫，来寻息夫人。

息夫人闻变，叹道："引狼入室，吾自取也！"遂奔入后园中，打算投井而死。被斗丹抢前一步，牵住衣裾说："夫人不欲保全息侯的命么？何必夫妇俱死！"息妫沉默无语。斗丹引见楚王，楚王以好言抚慰，许诺不杀息侯。接着在军中立息妫为夫人，载在后车拉回国。息夫人貌美盖世被誉为"桃花夫人"。在今至黄陂县东三十里处仍有桃花洞，上有桃花夫人庙，即息妫。

楚文王将息国改为楚国的属地，安置息侯在汝水，封以十家之邑，息侯忿郁而死。过了三年，息妫生了两个儿子，长子取名熊艰，次子取名熊恽。息妫在楚宫三年，从不与楚文王说话，只是终日流泪。楚文王很奇怪，问她："你现在服侍我，还生下了两个孩子，却为何对我终日不开一言而整日落泪？以我荆楚大国，威镇华夏，还有何不满足？"她回答说："我一个女人，侍候二夫，即使不能死，又有何面目同别人言语？此是蔡侯的过错啊。"说完，痛哭流泪，泣不成声。楚文王发现她还怨恨蔡侯，为了博得她的欢心，便说："夫人勿忧，寡人一定给你报仇！"于是就派兵打进蔡国，蔡侯打着赤膊请罪，并把库藏宝物献给楚军，楚军才退去。蔡哀侯被扣留在楚九年，死于楚国，他终于搬起石头砸了自己的脚。

息妫的结局已不可考,关于她的记载歧异甚多。《左传》上说:楚文王灭息,以息妫归己。传说她因国亡夫死之痛,与楚文王三年不通言语。而汉刘向《烈女传》上却说,楚文王灭息,虏获息君夫妇,息夫人自杀,息君亦自杀,是双双自尽的。汉阳民间传说,息君与息夫人在国破之后双双碰壁而死。有这么一个传说:一天,她趁着文王出行打猎的机会,溜出宫外,与息侯见面,他们自知破镜难圆,就双双殉情自杀了。后人在他们溅血之处遍植桃花,象征鲜血遍地,并建桃花洞和桃花夫人庙纪念他们。楚人便以息夫人为桃花夫人,立祠以祀。后人又升格封她为主宰桃花的女神。

然而这一历史事件的经过,《吕氏春秋》记载完全不同,是说楚文王欲取息、蔡,先佯和好蔡侯,与其谋取息。蔡侯说:"息夫人,吾妻之姨也。吾请为飨息侯与其妻者,而与王俱,因而袭之。"楚文王依计照办,遂取息。"旋舍于蔡,又取蔡。"是说楚王先取息,后取蔡。两种说法虽有异,然楚文王以战争手段灭其国、娶其妻的史实则是一致的。

息妫就是历史上小有名气的息夫人。唐人杜牧有诗云:"细腰宫里露桃新,脉脉无言几度春。毕竟息亡缘底事?可怜金谷坠楼人!"把息国灭亡的罪责全加在息夫人头上不说,还怪她不如晋代的绿珠,同样是面对被掠走的命运,绿珠为了报答主人,跳楼自尽了。其实,楚文王时,楚国社会尚处于奴隶制阶段,还保留着很多原始习俗,比如抢人妻为己妻,这叫抢夺婚;春秋时期女子再嫁、甚至子娶父妾的事也很常见,不足为怪。至于息亡因息妫而起,那更属于后来"女人误国"的陈腐论调,更不足取。楚文王之灭息服蔡,乃是楚人的一贯"欲观中国之政"的雄心壮志所必然,绝非因息妫这一女人而起。

周作人也有一段话评说此事:"她以倾国倾城的容貌,做了两任王后,她替楚王生了两个儿子,可是没有对楚王说一句话。喜欢和古代美人吊膀子的中国文人于是大做特做其诗,有的说她好,有的说她坏,息夫人的名声也就因此大起来了。老实说,这实是妇女生活的一场悲剧,不但是一时一地一人的事情,差不多就可以说是妇女全体的运命的象征。"

一个弱女子,致使三国兵祸相接,说是红颜祸水应不为过。然而,她哪里能够把握自己的命运?与那些积极干政以致乱政的美女们相比,她应是最无辜的。有句谚语说得好:匹夫何罪,怀璧其罪。

祸晋红颜——东周晋献公妃骊姬

骊姬,是春秋时代中国西北部骊戎国的公主,因骊戎国的战败被晋献公俘虏为妾而来到晋国。后来,她给晋献公生了一个儿子奚齐,便一心想让自己的骨肉当上国王,并因此搅乱了晋国的政坛,出现了空前的宫廷变局与政治

· 11 ·

危机。

话说周惠王元年（前677年），晋武公姬称去世，儿子姬诡诸继位，史称晋献公，次年（公元前676年）即定为献公元年。

姬诡诸当太子时，就从中原的贾国娶了一位夫人，后又从晋国西边的狄国，娶了美丽的狐姬姊妹。贾国夫人没有生小孩，狐姬姐妹则给诡诸生了重耳、夷吾两个儿子。但是诡诸的长子申生，却是诡诸和父王武公爱妾齐姜私通所生的，并且在之前还生了个女孩伯姬，后来嫁给了秦穆公。申生四岁时，重耳两岁，夷吾一岁。

儿子跟父王的小妾通奸，是乱伦之举，但那时只要晋武公不知情、不吃醋，没有谁会去干涉姬诡诸跟庶母齐姜乱伦的事情。而且，齐姜是齐桓公的女儿，齐是霸国，晋武公也不敢对齐姜怎么样。虽然如此，为了避人耳目，姬诡诸还是把这个私生子寄养于申氏，并取名为申生。

姬诡诸即位为献公之后，把父亲的小妾齐姜册立为后。为了避免别人的闲言闲语，说他娶庶母为妻，献公干脆把国都由曲沃迁到北边百里的绛（今山西汾城），齐姜当了王后，申生自然也被封为太子。时年，申生二十三岁。

虽然老子的品德不怎么样，但儿子却个个都成了材。申生、重耳、夷吾兄弟三人，都接受了严格的王室教育，成为人人称赞的贤公子。因此，将来不管由他们当中哪一位继立为君，晋国都将会是政治清明、国势强大的强国。

但是，人算不如天算，事情却有了变数。

齐姜在被册立为后的第四年，因病去世；次年（公元前672年），好大喜功的晋献公，打算讨伐西边的异族骊戎，以扩充自己的版图。

出征之前，献公命大夫史苏占卜吉凶。

史苏详细研判之后，对献公说："此战胜而不吉。晋国在打败骊戎之后，会因谗言而起祸端。"

"你说我会听信谗言，而给晋国带来灾祸吗？"见史苏点了点头，献公则说，"那我谨记在心好了，以后不听信谗言，先打败骊戎获取实利再说。"

晋献公照原先的计划出兵伐骊戎，果然一战而胜，骊戎国王请和，不但割地称臣，还把两位公主骊姬和少姬送给献公，以示归顺之意。

历史就是这般蹊跷，恰恰就是这个骊姬，由于她屡出谗言，使晋国起了大祸端。

骊姬这年十六岁、少姬十四岁，比起献公的三个儿子申生、重耳和夷吾，小了将近十岁，因此她们的年龄是在献公的女儿和孙女之间。但是献公仍见色心喜地把这对姐妹花纳入后宫，朝夕相对，取乐追欢。

骊姬的容貌艳丽，聪明过人，因此颇受献公的宠爱，而少姬也因置身异国、举目非亲，与姐姐同心合力地施展媚术，把晋献公迷得死去活来。献公即位十一年（公元前666年）春天，骊姬给献公生了一个儿子，取名奚齐；又过了七年，少姬也给献公生了一子，取名为卓子。

晋献公自从夫人齐姜去世后，一直没有立其他女人为后，等获得骊姬之后，就很想立骊姬为夫人。但是顾虑朝臣会因骊姬是异族而群起反对，所以迟迟没有颁布命令。如今骊姬为献公生了儿子，并且是献公幼子夷吾出生后三十一年才再度得到的儿子，老来得子，高兴万分的献公再也按捺不住，便立了骊姬为后。

骊姬入宫获宠，常常参与政事，如今成为皇后，她更是名正言顺地干政。在骊姬的影响下，晋国攻占骊戎的土地，早就连本带利地归还了骊戎。但骊姬还不满足，她还有更大的野心和计划，她要把太子申生除掉，让自己的儿子奚齐当太子。如此一来，晋国王室不也有了骊戎的血统，晋国不也变相地成了骊戎的国家了吗？有朝一日，当奚齐当了晋国的国王，自己成为晋国的太后以后，这个美丽的梦想就可以逐步地实现了。

但是，申生的贤能孝顺是举国皆知的事，对于这样品德无缺的年轻人，怎样才能让献公废了他的太子之位？而且，除去了太子申生，还有重耳、夷吾……如果换成贤明能干的重耳或夷吾来当太子，事情还不是一样吗？

经过一番苦思，骊姬发现光靠自家姐妹两人同心协力是不够的，要搞政变首先得培植自己的势力。骊姬凭着她的聪明和美丽，还有可以任意挥霍的金钱，很快就从群臣中拉拢了荀息、梁五、东关五和优施等人，成为自己的党羽，并且商议好计划施行的步骤。

晋献公十一年夏，某一天，梁五和东关五对晋献公进言说："曲沃是晋国的旧都，又是晋室宗庙之地，在军事上也是个重要的据点，距离绛城不过百里之遥，可是晋国对曲沃一向疏于管治，守备的兵力也少，万一被列强侵占，晋国的京城就岌岌可危了。不仅如此，西北方的蒲城和西边的屈城，因为和狄国、秦国接壤，也是不可忽视的军事要地，狄国、秦国对这两个都城垂涎已久，希望大王也不要轻忽了两地的守备才好。"

"两位的意思，是想要到蒲城或曲沃驻防吗？"献公问道。

"前面说的这三个地方，都是军事要地，派我们去驻防，只怕人微言轻、分量不足，受到秦国、狄国的轻视。曲沃是仅次于国都的重镇，应该派太子申生前往驻守；蒲城和屈城，则分别由公子重耳和夷吾去驻防，这样的安排就万无一失了。"

献公一听有理，便下令太子申生领兵驻守曲沃，重耳驻守蒲城，夷吾驻守屈城。申生接到献公的命令后，向父王表示反对说："太子的地位仅次于国君，应该常随君侧，一方面见习治国之术，一方面也预防万一宫中有变。地方守备之事，理当由大臣和武将负责，父王为何要派儿臣去做属下做的事呢？"

献公满脸不悦地说："曲沃是晋国宗庙所在，地位仅次于国都，理当由仅次于国王的太子来驻守，你不肯离开京城，难道是贪恋绛都的热闹繁华吗？"

申生无奈，只好出京南下，到曲沃驻守。重耳和夷吾当然也没话可说，分别走马上任，离开京城往边疆进发了。

三位公子一走，晋献公身边的正直之辈愈来愈少，骊姬进献谗言也就愈来愈便利了。她耐心地等待，想等满腹牢骚的太子申生犯错，让她有进谗言的机会。可来到曲沃的太子申生，却并没有太多的怨言，只一心一意地在曲沃大施仁政，并且把曲沃的城墙扩大加高，把护城河挖深，使曲沃成为名副其实的"副都"，受到曲沃百姓的称赞和爱戴，庆幸自己遇到了一位爱民如子的好官。

两三年过去了，骊姬虽然派出了许多侦探，却始终抓不着太子申生的小辫子。到了献公十七年（公元前660年）冬天，按捺不住的骊姬说服了献公，派太子申生去讨伐强大的皋落氏（为赤狄之别种，常住在山西省乐平县东），想借刀除去申生。结果申生抱必死之决心，鼓舞士气与敌人奋战，居然打败了强大的敌人。

一招不成，骊姬又使出诡计，她对献公说："好久没见到太子了，不知道他近况怎样，身体如何？真叫人挂念。"

晋献公听了，便召太子申生回京，一叙天伦之乐。

骊姬设宴款待申生，替公子洗尘，相谈甚欢。

第二天，骊姬却向献公告状，说申生在席间借酒装疯、出言调戏。

献公问骊姬，太子如何无礼？骊姬答道："太子对妾说：'当年我的祖父因为上了年纪，故意纵容我父亲跟祖母齐姜发生关系，如今我的父亲年纪也老了，他也一定会把几位庶母遗留给我；骊姬啊骊姬，你我年纪相当、正堪匹配，你可知我在梦里，都常常唤着你的名字吗？'太子说完了之后，伸手就来拉妾的手，幸好妾及时闪避，才算没有丢丑。"

献公听了将信将疑，骊姬眼儿一瞟，噘着樱桃小口说："你不相信妾的话，明天我约太子同游花园，你躲在台上偷偷察看，我要你亲眼看见太子如何调戏妾。"

晋献公也觉得不妨一试。第二天，骊姬便约申生同游后花园。骊姬事先在头发上涂了许多蜂蜜，引群蜂飞来，而后故作受惊状，要申生替她把蜜蜂赶走！

申生不知是计，便伸手去挥驱蜜蜂。献公在台上看见太子伸手去抚弄骊姬头发，顿时怒火冲天，打算杀了这个畜牲儿子。

骊姬却跪着替申生求情说："妾召太子同游花园，大王却要杀太子，如此是妾杀死太子啊！事情传扬开来，妾岂不成了人民交相指责的罪人；太子调戏臣妾这件事发生在后宫，外人不会知道的，请大王原谅太子，太子一定会改过向善的。"

献公听了，生气地命太子复还曲沃。

过了半年多，又逢秋高气爽时节，晋献公和往年一样，到城郊去打猎。

骊姬派人到曲沃告诉太子说："大王昨夜梦见齐姜，为人子者，应该不忘祭其亡母。"

太子申生仁孝，便立刻敬备醴酒三牲祭拜，祭后循例将食品交由来使送至宫中，请父王享用。

当太子的食品送来绛城后，骊姬便悄悄在酒食中下毒。等献公回京，听人说太子送来祭品，便命人呈上，准备享用一番。

骊姬说："外头送来的食物，应该试一试，小心总是没错。"说完后，把酒壶里的酒倒一些在地上，地上顿时冒起烟来。献公见状大惊。骊姬又从食盒中取出一块肉，丢给猎狗吃，抢到肉的猎狗一吃下肚，立刻满地打滚地哀号而死了。

骊姬假装气愤难过地跪地哭诉说："晋国早晚都是太子申生的，何必如此性急狠心，下毒手谋害父王呢？"

晋献公听了这番话，有如火上加油，立刻派人到曲沃赐太子自尽。

领命将太子赐死的特使，知道申生是冤枉的，故意先放出风声警告太子，等特使来到曲沃时，申生已逃往新城去了；来使便杀了太子的老师杜原款，回京复命。

太傅里克劝申生回京当面向父王申冤，因为酒肉送进宫中已经过六天，如果在六天前就下毒，食物不会隔了那么久还不发生变化，毒药一定是食物进宫后才下的。

申生说："父王若没有骊姬，吃也吃不好、睡也睡不安，我如果照实说了，父王一定会怪罪骊姬，父王年纪这样大了，我怎忍心逼他做这种让他不快乐的事呢？"

里克说："那么您还是远走高飞，逃得远远的吧！"

"我如果亡命他国，虽然可以保住性命，但是时间一久，别人查问，一定会使真相大白于世，到时候，父王就会受天下人的耻笑，这样不孝的行为，我怎么做得出来？我若不说出真相，天下人都会认为我是个企图杀父的禽兽，又有哪个国家肯收容一个杀父的禽兽呢？"

申生说完，垂头丧气地走进房里，这年腊冬戊申日，申生在新城上吊自杀了。

太子姬申生畏罪自杀的消息传来，正在绛城的姬重耳、姬夷吾兄弟立刻亡命出京，重耳逃回蒲城，夷吾逃回屈城。

骊姬对晋献公说："重耳、夷吾两人都是申生的同党，共谋毒杀大王，如今东窗事发，两人才畏罪潜逃。"

献公大怒，派人去追杀重耳、夷吾兄弟，于是重耳由蒲城逃亡到翟国（今山西临汾北边），夷吾由屈城逃亡到梁国（今陕西韩城），因为溜得快，追杀的人全都扑了空。

寒心的晋献公在公元前656年岁暮，颁令册立骊姬十一岁的儿子奚齐为太子，骊姬经过十年的苦心策划，一切终于如愿以偿。

由此看来，十六年前大夫史苏的预言果然得到了验证，当年献公的满腹自信，也都拗不过命运的安排。

骊姬得志以后，变得更加放肆起来。献公年岁已高，一切政事都交由精力旺盛的骊姬去处理。可惜，奚齐还未长大成人，骊姬的党羽势力还未真正稳固之际，晋献公已走到生命的尽头，在公元前651年因病去世。

献公临终之际，召大臣荀息前来，遗命他拥立奚齐继位为王。

但是太傅里克和大夫郑父共议，派人在丧礼中把奚齐刺死。

悲哀的骊姬只得改立九岁的外甥卓子即位为国王。但是卓子即位不到一个月，又被里克等人所杀。骊姬惊闻噩耗，匆匆逃出宫外。但是没有一个人肯收容她，让她藏起来，骊姬只好逃到后花园中，从桥上投水自尽。

逃亡在梁国的夷吾听到消息，赶在哥哥重耳之前回国即位，在他做了十四年的国王后，于公元前637年病死，他的儿子姬圉继位为晋怀公。这时姬重耳流亡到秦国，秦穆公把女儿怀嬴嫁给重耳，派重兵护送重耳回国。公元前636年，秦军强渡黄河，攻陷晋都绛城，晋怀公被杀。六十二岁的姬重耳在流亡了十九年后，终于回到祖国，成为一国之君，姬重耳就是后来使晋国称霸诸侯的晋文公。

对于这一切，若九泉之下的骊姬有知，她一定会对自己当年的枉费心机大发感叹吧！

天下第一美女——吴王夫差妃西施

夫差（？—前473年），春秋末年吴国君，吴王阖闾之子。当初，夫差在夫椒（今江苏吴县西南）打败越兵，并攻破越都，他不听伍子胥乘胜灭越之言，允越王勾践求和。

越国败后，越王勾践被俘往吴国。然而勾践是个有心计的人，在含辱求生的幽禁生活中，逐渐取得了吴王的同情，被准予回国。越王归国后，修葺城池宫殿，以文种治民，以范蠡治军旅，礼贤下士，敬老慈民。日悬熊胆在座侧，每出入朝，必以舌舔苦胆，又令近臣出入的时候提醒他："勾践你忘了会稽之耻么？"勾践即应声道："不敢忘！"他冬常近冰，夏近火；以枯草为床，为的是激励自己。当时因丧败之后，越国人丁稀少，勾践命国中壮丁勿娶老妻，老人不娶少妇。女子十七不嫁，男子二十不娶者，罪其父母；孕妇将产，申报官府，使医生加意看护，生男赏赐一壶酒一条狗，生女赏赐一壶酒一头猪。生子三人，官府养其二；生子二人，官养其一。民有死亡，亲往哭吊。每逢出游，常载饭菜于后车，遇见童子，即赐之饭菜。夫人衣服皆自织，与人民共劳同苦，七年不收租税，食不加肉，衣不重彩。越国国力日渐强盛。此时越王欲报会稽败衄之耻、石室见囚之辱，命范蠡寻美女送于吴王以乱其心志。

西施，名夷光，出生于浙江诸暨苎萝村，天生丽质，因居处荒僻，家境清贫，常在这若耶溪边浣纱度日。一天范蠡信步而行，不觉行至一处地方，峰峦竞秀，万壑争流，云水环绕，溪山如画。范蠡置身其间，如入仙乡。不禁心旷神怡。忽见一道清溪，细流曲折，从山脚下面回绕而来。沿溪望去，桃李成林，松柏苍翠，郁郁葱葱之中，似觉柴门隐约，竹篱依稀。范蠡循着山麓，沿溪前进。

行约数百步，一阵香风扑面吹来，范蠡闻了这股香气，大为惊异道："此气似兰非兰，其中带有脂粉之香，芳泽之味，决非花香。"正在猜疑，突然看见一女子在溪边浣纱，这阵香气，正是微风飘荡过来的。这女子目如秋水，顾盼生姿。范蠡心口俱呆，暗中惊异道："不想尘世之间，居然有此美女。"范蠡表明了身份，说明了来意，西施想不到自己一个乡野弱女子，对国家前途竟是如此重要，于是慨然应允。

然而在日久接触中，范蠡与西施产生了微妙的感情。一想到西施将来要被献给吴王，范蠡陷入了难以割舍的痛苦之中。他不知如何面对这一天。

这时的吴王逸乐之心渐生，为重建姑苏台，而遍告列国，以求材木。

范蠡对勾践说："臣闻将有夺人之心者，必先投人之好，夫差筑台必得美材，王如采良木以奉吴，吴王必倾心悦我而不疑。"越王依计送高木二百余株，令木工将材木雕琢装饰后献给吴王。并送上包括西施在内的美女五十余。吴王大喜，令工匠重建姑苏台。台榭修成

西施浣纱图

后，宏壮秀丽，高可望三百里，宽可容六千人，台上雕梁画栋，金玉藻饰，四围尽植奇花异草，畜养珍禽怪兽，又引太湖水绕于台前，通舟往来，左有香水溪，右有百花洲，三秋九夏花香不绝。百姓昼夜做工，劳疲而死的不可胜数。

吴王因勾践恭顺已极，命人加封越国东至句甬，西至欈李，南至姑蔑，北至平原。纵横八百余里的土地，完全皆归越国。

范蠡与西施由于国难而聚首，又要为了国难而分开，贵为一国大夫，竟不能保住自己心爱的人，他不知何日能重续旧好，只有无尽的期待。

却说夫差望见西施，以为神仙下降，魂魄俱醉。相国伍子胥进谏说："臣听说五音令人耳聋，五色令人目眩，因此桀以妹喜灭，纣以妲己亡，幽王以褒姒死，献公以骊姬败。自古丧身亡国，未有不由美女者。今越王进此美女，是想要大王沉湎怠政，自取败亡。王请勿受此亡国之物。"

夫差说："好色之心，人所皆同。勾践得此美人不敢自用，进于寡人，即是尽忠于吴国之证，相国怎么会疑他另有所图？况桀、纣、幽王，皆亡国之主，岂可与寡人相比？相国身为人臣，竟在朝廷之上，面辱寡人，人臣之礼，岂应如是？孤偏要受了这个美人，命你看孤会不会亡国。"

从此吴王每日都在姑苏台纵乐，美女歌伎列于座侧。西施不论相貌歌舞都是诸妃之中最好的。吴王于灵岩山筑西施台，开玩花池，辟采香径，凿碧泉井，建馆娃宫，携着西施，在这些景点日夕流连。西施妖艳善媚，擅专房之宠，出入仪制，侔于后妃。

春光明媚的时候，西施领数十嫔妃在前，吴王与伯嚭、奚斯并随于后，逢亭便宴，遇榭便歌，四顾百花妍媚，夫差亲自折下最艳丽的一朵，插在西施的发上："你若日夜立于万蕊丛下，孤不知花长得像你还是你长得像花？"伯嚭说："依臣看，西施比花可美多了！"夫差听后十分高兴，取酒赏赐伯嚭。

夏天到来的时候，吴王就驾一叶轻舟，上载乐器，与西施在香水溪赏莲花。让嫔妃们赤裸身体在溪内采莲，西施与夫差抚掌而笑。笙箫迭奏，歌声悠扬，自城南直至湖上。但见一片锦帆，接连不断，使人目眩神迷，后人以其锦帆十分美丽，遂称所过之地曰"锦帆泾"。忽然一阵风吹来，西施酒喝多了，以手去探莲，不慎掉进水里。夫差急令嫔妃救起，亲自扶入舟中："卿之被溺，可称得上落花随水了！"然后令奚斯在香水溪内，方圆数丈，都砌上白玉石，另引清泉注入溪水。让西施在泉内沐浴，沐浴后的粉痕凝水，泉水香馥扑鼻，久久不散，故此溪又称为"香水溪"。

吴王宠爱西施，惟恐其娇艳如花，不禁风露，特建馆娃宫于灵岩山，铜钩玉槛，饰以珠玉，镶以七宝，为美人游息之所。秋高气爽的时节则携西施登馆娃宫，朝歌夜弦，宴赏不息。西施早晨梳妆则照池为镜，夫差并立在她身后，亲自为她撩发施妆。对西施说："以你的娇妍，映在水里，水也生媚。"因西施举动风流，行步之际衣袂飞扬，无异仙子。遂建筑一廊，空其地底，下面悉用大瓮铺平，覆以厚板，上面雕镂花纹，施以五彩，命西施漫步其上，步履铮铮有声。夫差听以为乐。因此称其廊为"响屐廊"。

冬天他们住在灵岩山的西施洞，每遇落霜的早晨，下雪的夜晚，夫差与西施穿着狐裘,坐着车寻找梅花,直走到崎岖险道,车驾不能通过的地方,才欣然返回。

西施常言心痛,每当病情发作时,必捧心蹙额,颦眉而啼,愈发惹人怜惜。夫差见其如此,觉得带露娇花,溅水芙蕖,亦无此艳丽。所以西施心痛一次,夫差的宠爱愈深一层。其他妃嫔,见西施心痛蹙额,吴王更加怜爱,以为王爱心痛蹙额之容,遂效其所为,人人皆做心痛之状。每逢吴王车驾返宫,一齐颦眉蹙额,以冀宠幸。哪知吴王见了她们这种形态,反觉丑陋,含笑说道:"西施心痛,颦眉蹙额,自有一种令人可怜之态,汝等效颦,不能得其万一,孤视之,愈觉不堪,直所谓西施捧心,东施效之,益形其丑也。"众嫔妃听到这些话,人人自愧,默默而退。后来便有了"东施效颦"这个成语。

吴王对西施的宠爱到了无以复加的地步。西施爱食鲜鱼,御厨所进的鱼,西施嫌其不鲜,连筷子都不愿举,吴王命筑养鱼城,城通太湖,使其水时来时去,保持鱼的新鲜。西施又喜食鸭,其鸭必喂以香料拌米,并入脂油,养至硕大无比,吃起来才可口。吴王就筑鸭城以畜鸭。西施又好食嫩鸡,鸡必择肥嫩洁白的。吴王就造鸡陂,畜鸡以供西施食用。西施爱饮女贞酒,其酒出于浙江绍兴,吴王命越国每年贡献,以备西施之用。不料贡献之酒,远道而来,更在江中经过风浪颠簸,至吴之时,启坛视之,皆已混浊,不堪为美人饮用。吴王又筑酒城,仿女贞酒之制法,酿酒以供西施饮用。

吴王为了西施不受酷暑之苦,起夫役十万人,赴洞庭建造宫殿。发全国丁壮,尽赴工役。材料不足,则拆取现成百姓房屋。始则嫌民居仄狭,材料不堪应用,则拆寺院以充之。继则拆民间富室的高堂大厦,终则小户人家的湫隘之居,亦拆取无遗。百姓苦工终日,却没有一方居处。弄得国中百姓,叫苦连天,顿足怨恨,耕种悉废,机杼无闻,死亡流离。

总之,夫差自从有了西施后,一年四季,完全荒于处理政事。他说:"孤得西施,如鱼得水,此生愿终老温柔乡矣。"有时登临姑苏台,有时宴赏馆娃宫,弦歌不绝,乐而忘返。所谓酒不醉人人自醉。

伍子胥的入谏,吴王全不理会。子胥独自叹气说:"吴之末,如桀纣之世,安能不亡乎?"遂称疾不出。后来伍子胥因屡拂吴王之意,吴王赐以金镂剑,命其自尽。

越王又说越国连年受灾,要用银钱购买吴国粮食,使得吴国储粮锐减。勾践即以买来的粮食颁赐国中之贫民,百姓无不颂德。次年,越国粮食丰收,勾践选择粒大饱满的黍,蒸后给了吴国。吴王还感动地说:"越王真信人也。"又见其谷粗大异常,对伯嚭说:"越国土地肥沃,种子优良,可给我国百姓种植。"于是国中都用越粟,但因为是蒸熟的种子,所以秋天颗粒无收,吴民大饥。夫差还以为土地不同的缘故,却不知粟已蒸熟。

越王得知吴国国力已尽,精锐又在伐齐,乘虚而入,率十万精兵,打过边界,直攻吴都。因勾践志在雪耻,与范蠡、文种养兵练将已十余年。而且百姓自愿出征者三万人,合兵虽只有十五万,然而皆有为国报仇的决心,遂以一当百,连战连捷。而吴王夫差却一味荒淫,百姓怨苦,军士疲劳,如今加上颗粒无收,士兵饥困疲乏没有斗志。越兵以逸待劳,个个如出山猛虎,杀得吴兵丢盔卸甲。夫差无奈只得派伯嚭前去越营请降。然而越王勾践有前车之鉴,决不允降。伯嚭见状不妙,收拾细软,潜身逃遁。

夫差知大势已去,势孤力单,仰天长叹,道:"寡人不诛勾践,忘先王之仇,为不孝之子,此天之所以弃吴也。吾杀忠臣伍子胥,今自杀晚矣!"不久,他又对左右道:"吾死而有知,又有何面目见子胥于地下,必重罗三幅,以掩吾面。"说完自刎而死。

越王灭了吴国,十年之仇已报,然而次日却不见了范蠡与西施。原来范蠡已携西施共乘一叶扁舟,泛游太湖,二人相亲相爱,飘泊而去。从此他们隐姓埋名,畅游五湖,过着惟江上之清风与山间之明月,耳得之而为声,目遇之而成色的逍遥生活,专致唱随之乐,不再萦心于人世间的恩怨是非。很久以后,在山东出现了一位巨富,叫陶朱公,他有万贯家财,妻子也美艳如花,这位陶朱公就是范蠡,他的妻子就是西施。

范蠡走时,给大夫文种留下书信。写道:"飞鸟尽,良弓藏。敌国既破,谋臣即亡,蠡思每每及此,是以弃名利于富贵之场,乐轮竿于江海之上。越王为人,长颈鸟喙,忍辱妒功,可与共患难,不可与共安乐。同僚谊重,敢不尽布,惟子明鉴,乞早图之。"文种读罢叹息说:"范蠡诚高世之士,吾不及也!"然而终不能舍弃富贵,内心矛盾之下,即日称病不朝。最终被勾践所杀。

西施与杨贵妃、王昭君、貂婵为中国古代四大美女,其中西施居首,是美的化身和代名词。但关于西施下落众说不一。

(一)西施沉海说。勾践灭吴后,他的夫人偷偷地叫人骗出西施,将石头绑在西施身上,尔后沉入大海。从此沿海的泥沙中便有了一种似人舌的文蜊,大家都说这是西施的舌头,所以称它为"西施舌"。20世纪30年代著名作家郁达夫在福建时,亦称赞长乐"西施舌"是闽菜中最佳的一种神品。《墨子·亲士》说:"是故比干之殪,其抗也;孟贲之杀,其勇也;西施之沉,其美也;吴起之裂,其事也。"《吴越春秋·逸篇》也说:"越浮西施于江,令随鸱夷而终。"其意盖谓伍子胥在鸱夷之器,盛尸而投江中,今西施亦自投江,故言随鸱夷而去也。后人不知此意,以范蠡使人迎西施于姑苏台,有隐居五湖,与美人共乘一舸,遁入烟水深处的误会。

(二)西施随范蠡隐居说。东汉袁康《越绝书》记载,吴亡后,"西施复归范蠡,同泛五湖而去"。明代胡应麟《少室山房笔丛》也有类似说法,以为西施原是范蠡的情人或妻子,吴国覆亡后,范蠡带着西施隐居起来。李白《西施》诗:"一破夫差国,千秋竟不还。"也认为西施跟随范蠡隐居。只是

《国语·越语》和《史记·越王勾践世家》记载范蠡退隐的事甚详，而没有提及西施。

（三）不慎落水而卒。善良的人们并不希望西施这位无辜的弱女子有个悲惨结局，于是找出初唐诗人宋之问《浣纱》诗"一朝还旧都，靓妆寻若耶；鸟惊入松梦，鱼沉畏荷花"为依据，认为吴亡后西施回到故乡，在一次浣纱时，不慎落水而死。此说似乎最理想，可是最缺乏证据。

（四）被吴人所杀。传说吴王自刎而死时，吴人把一腔怒火都发泄在西施身上，用锦缎将她层层裹住，沉在扬子江心。据《东坡异物志》载："扬子江有美人鱼，又称西施鱼，一日数易其色，肉细味美，妇人食之，可增媚态，据云系西施沉江后幻化而成。"

但也有人认为西施是历史虚构的人物，其人是不存在的。依据是记载春秋历史最详细、最古老的文献，如《左传》、《国语》等，都只字未提西施其人。《国语·越语上》描述吴越争斗的过程，只是说"勾践女女于王，大夫女女于大夫，士女女于士。"还说越国饰美女八人去赂太宰，太宰如果帮助越国成功，"又有美，于此者将进之"，根本没有提到西施。《庄子·齐物论》中记有西施，却是夏时人，与吴越相争中的西施不相关。另一种意见认为，西施确有其人。其文献根据是《孟子》、《淮南子》、《越绝书》、《吴越春秋》等，诸书都说她本是苎萝山下卖薪女（或说浣纱女），天生丽质。勾践把她选入宫后，学习舞蹈礼乐，接受美人计后到吴国。她身在吴国心在越，终于完成计谋，使吴亡而越兴。

历史上对越王勾践的忍辱负重、卧薪尝胆总是赞誉备至，而对西施的下落则语焉不详，毁誉不定。唐代罗有诗"家国兴亡自有时，吴人何苦怨西施；西施若解倾吴国，越国亡来又为谁"算是一句公道话。今天位于诸暨城南苎萝山麓的西施故里，唐朝时就建有浣纱庙，1986年重修，建筑群包括西施殿、郑旦亭、古月台等。浣纱江畔，有西施浣纱处，临江岩石上有王羲之所书"浣纱"二字。

始皇之母——秦庄襄王皇后赵姬

赵姬是一个柔弱可爱的女人，她的一生经历了女人完全不同的四个阶段。在吕不韦那里，她是个温柔美丽的情人；在秦王嬴子楚那里，她是个聪明有心计的女人；在嫪毐那里，她是个善于忍耐兼有城府的女人；在儿子嬴政那里，她是个慈善并有强烈责任感的母亲。她本人没有政治野心，只想追求幸福，这和一般女性没有什么不同。不幸的是她生了一个空前伟大的皇帝，不但一生没有幸福可言，反而成了后世议论的对象。

移花接木，一步登天

公元前361年，秦始皇的高祖父秦孝公继位称王。当时，齐、楚、魏、韩、燕、赵、秦七个大国，史称战国七雄。秦孝公起用商鞅变法使国力逐渐强盛成为七国中的头等强国。在其他六国之中能与秦国势均力敌的仅有赵国。赵国在名将廉颇的指挥下，两度击败了秦国，而且在渑池会上赵国的蔺相如以其惊人的胆略挫败了秦王的外交攻势，迫使秦昭襄王把太子安国君的儿子嬴异人送入赵国作为人质。这一招可就苦了嬴异人，他终日抑郁寡欢，愁肠百结。就在这个时候，他遇到了吕不韦。

吕不韦精于心计，他遍游七国看到秦国商鞅变法之后在政治、经济各方面都呈现出蓬勃的生机，认定了未来的天下必然归秦。由此他决心以经商所得的巨利为本，转入政治生涯。正好这时异人作为人质被押在赵国，他认为这正是一个难得的机会，于是他千方百计地与嬴异人结交。

异人因居赵国举目无亲，便很快与吕不韦结成了至交。吕不韦告诉嬴异人说："未来代周朝管辖天下的非秦莫属，令尊安国君即将继位，而安国君在所有姬妾中最宠爱的华阳夫人又没有孩子，你如获得华阳夫人的欢心，作为她的嗣子，就有可能立你为太子，这样秦国的国君就是你了。"之后，吕不韦还以经商的名义到秦国去，以重金买通了华阳夫人的姐姐怂恿华阳夫人，要华阳夫人在安国君面前极力说嬴异人的好话，而且为了日后的地位，要认嬴异人为嗣子。

接下来，吕不韦为赵都邯郸的一个名叫赵姬的歌妓赎了身。赵姬生得美丽动人，且又聪明，吕不韦与她就有了鱼水交欢，并向她吐露了心中的意图。这赵姬野心颇大，吕不韦要她做一国之妃，真是求之不得，于是听从吕不韦的摆布。吕不韦与赵姬欢愉数次之后，赵姬便怀孕在身。吕不韦心中大喜，开始着手他的下一步计划。

吕不韦买通了监视嬴异人的警卫，邀请嬴异人过府饮宴，并叫赵姬陪侍。嬴异人青春正盛，见赵姬生得楚楚动人，不禁心驰神摇，觉得她是天下独一无二的美人。酒足饭饱之后，吕不韦命人备车，送嬴异人和赵姬回到馆驿成其好事。

枕边恩爱之余，赵姬乘机说道："你要回秦国，还得需要赵国的重要情报，我与赵国的许多重要文武官员都很熟悉，我今后会留心为你搜集！"但赵姬与嬴异人的关系，以及赵姬刺探情报的事情，已经引起了赵国一些重要官员的警惕，于是准备杀掉嬴异人。后因吕不韦得知这一消息，他不惜重金收买守关的将吏秘密地让嬴异人与赵姬逃回秦国。不久，赵姬临盆生子，就是后来的始皇帝嬴政。

嬴异人回秦国之后马上与赵姬拜见了华阳夫人。华阳夫人平白地得了一双儿子儿媳，加之赵姬性情乖巧，百般亲近华阳夫人，把华阳夫人哄得乐不可支。安国君当然也听华阳夫人的，于是正式宣布立嬴异人为储君，并赐名子楚，定为王位继承人。不久昭襄王病逝，安国君正式嗣位为秦孝文王，立子楚为太子，而赵姬则名正言顺地成为太子妃。这安国君嗜酒如命，宫中姬妾成群，多是青春年少面貌如花，他任意挑选尽情享用，不到几个月，秦孝文王因酒色伤身也一命呜呼。嬴异人则名正言顺地成了秦国的国君史称秦庄襄王，赵姬成为皇后，嬴政做了太子。

赵姬

嬴异人登上王位后，秦国的军事实力日益壮大，在公元前249年灭东周。这时的秦庄襄王心中不免开始骄横，觉得并吞六国，统一华夏已胜券在握。但他也自知，他之所以能有今天，凭良心说是吕不韦的功劳；但吕不韦工于心计，如今又掌握了秦国的军政大权，怕今后难以对付，不免起了除掉吕不韦的决心。而吕不韦也心中有数，好在赵姬虽当上了至高无上的王后，但仍不忘与吕不韦的旧情，于是二人暗中密议，欲除掉庄襄王，由嬴政继位。嬴政实际上是吕不韦的亲骨肉，如这一计划得逞，则吕不韦的权势和威望会进一步加强，而赵姬也好垂帘听政。这正是吕不韦和赵姬蓄谋已久的事。

赵姬本来生得貌美过人，又正在风华岁月，更显得妩媚俏丽光彩照人，对男人具有无穷的诱惑力，于是她夜夜献宠，并另选一些年轻美貌的宫女陪侍庄襄王。庄襄王面对如花似玉、百态千姿的年轻姬妾，总是精神抖擞，乐而不疲。不久，庄襄王的身体就被掏空了，在三十六岁那年一命归阴。庄襄王的驾崩，年仅十三岁的嬴政登上了国君的宝座，尊赵姬为王太后，尊吕不韦为仲父，军国大事全部委任给了吕不韦。

谋杀政敌，秽乱宫闱

秦王嬴政以十三岁的年纪登基，赵姬和吕不韦又感到了新的威胁，原因是庄襄王还有几个非赵姬所生的王子，其中尤以长安君成蛟才干杰出，且人缘颇好，王公大臣对其刮目相看。赵姬心想，不除长安君，无以巩固儿子嬴政的统治地位。于是，她与吕不韦密谋，开始进行并吞六国的战争部署。

首当其冲的便是赵国。于是，派大将蒙骜与张唐统兵先行，蒙骜与张唐屡战不胜，第二年便派长安君成蟜与大将樊于胡去接应。成蟜这时年仅十七岁，即使才干杰出但无实战经验，樊于胡也看出了秦王嬴政委任成蟜的阴谋，向成蟜道破其中的隐秘，激怒了成蟜，在大军开进到屯留（今山西长治县北）之时按兵不发，并由樊于胡写出檄文通告，揭露赵姬原是吕不韦姬妾，吕不韦用移花接木之计阴谋夺取秦国的政权等等罪行。

这时张唐被赵兵击败，正等待援军，闻听长安君统兵来援，心里稍觉轻松，却不料接到长安君叫他立即领兵攻打长安、消灭秦王嬴政和吕不韦的命令。张唐也不是头脑简单的人物，他断定靠长安君的力量要想消灭秦王嬴政那是拿鸡蛋砸石头，于是赶赴长安向秦王报告。秦王连忙与吕不韦商议，此事正中吕不韦下怀，因为这本是他精心设计好的圈套，于是派名将王翦统兵去征成蟜，樊于胡哪是王翦的对手，加之寡不敌众，很快就全军覆没。

樊于胡在危难之时，劝成蟜随他一起逃奔燕国，这时吕不韦密派使者劝成蟜，说："你与大王本是兄弟手足，大王胸怀豁达，已知今日这事全是樊于胡挑起来的，离间你与大王的手足之义，何况大王乃仁德之君，怎忍加害手足，这事大王一再说与你无关，你还是老老实实地回到秦国的好，放着现成的封侯拜将的富贵，去流落异国遭人冷落，那又是何苦呢。"这成蟜仅是个十七岁的少年，心地单纯，哪知道这是诱鱼上钩的阴谋，就没有与樊于胡突围去燕国。接着，王翦大军软禁了成蟜，报与秦王嬴政，吕不韦一口咬定成蟜是谋反，立即传秦王嬴政的旨意将成蟜就地正法。

除掉成蟜这个心腹大患之后，赵姬自以为秦王嬴政的生母，高兴之余便得意忘形，肆无忌惮。她本是个卖笑歌伎，庄襄王驾崩时她还正值而立之年，怎甘寂寞，守节几个月后便难耐不住，常常借商议国事为由召吕不韦进宫。他两人本有夫妻之实，如今正好再续前缘，而吕不韦也自恃功高，加上秦王嬴政就是他的亲生儿子，所以出入宫闱无所顾忌。

赵姬和吕不韦的事在宫内外尤其是长安街头，被人们当作特号新闻互相传播，并且添油加醋说得丑陋不堪。这时，秦王嬴政只是个十四五岁的少年天子，还不解其中的底细也就没有多介意，待到成蟜被杀，他也看到了樊于胡所写的檄文通告，心里才对吕不韦有了戒心。

一日晚餐时，皇太后赵姬特命秦王嬴政侍宴，酒酣之际不由说出诛杀成蟜是为了巩固王位的目的，接着还说了许多为这个国家的振兴所作出的贡献。秦王嬴政听了也不由毛骨悚然，觉得这位母后不是寻常的女人，心狠手辣，决不可等闲视之。从此开始注意她的行为，派了心腹宫女监视赵姬平日的言行并及时向他汇报。

这时赵姬身居皇太后养尊处优，兼之三四十岁年纪，正是徐娘半老精力旺盛之时，她累召吕不韦，而吕不韦又感到危机四伏，加上他自己已年过五旬精力有限，于是就想找个人代替他来满足赵姬的情欲。凑巧咸阳市上有一无赖之徒名叫嫪毐，全然不知羞耻为何物，吕不韦把他押入府中，拔其胡须，假作太监，送进宫中陪侍太后。嫪毐进宫叩见太后，赵姬立即斥退左右引登卧榻，嫪毐果然伟壮，太后心花怒放，如获至宝。从此嫪毐便不离左右，全时辰陪侍。

过不多久皇太后竟然怀孕了，这可不是儿戏，于是立即密召吕不韦进宫商议对策。吕不韦献计，只说太后身体欠安，想离开咸阳，居外静养，只要远离皇宫就便于处置了。赵姬也觉得此计甚好，于是向秦王嬴政说明此意，这时秦王嬴政已二十三岁，经过十年来的执政，对一切军国大事也有了一定的处事能力，也厌于请示母后。所以，当太后提出这样的要求后，他欣然同意，并吩咐太监总管、内务大臣等办理此事。

政变未遂，抑郁而死

为了让太后安静地调养，秦王嬴政在距咸阳西北二十里处另建了一座幽静而华丽的雍宫，这座皇太后别墅环境清幽建筑别致，赵姬十分满意，她带着贴心的宫女和嫪毐同往居住，俨然正式夫妻，朝欢暮乐。不久皇太后赵姬生下了一个男孩；又过了三年，赵姬年近五十又生了一个男孩，秘密地放在农家抚养。

人的欲望是无止境的，嫪毐见自己深得皇太后赵姬垂爱，又一连生了两个男孩，知道以后万一皇太后赵姬去世，秦王嬴政一定饶不了他，于是起了篡位之心。他要皇太后赵姬命秦王嬴政给他封侯。皇太后赵姬当然同意，就以嫪毐侍奉有功为名要秦王嬴政封他为长信侯，并加封为太原郡国宫廷总管，凡宫中的车马衣服、苑囿驰猎等事全由嫪毐掌管。

这下子嫪毐的威势日增，渐渐地野心也膨胀起来，便与皇太后赵姬私下密谋，欲除秦王嬴政让嫪毐所生之子继位为君，由皇太后赵姬垂帘听政，这太后色迷心窍居然也就同意，于是嫪毐大肆发展亲信党羽阴谋发动政变。小人得志往往忘乎所以，一日他与朝中的王公贵臣饮酒时喝得酩酊大醉，其间因猜拳赌酒引起口角，嫪毐依恃皇太后赵姬的势力目中无人，他对着那位大臣大骂道："你算什么东西敢顶撞老子，我乃秦王假父，你有眼无珠不识高下，今后这大秦天下都得听老子的。"这些大臣听了，立即禀报秦王嬴政说嫪毐有谋反之意。秦王嬴政于是密派亲信使臣赶紧查明事情真相。信使潜入雍宫查明了嫪毐确非阉人也确与太后私通，所生两个男孩也确有其事。秦王嬴政听到汇报后气得咬牙切齿，当即下令捕杀了嫪毐和太后赵姬与嫪毐私生的两个儿子，还把太后赵姬驱往苟阳宫，派禁军监管。

而吕不韦因为引嫪毐入宫，串通作祟淫乱宫闱，遂免去相国职务，勒令迁往河南居住。吕不韦定居河南之后,各国都知吕不韦作为秦国丞相多年且颇有才干,都纷纷请他去主持国政以便抗秦。秦王嬴政闻听此讯亲自写信,质问吕不韦对于秦国究竟有什么功劳,又与秦国究竟有什么亲缘关系得以被封为仲父,命他率领全家到蜀中居住。吕不韦接旨后长叹数声,他想若将真相全盘托出,事出暧昧确实不便明言,秦王嬴政生性暴戾,皇帝的面子比黄金贵万倍,如若说出实情定会受极刑之苦,于是绝望了,狠心饮鸩自尽。

眼下的赵姬本已十分凄惨,当她闻知吕不韦死讯后,真是痛不欲生,但又不能以死相殉,她回想起当初与吕不韦一见如故,想起他救自己出风尘,想起与他以往的恩爱……不由肝肠寸断,万念俱灰。自此,赵姬每日以泪洗面,默然不语,过了三四年后,终于抑郁而死。

刚毅狠毒——西汉高祖刘邦皇后吕雉

吕雉,刘邦之妻,刘邦称帝后立为皇后。她是个刚毅狠毒而又能干的女人,她借助萧何、张良的帮助,保住了儿子继承皇位的权利;她诛杀了大功臣韩信;她将情敌戚夫人残忍地除掉;她大封吕氏子弟,想把江山传给自家。她先后掌权达十六年之久,但她一死,吕氏就被诛灭,她所有的努力都付之东流。

嫁给刘邦,苦尽甘来

吕雉,是汉高祖刘邦的结发妻子,刘邦称帝后被立为皇后。

在历史上吕后是个很成功的女政治家,但至今人们提起她的名字,最先想到的是她的狠毒和权变。然而早年的吕后并不如此,早年的她聪颖、温柔、善良,她为了刘邦历尽艰辛,可谓九死一生。

她嫁给刘邦的时候,刘邦只是沛县的一个泗水亭长(相当今天的派出所所长)。吕雉的父亲吕文与当时沛县的县令是好朋友,很多人因他和县令的关系,纷纷上门拜访,拉拉关系。

刘邦,小名叫刘季。他在兄弟四人中排行第三,性格豪爽,不太喜欢读书,也不喜欢下田劳作,所以常被父亲训斥为"无赖"。但刘邦自认为胸有大志,不愿意为这些生活琐事而奔波,依然我行我素。一次,当他看到始皇帝出巡的仪式,便不自觉地说:"大丈夫生当如是。"刘邦长大后,经考试做了泗水的亭长,开始了他走向政治的第一步,时间长了,和县里的官吏们混得很熟,在当地也小有名气。

吕文过生日,刘邦拍马屁前去祝寿。当时主持接待客人的是在沛县担任县主簿的萧何,他宣布了一条规定:贺礼钱不到一千钱的人,一律到堂下就坐;贺礼钱一千钱以上的人,才能登堂入室。刘邦根本不管这些,虽然他没有带一个钱去,却对萧何说:"我出贺钱一万!"便大方地登堂入室。吕文知道真相后，本是带着怒气想把刘邦赶走的，但一见刘邦却大吃一惊，因为吕文精于相人之术，刘邦有天日之表，龙颜之相，气宇轩昂，他一眼就看出来此人日后必成大器，前途无量，遂请刘邦入上席就座。

这次刘邦不但白吃一顿，酒足饭饱之后，吕公又将他留下，并不顾妻子的反对，要把爱女嫁给这个不起眼的小吏。刘邦因名声不好，迟迟娶不到老婆，所以巴不得结成这门亲事，便和吕氏结了婚。

吕雉从小失去生母，加上后母生性懦弱，父亲吕文又因为与县令的关系而大受尊敬，这使她自幼便感到权力的重要，使她开始寻求权力的保护，这也许就是吕雉后来专权的初始原因。

吕雉也从小就养成了独立、专断、强悍的个性，她心高气傲，主持佣务，管理家务，立志做女中丈夫。尽管县令为其子多次求亲，但因为县令的公子是个循规蹈矩的人，没什么大出息，所以吕雉始终不愿意，而迟迟未嫁。这次秉父命嫁给刘邦，虽然多少也带点不愿意，却因为刘邦的与众不同，加上父亲的青睐，使吕雉相信刘邦日后真的会成就大业。

一晃就是几年，吕雉从一个娇纵的千金小姐，一变而为一个农妇，她一年四季下地耕作，操持家务，并先后替刘邦生下了一儿一女。儿子取名刘盈，是为后来的汉惠帝，女儿就是后来的鲁元公主。刘邦时常因为公务以及与朋友们交际，三天两头不见人影。这时的吕雉和平凡的农妇没有什么两样，织布耕田、烧饭洗衣、孝顺父母及养育儿女的责任，都落在吕雉一个人身上。

早年的刘邦可说有些无赖，不像是能成就大业的人。一次押解囚犯的过程中，因酒醉而使囚犯脱逃，自己也只好亡命于芒砀山下的沼泽地区。这时贤惠的吕雉除独立支撑家庭重担外，还不时长途跋涉，无怨无悔地为被迫流亡在外的丈夫送去衣食。这时支撑吕雉的，就是她对刘邦日后定能飞黄腾达的信念。

秦末天下大乱，刘邦率众进入沛县被拥立为沛公，吕雉当时也水涨船高，被尊称为吕夫人。等到刘邦攻入咸阳，又因实力不如项羽，不得不将关中之地及关中王的头衔拱手相让之后，刘邦被西楚霸王项羽立为汉王，吕雉又晋级成了汉王妃。但吕雉并没有因此过上舒适的日子，在接下来刘邦和项羽的四年楚汉战争中，吕雉一直被囚在楚军之中作为人质，受尽了折磨和凌辱，挣扎在生死边缘。也因此，造成了吕雉多疑与缺乏安全感的性格，使她变得心胸狭隘、阴狠毒辣，以及凡事先下手为强。及至楚汉言和，鸿沟划界，项羽才将吕雉归还刘邦。这时，回到刘邦身边的吕雉，已不是先前所为人熟悉的农妇式的吕雉了。

悍妇专政，江山改姓

后来刘邦毁约、重启衅端，最终在垓下之战打败项羽，建立大汉王朝。

在夫为妻纲、母以子贵的古代社会，一个女人的心思不在丈夫身上，就在孩子身上。刘邦得了天下，吕雉的心思明显不在刘邦身上，因为她和刘邦没有生死相依的爱情力量，那么她的心思在儿子身上吗？

汉高祖刘邦长年在外征战，随军帐幕中自然不乏红粉佳人，有戚姬、薄姬、曹姬等多位妃子。一个人既然贵为天子，富有四海，多几个女人侍候，似乎也是理所当然的事，吕后也明白这个道理。一个得不到男人全部的女人，自然就会想要得到别的东西来补偿，对于吕后来讲，权力就是她最想得到的。在多个妃子中，薄姬、曹姬等多位妃子只以美色争宠，所以生命无虞，最大的问题出在戚姬身上。戚姬身材修长、气质高雅，在定陶与刘邦相遇，便十分得宠。而且这位戚姬也不是什么省油的灯，她一心想让自己的儿子赵王如意继承王位。如意言谈举止都有刘邦的风范，刘邦对他十分钟爱，加上戚姬的枕边进言，更因吕后儿子刘盈过于怯懦，不讨刘邦喜欢，刘邦大有废掉刘盈的太子头衔，另立刘如意的可能。这时，戚姬不只是吕后的情敌，更是她的政敌。

汉代定鼎以来，刘邦千方百计想要罗致德高望重的"商山四皓"，来为治理国家出谋划策。但"商山四皓"听说刘邦不太重视儒生，言语之间又喜欢不干不净地骂人，所以始终不肯答应。

为了巩固儿子的太子地位，吕后求计于张良。张良很同情吕后的遭遇，一个女人在兵荒马乱的岁月追随自己的丈夫，拉扯着两个孩子，容易吗？现在丈夫富贵了，却有新的女人想捷足先登，不劳而获，公平吗？张良决心帮这个忙。

经过张良的穿针引线，连刘邦都没有请动的"商山四皓"，却被太子刘盈和吕后的诚心感动，答应出山，

吕后

做太子的宾客。刘盈谦让文弱、彬彬有礼、尊敬师长，又是将来的皇位继承人，正是"商山四皓"借以施展才华、展现抱负的最佳人选。经过这四位长者的教导及潜移默化，刘盈的修养和见识大有长进。

一天，宫中大摆筵席，四位须发皆白的长者，肃立在太子刘盈身后，等到汉高祖得知他们就是"商山四皓"时，便知道太子已不可废。他知道连自己都请不动的"商山四皓"都已成为太子的宾客，看来太子羽翼已成。当刘邦回到后宫把这一消息告诉戚姬时，戚姬立即泪流满面，她知道成为一国之母的希望破灭了。

中国政治史上，在吕雉之前也多次出现过女人乱政，但大多以色相为资本，都因没有那样的胆魄与有效的手段，终究形不成大气候。只有吕雉是凭借自己的政治手腕获取了权力。这次吕后在张良的帮助下，取得意外的胜利，巩固了太子的地位。接着，吕后要树立自己的威望，其中吕后做得最出名的一件事，就是用计谋杀了韩信，把自己的威望建立在韩信的人头上，使群臣慑服。

汉初三杰，"运筹帷幄之中，决胜千里之外"的张良，在汉朝建立后就过着半隐居的生活，在政治上没有野心，在军事上没有兵权，已不构成威胁。抚百姓、种稼稻、致使国富民强的萧何，不是那种争天下的人。只有"领兵多多益善，善于攻城夺隘，出奇制胜"的韩信，在刘邦最困难时，以胁迫手段取得齐王之位，且现在手握重兵、功高盖主，一直是刘邦最放心不下的。

齐国地广兵多，是韩信建功立业之地。当初刘邦在楚汉战争最吃紧的时候，要韩信来救，韩信很不情愿，要求刘邦先封他为齐王才肯出兵，这是刘邦内心最大的不快。天下平定后，刘邦首先把韩信由齐王改封为楚王，调到了对韩信充满敌意的项羽老家，不久又由楚王贬为淮阴侯，然后又用陈平的计谋捉住韩信，废为平民。但汉高祖刘邦一直没有杀韩信，因为高祖曾与韩信有不杀之约："见天不杀，见地不杀，见铁器不杀。"吕后就偏偏把刘邦都"不杀"的韩信，用布兜起来，用竹签刺死，杀他时上不见天，下不见地，又没有用铁器。既没有让刘邦违背"不杀之约"，失信于天下，又去掉了刘邦的心头之患。

吕后这招确实收到了杀一儆百的作用，朝中大臣看到她连韩信这样的大功臣都敢杀，不免对她畏惧几分。

韩信被诛杀，引起了许多战将的不安。有的不得不学张良辞官不做，或隐居山林，或回归故里。大多是自削兵权，以图自保，当然也有的作生死一搏，举兵造反。

淮南王黥布反叛的消息传到长安时，汉高祖正在病中，原本是要派遣太子刘盈率兵讨伐，却硬是被吕后一把鼻涕、一把眼泪地逼上了战场，说什么"黥布是天下猛将，很不容易对付，太子去，岂不是羊入虎口！而诸将又多是太子的叔伯辈，只怕难以心甘情愿地俯首听命。"

刘邦听了这话，只好自己带病出征。虽然很快就平定了叛乱，但也不幸身中流矢，伤口溃烂，拖了三个月后就驾崩，只活了六十三岁。

高祖一死，吕后凶相毕露，开始以太后名义取得汉室天下实权，随即逐个废黜刘氏诸王，加罪于高祖遗臣。起用自家兄侄，欲将汉室江山变为吕家天下。

刘邦死前特地杀白马为盟，遍告天下，非刘氏不能封王，看来刘邦对吕后也有所防备。

太子刘盈（汉惠帝）即位，只有十七岁，天性仁慈柔弱，一切权势都操纵在吕后手中，开始了她为所欲为的专制统治。

吕后早就恨透了戚姬与赵王如意，于是她先幽禁了戚姬，然后再遣使把戚姬的儿子赵王如意从封地邯郸宣召进京内。纵然刘盈以皇帝之尊极力维护这个弟弟，结果如意仍是被吕后毒杀致死。对于眼中钉、肉中刺的戚姬，吕后砍掉她的手足，挖眼烧耳，灌上哑药，丢进厕所里，让她哀号，称为"人彘（彘即猪）"，其状惨不忍睹。吕后还特地要她的儿子刘盈去看，小皇帝得知"人彘"就是戚姬时，大惊失色，泪流满面，喃喃说道："太残忍啦！哪是人做的事，太后如此，我还凭什么治理天下！"他受不住这般惊吓，自此后天天借酒浇愁，不理朝政。

吕后一方面用血淋淋的手段对付刘氏子孙，一方面让自家兄弟位居要津，还用笑盈盈的方法拉拢皇亲国戚，梦想进一步篡夺刘家的天下。为了将天下牢牢地掌握在自己手中，吕后将自己的外孙女强嫁给小皇帝刘盈为后，亲舅舅与亲外甥女结成了一对怪异的夫妻。

公元前188年，尸位素餐的刘盈，当了七年傀儡皇帝便抑郁而终。吕后又先后立了两个少帝，先是后宫美人所生的儿子刘恭继位为少帝，冒称是刘盈之子。四年后，因孩子小口无遮拦，言语间触犯了吕后的忌讳，眼看这秘密就要泄露，于是被秘密地杀死于在后宫。吕后又立恒山王刘义为帝，自己临朝称制。她排斥老臣，任用亲信，分封娘家诸吕为王，违背了刘邦与众大臣公立的"非刘氏不王"的约定，开始了专制统治。

直至病笃，吕后仍然不肯放弃权柄。但这时刘家子孙和一班元老重臣已容不得她放肆，朱虚侯刘璋和周勃、陈平等先发制人，发动兵变。这是吕后不曾料到的结果，她的兄弟吕禄、侄子吕产等人虽手握重兵，却不堪一击，兵败如山倒，最后吕后在惊吓中死去。

公元前180年，吕后病逝于未央宫，终年六十二岁。她死后，吕姓诸王相继谋反，被周勃、陈平一一剿灭，杀吕姓宗室三千余人，消灭了吕氏之祸。

是非成败，且由人说

吕后既是个阴狠、刚毅、毒辣的角色，也以其过人的胆识、智谋和高超的组织管理手段，在反秦建汉的战争中，充分展示了她杰出的女政治家才能，是中国古代的一位女强人。在艰苦的战争岁月里，她刚正不阿、巧妙周旋、不畏强权，辅佐刘邦，最终取得楚汉战争的胜利，为建立汉王朝立下了不朽功勋。高祖死后，她独掌朝政十五年，在历史上占有重要的地位。虽然满手沾血，但也有不少政绩是为人称道的。

先是划谋定策，辅助高祖争夺天下，后来又施仁政减轻百姓负担，导正社会风气，废除许多繁苛的法令，尤以废除"三族罪"和"妖言令"最为百姓所称道。所谓"三族罪"就是一人犯罪其父族、母族、妻族三族的所有族人同罪受罚,也就是株连三族的意思。"妖言令"其实就是限制言论自由。《史记》和《汉书》都称赞她:"高后女主,制政不出闺阁,而天下晏然,刑法罕用,罪人是希,民务稼穑,衣食滋殖。"对广大的老百姓来说,这是自春秋战乱以来少有的和平时期,百姓生活相对安定,生活水准得以提高,国家的实力得到提升,为日后抵御外敌、抗击匈奴奠下了国力基础。

在刘邦临终与吕后当政之前,吕后问刘邦身后的安排:"萧何相国后谁可继任?"刘邦嘱咐道:"曹参可继任;曹参后有王陵、陈平,但不能独任;周勃忠诚老实,文化不高;刘家天下如有危机,安刘氏天下的必是周勃,可任太尉。"之后,吕后虽实际掌握朝政大权,但她是遵守刘邦临终前遗嘱所作的重要人事安排,相继重用萧何、曹参、王陵、陈平、周勃等开国功臣。而这些大臣们都以无为而治,从民之欲,从不劳民。在经济上,实行轻赋税。对工商实行自由政策。在吕后统治时期,不论政治、法制、经济和思想文化各个领域,均全面为"文景之治"奠定下坚实的基础。

吕后有政治家的风度,匈奴冒顿单于乘刘邦之死,下书羞辱吕后,说:"你死了丈夫,我死了妻子,两主不乐,无以自虞,愿以所有,易其所无。"吕后采纳季布的建议,压住怒火,平心静气地回复说:"我已年老色衰,发齿也堕落了,步行也不方便。"然后赠与车马,婉言谢绝,终于化干戈为玉帛。匈奴单于冒顿自愧失礼,遣使向汉朝认错。

刘邦为政时期,中国的社会组织形式基本上回复到先秦的分封制,这其实是历史的倒退。而吕后的所作所为,使许多封国都没有能够充分发展壮大起来,实质冲击了分封制赖以存在的时空条件,严重削弱了分封制度,为汉景帝削藩和汉武帝推恩令并剥夺王侯军政大权等行动奠定了基础。从汉武帝时期开始,分封制度发生本质变化,被封王侯只享受其封地上的税赋,没有对其封地的行政管理权。如果没有吕后的这一番作为,纵然是雄才大略的汉武帝,怕也难以完成中央集权制大帝国的构建工程。所以,吕后对中华社会发展史的影响作用,可以概括为一句话:她是中国分封制的掘墓人!

吕后死后,薄姬的儿子代王刘恒被立为帝,即历史上有名的汉文帝,从此历史上有了"文景之治"的盛世。

包办婚姻——西汉惠帝刘盈皇后张嫣

公元前191年冬的一天,长安城未央宫张灯结彩,场面宏大、豪华气派的皇帝大婚礼典在这里举行。年方20岁的汉惠帝刘盈迎娶的皇后,便是赵王张敖和鲁元公主的女儿张嫣。

这是皇太后吕雉一手包办的婚姻。刘盈继帝位后,尊吕后为皇太后。吕后以母后的身份操持军国大政。吕后在维系刘氏家族天下的同时,竭力为吕氏家族争取更多的权益,封吕氏子弟为诸侯王。吕后十分疼爱女儿鲁元公主,竭尽全力地想给女儿一家更高的荣耀、富贵。于是,她以母后的权威把外孙女许配给儿子。这样,儿子是君临天下的皇帝,外孙女成了母仪天下的皇后。这样的丑剧都是出于巩固皇权、保住天下的目的。

吕雉太后为儿子和外孙女举办了盛大的婚礼。她亲自制定婚姻仪式,拿出万金作为聘礼,相当于两千个中等人家的家产。

惠帝对母后包办的婚姻极为不满。他看到吕后鸩杀刘如意,把戚夫人变成"人彘",深感震惊。为此他大哭一场之后,就病倒了。一年后,惠帝的病略有好转,但想起种种不如意的事和母后的所作所为,遂上书母后,把军国大政交给她,自己不再理政。此举动正合母后心思,所以吕雉太后欣然同意。

惠帝为了报复吕雉太后,从此沉湎于酒色中,终日饮酒作乐,自暴自弃。而且有意冷落、疏远张皇后。可怜的张皇后遂成了一个悲剧人物。

张皇后看到皇上对她冷冰冰的,视而不见,很少让她侍寝,内心十分苦闷,心想若能为惠帝生个儿子,也许会赢得惠帝的好感,谁知她手下的嫔妃多有怀孕生子,唯她不曾生得一男半女。她又气又恨,却无可奈何,常常为此暗自落泪。身为外婆兼婆婆的吕雉太后见状,更加着急,绝望的太后让张皇后把衣服撑起来,装作怀孕的样子。然后,到处宣布张皇后有喜了。十个月后,吕雉太后把生子不久的一个妃子杀掉,把婴儿抱给张皇后,诏告天下,皇后喜得贵子。为时不久,吕雉授意汉惠帝,立这个婴儿为皇太子。

公元前188年,年仅23岁的汉惠帝病死。皇太子继位,史称"少帝"。张皇后成了皇太后。

公元前184年,少帝年已七八岁了,他知道了自己的身世。小皇帝对杀害他生母的吕雉皇太后和冒称他生母的张太后极其愤恨,说:"太皇太后怎么能杀我生母而以太后冒称?哼!等长大了,我一定报仇。"有人将少帝的话密报太皇太后。吕雉大惊失色,亟令把少帝幽禁在永巷,过了几天,太皇太后朝见百官,说皇上病情严重,丧失理智,难以君临天下,另立惠帝子恒山王刘义为帝。年幼的少帝被鸩杀了。

公元前180年,吕后驾崩,高祖老臣周勃等发动政变,诛灭吕氏外戚,杀掉刘弘。惠帝张皇后被剥夺太后称号,幽居未央宫北面的北宫。

张氏在这里幽居了十七年,于公元前163年病死,被葬在惠帝的安陵陵园里。

苦尽甘来——西汉文帝刘恒皇后窦氏

公元前195年,汉高祖刘邦病死,吕太后下令把皇宫中皇帝未曾临幸过的宫女分赐给诸侯王,其中便有窦氏。

窦氏一行到了代国的王宫，做了代王刘恒的嫔妃。窦氏貌美伶俐，刘恒特别喜欢她。过了几年，窦氏生了一个女孩，取名刘嫖。到公元前188年，她生下了一个男婴，取名刘启。

就在这年，京师长安传出噩耗：汉惠帝病死。

惠帝死后，皇太后吕雉立惠帝的太子为帝。前文说到，惠帝这个儿子不是他的皇后所生，是另一个妃子生的。张皇后无子，吕太后便把少帝抱去冒称张皇后的儿子，把孩子的生母杀掉。后来小皇帝知道了自己的身世，扬言要报仇，皇太后就废黜了他，另立恒山王刘义为帝。

大约在这场变故前后，代王刘恒的妃子窦氏又生了一个儿子，取名刘武。

吕太后死后，大臣周勃等人发动宫廷政变，杀掉了当权的吕氏子弟，废黜刘弘，迎立代王刘恒为帝，是为文帝。

在刘恒称帝之前，他的王后便病逝了，而她生的四个儿子在刘恒称帝后不久也相继病亡。文帝即位数月，群臣上书，奏请立皇太子。这时，文帝诸子中数窦氏所生的刘启年龄大，文帝便立他为太子。母以子贵，窦氏成了皇后，入主后宫。她的女儿刘嫖，被封为"馆陶长公主"。

窦皇后的父母早死，葬在观津（今河北武邑东南），追封为安成侯、安成夫人。她有兄弟二人，兄长叫窦长君，弟弟叫窦少君。窦氏应选入皇宫后，弟弟少君被人贩子掠卖，不知去向。

窦氏荣膺皇后的封号不久，就有人上书，自称是皇后失踪的弟弟窦少君。那人与窦氏见面后回忆说："一次，我和姐姐去采桑叶，从树上摔了下来。姐姐应选入宫时，和我在驿站诀别，她替我洗了个澡，又喂我饭吃，然后才走。"他的话刚完，窦皇后便跑上前去，抱着他痛哭起来。这个人就是窦少君。文帝重重地赏赐了窦长君、窦少君。窦氏兄弟谦逊退让，不敢以富贵骄人。

第二年，窦皇后的小儿子刘武被封为代王。过了两年，改封为淮阳王。

汉文帝沿用惠帝以来的黄老思想治国理民。黄老思想的核心是"无为而治"。这对于恢复、发展战乱后的社会经济、文化是极有利的。窦皇后也十分热衷这一思想，她的儿子刘启和窦氏子弟都学习黄老学说。

过了几年，窦氏在一场大病中失明。年长色衰，眼睛又瞎，她逐渐失宠。文帝另结新欢，窦皇后也无可奈何，暗自悲叹而已。使她欣慰的是，最喜爱的小儿子刘武在公元前168年改封为梁王，而梁国是个大国。

十一年后，汉文帝病逝，葬在京师长安东郊的霸陵。皇太子刘启即位，是为景帝。窦皇后成了皇太后。

景帝即位的第四年，梁王刘武入朝，景帝置酒，款待他的皇弟。当时景帝还没立太子，喝到兴起，他对窦太后说："朕千秋万岁后，把帝位传给皇弟。"太后十分高兴。谁知，她的黄粱美梦让侄子詹事窦婴给打破了。他端着一杯酒，敬献给景帝，谏道："天下，是高祖的天下。父子相传，是汉家的制度，皇上怎么能传位给梁王？"这下可气坏了窦太后。过了几天，愤懑难平的窦太后下令把窦婴从皇戚的名簿上除名。

后来，刘邦的侄子、吴王刘濞等叛乱，景帝强令征召窦婴为大将军，与太尉周亚夫督兵东进，一举平定了七国的叛乱。窦婴才又当了官。

到汉景帝时，在秦代遭到禁锢的儒学已有很大的恢复和发展，开始与黄老思想争夺学术、政治上的支配地位。景帝对儒学和黄老思想都不置可否，实际上是为儒学的复兴敞开大门。在这种局面下，窦太后旗帜鲜明地维护黄老思想的统治地位，打击儒学。有一次，窦太后召见儒学博士辕固生，让他谈谈《老子》。辕固生轻蔑地说："那是下等人看的书。"这句话戳到了太后的痛处，因为她出身庶民，做过宫中女婢。太后大怒，下令把他扔进野猪圈里，让他去和野猪搏斗，多亏景帝暗中送给他一把利剑，刺死野猪，方幸免于难。事后不久，景帝便打发辕固生离开京师，去做清河王太傅。

无为而治，虽对社会经济、文化的发展有利，但也带有若干弊病，其中怂恿贵胄官僚、豪强地主的不法行为就是其中之一。太后最为疼爱的小儿子——梁王刘武便是在这种政策的庇护下放纵不法的一个典型。他奢侈腐化，出入有一千辆战车、一万名骑兵扈从。他还觊觎着哥哥的龙座，窦太后也帮他使劲，想让景帝立他为接班人。

但景帝并不是真的愿意传位给弟弟，以前所说不过是酒后戏言而已。可不这样做，又违背母后的意愿。公卿大臣可不管那些儿女亲情，他们以古制、祖训为由，坚决反对兄终弟及。景帝乘机立了儿子刘荣为皇太子。但不到一年，景帝便瞧着刘荣不顺眼，又把他废除了。窦太后见状，乘机要景帝立刘武为嗣。

有个叫袁盎的大臣，听说窦太后要景帝传位于刘武，便上书景帝，说此事不妥。景帝乘机立刘彻为太子。窦太后的愿望再次落空。梁王刘武听说袁盎从中作梗，大怒，遂派刺客去刺杀了袁盎。景帝龙颜大怒，敕令缉捕凶手，刘武的劣迹暴露，但在窦太后的干预下，梁王无罪开释。从此以后，景帝越来越疏远梁王刘武了。

公元前144年，梁王刘武病死。窦太后闻讯大悲，整日涕泣，不吃不喝，骂道："皇上果然杀了吾儿！"景帝惊慌，找姐姐馆陶长公主商议对策，终将梁国一分为五，刘武的五个儿子都封为王，五个女儿都赐给汤沐邑，窦太后方转悲为喜。

三年之后，景帝病死，太子刘彻即位，是为武帝，尊窦太后为太皇太后。有个叫田蚡的人，是武帝的舅舅，颇受信用。田蚡便通过太皇太后，推荐窦婴出任丞相。武帝听从，以窦婴为相，拜田蚡为太尉。窦婴、田蚡都崇尚儒术，他们荐举以传《诗》闻名的儒学大师申公的学生赵绾、王臧为御史大夫、郎中令,还打算在长安建一座太学,以弘扬儒学,推举申公来主持太学。武帝派人携带厚礼,用安车驷马把申公接到长安。

太皇太后窦氏听说此事,一向崇奉黄老思想的她怒不可遏,把武帝责备了一通,罢免窦婴、田蚡的官职,迫令赵绾、王臧自杀。其实,到此时,黄老无为而治的思想已经过时了,用儒家思想来治国理民已经成为了历史发展的趋势,太皇太后这时扮演的是个不合时宜的角色。

公元前135年,太皇太后病死,与文帝合葬霸陵。

她本是有夫之妇——西汉景帝刘启皇后王娡

王娡做梦都没想到,一场"宫廷风波"使她做了皇后,其子刘彻做了皇太子。事情是这样的:

王娡的母亲臧儿去卜筮,卜筮的结果说她的女儿皆当富贵,心中自然十分高兴。可是她的长女王娡早已嫁给平民金王孙了,并生有一女。万般无奈,臧儿偷偷把王娡姐妹送进皇宫。

王氏姐妹进了皇宫,被派去侍奉皇太子刘启。刘启一见王家长女王娡便很是钟情,王夫人先后生了两个女儿。当时,刘启宫中还有一个佳丽,叫栗姬,也很受宠爱,她生了一个儿子,取名刘荣。

公元前157年,汉文帝病逝,太子刘启即位,是为景帝。景帝极不情愿地顺从薄太后封薄妃为皇后。

这年,王娡喜得贵子,取名刘彻。

景帝登基六年了,群臣上书,请立太子。皇后薄氏无子。他的两个儿子中,栗姬所生的刘荣年长,便立刘荣为皇太子,封王夫人生的刘彻为胶东王。

栗姬的儿子刘荣被立为皇太子,母以子贵,栗姬身价倍增,得意之极。景帝的姐姐——馆陶长公主嫁给堂邑侯陈午,生有一女,馆陶长公主想许给皇太子刘荣为妃,谁知竟被栗姬一口谢绝。馆陶长公主心中十分不快,转而请与王夫人联姻,把女儿嫁给胶东王刘彻,王夫人欣然应允。

不久,薄太后病逝,薄皇后随之被废黜,栗姬十分高兴,她想:吾儿是皇太子,皇后非我莫属,她已幻想当皇后的荣耀。

在栗姬面前碰壁的馆陶长公主,正伺机报复,绝对不会让凤冠落在栗姬头上的,她一有机会便在弟弟景帝面前诋毁栗姬。

但景帝仍意欲立栗姬为皇后。他曾对栗姬说:"我百岁后,你要好好照顾诸妃所生的皇子皇女。"心胸狭窄的栗姬却不肯答应,景帝大失所望。

馆陶长公主趁机更加起劲地诋毁栗姬,同时又盛赞王夫人所生的刘彻聪睿贤能,景帝有点动心了。馆陶长公主见状,又出一计,唆使人催促负责礼仪的大行官员上书景帝:"子以母贵,母以子贵。现皇后位空,国家不能没有国母，今后皇太子母应正位为皇后。"景帝对栗姬的气还没消，听完大行官员的奏疏，龙颜大怒，说："这事岂是汝辈所当言！"诏令诛杀那个上书的官员，废黜皇太子刘荣为临江王，立王夫人为皇后，刘彻为皇太子。这场宫廷风波以馆陶长公主的胜利告终。

王夫人做梦也没想到这场"宫廷风波"会使她成了母仪天下的皇后，儿子刘彻成了皇位继承人。公元前138年，景帝病逝，太子刘彻即位，是为武帝，立陈妃为皇后，尊王皇后为皇太后，迁居长乐宫。

王太后当初与金王孙所生的女儿仍然留在金家，太后不愿提起这件事，金家也不敢前去认亲。后来有人禀告武帝，武帝命人备好车驾，亲去金家迎接那个同母异父的姐姐。然后直奔母后下榻的长乐宫，拜谒母后。王太后母女相对而泣。武帝摆酒宴祝贺家人团圆并赐给姐姐钱千万、奴婢三百人、田百顷、府第一座，号为"修成君"。武帝这个姐姐修成君此时已出嫁，生一女一男。武帝把外甥女许配给诸侯王，封外甥为"修成子仲"。汉初的社会风气不像后世那么保守，妇女改嫁屡见不鲜，不算什么见不得人的事。

皇太后在长乐宫度过了她的晚年。元朔三年（前126年），皇太后寿终正寝，与景帝合葬阳陵。

金屋藏娇——西汉武帝刘彻皇后陈阿娇

"金屋藏娇"的故事，说的就是汉武帝刘彻，而他要藏在金屋里的女人，则是后来的皇后陈阿娇。

上文说到，馆陶长公主与王夫人王娡联姻，她要把自己女儿陈阿娇嫁给王夫人的儿子——胶东王刘彻。

这陈阿娇从小就长得聪明可爱，也常随母亲进宫，和比她大两三岁的表哥刘彻一同玩耍。日久情生，刘彻很喜欢这个漂亮爱撒娇的小表妹。

有一天，馆陶长公主刘嫖把侄儿刘彻抱在膝上，问他说："侄儿呀，你想不想讨个好老婆呀？"

刘彻懂事地说："当然要啦！"

馆陶长公主指着身旁的女儿说："阿娇给你做老婆好不好？"

刘彻笑着说："如果把阿娇送给我做老婆，我要盖一间黄金的宫殿把她藏起来。"

阿娇听了，也咯咯地笑个不停。

而馆陶长公主刘嫖听了尤其高兴，"若得阿娇，当以金屋贮之。"听在耳里，真让人舒服！刘彻这个小子，还真是个懂得爱惜女人的多情种子哩！这么小，就说出这么体贴老婆的话！把女儿阿娇嫁给他，一定可以过幸福快乐的日子。

刘嫖便向做皇帝的弟弟刘启提亲，要把自己女儿许配给侄儿刘彻。刘启也乐于亲上加亲，这门婚事就这样定下来了。

当时的刘彻还只是个胶东王，并不是太子，太子是刘荣。后来在馆陶长公主的谋划与运作下，才使皇上废了太子刘荣，立刘彻的母亲王娡为皇后，立刘彻为太子。

后来刘彻当了皇帝，即汉武帝，陈阿娇自然就当了皇后。然而，如果说陈阿娇当了皇后以后就心满意足，不再有任何需求，那是不对的，至少，她希望获得丈夫忠实的、完整的爱情，而不只是一个皇后的虚名而已。

陈阿娇

但是，当了皇帝的刘彻，怎么可能钟情于陈阿娇一人呢？皇帝后宫有的是年轻貌美的女人，每个女人的容貌风情都不一样，都处心积虑地想得到皇帝的宠幸。陈阿娇再漂亮，也没法抵挡这么多情敌，而抓住皇帝丈夫的心啊！

当了皇后之后却得要守活寡，这倒是陈阿娇当初所没有想到的事情。

擅宠娇纵的阿娇气坏了，跑去向母亲馆陶长公主刘嫖哭诉，刘嫖爱女心切，忍不住找当了皇太后的亲家母王娡抱怨诉苦。

王娡也知道，如果当年不是刘嫖出力，皇帝绝轮不到自己的儿子来当。她告诫儿子说："你年纪轻轻就当了皇帝，元老大臣们多少有点不服气，现在你又惹你姑妈不高兴，一旦发生什么意外，那可不得了。儿啊，老娘是女人，老娘告诉你，女人最喜欢听好听的话，只要小心一点，用心一点，很容易对付的，不要弄得彼此不愉快，以免节外生枝啊！"

汉武帝听了，也觉得娘说得有理，便与皇后陈阿娇又和好如初。

但是，陈阿娇自己不争气，肚皮始终鼓不起来，没怀下皇帝的龙种。一般小民尚且"不孝有三，无后为大"，做皇帝的如果没有儿子，更是个天大的缺憾。不会生儿子的陈阿娇，再想拘束住丈夫，也失去了开口拦阻的理由。

在这个要命的关键时刻，美丽的歌女卫子夫乘虚而入，俘获了武帝的心，并且很快地怀了汉武帝的龙种。

陈阿娇又慌又急，只好请当时最著名的巫婆楚服，来施展巫蛊邪术，希望借此挽回丈夫的爱情，并且能顺利地怀孕生子。

陈阿娇的动机很单纯，可以理解，但是汉朝时民智未开，人们听到巫师施法暗搞巫蛊之术时，以为会大祸临头，死期不远了。汉武帝听说皇后请巫师到宫中作法施咒，立刻下令有司严加查办！结果楚服被斩首示众，一同株连的多达三百多人，皇后陈阿娇也被打入冷宫，幽居在长门宫里。

陈阿娇在长门宫中，仍然想反败为胜，打倒情敌卫子夫，重新挽回丈夫的爱情。她听说汉武帝很欣赏司马相如的赋，便以千金请司马相如以她为主题写一篇《长门赋》，教由宫女们诵读，希望万一汉武帝听到了会激起旧日之情，而与自己重修旧好。这便是"千金买赋"的典故。

这一篇《长门赋》写得如怨如诉，字字血泪，把陈皇后的凄凉景况，作了最感人的刻画，成为中国文学史上的不朽名作。司马相如也因此奠定了他在文学史上的不朽地位，可说是名利双收。但是出钱的陈阿娇，却没有收到预期的效果。因为爱情消逝之后，再怎样努力挽回或企图弥补，全都是徒劳无功之举。谁能使时光倒流呢？昔时甜蜜的情境，只能从残梦中去追寻了。

公元前128年，一连替武帝生了三个女儿的卫子夫，终于替武帝生了一个儿子，取名刘据。武帝就在这一年把陈阿娇废了，改立子夫为皇后，刘据为太子。

这对幽居在长门宫中的陈阿娇来说，更是个致命的打击。追思往昔，真是荣华富贵一场空啊！为什么阿娇的肚皮那么不争气，始终没办法给丈夫生个儿子呢？如果能及时生个儿子，一切的发展，就绝不会是今天这个样子了吧！这真是造化捉弄人啊！

陈阿娇在长门宫中寂寞地死去，死时才三十多岁。

传奇皇后——西汉武帝刘彻皇后卫子夫

卫子夫的母亲卫媪是个奴隶，她生的子女也是奴隶。卫子夫是卫媪的三女儿，自然也是一个出身很卑贱的女子。但卫子夫生得漂亮，而且身段窈窕。后来，卫子夫被平阳公主带到长安的公主府，教她歌舞，成了公主府的一名歌伎。

一天，汉武帝刘彻在祭神回京的路上，路过姐姐平阳公主的府第。皇上驾临，平阳公主置办酒席，热情款待。武帝边饮酒边观赏公主府伎女们的歌舞。

酒宴中，他眼睛一亮，将目光停留在了歌伎卫子夫身上。卫子夫的容貌姣好，舞姿轻盈美妙。就连堂堂天子，也不禁为她所倾倒！

武帝指着卫子夫问皇姐："那女子何人？"

平阳公主笑答道："她姓卫，名子夫。平阳人。"

酒宴中，武帝起来更衣，来到了尚衣轩，卫子夫便得到了武帝的临幸。武帝回到座位上，甚是欢悦，赐平阳公主金千斤。酒宴结束后，平阳公主便把卫子夫敬献给皇上，武帝十分欢喜。

卫子夫随武帝进了庄严豪华的皇宫，而且她的兄弟卫长君、卫青被授予侍中官职，成为武帝的近臣。

公元前128年，卫子夫在为武帝生下三个女孩后，终于生下了一个男婴，武帝欢喜不已，取名刘据。汉武帝二十九岁才得了这个儿子，甚是喜爱。母以子贵，卫子夫生下刘据不久，便被立为皇后，入主后宫。

刘据七岁那年，武帝下诏，定他为继承人。汉武帝雄才大略，好大喜功，而皇太子却秉性仁慈、温厚恭谨，父子性格、志趣相悖。随着皇太子渐渐长大，武帝对太子越瞧越不顺眼，嫌他的继承人缺少他的那种气魄。之后，武帝的妃子接连给他生了几个儿子。武帝特别喜欢赵婕妤所生的刘弗陵。刘弗陵年方五六岁，长得又高又壮，聪睿多智。武帝常对人说："此儿像我。"有心让他继承帝位。皇太子刘据失宠，他的母后也被冷落了。

人老珠黄的卫皇后渐渐被冷落深宫，曾经对她百般宠爱的汉武帝早已另寻新欢。

就在此时，一场灾难正悄悄地降临到这对失宠的卫氏母子身上。

征和二年的一天，皇太子派一个使臣去甘泉宫，向武帝请示一件事。因不谙规矩，使臣乘车奔驰在驰道上。按照当时的规定，只有皇帝可以在驰道上行走，臣子走驰道是犯上。碰巧，这事让绣衣使者江充瞧见了。顺便说一句，绣衣使者相当于明朝的锦衣卫，专门奉皇帝之命到处搜查情报，调查官员，权力极大，人人畏之如虎。江充立即下令逮捕那个使臣，投入监狱，车马没收。

皇太子听说后，大惊，马上派人去找江充求情。江充不买账，上奏武帝。武帝龙颜大悦，赞道："为臣者，就应当这样！"江充与太子从此发生龃龉。

这一年，汉武帝年已六十八岁，衰老多病。江充害怕武帝死后，太子即位报复，于是想先下手除掉太子。于是，他便上书，说武帝染疾，乃巫蛊为祟。还煞有介事地奏告武帝："臣看皇宫之中，弥漫着巫蛊之气。"想把祸水引入宫中，再设法引到皇太子身上。武帝于生死之事本来就很迷信，听江充一说，便信以为真，敕令江充到他的后宫中查处，命韩说、章赣等协助江充。

江充首先查办那些被武帝冷落的不幸女子，贵为皇后的卫氏也不得不接受江充的盘查。接着，江充派人到太子宫中东刨西掘。他们拿着事先准备好的木偶，硬说那是从太子宫中挖出来的。

此事一出，皇后和太子惊恐万分，太子急忙找他的师傅石德商议对策。石德说："江充奸贼扬言木偶是在太子宫中挖出来的，您有口难辩，以老臣之见，不如矫诏逮捕江充，查究他的阴谋。您难道忘了赵高诈杀公子扶苏而立胡亥之事吗？"

在此种情况下，太子已经无路可走，他决定铤而走险。他派人把计谋奏告母后卫氏，卫氏也觉得只能如此了，说"这才是刘彻的儿子"，下令把皇后的车马拉出来，运载弓箭兵刃；打开武库，取出武器；征发皇后的卫士，告令百官江充造反。由皇太子指挥缉捕江充、韩说、章赣等一帮奸佞。太子的人马到韩说府，杀了韩说。章赣逃往甘泉宫给武帝报信去了。江充被怒不可遏的太子下令处死。太子图一时痛快杀了江充，可是江充被杀，查证江充诬告一事因无人证而落空。从此太子的冤案便再也难以澄清，而且太子还又落了个杀人灭口的罪名。万般无奈的太子只好举兵起事，以图来日。

正在甘泉宫养病的武帝听说太子起兵，顿时龙颜大怒。武帝赐诏刘丞捉拿反贼。武帝抱病移镇长安城西的建章宫，征发长安一带的军队，由刘丞相统率，镇压叛乱。

此时的太子势单力薄，缺少人马，他于是赦免了长安城中的囚徒，并把他们武装起来；征发长水、宣曲两支少数民族骑兵，与丞相指挥的军队大战于长安城中。双方血战五日，最终太子寡不敌众，兵败逃跑。二十天之后，走投无路的太子绝望自杀。

太子刘据逃走、京中乱事平息之后，汉武帝杀了放走太子的人，又诏遣宗正刘长乐、执金吾刘敢，奉策收皇后玺绶，逼皇后卫子夫自杀。就这样，曾被武帝百般宠爱的卫皇后含冤而死。

卫子夫临死前说："早知如此，我还不如一直做平阳歌女卫子夫呢！"

病容拒见皇夫——西汉武帝刘彻皇后李夫人

李夫人，名字不可考，她的兄长李延年精通音律，善歌舞，是武帝身边的大红人。

一日，李延年为武帝表演歌舞，李延年边舞边唱道："北方有佳人，绝世而独立，一顾倾人城，再顾倾人国。宁不知倾城与倾国，佳人难再得！"听后，刘彻说道："世上难道真的有如此这般倾城倾国之美人？"平阳公主接过刘彻的话说道："延年的妹妹貌美超人！"武帝刘彻连忙下诏，召李氏进宫，就这样李氏开始了她的宫廷生活。

李延年带妹妹李氏进见武帝刘彻，刘彻见李氏后顿时惊呆了！只见李氏体态轻盈，貌若天仙，肌肤洁白如玉，而且同其兄长一样也善歌舞。武帝刘彻被李氏深深吸引，从此，便开始宠幸于她。李夫人为武帝刘彻生一子，是为昌邑哀王。武帝对李夫人百般恩爱，李氏对武帝刘彻也是真心喜欢。两人时常在一起载歌载舞，好不尽兴。谁知好景不长，李夫人染病卧床不起。

尽管李夫人病重，武帝刘彻依然惦记着她，对其他嫔妃毫无兴趣。此时，卫子夫皇后已色衰失宠，武帝刘彻念念不忘的只有李夫人。故亲自去李夫人的寝宫探视。谁知，李夫人将全身蒙入被中，不让武帝看她。武帝对其不理解，执意要看，李夫人蒙被说道："臣妾长期抱病在床，相貌已变得丑陋，不可以看陛下,臣妾想将儿子昌邑哀王及妾的兄弟托付于陛下。"武帝劝说:"夫人如此重病,不能起来,若你让朕看你,你当面将昌邑哀王及夫人的兄弟托付给朕,岂不快哉?"李氏仍然蒙着被说:"妇人貌不修饰,不得见夫君,臣妾也不敢以不修饰的相貌见陛下,请陛下理解。"武帝又好言相劝:"夫人若能见我,朕将赐给夫人黄金千金,并且给夫人的兄弟加官晋爵。"李氏执意不见,仍然蒙着被说:"能否给兄弟加官,权力在陛下,并不在乎是否一见。"武帝又要求见李一面,可李氏裹着被子,翻身背对武帝,哭了起来。武帝无可奈何,十分不悦,起身离去。

李夫人

汉武帝刘彻走后,李夫人的姐妹们你一言、我一语地责备起李氏。夫人的姐姐奇怪地责问李氏:"你为何不能亲自见陛下,将兄弟们托付给陛下?你为何那么恨陛下?"夫人感慨地说:"我之所以不见陛下,就是想将兄弟们托付给陛下。你们想,我的地位低下,能够被陛下宠幸,完全是因为有好的容貌。如果色衰,就会失宠于陛下,若失宠也就没有什么恩惠可言了。陛下之所以思念我,非要见我,这都是平日我的容貌艳丽不俗而吸引陛下。如今,我已失去原有的美丽,容貌变得丑陋不堪,陛下见后一定失望,一定会不再宠爱我,又怎会提拔我的兄弟呢?"李夫人的姐妹们觉得李氏的话有一定道理,她是要在武帝的心中留一个美丽的印象,而不是留一个病态与憔悴不堪的印象。所以,大家也就不再说什么了。可见,李夫人的内心对帝王的感情生活了如指掌,明白自己在汉武帝心目中的地位,更显示了她的聪明之处。

果然,李夫人死后,汉武帝刘彻按皇后的礼仪为李夫人安葬,并按李夫人的遗愿,封李夫人的兄长李广利为贰师将军、封海西侯,李延年被封为协律都尉。

后来,汉武帝日夜思念有倾城倾国之貌的李夫人,让人将李夫人的容貌画在甘泉宫。为表达自己的思念之情,武帝让乐工作曲作词歌唱李夫人,并且又作赋一首,以哀悼李夫人。

后元二年(前87年),汉武帝驾崩,其子八岁的刘弗陵即帝位,是为昭帝。

昭帝即位后，大将军霍光按武帝的旨意，上奏昭帝，追尊李夫人为"孝武皇后"。

身不由己——西汉昭帝刘弗陵皇后上官氏

公元前87年，武帝驾崩，皇太子即位，是为昭帝。昭帝即位那年，年仅八岁，未谙世事，需人养护。于是，群臣共推鄂邑公主养护昭帝，他们以昭帝的名义下诏，尊鄂邑公主为鄂邑长公主，让她入住皇宫，养护昭帝。

三年以后，顾命大臣之一的金日磾病死，余下的辅政之臣大司马大将军霍光、御史大夫桑弘羊、左将军上官桀成了三巨头。霍、上官两家结亲，霍光的女儿嫁给上官桀的儿子上官安为妻。由于这层关系，在三巨头中，上官桀的权势仅次于霍光。

对此，上官父子仍不满足，他们千方百计地往上爬。他们看中了一个人，这人姓丁名外人。鄂邑长公主是个寡妇，公主不甘寂寞，看上了儿子的门客丁外人，与他私通。俩人的事传出，霍光和上官父子等人为了讨好公主，竟以昭帝的名义下诏，让丁外人专职侍奉鄂邑长公主，上官安与丁外人也过从甚密。

之前，鄂邑长公主看中了一个姓周的女孩，召她进宫，打算把她许配给昭帝。上官安也有个女儿，年方六岁，他早就有心让女儿入主后宫。于是，上官父子见公主选了周家女入宫，便马上去找岳父大人霍光，恳求岳父出面，让他的女儿、也即霍光的外孙女入主后宫。霍光觉得昭帝还是个乳臭未干的毛孩子，还不到立皇后的年龄；外孙女也太小，故没答应。

上官安见状，便跑去找丁外人，对丁外人说："听说公主有选立皇后的打算，我有个女儿，容貌端丽，请长公主垂爱。这事成与不成，全仰仗阁下。汉家惯例，列侯尚公主，阁下何愁不封侯？"丁外人大喜，马上去找鄂邑长公主。长公主对情夫言听计从，遂改初衷，答应立上官女为皇后。

六岁的上官女被迎入皇宫，封为婕妤。一个月后，上官女封为皇后，她成了汉代年龄最小的一个皇后。

上官父子感恩丁外人，为丁外人加封之事，上官安天天去央求霍光，可霍光不答应。上官安说："封侯不行，就给他个光禄大夫吧。"霍光还是不答应。上官父子恼怒不已。鄂邑长公主听说霍光作梗，拒绝官封她的情夫，也甚为怨恨。

上官桀等人暗中收集霍光的材料，交给与霍光有怨的藩王——燕王刘旦。刘旦遣人上疏，弹劾霍光道："霍光出京去长安东的广明亭检阅御林军，道上驻跸，太官供备饮食，僭用了天子礼仪；他任人唯亲，长吏杨敞无才无功，却当上了搜粟都尉；他还擅自调动校尉。霍光专权自恣，臣怀疑他图谋不轨。臣愿归王玺，宿卫京师，保卫皇上。"不料，昭帝看破此计，把燕王的奏疏留下，不肯下发。

上官桀一伙不甘心失败，决定铤而走险。他们定计：鄂邑长公主出面请霍光吃酒，伏兵格杀霍光，除掉燕王刘旦，废除昭帝，拥立上官桀为帝。

"那么，废除昭帝以后，皇后怎么办？"有人问。

上官安道："我家现在靠皇后而贵显，一旦皇后失宠，我家也就完了。但眼下为了荣华富贵，就顾不得皇后了。这是千载难逢的大好时机，不可错过了。"

不料，他们的阴谋泄露，霍光果敢地诛杀了上官父子、丁外人，燕王刘旦、鄂邑长公主自杀身亡。上官皇后年幼，没有参与父祖的阴谋活动，加上她是霍光的外孙女，故不但保全了性命，且皇后的凤冠也没被摘掉。

虽然父亲为了荣华富贵决心牺牲女儿，但上官皇后还是不忘父祖之情，她安葬了父祖，让她的仆人去为父祖守冢。

霍光想让外孙女生个皇储。宫廷大臣和御医都看霍光的眼色行事，他们上书昭帝，说什么圣体欠安，除了皇后外，应当少近女色。于是，他们让皇后下了一道命令：为了龙体圣安，后宫的宫女不得侍宿皇上。在他们的严密防范下，除了上官皇后外，后宫佳丽没人侍宿昭帝。但是，上官皇后专房擅宠，但肚子却不争气，一直没有给皇上生个皇子皇女。

上官皇后十六岁那年，昭帝驾崩。她做了十年的皇后，享尽荣华富贵，也时常因为祖父、父亲的所作所为而担惊受怕。豆蔻年华的年纪她便成了寡妇。

昭帝无嗣，霍光等迎立武帝之孙昌邑王刘贺为帝。尊上官皇后为皇太后，移居长乐宫。刘贺荒淫无道，霍光等人很是后悔，他们来到长乐宫，奏告刘贺无道，不可为帝。上官太后批准他们的请求，废黜刘贺。

废黜刘贺后，霍光等欲迎立武帝曾孙刘询为帝。他们在上官太后面前把刘询夸赞了一番，说他躬行节俭，慈仁爱人。上官太后诏曰："可。"刘询登上了帝位，是为宣帝。

年方十六岁的上官太后的身份又高升了一级，成了太皇太后，这也是历史上最年轻的太皇太后了。

自此以后，上官太皇太后不问政事，在长乐宫中颐养天年。

公元前37年，上官太皇太后寿终正寝于长乐宫，与昭帝合葬于平陵。

当了皇后命不保——西汉宣帝刘询皇后许平君

刘询出生数月，失宠于武帝的皇太子刘据发动叛乱，兵败自杀。史良娣、皇孙刘进和王夫人皆受牵连被诛。襁褓中的刘询也被关进监狱。

昭帝即位后，赦免刘询，把他送进宫女居住的掖庭养育。掖庭的长官——掖庭令张贺曾在刘据门下做过事，所以对刘据的孙儿十分费心，极尽照顾，甚至自己掏钱供他读书。

许氏的父亲许广汉，在主管染织的暴室任暴室啬夫时，受张贺管辖，与刘询同居掖庭，结识了刘询。

转眼之间，刘询到了娶妻生子的年龄，张贺四处给他张罗婚事。许广汉有个女儿，名叫平君，年方十四五，曾许配一个叫欧侯的官宦子弟，还未及嫁娶，欧侯暴病而亡。张贺替刘询向广汉提亲。许广汉见顶头上司来提亲，对刘询又颇有好感，况且不管怎样刘询也是汉室后代，便满口答应。随后许平君嫁给了刘询。

公元前53年，他们生了一个男婴取名刘奭。不久，宫中传出噩耗，昭帝驾崩。

昭帝无子嗣，霍光等人迎立武帝孙、昌邑王刘贺为帝。刘贺登上帝位才27天，便荒淫起来。为汉代江山的兴旺，霍光等人奏请昭帝皇后上官氏，废黜刘贺。经过权衡，他们决定拥立刘询，觉得武帝曾孙刘询操行节俭，慈仁爱人，而且年轻，缺乏理朝经验，容易控制，于是，他们便奏请上官皇后以刘询为继承人，诏准。

元平元年（前74年），刘询拜谒皇太后上官氏，接受群臣奉献的皇帝玺绶，即皇帝位，是为宣帝。

即位后，刘询封许平君为婕妤。婕妤名次在皇后、昭仪之后，排第三位。

群臣上书，请立皇后。霍光自昭帝以来便受遗诏辅政，权倾朝野，宣帝是他主谋迎立的，故群臣提议立霍光小女儿霍成君为皇后。但是，宣帝没有忘记贫贱时的患难妻子许平君。他不顾众臣的反对立许平君为后。许平君成了母仪天下的皇后，入主后宫。

霍光夫人一心想让女儿入主后宫，无奈宣帝不忘旧情，把皇后凤冠戴在许平君头上。霍夫人心怀不满，不肯就此罢休，她在寻找时机。

第二年，许皇后妊娠，患病。为她治病的女御医淳于衍与霍夫人私交很好，霍光夫人觉得这是千载难逢的好机会，于是她对淳于衍道："今皇后行将分娩，你寻机给她灌些毒药。只要皇后死了，小女就能成为新皇后，事成之后，与你共享富贵。"

淳于衍听后大惊，忙说："给皇后治病，是与其他御医一起去的。况且熬好药之后，须先尝后才能给皇后喝。"

霍夫人把脸一沉，恶狠狠地说道："这事就看你想干不想干了。霍将军辅佐皇上，威震天下，谁敢说三道四？"

淳于衍心里明白霍夫人已把计谋挑明了，自己不干，她必杀人灭口。事到如今，只好铤而走险了。

淳于衍把一种有毒的植物带进了皇宫，皇后分娩后，她把毒药放在补药中，服侍皇后喝下。过了一会儿，许皇后浑身燥热，烦闷，不久便命归西天。

许皇后死后不久，有人上书说皇后死因不明，御医侍疾有奸。于是，宣帝诏令逮捕御医。霍夫人听说后急了，担心淳于衍招供，她左思右想，别无良策，只好惶恐不安地对霍光说了实情。

霍光听完，大惊失色，随即入宫，奏请宣帝。宣帝即位不久，还不敢得罪这位权臣，只好下诏：释放淳于衍，不予追究。

就这样，曾与宣帝共患难的许皇后，就不明不白地死了。宣帝为了自己稳坐皇帝宝座，只好忍气吞声了。

为了家族的意志——西汉宣帝刘询皇后霍成君

上文说到，宣帝即位后，霍光夫人想让她的小女儿霍成君做皇后，她指使御医淳于衍毒死了刚刚分娩后的许皇后。宣帝强忍悲愤，慑于霍光权势，对许皇后的死因，不敢有什么表示。

霍夫人于是把小女儿送进宫中。汉宣帝不敢得罪掌握大权的霍光，只得接纳霍成君做了皇后。但宣帝依然怀念着许皇后，对霍氏十分反感，但因她是权臣霍光的女儿，况且是霍光拥立自己为帝的，所以宣帝只好装出一副宠爱她的样子，晚间总是召她侍宿。霍皇后十分得意，一反许皇后俭约的行为，仪服车驾极为华丽；赏赐官属，动辄千万钱。

公元前68年，霍光病死，宣帝隆重安葬了霍光，然后亲理朝政。

汉宣帝深知，霍家还控制着各部门的权力，为此他首先剥夺霍党的领兵权，然后把部分霍党成员流放边郡，分散、削弱霍家的势力。

在打击霍家的同时，宣帝重用祖母史良娣和皇后许氏两家的子孙，形成一个核心集团，并且立许皇后之子刘奭为皇太子。

霍夫人闻讯，遂指使女儿霍皇后毒杀太子。霍皇后几次召太子赐食，太子的老师都先尝试，霍皇后无法得手。

霍夫人见宣帝已开始复仇了，怕宣帝追究许皇后的死因，现在霍光又死了，她只好将阴谋杀害许皇后之事告诉了儿子霍禹。霍禹等人惊慌失措，他们只好铤而走险了。一个政变阴谋形成了：诱使太皇太后上官氏宴请宣帝外祖母，召丞相以下百官前去祝贺，然后由范明友、郑广汉宣太后诏，斩杀他们，废掉宣帝，拥立霍禹为帝。不料，他们的叛乱在严阵以待的宣帝面前很快瓦解，宣帝诏令逮捕霍禹诸人。范明友等人自杀，霍夫人、霍禹和郑广汉被抓了起来。

宣帝命人赐霍皇后策文："皇后惑乱失道，丧失妇德，与其母阴谋毒杀皇太子，无人母之恩，不宜奉宗庙，不配承天命。"霍皇后被废后居于上林苑中的昭台宫。她在昭台宫度过了十二年后，宣帝又命她徙居云林馆。最后，霍氏绝望至极，抑郁自杀而死。

民族团结的使者——匈奴呼韩邪单于阏氏王昭君

王昭君,名嫱,字昭君。晋朝时为避司马昭讳,又称"明妃"。汉元帝刘奭时期宫女,西汉南郡秭归(今属湖北宜昌)人。匈奴呼韩邪单于阏氏。

王昭君是汉元帝时以"良家子"的身份入选掖庭的。当时,呼韩邪来朝,汉元帝敕以五女赐之。王昭君入宫数年,不得见御,积悲怨,乃请掖庭令求行。呼韩邪临辞大会,帝召五女以示之。昭君"丰容靓饰,光明汉宫,顾影徘徊,竦动左右。帝见大惊,意欲留之,而难于失信,遂与匈奴"。(《后汉书》卷八十九《南匈奴传》)

王昭君约于公元前52年出生于南郡秭归县。其父王穰老来得女,视为掌上明珠,兄嫂也对其宠爱有加。王昭君天生丽质,聪慧异常,擅弹琵琶,琴棋书画,无所不精,"娥眉绝世不可寻,能使花羞在上林"。昭君的绝世才貌,顺着香溪水传遍南郡,传至京城。公元前36年,汉元帝昭示天下,遍选秀女。王昭君为南郡首选。元帝下诏,命其择吉日进京。其父王穰云:"小女年纪尚幼,难以应命",无奈圣命难违。公元前36年仲春,王昭君泪别父母乡亲,登上雕花龙凤官船顺香溪,入长江,逆汉水,过秦岭,历时三月之久,于同年初夏到达京城长安,为掖庭待诏。

传说王昭君进宫后,因自恃貌美,不肯贿赂画师毛延寿,毛延寿便在画像上加以丑化(事见葛洪著《西京杂记》)。王安石有诗《明妃曲》云:"归来却怪丹青手,入眼平生几曾有;意态由来画不成,当时枉杀毛延寿。"昭君便被贬入冷宫三年,无缘面君。

公元前33年,北方匈奴首领呼韩邪单于主动来汉朝,对汉称臣,并请求和亲,以结永久之好。汉元帝尽召后宫妃嫔,王昭君挺身而出,慷慨应诏。呼韩邪临辞大会,昭君丰容靓饰,元帝大惊,不知后宫竟有如此美貌之人,意欲留之,而难于失信,便赏给她锦帛二万八千匹,絮一万六千斤及黄金美玉等贵重物品,并亲自送出长安十余里。王昭君在车毡细马的

王昭君

簇拥下，肩负着汉匈和亲之重任，别长安、出潼关、渡黄河、过雁门，历时一年多，于第二年初夏到达漠北，受到匈奴人民的盛大欢迎，并被封为"宁胡阏氏"，意为匈奴有了汉女作"阏氏"（王妻），安宁始得保障。

昭君出塞后，汉匈两族团结和睦，国泰民安，"边城晏闭，牛马布野，三世无犬吠之警，黎庶忘干戈之役"，展现出欣欣向荣的和平景象。

公元前31年，呼韩邪单于亡故，留下一子，名伊屠智伢师，后为匈奴右日逐王。时，王昭君以大局为重，忍受极大委屈，按照匈奴"父死，妻其后母"的风俗，嫁给呼韩邪的长子复株累单于雕陶莫皋，又生二女，长女名须卜居次，次女名当于居次（"居次"意为公主）。

雕陶莫皋与王昭君共同生活了十一年。王昭君参与匈奴的政治活动，对于匈奴与汉廷的友好关系，着实产生了不少沟通与调和的作用。

王昭君的兄弟被汉朝政府封为侯爵，多次奉命出使匈奴，与妹妹见面，王昭君的两个女儿也曾到长安还入宫侍候过太皇太后，这位太皇太后就是汉元帝的皇后、鼎鼎大名的王政君。

王昭君去世后，厚葬于今呼和浩特市南郊，墓依大青山，傍黄河水；后人称之为"青冢"；到了晋朝，为避晋太祖司马昭的讳，改称明君，史称"明妃"。

王昭君的历史功绩，不仅仅是她主动出塞和亲，更主要的是她出塞之后，使汉朝与匈奴和好，边塞的烽烟熄灭了五十年，南匈奴逐渐汉化，成为中华民族的一部分，应该说，这其中，有王昭君和她的子女的贡献。

汉匈民族的团结，是符合汉族和匈奴族人民的利益的。元代诗人赵介认为王昭君的功劳，不亚于汉朝名将霍去病。昭君的故事，成为我国历史上流传不衰的民族团结的佳话。

历汉四世的寿星——西汉元帝刘奭皇后王政君

王政君，汉元帝刘奭皇后。她活了八十四岁，参政摄政六十年，经历汉朝四世，成为西汉晚期的重要政治人物。

偶然被选为太子妃

王政君是王莽的姑母，济北王田安则是王政君的五世高祖。

在西汉文、景之际，田安的孙子王遂住在东平陵（今山东济南），王遂的儿子为王贺。王贺在汉武帝时任绣衣御史，曾到魏郡（今河北临漳）缉捕地方"群盗"坚卢等人，对于那些"畏懦逗留"群盗、应当受到惩罚的官吏他却纵容不杀，于是王贺就因为"奉使不称"的罪名被免职。他感叹道："我听说给千人留条活路就可以封荫子孙，我让万余人死里逃生，不知道后世能不能因此受到荫惠。"王贺被罢职以后便迁到魏郡元城（今河北大名）委粟里，在里中任三老，魏郡的人都很尊重他。元城有位叫建公的人说："当年春秋时，沙麓暴崩，晋国史官就曾卜过一卦说，'阴为阳雄，土火相乘，所以才有沙麓之崩，这预示着六百四十五年后，会有圣女兴世，就是齐家的后代吧。'现在，王贺一家迁来，正居当年沙麓之地，时间也相符。看来，八十年后王家应当会有贵女出世而兴盛天下了。"

王贺的儿子王禁，为廷尉史。本始三年（公元前71年），王禁得女儿政君。王政君的出生似乎应验了建公的预言，使得王政君的头上自然有了"圣女"的光环。母亲李氏夫人怀她时，就曾梦到"月入其怀"，在古代，这种异象常常是"圣女"出世之兆。

日复一日，年复一年，长大后的王政君恪守妇人之道。家里曾经将她许配人家，但每次都没等迎娶过门，许嫁的男子就死了。后来东平王聘她为姬，也是没等她嫁人就死了。接连如此，王禁不免觉得奇怪，他请了个算命的给王政君看相，看完之后说："当大贵，不可言。"王禁便悉心教她读书写字、鼓瑟琴棋，为其入宫做准备。

王政君十八岁那年，她的父亲王禁把她送到了掖庭。她的"皇后"之位的获得似乎不同于一般"夺后之路"的处心积虑与勾心斗角，而是充满了戏剧性与偶然性。

当时，恰逢皇太子刘奭非常宠爱的司马良娣病亡，她临终前对太子说："我死不是因为天命，而是因为其他姬妾诅咒而死的。"太子对其十分爱怜，所以对其所言深信不疑。等到司马良娣死后，太子悲愤交加，平日郁郁寡欢，又迁怒于其他姬妾，所以姬妾们都不敢觐见太子。宣帝听说太子这种情况，就想顺太子的意愿，命皇后从后宫中另外选出可以服侍太子的宫人。

王政君也在备选的宫人里面。一日，太子刘奭入朝觐见宣帝，皇后就将已经挑选好的包括王政君在内的五名佳人引入，然后又让在旁供奉的长御去问问太子中意哪一位。太子对皇后煞费苦心为他挑选的五位佳人丝毫没有兴趣，但又不忍辜负皇后的一番苦心，不得已勉强回答说："其中一位还可以。"那个时候，王政君的位置离太子最近，五人中又单单她一人穿着大红色的鲜亮衣服，非常突出。长御在听到太子说"其中一位还可以"后，以为指的就是装束与众不同的王政君，便告知皇后。于是，皇后命人将王政君送到太子东宫，后得"御幸"，即有身孕。说来也怪，在此之前，太子后宫姬妾数十余人，有的被"御幸"长达七八年，均无子嗣，而王政君居然一矢中的。

宣帝甘露三年（公元前51年），王政君在甲馆画堂生下一男婴，即后来的汉成帝。这个男婴是嫡长皇孙，汉宣帝异常怜爱，亲自为他取名"骜"，字太孙，并且常常把他带在身边。自古"母凭子贵"是不二法则，生下嫡长孙刘骜，是王政君夺取后冠至关重要的筹码。

三年之后，汉宣帝驾崩，太子刘奭即位，是为汉元帝，立年仅三岁的刘骜为太子。元帝本不喜欢王政君，所以只封她为婕妤，封王政君的父亲王禁为阳平侯。但是犹豫三天之后，元帝为了少惹非议，还是将王政君立为皇后。

王政君的皇后之位似乎是轻而易举地获得的，非处心积虑所为，或许这就是谶纬史观上的洪福天命，然而夺取后冠并非代表王政君以后就可以高枕无忧了。

王政君因为"母凭子贵"而坐上皇后宝座，然而若其子不肖，其母势必也会受到牵连责处。

太子刘骜原本宽博恭慎，后来却沉迷于饮酒作乐，再加上其他子嗣的对比，元帝渐渐地觉得刘骜不堪重任、无德无能。当时元帝非常宠幸傅昭仪，而傅昭仪生有一子，封为定陶共王。共王多才多艺，元帝十分钟爱，"坐则侧席，行则同辇"。元帝常想废掉刘骜立共王为太子。

当时，王政君的同母弟王凤掌事，遇到这种情形也与王政君和太子一样，忧惧不安。幸亏元帝的宠臣史丹拥护刘骜为太子，经过他多方斡旋和鼎力相助，最终才化险为夷。一次，汉元帝病重，于宫中休息，史丹在旁侍候，后趁元帝一人独寝之际，跪于汉元帝卧榻之旁，涕泣满面地婉言道："皇太子以嫡长子而立，已十几年了，天下臣民，无不归心。现在外面流言纷纷，说陛下要改立定陶共王为太子而废刘骜，果真如此，公卿定然不会奉诏，与其如此，臣愿先被赐死。"元帝见他情切意衷，也为之动容，知道行废立之事阻力很大，只好喟然长叹："我也是左右为难。但念皇后王政君为人谨慎谦恭、遵法循礼，先帝又喜爱太子，我岂能有违先帝于九泉之下啊。我的病恐怕难以痊愈，到时候，还望你们好好辅佐太子，别让我失望才好。"就这样，刘骜的太子之位保住了，王政君也当然随之渡过险关，依然做当朝皇后，母仪天下。

竟宁元年（公元前33年）五月，年仅四十三岁的汉元帝病死。太子刘骜即位，是为汉成帝。王政君被尊为皇太后。

揽皇权操控朝政

正如前述，刘骜初为太子时，"好经书，宽博谨慎"，很得元帝欢心。后来，元帝虽然发现他并不是理想的皇位继承人，但因种种因素的制约，元帝改立太子的想法未能实现，刘骜最终还是继位，是为汉成帝。

平心而论，汉成帝并非一无是处。他罢斥了佞臣石显，撤除了中书宦官；下诏鼓励臣民进谏，奖励孝悌力田，减免租赋，大赦罪人等。但是，从整体上看，成帝不是励精图治的皇帝，他沉湎于酒色，日日醇酒美人；长安市上，夜夜选色征歌，从而使汉王朝的腐败之风愈演愈烈。

于是，其母王政君乘机操纵了朝政。王政君被尊为皇太后后，以王凤为大司马大将军领尚书事，王氏一族在西汉末期的兴盛从王凤开始。同时王政君的弟弟王崇被封为安成侯，食邑万户。弟弟王谭等也加官晋爵，配享食邑。王氏一家的荣耀画卷自此展开，同时也拉开了西汉王朝王氏外戚专权的帷幕——王氏兄弟有五人同日受封，故又有"五侯"之称，后来兄弟皆为列侯，"王氏子弟皆卿大夫侍中诸曹，分据势官满朝廷"。同时，作为政府百官之首的"大司马大将军领尚书事"一职，几乎为王氏垄断，先为王凤，其后依次为王音、王商、王根、王莽，形成了王氏外戚把持朝政的局面。

身为汉成帝的母亲，王政君以"皇太后"的名衔掌握着成帝后宫的生杀大权。汉成帝没有为汉王朝留下子嗣，但后宫本来就是一个充满故事的地方，再加上成帝嗜好声色犬马的生活，所以自然而然会在其后宫呈现一系列的波澜，群美斗法，各显神通。然而不管怎样，没有人能够跳出王家势力的范围，当然也就逃不出皇太后王政君的手掌心了。汉成帝的皇后许氏漂亮、聪慧、善写文章，又工书法，入宫一段时间后，便宠冠后宫。随着许后的得宠，其父许嘉权倾一时，这样与当时王氏一族的冲突便在所难免。当时有位叫杜钦的人还曾对王凤说："车骑将军是皇后的父亲，将军身为国舅，要对他尊敬，不应让他有所不快。小不忍则乱大谋，小小细琐之事亦能酿成大祸，不可不谨慎。何况前车之鉴，有目共睹，唯愿将军明察。"对许氏一族的发展态势，皇太后王政君和王氏诸人不可能无动于衷，当然亦不可能坐以待毙，于是就以许皇后专宠会影响皇帝继嗣不广为借口，减少了后宫椒房殿（皇后所居）的用度开支，借以打压皇后的势力。

许后对此当然会有不满，并予以申辩。但当时，灾异不断，而汉代又是特别迷信于灾异五行学说的王朝，这些灾异给王政君与王氏兄弟对付许氏家族提供了证据，他们认为这些异象都应当归咎于后宫失德，就连汉成帝也无话可说，对于许后的申辩，汉成帝也只得加以驳斥，此后许后宠爱日衰。恰在这时，她的姐姐许谒以媚道之法诅咒后宫，这事被人揭发。身为皇太后的王政君当然极为震怒，立即下令严厉审问，结果是：其父许嘉也因汉成帝一纸诏书，托言"家重身尊，不宜以吏职俗务为累"，以特进侯退出辅政大臣之位。自此后，王凤的权势日盛，许后失宠。

许后被废后，成帝想立赵飞燕为后，又受到王政君的百般阻碍，认为赵飞燕出身低微。后来，太后姐姐的儿子淳于长千方百计在太后面前为成帝说情，才终于得到太后的认可。永始元年四月，成帝先封赵飞燕的父亲赵临为成阳侯，改变其卑微的身份。六月，册立赵飞燕为皇后，而淳于长也被封为定陵侯。赵飞燕为皇后，妹妹赵合德则被封为昭仪，但赵氏姐妹也没能因此而飞黄腾达。绥和二年，汉成帝暴死于未央宫。消息传出，朝野民间俱为震惊，一时间议论纷纷。民间传言，说夜间汉成帝因酒后纵欲过度，中风而死，应归罪于赵昭仪。这时候王政君下诏，令由大司马王莽组成调查小组，追问皇帝起居发病的详情，以正视听。

王政君诏书一下，赵飞燕的妹妹赵合德就自杀谢罪了。赵飞燕虽然当上了皇太后，但好景不长，哀帝一死，以王莽为主的王氏一族马上又反攻倒算，最终以赵飞燕自杀而结束成帝的这场后宫之争。经过这一番较量之后，赵氏家族在朝中的那点可怜势力，也被一一清除干净了。

历汉四世终改朝

汉成帝即位二十余年以来都没有继嗣，而当时定陶共王已经死了，其子刘欣承继为定陶王，他的祖母傅太后以重金贿赂当时的骠骑将军王根，目的是"为王求汉嗣"。当时，最有希望的"汉嗣"人选，是汉成帝的弟弟中山孝王刘兴和侄子定陶王刘欣。

这其中有一些小故事：元延四年（前9年），中山孝王刘兴及定陶王刘欣一起入朝觐见。定陶王率王傅、相、中尉三官一道入朝，中山孝王只带一位王傅，汉成帝问定陶王为何如此，刘欣答道："祖宗有定制，诸侯王入朝面圣，应率封国之内二千石官同行，而王傅、相、中尉，都是封国内二千石者，所以都可随从。"成帝又让他诵《诗》，定陶王不仅出口成章，而且通达其意，汉成帝心中甚是欢喜。汉成帝转而问弟弟中山孝王为什么只带封国王傅入朝，中山孝王无以应答，又令其诵《尚书》，他支支吾吾，难以成言。

后来汉成帝赐宴诸侯王，中山孝王吃饱喝足，最后一个离席，起来时，袜子上的系带又松开了。经过这一番比较，汉成帝觉得中山孝王不如定陶王，于是常常向王政君赞誉定陶王的才干和能力。再加上定陶王祖母傅太后的奔走贿赂，最终于绥和元年（前8年）二月，汉成帝下诏：立定陶王刘欣为皇太子。于是两组外戚人马——王氏与傅氏——的争斗就此展开。

一年后，汉成帝驾崩，刘欣即位，是为汉哀帝。傅、王两家的冲突日益激烈。哀帝即位之初，王政君诏令王莽卸任，以躲避哀帝这边的外戚，于是王莽上书乞归。哀帝小时候就听说王莽骄傲气盛，不是很喜欢他，但因为刚刚继位，只好对王莽表示慰留。于是，王政君又下诏让王莽辅政。一个月后，司隶校尉解光上奏弹劾曲阳侯王根及成都侯王况，于是哀帝下诏，因为王根曾经有功于国家，于是只是将其还遣封国；免王况为庶人，归故郡；王根及王况之父王商所荐举为官的人，皆予以罢免。这让王氏外戚的势力受到了不小打击。

当时，为了缓和社会冲突，太皇太后王政君曾建议哀帝颁布限田、限奴婢的法令，实际上是令而不行。汉哀帝自己就不遵行诏令，一次就赐给其男宠董贤良田两千顷。哀帝宠爱董贤，留下了著名的"断袖"的典故。不过，王政君倒是严格遵行：家中田地，除了祖上坟茔外，其余都要分给贫民，此举使得王政君获得了相当高的美誉。不久，哀帝迫于朝野上下的压力，不得不以王政君为名，下诏将王莽召回，并令其执政。

哀帝继位一段时间后，即以"汉家之制，推亲以显尊"为由，使傅太后与其母丁姬皆称尊号，把傅氏由帝太太后，改封为皇太太后；丁氏改为帝太后。这样一来，就与太皇太后王政君并驾齐驱。如此一来，哀帝期间的后宫热闹异常，加上亦为皇太后的成帝之后赵飞燕，哀帝时的后宫一共有四位皇太后。

傅氏一族亦开始加官封爵。傅太后既尊，也日益骄纵，与王政君谈话时，常常称她为"妪"（为老太婆之意）。王政君虽然是实际掌权者，也因为傅氏一族势力过于强大，而受到限制。

元寿二年（前1年），汉哀帝死于未央宫，此时王莽秉政，他让人上奏傅氏、丁氏的罪状，然后以太皇太后王政君的名义，下诏免掉她们的官爵，又通过一连串的"托古之言"，尽削傅氏、丁氏在朝中的势力，使其宗族尽归故郡。至此，哀帝一脉的外戚势力，随着哀帝的驾崩，在短时间之内以让人惊讶的速度烟消云散。

哀帝无子，中山孝王的儿子刘衎即位，是为汉平帝。平帝年仅九岁，体弱多病，王政君临朝，委政于王莽。从此，王莽掌握了实际权力，在朝野上大肆清除异己。元始三年（公元3年），王莽让群臣上奏立自己的女儿为皇后，又尊自己为"宰衡"，王莽的母亲及两个儿子均封为列侯。

汉平帝死后，仍无子继位，王莽又推立宣帝最小的玄孙刘婴为帝。刘婴年仅两岁，王莽托言说是"卜相为最吉"，但他的用心人人皆知。在王莽的操纵下，群臣争相上奏，请他践祚居摄，仿周公旧制。但王政君认为不可，于是王莽以摄皇帝自命，改元称制。成、哀、平三朝，无嫡嗣继位，使帝位虚悬。皇位继承，听由王氏。王莽也一步一步地向篡汉之路成功迈进。

为了让自己的"新朝"更加名正言顺，王莽着手在王政君手里所握的那颗玉玺上大作文章。这玉玺是当年汉高祖刘邦入咸阳至霸上，先从秦末代君王子婴手中夺来的"始皇玺"。高祖居天子位后，用它作为印玺，世代相传，称为"汉传国玺"。因刘婴年幼，汉传玉玺一直在王政君手中珍藏。王莽篡汉后，多次请玺，王政君均不肯相授。后来，王莽让安阳侯王舜求取传国玉玺，王舜向来谨慎恭敬，王政君对其深信不疑。这次见到王舜，知道他是为王莽求玉玺而来，于是愤怒地骂道："你们父子宗族，承蒙汉家皇恩庇护，世代享受富贵荣华，不知恩图报，反而趁托孤之际，谋篡汉家社稷，丝毫不顾念恩义。如此之人，连猪狗都不吃他们剩下的食物。天底下哪有像你们兄弟这样的呀！王莽自以为金匮符命，做了新朝皇帝，改变了汉家正朔服制，那就应当自己另制国玺，传之万世，何必苦苦索取这汉家的亡国不祥之玺？我为汉家的老寡妇，将不久于人世，我只想与这颗玉玺同葬，你们休想得到。"王政君涕泣而言，旁边的侍从见状也都为之动容流泪。王舜也悲伤不已，过了许久，才对王政君说："我也没有什么可以说的，只是王莽想要这传国玉玺，您能不给吗？"王政君也听出王舜言辞恳切，也怕王莽会胁迫她，便拿出传国玉玺，扔在地上给王舜,并说:"我老将死,你们兄弟也将有灭族的一天!"玉玺坠地时,损一角,后被镶金,后世故称为镶金玉玺。

王政君以八十四岁的高龄死于建国五年(公元 13 年)二月。新朝皇帝王莽宣布为她这个姑妈服丧三年,并将她安葬在汉元帝的渭陵的司马门内。王莽在这两座相距了一百一十四丈的陵冢之间挖了一条沟堑,以示"新室文母"与汉元帝的绝缘。

魂断皇宫深渊——西汉成帝刘骜皇后许氏

许氏成为成帝刘骜皇后,对她来说,其实是个灾难,她最终成了宫廷与权力斗争的牺牲品,落得饮药自尽的下场。

许妃的父亲许嘉是大司马车骑将军。许氏自幼生活无忧无虑,又聪明伶俐,知书能文,入宫后深得当时还是皇太子的刘骜的宠爱。过了几年,许妃喜得贵子,朝野上下大加庆贺,皇上、太子都非常高兴。谁知,这个将成为刘汉王朝继承人的婴儿,竟突然失踪了。堂堂一个皇孙竟会丢失!这一定是某个别有所图的人干的。不过,是谁干的,最终也没查出来。

在那个时代,母以子贵,丢失了儿子,给了许妃致命的打击。

竟宁元年(前 33 年),元帝驾崩,终年四十三岁。太子刘骜即位,是为汉成帝。随后许妃成了母仪天下的皇后,入主后宫。

皇帝即位后,成帝的后宫又新添了许多从全国各地选来的美女佳人。但他仍然宠爱着许氏。许氏一面倾尽全力侍奉成帝,讨他的欢心,一面统领后宫众多的嫔妃,处理后宫事务。对于逢年过节按礼赏赐父兄以示慰问之事,她从不自作主张,总是请示成帝,赐什么,赐多少,由他定夺。她算得上个律己修行的皇后。

成帝即位后,他的生母王政君成了皇太后,享受着最崇高的荣誉和至高无上的权力。为了平衡王氏外戚和许氏外戚的权益,成帝拜王政君的同母弟、他的舅舅王凤为大司马大将军,与其国丈许嘉同掌朝政。在两大权臣之间,难免要分高低。有个叫杜钦的官僚对王凤说:"按照传统的观念,后父之位重于帝舅。你为人处事要谨慎,免遭不测。"但是,在后父与帝舅之间,成帝却选择了其舅王凤,他以"家重身尊不宜以吏职自累"为名,罢免了许嘉,把帝国的大权交给王凤一人掌管。

在古代,皇后的家族借皇后而贵显,父兄的落魄也预示着皇后的不幸。果然,许皇后遭到一些莫须有的攻击、诽谤。对皇后的攻击自然出自正得势的王氏外戚之口。皇太后和她的弟弟王凤等人别有用心地议论道:"皇上即位多年,没有子嗣;苍天又屡降灾异,惩戒世人。不知祸根在哪里?"王凤的爪牙马上心领神会,遂上书说:"咎在后宫!"

这时，成帝依然宠爱着他的皇后，迫于朝臣的压力，便赐给皇后一道诏书，说："后宫使用的礼仪，制作御服车驾，赏赐外家物品，按竟宁以前的制度，不得越制！"言外之意，是皇后的所作所为僭礼越制了。

许后处处克己为人，结果无故受责，心中不快，遂上书成帝为己分辩。成帝又让刘向、谷永写了一道谕旨，答复皇后，要她克己修行，毋违古制，养名显行，以息众议。皇后的分辩并没有洗却自己蒙受的罪责。

自鸿嘉（前20—前17年）以后，汉成帝把大权交给舅舅们，自己寻欢作乐。赵飞燕等美女佳人，一个个被选入后宫。这时，许后人老珠黄，好色的成帝对她逐渐疏远、冷落，另寻新欢。

此时的许氏既得咎于外廷，又失宠于皇上，皇后的尊位朝不保夕了。

皇帝的昭仪赵飞燕是京城的名伎，因其貌美而得成帝宠爱，被封为昭仪。其实赵飞燕觊觎皇后的宝座已久，所以她处心积虑地要击败许后。鸿嘉三年（公元前18年）的一天，她上书告发许后的姐姐许谒诅咒后宫中有身孕的王美人和大司马大将军王凤。诅咒王美人和王凤，无论是成帝还是皇太后，都是不能容忍的。皇太后首先震怒了，责令严纠不贷。许谒被捕下狱，判成死罪，被砍了脑袋。

皇太后和王凤等人并不就此罢手，他们认为许谒诅咒王美人是因为王美人有身孕，许后一直无子，若王美人生子，定对许后不利。因此，许谒的幕后操纵肯定是许后，这正是赵飞燕的目的之所在。

结果，许后被废黜，幽禁于昭台宫。公元前16年，赵飞燕如愿以偿地被立为皇后。许氏在皇后的位子上坐了十四年，最终在朝廷的权力之争和后宫的争宠角逐中败下阵来。

许氏在昭台宫居住了一年。第二年，又被迁居长定宫。她在那里又居住了九个春秋。

绥和元年（前8年）一天，百无聊赖的成帝忽然想起了许氏，他自知许氏无辜，动了恻隐之心，诏令许氏的亲属回京居位。

幽居于长定宫中的许后听说她的亲戚回京居住，心中一阵欢喜，觉得总算有了一线希望。一天，姐姐许嬚来看她，许嬚寡居在家，与身居九卿之一的卫尉淳于长私通，被纳为妾。淳于长是成帝的大红人，此人荒淫好色，妻妾成群。许氏听说姐姐嫁给权臣淳于长为妾，便想通过姐姐贿赂淳于长，求他在成帝面前为自己美言，让她重入后宫，当个婕妤也行。淳于长满口答应着就收下了礼物。

许嬚入宫，给妹妹回话，淳于长又修书一封，让许嬚带给许氏，信中颇多轻侮戏弄之词。

谁想淳于长的这些丑行被政敌王莽侦知。骑都尉光禄大夫侍中王莽是皇太后王政君的侄儿，他的叔父、时任大司马大将军王根重病缠身，上书辞官养病。淳于长很可能是大司马大将军的继任者,王莽决心击败淳于长,夺取大司马大将军的官职。他派人暗暗地窥伺着淳于长的一举一动。当他得知淳于长与许氏来往的情况后,欣喜若狂,如获至宝,立即上报王根、皇太后和成帝。

成帝闻知大怒,罢免淳于长,派廷尉孔光赐毒药给许氏,令她自杀,许氏悲愤至极,饮药身亡。

楚腰纤细掌中轻——西汉成帝刘骜皇后赵飞燕

赵飞燕的家世很卑微,因为飞燕的父亲赵临是当时社会最底层的官奴。所谓官奴,就是官家的奴隶,他们毫无人身自由,就连他们的子女也是世袭的官奴。赵女出生后,她的父母担心官奴的命运也同样发生在女儿身上,便无奈地将孩子抛到野外,让其自生自灭。三天之后,赵临怀着一颗负疚之心,又悄悄来到丢弃孩子的地方,想看看孩子到底是死是活,但令他大吃一惊的是那个被他遗弃了三天的孩子竟然还活着。赵临心中窃想,这孩子说不定真的是有什么造化,是个有福之人。于是,他便把一息尚存的婴孩重新抱回了家,并开始精心抚养。

赵飞燕

一晃十几年过去了,昔日的襁褓婴孩,此时已长成了体态婀娜、面若桃花的妙龄少女。社会最底层的官奴之女的生活,使她养成了工于心计、争强斗狠的禀性。后来,赵女又多了一个妹妹,名叫合德。虽比她年幼,人却也长得如花似玉、艳丽动人。

在汉代,官奴的子女便是国家的财产,他们的命运去留全由官府主宰,年少的赵女便是这样。一开始,她在长安宫里做了几年婢女,后又几经周折,被打发到了阳阿公主府。阳阿公主见她容貌美丽,体态轻盈,人也很伶俐,心里十分喜爱,就让人教她演歌习舞,充作府中的舞伎。凭着天赋聪明和勤学苦练,几年下来赵女已经能够歌如莺语,再加上其体态轻盈,起舞时旋转如燕行,故技艺已远在群芳之上。公主见她舞技绝伦,且出落得倾国美色,当下替她取名曰:飞燕。一时间,飞燕的名声雀起，长安城里，男女老少都知道阳阿公主府里出了个色艺双绝的赵飞燕。

此时，正值西汉后期，在位的乃是汉成帝刘骜。刘骜既无开疆拓域的雄韬伟略，又乏守成安邦的治国之才，是个地道的昏君。成帝为了满足自己的穷奢极欲，连年大兴土木，营建宫殿，广储美女娇娃，搞得百姓们妻离子散，苦不堪言。不仅如此，成帝还时常弃国家大事于不顾，与富平侯张放等一班佞臣微服出游，或近游都市，或远历郊野，随意寻欢。

这一日，成帝微服来到了阳阿公主的府第。公主便在府中安排好了盛宴，为成帝接驾洗尘。为了助兴，公主又命府中舞伎宴前献技，一位绝色佳人款款而来，只见她面如姣花，目似秋水，体态轻盈。歌舞起处，似花枝轻颤，如燕子点水，一曲未尽，便有万种风情，妙不可言。成帝一见，十分倾心，不知不觉竟看呆了。席罢，成帝便要带这女子一同回宫。君命不可违，公主做个顺水人情，将她献给了成帝，并告之曰：此女即是赵飞燕。

自此，成帝终日与飞燕如胶似漆，有说不尽的缠绵。虽蒙成帝的格外恩宠，飞燕的心头却总笼罩着些愁云：自己出身微贱，难免要被那些出自名门望族的妃嫔所轻视，也难以与众多对手相抗衡。思虑再三，飞燕决计要与妹妹合德合力抗争，共同进退。在以后的日子里，飞燕常借机往成帝的耳朵里大送"枕边风"，极言舍妹如何之美，比自己有过之而无不及，直说得成帝满心欢喜，恨不能马上一见。于是，一道旨意很快传了下去，将赵合德召进了宫里。合德入得宫来，果然不同凡响，眉若远山，肤若晚雪，光彩照人，宛如天仙，成帝当即册封飞燕姊妹为婕妤，位在众妃嫔之上，仅次于皇后。一时间，赵氏二女同时受宠于后宫，荣耀非常。

然而，随着地位的提高，赵氏二女的权力欲望也越来越强。尤其是赵飞燕，她觊觎皇后的宝座已久，把在位的许皇后、班婕妤等人视为眼中钉、肉中刺，处心积虑地要搞垮她们。

成帝时期，外戚争权夺势的斗争十分激烈，其中，以许氏外戚与在朝掌权的王氏外戚的矛盾最为突出。几经较量，许氏外戚已呈明显颓势，更为糟糕的是，许后此时已人老珠黄，失去了皇帝的欢心，只能在宫中如履薄冰地捱时光。飞燕看准了这一有利时机，公元前22年，她发难告发许皇后之姊许谒，说她设坛诅咒已怀孕的王美人以及王凤，罪连班婕妤。当时，成帝已过而立之年，却苦于膝下无子，皇统无继。飞燕的告发正好触动了他的心病，加上王氏外戚的挑唆，盛怒之下，成帝下令将许谒问成死罪，许皇后则被废入冷宫；班婕妤也蒙受了极大的屈辱，避往长信宫。这样，飞燕利用外戚间的矛盾，巧施计谋，终于扫清了通往皇后宝座的两大障碍。

飞燕一心要做皇后，成帝也有了立她为后的念头，但是，太后王政君极力反对立出生卑微的飞燕为后。任凭成帝百般求情，太后就是置之不理。尤其令成帝恼怒的是，一些大臣也竭力阻挠立后之事。谏议大夫刘辅上疏成帝，指责他"今乃触情纵欲，倾于卑贱之女，欲以母天下，惑莫大焉？"成帝勃然大怒，将刘辅下狱问罪。幸有众臣相救，刘辅才免于一死。自此，群臣无有敢反对者。

在成帝为立后的事为难之际，一个名叫淳于长的佞臣跑来为他谋划。淳于长是太后王政君的外甥，官拜卫尉，他为了巴结成帝，便经常到太后那里为成帝游说，他一会儿夸奖成帝如何孝顺，飞燕如何贤惠，一会儿又言国家不可一日无后。如此再三，凭着三寸不烂之舌，一年之后，太后终于被说动了。

公元前16年，飞燕被册封为皇后，戴上了她渴望已久的凤冠，合德也晋封为昭仪，赵家姊妹成为后宫的真正主人。加封之日，成帝不忘淳于长的说合之功，降旨封他为定陵侯。飞燕父亲赵临也被封为成阳侯。

飞燕当上皇后以后，与其妹合德双艳并峙，专宠后宫。

然而，随着时光的流逝，飞燕姐妹又开始担忧起来。在宗法制盛行的汉代，母以子贵，对于后宫中的妃嫔来说，则更是如此，一旦生有子嗣，便可保证一生的荣华富贵，否则，随时都有失宠甚至被打入冷宫之虞。飞燕姊妹虽然长期侍奉，却始终未能生下一男半女，与此相反，成帝偶尔临幸的其他妃嫔宫女，不少人都怀孕、生子，对此，飞燕姊妹又惊又怕，她们决定合力铲除潜在的对手。

元延元年，后宫中一位叫曹宫的宫女怀孕了。原来，成帝曾与她偷偷地幽会过几次，遂致珠胎暗结。这年的十月，此宫女分娩，生下了一个男婴。谁知这事竟然传到了合德的耳朵里，她立即指使打手田客和一个叫李南的宫官，杀了曹宫和婴儿。成帝得知此事后，虽然气恼，但慑于赵家姐妹的骄悍，也只好不了了之。

就在第二年，成帝宠幸过的许美人为其生下一男孩，这时的成帝终于看到了自己的子嗣，他心里万分欢喜，无意中就把此事告诉了合德。孰料合德柳眉竖起，怒形于色，撒泼耍赖道："陛下曾言不辜负我们姐妹，如今许美人生了一子，陛下有负于我们，应该怎么办？"

成帝道："我原是依着前约，不立许美人，使天下无出赵氏之上，你尽可放心了。"果然，此后不久，成帝便令人向许美人索要那个男婴，并将小儿装入苇箧之中，送到合德的住处，由合德和成帝私下里观看。之后，这个男婴便在合德的指使下被偷偷地埋掉了。

合德连毙曹宫、许美人所生两婴，致使成帝从此绝嗣。最后只能在皇族中另择皇储。赵飞燕又竭力将定陶王刘欣推上太子之位，以为将来的依靠。

俗语云："物极必反，盛极必衰。"正当飞燕姐妹权势处于顶峰时，厄运已开始向她们袭来。

公元前7年，成帝突得暴病而亡，一时间，宫廷内外众说纷纭，怀疑的焦点集中在合德身上。飞燕姐妹承宠已久，在宫中树敌甚多。成帝一死，众人便乘机群起而攻之。皇太后王政君下令大司马大将军王莽追查此事，矛头直指合德。在此形势下，合德深感大势已去，只得自杀了事。

成帝的驾崩使得赵飞燕失去了靠山；合德的死更让她感到了兔死狐悲之凄怆。幸喜哀帝刘欣即位后，念及她当年推举有功，对她仍是礼仪有加，尊她为皇太后，并封其弟赵钦为新成侯。

但善恶总有报。不久，朝中大臣均交相奏章，揭发飞燕姊妹残害成帝子嗣之事，想置其于死地。但哀帝念及赵飞燕的旧情，对此事根本不予追究，只是将赵皇后削职发配，敷衍了事。

公元前1年，哀帝崩，王氏外戚扶持平帝刘衎登上了帝位。是年，平帝才九岁，朝中大权一并归于王氏。王氏取得绝对权势后，以赵飞燕残害皇子之罪，废除其后位，贬为庶人，令其迁出皇宫，去守成帝陵。飞燕绝望自尽，时年约四十岁。

知书守礼的女人——西汉成帝刘骜婕妤班氏

班氏本是一个有才有德的女子，因为皇宫遴选佳丽而入宫。对她来说，这便成了抱憾终身的悲哀之源。

班氏自幼家境优裕，祖辈历任朝廷要职，她的父亲班况曾官拜左曹越骑校尉。班氏的三个兄弟都十分好学，学识渊博。在这样的家庭氛围中，班氏从小喜爱读书，兴趣广泛，其父将其视为掌上明珠。班氏嗜书如命，而且她涉猎非常之广，凡《窈窕》、《德象》、《女师》等箴戒之篇莫不诵及，她典籍史书无不通晓。不仅如此，班氏还写得一手好赋，而且提笔成篇，情采华茂，委婉动人，班氏的学识进益匪浅，远非当时众裙钗所可及。当然，班氏接受最多的还是恪守"妇德"的教诲，儒家思想影响了她的一生。

一个偶然的机会改变了班氏的命运。建始元年（公元前32年），汉成帝刘骜即帝位，为了满足自己的淫欲，他命在全国各地搜罗三千佳丽以充后宫，年轻貌美的班氏便是其中一人。

身居与世隔绝的皇宫禁苑，班氏倍感孤单凄凉，她思念家中的亲人，眷恋自由自在的生活。

由于长期受儒家风范的熏陶，班氏并不怎么怨天尤人。刚进宫时，班氏的官号只是个"少使"（汉代宫中的嫔妃分为十四级，少使是其中的第十一级），但她并不介意于此，更不像其他宫女那样为邀恩博宠而整日浓妆艳抹、搔首弄姿、勾心斗角，她作赋弹琴，读书诵诗，过着循规蹈矩，平平淡淡的生活。看惯了奴颜媚态的成帝，面对这样一位沉稳持重又才华横溢的妙龄女子反倒动心了。不久，班氏便宠倾后宫，被册封为婕妤，住进了富丽堂皇的"增成舍"（汉代后宫被分为八个区，"增成舍"是其中专供高级妃嫔居住的殿区），班氏一家也随之贵显。

初入"增成舍",成帝对班婕妤情意缱绻,如胶似漆,还经常携她到离宫别馆游玩、栖宿。不久,班婕妤便产下了一个男婴。正当班婕妤为此而欣慰之时,几个月后这个男婴突然失踪了。失子的痛苦无情地折磨着班婕妤,使她体会到了人世间生死离别的痛苦,从此班氏对恩宠荣耀日渐淡泊,过着节制而守礼的生活。

一次,成帝乘着装饰华丽的车辇在后宫游玩,远远望见班婕妤,便派人让她上辇同坐。谁料班婕妤却婉言推辞道:"臣妾认为凡是贤明的君主,身边都聚集着才智过人、忠诚秉直的臣子,只有像桀、纣那样的亡国之君,身边才拥着宠姬爱妾,如今陛下想叫臣妾同辇,臣妾认为不太合适!"成帝听后不禁为之动容,对班氏另眼相待。

班婕妤

这件事很快传到皇太后王政君那里,王太后对班婕妤极为赞许,当众夸奖道:"古有樊姬,今有班婕妤。"随着时光的流逝,班婕妤一天天红颜消退,玉容渐改,喜新厌旧的成帝很快便移情别恋。昔日门前车马喧闹的"增成舍",此时却变得冷冷清清。

正当班婕妤失意苦闷之际,一场飞来横祸又给她以沉重打击。

鸿嘉三年(前18年),赵飞燕、赵合德姐妹凭着倾国姿色和良苦心计,深得成帝的喜爱。赵氏姐妹处心积虑地攫取更大的权势。尤其是赵飞燕,她觊觎皇后的位子已久,为了搞垮在位的许皇后,她还把莫须有的罪名加在了班婕妤身上,致使班氏身陷囹圄。

既遭冷遇,又蒙无端陷害,班婕妤感到冤屈和愤懑,她慷慨陈词:"'死生有命,富贵在天',修身正行尚且不能获福,作奸犯恶还能有什么指望?倘若神明有知,就不会听信犯上诬惑的诅咒;假如神鬼根本无知,就是诅咒了又有什么用?"成帝听了深以为然,于是赦免班婕妤,并赐给她千金以示君恩无边。班婕妤又重新回到了"增成舍"。

经历了这次打击,班婕妤变得越发心灰意冷。面对赵家姐妹咄咄逼人的气势,班婕妤为了避免再遭陷害,决计离开后宫这个是非之地,于是她上书请往长信宫去侍奉皇太后。此时的成帝正疯狂地迷恋着赵氏姐妹,于是班婕妤的奏疏很快便被批准了。就这样,班婕妤洒泪告别了伴她经历过荣辱宠贬的"增成舍"。

退居长信宫后,班婕妤常孤身独处,抑郁寡欢,人也变得苍老许多,回顾入宫以来的荣辱浮沉,班婕妤百感交集,她觉得冤屈,也感到无奈。惆怅之极,她只能作赋以抒情怀。在一篇题为《自伤悼》的赋中,流露出班婕妤倍遭冷遇的失意彷徨和对命运不公的满腔幽怨。

绥和二年(公元前7年),汉成帝刘骜驾崩后,在长信宫中挨过了十几个年头的班婕妤又被打发到陵园充作供奉,这位有才有德而又命运坎坷的女子不久便在孤寂中离世。

奸雄王莽之女——西汉平帝刘衍皇后王氏

王氏是后来篡汉建立新朝的王莽之女,是西汉王朝的最后一位皇后。

公元前8年,即王氏出生的第二年,其父王莽已官拜大司马。王氏三岁时哀帝即位,太皇太后王政君临朝摄政。王莽得到姑姑太皇太后的支持,又居大司马要职,成为汉朝举足轻重的人物。

公元前1年,哀帝病死在未央宫,年仅九岁的中山王刘衍被立为皇帝,即汉平帝。王莽任职大司马领尚书事,进行辅政,他操纵朝政,小皇帝成了傀儡。在之后的三年里,王莽利用种种手段排除异己,扩大势力,加强了自己的权势。此时,王氏已经十二岁了,出落得亭亭玉立。

元始二年秋,汉平帝十二岁了。王莽向姑姑太皇太后王政君奏报,皇帝即位已三年却后宫空虚,建议在名门望族、圣人后裔中广泛地选择,挑出符合天意又德贵贤淑的皇后来。

王政君欣然同意,为此专门设置了一个机构。选出的名单中列有王氏诸多家族的合格女子,后来的平帝皇后当然也在其中。王莽担心一些条件更好的女子会与女儿争夺后位,于是故意上书太皇太后说:"我无才无德,小女各方面条件都不如人家,不应该把我的女儿和其他女子一同选上来。"太皇太后还真就下令其女不必参选了。其实,这是王莽的欲擒故纵之术,他故意把自己的女儿放在与众不同的位置上,引起别人的关注。果然,王莽的追随者们乘机献媚,大造舆论,鼓动黎民百姓也向太后上书要求让王莽之女入选,每天竟有千余人之多。王莽这一计果然奏效,官员们都议论说不应该再选第二个了,就应该立安汉公王莽之女为皇后。迫于舆论,太后就正式拟定了选聘王莽女的计划。就这样,王氏十二岁时被正式定为皇后的首选。

元始四年二月,十三岁的王氏由大司徒和大司空亲率的迎亲队伍迎娶进宫,入主未央宫,太皇太后亲自授予其皇后印玺。

但是作为"国丈"的王莽把女儿嫁与平帝并不是最终目的,他真正的目的是垂涎已久的皇位,为防止少年平帝生下后代扰乱他的篡夺皇权大计,他开始策划要致平帝于死地。

元始五年十二月初八,俗称"腊八",王莽把毒酒敬给平帝,致使平帝中毒卧床不起,很快就驾崩于未央宫。

这样,王氏仅仅做了二十二个月的皇后就失去了丈夫和尊位。

随即王莽立两岁的刘婴为太子,封王氏为皇太后。公元8年,王莽废了刘婴自己称帝,改汉朝为新朝,王皇后又被降为安定公太后。

此时王氏还不到二十岁,由于心怀对汉朝的忠贞,不满父亲的篡权行为,她称病闭门不出。王莽对她又忧又气,作为自己的女儿不仅不支持他,反而指责自己的大逆不道行为,她已经成为新朝稳定的大碍。为此,王莽将她的封号改为皇室公主,意为她是新朝皇帝王莽未出嫁的公主,而不是什么汉朝的太后。又送给王氏贵重的礼品,但她拒不接受,王莽也只好听之任之了。

王莽称帝三年天下大旱,蝗灾四起,百姓造反,汉室宗亲刘氏后代趁机起兵讨伐王莽。山东吕母、赤眉军、绿林军,再加上汉室宗亲刘秀也趁机起兵,天灾人祸不断,新朝危如累卵。

更始元年九月,绿林军攻入长安,满朝文武落荒而逃。绿林军士兵边用斧头砸门边高叫叛贼王莽快出来投降,此时未央宫便门已起火,孝平皇后即王氏回想自己的一生,自己虽然忠于汉室却是叛贼王莽的亲生女儿,又怎么向天下人去解释?她叹息着跳入了熊熊大火中,结束了自己短暂痛苦而风波不断的一生。

王氏死后,被安葬于汉平帝康陵。

跟着丈夫担惊受怕——西汉新帝王莽皇后王氏

大司马大将军王莽的夫人王氏,出身名门,其父王咸为宜春侯,其曾祖王䜣官至丞相。

成帝绥和元年(公元前8年),大司马王根辞官,王莽当上了大司马。但他并不满足,觊觎着未央宫的龙位。他装出一副恭俭有礼的样子,欺世盗名。他要夫人简朴,天天穿着粗布衣服,看起来像个奴仆,以此沽名钓誉。

不料,王莽在大司马的位子上仅坐了一年多,就被赶下台来。王夫人也随同王莽迁居新都国,而且依然简朴如故。

令她伤感的是,二儿子王获被王莽威逼自杀了。原来,王获不知为何事动怒,杀了一名家奴。但王莽要借这事来增加自己的声誉,他痛斥儿子,坚持要王获偿命。王夫人疼爱儿子,但又不敢违抗夫君的话。王获无奈只得自杀。王夫人整日啼哭。

汉

哀帝即位后，重用的大司马董贤是个无能之辈。公卿大臣纷纷上书，要求重新起用王莽。哀帝迫于压力，以侍奉太皇太后的名义召王莽回京师长安。王莽带着妻子儿女扬眉吐气地又回到了京师长安。

元寿二年（公元前1年）哀帝病重，太皇太后王政君在哀帝驾崩的当天来到未央宫，下令把军政大权交给自己的侄子王莽。王莽重登大司马宝座。他与王政君拥立年仅九岁的中山王刘衎为帝，是为平帝。王莽以大司马的身份执掌国政。

元始元年（公元元年），王氏成了"安汉公"夫人；元始四年（公元4年），王莽女儿嫁给汉平帝，做了皇后。然而，令王夫人悲愤的事也接连不断。

汉平帝即位后，王莽借前车之鉴以防外戚争权，不准平帝母亲卫氏、帝舅卫宝等入京，让他们留在中山。卫氏思念幼子，悲哭不已。王莽长子王宇觉得王莽此举实在不妥，便指使卫宝上书，请求入京。王莽仍然不准。王宇的老师吴章说："乃翁信鬼神，我们把血洒到府门上，就说不让卫氏入京，触怒了上天。"王宇也知父亲十分迷信，所以就叫妻兄吕宽去办这件事。谁知事情败露，王莽下令逮捕吕宽，吕宽供出了王宇。王莽大怒，下令把王宇和他妻子吕焉打入死牢，王宇饮药自杀，吕焉因怀着孩子而得免。

二儿子王获被逼自杀，长子王宇为了王家的命运而得罪、触怒了王莽被逼而死，还有那可怜的儿媳、未出世的孙子，一连串的打击，使王夫人悲愤难已。

她还没从悲愤中挣脱出来，结果汉平帝又被王莽鸩杀了。女儿年方十四岁，便成了寡妇。

王夫人悲愤之极，整日忧伤、啼哭，她的两眼渐渐失明了。嫁给这么一个野心家丈夫，连常人的天伦之乐也得不到了，真是不幸啊。

王莽鸩杀了汉平帝，拥立年仅两岁的刘婴为"孺子"，自己做起"摄皇帝"来了，王夫人也成了"摄皇后"了。

王莽代汉自立之心，已是路人皆知。此时年迈的太皇太后王政君已是有名无权，已经没有什么力量能阻止王莽的所作所为了。

居摄三年（公元8年），王莽来到未央宫前殿，穿上皇帝冠服，坐在龙椅之上，宣布他应天命代汉而立，定国号为"新"，以十二月为始建国元年正月。

翌年正月初一，在未央宫前殿隆重地举行了新朝皇帝登基大典。立王氏为新朝皇后，立小儿子王临为皇太子。

皇后的尊位并没有给王氏带来欢乐和荣耀，她的两眼已经哭瞎，只能在皇太子王临的养护下打发日子。地皇二年（公元21年）正月，做了十三年新朝皇后的王氏病逝。

王皇后死后，葬在太皇太后王政君的旁边，陵号"亿年"。

色衰爱弛——东汉光武帝刘秀皇后郭圣通

郭家在真定国里,是当地名门望族。当初郭昌继承父业后成为一家之主,他把田宅财产数百万钱让给异母弟,举国称颂。郭昌从此名声大振,被授予一个掌管选举的官——功曹。真定王刘普把郭昌招为驸马。郭昌攀上王亲,他的夫人号"郭主"。郭主虽是王家女,金枝玉叶,但举止有礼,有母仪之德。她生了一女一男,女儿名圣通,儿子名郭况。

公元23年,正是新莽时期,天下大乱,景帝七代孙刘林等拥立邯郸(今属河北)人王郎为皇帝,割据北部中国。翌年,破虏将军行大司马事刘秀率兵进击王郎。大军进至真定,刘秀听说郭家有位妙龄女郎,便登门求婚。

就这样,刘秀娶郭圣通为妻,十分宠爱她。第二年,刘秀在马武、吴汉等一班将校的鼓噪下,在鄗县(今河北高邑东南)即皇帝位,时封郭圣通为贵人。同年,郭氏为年逾三十的刘秀生下了第一个皇子,取名刘强。

刘秀喜得贵子,自是万分高兴。母以子贵。翌年六月,光武帝刘秀诏立圣通为皇后,刘强为皇太子,大赦天下。就这样,圣通成了母仪天下的皇后,她的同母弟郭况也被封侯,任城门校尉,统兵把守洛阳城十二城门。

圣通皇后容貌不如贵人阴丽华秀美,她荣获皇后称号,主要是因她生了刘秀的第一个儿子——刘强。随着时光的流逝,圣通皇后容颜消退,本不秀丽的她更加平庸,在后宫佳丽中黯然失色。光武帝刘秀,一代英主,也好女色。他宠爱的阴丽华,也在他三十四岁那年生了皇子刘庄。光武帝对圣通皇后越来越厌弃,倍加宠爱阴丽华等佳丽。

被冷落了的圣通皇后,愤懑不已。她妒忌那些有姿色的嫔妃,尤其是阴丽华。嫔妃们见了她,如同小鸡撞上老鹰。背地里她们免不了要说她的坏话。圣通皇后的名声越来越坏,光武帝时有耳闻。

公元41年,光武帝刘秀决定废掉圣通皇后,另立阴丽华。他颁布了一道诏令,历数圣通皇后的种种罪行,说像她这样的人,不配做皇后,为天下母。他命令大司徒戴涉、宗正刘吉收取了皇后的玺绶,废其后位,贬为中山王太后。另立阴丽华为皇后,立刘庄为皇太子。

后来,光武帝刘秀念郭废后为自己生了几个皇儿,又先后陪伴追随自己戎马多年,也觉得这次废后对她有所亏欠,就以优厚待遇安慰郭家,任命郭废后同母弟郭况为大鸿胪,又赏赐给他丰厚的金银布帛,时人称郭况府为"金穴";又将郭废后堂兄郭竟及其弟郭匡封为侯;郭废后封为沛太后。这一切对圣通来说,也算是个安慰。

公元52年,圣通抑郁而死,时年四十六岁。她的坟墓在洛阳城北的北邙山,后葬于皇陵区。

人人仰慕——东汉光武帝刘秀皇后阴丽华

东汉开国之君光武帝刘秀,年轻时就爱慕河南新野县的大美人阴丽华,立志要娶之为妻,后来他果真如愿了。

人人爱慕的美人

刘秀是西汉高祖刘邦的后裔,当年汉景帝之子长沙定王刘发的儿子刘买封在舂陵(今湖南宁远县境),就是刘秀的远祖。到了刘买孙子刘仁这一代时,因为嫌舂陵卑湿,又请求皇帝答允内徙,而再向北迁到南阳白水乡(今湖北省枣阳县),并把白水乡改名为舂陵。

刘家一传再传,支系庞多,刘秀父亲刘钦这一支,却只能维持个小康的局面而已。汉平帝元始四年(公元4年),刘钦又因病去世,九岁的刘秀只好和大哥刘縯、二哥刘仲、姐姐刘元转依叔父刘良过活。

刘家世代务农,刘秀便在晴耕雨读下,度过了平凡踏实的童年。

刘秀的二姐刘元嫁给舂陵西北边几十里地的新野县一个世家子邓晨,刘秀有时也去新野姐夫家小住。

在新野县,连三岁小孩都知道阴家最有钱,阴家的田一望无际,阴家的仆从舆马成群,阴家有位美丽的千金小姐,名叫阴丽华。

提起新野的阴家,可谓是源远流长的世胄显贵:据说阴家祖先原姓管,是春秋时代管仲的后代,可谓"相君之家"。管仲的七世孙管修从齐国到楚国,当了阴大夫,后来就以地名作为姓氏名;到了秦汉之际,才又搬到湖北的新野定居。西汉宣帝时,阴家家势已经中落,但是家长阴子方却是个仁厚孝顺的人,经常不顾自己的贫困,解囊济助他人。腊月二十三日,家家要祭厨房里的灶神,

阴丽华

阴子方穷得没东西祭神，正在愁窘之际，突然灵机一动，把家中唯一的一只黄狗杀了来祭拜灶神。据传从此灶神保佑阴家，使阴家开始发财，又买田地，又盖房子，成了地方上有名的大财主。

阴子方生子阴幼公，阴幼公生子阴睦（字君孟），阴睦就是阴丽华的父亲，后来因为阴丽华嫁给刘秀，阴家成了皇亲国戚，既富且贵，这一切据传都是灶神暗中济助的结果。

阴丽华自小就是出名的美人胚子，阴家又有钱，所以爱慕她的男子虽多，却没人敢高攀。刘秀比阴丽华大十岁，论年纪显然是老了些，论财势更是差一大截（没落王孙的头衔不提也罢），这番仰慕思恋之情，也只好放在心里。

王莽新朝天凤年间，二十几岁的刘秀到长安游学，跟庐江许子威先生读书。有一天，他在京城里看到王莽的殿前执金吾（官名，年俸二千石米，每石约等于一百一十斤，负责皇帝的安全戒备），正威风地指挥部下，安排皇帝出巡前的安全警卫，老百姓都像避瘟神似的躲得一空。刘秀见了，不禁大为羡慕，叹道："仕官当做执金吾，娶妻当得阴丽华。"

刘秀的这两个志愿后来全都实现了，一直到他当上了皇帝，有执金吾来保护他，听他使唤，又在阴丽华之外多娶了好几位佳丽。说起来，刘秀当年的志向实在并不远大，但是，对当年的刘秀来说，这两个志愿都像梦一般遥不可及呢！

冒险嫁给反军首领刘秀

时势造英雄，由于王莽"托古改制"的新政过于激进，社会一时难以适应，加上连年旱灾、蝗灾造成饥荒，活不下去的老百姓只好铤而走险，落草为寇。这些土匪当中，以青州、徐州的赤眉军和荆州的绿林军声势最为浩大。刘秀和哥哥刘縯、刘仲，也在地皇三年（公元22年）参加绿林军，向王莽政权挑战了。

刘家在南阳是大族兼地主，有汉室血统，刘家兄弟又表现优异，所以很快就能出人头地。刘家兄弟中，刘縯为人豪放、喜结宾客，起兵造反的事多由他一手倡导；刘秀则为人谨厚，闷不吭声，不爱出风头，凡事搁在肚子里。正因刘縯锋芒毕露，御下过严，所以各支联军多半不愿推他做领袖，而于次年二月，拥立了汉室的另一支裔刘玄（刘縯的族兄）为帝，年号更始，公元23年就是更始元年。

更始元年五月，刘玄攻下宛城（今河南南阳县），并以为国都。结果王莽派王邑、王寻率领四十万大军前来平乱。王邑、王寻先派出十几万人，围攻联军的据点昆阳（今河南叶县），更始诸将心生胆怯，纷纷计议弃城而逃。幸亏刘秀引兵来救，大破新朝的军队，结果王寻被杀，王邑狼狈地率领数千人逃回洛阳。

刘秀在昆阳一役以寡击众之事，轰动了全国，更直接敲响了王莽的丧钟。更始帝派两路大军乘胜追击，一攻洛阳，一攻长安，结果王莽在同年九月被杀于未央宫的渐台，历祚十六年的新朝亡。

也就是在打胜了昆阳一战之后，二十九岁的刘秀意气风发地到新野县向阴家提亲，要娶阴丽华为妻。

一方面十九岁的阴丽华尚待字闺中，还没找到相配的夫婿；一方面也是慑于刘秀的军威，这门亲事就在更始元年六月间缔定了。

行婚礼时王莽政权还没垮台，刘秀还是造反的土匪头子，阴家敢冒着满门抄斩的后果，把女儿嫁给刘秀，也是冒着天大的风险。后来阴丽华当皇后，阴氏子孙被封为王侯，都是这桩以性命作赌注的婚姻带来的收获。

阴丽华和夫婿刚度完蜜月，新郎刘秀又匆匆披挂上阵了，阴丽华的异母哥哥阴议、同母弟弟阴兴、阴就，都一同随着刘秀造反了。

遭遇情敌郭圣通

昆阳战后不久，刘縯因受更始帝的猜忌而被杀。刘秀见状，更加谦退韬晦，并向刘玄谢罪，还说自己哥哥罪有应得，这才免去一场大祸。

更始帝刘玄虽以皇帝的名义定都洛阳，但是北方的刘系皇族根本不把刘玄放在眼里，如真定的恭王刘杨、刘让兄弟，拥兵十余万，便支持邯郸（今河北省西南部）的王郎，形成北刘、南刘对峙的局面。刘玄在洛阳寝食难安，便派刘秀到河北去招抚敌人。刘秀势单力薄，简直是被派去送死，但是帝命难违，他也只好硬着头皮去了。

刘秀来到河北后，就听说王郎悬赏十万户的封邑，要自己的脑袋。刘秀没办法，只好逃亡到蓟州（河北省蓟县）。等蓟州无法存身，又逃到信都（河北省冀县）。幸好当地的小军阀刘植、刘喜支援他，并建议他跟大军阀刘杨结为亲家——办法是娶刘杨的外甥女郭圣通为妻。

刘秀眼见自己孤立无援，北进南退都是死路一条，只好向刘杨提亲，并保证将来拥护刘杨做皇帝。刘杨一听大喜，就把外甥女郭圣通嫁给刘秀了。这是更始二年三月的事，离他跟阴丽华的结婚还不满一年。

刘秀原本也只是走一步，算一步，以政治婚姻为护身符，别的什么也不敢奢望。没想到洞房花烛夜，才发现新娘子郭圣通身为大家闺秀，有一种雍容华贵的风度，跟阴丽华小姐迥然不同，这下子可真是乐坏了。从此朝朝夕夕与郭圣通相对，把相聚才一个月的阴丽华忘得一干二净。

刘秀会做人，情场、战场两得意，许多英雄好汉都闻风归附，更始三年（公元25年）六月，他正式独立，在鄗南（今河北省高邑县）即位称帝，年号建武。同年九月，赤眉军攻入长安，杀了更始帝刘玄，刘秀趁机南下攻占了洛阳，并以洛阳为都。刘杨、刘让兄弟不满刘秀食言和骗婚骗财的劣行，起兵造反，结果被刘秀的大将耿纯击败而死。到了建武三年（公元 27 年），赤眉军也被刘秀平定，天下虽仍有若干割据势力，但江山已大半为刘秀所有，不足为虑了。

谦逊礼让得善报

刘秀在洛阳定都后，首先面临的就是封谁当皇后的问题，因为阴丽华也在建武元年十月，由宁平被迎进洛京，与郭圣通同为贵人，同住宫中。论结婚时间，固然阴丽华在先，算是原配，但郭圣通先一步在建武元年的春天，给刘秀生了一个儿子，取名刘强，而阴丽华却因与丈夫天涯阔别，一直未曾怀孕。幸好阴贵人美而有肚量，郭贵人美而有教养，两位贵人相处得十分融洽，令光武帝刘秀颇觉安慰，当时大臣们都希望立阴丽华为后，但阴丽华坚决谦辞，以郭贵人有子，当先立。刘秀因天下仍未完全平定，仍需安抚北方刘系势力，便同意由郭圣通当皇后了，她的儿子刘强则被封为皇太子。

可是祸福得失也很难一概而论，刘秀为了安抚阴丽华贵人，也为了补偿这几年来对她的冷落，从建武四年起，刘秀在讨伐邓奉、彭宠时，都携阴丽华同行，补度蜜月；郭皇后算是有了名望，阴贵人捞得实惠。一分耕耘一分收获，在行军蜜月中，阴贵人果然也有喜了，生下了长子刘庄。

从建武三年到十七年，一直是郭圣通当皇后。在这段期间里，郭后又给刘秀生了四个儿子：刘复、刘康、刘延、刘焉，加上原先的刘强，一共是五个；阴贵人也不甘示弱地生了五个儿子：刘庄、刘苍、刘荆、刘衡和刘京。另外，还有一位许美人，给刘秀生了一个儿子刘英。

郭圣通虽然当了皇后，但是阴丽华在宫廷和政府中，仍有强大的势力。因为她是刘秀的同乡，刘秀打天下就靠着同乡的子弟兵，所以朝廷的军政大权，一直掌握在南阳籍的人士手中。这些元老重臣始终支持阴丽华，希望她出头当皇后。而郭圣通在宫里一直是孤立的，北刘的势力在天下稳定后，便日益削弱，此消彼长，局势对阴氏大为有利。

建武九年，强盗闯进了阴丽华的娘家，把她的母亲邓氏和弟弟阴欣杀害了。光武帝很难过，想想亏欠阴家太多，一面追封岳父、岳母和小舅子，一面对阴丽华更为宠爱。

到了建武十七年时，刘秀以郭氏待小孩太严厉，教育不得当，将来无法托孤为由，终于决定下诏把郭皇后废了，改立阴丽华为后。

阴丽华在嫁给丈夫十九年后，才坐上了应得的后座。论辈分，她原比郭氏更有资格当皇后的，但是她却贤淑地隐忍了十七年，这份涵养不是人人能有的，甚而对大多数人而言，都无法做到。

阴丽华当皇后之后，太子刘强不自安，请求除去皇太子之名分。结果刘秀同意了，改立阴后的长子刘庄为太子，后来即位为汉明帝。幸福虽然来得迟了些，但是结尾好才是真好，才是真正的幸福。

刘秀在阴丽华当皇后之后，又当了十五年的皇帝才去世，阴丽华则在明帝永平七年（公元64年）春正月去世，享年六十岁，死后与丈夫合葬于原陵，阴丽华亦算得以善终了。

与世无争保平安——东汉明帝刘庄皇后马氏

明帝刘庄皇后马氏，一生俭朴，贤德声明，她严于律己，宽以待人，与世无争，具有母仪天下的风范。所以，她的一生不曾有过大的角逐和挫折，平平稳稳地度过了一生。这在历代皇后中，在不多见的。

两汉之际，天下大乱，豪杰蜂起。住在长安茂陵（今陕西兴平东南）的马援追随刘秀南征北伐，战功累累，封为新息侯。

建武二十四年（公元48年），年已六十二岁的马援率军进击武陵（郡治今湖南常德）染疾身亡。噩耗传来，新息侯府上下哭作一团。马援夫人蔺氏悲哀过度，精神失常。四个儿子——马廖、马防、马光、马客卿和三个女儿忽遭父亡母病的大难，悲痛欲绝。从此，马家破落了，门可罗雀。

马家虽然衰落了，但还有一些僮仆，马援十岁的小女儿承担起理家的重任。她指派僮仆干这干那，有条不紊。邻人看见，莫不感叹。

马三小姐与窦家订了婚。马援病亡，遭人诋毁，窦家也说三道四。马援的侄子马严很是气愤，劝蔺夫人与窦家绝婚。他建议送三小姐入宫。蔺夫人默许。于是由马严上书，将其三女送入宫中。光武帝诏准，以充太子宫。马氏成了太子妃。

马妃恭谨有礼，她孝侍阴丽华皇后，礼待众妃。皇太子刘庄对马妃很是宠爱。

建武中元二年（公元57年）二月，皇太子刘庄即位，是为明帝。马妃成了贵人。她的异母姐姐的女儿贾氏也选入皇宫，同为贵人。而且贾氏生了一个儿子，取名炟。明帝让马贵人养育刘炟。

马贵人悉心抚育刘炟，关怀备至。刘炟很乖，孝性淳笃。母子慈爱，胜过亲生。

转眼间，明帝即位已有三年。公卿百官奏请封立皇后。明帝正在考虑，皇太后阴丽华便说："马贵人德冠后宫，皇后非她莫属。"于是，明帝下诏：立贵人马氏为皇后，皇子刘炟为皇太子。

马皇后可以说德才兼备，能诵《周易》，好读《春秋》、《楚辞》，尤喜《周礼》、《春秋繁露》。而且贵为皇后，节操更加谦肃。常穿粗糙缯衣，裙子无装饰。诸嫔妃朝见，望见皇后衣裙舒展，以为是细绢做的，趋前一看，原来如此。众妃称誉皇后节俭，皇后却说："这种缯宜上色，故用它做衣。"众人莫不叹息。

嫔妃们喜欢游玩,皇后勤于宫务,很少参加。而且皇后还时常劝谏皇上,不要因游玩而影响了朝政。

每当朝政有不周到之处,皇后总是及时提醒明帝。一次,楚王刘英图谋不轨,被废黜。刘英自杀。有些人转相诬告,牵扯此案的人很多,案狱连年不决。皇后奏谏明帝,不宜株连很多,应早结此案。明帝夜起徘徊,感悟皇后之言,刘英一案很快了断。

《马皇后约束外家》清 焦秉贞

永平十八年(公元75年)秋八月,明帝刘庄驾崩,皇太子刘炟即位,是为章帝。马皇后成了皇太后,从长秋宫移居到长乐宫。

皇太后三兄:马廖,卫尉;马防,城门校尉;马光,越骑校尉都未封侯。章帝欲封三个舅舅为侯,太后鉴于前代外戚贵宠之祸,不允。而且太后对兄弟外甥们防范很严。

一次,太后出宫巡行,马家外戚前呼后拥,阵势庞大,太后见他们车水马龙,连奴仆都衣饰华美。回宫之后,下令停止每年按惯例赏赐马家外戚的钱财。太后希望借此举使马家外戚有所警惧,改过从俭。

太后赏罚分明,对俭朴之人,则盛加赞扬,委以官位。有年夏天大旱,谄媚之徒上书,说若封拜外戚旱情可减。章帝再次请求封诸舅为侯。太后气愤地说:"那些上书之人不过是谄媚皇上而已!"还是不准封拜。

太后母亲死,坟墓的封土堆高了一些,太后觉得不妥,令马上削减高度。

建初四年(公元 79 年),天下丰稔,社会安定,章帝遂封三个舅舅为列侯。马廖三兄弟受爵后辞官,以列侯归第。这在历代皇亲国戚中是不多见的,其中便是太后自律的结果。

这年,太后染疾而故,合葬于明帝显节陵。

以复兴家族为己任——东汉章帝刘炟皇后窦氏

窦氏出生于显贵名门,她的曾祖父窦融是开国元勋,祖母为光武帝刘秀之女内黄公主,母亲是东海恭王刘强的女儿沘阳公主。到汉明帝时,窦融一家显赫荣华,不可一世。

但后来,窦家日渐衰落了。窦后的童年便是在破落的"名门"中度过的,这就使她既具有名门闺秀的知书达礼,又养成了极强的嫉妒与复仇的个性。

窦氏长得如花似玉,从六岁起就能作文了。

公元 77 年秋天,窦氏及其妹妹被选入了长乐宫。由于她容貌娇美,举止言谈优雅,不仅当朝的马太后赏识,当朝天子汉章帝刘炟更是钟爱。她在宫中,与人相处关系极为洽和,不久便声誉传播,挫压群芳,为日后夺皇后的宝座打下了良好的基础。

公元 78 年,功夫不负有心人,她被立为皇后。她的妹妹也被封为贵人。但窦氏认为,立为皇后不能保证永无后忧,在宫中深得章帝喜欢的还有宋贵人和梁贵人,她必须予以清除。

宋贵人是宋扬的女儿。公元 78 年,宋贵人为章帝生了皇子刘庆,在皇宫中是母以子贵,第二年刘庆被立为太子;正值宋贵人欢悦之时,窦后却伺机陷害宋贵人。这天,窦后在掖庭门拦截了宋贵人的一封信。信上说:"久病思生菟,让家里求生菟。"窦后便以此诬陷宋贵人想设蛊诅咒皇帝。因在宫中蛊道是一律被禁止的,一旦发现就要被杀头。此事经窦后在章帝面前一再挑唆,公元 82 年,章帝废除了皇太子刘庆,也将宋贵人逐出宫门,后宋贵人自杀身亡。

不久,梁贵人又为章帝生子刘肇。窦后因一直无子,所以心计多端的她过养刘肇为自己的儿子。当时,梁家还暗自庆幸,以为这样刘肇会被立为皇太子,将来做了皇帝,一定不会亏待了生身母亲和母亲一家人。没想到梁家人的暗中高兴早已经传到了窦后的耳朵里,为了不让梁氏得志,除掉梁氏成了窦后的目标。在解决了宋贵人及刘庆后,公元 83 年,窦后就着手诬陷梁贵人,使得梁氏姐妹被潜杀而亡。接着,窦太后又指使人写了一封匿名信,诬陷梁竦一家叛逆。于是,汉章帝下诏令,派汉阳太守郑据传拷梁竦,梁竦冤死在狱中。梁门家属被流放到海南,而且,连午阳公主都受到牵连,被囚在洛州的伊阙县。

窦后巩固了她的后宫地位之后，便开始涉足于朝政。

这种插手开始于她的兄弟们的参政。在她初登皇后宝座不久，汉章帝就授诏，拜她的哥哥窦宪为郎，很快，窦宪升迁任侍中，虎贲中郎将，她的弟弟窦笃任黄门侍郎。

公元88年二月，章帝崩于章德前殿，年仅三十三岁。年仅十岁的皇太子刘肇即帝位，即汉和帝，尊窦皇后为皇太后。窦太后以和帝年幼多病为由，下诏由母后辅助执政。太后临朝，大权在握，窦宪、窦笃、窦景三兄弟皆先后加官晋爵，成为朝中显赫大臣。接着又重用开国元勋邓禹的后代原太尉邓彪，借助对邓彪的重用稳定了政局。

当时，东汉面临着一个严重的边防问题，那就是北方匈奴人的不断侵扰，使北方的老百姓不得安宁。所以，窦太后为了解决北方边防的危机，于汉和帝永元元年（公元89年）四月，下诏利用盐铁税来增加军费，改变章帝朝对匈奴安抚妥协的政策，以便大举进攻匈奴，但派谁去攻匈奴呢？正当她苦于无人选之时，她的哥哥窦宪却出了状况。

窦宪是个急躁、心胸狭窄、心狠手辣的人，连别人朝他瞪一下眼睛都不允许。他先是公报私仇，下令斩杀曾经弹劾过他父亲窦勋的谒者韩纡之子，以祭其父之坟。再是，齐殇王之子都乡侯刘畅很得窦太后的欢心，窦宪害怕其分割他的宫内之权，就派刺客到刘畅的屯卫所暗杀了刘畅，并归罪于刘畅的弟弟利侯刘刚，还派侍御史与青州刺史严刑拷打刘刚等。事情败露后，窦太后大怒，窦宪害怕被杀，恰巧北匈奴再次扰边，于是他便请求戴罪出征匈奴。窦后就同意了他的请求。

于是，以窦宪为车骑将军，联合南匈奴大举进攻北匈奴，结果大胜还朝。此后，又经过几年断断续续的战斗，终于解决了北匈奴的扰边问题。

窦宪这次出击，给他的地位带来了转机。由此，升任大将军，封武阳侯。大将军原来地位在三公之下，但由于窦宪可以参与内机辅佐，从此后大将军一职位列三公之上，仅次于太傅，但却拥有实权。这个时候，是窦氏家族的鼎盛时期，窦太后的兄弟四家竞修府第住宅，京师全部的工匠只给这四家修邸宅。窦氏兄弟权势绝伦，炙手可热。

公元93年，窦宪纠集邓叠、郭举、郭璜及叠母元氏等，阴谋弑逆。但却走漏了消息，和帝与宦官郑众密议，商定诛之。怕窦宪在朝外为乱，所以先忍未发。等到窦宪和邓叠班师回朝，和帝一举诛杀了窦宪、窦笃等欲叛势力。将窦太后软禁在宫中，不得再参与朝政。

公元97年，这位长期操纵政局的女性忧郁而死。在她死后，宋氏、梁氏上奏要求罢黜窦太后，贬其尊号，但由她养育长大的和帝，念及其养育之恩，仍旧按皇太后的仪式下葬，将其葬于汉章帝的敬陵。

为争宠害己祸家——东汉和帝刘肇皇后阴氏

阴氏天资聪明，自幼喜文好乐，深得家人宠爱。在汉和帝永元四年（公元92年）八月，她被选入宫。很快，阴氏便得到和帝的特殊宠幸，被封为地位仅次于皇后的贵人。

汉和帝刘肇十岁时便即了皇位。因年幼，由窦太后临朝执政。在他十四岁时，因不满于窦氏外戚专权，便联合宦官灭掉了窦氏一族，开始亲政，积极地治理政事。因阴贵人知书达礼，与汉和帝的感情十分融洽，汉和帝于永元八年（公元96年）春二月，诏立阴贵人为皇后。然而，这顶皇后的桂冠戴在阴贵人的头上，带给她的并不是幸运，而是劫难。

开国功臣、太傅邓禹之孙女邓绥，在永元七年（公元95年），踏入了深宫高墙之内，开始了宫廷生活。她姿貌绝伦，一入后宫，便令其他嫔妃黯然失色。虽然和帝喜欢阴氏，但他更为眼前这活生生的仙女震动了！就在立阴贵人为皇后的这年冬天，邓绥被选入掖庭，诏封为贵人。

邓贵人聪明伶俐，两只眼睛充满睿智，远比阴皇后更具征服天子的魅力。她处处恭谨慎微，行动不失礼法。尤其对嫉妒心很强的阴皇后侍奉周密，早晚不敢有一点过失。

和帝举办酒宴，各位贵人竞相修饰比美，以求龙颜垂青，而邓贵人以素雅出众，绝不穿与阴后颜色一样的服装；对阴皇后唯唯诺诺，从不在阴皇后面前先讲话，这使和帝更钟爱于她。自从邓绥进入宫中之后，和帝与阴皇后之间的感情淡漠了。阴皇后为自己的失宠而怨恨，咬牙切齿地说道："我要有一天得志，不使邓氏再有遗类！"邓贵人听后如雷轰顶，流泪对左右宫人表白自己对阴皇后的忠心，使众人更加同情邓贵人，而厌恶阴皇后。

阴皇后在日趋失宠的情况下，企图以巫术蛊道来咒死皇帝。

永元十四年（102年）夏日的一天，洛阳的宫中十分闷热，正在北宫休息的和帝被宦官叫醒。他听到来者对阴皇后种种行为的密告，大为震怒。立即派宦官中常侍张慎和尚书陈褒去逮捕阴皇后。

接着，皇帝下令将参与此案的人下狱。参与出谋划策的阴氏的姨妈邓朱和她的两个儿子，以及阴皇后的三个弟弟阴轶、阴辅、阴敞等，均以大逆不道罪被逮捕入狱。阴皇后的两个舅舅和阴辅当场被拷打而死。

和帝认为阴后失德，不足以母仪天下，于是派司徒鲁恭持节将阴后迁到待罪的桐宫。阴后不堪折磨，忧郁身亡，和帝永元十六年（104年），阴皇后葬于浙江的临平。

大权独揽——东汉和帝刘肇皇后邓绥

邓绥，是东汉和帝的第二任皇后，她天资聪明，性情温柔，并具有治国之才能，是中国历史上的一位女政治家。

天资聪颖，仁孝守礼

东汉和帝的第一任皇后姓阴，邓绥是第二任。邓绥与和帝之间真是亲上加亲的关系——光武帝刘秀的皇后是阴丽华，和帝的阴皇后就是阴丽华哥哥的曾孙女，而邓绥的母亲是阴丽华皇后的堂侄女，也就是说，邓绥是小阴后的表姨。

汉和帝刘肇是章帝第四子，登基时只有十岁，虽然当时所有家国大事都掌握在窦太后手里，但年少聪颖的和帝在十四岁时用计消灭了窦太后家族，成了东汉王朝真正的皇帝，并开始首次的选妃活动。而这次选秀有两位入选者，一位是小阴氏，另一位就是邓绥。

邓绥天资聪颖，性情柔婉。她的祖母非常喜欢她，一切起居都亲自照料。在她五岁那年，这位太傅夫人亲自为她剪头发时，因老眼昏花把小孙女的额头给弄伤了。五岁的邓绥却一声不响，还显出一副欢喜的模样。事后说："奶奶因为爱怜才为我剪发，我如果因为疼痛而哭喊，就会让奶奶伤心难过，我不愿让她伤心，所以才忍耐。"大家都为这个孩子的懂事而赞叹。

不但如此，邓绥早慧更是人人称奇。她六岁就通读史书，十二岁精通儒家经典《诗经》、《论语》，她专心读书求学，和兄长们对答，常将饱学的哥哥们都难倒。由于邓绥聪慧好学、才华超群，家人都称她为"诸生"，父亲邓训更认为她将是儿女中最有前途的。

然而，就在邓绥中选即将入宫的前夕，父亲邓训却因病离世。邓绥遭遇父丧，坚持要守孝尽哀，推迟了进宫的时间。

三年守孝期满后，又一次的妃嫔选聘开始了。大约就在这段时间，邓绥做了一个奇怪的梦，梦中她以手抚天，还抬头饮用青天上的钟乳。这奇异的梦境立刻引起邓家人的注意，占梦者曰："昔日帝尧曾经梦见自己攀天而上，商汤也梦见登天而食，这都是千古帝王的先例。做这样的梦，前途大吉大利难以言传。"一家人听了这样的回话，顿时喜出望外。为了更有把握，又找来相士来为邓绥看相。结果相士一见邓绥，当场目瞪口呆，连声道："小姐生相乃是成汤之格，有主理天下之份！"

永元七年，邓绥的名字再一次列在了入宫的名单中。然而，就在一家人满怀期待的时候，永元八年二月，一个意外消息传到了他们耳里：第一批被选入宫的阴贵人，被正式册立为皇后。原来，小阴氏以表妹之亲，又生得美貌聪慧，颇有学识书艺，很得和帝的喜爱，几乎专宠后宫，遂将心爱的小阴贵人册立为皇后。这消息令邓家人甚为遗憾，只能希望于美梦吉相的实现了。

带着家人的极高期望，永元八年（公元96年）冬天，十六岁的邓绥带着一些失落之感走进了大汉皇宫。

谦恭柔顺，以柔克刚

据史书的形容，邓绥身高七尺二寸（170厘米左右），姿态优雅，容颜姝丽，美色夺目，是为后宫中当之无愧的第一美人，其他女子在她面前都黯然失色。和帝心花怒放，立即将邓绥封为仅次于皇后的贵人，入住嘉德宫，和她形影不离。亲近厮缠之后，和帝发现邓绥不仅是美色无双，更有渊博的才学、柔顺守礼的性情，越发割舍不下。他将原本都给了阴皇后的热情，逐渐地分转到了邓贵人的身上。

阴皇后当然立即就感觉到了丈夫的变化，她不能忍受和帝的移情别恋。小阴氏入宫初期并没有限制和帝与其他宫人亲近，也因此和帝与其他寻常宫人生下过许多儿女。小阴氏所不能接受的，恐怕是丈夫的心里真正有了别人，更何况丈夫的新欢出身高贵不亚于自己。邓绥成了小阴氏的劲敌。到后来，皇后宫中甚至再也看不见和帝的影子。丈夫来得越少，小阴氏就越恨邓绥，一心只想找到邓绥的过失，动用皇后的权威处治她。

然而，邓绥不但对其他宫妃谦逊友善，就连宫中仆役下女，她都好言好语。后宫有好几个皇子夭折了，邓绥表现得比和帝还要痛心，多次当众伤心流泪。眼见阴皇后的妒恨一天比一天强烈，邓绥开始时常装病，但是她装病也与众不同，她自称有病，是为了将皇帝对自己的专宠分淡一些，为此还亲自在宫中选择美女送给和帝。邓绥主动分惠的表现，不仅赢得了后宫妃嫔们的众口称赞，更让和帝觉得她有母仪天下的潜质，赞不绝口。

邓绥的所作所为，让小阴皇后更对她恨之入骨。她当然知道邓绥多次向和帝推荐宫女的事情，而问题也正在这里：举荐宫女，这样示好的事情，原本应该是皇后的分内工作，却被邓绥代劳了。可偏偏邓绥严守礼法，从不轻言妄动，阴氏找不到她任何的纰漏。

有一次，邓绥生病，和帝为示宠爱，特地准许她的母亲和兄弟们进宫探视，而且不限时日。这对于一入深宫便隔绝亲情的后宫女子来说，是天大的喜事，然而邓绥却立即敏锐地感觉到，这特殊待遇背后可能会隐藏着的祸事，于是她婉言谢绝。

每当宫中举行宴会的时候，所有女人都不愿放过这个在皇帝面前展示美色的机会，她们都会巧加装扮，个个艳光四射、花枝招展。而邓绥在这种时候，却总是衣着朴素，偶尔衣服颜色与阴皇后相同，她都要立即更换，不敢与皇后略有相似。小阴氏娇小玲珑，邓绥为了表示谦恭，只要阴皇后在场，她就要竭

《邓太后戒饬宗族》清 焦秉贞

力掩饰自己修长的身形,偻背弓腰,惟恐显得"高人一等"。和帝如果向后妃们询问什么事情,邓绥也绝不当众抢阴皇后的风头,一定要让阴皇后先发言。邓绥的楚楚可怜是如此明显,就连和帝都有些看不过去,叹息道:"修德之劳,乃如是乎!"

事实上,后妃之间即使有争宠妒恨的现象,也犯不着这样在形迹上表现出来,而邓绥如此小心谨慎的做法,更是只能用"过分"两个字来形容。看在和帝的眼里,效果当然只有一个:阴皇后恃嫡妻之势,欺凌了自己心爱的女人。于是阴皇后就是浑身长嘴也说不清了。

小阴皇后越来越觉得,邓绥是在以退为进,将自己一步步逼上绝路。每当邓绥按宫规前来进谒皇后之时,她简直恨不得将她撕成碎片。偏偏邓贵人的脸上永远平静如水,心思又深不可测,小阴皇后一点办法都没有。她不但恨邓绥,更恨透了和帝。对她来说,现在的和帝已经不是当年的恩爱丈夫,而是一个被邓绥迷惑、随时都有可能废掉自己,将自己丢进万丈深渊的危险人物。

永元十三年(101年),和帝忽然生病,甚至到了病危的地步。小阴皇后不但没有为丈夫伤心焦虑,反而认为老天有眼,要在自己还没被赶下皇后宝座之前,先收走刘肇的性命。

她多年郁积的愤怒终于等到了发泄的机会,忍不住对自己的亲信密言:"皇子年幼,我是皇后,大事自然都将掌握在我的手中。我一旦大权在握,就要对姓邓的大开杀戒，不让邓家再有一个人活在世上！"然而被妒恨烧红了眼睛的小阴皇后没有想到，自己信任的贴身宫女，早已经成为邓绥的间谍，这一席话立即就被飞报到了邓绥的耳里。

邓绥其实早已知道皇帝假如一病不起，阴皇后绝不会放过自己，她可能早已不止一次想过这个可怕的结局，但是当阴皇后的毒誓传入耳中时，她仍然被吓住了。于是，嘉德宫里一幕好戏就上演了。

邓绥在自己宫中众多宫女的面前痛哭失声，对她们说："我竭尽全力侍奉皇后，仍然不能得到她的认可，如今竟获罪到这步田地。虽说女人没有为丈夫从死的义务，但是当年周公祈求替死周王，越姬也愿为丈夫替身。我决定效法古圣先贤，一来可以报答皇上的恩情，二来可以化解宗族之祸，三者也不至于使皇后像当年吕雉那样制造'人彘'，损害阴家的名声。"说完，就要当众喝下毒药自尽。嘉德宫里的宫女都拼了命地阻止邓绥。正在又扯又拉乱成一团时，一位宫女假说皇上已经转危为安，眼看病愈有望了，邓绥自然也就立刻放下了手里的毒药。

第二天，和帝果然痊愈。所有的事情，都被汇报给了和帝。阴皇后的毒辣和邓贵人的可怜，让和帝的精神大受刺激。他再也不顾虑什么旧情亲谊，终于下定了废后的决心。永元十四年（102年）四月，有人向皇帝告发，阴皇后与外祖母邓朱合谋巫蛊，欲对皇帝不利。于是和帝下令严查到底。追查的结果是阴氏家族覆没，收缴了阴皇后的玺绶，幽禁在冷宫"桐宫"中。做了七年皇后的小阴氏，不能承受如此大的落差，不久就死于桐宫。

所有的人都知道，下一位皇后肯定是邓绥无疑。然而两家人之间千丝万缕的联系，以及那场瞒不过明眼人的巫蛊之狱，不能不使自幼浸润在儒家教育中的邓绥忧心忡忡。这所有的一切虽然是箭在弦上不得不发，但事过之后，她仍然认为自己在这样一场大风暴后登上皇后宝座，是得不到什么好名声的。一向爱惜羽毛的邓绥，为了不成为众矢之的、不让旁人非议自己，在阴氏被废后，自称罹患重病，闭门不出。然而和帝心意已决。当年十月辛卯，邓绥终于在她二十一岁时，登上了东汉王朝皇后的位置。

铁腕太后，大权独揽

邓绥当皇后的表现，确实是比小阴氏更为合格。在邓绥做皇后之前，各郡国都四处搜刮珍奇宝物向后宫进贡，宫中也以奢华为风尚，百姓不知为此受了多少苦。邓绥一登后位，就下令取消进贡珍玩的陋习。当然，郡国向帝后进贡是一种必须的礼节，不能完全禁绝，于是她定下规矩，岁贡只收纸墨，其他不能入宫。和帝想要给邓绥的亲人加官晋爵，她也多次恳请推辞，因此在和帝一朝，邓皇后的大哥邓骘只当了个小小的虎贲中郎将。

然而，永元十三年那场几乎夺去性命的大病，已经将和帝的健康摧毁。就在邓绥当皇后的第三年、元兴元年（105年）的冬天，和帝刘肇死于章德前殿，享年二十六岁。二十四岁的邓绥成了寡妇，也成了东汉王朝的又一位太后。

要做太后，第一个前提就是得有儿皇帝。然而此时的和帝后宫，并没有一个皇子的身影。朝中大臣们都面面相觑，不知如何是好。新寡的邓绥却向公卿们宣布了一个惊人的消息："和帝早有皇子，只是养在民间。"原来，和帝前后有十余名皇子夭折，到后来他都开始疑心后宫中有人暗中加害自己的子嗣。但是猜测归猜测，怎样追查也查不出个所以然来。和帝放弃了追查。再有皇子降生，就秘密抱出皇宫寄养民间。于是此刻的邓绥，就立即派人从民间将皇子接回皇宫。

被接回来的皇子有两位，一个是八岁的刘胜，一个是刚满百日的刘隆。按照儒家"嫡长制"的继承法则，刘胜是当然的小皇帝。然而多年来一向表现得循规蹈矩、讲究儒家道义、淡泊名利的邓绥，在这个时候忽然变得让所有人都不认识她了。

在邓绥看来，刘胜已经八岁，和才满百日的婴儿比起来，自己作为太后摄政的时间，至少就已经少了八年！何况，孩子这么大了，自己如何养得亲，只有襁褓中的刘隆，才有可能让自己养出一个完全只认自己做母亲的皇帝。于是，她做出了一个完全违背儒家和皇家习惯的决定：迎立少子刘隆为帝，八岁的哥哥刘胜被封为平原王。即使这样，邓绥仍然觉得不放心。对邓绥来说，不能让事情脱离自己的掌控。为了防止这样的意外，她要来一个双保险：万一刘隆当真又重蹈了十几个哥哥的覆辙，死了，那么谁来继位？难道让刘胜补上？自己已经否认他一次了，他重新做上皇帝并成年掌权后，他和他的亲信以及外戚家族绝对会大行报复。

于是，延平元年（106年）三月，在举行了和帝的葬礼之后，和帝的四个兄弟：前废太子清河王刘庆、济北王刘寿、河间王刘开、常山王刘章，都要带着家眷返回各自的封国。就在他们打算起身的时候，邓太后宣布了一个让人们意外的命令：留下前废太子刘庆的长子、十三岁的刘祜。

有了刘祜做后备，邓绥的第二道保险在四月也开始了：大哥邓骘提拔为上蔡侯、车骑将军、待遇等同三公，成为百官之长，并掌管兵权；弟弟黄门侍郎邓悝则顶上大哥的空缺为虎贲中郎将；另两位兄弟邓弘、邓阊都晋封为侍中，成为文宫中的首领级人物。

当初邓绥做皇后时，主动推辞兄长升官机会的举动，到这里已经真相大白：那全是做出来蒙骗皇帝的假象而已。

所有的准备都做足了，邓绥开始了自己名义上的太后，事实上是女皇的生涯。话说回来，除了在选择储君的问题上有私心杂念之外，邓绥其实是勤政爱民的，她的忧国忧民程度，远远超过历史上绝大多数的男性君主。

六月初，三十七个郡与封国大雨成灾，邓绥当即颁布诏书，削减各种御用衣服车马、珍肴美味和各色奢靡富丽的用品。还下令除了供奉皇陵祠庙以外，不得使用精白米麦，自己以身作则，每日早晚只吃一次肉食。各郡、各封国的贡物，都将数量削减一半以上。宫廷内部也开源节流：上林苑的猎鹰、猎犬全部卖掉；各地离宫、别馆所储备的存米、干粮、薪柴、木炭，也一律下令减少。六月二十一日，邓绥又再次下诏，遣散皇宫中的部分宫人，多年来因为刑法严峻而被罚没入宫为奴婢的皇族成员一律免罪，成为自由的平民。

邓绥虽然长年处于深宫，却早已广泛留意民间的消息，因此在七月十五日她又颁布一道敕令，疾言厉色地对主管官员训斥道："近来水灾为患，然而各地官员为了粉饰太平，求取前途虚名，往往隐瞒灾情，报喜不报忧，明明是作物失收、农田毁坏，却报成垦田增加；明明是百姓流散，却报成是增加户口；隐瞒辖区内的重大犯罪，使不法之徒得不到惩处；不按规定任免官吏，举荐名不符实的'人才'。最终将这些祸害转嫁在百姓身上。而你们这些京官却与地方官员互相包庇勾结，既不知畏天，更不知愧疚于人。从现在起，对不法官员的惩罚将加重。你们这些二千石高官，必须认真核查百姓所受的伤害，免除他们的赋税。"

在管理宫内事务方面，她也展现出了自己的聪明才智。据说，和帝刚去世的时候，宫中丢失了一箧大珍珠。邓太后认为，如果拷打追逼定然会有冤屈，因此特地将有嫌疑的宫人都召到面前来讯问，同时察言观色，果然水落石出。和帝有一个男宠名叫吉成，是和帝最为宠爱的，早已惹得其他男宠切齿妒恨，于是他们趁着和帝去世之际，共同诬蔑吉成要对皇帝之死负责，说他行了巫蛊之事。吉成被掖庭拷问之后，果然俯首认罪。不过邓太后却起了疑心，认为吉成对和帝一向忠诚，此事不合情理，坚持要亲自核实，终于还给吉成一个清白。后来，她还亲自到洛阳寺察勘有无冤狱，一个死囚临去时张口欲言的瞬间，被她看在了眼里，并立即追查出确实是一桩被拷打出来的冤屈。

苦心选储，摄政终身

就在邓太后施展才华整顿国家和内务的同时，意外发生了。八月初六，小皇帝刘隆夭折了。

文武众臣都认为，应该让八岁的刘胜继承皇位。邓太后却在初八深夜，用已封王的皇子才能坐的青盖车，将刘祜接进宫中。第二天，翘首等待刘胜出现的百官没有料到，被仪仗引导上殿的居然是清河王的儿子刘祜。邓太后随即又撰写了册立皇帝的诏命，并当场宣读，宣布由这位清河王子登上皇帝宝座，邓太后仍临朝摄政。

永初元年（107年），大长秋郑众和中常侍蔡伦两人时常仗势干预朝政。三公之一的周章对此非常不满，几次直言进谏。然而邓太后都不予理睬。周章也明白，邓太后是利用他们来干预一些令她不满的朝臣决议的。周章想起易储的旧恨，越发怒不可遏。于是他开始暗中联络官员，密谋发动政变，拥立平原王刘胜为皇帝。只是这场政变还未能开始就被扑灭了，周章被迫自杀。

然而令邓太后始料未及的是，随着年龄的增长，她一心保举登基的过继儿子刘祜却越来越不听话，她一心提防的刘胜反倒在永初七年（公元113年），没有留下子嗣就死去了，年仅十五岁。邓太后当初坚持不立刘胜，无非就是怕他成人后与自己这个嫡母生分，不能让自己和家族永掌大权。可是万万没有料到，刘胜会早离人世。邓太后回想往事，懊悔失落之情溢于言表。于是她开始用另一种方法来弥补自己的庶子。她没有像对待其他无子的亲王那样来个"无子，国除"，而是为刘胜过继了一个儿子刘得。谁知刘得也福薄，当了六年亲王也死了，而且又是无子。邓太后在多方比较之后，于永宁元年（公元120年）四月十四日，选出了才德貌俱佳的河间王子刘翼，再立为刘胜的后嗣，并且留在宫中多方照顾抚养。

邓太后的用心，仅仅是出自对刘胜的补偿、为丈夫延续多一支传承。然而看在安帝刘祜的眼里，却是可怕的隐忧。这时安帝已经二十七岁了，遵照邓太后的意旨，他册立了邓太后弟弟邓弘的姨妹之女阎姬为皇后，并对阎姬毒杀太子生母的行径不闻不问。然而即使如此听话，邓太后仍然对他十分不满，认为他不足以托付国家大事，坚持不肯将权力交出。安帝的乳母王圣对此深为忧虑，担心正在盛年的邓太后有意废黜养子，这才是她给刘胜屡次过继子嗣的原因所在。王圣经常和宦官李闰、江京一起在安帝的耳边絮叨。安帝本来就心里七上八下，被这么一搅，就更是恐惧，对养母满怀恨怨。

然而安帝毕竟是个皇帝。皇帝已年近三十，仍然受制于太后，对于这样反常的现象，无论是朝臣还是邓氏家族的成员，都非常不安。但是大多数人都不敢向邓太后提出归政的建议，因为悲惨的前车之鉴，多如牛毛。

在和帝和殇帝刘隆相继去世，王朝内部发生变化的时候，鲜卑、南匈奴及西北方的羌人曾趁机叛乱，以致生灵涂炭。鲜卑和南匈奴的战事倒还算小，羌人却是一个大问题。

邓绥派哥哥邓骘统兵五万出征羌人。谁知邓骘没有父亲的能力和威望，打了大败仗，还让羌人一直侵入陕西、山西等地。邓骘自觉取胜无望，就上书太后要放弃甘肃，退守陕西山西。满朝公卿慑于邓氏之威，不敢表示反对，只有郎中虞诩例外。邓骘兄弟觉得颜面扫地，便暗箱操作，将虞诩打发到朝歌（河南淇县）去。当时朝歌有以宁戚为首的数千人造反，邓骘兄弟认为虞诩去朝歌是死定了。可虞诩却认为："这是我的好机会。如果不是遇上盘根错节的问题，怎么能够显示宝剑之利！"果然，虞诩到朝歌之后，没有损伤什么兵力，很轻松地就把叛乱给平定了。

正好就在这一年，邓骘和邓绥的母亲阴氏去世。邓骘真的不善治军，便向邓太后上书，请求退出军职，为母亲守孝。邓绥并不想将军权交到别人手里，但又知道哥哥无法胜任，便向自己的老师班昭请教。班昭说："照规矩是应该守孝的，假如您连这都不答应，那日后绝不可能保住'谦让'的美名。"邓绥终于接受了班昭的意见，在几次换将之后，终于在任尚手里将羌人暂时收服。

任尚所用的兵法，都出自虞诩的建议。这消息很快传入邓绥耳中，她就任命虞诩为武都太守，入甘肃平羌，终于取得大胜，并且将荒芜的武都治理得井井有条。然而没过多久，由于任尚与太后之弟邓遵发生争执，自己又立身不谨，而被邓太后处斩，虞诩也随即被找了个小过失免了职。

事实上，这时的邓家已经完全变质。早在一年以前，三公之一的司空袁敞，就因为不肯阿附邓氏，而被罗织冤狱，最后竟被迫自杀。

在这两件事之后，邓绥的另一位堂弟邓康觉得堂姐权力欲过重，几次上书太后，请求还权皇帝。奏章递上，却等不到下文，邓康心中着急，干脆称病不去上朝。邓太后听信藐视太后的谗言，下令将邓康免官遣返，开除出邓家宗祠。

经过这几桩事情，再也没有人敢提让邓太后归政的事情了。

然而就在邓太后处治邓康的第二年，建光元年（公元121年）的春天，四十岁的邓绥一病不起，很快就离开了人世。

安帝多年来都活在邓太后的阴影下，对她早已由当初的感激转成了怨恨。改朝换代、清理旧势力的工作很快展开，他以迅雷不及掩耳之势，将邓太后家族大加修理，使得邓氏家族遭受了灭顶之灾。

邓太后虽然一生聪明、大权独揽，但她最终也无法操控自己身后的事情。

皇亲国戚——东汉安帝刘祜皇后阎姬

阎姬的两个姑奶奶都是汉明帝的贵人，阎家也算是皇亲国戚了。

阎姬自幼喜好读书，很有才华，其容貌美丽，性格独特奔放，但妒忌心极强。

公元114年，即安帝元初元年，阎姬应召入宫。时年安帝21岁，阎姬年约16岁，她虽比安帝小了几岁，但成熟较早，她对安帝百般体贴，非常柔情，甚得安帝喜爱，于是安帝很快便封她为贵人。第二年，即公元115年，阎姬又被册立为皇后。

阎姬虽受安帝宠爱，但却一直无子。然而，安帝虽偶尔临幸于宫女李氏，但李氏却恰好怀孕生子，取名刘保，并立为太子。这对阎皇后极为不利，于是阎后便暗中派人将李氏鸩杀。后邓太后去世，安帝亲政，阎皇后即随之参与朝政，其弟阎显、阎景、阎耀等均封官晋级，后封阎显为侯。这时阎后考虑，日后若太子即位，必对自己不利。于是她指使阎氏势力勾结朝中宦官江京等人，阴谋诬陷太子刘保谋反，安帝软弱无奈，只好将年仅十岁的太子刘保废去，贬为济阳王。

公元 125 年，安帝驾崩，遂立章帝之孙刘懿为少帝，尊阎皇后为皇太后，并由太后临朝执政。不料，少帝在位不满八个月就又死去。正当阎太后、阎显、江京等人秘密筹划选立新帝之时，由宦官孙程等十多位太监当机立断，将江京、刘安等人杀死，遂迎废太子刘保即位，是为汉顺帝。顺帝遂将阎显兄弟下狱、处死，又逼阎太后交出玺绶，禁于离宫。

公元 126 年，阎太后忧死，时年约 28 岁，合葬于安帝恭陵（在今河南洛阳市东北）。

祸起兄长——东汉顺帝刘保皇后梁妠

梁妠十七岁就做了汉顺帝的皇后，她母仪天下，后来临朝执政后也是一心治国。但她未立一个出类拔萃的皇子，又出于私心对她的兄弟不忍惩戒，最后是带着无奈离世。

梁妠自幼聪明伶俐，长大后才貌出众。她九岁时便能背诵《论语》，谈论《韩诗》也能略举大义，她常以古时贤淑之女作为自己的榜样，严以自律，深得其父梁商的喜爱。梁商视其为掌上明珠，寄望于她能光宗耀祖。

永建三年（128 年），登基三年的顺帝刘保诏令在全国择选良家童女以充后宫，要求姿色端丽、吉祥。乌氏（今宁夏固原东南）人梁商的女儿梁妠和梁商的妹妹两个人天生丽质，尤其是梁妠，更是楚楚动人，举止端庄。负责相面的茅通一见梁妠，连忙拜贺说："日角偃月，相之极贵，臣所未尝见也。"梁妠中选。她的姑姑也入选。

梁妠姑侄俩皆获得"贵人"官号。贵人位次皇后，金印紫绶。为了区分梁家两贵人，后宫称梁妠为"梁小贵人"。顺帝还没立皇后，后宫的嫔妃，数贵人尊贵。

顺帝对"梁小贵人"格外宠爱，常常引御，几乎不再临幸其他嫔妃，而"梁小贵人"从容辞谢曰："后妃若像螽斯虫那样不妒忌，子孙众多，国之福也。若陛下平等对待众妃，妾也可免遭诽谤。"顺帝听后，对"梁小贵人"愈加喜爱，很是欣赏。

四年以后，百官上书，请立皇后。顺帝除了最宠幸的"梁小贵人"外，还有三个贵人。四人当中立谁，他拿不定主意，最后，他用"抽签"的办法来决定取舍。结果，"梁小贵人"中选。

就这样，年方十七岁的梁妠入主后宫，结束了"梁小贵人"的生活，成了母仪天下的皇后。她搬进了富丽堂皇的皇后寝宫——长秋宫。梁皇后谨言慎行，上待顺帝，下统众妃。虽贵为皇后，然无骄专之心。每逢出现了日食、月食，她便认为自己举止失措，上天惩戒。梁妠登上皇后宝座后，她的父亲梁商加位特进，加封户邑，赐安车驷车。兄梁冀也迁为步兵校尉。梁氏一家从此贵显。

士大夫们对此十分忧虑，他们担心重蹈外戚专权的覆辙。众大臣纷纷上书顺帝，疾言外戚专权之祸，建议给梁商高爵厚禄，但不可委之权柄。顺帝非但没有采纳，甚至阳嘉三年（134年），诏拜梁商为大将军，总理朝政。梁商不愿就任此职，称疾不起。翌年，顺帝派太常桓焉奉策诣梁商府，宣诏梁商就职。梁商万般无奈只好诣阙受命，出任大将军。

梁大将军身居大位，柔和谦恭，虚己进贤。每当发生饥荒，他便令家吏用车拉着粮食去赈济贫民，深得百姓的爱戴。朝野上下对他颇多称誉，顺帝也更加倚重。

但是，梁冀却背着父亲和妹妹不断胡作非为。梁冀游手好闲，嗜酒能饮，踢球下棋，斗鸡走狗，无所不好。而且工于心计，心狠手毒，忤犯他的人，他必置之死地。

永和六年（141年）秋，梁商病故。顺帝特许皇后亲去为父送葬，以示礼敬。梁商的棺椁还未入土，顺帝为了表示对梁家人的厚爱又发出一道诏令：任命梁冀继父辅政，为大将军，任命梁冀之弟不疑为河南尹，他把朝政大权再一次交给了梁氏外戚。

建康元年（144年）八月，年方三十的顺帝驾崩。

梁妠侍奉顺帝十六年，然而无子。和她同年入宫的虞美人生有一子，取名刘炳，年两岁，继位为帝，是为冲帝，梁妠成了皇太后，临朝听政，掌起帝国的大权。

梁太后执政后发出的第一道诏令，是以赵峻为太傅，李固为太尉，与兄梁冀大将军共理朝政。赵峻博学多才，为官严明，不畏权贵。李固好学，常步行寻师，不远千里，为官刚直不阿，多有建树，也是当时鼎鼎有名的大臣。太后此举，可谓得人。

接着梁太后又发出第二道诏令，诏三公百官推举贤良方正之士，策问治国安民之道。

梁太后有志于国，意欲重振朝政，扭转颓势。然而其兄梁冀倚仗梁太后而专权跋扈，恣肆妄为，梁太后不忍除去兄长的权势，反而越来越顺从倚重他。

永熹元年（145年）正月，小皇帝刘炳重病垂危。梁大将军见状，瞒着百官，也瞒着太后寻求帝位继承人。他看中了渤海王刘鸿年仅八岁的儿子刘缵。他派人把刘缵偷偷地接到洛阳都亭，准备冲帝一死，便立刻拥刘缵为帝。

不久，冲帝驾崩，梁太后担心扬、徐一带的农民起义军乘机进攻，于是派中常侍诏令李固等人，不得泄露冲帝驾崩的消息，待确立帝位继承人后再发丧。然李固认为冲帝虽然年幼，仍是天子，不应掩匿其死，梁太后同意了。

冲帝驾崩，朝野上下震动，新皇帝的人选成了朝中每日议论的大事。李固等人认为清河王刘蒜年长有德，可以亲自理朝，欲立之，这正是梁冀所忌讳的。梁冀单独向梁太后述说了立刘缵为帝的想法。在这关键时刻，一向勤政自谦的梁太后心中家族的利益占了上风,采纳了其兄的意见,立刘缵为帝,是为质帝。

质帝虽幼,却极聪慧,深知自己虽贵为天子,不过是梁氏兄妹手中的一个傀儡而已,他对此处境很不满意。梁大将军听说后十分恐惧,他没想到自己亲手扶上帝位的质帝竟如此嫉恨他,担心小皇帝长大掌权找他算账,遂把毒药掺进御膳里。质帝食后,中毒发烧,急召太尉李固。结果,质帝话未说完便中毒而死。

皇帝虽是傀儡,但国不可一日无主,梁太后又与梁大将军密谋立章帝曾孙蠡吾侯刘志为帝。因为刘志已与他们的妹妹梁女莹订婚。梁氏兄妹意欲把妹夫扶上帝位,以稳固梁氏的权益。当群臣聚议新君时,梁冀便提议立刘志为帝。太尉李固则力主立德行昭著的清河王刘蒜为帝。双方争执不下,梁冀干脆怒气冲冲驰入皇宫去找梁太后,由太后下诏,罢免李固。

刘志即皇帝位,是为桓帝。梁太后仍旧临朝听政。桓帝只不过又是一个傀儡皇帝而已。梁氏的势力达到了顶峰。

此时国势日颓,各地农民纷纷揭竿而起。梁太后接连发出几道诏令,守土之官要恤民爱民;三公九卿上书言朝政得失;赐天下父老、鳏寡孤独粟帛;遣使赈济荆、扬二州灾区;大将军、公卿举贤良方正,策问朝政得失;郡国囚徒减死罪一等,修建皇陵的刑徒减刑六个月……梁太后试图通过这些措施来挽救颓势,保护刘汉王朝和她的家族的利益。

但是,她的这些诏令措施被以其兄长大将军梁冀为首的贪官污吏所破坏。梁大将军贪赃枉法,带着钱财到大将军府请罪求官者络绎不绝,上等的物品送到大将军府,剩下的才送进皇宫给皇上。

尽管梁冀如此贪残,但因他是太后和桓帝皇后的兄长,故满朝大臣对其怒不敢言。王朝在这位权臣的手中渐渐腐败衰颓。梁太后虽有挽救之心,但她又不忍惩办兄长,众公卿大臣对这位临朝听政的太后越来越失望、怨恨。

和平元年(150年)春,梁太后重病缠身,归政桓帝。这位四十五岁的太后凭自己的才智和德行,原本完全可以选一个贤明皇子,她也可以管束肆无忌惮的兄弟,但因她的优柔与私心,使汉朝的社稷危在旦夕,实乃罪过。和平元年(150年),梁太后带着无奈离开了人世。

与夫君俱是傀儡——东汉灵帝刘宏皇后何氏

何氏的父亲何真是个屠户,地位低下。但何氏却生得聪明伶俐,姿色俱佳。为了光宗耀祖,改变境况,家人经贿赂官吏,多方打点,才使何氏得以被选入宫。

何氏因貌美而深得汉灵帝宠爱,不多时又喜添贵子,生下皇子刘辩。在此之前,灵帝虽曾生有几个皇子,但均已夭折。何氏母以子贵,遂被立为贵人。

为避凶求吉,刘辩被寄养在道士史子眇家中,号曰史侯。光和三年,即公元180年，何氏被册立为皇后，其已故之父何真被封为车骑将军、午阳宣德侯，其母封为午阳君。

何氏性情暴躁，加之生子有功，更是骄横一时。为巩固自己的地位，她暗令后宫所有嫔妃宫女不得生子，违者将遭杀害。当时深得灵帝宠幸的王美人却偏偏怀上了孕，她因数次梦见自己负日而行，感到这是上天降下的祥瑞之兆，决定生下孩子。王美人于公元181年生下皇子刘协。果然，何皇后心狠手辣，说到做到，王美人生子不久，就被毒杀了。

灵帝知道王美人惨死的真相后，十分震怒，就要废掉何皇后，只因众多宦官的求情，又碍于何皇后之异母兄大将军何进当时握有重兵，临朝辅政，权倾一时，才没有废掉何皇后。

公元189年，灵帝驾崩，太子辩即位，是为汉少帝，何氏以太后身份临朝，掌握朝政。

后并州刺史董卓率兵进入洛阳，篡夺了大权，废掉少帝刘辩，贬其为弘农王，转而又立刘协为帝，是为献帝。何太后被迁居永安宫，后被鸩杀，也是自作自受，不得善终。何皇后死后，与灵帝合葬于文昭陵。

人质般的皇族——东汉献帝刘协皇后伏寿

伏寿，是汉献帝刘协的皇后。她这个皇后当得特别艰难，先是在各个悍将的挟持下跟着傀儡皇帝刘协颠沛流离，后则被曹操诛杀，满门抄斩，算是史上最倒霉的皇后之一了。

伏寿是琅琊东武（今山东诸城）人，其父伏完博学广识，深沉大度，官拜侍中；其母是桓帝长女阳安公主。因家境优裕，伏寿知书达礼，是一位富有教养、品性高尚的美人。

中平六年（189年），刘辩立为帝。其母何皇后以太后身份临朝，何皇后兄大将军何进企图铲除宦官势力，反被宦官中常侍张让、段珪等人所杀。并州刺史董卓进洛阳后，废少帝，立时年九岁陈留王刘协为帝，是为献帝。

董卓自封为相国，又加封为太师，掌握了朝中大权。他的属将、兵卒劫掠财物，奸淫妇女，无恶不作，引起人们的愤恨。各地的州郡刺史于初平元年（190年）纷纷起兵讨伐董卓。董卓被迫挟持献帝由洛阳迁都长安。侍中伏完也伴随献帝西迁。到长安后，伏完为讨好献帝，送女儿伏寿入掖庭陪伴十一岁的小皇帝，被封为小贵人。

初平三年（公元192年），司徒王允与司隶校尉黄琬、仆射士孙瑞、中郎将吕布设计诛杀董卓。董卓部将李傕又将王允杀死。献帝又落入李傕、郭汜等人手中。兴平二年（195年），伏寿被立为皇后，伏完迁执金吾，负责卫戍京师。李、郭为了争权，互相攻伐。数月间，死者万数，宫室被焚，长安城成了一片废墟。

献帝和伏后一行在杨奉、董承等的护卫下，又离开长安，向东逃到陕县（今河南陕县）。太尉杨彪奏请献帝连夜渡过黄河，向东投靠关东各州郡守。献帝准奏。献帝一行深一脚浅一脚地向河滩走去。伏皇后手里还挟着一些绢帛，在父亲伏完的扶持下趔趄前行，护驾的安集将军董承见财起意，暗嘱符节令孙徽上前抢夺。孙徽一刀砍死伏皇后左右的小黄门，鲜血飞溅到伏皇后的衣裙上，献帝见状慌忙呵斥，孙徽才未能得手。献帝、伏皇后登上船后，大臣们纷纷登船，因船上只能容数十人，所以大批武士也争着上船，无法上船的或扳住船桨，或扯住缆绳，不让船只离岸。董承和兴义将军杨奉急忙用刀乱砍，鲜血四溅，手指飞崩，渡船才缓缓驶向河心。伏皇后吓得魂飞魄散，闭起眼睛不忍再看。李傕催马赶到，遥望远行的船只大怒，而又无奈。

献帝一行仓皇逃命，快到安邑（今山西夏县西北）时，河内太守张扬、河东太守王邑前来迎驾，尽管吃住都很寒酸，但献帝和伏皇后十分满足。

建安元年（公元196年），张扬护送献帝一行回到洛阳。皇宫已被董卓烧成一片灰烬，献帝和伏皇后只得住进原中常侍赵忠的府中。

曹操抢先率军进驻洛阳，把献帝迎到许昌，形成了"挟天子以令诸侯"的局面。他独揽大权，自封为大将军，武平侯。伏皇后的父亲伏完被封为辅国将军，董承因女儿被献帝册为贵人，也封为卫将军。献帝只是个傀儡皇帝。皇宫的侍卫、仆从，都是曹操的党羽亲信。

献帝难以忍受这种任人摆布的生活。他写好密诏，让车骑将军董承带出，命宗室刘备、长水校尉种辑、将军吴子兰、王子服等密谋除去曹操。建安五年（200年）春，董承等人的密谋泄漏，曹操带剑闯进宫中，对献帝说："董承欲谋反，请皇上治罪！"献帝惧怕曹操，连忙让董承做了替罪羊。不想，曹操不依不饶，欲将董承之女董贵人一同处死。可怜的献帝此时全无帝王之尊，竟含泪哀求道："董贵人已有身孕，请将军等她分娩之后，再治罪不迟。"曹操置之不理，众武士便将董贵人活活勒死。紧接着又将董承等人斩首示众，并夷灭宗族。

伏皇后害怕董氏的结局也会落到自己的头上，于是写密信给父亲伏完，嘱他设法除掉曹操。伏完因惧怕曹操的势力，始终不敢有所举动。岂料伏完死后的第六年，此事竟被曹操得知。曹操大怒，他胁迫献帝废掉伏皇后，并代献帝写好废后诏书，派御史大夫郗虑拿着诏书，与尚书令华歆一起带兵搜捕皇后。伏皇后藏在宫中的夹墙中，被华歆发现。伏皇后披头散发赤着脚走出来，向献帝哭求道："陛下你为何不能为我求个活命？"献帝无奈，哀叹说："我也不知自己的生命何时终了呢！"之后，伏皇后被关在密室中幽囚而死。

伏后死后，她所生的两个儿子也被毒死。伏氏宗族被株连而死的达百余人。在位二十年的伏皇后，从未体验过皇后的威仪，始终是在权臣悍将的挟持下与汉献帝一起过着傀儡般的朝不保夕的生活。

三 国

母仪天下的歌姬——魏王曹操王后卞氏

卞氏原为歌舞妓女,天生丽质,聪慧过人,于汉灵帝光和二年嫁曹操为妻,随曹操入驻洛阳。她虽出身低微,然却知书达礼,有政治远见,沉稳睿智,处事令人信服。曹操曾盛赞为"良女难得"。

灵帝中平六年,军阀董卓率兵入洛阳,并自封为汉献帝丞相。曹操视董卓无能,不愿为其效力,便到陈留招募数千人讨伐董卓。这时在洛阳的曹操部下及前来投奔曹操的一些人,见曹操逃走,皆劝卞氏回老家。然卞氏却非常冷静,她不仅自己不离开洛阳,还劝说大家都留下来,从而稳住了曹操余部的阵脚。后曹操得知此事,对卞氏非常欣赏、叹服。

汉献帝建安初,曹操废丁夫人,立卞氏为继室夫人。曹操妻妾较多,共有二十五个儿子。卞氏除抚养自己所生的四个儿子外,对其他妻妾之子视如己出,精心养育,从无怨言,曹操打心里佩服、宠爱卞夫人。

汉献帝建安二十一年(216年),曹操被封为魏王。

建安二十四年,曹操立卞夫人为王后。这时,她不尚华丽、奢侈,仍然省吃俭用,着装朴素,而且还常穿粗布衣。

汉献帝延康元年(220年)曹操病死,由其子曹丕即位为魏王。同年曹丕代汉称帝,是为魏文帝,尊其母卞王后为皇太后,其父曹操亦被追尊为魏武帝,庙号为太祖。

公元226年,曹丕死,曹丕之子曹叡即位,是为明帝,尊卞太后为太皇太后。

公元230年,太皇太后病逝,与曹操合葬于高陵(在今河北临漳县西)。死后谥号为"武宣"。

无言悲诗遭杀身——魏文帝曹丕皇后甄洛

甄洛,又名甄宓(音密),东汉光和五年(182年)出生在一个官宦家庭。父亲甄逸曾做过上蔡县令，是汉朝宰相甄邯的后代。

甄洛是甄家最小的女儿，被视为掌上明珠，格外珍爱。甄洛出生不久，每天哭哭闹闹，四肢乱动，常把被子蹬掉。可家人却常常出现幻觉，看到有人持玉衣盖在她的身上，于是惊奇不已。甄洛三岁时，父亲就去世了。一次，甄家特意邀请了一位叫刘良的相面先生看相。刘良看到甄洛时，顿时惊呆了，连连说道："此女贵不可言。"

甄洛的确与其他女孩有些不同。八岁孩子本应该是在外蹦蹦跳跳、回家撒娇的年龄。一天，姐姐们都兴高采烈地登上阁楼观看耍马戏，唯独甄洛没有去，她认为"这种出头露面之事，哪是女孩子所能干的"？姐姐们认为她说的有道理。九岁时，甄洛趁兄长们不在书房，借用他们的文房四宝来写字和作文。后来被哥哥们发现了，都责怪她，但甄洛却歪着脑袋一本正经地说："古代的贤女，没有一个不是从古书中学习做人的道理的。不读书，从哪里知道这些呢？"甄洛的哥哥们大为惊讶，都佩服她。甄洛聪明伶俐，悟性极高，不久就能写一手好字，赋一些好诗。

东汉末年，董卓焚烧洛阳宫殿，胁迫汉献帝迁都长安，致使洛阳城数百万人流离失所、衣食无着。在这种情况下，许多人家不惜贱价以珠宝换粮食。甄家是富豪，于是就用粮食换取金银珠宝。当时，甄洛才十岁。她劝母亲张氏不该借机收购灾民的财宝。如果这样做，一定会引起民愤。她建议母亲用自家仓库里的粮食救济亲戚、朋友及左邻右舍，对他们施恩行惠。张氏欣然采纳了女儿的意见。

甄洛的父亲甄逸逝世之后，大哥甄预也不幸早亡。十四岁那年，二哥甄俨也留下一妻一子而去。二哥一直在外做官，是甄家的顶梁柱，他的死对于甄家是个沉重的打击，甄洛尤其感到难过。甄洛见母亲张氏对二嫂不够宽容，就劝母亲应该同情二嫂，她对母亲说：

"嫂子年纪这么轻就守寡，还得拉扯一个小孩，您对二嫂应该比二哥活着的时候更好，爱她像自己的亲闺女一样，这样才能给嫂子以安慰。"母亲十分感动。甄洛还主动请求母亲和二嫂同住，以便抚养好小侄。嫂子对甄洛非常感激，逢人便夸甄洛，使甄洛贤淑之名传遍乡里。

占据冀州、青州、幽州和并州的袁绍，是汝南汝阳（今河南商水西南）人，他有三个儿子。袁绍听说自己治下有一位名叫甄洛的美貌贤淑的女子，于是派人为他的二儿子袁熙求亲。以袁家的权势，甄家怎敢不依，就把甄洛嫁给了袁熙。

袁绍将袁熙派往幽州做刺史，袁熙不得不离开新婚不久的甄洛去幽州上任。临行那天，甄洛目送丈夫出了邺城。袁熙走后，甄洛日夜陪伴着袁绍之妻刘氏夫人，送茶送饭，尽儿媳之责。

公元204年，曹操战败袁尚，进入邺城，袁氏官邸及袁氏父子的妻妾等统统受制于曹操。刚刚入城，曹操的次子曹丕便闯进了袁氏官邸。

袁熙到幽州上任后，甄洛心里一直不快。后来袁尚、袁谭弟兄二人兵戈相见，使她更为丈夫担心。曹军攻进城内的消息传来后，她只等一死。当曹丕闯进时，她吓得浑身发抖，不敢抬头。

曹丕命其抬起头来。甄洛心里虽觉不是滋味，但还是将头不情愿地抬了起来。曹丕撩起甄洛的秀发，但见一张鹅蛋脸上两只乌黑的大眼睛，两道弯弯细长的眉毛犹如人工画就，鼻子秀挺而细巧，皮肤白皙似玉，秀发满头，真是妩媚动人。曹丕从未见过如此貌美绝伦的女子，顿时神魂颠倒地端详了半天，依依不舍地起身告辞。

曹操后来命人把甄洛迎接过来，赐给了曹丕。

曹丕爱甄洛的美貌，更爱她的文才。甄洛没几年就给曹丕生下一子一女，即后来的魏明帝曹叡和东卿公主。曹丕十分宠爱甄洛，但她并不专宠。每当曹丕临幸于她时，她都劝曹丕不要冷落其他嫔妃。曹丕因此更加宠爱她。而曹丕认为正室任氏心胸狭窄，性情暴躁，决定废掉任氏。甄洛流着眼泪替任氏求情，她说："众人都知，我很受您的宠爱，任夫人被废，人们都会认为是我从中挑拨。我希望您不要废掉任氏。"但曹丕还是把任氏废掉了。

甄洛聪明过人，工于心计。为了得到强硬的后台，她百般求取曹丕母亲卞氏夫人的欢心。

公元211年，即建安十六年七月，曹操西征，进击韩遂、马超。曹丕镇守邺城，卞氏夫人随行中途得病，只得在孟津休养。甄洛认为这是讨取卞夫人欢心的好机会，于是便要前往孟津，照料婆婆。曹丕自然不让她去。甄洛急得日夜哭泣。建安十七年，曹操班师回邺城。当卞夫人的轿子出现在远处的时候，甄洛早已泪流满面、高兴不已。卞夫人走下轿来，感动地流下了眼泪。

公元220年，曹操病逝。同年十月，曹丕代汉自立，国号叫"魏"，改年号为"黄初"，都城设在洛阳。

曹丕后宫中有郭贵嫔，比甄洛更年轻漂亮，而且更有智慧，深受曹丕的宠爱。不久郭贵嫔就取代了甄洛在曹丕心目中的位置。曹丕欲立后，郭氏就极力挑拨曹丕与甄洛，使甄洛渐受冷落。后来，曹丕竟立郭贵嫔为皇后。甄洛为抒心中之愤，写下了她那惟一传世的作品《塘上行》，表露了她悲凉伤感的心境。诗中写道：

　　　　蒲生我池中，其叶何离离！傍能行仁义，莫若妾自知。
　　　　众口铄黄金，使君生别离。念君去我时，独愁常苦悲。
　　　　想见君颜色，感结伤心脾。念君常苦悲，夜夜不能寐。
　　　　莫以豪贤故，弃捐素所爱。莫以鱼肉贱，弃捐葱与薤。
　　　　莫以麻枲贱，弃捐菅与蒯。出亦复苦愁，入亦复苦愁。
　　　　边地多悲风，树木何翛翛。从君致独乐，延年寿千秋。

曹丕听说后不禁大怒,决定将甄洛赐死。

公元221年六月,甄洛绝望地端起了曹丕赐给她的毒酒,一饮而尽。

甄洛死后,安葬在邺城。郭皇后怕甄氏鬼魂向阎罗王控告,于是下令在安葬时把她的尸体用发遮面、以糠塞口,教她无脸见人、有口难言。

公元226年,魏文帝曹丕死去,皇太子曹叡继位,是为魏明帝,追谥生母甄洛为"文昭皇后",并立寝庙祭祀。

害人害己无善终——魏文帝曹丕皇后郭氏

郭氏,是魏文帝曹丕的皇后,她曾为了自己的私利,在皇帝面前诽谤可能与之争夺皇后的甄氏。然而,由于郭氏无子,曹丕死后,甄氏的儿子即位当了皇帝,即明帝。对于自己母亲的死因,明帝苦苦相逼,郭皇后落得一个自杀的下场。

郭氏,安平广宗(今河北安平附近)人,东汉灵帝中平元年(184年)三月,出生于一个官宦家庭。她的父亲郭永官至南郡太守。母亲董氏共生有三男二女,郭氏的降临,给郭氏家族增添了无尽的喜悦!据说郭皇后幼年时就与众不同,父亲对她的所作所为十分自豪,高兴地称其为女中王,于是就以女王为字,至于她的名字,史书无记载。

郭氏出生的那一年,黄巾农民起义刚刚爆发。郭氏老家正是作战的主战场。郭后的父母和哥哥、弟弟都先后死去。年幼的郭氏无依无靠,沦为王侯家的奴婢。后来郭氏被曹丕纳为宫人。

郭氏容貌秀美,尤其是两只会说话的眼睛,更是招人,而且聪明老成,悟性极高,很受曹丕的器重。郭氏多次为曹丕出谋划策,曹丕才被立为嗣子。

建安二十五年(220年),曹操去世,曹丕继承了魏王的称号和丞相的职位。郭氏升为夫人。同年十一月,曹丕做了皇帝,郭氏又升为贵嫔。

皇后的位置是令人羡慕的,后宫中,有哪一位不朝思暮想得到它呢?郭氏已身居贵嫔的位置,随时都有可能坐上皇后的宝座。但曹丕迟迟不册封皇后。当时,宫中有名有姓的妻妾有六位,郭氏清楚,能和她争夺皇后位置的只有甄洛。甄洛漂亮聪明,很有文才,熟读儒家经典,而且贤淑、善良,这些都是郭氏比不上的。但郭氏自信自己帮助曹丕夺了嗣子的位置,曹丕对此一直念念不忘,所以郭氏对曹丕给她加封皇后凤冠非常自信。为了万无一失,郭氏寻找一切机会打击、诽谤甄洛。一天,郭氏与曹丕来到了洛阳,利用这一千载难逢的机会离间曹丕与甄洛的关系,而远在邺城的甄洛自然没有分辩的机会。郭氏的努力没有白费,曹丕渐渐冷落甄洛。甄洛独守空房,以烛光做伴,内心十分寂寞,无奈之下,做《塘上行》以抒心中之情,谁知偶然被曹丕发现,曹丕大怒,赐死了甄洛。

黄初三年（222年），曹丕提出册封郭氏为皇后，但遭到了一些大臣的反对。郭氏闻之，咬牙切齿，但聪明的郭氏采取了欲擒故纵的计谋，便做出一种姿态让这些大臣们看。于是，她上书皇帝曹丕，说："我的确没有娥皇、女英那样的节操；也没有齐女姜氏、任氏那样的品德，不宜担当皇后的大任。"曹丕不顾大臣们的反对，终于立郭氏为皇后。

郭皇后处处留心，对娘家人的管束也特别严厉。当上皇后以后，她反把堂兄郭表立为父亲郭永的嗣子。黄初六年（225年），魏文帝亲征东吴，郭表留下来保卫皇后的安全。郭表想截断河流捕鱼，遭到郭后严厉的训斥。姐姐郭昱的儿子孟武回到乡里后，想娶妾。郭后坚决地制止，而且还给亲戚下敕书说："当今女少男多，应当让她们嫁给那些征战的将士。如果有谁不听话，娶她们做妾，一定给予处罚。"郭后的这些做法，得到曹丕的称赞。

黄初五年（224年），魏文帝想一举平定东吴。亲御龙舟，到了广陵（今江苏扬州东北），郭皇后留在许昌永始台。这时洪水将城墙楼阁等建筑冲塌，永始台也摇摇欲坠，有关大臣上奏郭皇后请她离开。郭皇后遥望远方，十分耐心地对他们说："古代楚昭王出游，妻子贞姜留在渐台。那时也是暴雨天气，江水向渐台涌来。因侍者忘记带楚昭王的符，所以她坚决不离去，直到被大水淹没。现在皇上征东吴，我怎能离开呢？"郭皇后周围的大臣侍卫都被她的精神所感动。

郭皇后生活节俭，她的姐姐郭昱死后，孟武想厚葬母亲，并想盖一个富丽堂皇的大祠堂。郭皇后知道后，坚决制止，反对铺张浪费。曹魏时期，战乱不止，民生凋敝，郭皇后的提倡节俭、反对厚葬，正与当时的国情相一致。

黄初七年（226年），曹丕去世，曹叡即位，是为魏明帝，尊郭皇后为皇太后。曹叡是甄洛的儿子，由于郭皇后没有生过一个儿子，甄洛死后就由郭后抚养他。当曹叡知道自己母亲甄洛之死与郭太后有关时，便多次哭着追问母亲的死因。

青龙三年（235年）春天，郭皇后终于因明帝所逼，在许昌自杀。为报生母之仇，明帝命在给郭后入殓时，采用郭氏对付甄氏的办法，让郭后乱发撒面，口里塞糠。这年四月，葬于首阳陵西。假如郭皇后地下有知，她一定会为当年自己的行为后悔吧！

争风吃醋杀身祸——魏明帝曹叡皇后毛氏

毛氏，河内（今河南武陟一带）人，出身平民，其父亲毛嘉原是一个车工。但毛氏天生丽质，美貌动人，被选入宫，成了太子曹叡之妃。

曹叡是曹丕和甄洛生的儿子，黄初七年（226年）被立为太子，毛氏被选为太子妃。毛氏一进宫就受到了曹叡的宠爱，终日和曹叡厮守在一起，甚至曹叡外出也要同她坐在一辆车子上。黄初七年（226年）五月，魏文帝曹丕死，曹叡即帝位，毛氏被立为贵嫔；次年（太和元年），又被立为皇后。毛氏一路加封，可谓一帆风顺。

在毛氏被立为太子妃之前，曹叡曾纳虞氏为妃。曹叡当了皇帝后毛氏却被立为皇后，虞氏因此十分气恼。曹叡的祖母太皇太后卞氏劝慰虞氏。虞氏竟然指责说："你们曹家就喜欢立地位低贱的人为皇后，真是不可思议！皇帝掌管天下之事，皇后负责后宫之事，既然没有开个好头，我怕曹家的天下会因此而亡了。"卞氏听了后，心中十分不快，就告诉了曹叡。曹叡听后大怒，立即把虞氏赶回邺宫。

虞氏被打入冷宫，但虞氏指责皇后家地位不高的事实却刺激了曹叡。为了提高岳丈家的社会地位，曹叡拜毛皇后之父毛嘉为车骑都尉，拜毛皇后的弟弟毛曾为郎中；后来又拜毛嘉为奉车都尉，毛曾为车骑都尉；没过多久，封毛嘉为博平乡侯，迁光禄大夫；毛曾迁驸马都尉。不仅如此，为了提高毛家的社会地位，曹叡还经常带领群臣到岳父毛嘉的府第欢宴饮酒。

随着岁月的流逝，毛皇后渐渐衰老，年轻漂亮的郭夫人占据了曹叡心中的位置。景初元年（237年）的一天，明帝曹叡带领嫔妃们在后苑中欢宴听曲，吩咐左右不得告诉毛皇后。可第二天一见曹叡的面，毛皇后就带着醋意问："昨天在北园游宴，一定很快乐吧？"曹叡奇怪，她怎么会知道得这么快呢，于是把自己左右随侍的十多人一起处死。

毛皇后对曹叡宠幸郭夫人心怀醋意，百般干涉，曹叡忍无可忍。公元237年十月，毛皇后终于被曹叡赐死，葬于愍陵。

寡妇立后——蜀汉昭烈帝刘备皇后吴氏

吴氏本来嫁给益州牧刘焉之子刘瑁，但刘瑁不久就死去，吴氏成了寡妇。她后来成了刘备的皇后，则是她的哥哥率兵投降了汉中王刘备而促成的。

公元188年，貌美出众的吴氏和哥哥吴壹一起背井离乡来蜀，投靠父亲旧友益州牧刘焉，刘焉见吴氏聪颖俊秀，一心想将她纳为妾。无奈，她是故友的女儿，辈分不当，且年龄悬殊，只好作罢。刘焉有四个儿子，这时，只有刘瑁跟随他入蜀。刘焉纳妾不成，于是就将吴氏纳为刘瑁的夫人。不料，刘瑁短命，吴氏过起了清苦的寡居生活。

公元194年，刘焉死去，其子刘璋继任益州牧。刘备入蜀前，吴壹被刘璋任命为中郎将，带兵抵抗刘备。当他看到刘璋各部将领节节退败，大势已去，就率所部投降了刘备。刘备任命他为护军讨逆将军。大臣们听说吴壹有一个十分漂亮的寡妇妹妹，就劝刘备纳为夫人。刘备虽是三国时代的豪杰，但个人生活十分坎坷。他的好几个嫡妻都先后死去，小妾甘氏生下刘禅后不久死于荆州。孙、刘联军在赤壁战败曹操后，孙权把妹妹许配给刘备，但孙夫人后来也离开了刘备。

刘备虽要纳吴氏为夫人,但考虑到自己和刘瑁可能是同族,又觉得这样做欠妥。大臣法正劝刘备说:"晋文公和晋怀公父子俩均娶秦穆公的女儿为妻。你和刘瑁的亲缘关系有这个近吗?"刘备的顾虑烟消云散,欣然纳吴氏为夫人。

公元219年,刘备称汉中王,立吴氏为汉中王后。公元221年,刘备称帝,又立她为皇后。

章武三年,刘备死,刘禅称帝,改元建兴,尊吴皇后为皇太后。公元245年,吴太后逝世,与刘备合葬于惠陵,卒谥"穆皇后"。

吴氏由王后——皇后——皇太后,真是一路顺畅,极为幸运。

姐亡妹继——蜀汉后主刘禅皇后大小张氏

张氏是涿郡人,出身将门之家,其父是蜀车骑将军张飞,与蜀先主刘备乃结义兄弟,亲如手足;其母夏氏家族也为魏国之将侯。

张氏自幼受家庭熏染,性格豁达开朗,而且聪明过人。建安二十四年(219年),刘备称汉中王,其子刘禅被立为太子。刘备的结义兄弟张飞的长女张氏被刘备相中,于是,便与张飞商量,让其女进宫做了刘备的如意儿媳。

章武元年(221年),刘备正式称帝,刘禅被立为皇太子,张飞的长女张氏自然也就被立为太子妃。章武三年(223年)夏,刘备病逝,刘禅继位为帝,做了皇帝,改元建兴,太子妃张氏被立为皇后。

后主刘禅自幼喜好玩耍。刘备深知刘禅的品行,所以,临死前曾嘱咐诸葛亮:"如太子刘禅尚能辅佐,就辅佐他;如果他实在不行,你可自立为君。"诸葛亮始终尽心尽力辅佐刘禅,平定叛乱,国内经济也有所发展。诸葛亮死前又将国事托付给蒋琬。刘禅听从诸葛亮的遗嘱,任命丞相府长史蒋琬为尚书令兼益州刺史,后来又拜为大将军,接替了诸葛亮的职位。

建兴十五年(237年),张飞长女张皇后病逝,其妹张氏又被送入宫中。刘禅见张氏的相貌比前皇后张氏更为妩媚动人,而且活泼可爱,十分喜欢。张氏入宫后便被封为贵人。不久,后主刘禅下诏将张贵人立为皇后,举行了隆重的册封大典,并大赦天下,改元为延熙。

此时的后主刘禅已无诸葛亮的制约,刘禅贪图享乐的本性又显露出来,蒋琬对他更束手无策。此后,刘禅经常带领宫人、宦官外出游玩,不理朝政。张皇后见蜀外疆危机四起,曾多次劝说,但刘禅不予理睬,依然我行我素。张皇后深感无可奈何。

景耀五年(262年),姜维发现魏有伐蜀的迹象,便上书刘禅:建议派重兵防守阳平关(今陕西勉县西)和阴平(今甘肃文县),但刘禅对此置之不理。第二年,魏军果然伐蜀。魏将邓艾突出奇兵,从阳平出发,越过剑阁天险，直达江油（今四川江油北），蜀太守不战而降。

邓艾又发兵涪城，在邓艾优势兵力的猛烈进攻下，诸葛亮之子诸葛瞻奋勇拼杀，但兵败被杀，涪城失守。邓艾长驱直入，兵临成都城下，刘禅左思右想，准备投降邓艾。刘禅的儿子北地王刘谌听说父皇欲投降邓艾，十分悲愤，他乞求刘禅说道："父皇，若真的没有办法，也应该父子君臣背城一战，同社稷共存灭，同见先帝，怎么可以投降啊？"但刘禅贪生怕死，于是，便率太子、百官缚双手，抬着棺材，投降邓艾。北地王刘谌不愿忍受屈辱，便杀死妻子，自杀身亡。

蜀灭亡后，张皇后随后主刘禅举家迁往洛阳。魏封刘禅为安乐县公，食邑万户，赐绢万匹，奴婢百人。魏国为了羞辱蜀国君臣，将刘禅的宫人赐给魏国无妻子的诸将为妻。而作为亡国之君，受辱敌国的后主刘禅却怡然自得，乐不思蜀。张皇后随着后主刘禅进入魏国后过着寄人篱下、形同囚徒的屈辱生活。

西晋泰始七年（271年），刘禅死于洛阳，终年六十六岁。

张皇后的皇后生活随蜀国的灭亡而结束，刘禅死后，生活在魏国的张皇后思念蜀国，怀念父亲张飞与先主刘备共同创建的天下，她慢慢地在抑郁忧伤之中死去。

祸起外戚——吴会稽王孙亮皇后全氏

全氏出生在吴郡钱塘（今浙江杭州）的一个大族，父亲全尚，母亲孙氏。全氏聪明伶俐，而且容貌秀美，身材匀称，是一个绝代佳人。

赤乌十三年（250年）孙亮被立为太子，孙亮的异母姐姐全公主（孙鲁班）把全氏介绍给孙亮。孙权听说后满心欢喜，选择吉日良辰，为钟爱的小儿子办了婚事。

神凤元年（252年），孙权病逝，孙亮登基，全氏被册封为皇后。

孙亮对全氏十分宠爱，全氏当了皇后之后，竭力扶持娘家人。孙亮对其也是言听计从，全氏的父亲全尚从城门校尉、太常、卫将军，一直做到尚书，原来爵封都亭侯，后来又改封为永平侯。全氏家族有五人封侯，都掌握兵权。

太平三年（258年），孙琳做了丞相。孙琳对全氏一家无功受禄十分不满，于是处处与全氏家族作对，威胁了全氏的势力，孙亮就与岳丈全尚图谋杀他。一天，孙亮密令全尚率军行动，全尚无意中把孙亮要杀孙琳的消息透露给妻子孙氏。孙氏不忍心弟弟被害，就派人告诉了孙琳。孙琳连夜发兵。孙亮亲自冲杀，但已不可挽回，孙琳将全尚逮捕，把反对他的大臣杀死，废黜孙亮为会稽王，迎琅琊王孙休即帝位，是为景帝。

孙亮被废黜，全氏的皇后凤冠自然也就摘掉了，随孙亮回到了自己的封地。她约卒于晋永宁年间。

固执己见犯大错——西晋武帝司马炎皇后杨艳

杨艳（238—274），弘农华阴（陕西华阴东）人，其父杨文宗为曹魏贵族。她出生不久，母亲赵氏便去世，她被接到舅舅赵俊家抚养。舅母是一位仁爱的长者，亲自给她喂乳，而把自己尚未断乳的儿子改由别人喂养。在舅父母的精心培养下，杨艳不仅做得一手好女红，而且熟习古代典籍，工于书法，且出落得美丽动人。

杨艳长大后，又回到了父亲和后母身边。

司马昭听说杨文宗有个好女儿，就派人求婚，为他的儿子司马炎聘妻。杨艳嫁给司马炎后，很受宠爱，共生下三男三女，他们是：儿子司马轨、司马衷、司马柬；女儿平阳公主、新丰公主、阳平公主。

公元265年，即泰始元年，司马炎代魏称帝，是为晋武帝，杨艳被立为皇后。

因司马轨早亡，九岁的司马衷于公元267年被立为太子。司马衷从小"愚劣"，是个白痴，虽经师傅再三教导，总不开窍。不少朝臣认为将来这个痴太子当皇帝是不行的，婉言劝说晋武帝应废掉他。有一次，侍中和峤婉言地对晋武帝说："皇太子有淳古之风，而今世风日下，人情诈伪，恐怕干不了陛下家事。"有一次晋武帝会宴群臣，太子的老师卫瓘假装酒醉，跪在晋武帝宝座前，想说废太子的话而又不便明说，只得用手抚摸床说："此座可惜！"

晋武帝也知道太子不堪大任，为此事发愁。一次，他将朝臣的意见告诉杨艳，意思是想更换太子。杨艳不听则已，一听大怒，她以古例不可破为由，坚决反对废太子，司马炎也就打消了更换太子之念。

后来，司马衷到了婚配年龄，司马炎就和杨艳议论起太子妃的人选。皇帝打算娶名臣卫瓘之女，而杨艳力主娶贾充之女。杨艳因为得了贾充妻子郭槐的许多礼物，固执地坚持自己的意见。她还密使太子太傅荀𫖮向皇帝进言，劝皇帝为太子娶贾家女为妃。司马炎竟错误地同意了，娶贾充之女贾南风为太子妃，造成了以后贾南风专权等一系列不堪设想的局面。

荒淫的君主司马炎竭力想扩大后宫嫔妃的规模，以满足他的淫欲。公元273年，即泰始九年八月，他下令选名门适龄女子入宫，规定：凡公卿以下官员的女子，一律应选。诏令下达后不久，美女齐集宫门。司马炎命杨皇后亲自主持挑选。心存妒忌的杨艳，专选身材高大、皮肤白皙的，而把那些美丽端庄的遣送回家。卞藩的女儿卞氏长得眉清目秀，面容俏丽，姿色超群。司马炎央求杨艳留下她。可杨艳却反驳说："卞家三代（曹操妻、曹髦妻、曹奂妻）都为皇后，不能委屈她当妃子。"司马炎大怒，改由自己亲自挑选，对所有满意的美女，都用红纱在玉臂上打一个结。

经过选妃，司马炎得到了数十名美女，并依宠爱程度封为相应的等级称号。司马炎对其中的贵嫔胡芳与夫人诸葛婉的宠爱仅次于杨皇后。杨皇后向来独宠于司马炎，怎能甘心胡贵嫔和诸葛婉与她争宠？但又无可奈何。不久，杨皇后竟因心情不畅，染病在身。虽请了不少名医诊治，但病势没有丝毫好转。

公元274年，即泰始十年初秋，杨皇后的病势加重，眼看就不久于世。司马炎赶来看望，见此情景，眼含热泪安慰杨皇后，问她还有什么话要说。杨皇后十分担心自己死后，司马炎会立宠妃胡贵嫔为后，这样对太子司马衷的地位是相当不利的。她断续地说："我叔父杨骏的女儿杨芷，不仅美丽动人，而且十分贤淑。你如果能立她为皇后，我死也可瞑目了。"听了这话，司马炎十分伤感，泪流满面，一口答应了她的请求。杨皇后见司马炎已答应，便无力地合眼而去。

死时，杨皇后年仅三十七岁，后被安葬在峻阳陵。

因福得祸——西晋武帝司马炎皇后杨芷

根据皇后杨艳临终前的要求，司马炎于咸宁二年（276年），立杨芷为皇后。这一年，杨芷十九岁。

杨芷生于甘露三年（258年），她生得楚楚动人，美丽而又纯情，十分惹人怜爱。司马炎对她特别恩宠。可杨芷为司马炎仅生下的一个儿子司马恢，两岁时就夭折了。

杨芷之父杨骏，本来就野心勃勃，只是没有机遇攀升，仍为一个小吏。杨芷立后，女贵父荣，杨骏陡然官至车骑将军，封临晋侯，一跃而成朝中要员。许多朝臣为临晋侯陡升深感不安，认为是天下大乱的不祥之兆，加以杨骏为人不可置信，也有好事者提醒过武帝，他不但不予理睬，反倒愈加重用。

杨骏有两个弟弟，即杨珧、杨济。自此杨氏三兄弟排斥忠直旧臣，任用阿附新贵，营私弄权，无所不为。

杨艳皇后在世时，司马炎按其意立她的痴子司马衷为太子，并选勋臣贾充的女儿贾南风为太子妃。贾南风不仅丑陋无比，而且生性妒忌，竟亲手杀死了为司马衷怀了孩子的宫女。司马炎听到此事，勃然大怒，要将贾南风打入冷宫。他本来就曾对娶这样的丑女妒妇为儿媳持过异议，此时更痛下决心要为太子另选贤淑女子为妃。杨芷觉得不妥，劝司马炎说："贾充乃当朝第一功臣，不能因为贾南风就忘记了贾家的恩德。贾妃年纪还小，稍长后自会改过。"贾充即南风之父，曾对司马氏篡权、称帝立过汗马功劳。司马炎常念及此，加上杨芷的劝解，渐渐消了怒气，没有再提废太子妃的事。皇后还多次严厉告诫贾南风，让她改过。可是，贾南风却不认为杨皇后是在帮助自己，反而认定司马炎要废她是杨芷的主意，对皇后十分怨恨。

泰始八年（272年）太子婚后，司马炎因荒淫过度，身体日亏，对于他死后的继位问题考虑日多，而太子在宫中说出的痴话，落下的笑柄也就更加多了起来，武帝为了治愈心中这块心病，于是决定对太子衷测试一番。

这一天，武帝召来东宫宫吏，将尚书拟出的疑难问题写上，命中史张泓呈交太子，立等回复。张泓多了个心眼儿，先将试题交给太子妃贾南风。南风眉头一皱，计上心来。她对张泓说："不如你代为作答，将来太子登基，共享荣华富贵。"张泓心领神会。他虽为后宫小吏，却小有文才，片刻答就，让痴太子司马衷歪歪扭扭照葫芦画瓢，抄了一遍，张泓送出跪呈武帝。武帝看后，龙颜大悦，当即命群臣传阅。在场的东宫宫吏明知这不可能是太子亲自作答，却众口一词，祝贺太子衷成才。

由于纵欲过度，当年英姿勃勃的武帝司马炎，在太康十年（289年）底即一病不起，于是便慌忙安排后事。但，由于司马炎晚年把政事大都委于皇后杨芷之父杨骏为首的外戚手中，他担心杨氏权力过大，威胁晋朝的江山社稷，便让王佑任北军中侯，典掌禁兵。他还封皇子司马遹为广陵王，精选师资，为其辅佐。

太康十一年（290年）三月，武帝病情日重。这时，当年的功勋旧臣，不是已经亡故，就是被杨氏家族排斥在外。一次，武帝清醒过来，发现身边全被杨骏所用新贵包围。他顿时忧虑重重，怒从中来，在痛斥了杨骏一番之后，想在临终前挑选几个正直大臣参政，以扭转大局。可是，为时已晚，杨骏竟将诏令偷来藏下，根本没有送出宫去。待武帝回光返照，问起他所召汝南王司马亮为何还未进宫朝见时，才知道已无可挽回。于是，病情骤然恶化，旋即逝去。

当太子司马衷即惠帝继位时，杨骏就成了惟一的顾命大臣。这时的司马衷虽已32岁，杨骏却从不把这个天生的白痴放在眼里。他不但住进武帝当年处理朝政的太极殿，煞有介事地批阅奏折，配备百名虎贲卫队为其保镖，还以惠帝名义加封自己为太尉、太傅、大都督，总揽朝政。

司马衷即位后，立贾南风为皇后，尊杨芷为皇太后，大权旁落在杨太后和父亲杨骏手中。贾南风虽为皇后，但手中无权，这对早已虎视眈眈、垂涎欲滴地想干预朝政的南风来说，岂能容忍，她暗中盘算，如何从杨氏家族怀中夺回大权。永平元年（291年），贾后策动楚王司马玮发动了宫廷武装政变。三月八日，在贾南风的指使下，由其死党出面向惠帝司马衷上表，诬称杨骏谋反。惠帝原为白痴，哪有主见，立即宣布首都洛阳城内外全部戒严，并撤销杨骏的所有官职。接着，司马玮亲率四百名殿中兵攻打杨骏府第。皇太后杨芷闻讯，万分焦急，急忙写了一封信射出城外，声称"救太傅者有赏"。信射出后，被贾南风派出的侦探拾到，交给了贾南风。贾南风当即把书信公布于众，宣称太后与杨骏共同谋反，并以惠帝的名义下诏幽禁杨芷。经过这次政变，贾南风杀死了杨骏，并迅速逮捕了骏之弟杨珧、杨济及其他亲戚，屠灭三族。但杨芷毕竟还是皇太后，为了不致波及太大，引起反感，贾皇后暂时给杨芷和她的老母庞氏留下一命，被押送到永宁宫幽禁。

不久，贾南风便暗暗指使爪牙上表请求废皇太后、请求将杨芷母亲交廷尉正法，惠帝一律下诏批准。

永平元年（219年）四月某日，首都洛阳金墉城封锁了城门，刑场中绑着的白发苍苍老庞氏，早已不省人事，瘫软在地。杨芷呼天喊地，跪地苦苦哀求开恩，请求援救。在万般无奈之下，杨芷夺过卫士的宝剑，割下散乱的头发，跪地连连叩拜，表示宁愿为贾后侍妾以求保存母命。但贾南风没有丝毫的恻隐之心，庞氏终被处斩。

庞氏死后，杨芷又被押回金墉城冷宫。她已不省人事，奄奄一息。不久，贾南风又将侍御杨芷的十余人全部撤走，断绝其饮食，杨芷连续八天未能进食，于元康二年（292年）二月一日被活活饿死。于是，杨氏家族被全部灭绝。

杨芷虽死得如此凄惨，但贾南风因心怀鬼胎，怕杨芷到阴间告状，于是她命令埋葬的人将杨芷脸朝下放入棺材。棺材里还放上了镇压鬼魂的符书，要使她无处申冤，万劫不复，永远不得翻身。

一代毒后——西晋惠帝司马衷皇后贾南风

公元280年，晋武帝司马炎统一魏、蜀、吴三国，打下西晋朝基业。可是西晋，只传了四帝五十二年，就被汉主刘曜灭亡了，这与晋惠帝司马衷的老婆贾南风大有关系。

一般人总以为皇后是万中选一，一定长得又白又嫩，温柔贤惠，还有沉鱼落雁、闭月羞花之容貌。可是，贾南风皇后却长得又矮又肥、又黑又丑，且是个又淫又妒的女人。

丑女配蠢夫

晋武帝司马炎的皇后杨艳，生了三男三女，长男司马轨早夭，九岁的次男司马衷就居长而被立为太子。

泰始八年（272年），太子司马衷十三岁，武帝和杨后决定替儿子选太子妃。当时竞争太子妃的人选很多，最后淘汰得只剩下司空侍中卫瓘的女儿和散骑常侍尚书令贾充的女儿。

晋武帝阅人多矣，一看就分出了卫氏和贾氏的高下，他对杨皇后说："卫家女有五可（优点），贾家女有五不可（缺点）。卫家种贤而多子，美而长白。贾家种妒而少子，丑而短黑。"

可是杨皇后受到贾南风母亲郭槐的人情包围，坚持要娶贾氏做儿媳妇。晋武帝一向对杨皇后十分宠爱尊重，事情就这样决定了。

为了避免年仅十三岁的太子不懂得如何做新郎，晋武帝还在婚礼前，派遣一位清惠贞正而有淑姿的才人谢玖，先去陪太子司马衷睡觉，教他帷房之事；结果谢才人一试，就有了身孕，后来生下司马遹，成为司马衷唯一的儿子。

讨老婆是件终身大事，司马衷难道就没有表示反对，同意娶一个短黑丑妒的女人做妻子吗？

原来司马衷是个憨愚痴蠢之人，他哪里会反对？

关于司马衷的愚蠢，从两个著名的故事可见一斑。

有一次，司马衷带领一群侍从，在华林园游玩，听到池塘里传来"呱——呱——"的叫声，便问什么东西在叫？侍从说是青蛙，司马衷居然问："这些青蛙是官家养的？还是私人养的？"侍从们随口哄司马衷说："在官地里叫的青蛙是官家养的，在私人地里叫的是私人养的。"

司马衷听了，居然频频点头。

还有一次，河间发生灾荒，地上到处躺满了饿死的人。有人把灾情向司马衷禀报，说许多百姓没饭吃，都饿死了。司马衷居然说："没有饭吃，怎么不吃肉粥呢？"

这样一个愚蠢的人，又哪里能分辨美丑贤劣呢？

这一桩"丑女配蠢夫"的婚姻，就如此这般地缔结了。

面丑智商高

公元290年，五十四岁的司马炎死了，三十二岁的司马衷以太子身份继位为晋惠帝，比司马衷大两岁的贾南风，便顺理成章地当上了皇后。

贾后虽然黑短丑肥，智商却比老公惠帝高，不但懂得男女之事，也懂得争风吃醋。

当初贾南风嫁给司马衷之时，司马衷事先已跟才人谢玖实习过"夫妻生活"了，贾南风知道此事之后，大为光火。等知道那个谢才人有了"入门喜"，更是又妒又怒。谢才人不自安，便请求还居西宫，以免跟住在东宫的贾氏，产生更大的摩擦，遭到不测之祸。

谢才人是因为奉旨试婚，公然有喜，所以得以顺利地生了皇孙司马遹，其他的宫妃可就没那么好运了。

贾南风当太子妃时，对愚痴的丈夫肆无忌惮地颐指气使，所以小她两岁的太子司马衷非常怕她。司马衷身边美貌的侍女，贾南风都看不顺眼，好几个美侍就被贾氏亲手杀死。有一次，她听说一位侍妾有了身孕，气急之下，竟手持长戟往孕妇的肚子刺去，一戟而将母子二人同时刺毙。

晋武帝知道此事以后，大为生气，决定将残暴的贾氏废为庶人，驱逐出宫。当时皇后杨艳已病死，由杨艳的堂妹杨芷继位为后，史称"小杨皇后"。这位小杨皇太后也代贾氏说情，劝阻武帝道："贾妃年少无知，妒忌亦妇人常情，等年岁稍长，自然改好。"武帝才打消了废掉贾氏之意。

小杨皇后因此好心地告诫贾妃，要她收敛一点。没想到贾氏不但不知感激，还以为小杨皇后故意为难她，自此怀恨在心，决定日后有机会一定要报仇。

当然，几次想换太子、废太子妃的公公司马炎，也是她要报仇的对象。

等她当上皇后，形同白痴的晋惠帝任她摆布，朝廷百官任她指挥之时，埋藏内心多年的复仇计划，就要付诸行动了。

疯狂的报复

贾后报复的对象，首先是常常"骂"她的小杨太后家，第二是常常想赶她出宫的过世公公司马家。她打算先联合司马家斗倒杨家，等杨家倒了之后再去斗杀司马家。

小杨皇太后的父亲杨骏，在武帝时就担任大都督之职了，杨骏的弟弟杨珧、杨济也在朝担任要职，加上杨皇后，真可谓一门贵盛。等惠帝即位时，杨骏又受诏担任太傅辅佐惠帝。杨骏为人刚愎，辅政之后，知道贾后妒悍难制，怕贾后对付他，便多树亲党，并且控制了守卫皇宫的禁军，希望借此来保护自己。但这些举措都令司马诸王不满，成为贾后借刀杀人的好机会。

晋惠帝元康元年（291年）春三月，当皇后还不满一年的贾南风，展开了迅雷不及掩耳的政变：她联络好楚王司马玮和东安公司马繇，率兵讨伐杨骏。并命令宫内殿中郎孟观、李肇和黄门太监董猛等人，草诏太傅杨骏谋反，结果杨家三族之人和杨党全部被杀。小杨皇太后闻知事变时，在帛上写"救太傅者有赏"，缚在箭上射出城外，结果被贾后拿来当作"同反"的证据，杨氏被废为庶人。贾后将她关在金墉城，不给她吃东西，杨氏饿了八天，终于被活活饿死。

贾后一举除掉了杨家的势力以后，她征召汝南王司马亮为太宰，与太保卫瓘同掌朝政。不久，司马亮的专断作风又令贾后不满，正好楚王司马玮与司马亮彼此不和，贾后便利用司马玮杀掉了司马亮和卫瓘。

卫瓘之死实在"罪有应得",谁叫他生了一个女儿,要跟贾氏在当年争太子妃之位呢?

贾后主使司马玮杀掉司马亮等人之后,又以此为罪名诛杀了司马玮,改以张华、裴頠和自己的哥哥贾模一同辅政。从这些事,可见贾后手段的毒辣高强。

张华为人儒雅有谋略,颇负时望,裴頠、贾模虽是后党,也算是贤才,三人同心协力,共济时艰,朝野安定太平了七八年。

秽乱后宫

一方面天下太平,一方面朝中全是自家人,贾后遂得以逍遥自在,红杏出墙,秽乱后宫,胡作非为。

贾后先是跟太医程据通奸,后来更用黑车偷载洛阳城内的美少年,运进宫里供她玩乐。这些美少年还以为飞来艳遇呢,事后多半被贾后杀死,以灭其口。

当时洛阳城南有一个小吏,长得唇红齿白,年少可爱。有一阵子,忽然阔了起来,不但穿戴华贵,出手也很大方。他的上司以为他非窃即盗,捉来审问。

小吏说:有一天傍晚,我走在路上,忽然有个老太婆上前问讯。而后告诉我说她家中有个病人,算命的说要到城南,找个小吏去家里辟邪禳灾,病人就会好了,答应给我很多钱,我便坐上车跟她走了。

老太婆载着我走了十几里,经过好几个门,才让我下车,只见广厦楼阁,华屋绮丽。我问老太婆这是哪儿?旁边有妙龄侍婢答说:这里是天上,不是人间。你不要说话,等会儿还有你的好处呢!

过了一会儿,有人以香汤服侍我洗澡,替我换上漂亮的新衣裳,给我吃丰盛的食物。吃完后,带我进内室,见一个将近三十岁的女人,个子矮矮的,皮肤青黑,眉后有疤,长得很难看。这个女人跟我睡了好几个晚上,在我临行前送了我好多财物,并不是我偷来的。

上司知道是贾后以黑车召幸,便不敢再问了。

贾后的胡作非为,贾模当然很清楚,他常常当面规劝做皇后的堂妹。贾后量小难容,对贾模逐渐不耐,委任日衰,等贾模在元康九年(299年)忧愤而死之后,贾后更肆无忌惮了。也就是在贾模死后不久,贾后犯下了废杀太子司马遹的大错。

杀太子铸大错

司马遹是惠帝司马衷当太子新婚之前与才人谢氏所生的儿子,贾后善妒而不能生,司马衷始终只有司马遹这么一个儿子。司马衷即位为帝之后,司马遹也当了太子。贾后始终就讨厌谢氏和司马遹母子两人,苦思除去之计。

司马遹少有令名,五岁时,宫中失火,晋武帝带着孙儿逃避火灾。司马遹拉着武帝的衣摆走进暗处,武帝问他何故,他说:"暮夜仓促,宜备非常,不宜令火光照见人君。"武帝大为欣赏,常对群臣说:"此儿当兴我家。"

可是司马遹长大后,渐不好学,贾后更派遣太监专门引诱他奢靡嬉戏,游手好闲,使司马遹的名誉日衰。

司马遹在元康九年被贾后巧妙设计,问成"谋反"之罪而废为庶人,徙置许昌,其母谢氏也因而被杀。

贾氏总算报了一箭之仇,但太子被废引起了朝野的愤怒,贾后的同党赵王司马伦(为武帝叔)当时正在京师,用了他的心腹孙秀的献计:怂恿一向讨厌司马遹的贾谧(为贾后之妹贾午所生),劝贾后早日除掉太子;等贾后除掉太子后,司马伦再以替太子报仇为名除掉贾后,趁机夺权。

贾后不知是计,果然派人到许昌,把废太子司马遹毒死。于是赵王司马伦起兵作乱,派翊军校尉齐王司马冏入宫杀贾后。

贾后见司马冏,惊问他为何入宫?司马冏说:"奉诏收后。"

贾后反驳说:"诏书应当由我来写,何诏之有?"

司马冏不跟贾后多费唇舌,把她逼到阁上。贾后遥遥对惠帝说:"陛下有老婆,随便由别人废掉,料想陛下将来也不免任别人废掉啊!"

贾后在阁间被迫喝下毒酒,一命呜呼。

贾后死了之后,贾氏族党全被诛杀,使政权处于真空状态,酿成司马氏的互相残杀,史称"八王之乱",结果晋室大衰,十年之后被匈奴政权前赵所灭。

因子而贵,因子而死——西晋惠帝司马衷夫人谢玖

谢玖(?—299年),晋惠帝姬妾,愍怀太子司马遹之母。她出身屠夫之家,父亲以宰羊为生,家门贫贱。但是谢玖却貌美贤惠,仪容端庄,于是被选入宫中,封为才人。

起初,司马衷被封为太子,还没纳妃。晋武帝顾虑到太子年纪还小,尚不知男女闺房之事,就派谢玖去做为太子侍寝的对象,不久便有孕。但是后来娶进宫的太子妃贾南风奇妒无比,身怀六甲的谢玖便请求回到西宫,生下一个儿子。小孩都养到三四岁大了,太子还不知道自己有儿子的事。直到有一次司马衷入宫和其他皇子们一起游玩,偶然握起司马遹的手,武帝才告诉他:"这是你儿子啊!"

惠帝即位后,立司马遹为太子,并且封谢玖为淑媛(一称淑妃)。皇后贾南风不准太子与亲生母亲相会,将谢玖另外安置。299年,贾后设计要废太

子，让太子写下叛逆文字，陷他入罪，并连带将其母谢玖逮捕后拷打而死。永康初，下诏改葬太子，谢玖便与太子葬在显平陵，并且追赠她夫人印绶。

两朝皇后——西晋惠帝司马衷、前赵刘曜皇后羊献容

西晋永康元年（300年），赵王司马伦起兵进宫，杀掉了权倾一时的贾皇后，完全把"白痴"皇帝——晋惠帝司马衷玩弄于股掌之上。赵王司马伦眼见后位虚悬，一心安插有利自己的皇后于惠帝身边，于是他选中了尚书郎羊玄之的女儿羊献容。羊氏并不愿意嫁给一个中年的白痴傀儡皇帝为继后，可是赵王司马伦权大如天，因而对婚事也只能无可奈何。

可是羊献容皇后之位还没坐热，野心勃勃的赵王司马伦已迫不及待地逼惠帝禅位，对外宣称尊惠帝为太上皇，实际上却把惠帝和羊皇后囚于金镛城。后来齐王司马冏、河间王司马颙、成都王司马颖、长沙王司马乂等人乘势而兴，迎惠帝复位，羊皇后才得以还宫。

自此以后，羊献容遭到了四立四废的悲惨经历。先是于永兴元年（304年）因其为赵王伦所立而遭河间王司马颙及成都王司马颖逼迫惠帝废后，后因右卫将军陈眕讨伐成都王，惠帝才得以大赦天下，复羊后位。第二次因河间王司马颙再度夺权成功，而为其部将张方所废，后来惠帝被张方胁持往西安，留守朝廷宣布羊皇后复位。次年四月，已为中领军兼京兆太守的张方再废羊后，但至十一月时立节将军周权诈称皇帝密旨令其晋平西将军，并令羊后复位；不久，洛阳县令何乔灭掉周权，再废羊献容为庶人。直到张方尾大不掉，被主子司马颙派人暗杀以后，羊氏才第五次被抬上了皇后之位。

羊献容不仅被屡废屡立，更曾被河间王司马颙矫旨迫令自杀，幸得司隶校尉刘暾劝阻才得以保全。但西晋此时也已经江河日下了——八王之乱的最后胜利者东海王司马越在惠帝死后不久也病死了，命运坎坷得不能再坎坷的羊献容，并没有否极泰来。白痴丈夫死了，照说她将更上一层楼，升为太后，但她无此福分，继位的是武帝之子司马炽——晋怀帝，她仅被尊为空头的"惠帝皇后"，移居别宫。

由于八王之乱，晋廷日益衰落，一直等待乘势而兴、雄踞北方、建国号称前汉的匈奴军队兵临城下，晋室半壁江山陷入汉国开创者、匈奴贵族刘渊手中，他的侄儿刘曜攻进洛阳，灭了西晋。刘曜闯进西晋后宫，掳走了当时寡居宫中的羊献容。羊献容成了战利品，对于这个在晋室中受尽耻辱的女人，在更大的亡国耻辱中，又遭受了亡国奴的耻辱。

刘曜年轻时曾经在洛阳游历，对洛阳十分熟悉，当他带兵攻入洛阳之后，惠帝的皇后羊献容便成了他的俘虏。羊献容却被刘曜封为嫡妻王妃。当刘曜成为赵国皇帝，他又将羊献容封为皇后。

两朝皇后羊献容

据说刘曜在羊献容未出阁前见过她,早就爱慕她的清秀美丽。他灭亡西晋的一个重要动力,就是为了得到羊献容。羊献容成了汉国主刘曜的皇后。从一个亡国皇后,变成了曾经是敌国的皇后,是一件多么离奇的事情。归顺了前赵的羊献容一改往日的倒霉样,活得十分精彩,不仅得到了刘曜的宠爱,还可以发挥自己的才情和能力,偶尔帮一下皇帝。或许用一句刻薄的话来总结她的一生会比较贴切:一个国家的灭亡成全了她的幸福。

羊献容不仅得到刘曜的万般宠爱,更为刘曜生育了三个儿子:太子刘熙、刘袭、刘阐。这时的羊献容,与当日于西晋朝廷受尽欺凌的那个弱女子已不可同日而语。

羊献容对这样一个丈夫当然十分满意。有一次刘曜问她:"我与你的前夫司马衷相比如何?"羊献容回答道:"他怎么能和你相提并论呢!你是开国之主,他却是亡国之君,妻儿以及自己的性命都不能保有,我身为他这样一个皇帝的妻子,却屡屡被臣属折磨羞辱。那个时候我真是生不如死,哪里想得到会有今天!我生长在深闺,了解的男人只有司马衷一人,还以为世上的男人都像他那样。如今嫁给了你,才知道世上真有大丈夫。"羊献容这番话,可以说完全出自真心。

刘曜虽是匈奴后裔,却很有英雄气概。一次,他在战役中坠马负伤,随从要将自己的马匹给他,面对生死关头,他却拒绝接受,说:"我已经负伤,而你毫发无损,相比之下你逃出去更有生存下来的可能,我伤重,死在这里正得其所。"随从痛哭,强行将他拉上马,驱马渡汾河,自己留下挡敌战死。后来刘曜在战役中被石勒活捉,石勒便要他写信给太子刘熙劝降,刘曜在信上写道:"与诸大臣匡维社稷,勿以吾易意也!"石勒见刘曜性烈不畏死,恼怒之下便杀了他。刘曜没有想到的是,自己的儿子们年轻没有经验,自己以性命换来的并不是国土完整,而是石勒的一鼓而破,赵汉亡国。

不过,刘曜及其子亡国的这整个过程,都发生在羊献容去世之后。羊献容只做了两年赵汉帝国的皇后,公元322年,她在再次的亡国前死去,应该说也是一种幸运。羊献容的早逝令刘曜十分悲痛,他亲自为她选择葬地,以倾国之力筑显平陵,为她上谥号"献文皇后"。

福荫家人——东晋元帝司马睿夫人郑阿春

郑阿春(?—326)是河南荥阳人,其祖父为临济县令,父亲做过安丰太守。生在中级官吏的人家,阿春从小便在无忧无虑的环境中长大。可在她刚刚懂事不久父亲就去世了,身为大姐的阿春为了一家人的生计,只好赶快嫁给渤海一户姓田的人家。只可惜刚生下一子后丈夫就死去了。

郑阿春无奈,只好又领着母亲和三个妹妹一道寄居在舅舅家。琅琊王司马睿想将其舅舅家的女儿吴氏纳为夫人。可有人曾见过阿春和吴氏同游后花园,便向司马睿建议道:"郑氏女阿春虽寡居在此,但其人品远远超过了吴氏,是一个难得的贤惠之人。"司马睿闻听此言,便改变了想法,决定纳阿春为夫人。为此,引起了舅舅的不满。

郑阿春为人正直、通达,十分善解人意,因此很得宠。虽然如此,她在琅琊王司马睿面前是仍是闷闷不乐,长吁短叹,显得心事很重。一次琅琊王追问她原由时,阿春叹声道:"妾有三个妹妹,大妹妹嫁给长沙王褒,二妹妹、三妹妹尚未出嫁,仍在家中,我想恐怕是因为我做了您的妾,因此就不再有人去求婚了。"

此时司马睿已为丞相,总管江东的事情,于是他便命令散骑常侍刘隗四处奔走为阿春的两位妹妹求得佳婿。刘隗让自己的侄儿刘庸娶了二妹,又把三妹嫁给了汉中李氏;同时又召王褒为尚书郎。可见阿春对家人的照顾和对妹妹们的呵护,实在是尽了一个长女的责任。

建武元年(317年),司马睿登基称帝后,阿春仍为夫人,但司马睿要求太子以下的子女都必须按阿春的话办事,可见阿春在皇家的地位。司马睿在虞孟母之后一生没有立后,永昌元年(322年),晋元帝司马睿抱恨而死。阿春被尊称为建平国夫人。咸和元年(326年)病逝。

阿春的二儿子司马昱被封为会稽王,于是他奏请追尊母亲为会稽太妃。后来,司马昱即位为简文帝,至太元十九年(394年),其孙孝武帝下诏尊称阿春为"简文太后"。

倚兄垂帘起兵变——东晋明帝司马绍皇后庾文君

庾文君(296—328),左将军庾琛第三女,其兄即东晋权臣庾亮。她知书识礼,贤惠善良,仪态娇美,为世人所慕。明帝被立为太子后,元帝即聘其为太子妃。此时其父庾琛已故,其兄庾亮被任命为中书郎、侍讲东宫。庾亮善谈老庄，机敏持重，为太子看重。兄妹两人一在宫中，一在朝中，互相倚重，庾氏权势开始发展。

公元322年，元帝于闰十一月病卒，明帝即位。次年六月，庾氏被立为皇后，庾亮也被擢为中书监，参与枢密。此时，明帝名为帝王，实则受制于远居武昌的王敦。庾亮与中书令温峤积极策划，准备讨伐王敦。

公元324年，丹阳尹一职空缺。丹阳尹负责管理京城建康，十分重要，温峤假意附向王敦，劝道"京城咽喉之地，公应自选良才"。并虚推王敦亲信钱凤，钱凤辞让，转而推荐温峤。王敦遂奏请明帝任命温峤为丹阳尹，密令其监视朝中动向。温峤顺利地回到建康，出任丹阳尹，为庾亮与明帝讨伐王敦打下了基础。

温峤返京后，立即与庾亮开始了紧张的准备工作。六月，准备工作完成，明帝正式发布讨伐檄文，任命王导为大都督，温峤为都督东安北部诸军事，庾亮领左卫将军，共同讨伐王敦。历时数月，即剪除了王敦势力，庾亮被加官护军将军。

讨王敦后的第二年闰七月，明帝一病不起，庾亮与王导等人受诏辅政。庾亮又被擢为中书令。二十一日，明帝卒，庾亮等拥成帝即位。

成帝为庾后之子，此时年方五岁，登基后，庾后以皇太后身份临朝听政。以王导、庾亮等人参辅朝政，但朝中大事完全取决于庾亮一人。

庾太后自认为寡母幼子，只有舅族可资信赖，因此，国政大事全凭庾亮处理。庾亮年轻气盛，恐内外大臣不服，便滥施严刑，颇失人心。南顿王司马宗原掌宿卫，庾亮先收其兵权，又使御史弹劾他谋反，后将其杀害。

对内臣如此，对在外握兵权、守重镇的外臣，庾亮更不放心。当时的历阳内史苏峻，多有功勋，威望甚高，而且手握重兵，庾亮想以太后名义将他召还京中。因此，屡屡在朝中言苏峻"狼子野心，终必为乱"。王导、温峤极力劝阻，太后也认为急于召回苏峻，并非良策，万一他拒诏作乱，更难收拾。庾亮对此充耳不闻，对太后说"尔但安居宫中，外事自不必担忧"。咸和二年（327年）十月，庾亮以太后名义下诏，召苏峻为大司农。苏峻果不奉诏，举兵南下，次年二月，攻入京城建康。庾亮仓皇逃往浔阳（今江西九江），太后及成帝均被苏峻擒获，后宫宫人及太后左右侍从，多遭军卒袭掠。

苏峻入建康后，不废成帝，不黜百官，但极尽凌辱之能事，官库藏米或掠或焚，成帝及太后御膳只有吃那些烧焦的残米，百官也被士卒驱赶着往山上背东西，动辄便遭毒打。

咸和五年（328年）三月十八日，庾太后在忧愤交加中死去，时年仅三十二岁。

历经六代三次垂帘——东晋康帝司马岳皇后褚蒜子

褚蒜子（323—384），东晋康帝司马岳皇后。她一生一共经历了康帝司马岳、穆帝司马聃、哀帝司马丕、废帝司马奕、简文帝司马昱、孝武帝司马曜六代皇帝，先后三次垂帘听政，任用了谢安等贤臣，凭着自己出色的政治才华，挽救了危机四伏、动荡不堪的政局，帮助东晋王朝度过了一次又一次的危机，堪称一代杰出的女政治家。

褚蒜子是河南阳翟（今河南禹州）人。褚家世代高官厚禄，自东汉以来就是名门望族。褚蒜子的曾祖父褚洽在西晋武帝时曾担任安东将军，祖父褚洽曾任武昌太守，父亲褚裒少年老成，颇有盛名，桓彝因此评价他说："季野有皮里春秋。"意思是他凡事都不露声色，从不对事物表态，更不去评价人与事的优劣高低，实际上却心里有数。东晋名相谢安也很推崇他，说"裒虽不言，而四时之气亦备矣。"据说，褚裒十五岁的时候，曾经前去拜访晋明帝的小舅子庾亮。庾亮让著名的术士郭璞为他占卜，谁知道郭璞一看卦象却惊呆了，说："这不是人臣的卦象，不过二十年后，我这个卦才能得到验证。"

因为褚家门第高贵，再加上褚蒜子的美丽及出色的才华，所以晋成帝司马衍将她许配给了弟弟琅琊王司马岳，褚蒜子从此就成为了琅琊王妃。她的父亲褚裒，也因此出任了豫章太守。

咸康八年（342年）六月，二十二岁的司马衍病重不起，临终前诏命同胞弟弟琅琊王司马岳继承自己的皇位。于是司马岳登基称帝，是为晋康帝，同时册立褚蒜子为皇后。刚刚十九岁的褚蒜子就这样当上了东晋的皇后。

他们夫妻非常恩爱，褚蒜子还为司马岳生了一个儿子司马聃。可是没想到晋康帝司马岳也很早就去世了，年仅二十三岁。两岁的司马聃继承帝位，是为晋穆帝，年纪轻轻的褚蒜子也由皇后晋升为皇太后。

其实早在丈夫晋康帝司马岳在世的时候，褚蒜子就曾经屡次参与过朝政大事的决断。她的见识和决断令王公大臣们都很佩服。所以后来褚蒜子成为皇太后之后，以司徒蔡谟为首的群臣联名上奏，请求她临朝听政，代小皇帝掌管国家。

在褚太后答应了垂帘听政之后，何充再次上表要求褚太后的父亲褚裒入京总揽朝政，甚至还要给他加以不臣之礼，让文武百官都来参拜他。二十几年前郭璞的那一卦终于得到验证了。

可是早在褚蒜子当王妃的时候，褚裒就早早地离开了京城，去当豫章太守。在当太守期间，褚裒为官清廉，就连家里厨房中所用的木柴，都让自家的仆人去山上砍。到女儿当皇后的时候，他更拒绝了皇帝女婿给予自己的侍中、尚书官衔，千方百计地离开了京城，出镇半洲。最后褚蒜子给了父亲这样的任命：都督徐州、兖州、青州及扬州诸郡军事，兼徐州兖州二州刺史，卫将军，出镇京口（今江苏镇江）。

褚裒虽然身在地方，但他只是为了避嫌，实际上对朝政情况一直都很关心。他还曾向女儿推荐了会稽王司马昱（晋元帝儿子）为扬州刺史，随后又晋级他为抚军大将军。司马昱的入朝辅政，使得何充渐渐失势。后来褚裒还举荐了名士殷浩为扬州刺史、建武将军。

从此，东晋就形成了一个全新的政治局面：司马昱在朝，而顺着长江天险，分别驻扎着上游桓温、下游殷浩，褚裒本人则坐镇江北。几大重臣互相制衡，东晋政局相对稳定了下来，可是这也给东晋的军事渐兴制造了机会。

可是永和五年（349 年）十二月己酉，褚裒去世了。从此，褚蒜子没了依靠，只能自己独立应对这一切。

其实在褚蒜子数次执掌东晋朝政的过程中，她最大的竞争对手就是桓温。桓温是东晋的名将权臣，出身于豪门世族，后来还娶了南康长公主为妻，成了晋明帝的女婿。他因为征蜀大胜，而被封为征西大将军、开府仪同三司和临贺郡公。他的权力一下子急剧膨胀起来，自然成了褚蒜子的一块心病。所以为了遏制桓温，她根据大臣的推荐，起用了号称"管仲再世"的殷浩北伐。然而这却是一次失败的决策。殷浩的"才具"，其实是东晋士族"清谈"得出的结论，完全是浮夸，所以北伐最终只能以失败告终。

殷浩狼狈班师回朝后，褚蒜子将其撤职为民。于永和十年（354 年）二月，重新起用桓温，让其率领四万精兵再次北伐。桓温旗开得胜，一路北上，一直打到了长安的灞上。西晋故土的百姓们都因此非常欢欣鼓舞。

然而就在桓温犹豫是否进军长安之时，前秦雄主符健却暗中派人将各地的粮食都全部毁掉，使得东晋军队没有粮食可以吃。六月，军粮缺乏的晋军被前秦大败于白鹿原，桓温只得回到襄阳。

虽然这次北伐也没有取得最后的胜利，但是桓温还是得到了奖赏，升为征讨大都督。

永和十一年（355 年）年底，褚蒜子的生母谢夫人病逝。对于外祖母的去世，晋穆帝采用了与外祖父之丧一样的高规格。褚蒜子的父亲褚裒先后娶过三位妻子，除了她母亲谢夫人，还有早逝的荀夫人、卞夫人。在封谢夫人为寻阳乡君时，朝臣上表要求将荀氏、卞氏也一起追封，可是褚蒜子却拒绝了。

晋升平元年（357 年）的正月，褚蒜子为十五岁的儿子司马聃举行了冠礼，表示他已经成人了。于是她还政于皇帝，自己退居崇德宫。

然而，褚蒜子还政之后，朝中的重臣们虽然身为男子，却没有褚蒜子的精明能干，所以桓温的势力一点点膨胀起来，发展到难以压制的地步，最终导致了桓温、桓玄的叛乱。

其实在很早之前，刘惔就曾经提醒丞相司马昱，说桓温"不可使居形胜之地，其位号常宜抑之"。可是司马昱却没有任何反应，任凭桓温权势日益膨胀。

后来桓温再次进行北伐。这一次北伐他光复了洛阳，还修整了在战乱中毁坏的历代汉晋帝王陵墓。他也因此被加封为郡公，连次子桓济都被封为"临贺县公"。此时，桓温在朝廷和民间的声望，已是无人能及。

升平五年（361年）五月，褚蒜子唯一的儿子晋穆帝司马聃忽然得了重病，很快就驾崩了，年仅十九岁。可是早逝的司马聃没有儿子，皇位继承人就成了问题，于是褚蒜子就在司马氏诸王中选择了晋成帝的长子琅琊王司马丕。

于是褚蒜子的"皇太后令"颁布，其文曰："帝奄不救疾，胤嗣未建。琅琊王丕，中兴正统，明德懋亲。昔在咸康，属当储贰。以年在幼冲，未堪国难，故显宗高让。今义望情地，莫与为比，其以王奉大统。"

因此司马聃的堂兄司马丕就登上了东晋的王位，是为晋哀帝。这个时候，司马丕已经二十一岁了，作为婶母的褚蒜子自然没有垂帘听政的必要。也许是因为感谢婶母对自己的赏识，司马丕称帝后仅仅册封自己的生母周氏为皇太妃，而褚蒜子还是稳稳地坐在皇太后的宝座之上。

可是哀帝司马丕却胆小怯懦，和褚蒜子期望的完全不一样。桓温曾经上书于司马丕，请求东晋迁都洛阳，让被迫离开故土的北方人都能返回自己家乡。可是司马丕却说："我们这些南迁的人已经在此生活了几代，早就习以为常，最初迁来的人们很多也埋葬在此。如果离开的话，如今在南方的田宅谁来照管？照管不来又卖给谁？北返的车马也很难齐备，北方虽收复一些地方，但是仍然不安定，不值得为此抛弃南方的安逸生活。"桓温的提议就这样遭到了拒绝。

司马丕不仅不理朝政，还迷信方术金石，只是想着怎么修道炼丹可以长生不老。可能是他的那个丹药出了问题，他不但没有长命百岁，反而很快就一病不起了。无可奈何的大臣们只得再次上表，请求德高望重的褚太后临朝听政。于是褚蒜子就再次主持国政，稳定了政局。

兴宁三年（365年）二月，哀帝司马丕病逝，死时年仅二十五岁。哀帝驾崩的第二天，褚蒜子颁下太后诏书："帝遂不救厥疾，艰祸仍臻，遗绪泯然，哀恸切心。琅琊王奕，明德茂亲，属当储嗣，宜奉祖宗，纂承大统。便速正大礼，以宁人神。"她因而迎立了司马丕的同胞弟弟司马奕，是为晋废帝。

此时桓温就开始有了篡位为帝的想法，竟然说出了这样令人瞠目结舌的话："若不能流芳后世，就要遗臭万年！"有一次他路过逆臣王敦的墓地，甚至还连连赞美他说："可人、可人！"

咸安元年（371年），在朝野及民间广为流传着一个流言，说是司马奕宫中的田美人和孟美人所生的三位皇子，实际上并非他的儿子。如果让不是皇家血脉的人继承帝位，简直是对先人的大不敬。

同年十一月，桓温亲自率兵回到建康，并以此谣言为由，向朝廷提议废黜司马奕，改立元帝少子、会稽王司马昱为帝。并把以太后名义写好的诏书底稿呈给了褚蒜子。

当时，褚蒜子正在佛堂拜佛，内侍禀报外有急奏。她一看到桓温呈上来的这篇诏书底稿，心里就明白了七八分。褚太后知道桓温手握重兵，权倾朝野。而此时司马奕因为谣言已经丧失了威望，自己又独木难支，阻止也无济于事，弄不好还会引起内乱，后果更为严重。于是她只得无奈地默许了桓温的提议。

在等待褚蒜子回音的时候，桓温还怕她有异议，以至于"悚动流汗，见于颜色"。桓温这样一个久经沙场，蔑视群臣，甚至敢于诽谤皇帝的野心勃勃的阴谋家，却对褚蒜子很是敬畏。可见褚蒜子绝非一般的女流之辈。

桓温战战兢兢地等到了褚蒜子同意的诏书之后，就将司马奕被废为东海王，过了一年又降为海西公。

三十岁的司马奕戴着白色的便帽，穿着单衣，走下了西堂，乘着牛车凄然地出了神兽门。群臣自发为司马奕送行，大家都为此唏嘘流泪。可是慑于桓温的势力，谁都不敢多说一句话。

司王昱继承了王位，是为东晋简文帝，他是晋元帝司马睿的小儿子，即位时已经五十多岁了。褚蒜子被尊为崇德太后，移居崇德宫。司马昱只是名义上的皇帝，国家大事的决定权实际上还是掌握在桓温手里。不过即使是这样的皇帝他也没当长，第二年的六月，他就一命归西了。于是年少的皇太子司马曜继位，是为孝武帝。简文帝病重的时候，曾立下遗诏说"大司马桓温依周公居摄故事"，"少子可辅者辅之，如不可，君自取之"。实际上这无异于给了桓温篡位的借口。侍中王坦之等人极力谏止，最后简文帝还是修改了这份遗诏，说"家国事一禀大司马，如诸葛武侯、王丞相故事"。

桓温没想到司马昱竟然这样对待自己，于是就怒气冲冲地带着大队人马日月兼程地赶回了建康。大家一看桓温来势汹汹的架势，都有些惊慌失措。谢安和王坦之率领文武百官去郊外迎接桓温。只见桓温和他的那些武士脸上都杀气腾腾，其他人早都吓得不行了，只有谢安还是镇定自若，从容不迫。桓温不由得也对他肃然起敬。大家都就座后，谢安又平静地说了一句语惊四座的话："明公因何壁后藏人？"桓温没想到谢安看透了自己的把戏，只得局促地托辞说："我恐怕会发生什么突发事件，不得不这样以防万一。"随后他立刻命令撤走了帐后的所有武士。

第二天桓温入朝觐见孝武帝，看到谢安之后他心里不禁有些发毛，只是说了一些无关痛痒的小事就匆匆告退了。不久桓温便回到自己的镇地，很快就去世了。他在弥留之际曾留下遗嘱让弟弟桓冲统率自己的军队。这样桓冲就接替哥哥掌握了重权，大臣们都担心他会成为第二个桓温。于是谢安率领百官上表，请求褚蒜子再次临朝听政。

于是已经五十岁的褚蒜子再次垂帘，开始了她的第三次也是最后一次临朝听政。国中大事，均以"皇太后诏令"的形式颁布施行。在著名的"淝水之战"中，只有八万兵力的东晋在褚蒜子和谢安的筹划和指挥下，大败前秦苻坚的百万之师，终于保住了东晋的半壁江山。

后来，桓冲履行了自己的承诺，把爵位传给了哥哥的小儿子桓玄。褚蒜子和谢安趁着桓玄年幼（年仅七岁）的机会，逐步削减了桓温六个儿子的权力。到这个时候，东晋的政局才算基本稳定下来。

宁康三年（375年）八月，褚蒜子为孝武帝司马曜举行了婚礼。太元元年（376年）正月，褚蒜子又为他举行了冠礼，然后把政权还给了司马曜，她临朝听政的生涯正式宣告结束。她从此深居在显阳殿中，不再过问世事。

太元九年（384年）六月，褚蒜子在显阳殿中病逝，终年六十一岁，与晋康帝司马岳合葬于崇平陵。

弑夫的女人——东晋孝武帝司马曜贵人张氏

张氏，东晋孝武帝司马曜贵人，她在历史上之所以小有名气，是因为她杀死了醉酒后的孝武帝。

张氏于公元369年秋天进宫，一进宫就得宠封为贵人。自张贵人进宫后，孝武帝便在新造的清暑殿中，夜夜拥着张贵人饮酒作乐，就连六宫的妃嫔也难得见到孝武帝一面。

一天，后宫一名美人想去问候孝武帝，偏偏孝武帝醉得不省人事，美人便同张贵人发生了口角。吵过之后，张贵人闷闷不乐。孝武帝醒来后，又嚷着要张贵人陪他饮酒。张贵人强打精神陪坐敷衍。勉强干了三四杯，实在喝不下去，她把杯子推开，起身要走，这便惹恼了酩酊大醉的孝武帝，只见他怒目圆睁，大喝道："谁敢违抗朕的旨意，必不轻饶！"张贵人平日娇宠惯了，也不服气，蓦然站起身来顶嘴道："妾偏不饮，看陛下如何降罪！"孝武帝冷笑道："你已年将三十岁，美人迟暮，如同破履，该丢弃了！朕的后宫佳丽多得很，朕爱的是少年貌美之人！"说完，蒙头睡去。

张贵人以为废黜之日将不远，不禁又气又怕。她见孝武帝躺在床上已烂醉如泥，突然生出杀意，便命心腹宫婢用被子蒙住孝武帝的头，将这个荒唐皇帝活活闷死。可叹孝武帝酒后一句戏言，竟然送掉了一条命，死时年仅三十五岁。

张贵人杀死皇帝后，自知犯下大罪，拿出私蓄，用重金贿赂左右，谎称孝武帝得暴病而死。皇太子司马德宗愚昧迟钝，会稽王司马道子巴不得孝武帝早死。如此一桩弥天大罪，竟被蒙混了过去。

不久，张贵人设法逃走，此后没有人知道她的下落。

十六国

不甘寂寞——前凉国文公张骏皇后马氏

马氏是前凉国君张骏的第二位夫人,于公元316年,为张骏生下了次子张重华。

公元346年,张骏死后,张重华继位,马氏被尊称为王太后。

张骏死时,马太后年方三十七岁,她耐不住寂寞,勾搭上了仪表堂堂的长宁侯张祚。名分上而言,马太后是张祚的母亲,只不过张祚并非是她亲生而已。

公元353年,即前凉永乐八年,张重华去世,年仅十岁的张曜灵接任凉州刺史、西平公。因其年幼,由伯父张祚辅佐。这时,张祚见有机可乘,便利用和马太后私通的关系,废去张曜灵,自己登上了前凉王位。

哪知张祚是个忘恩负义之徒,他刚取得王位时,对马太后感激涕零,百依百顾,但没过多久便不把马太后放在眼里。更有甚者,他居然把马太后的儿媳妇、女儿以及张骏的后宫女子全部强奸。马太后为当初之事后悔莫及,气得浑身发抖,遂串通宋混等人将张祚杀死。张祚死后,立张重华六岁的儿子张玄靓即位为凉王。

张玄靓即位时年仅七岁,七岁孩童连衣食都难以自理,更何谈管理国家。这样,前凉大权自然又落到了马太后手中。

马太后又不甘寂寞,又有了情夫张邕。这张邕也不是一个安分守己的人。他自以为有马太后做靠山,谁也奈何他不得,便结党营私,胡作非为,后被自己的小儿子张天锡杀死。

张邕之死,对马太后打击很大,随后于公元363年病逝。

直言敢谏——汉国昭武帝刘聪皇后刘娥

刘娥是前汉太保刘殷的女儿,与姐姐刘英,皆美貌聪颖,芳冠京城。

公元 312 年，即嘉平二年正月，在汉国皇后呼延氏病亡后的一天，昭武帝刘聪就想将太保刘殷的两个女儿召进后宫，大臣们以"同姓不婚"问题与昭武帝争得面红耳赤，不可开交。但也有人提出汉家刘姓与匈奴刘姓毫不相干。刘聪自然有了充足的理由，于是当天就传出诏令：封刘英为左贵嫔，刘娥为右贵嫔。

公元 313 年，即嘉平三年，刘娥被立为皇后，刘聪非常宠爱刘皇后，命令有关人员专门为她建造了仪殿。廷尉陈元达闻讯极力反对。刘聪大怒，立即命令杀掉陈元达。卫兵蜂拥而上，但由于陈元达早已把自己锁到了树干上，卫兵们怎么也拉不动，只好任凭陈元达肆意怒骂刘聪。

刘皇后当时正在后堂，对陈元达和刘聪的话听得清清楚楚。当听到卫兵们扑向陈元达的声音时，她立即派人通知卫兵暂时不要对陈元达动刑，然后，亲自写了一份情真意切的奏疏进谏，刘聪看过这奏疏，幡然醒悟。尔后，转身对陈元达说："你是忠臣，我错怪了你。"然后把刘皇后的疏文递给陈元达，说："有你和刘皇后辅佐我，我还有什么值得忧虑的呢！为了褒奖皇后和你的直言，现把逍遥园改名为纳贤园，把丽阳堂改名为愧贤堂。"刘聪说这句话时，刘皇后不声不响地走了过来，向刘聪露出了笑容。

可见刘娥是一个异常聪慧的女子，诸如此类的事情，她还做了很多。可惜她命薄，在嘉平四年（314 年）正月，即得病死去，谥号为"武宣皇后"。

红杏出墙羞辱难当——汉国昭武帝刘聪皇后靳月光

公元 314 年秋天，汉国国君刘聪来到了中护军靳準的府第。靳準受宠若惊，赶快把妻子和女儿月光、月华叫出，迎接刘聪。

刘聪屈尊来到靳家的目的，就是因为听说靳準的两个女儿都是绝世佳人，想将她们召入后宫。

刘聪见到月光、月华时，她俩都是一副羞羞答答的样子。两姐妹很有礼貌地把刘聪引进屋内，陪着他说话。酒菜端上来后，月光姐妹不停地为刘聪斟酒、夹菜，把刘聪乐得合不拢嘴。

第二天，宫中传出刘聪的诏令：封月光、月华为左、右贵嫔。几个月后，月光又被立为皇后。

建元元年（315 年）三月，月光升格为上皇后，宠冠后宫，位居上、左、右、中四皇后之首。月华升格为右皇后，和左皇后刘氏并称为三皇后。左司隶陈元达以"并立三后，非礼"为由，上书劝谏。刘聪不但不听，反而采用了明升暗降的办法，让陈元达当右光禄大夫。后来因为迫于太尉范隆等人要求辞职的压力，才又把陈元达任命为御史大夫。

刘聪宫中美人甚多，宠幸不过来，而月光水性杨花，便时常红杏出墙。她自以为干得巧妙诡秘，殊不知早已被陈元达了解得一清二楚。陈元达把月光与别人私通的丑行一一向刘聪作了汇报，刘聪一气之下摘去了她的皇后桂冠，月光便在悔恨和羞辱中自尽了。

外戚专权遭杀身——汉国昭武帝刘聪皇后靳月华

靳月华是汉国中护军靳准的二女儿，嘉平四年（314年）和她的姐姐月光同时被刘聪封为贵嫔，建元元年（315年）三月，被封为右皇后。

麟嘉三年（318年），刘聪病死，太子刘粲继位。月华被尊为皇太后。月华正在为失去刘聪而悲伤，刘粲的亲信把她叫到了刘粲的寝宫，刘粲不顾其父尸骨未寒就逼迫皇太后月华就范，月华从此又成了刘粲的玩物。

就在刘粲和月华寻欢作乐之际，月华的父亲大司空、领司隶校尉靳准正在为如何陷害诸王大臣和夺取帝位而绞尽脑汁。一天，靳准诡秘地劝刘粲及早收拾诸王大臣，不料遭到了刘粲的拒绝。靳准不甘心，又把月华叫到家中，威胁她说：

"现在有些人企图废掉刘粲，改立济南王。他们的阴谋一旦得逞，不但你的皇后位子坐不成了，连我们全家也要被斩尽杀绝。我已向刘粲报告过，但他根本不听，希望你回宫想尽一切办法说服刘粲，让他迅速动手。"

受了父亲蛊惑与蒙骗，月华觉得事关重大，于是不停地向刘粲吹枕边风。果然没过几天，刘粲就把太宰刘景、大司马刘骥、车骑大将军刘逞、太师刘凯、大司徒齐王刘劢全部杀掉。

从此，汉国的军政实权全部落入了靳准一人之手。

然而，靳准的最终目的不是要掌握实权，而是要夺取帝位，建立靳氏王朝。麟嘉三年（318年）八月，靳准发动叛乱，残杀刘粲，自称汉天王。

但是，好景不长，靳准很快就被乔泰、王腾和靳康等人杀掉，月华成了其父政治斗争的牺牲品，自然也被乱军所杀。

侍夫及子——汉国昭武帝刘聪皇后王氏

公元318年即麟嘉三年，四月，汉国君臣围绕着是否立中常侍王沉的养女当左皇后发生了一场争论。

国君刘聪这时已经有了刘皇后、靳皇后和樊皇后等几个皇后。刘聪尽管非常宠爱她们，但当他听说王沉年方十四岁的养女更有姿色时，便提出把王氏接到后宫，立为皇后。

消息传出后，尚书令王鉴、中书监崔懿之、中书令曹恂联合起来向刘聪劝谏，力谏刘聪不可立一婢女为后。

刘聪早就被王沉养女的姿色搞得神魂颠倒，哪里还能听进王鉴等人的谏言！怒气冲冲地喝令把他们处死。一声令下，中护军靳準就把王鉴等人拉到了刑场。

王鉴等人头落地，王沉的养女兴高采烈地步入了后宫，当上了左皇后，中常侍宣怀的养女当上了中皇后。

但是，王氏仅当了三个月的皇后，刘聪就离开了人间。新皇帝刘粲是个色鬼，称"左皇后"王氏为"弘孝皇后"。王皇后自然就成了他的玩物，后刘粲被杀，王氏不知所终。

辅子争权遭杀身——后赵高祖石勒皇后刘氏

刘氏是石勒的结发妻子。据说刘氏极有胆略，经常为石勒出谋划策。石勒在她的帮助下，经过苦心经营，终于消灭了前赵，在襄国（今河北邢台）建立国都，自称皇帝，刘氏也于公元330年当上了皇后。

刘皇后自当上了皇后就再也不愿在公开场合抛头露面，更不愿过问政事了，只求过舒适、平淡、悠闲的生活。

公元333年，即建平四年七月，石勒病死，侄子石虎掌握了后赵军政大权，新即位的石弘成为傀儡皇帝，刘皇后被石虎赶进了崇训宫。

这突如其来的巨大变化使刘皇后的心理上难以承受。每当看到杀人如麻的石虎得意忘形的样子，她就气得浑身打颤，恨不得一口把石虎吃掉。但是，她也深知，这时她本人对石虎已经无可奈何，只好动员石勒的养子彭城王石堪伺机向石虎动手，以解心头之恨。

一天，刘皇后派人把石堪叫到崇训宫，屏退左右后，忧心忡忡地对石堪说："先帝刚刚去世，石虎就让先帝时的文武大臣靠边站，把他自己的狐朋狗党提拔到显要位置。如果再让他继续胡作非为，后赵政权很快就会断送在他的手中。我想你不会对此袖手旁观吧？！"石堪听出了刘皇后的弦外之音，立即合盘端出了自己的主张："先帝时的文武大臣全都遭到了石虎的排挤，兵权已经被石虎的几个儿子所操纵，如此看来，我只好出奔兖州，占据廪丘，胁迫南阳王石恢当盟主，以您的名义号召牧、守、征、镇起兵讨伐石虎，这样，也许还能挽救后赵政权。"刘皇后听罢，仔细权衡了一下利弊，说："时间非常紧迫，你马上出发，免得夜长梦多。"

石堪在刘皇后的目送下，化装离开了襄国。

同年九月，石堪到达兖州，但由于准备不充分，结果在袭击兖州时被打得一败涂地，他本人也被活活烧死。

没过几天，有人向石虎告发，刘皇后也被杀死了，时年约六十岁左右。

第二年十一月，石虎就废掉石弘，自称居摄赵天王。不久，又杀了石弘和他的母亲程氏，于公元335年迁都于邺，公元337年改称大赵天王，公元339年改称赵皇帝。

夫死自亦不保——后赵高祖石勒皇后程氏

程氏是后赵国君石弘的亲生母亲，石勒的妻子。大约在汉嘉平元年（311年）与石勒结婚，汉嘉平三年生下石弘。

程氏自生下石弘，身价增高了百倍。因石勒在此之前曾得过贵子石兴，但石兴不幸夭折，所以次子石弘就成了石勒的心肝，程皇后因此便生子有功。

程氏对石弘严格要求，教育他谦虚谨慎，礼贤下士，学会真本领。石弘也不负母亲的厚望，刻苦学习儒家经典、宗法知识，主动和文人交往，与他们建立了密切的关系。石勒建立后赵政权时，石弘成了后赵政权法定的接班人。

程氏为石弘被立为太子而兴高采烈、激动不已，但更高兴更激动的还是程皇后的哥哥程遐。程遐当时虽是后赵略有名气的大臣，但与石勒的心腹"右侯"张宾相比，就大为逊色了。眼下，程皇后的地位大增，程便想借程皇后的嘴向石勒吹枕边风。

一日，程氏在程遐的怂恿下，用柔软的口吻对石勒说："清河张披与张宾是情同手足的好朋友，到处网罗死党，天天宾客盈门，如不对他加以防范，恐怕迟早会出乱子。"石勒一听，立即召见张披，想亲自问个究竟。张披不知什么缘故，磨磨蹭蹭拖了好长时间才去拜见石勒，自然被盛怒之下的石勒送上了西天。

程氏的枕边风不仅让张披掉了脑袋，还出乎意料地奠定了程遐的地位，不久，程遐就当上了右长史，总揽军政大权。从此之后，朝廷文武大臣纷纷投靠程遐。

公元333年，即建平四年七月，石勒死去。接着，程氏的哥哥程遐就被石勒的侄子石虎杀死，程氏也被石虎打入了冷宫。石弘这时虽已当上了皇帝，但只是个傀儡，时时处处受制于石虎，根本保护不了名义上已被尊为太后的程氏了。

延熙二年（334年）十一月，程太后和石弘被石虎残杀。

因仁心而事败——后赵太祖石虎皇后郑樱桃

郑樱桃起初被石虎召为婢女，生下儿子石邃、石遵。公元337年，石虎称大赵天王后，立石邃为太子，封郑樱桃为天王皇后。

石邃十分残暴，很令郑樱桃伤感和失望。他经常把妇女的头割下来当玩具，用她们的肉招待客人。郑樱桃曾多次厉声斥责石邃，但他置若罔闻。公元

337年7月，石邃又异想天开地想效法匈奴冒顿单于射死父亲夺取单于之位的故事，率领五百余名骑兵潜伏出宫，准备到冀州杀害石虎喜爱的河间公石宣。才走出几里路，骑兵都已偷偷溜走，他只好垂头丧气地返回宫中。

郑樱桃听到这一消息，气得差点昏死过去，立即派宦官去痛骂石邃。石邃不但不听，反而举刀把这位宦官的脑袋砍掉。郑樱桃见状，感到自己已无力教训石邃了，只好求石虎出面教训石邃。石虎一听，勃然大怒，当天就把石邃关进东宫，令他反省。

郑樱桃见石邃被关了几天，不禁又对他起了怜悯之心，于是便恳求石虎释放石邃。石邃从东宫出来时，迎面碰到了石虎。他不仅不向石虎说句道谢的话，反而向石虎瞪了几下怒眼；石虎一气之下，立刻宣布把石邃废为庶人，并于当天夜里将他及他的妻子儿女全部杀掉，并把这二十六人同埋在一棺之中。

石邃被杀的次日，石宣被立为天王皇太子，郑樱桃的天王皇后之位由石宣的母亲杜昭仪接替，她被降格为东海王妃。但石宣与石邃一样混账，他杀死弟弟石韬，又谋杀石虎，反被石虎杀掉。太宁元年（349年）四月，石虎病死，石世继承帝位，刘太后临朝听政。不久，郑樱桃的另一个儿子石遵起兵杀掉石世，继承帝位，郑樱桃被尊称为皇太后，临朝听政。

石遵即位后，与石虎的养子（一说养孙）冉闵发生了严重分歧，并在中书令孟准等人的鼓动下准备杀害冉闵。太宁元年（349年）十一月，石遵把石鉴、石苞、石琨、石昭等人叫到郑太后面前，讨论杀死冉闵。石鉴等人都表示赞成，郑太后却厉声说："石遵，你在李城起时如果没有冉闵，哪有今天！即使他有些地方做得不对，你也应当宽容一点。为什么要杀害他呢？"郑太后的话一出口，石遵等人都吓得不吭声了。

谁知郑太后的好心反而害了自己和石遵。这石鉴告辞郑太后，马上把刚才的事情密报了冉闵。冉闵当机立断，立即派将军苏彦、周成率领三千名甲士，在琨华殿将石遵和郑太后全部杀掉，拥石鉴继位。

俘虏变皇后——后赵太祖石虎皇后刘氏

公元329年，前赵皇帝刘曜不幸当了后赵的俘虏，刘曜的女儿安定公主也成了后赵中山公石虎的战利品。安定公主当时虽约十二岁，但也确是个美人胚子了。石虎见其美貌，遂纳入后宫。

公元334年，石虎当上了后赵皇帝，安定公主因为很讨石虎的欢心，也当上了地位仅比皇后低一级的昭仪，即为刘昭仪。

公元348年，太子石宣被杀，其母杜皇后亦被贬为庶人。

此时，石虎欲立太子，他采纳大臣的建议，也认为应立出身高贵之子，以避免再出现国家祸乱的情况。如此算来，以安定公主血统最尊。建武十四年

(348年)四月,遂立石世为太子,刘昭仪被封为"天王皇后"。

半年以后,石虎身患重病,卧床不起,气息奄奄,遂于公元349年四月立下遗嘱,让石斌、石遵和张豺三人共同辅佐石世继承帝位。

刘皇后对石虎的遗嘱极其恐惧,她深知石斌曾因没有当上太子非常痛恨他们母子,石虎一旦离开人世,石斌肯定会向他们母子发难,于是就和张豺精心策划阴谋除掉石斌的行动方案。

次日,刘皇后和张豺按照事前约好的方法诱骗头脑简单的石斌外出打猎,再以不按时看望石虎之罪名拿下了石斌。乙丑这天,刘皇后密令张雄处死石斌,然后假称石虎的诏令,把张豺封为太保、都督中外诸军、录尚书事。

己巳之日,石虎病死,石世继承帝位,刘皇后改称皇太后,临朝听政。

石虎死后,其子石遵聚集兵将造反,一路打进皇宫,守兵纷纷出迎其入城。

就在刘太后惊慌失措之际,石遵在平乐市废杀了张豺,宣布即位,刘太后随即被杀,时年三十一岁。

侄女填姑房——代国昭成帝拓跋什翼犍皇后慕容氏

慕容氏,是前燕国君慕容皝的亲生女儿。

代建国四年(341年),慕容氏的姑姑在当了两年什翼犍的皇妃之后,不幸去世。慕容皝为了宽慰什翼犍和加强与代国的关系,又于次年主动提出将女儿嫁给什翼犍。什翼犍将她立为皇后。建国七年(344年),慕容皇后被代国派人迎到代都。

慕容皇后办事果断,专务内政,深受什翼犍的宠爱,为什翼犍生下了献明帝、秦明王。

慕容皇后有很强的判断力。一天,匈奴悉勿祈遵什翼犍之嘱准备回到他的部落。临走时,慕容皇后对他语重心长地叮咛道:"你回去后要提防卫辰,虽然他是你大哥,但这人很狡猾,最后肯定对你不利。"

果然不出慕容皇后所料,悉勿祈一死,他的儿子就被卫辰残杀。

代建国二十三年(360年)六月,慕容皇后去世。

勇略过人——前燕景昭帝慕容儁皇后可足浑氏

可足浑氏是鲜卑人,公元349年为慕容儁生了贵子慕容暐。

公元352年,慕容儁自称前燕皇帝,可足浑氏也由王妃升格为皇后。

公元360年,慕容儁病死,太子慕容暐继承帝位,尊可足浑氏为皇太后。

慕容暐即位时,仅是一个十一岁的顽童,当然没有处理政务的能力,于是前燕的大权就落入了可足浑太后和慕容儁的叔父慕容恪的手中。

太师慕舆根以前燕老臣自居,想从他们手中分享一些权力,但又怕他们不会主动让出,于是便极力挑拨可足浑太后和慕容恪之间的关系。

公元360年,一天,慕舆根先跑到慕容恪家煽动他称帝。

在慕容恪处碰了钉子后,慕舆根又到可足浑太后和慕容暐面前诬陷慕容恪和太傅慕容评图谋不轨。

太后虽想借慕舆根的手除掉那二人,但在她和自己儿子慕容暐商量时,遭到其坚决反对。慕容暐认为想叛乱的说不定就是慕舆根。可足浑太后平时很难听进儿子的话,这次却神使鬼差似地依从了慕容暐。

次日凌晨,可足浑太后和慕容暐命令侍中皇甫真、护军傅颜率领卫兵把慕舆根及其同党一网打尽,全部斩首。

在平定骚乱之时,慕容恪从容指挥,耐心疏导,骚乱很快就被平息下去。为此,可足浑太后感激慕容恪,原来由慕舆根煽起的对慕容恪的恼火很快就化为云烟了。

公元367年,慕容恪在病重时,向慕容暐推荐了吴王慕容垂管理国家。太后早就对慕容垂非常反感,但国家正处在危难之际,现在一时也很难找到合适人才应付这种局面,不如先起用慕容垂,待国难消除后再找机会将他置于死地。

公元369年,就在慕容垂征讨东晋大将桓温从襄邑凯旋之际,太傅慕容评却要太后干掉慕容垂,避免养虎为患。太后正中下怀,略一思索,说:"你的话很有道理,不过为了稳妥一些,还是等他回来看看情况再定吧。"

慕容垂一回到邺城,就为他的南征官兵请功。太后见状,立即召见慕容评,商量遏制慕容垂,借机把他除掉的具体行动方案。

可足浑太后和慕容评的行动方案神不知鬼不觉地传到了慕容楷和慕容垂的舅舅兰建的耳中,他们立即转告慕容垂;慕容垂当机立断,连夜投奔了前秦苻坚。

可足浑太后逼走慕容垂仅过一年,前燕国都就被前秦攻克,太后和慕容暐成了俘虏,被押送到长安。

公元384年,慕容暐响应在关中起兵反对前秦的慕容冲,企图暗杀苻坚,不料走漏了风声,可足浑太后和慕容暐均被苻坚杀死。

忠言不被采纳——前秦宣昭帝苻坚夫人张氏

前秦宣昭帝苻坚是个很有作为的帝王。他励精图治,在消灭前燕、前凉和代国,统一北方广大地区之后,又准备吞并东晋,统一全国。建元十八年(382年),苻坚不顾大臣们的强烈反对,积极准备,南征东晋。

苻坚的王后苟氏，史书不详，而关于他的夫人张氏倒是有些记载。张夫人从内心里坚决反对苻坚南征。不过，她恪守不过问政事的诺言，当苻坚向她征求意见时，她既没有反对也没有支持。

但是，当张夫人听说左仆射权翼、太子左卫率石越、阳平公苻融、太子苻宏、沙门道安极力反对南征而苻坚一概不听时，她再也不能沉默了，她趁苻坚高兴的时候，含着泪水说："我从小就听说过，天地生长万物，圣王治理天下，只有顺其自然，才会成功。黄帝使牛马负重而致远，是顺应了牛马的本性；大禹疏通九川，堵塞九泽，是顺应了地势；后稷播种百谷，春种夏锄秋收冬藏，是顺应了天时；商汤、周武王率领官兵杀掉夏桀、商纣王，是顺应了人心。由此可见，自古以来凡是顺其自然就会成功，违背自然就要失败。现在朝野都一致反对伐晋，而陛下一意孤行，不知陛下是顺应了天时、地利、人和中的哪一条？我曾经听说过，国王出师时一定上看天道，下顺人心。天道高远，非妾所知。从人事来看，也都是不同意您南征的征兆。"没想到苻坚却说："军事大事不许妇人干涉。"

张夫人觉得儿子苻诜最讨苻坚的喜爱，也许让苻诜劝说会改变苻坚的主张，于是让苻诜出面劝谏苻坚。

苻诜第二天一早就对苻坚说："国家兴亡，全凭能否赢得人心，阳平公苻融是国家最好的谋士，陛下因不听他的劝阻而得罪了他；东晋有谢安、桓冲等能臣，陛下却要征伐他们，对此，我实在大惑不解！"苻坚听罢，冷冰冰地说："毛孩子懂什么！"

不出张夫人和大臣们所料，苻坚在淝水之战中被东晋打得一败涂地，狼狈北逃，到了淮北时，内疚地对张夫人说："如果早听你和大臣的话，哪有今天的惨败！"张夫人一声不吭，只是陪着苻坚落泪。

就在这时，鲜卑人慕容垂、慕容泓、慕容冲、慕容永和羌族姚苌等人兴风作浪，乘机起兵反对苻坚。建元二十一年（385年）五月，前秦国都长安被慕容冲攻陷，张夫人只好跟随苻坚逃往五将山避难。

一个月之后，苻坚被羌族首领姚苌擒杀，张夫人痛心国破家亡，和苻诜一起愤然自杀。

激昂赴死——后燕成武帝慕容垂皇后段氏

公元358年，慕容垂之妃段妃因受可足浑皇后诬陷含冤而死。之后，慕容垂对自己没能保护好段妃十分内疚、愧恨，便把她的堂妹、鲜卑族段部首领段仪的女儿娶为妃子，作为精神寄托。

不料，婚后不久，可足浑皇后硬是把段妃降到了一般夫人的地位，而把自己妹妹长安君塞给慕容垂。慕容垂无奈，只好与长安君逢场作戏，暗中更加宠爱段夫人。后来，段夫人为慕容垂先后生下了慕容郎和慕容鉴两个儿子。

慕容垂为了摆脱可足浑皇后的排挤，一气之下便带着段夫人投奔了前秦国君苻坚。

到了前秦国都长安不久，段夫人就投入了苻坚的怀抱。

公元383年，慕容垂乘苻坚南征大败之机，举起反秦大旗，于第二年建立后燕，自称皇帝。四年之后，段夫人也被升格为皇后。

在段皇后正式被立为皇后之前，慕容垂已将成昭皇后的儿子慕容宝立为太子。慕容宝沉溺于酒色，办事拖拉推诿，不务正业。段皇后看在眼里，对慕容垂说："太平之世，慕容宝尚可守住后燕的家业，但国家现在步履维艰，他无论如何也不能胜任。辽西、高阳二王，是陛下贤子，不如在他们当中挑选一个立为太子。赵王慕容麟阴险狡诈，刚愎自用，最终会给国家带来灾难，希望陛下及早把他除掉。"段皇后的话并没有引起慕容垂的重视，但却很快被慕容宝和慕容麟知晓，把他们气得暴跳如雷。但段皇后有慕容垂做靠山，慕容宝对她也无可奈何。

建兴十一年（396年）四月，慕容垂病死。段皇后既为他的去世悲痛欲绝，又为慕容宝继承帝位恐惧不安。

同年五月乙丑这天，慕容宝让慕容麟去逼段太后自杀，若她自杀，便可保全段氏家族；否则，就杀她全家。段太后怒不可遏，厉声骂道："你们弟兄能逼死母亲，还能守不住先业?！如果你们认为我怕死那就错了，我只是顾念着国家才活到今天！"

说完，扬起头，走进寝室，愤然自杀。段太后谥号"成哀皇后"，葬于龙城（今辽宁朝阳）宣平陵。

行乐无度——后燕昭文帝慕容熙皇后苻训英

后燕光始元年（401年），后燕国君慕容垂的小儿子慕容熙当上了后燕皇帝。他是个只爱美人不爱江山的国君，在继位第二年，他把中山尹苻谟的两个女儿接进后宫。

苻谟的两个女儿都是倾国倾城的绝世美人，大女儿叫娀娥，被封为贵人，二女儿叫训英，被封为贵嫔。训英和娀娥相比，显得单纯活泼，气质更胜一分，因此备受慕容熙宠爱，于光始三年（403年）十二月被立为皇后，娀娥被封为昭仪。

慕容熙怕娀娥说他不公平，便在盛夏季节，为她开凿曲光海、清凉池。曲光海、清凉池虽典朴雅致、开阔怡神、费工甚巨，却并没有减轻娀娥对训英当皇后的嫉妒和对慕容熙的怨恨。在工程竣工典礼后，娀娥突然病倒了。慕容熙见佳丽病倒，到处派人为她寻医抓药。这时，龙城（今辽宁朝阳）人王荣自吹能药到病除，被慕容熙请到宫中。不料，娀娥吃了几副药就命归西天，慕容熙盛怒之下把王荣拉出去斩了。

娀娥一死，慕容熙把爱全部倾注到了苻皇后身上，对她百依百顺，言听计从。苻氏喜欢旅游，经常化装到宫外游玩。光始四年（404年）十一月，苻皇后在慕容熙的陪同和成千上万的士兵护卫下，北登白鹿山，东越青岭，南临沧海。这却害苦了士兵，有五千多人被虎狼吞掉或被活活冻死。

就是这样，苻皇后仍感到不够刺激，于光始五年（405年）一月，又一次唆使慕容熙打高句丽，想在刀光剑影下得到刺激。有美人发令，慕容熙很听话，表示立即出兵。当后燕大军即将攻陷辽东城时，苻皇后让慕容熙对官兵们说："各位官兵，攻下辽东城后，你们不准先进去，我将与皇后同辇而入。"由于高句丽防守严密，后燕官兵使出全部本领也无法攻陷，只好灰溜溜地撤兵。

苻皇后对没能攻陷辽东城大失所望，又于年底鼓动慕容熙袭击契丹。次年一月，当苻皇后和慕容熙到达陉北时，慕容熙突然对契丹的兵精马壮产生恐惧之感，准备原道撤回。苻皇后见状说："堂堂国君竟会说出这种灭自己威风的胆怯话，不觉得害羞吗？即使你对契丹怕得要命，也不必原道而回吗！去年我们没能到辽东城转一圈，这次为什么不到高句丽其他地方转一转呢？"慕容熙经皇后一激，立即下令扔掉辎重，袭击高句丽。由于路途遥远，天寒地冻，还是一事无成。

回到国都，苻皇后把全身的不快全部集中到吃喝上面了。谈到吃，皇后早已不满足于山珍海味，而对人们无法办到的东西则大感兴趣。酷暑季节，她吵着吃冻鱼；隆冬时分，她嚷着吃鲜地黄。慕容熙一听到她的叫声，马上打发专人为她采办。负责采办的人虽四处奔波，但仍空手而归，结果大都被慕容熙杀掉。

苻皇后的奢侈享乐日子没过多久，到建始元年（407年）四月，她便离开了人世，同年七月葬于徽平陵。

护子被杀——北燕昭成帝冯弘王后慕容氏

北燕昭成帝冯弘，早年娶慕容氏为侧室。慕容氏貌美，深受冯弘宠爱，在生下儿子冯王仁后，慕容氏就更加得宠了。

公元430年，冯弘当上了北燕国君，慕容氏遂被立为王后，其子王仁也于次年一月立为太子。

时北燕多次遭到北魏的进攻，冯弘在一些大臣的劝说下，同意向北魏称臣。北魏指名要太子王仁做人质。

冯弘向来怕王后，自己不敢做主，便同王后商量。王仁是慕容王后的心肝宝贝,她哪肯让他离开自己身边!便板起面孔对冯弘说:"除了王仁,你把什么给北魏都行!"冯弘非常惧内,只好向北魏表示歉意,请求谅解,另派大将汤烛去当人质。

但北魏并没有谅解,于北燕太兴五年(435年)七月,再次扫荡了燕都和龙(今辽宁朝阳),并肆无忌惮地掠夺北燕人口。在此情况下,冯弘无奈放弃国都,投奔了高句丽。

冯弘和慕容王后本来是寄人篱下,但他们却一向骄横惯了,对高句丽臣民如同对自己的臣民一样随意训斥打骂。冯弘和慕容王后的行为引起了高句丽王的愤怒,他下令抢走了王仁。

慕容王后见状,恼怒、恐惧、痛心齐涌心头,便劝说冯弘脱离高句丽,南奔刘宋王朝。不料,还没脱身,他们就被高句丽王所杀。

姐妹争宠——西秦文昭王乞伏炽磐皇后秃发氏

秃发氏,虽然是乞伏炽磐的皇后,但她却为了报杀父之仇,等待时机杀掉乞伏炽磐。结果,因其妹妹的告密而被乞伏炽磐杀害。

西秦太初十年(397年),西秦国君乞伏乾归被后秦打败,他的长子乞伏炽磐以人质的身份到了南凉。当时南凉国君秃发利鹿孤的弟弟秃发傉檀具有政治远见,将女儿许配给炽磐。

西秦更始元年(409年),乞伏乾归复国称王,乞伏炽磐被立为太子。三年之后,乞伏乾归被公府暗杀,乞伏炽磐继承王位,秃发氏被封为王妃。

这时,秃发王妃的父亲秃发傉檀已经当上了南凉国君。乞伏炽磐于西秦永康三年(414年)五月,乘秃发傉檀袭击乙弗之机,出兵攻陷南凉乐都,将南凉的文武官员和普通百姓迁到袍罕(今甘肃临夏)。

秃发王妃对乞伏炽磐袭击南凉极力阻挠,劝他不要忘记岳父的恩情,骂他无情无义,连续多日对他不予理睬。

过了几天,秃发王妃的父亲在走投无路的情况下投奔了西秦。秃发王妃听到父亲到来的消息时,转怒为喜,用甜言蜜语劝说炽磐迎接傉檀。炽磐这次顺从了王妃,和她一起到郊外把傉檀迎进荆川(今甘肃榆中),并设宴为他接风洗尘。

消灭南凉半年之后,乞伏炽磐宣布立秃发氏为皇后,就在秃发皇后对此深感欣慰时,乞伏炽磐又把皇后的父亲毒死。

秃发皇后发誓报仇雪恨。处理完父亲的丧事之后,秃发皇后便和哥哥虎台商量请北凉国君沮渠蒙逊出兵攻打西秦,杀掉乞伏炽磐,由虎台收复失地,重建南凉家园。由于准备不充分以及虎台与沮海渠蒙逊不能精诚合作,秃发皇后的报仇计划宣告流产。

从这次事件中，秃发皇后彻底醒悟了。南凉的军队已被解散，自己的亲属秃发保周、秃发贺、秃发副周、秃发承钵已逃离苑川投奔北凉和北魏，原南凉的文武大臣都已被乞伏炽磐驯服，靠兴师动众除掉乞伏炽磐不仅非常困难，而且风险太大，不如暂时忍气吞声，利用皇后的地位，发展自己的势力，待时机成熟，再将炽磐杀掉。想到这些，秃发皇后便强压悲愤，对炽磐仍装出一副温顺、体贴的样子，以解除炽磐对她的戒心。炽磐见皇后并没有因她父亲的缘故对他嫉恨，便对皇后更加宠爱。

过了将近十年，到西秦建弘四年（423年）十月，秃发皇后认为培养了不少死党，报仇雪恨的时机已到，便对虎台说："西秦是我们的仇敌，多少年来我虽然对乞伏炽磐体贴入微，同床共枕，但这全是权宜之计。父亲是遭到乞伏炽磐的毒手而惨死的。这些年来，我们之所以不公开张扬，全是时机不成熟的缘故。我们是父亲的亲生骨肉，难道可以永远作仇敌的臣妾吗？"经过一番密谋，立即派武卫将军越质洛城准备暗杀炽磐。但是，在他们动手之前，秃发皇后的妹妹已把他们的计划全部告诉了炽磐，结果秃发皇后、虎台和十多名同党全部被乞伏炽磐残杀而死。

贞洁烈女——后凉灵帝吕纂皇后杨氏

杨氏，后凉尚书右仆射杨桓之女，初为吕纂之妻。

公元399年，吕纂发动军事政变，夺取后凉王位后，杨氏被立为皇后。然而当时后凉政局动荡，杨氏仅当了一年零一个月的皇后，吕纂就被堂弟吕隆、吕超暗杀。

杨氏生性刚烈，吕纂死后，她匆忙叫来十几名侍婢，帮她把吕纂的尸体抬进她的房内，然后打发人到姑臧（今甘肃武威）城西开挖墓坑。一切就绪后，杨氏和她的婢女一起抬着吕纂的尸体向墓地走去。临近宫门时，吕超怕她将皇帝玉玺及宫中金银珠宝带走，便命令士兵对其搜身。杨氏怒不可遏，对吕超厉声骂道："你这个畜生听着，你和吕隆不仁不义，杀了国君，还要侮辱皇后。多行不义必自毙。"

吕超见搜不出什么东西，又迫不及待地问玉玺放在什么地方。杨氏冷笑道："让我毁掉了。"吕超气得干瞪眼睛，但因垂涎杨皇后的美色，他没有发作。

杨皇后埋好吕纂，拖着疲倦的身子回到宫中时，天色已晚。刚刚坐定，她的父亲杨桓就奉吕超之命，来劝她为妾。

杨皇后还没等父亲把话说完，就泣不成声地说：

"父亲大人怎能说出让女儿如此失望的话呢？实话告诉你吧，我就是到地下陪伴吕纂，也不会嫁给吕超这个无情无义厚颜无耻的东西。"

说完，杨皇后扭头跑进内室，把门闩死。当天深夜，自缢而亡。

理智而退——北凉哀王沮渠牧犍皇后李敬受

李敬受原是西凉的公主，父亲是西凉国君李暠，母亲是西凉尹太后。

西凉嘉兴四年（420年）七月，西凉国都酒泉被北凉攻陷，李公主和母亲成了北凉俘虏，被押送到姑臧（今甘肃武威）。北凉国君沮渠蒙逊在与李公主母女交谈后，发现尹太后是位爱国之心和忧患意识都很强烈的女性，李公主又是一位十分娇艳的豆蔻少女，便赦免了她们母女。李公主多次到沮渠蒙逊处谢恩。一次，沮渠蒙逊的儿子沮渠牧犍在父皇处见到了李公主，深为她的姿色所倾倒，便主动提出把她召进太子宫。李公主缘此成了王妃。

北凉义和三年（433年），沮渠蒙逊去世，沮渠牧犍继承王位，李公主由王妃升为皇后。

沮渠牧犍即位时，北魏的势力已经渗透到北凉，对北凉造成了威胁。北魏太武帝拓跋焘为了控制河西，保证丝绸之路的畅通，便于北凉永和五年（437年）将他的妹妹武威公主嫁给沮渠牧犍做皇后。

武威公主的到来，给李皇后带来无限悲伤和痛苦。然而李皇后却是一个懂得进退的人，她深知，沮渠牧犍为了北凉政权的稳固会不顾一切依靠北魏的势力。于是，为了取得主动，免去难看，李皇后征得母亲同意后，便于同年年底和母亲一起到了酒泉。

由于心情郁闷难解，李皇后不久就离开了人世。

政治婚姻难幸福——北凉哀王沮渠牧犍皇后拓跋氏

拓跋氏，即武威公主，北魏太武帝拓跋焘的妹妹。

公元433年，沮渠蒙逊死，其第三子沮渠牧犍即位为凉王，遂向北魏称藩纳贡。

公元437年，北魏太武帝拓跋焘为了把北凉牢牢地掌握在手，他把妹妹武威公主嫁给沮渠牧犍做皇后。

武威公主是个细心人，她一告辞拓跋焘，就到了大臣李顺家中，向他询问河西的具体情况。李顺因常到河西，对那里的山川形胜、风土人情了如指掌，便绘声绘色地向武威公主作了描述。武威公主专心致志地听着，脸上不时显出吃惊、赞叹、好奇的神色。

回到家中，武威公主开始为出嫁做准备。金秋时节，武威公主便来到了北凉，沮渠牧犍册封她为皇后。沮渠牧犍为了表示对北魏出嫁公主的谢意，特派宰相宋繇向北魏奉献五百匹良马，一百斤黄金，并请示武威公主的称谓问题。

经北魏大臣反复讨论，最后一致认为，按照礼仪，母以子贵，妻从夫爵，沮渠牧犍的母亲应称河西国太后，武威公主在北凉称王后，在北魏则称公主。

武威公主刚刚到北凉时，沮渠牧犍出于对他心目中大国的敬畏，对公主还比较尊敬和体贴，但时隔不久就和嫂子李氏勾搭成奸，冷落武威公主。武威公主觉察后，把沮渠牧犍骂了个狗血喷头。这一骂不但没使沮渠牧犍回心转意，反而使他产生了逆反心理，与李氏打得更加火热。

李氏是个有头脑的女性。她了解武威公主的品性，料到她不会骂过了事，很有可能借助娘家力量拿自己是问，于是便与沮渠牧犍的姐姐密谋毒死武威公主。次日，李氏就把毒药放到了武威公主饭中。

不知李氏放的毒药失效，还是放的药量不够，武威公主吃后只是呕吐，脸色蜡黄，并没有危及到生命。武威公主被毒的消息传到平城（今山西大同）后，拓跋焘立即派御医带着药物火速赶到姑臧（今甘肃武威），为公主精心治疗。几乎与此同时，拓跋焘又勒令沮渠牧犍交出李氏。沮渠牧犍不但耍赖不给，反而把她送到酒泉以度过这次难关。

消息传到平城后，拓跋焘勃然大怒，很快就给沮渠牧犍罗列了十二条罪状，决计出兵北凉。北凉永和七年（439年）八月，北魏大军包围了姑臧城，沮渠牧犍出城投降，北凉灭亡。

沮渠牧犍虽为亡国之君，但因武威公主之故，仍然受到礼宾待遇。沮渠牧犍痛改前非，与武威公主和好。就在他们相敬如宾、安然度日之时，北魏太平真君八年（447年）一月，有人告发沮渠牧犍父子曾毒死数以百计的无辜者，有司在查抄他的家时找到了所藏毒药，拓跋焘一气之下让崔浩送给沮渠牧犍一张赐死的诏书。沮渠牧犍无奈自杀。

沮渠牧犍离开人间，武威公主与其女相依为命，十分孤独。拓跋焘见她整天忧郁寡欢，便亲自出面，把她嫁给左将军、寓郡公李蓋。李蓋虽已有了妻子与氏，并且感情不错，但他不敢拒绝，只好忍痛割爱，把与氏赶出家门，和半老的武威公主举行婚礼。

武威公主此后生活如何，不知其详。

颠沛流离多坎坷——南燕末主慕容超皇后呼延氏

前秦建元二十年（384年），鲜卑人慕容垂和慕容德举起反秦大旗公开与前秦国君苻坚分庭抗礼后，慕容德的儿子和大哥慕容纳被杀掉，他的母亲公孙氏和嫂子段氏被抓进监狱。当时呼延氏的父亲呼延平是个狱掾，为了报答慕容德先前对他的救命之恩，便放出公孙氏和已经怀孕的段氏，然后背起女儿，领她们逃入羌族人居住的地区。当年，段氏生下了慕容超。慕容超十岁时，公孙氏病死，呼延平又带着慕容超母子投奔后凉。建平四年（403年），后凉国君吕隆投降了后秦姚兴，呼延平和慕容超母子一起加入了凉州人东迁的行列，到达长安。

呼延平年岁已大，经不住长途跋涉的折腾，到长安不久就离开了人世。慕容超的母亲看着呼延平十分憔悴的女儿，就命令慕容超道："我们母子能够幸存下来，全是呼延平的功劳。呼延平已不在人间，我们无法报答他的大恩大德，只有让你娶他的女儿为妻，以告慰他的在天之灵。"慕容超这时已十九岁了，知道呼延平对他们的厚恩，何况呼延平的女儿始终和他在一起，颠沛流离，担惊受怕，慕容超答应了母亲，次日和呼延小姐拜了天地，成为夫妻。结婚时几乎没有外人前来道喜。

婚后不久，慕容超背着妻子和母亲逃离长安，赶到广固（今山东青州西北），投奔慕容德，被慕容德封为北海王。建平六年（405年）九月，慕容德突然病死，慕容超继承了帝位。

呼延氏和段氏得知慕容超逃奔广固之后，便想逃离长安，赶到广固。但是，因后秦对她们看管得非常严密，无法脱身。当呼延氏听到慕容超继位的消息后，恨不能飞到广固，分享慕容超的喜悦。

慕容超也时刻都想把呼延氏和母亲接到广固，让她们尝尝当皇后和太后的滋味，但继位伊始，政局不稳，此事只好放一放，到太上三年（407年）才与后秦开始交涉。当时，姚兴口气很硬，提出了让慕容超向他称臣的苛刻条件。慕容超为了使母亲、妻子平安、迅速地回到南燕，含泪答应了姚兴的条件。同年十月，呼延氏和段氏回到了广固。

呼延皇后长相太不出色，和慕容超重新团聚以后，她不过是摆设，皇上对她只是应付而已，整天和魏夫人在一起。不过，呼延皇后好不容易才当上皇后，只求保住这块宝座就心满意足了。

然而，南燕这时已处于风雨飘摇之中，保住皇后之位又谈何容易！太上六年（410年），广固被东晋攻陷，慕容超被押送到建康（今南京市）处死，呼延皇后自然也成了东晋的俘虏。

义熙六年，南燕被东晋所灭，慕容超被杀，呼延皇后不知去向。

知书识礼有节操——西凉武昭王李暠皇后尹氏

尹皇后自幼聪慧，识字很快，喜欢读书，善于思辨，几年之间，就熟读了《论语》、《孟子》等几部书。

成年后，她先和扶风马元正结成伉俪，小夫妻情投意合，互敬互爱。但是，他们婚后不久，马元正就不幸病死了。

说来也巧，就在她痛失丈夫准备终身守寡的时候，陇西狄道（今甘肃临洮南）人李暠的妻子辛氏撇下一堆孩子去世了。尹、李两家的丧事都很快传到了对方耳中。不知是谁从中撮合，尹、李不久就组建了一个新的家庭。

因为受儒家思想影响很深，尹氏感到匆匆再嫁对不住先夫，决心为他守节三年，所以，在她和李暠婚后的三年内任凭李暠怎样对她开导、取笑、戏闹，她就是一言不发。三年过后，她几乎变成了另外一个人，经常向李暠分析时局，还向李暠前妻的孩子讲解儒家经典，教他们如何为人处世，劝李暠抓住时机，及早建立称雄河西的大业。李暠很佩服妻子的胆识，对她言听计从。

公元397年，京兆（今陕西西安）人段业自称凉州牧，李暠被封为敦煌太守。公元400年，李暠自称凉公，建立西凉政权，尹氏被立为王后。李暠事事都与尹氏商量，尹氏也积极为他出谋划策，所以在河西地区流传出"李与尹，王敦煌"的歌谣。

公元417年，李暠病死，太子李歆继位，尹氏被尊称为太后。

公元420年，李歆不自量力，准备袭击北凉国都张掖。尽管尹太后闻讯赶来阻止，但李歆根本不听，仍然带着三万名士兵出征。

不出尹太后所料，李歆不仅丧失了军队，就连他自己的命都没有保住，国都酒泉也被北凉攻陷。

尹太后之后被押往张掖，沮渠蒙逊很为她的不卑不亢、无畏精神所感动，不仅没让她死，反而让儿子沮渠牧犍娶她的女儿为妻。

沮渠蒙逊死后，沮渠牧犍继承了北凉王位，尹太后的女儿被封为王后。

但是，好景不长。公元437年，北魏太武帝为了控制北凉，便把其妹武威公主嫁给沮渠牧犍。尹太后见状，感到如不离开张掖，她们母女肯定凶多吉少，于是便和女儿商量让出王后之位，搬到酒泉居住。

尹太后母女到了酒泉不久，她的女儿因心情郁闷，患病去世。

恰在这时，沮渠牧犍的弟弟沮渠无讳想以尹太后的名义招降她的孙子李宝。尹太后本来对西凉灭亡后逃到伊吾的孙子李宝是否还活在世上一无所知，经沮渠无讳的提醒，她突然萌发了逃奔伊吾的念头。

沮渠无讳一走，尹太后就简单地收拾了一下东西向伊吾奔去。尹太后顺利到达伊吾。

由于年老多病和长途跋涉的折磨，尹太后和孙子团聚后不久，就离开了人间，时年七十五岁。

贤妻良母——南宋武帝刘裕皇后臧爱亲

臧氏是东莞（山东沂水）人，祖父臧汪当过尚书郎，父亲臧俊做过郡功曹。

臧氏嫁给刘裕时，刘裕还是一个布衣，她在家里操持家务，养育女儿（刘兴弟，后为会稽宣长公主）。刘裕做官后，她仍时时不忘节俭。至刘裕做了大官，位倾九重，她仍然布衣粗食，从不为自己的亲属求官求富。可惜她未能同刘裕白头偕老，于晋安帝义熙四年（408年）正月死于东城（今安徽定远东南），时年四十八岁。当时刘裕还未称帝，爵封豫章郡公，故臧氏被追封为豫章公夫人，葬于家乡丹徒。

刘裕对这位结发妻子怀有较深的感情，臧爱亲虽然没有生过儿子，但同刘裕患难与共，甚为相得。所以刘裕即位称帝后，追册她为敬皇后，其他姬妾便不得再册立为后。永初三年（422年）春，刘裕病危时，留下遗嘱，迎回已故臧皇后的遗骨，同他一起葬于建康的初宁陵。这对九泉之下的敬皇后来说，也是莫大的欣慰了。

大姐配小弟——南宋少帝刘义符皇后司马茂英

东晋元熙元年（420年），刘裕夺了晋恭帝司马德文的皇位。次年刘裕又将司马德文杀死。为了缓和与司马氏的矛盾，便让儿子刘义符娶了司马德文的女儿海盐公主司马茂英。

刘义符是宋武帝刘裕的长子。晋安帝在位时，刘裕被封为豫章公，立儿子刘义符为世子，纳司马茂英为世子妃。

司马茂英生于公元393年，许配刘义符时已二十四岁，而当时刘义符才十岁。刘裕并不是没有考虑到他们夫妻的年龄悬殊，但为了政治上的需要，还是将司马茂英迎娶过来。刘裕建宋后，刘义符被立为太子，司马茂英也成了太子妃。

宋永初三年（422年），刘裕死，刘义符继位为皇帝，司马茂英也就登上了皇后宝座。刘义符做皇帝的第二年，就被司空徐羡之等人以张皇太后的名义，列数其罪恶将其废为营阳王。司马茂英也自然被降为王妃。

公元439年，司马茂英死去，时年四十七岁。

生子不肖——南宋文帝刘义隆皇后袁齐妫

袁齐妫，陈郡阳夏（今河南太康）人，晋义熙元年（405年）生于一个世代为宦的家族。曾祖父袁耽曾在晋朝做过历阳郡（治今安徽和县）太守，祖父袁质做过琅琊郡（今山东临沂北）内史，她父亲袁湛做过左光禄大夫的大官。

袁氏为父亲的小老婆王氏所生，在家庭中的地位并不高。但袁氏天生丽质，长大后更是楚楚动人。永初元年（420年），她嫁给宋武帝刘裕的三子、刚刚封为宜都郡王的刘义隆为妃。元嘉元年（424年），刘义隆称帝，是为宋文帝，袁齐妫被立为皇后。

宋文帝永嘉初年，皇后住的中宫传来喜讯：袁皇后生了一个儿子。宋文帝便高高兴兴去看自己的皇长子。可当他走到皇后身边时，皇后却流着眼泪说道："此儿相貌生得凶险，臣妾略知相术，知他将来必破家亡国，不如趁早溺杀，以免后患！我虽是此子的生母，但我以为必须如此。皇上您可不能心软啊！"

文帝一听大惊失色，连连摇手道："至亲骨肉，怎忍杀害？况国祚长远，以此作为根本！"他说什么也不肯听，袁皇后见无法说服文帝，何况要她杀死亲生儿子也不忍下手，只得作罢。日后发生的事却证明了齐妫的预言是正确的。元嘉三十年（453年）二月，正是这个孩子杀死了自己的父亲。

宋文帝开始时对袁皇后情深意笃，皇后生下皇太子刘劭和东阳公主刘英娥后，更是得宠。但自从潘妃入了宫，宋文帝就渐渐冷落了皇后，对潘妃百依百顺。袁皇后娘家常常向宋文帝要些钱补贴生活，宋文帝每次不过三五万钱及三五十匹帛。可是人们传说潘妃要什么就给什么，要多少就给多少。袁皇后开始还不相信，有一次特意通过潘妃向宋文帝要三十万钱。一夜过后，钱一文不少地转到袁皇后手中。袁皇后见后，心中越想越气，因此，以后就称病不再见宋文帝。就这样，性情孤傲的袁皇后终因怨气郁积而病倒了。

元嘉十七年（440年），袁皇后病情加重，并且一直不想见宋文帝，宋文帝很是无奈，甚至伤心落泪。不几天，袁皇后便与世长辞，时年仅三十六岁。

袁皇后死后，宋文帝十分悲痛，以"抚存悼亡，感今怀昔"表达了他对袁皇后的怀念。大臣上奏文帝，谥袁皇后为"宣皇后"，文帝下诏改谥为"元皇后"。

溺爱败子——南宋文帝刘义隆淑媛路惠男

路惠男是宋文帝刘义隆在各地选妃时，被选入后宫的。路氏很受刘义隆的宠爱，为刘义隆生下了第三个儿子，取名骏。刘义隆对她愈加喜爱，拜为淑媛。但随着年龄的增长，路惠男渐渐失去了魅力，刘义隆早已另有所爱。她只好跟着儿子刘骏出居外藩。

元嘉三十年（453年）三月，刘义隆的长子刘劭发动宫廷政变，杀死刘义隆。刘骏听说父亲被杀，就带兵讨伐刘劭。同年四月，刘骏在建康城外即皇帝位，是为孝武帝。即位后不久，攻破建康，杀死刘劭及其四个儿子，并杀劭党多人。因此，当时流传着这样一首民谣："遥望建康城，小江逆流萦，前见子杀父，后见弟杀兄。"刘骏进入建康后，立即命人将路氏迎来，尊为皇太后，居显阳殿。

刘骏是历史上有名的荒淫君主，无论亲疏贵贱，只要是有几分姿色的女子被他瞧见，便要召入御幸，不肯放过。前去显阳殿拜谒路太后的内外命妇及宗室诸女很多，刘骏就乘机闯入，看见美貌的就要发泄兽欲。路太后溺爱儿子，对这种事从不禁止。不久，刘骏的丑闻便在都城传得沸沸扬扬。

路太后在孝武帝时经常干预朝政，利用手中的权力为外戚谋私利。在她的不断请求下，刘骏追赠她的父亲为散骑常侍，母亲为余杭县广昌乡君，她的侄子路琼之及弟弟路休之、路茂之也都擢以显职。

大明八年（464年），刘骏死，长子刘子业继位，尊路惠男为太皇太后。次年，刘彧杀刘子业，即皇帝位，尊路氏为崇宪太后。

刘彧是刘义隆的妃子沈氏所生。沈妃早卒，刘彧由路惠男抚养成人，因此，对路太后很孝顺。

不久，路惠男去世，刘彧将她葬在刘骏墓的东南，称修宁陵，谥号为"昭皇太后"。

逆来顺受——南宋孝武帝刘骏皇后王宪嫄

王宪嫄生于显宦之家，其祖父王偃是东晋初年大丞相王导的玄孙，祖母是晋孝武帝之女鄱阳公主，母亲是宋武帝刘裕之女吴兴长公主，嫂嫂也是宋文帝刘义隆之女临川长公主。

元嘉二十年（443年），王宪嫄被纳为武陵王刘骏之妃，当时年十六岁，比刘骏大三岁。

宋孝武帝孝建元年（454年），以藩王入都而登帝位的刘骏迎回生母路淑嫒——路惠男，以及王妃王宪嫄入宫，尊路氏为皇太后，册立王氏为皇后，又立王皇后所生长子刘子业为皇太子。

刘骏为藩王时，尚宠爱王宪嫄，及至做了皇帝，很快便暴露了好色荒淫的劣性，后宫姬妾成群，成为历史上有名的色狼。同南朝的许多皇后一样，王宪嫄软弱柔顺，对这种事情只会逆来顺受，听凭摆布。

两年以后，孝武帝刘骏病死，时年三十五岁。皇太子刘子业即位。皇后王宪嫄被尊为皇太后。

刘子业也是个荒唐皇帝，有乃父之风范。皇太后服丧三个月后患了重病，躺在永训宫养病，刘子业是她亲生儿子，竟一次都不去探视，及至太后病危，派宫人去请皇帝来，他竟说："病人房间多鬼，如何去得？"宫人回去禀报，气得王太后连骂"逆子"。没过几天，她便悲哀而亡，时年三十八岁，她与孝武帝刘骏合葬于景宁陵。

正气凛然——南宋明帝刘彧皇后王贞凤

王贞凤自幼熟读儒家典籍，有着良好的修养，容貌端庄秀美，不失大家闺秀的风采。

公元449年，王贞凤十四岁，嫁给淮阳王刘彧为妃。后来，刘彧改封为湘东王。王贞凤又被拜为湘东王妃。她为刘彧生了两个女儿，一个是晋陵长公主刘伯姒，一个是建安长公主刘伯嬡。公元465年，刘彧称帝，她被册立为皇后。

一次，宋明帝刘彧把所有公主、嫔妃及宫女请到宫中大殿里欢宴。饮到半酣，他忽发奇想，下令内外妇女都要脱光衣服，恣意取乐。那些妇女迫于皇上淫威，立即照办。这时，唯独皇后王贞凤以扇掩面，不笑不言。刘彧见状大怒，骂道："你娘家向来寒酸，今天有如此乐事，你为何不看一眼？"王贞凤答道："娱乐的途径很多。哪有姑姑、姐妹们聚集在一起，以裸体来取乐的呢？我娘家虽然寒酸，但不愿如此取乐。"刘彧不等她把话说完，更加愤怒地骂道："你这贱货真不识抬举，给我立即离开这里。"王贞凤当即起座，掩面而去。

公元472年，刘彧死去，太子刘昱继位，历史上称为后废帝。王贞凤被尊为皇太后，住弘训宫。

因刘昱无道，王贞凤常常耐心地劝说他，要他努力上进，以便把国家大政掌握起来。刘昱便对她不满，险些毒杀了她。

公元477年，由于刘昱的荒淫残暴引起了内乱，大将萧道成趁机废刘昱，后杀之，立其弟刘準为帝，自己做了司空、录尚书事，专擅朝政。看到国家权力落入外人之手，王贞凤心中很着急，便鼓动刘晃、刘绰等宗室准备消灭萧道成。萧道成觉得代宋的时机已经成熟，便将刘準贬为汝阴王，然后由自己当了皇帝，他就是齐高帝。改朝换代后，王贞凤被贬为汝阴王太妃，与皇帝刘準被送往丹阳宫。不久，刘準被萧道成杀死，王贞凤被迁回京城府第居住。

公元479年，王贞凤死去，时年四十四岁。萧道成追谥她为"明恭皇后"。

王朝日暮——南宋后废帝刘昱皇后江简珪

泰始五年（469年），明帝为皇太子刘昱选妃。明帝喜选娇小玲珑的女人，名门之女多不合意。江简珪虽然出身贫寒、体材弱小，但卜筮却最吉利，遂被选中。刘昱即位后，立江氏为皇后。

刘昱即位时才十岁。刘彧生前一直担心自己死后刘氏宗室不能对幼主尽忠，于是杀尽了孝武帝的儿子及自己的兄弟，只留下了白痴兄弟刘休范。然而人算不如天算，想不到刘昱即位刚两年，刘休范便起兵浔阳（今江西九江），直捣都城建康（今江苏南京市），幸赖右卫将军萧道成率军镇压。此后建平王刘景素又举兵反叛，也兵败身死。

王室内部如此倾轧，使萧道成的权势日增。元徽五年（477年），萧道成杀死刘昱，追封其为苍梧王。江皇后也被贬为苍梧王妃。刘昱和江皇后其后情况不详。

宫廷险恶——南齐海陵王萧昭文皇后王韶明

公元494年深秋，宣城公萧鸾操纵了一场宫廷政变，废杀了皇帝萧昭业，假借皇太后名义立新安王萧昭文即位。

萧昭文即位后，改隆昌元年为延兴元年，立王韶明为皇后。

王皇后颇识大礼，有国母之威仪，身为皇后可谓当之无愧。然而，宣城公萧鸾废旧立新不过是权宜之计。此后一个月内，萧鸾大杀异己，齐高武两帝所遗诸王几乎被诛戮殆尽。王皇后和皇帝萧昭文没有半点自由，甚至连日常饮食，也须经萧鸾允许，才能由御厨供上。一天，皇后皇帝想吃蒸鱼，向厨官索要，厨官竟答称无宣城公命令，拒绝送上。对此，皇后和皇帝只有相对流泪，并无他法。过了不到一月，萧鸾便以太后名义再次发布敕令，废萧昭文为海陵王，王韶明也因此被贬为海陵王妃。

退居王妃之后，王韶明和萧昭文夫妇二人以为处境可以稍微好转，不想这时宫中发布一道诏令，说是海陵王有病，屡次派御医前来诊治，强迫他饮下汤药数剂，不久便断送了的性命。王韶明年仅十几岁，就莫名其妙地做了寡妇，之后的情况就不得而知了。

明敬皇后——南齐明帝萧鸾皇后刘惠端

刘惠端，出生于官宦之家，祖父刘道弘曾任光禄大夫。因其姿色俱佳，仪态端庄，聪颖过人，被齐高帝萧道成侄儿萧鸾娶纳为妻，时萧鸾年十九岁，刘惠端年约十六岁。

公元479年，萧道成称帝，萧鸾被封为西昌侯，刘氏被封为西昌侯夫人。

公元483年，即武帝永明元年，刘氏生下儿子萧宝卷，即后来的东昏侯；后又生子萧宝融，即后来的齐和帝。

公元489年，即武帝永明七年，刘氏去世，时年约三十五岁左右。

公元494年，海陵王萧昭文死，萧鸾即位为帝，是为齐明帝，刘氏被封为皇后，谥为"明敬皇后"。萧鸾为再次表达与刘氏恩爱之情，又追赠刘氏之母王氏为"平阳乡君"，追赠刘氏之父刘通为"金紫光禄大夫"。齐明帝萧鸾后于公元498年去世，与"明敬皇后"合葬于兴安陵。

步步金莲花——南齐废帝萧宝卷贵妃潘氏

南北朝时，齐废帝萧宝卷是历史上极为荒谬的皇帝，而他的宠妾潘贵妃，则是一位以妖娆艳丽出名的美女，这对夫妻闹出了许多笑话。

萧宝卷是南北朝时齐明帝萧鸾的次子，因为母亲是刘皇后，所以在明帝建武元年（494年）被立为皇太子。萧宝卷从小贪玩，不喜欢读书，在东宫里经常与小太监们胡闹，嬉戏无度。

潘玉儿又名玉奴，原是营妓出身，后来流寓建康，想试一试自己的运气。她生得肌肤雪白如玉，容貌艳丽如花，体态风流，真如仙女下凡。

潘玉儿来到建康后，被萧宝卷物色美女的亲信发现了，惊为天人，立刻向萧宝卷推荐。果然大受皇太子的宠爱，欢爱一宵后，第二天就封潘氏为妃。太子宫中最奢华的服饰享受，全都先给潘贵妃。光是她手上戴的一支琥珀钏，就价值一百七十万钱。其它任何器皿，包括唾壶便桶在内，全是金银制成，这样的待遇，真令其他女人羡慕死了。

齐明帝只当了五年的皇帝，就在永泰元年（498年）七月驾崩了，把王位传给十七岁的太子萧宝卷。但是这位不读书的新皇帝，连人情世故也不懂，他每次临丧时，一点哀戚之容也没有。近侍劝他在文武百官面前假哭一下，意思意思。萧宝卷竟然回答说："我喉痛，哭不出来。"

大中大夫羊阐入太极殿临棺凭吊，忍不住俯仰号恸，结果把帻帽掉落地上，露出无发的大光头来。萧宝卷看了，忍不住哈哈大笑地说："这不是秃鹙来啼吗？"

南北朝

明帝的梓宫暂厝在太极殿，按照古礼应放四十九天，做完七七佛事后才移出下葬的。可是萧宝卷等不及，才放了几天，就要叫人把棺材抬出去。结果尚书令徐孝嗣力争，萧宝卷才同意把棺材放一个月，一个月后就出葬兴安陵了。

萧宝卷即位，史称齐废帝。他在明帝永泰元年七月登基，次年改元永元，永元元年就是公元499年，到了永元二年（500年）十二月，齐废帝就因多行不义而被臣下所弑，死时十九岁，一共只当了两年零五个月的皇帝。

齐废帝如何多行不义呢？

齐废帝把国家大事丢在一边，把全部心力用在潘妃身上。潘妃觉得宫里的生活太枯燥沉闷，要出去玩。只要她一开口，说去哪儿就去哪儿。齐废帝经常昼寝夜出，玩上整个通宵，然后白天睡大觉。大臣们有要事禀告，只好凑合着皇帝的起居时间，在下午四五点钟时上朝叩见皇帝，退朝时天已摸黑了。如遇齐废帝还没醒，公文只好搁着，一搁可以搁几十天没有动静。大臣追问，内侍回答说："皇帝不在宫里，不知道上哪儿去了。"

潘妃喜欢打猎射雉，齐废帝便在建康郊外山林遍设射雉场，大大小小一共两百九十六处。射雉场中的帷帐、步障都用红绿锦绸制成。为了打猎，齐废帝还令人组成鹰犬队和媒翳队，鹰犬队队长是徐令孙，手下数百人，负责训练鹰犬协助猎雉；媒翳队队长是俞灵韵，手下有数十人，负责学雉鸟叫声，引诱雉鸟现身。另外还有弓箭手、骑兵、步兵，一次打猎总要出动上千人。

出发时，只见潘妃身着五彩织花急装褶裤，头戴锦绣金薄帽，手持金银镂牙弩、玳瑁帖箭，骑着金勒玉衔雕鞍五花马，在齐废帝和徐令孙、俞灵韵等人的伴护下急驰而去，左右侍从在后争逐，鹰扬狗吠，好不热闹。

潘妃喜欢住豪华气派的房子，齐废帝就给潘妃建造仙华殿、神仙殿、玉寿

潘贵妃

殿，每幢大殿都穷极奢侈。为了赶工，那些工匠们都彻夜工作，还从佛寺宫殿搜刮现成精美的玉石狮象，运到新殿里。

齐废帝更别出心裁，用纯金打造朵朵莲花，遍贴宫殿地面。一等华殿落成之后，恭请潘妃在金莲花上头行走，花随步动，步逐花娇，萧宝卷看了，称赞地说："这真是步步生莲花啊！"

潘妃绕行新落成的宫殿，只见到处雕刻彩画、锦幔珠帘，还有麝香涂壁，真是金碧辉煌，美不胜收；来到寝宫，见墙壁上画了男男女女，个个一丝不挂，正在嬉闹笑逐，爱抚交欢，不禁微微一笑说："这样的春画挂在寝宫，亏你想得出来。"

齐废帝听到潘妃的夸奖，高兴得心花怒放，立刻搂着潘妃，要效法画里的人物；潘妃欲拒还迎，寝宫顿时荡漾起无边春色来。

齐废帝不但为潘妃建造华丽的宫殿，也为潘妃修造华丽的花园。这座花园名叫芳乐苑，是把阅武堂拆掉改建的。苑中的假山奇石全都涂上五彩，有荷池水榭，亭台楼阁，还有名贵的花草，珍奇的树木。朝廷只要知道谁家有好树美石，便拆屋毁墙地强行夺走，移置芳乐园中，所以苑内华美得仿若仙境。

潘妃想玩逛街买菜的游戏，齐废帝便在芳乐苑中，挖了人工的渠道，在河渠边设立各种店肆，由宦官、宫妾扮老板、老板娘，齐废帝划船，载着潘妃沿河采买。有时潘妃扮市令（市场总管），齐废帝扮市吏录市（市场总管秘书），遇到扮顾客的太监与扮小贩的太监发生争执时，由潘妃来判定曲直是非，应罚应笞，全由潘妃做主。有时齐废帝扮的市吏录市发生过错，潘妃还上座审讯，或罚皇帝长跪，或罚皇帝接受杖刑。萧宝卷不敢逃避，只敢命令属下不准进呈大荆条，只准进呈小木棒，并且不准用力打。他挨了打，也不以为忤，还乐之如饴。有时齐废帝扮肉店老板，潘妃扮酒店老板娘，让小太监们登门买酒买肉，玩得不亦乐乎。

齐废帝为了巴结潘妃，不但把国库的钱花光了，还搞得民不聊生。因为他经常带着潘妃出猎，所经之处，劳民伤财，百姓必须回避，什么都不能做，就是死了人也不能发丧。住在猎场附近的人家，都过着生不如死的日子，当然引起百姓的怨恨。

雍州刺史萧衍听说齐废帝多行不义，便率兵东下，一路上势如破竹，很快就杀到京城附近。因齐废帝荒淫无耻，不得人心，大将王珍国、侍中张稷等人便派亲信出城，向萧衍投诚，约定一起举事。又约好参军冯翌、张齐、后阁舍人钱强等人一同政变。

永元二年十二月初三这天，齐废帝萧宝卷在含德殿与潘妃等人夜饮，宫伎奏乐助兴。钱强偷偷打开云龙门，把张齐、冯翌等人放进殿，直趋含德殿。当时已撤宴，潘妃已先返回后宫，只有喝醉的齐废帝躺在殿中寝榻休息，吹笙歌自娱。他发觉士兵闯入行刺，便朝北门逃，打算回后宫。但是清曜阁的宫门已紧闭，逃生无门，这时太监黄泰平用刀刺伤齐废帝的膝盖，齐废帝痛极倒地，回头大喊："奴才造反了吗？"话没说完，被赶进来的张齐一刀砍成两段。

王珍国引兵进殿，把齐废帝首级砍下，用黄绸包好，派人送给萧衍。萧衍大喜，令属将张弘策等人，先去控制宫殿情势，把府库和图籍查封，把潘贵妃等人拿下，拘入大牢。

萧衍听说潘贵妃很漂亮,想将她据为己有。大将王茂说:"这女人是灭亡齐国的祸首,如果留在大王身边,一定会招来别人的批评议论。"萧衍不得已,只好派人到狱中把潘贵妃勒死。

萧衍还不敢马上篡位,他先立齐废帝萧宝卷的弟弟萧宝融做皇帝,史称齐和帝。又过了一年,才派人把十五岁的萧宝融勒死,而后篡齐,建立梁朝。

大家闺秀——南梁武帝萧衍皇后郗微

郗氏出身于大家名门,东晋名臣郗鉴、郗愔、郗超祖孙三代,皆为其先祖;祖父郗绍为国子监祭酒,父亲郗晔为太子舍人,母亲为宋文帝刘义隆之女浔阳公主。

郗氏天生丽质、聪敏过人,自幼喜欢史传,擅隶书,娴熟女红,是一位才貌双全、美名远扬的一方名女。宋后废帝刘昱听其美名欲纳她为后,其父深知刘昱淫暴无道,以女有疾为由而拒绝。之后,齐安陆王萧缅亦想娶她为王妃,其父母又以女疾而辞婚。

公元482年,即齐高帝建元末年,多才多艺、有神童之称的萧衍被郗晔看中,正好萧家上门来提亲,成就了郗微与萧衍的婚姻,时年郗微十五岁,萧衍十九岁。婚后两人感情甚好。郗微又一连生了玉姚、玉婉、玉环三个女儿,遗憾的是没有生下儿子。

公元499年,郗微病死于襄阳宫邸,时年三十二岁。

萧衍为传宗接代,曾在郗微病逝之前纳丁氏为妾,然因郗微性妒,不让丁氏接近萧衍,丁氏只好独守空房。就在郗氏死后的第二年,丁氏怀孕,生子萧统(即昭明太子),又生子萧纲(即后来的简文帝)。

公元502年,萧衍称帝后,追赠郗微为"德皇后",并决定不再另立皇后,以表达他深切怀念郗微之情。

梁武帝萧衍后于公元549年死,与郗微皇后合葬于修陵。

养育了一个好儿子——南梁武帝萧衍贵嫔丁令光

丁令光,谯国(今安徽亳州)人,世代居住襄阳。当时,民间对丁氏有许多传说,说她出生之时,有神光照室,紫气弥漫,所以起名为"令光";她夏日常与邻女月下纺织,诸女都被蚊虫叮咬得痒痛难忍,唯丁氏毫无所觉;还说她左臂生有一颗红痣,治疗多日未见褪去,当她嫁给萧衍后,这颗红痣竟不翼而飞了。

丁令光十四岁时,萧衍来镇樊城,他登楼观望,见汉水之滨五彩如龙,下有一女子正在漂絮,心颇异之,令人打探,知为丁氏。此时萧衍为子嗣问题,正想纳妾传后，遂遣人与丁家商议。丁家一听萧衍要纳女儿，虽不为正妻，也满心欢喜地答应下来。萧衍马上赠丁氏以金环，遂纳为妾。

丁氏被纳为妾后，刚开始的生活并不幸福。因为萧衍正妻郗氏性酷妒忌，自萧衍纳丁氏以后，醋意大发，百般阻止丁氏与萧衍同房，并令丁氏每日舂米五斛。萧衍虽为此心中不快，幸好丁氏原为村女，性情宽厚，自视为一妾身，事萧衍与郗氏小心恭敬，每日舂米从未违限，亦毫无怨言。也是天佑丁氏，那郗氏不到两年便得了重病，不久就病死了。

郗氏病死后的第二年，丁氏便怀得身孕，次年生下一子，这就是后来以文才光照后世的昭明太子萧统。当时，萧衍正在围攻建康的南齐东昏侯，得知丁氏生了一个儿子后，大喜过望，斗志倍增，很快就攻下建康。第二年萧衍建立梁国，丁氏也与儿子一同迁居京都建康。当年八月，丁氏被拜为贵嫔，居显阳殿。十一月萧统被立为太子后，有司又上奏曰："母以子贵，皇太子之母不容无敬。贵嫔之位仅次皇后，按礼应以敬皇太子之礼敬贵嫔。臣谓贵嫔典章，一与太子不异。"萧衍准奏，于是丁贵嫔备典章礼数，同乎太子，言则称令。

丁氏待人宽厚仁爱，深得内宫人们的喜爱。她生活简朴，服装和用具没有一件华丽珍贵的，从未为亲戚向梁武帝要求过什么。到了梁武帝大兴佛教之后，丁氏也笃信奉行：改食素膳，不沾腥荤，并将自己得到的供赐财物全部捐献给佛门。对那些深奥难懂的佛教经典，丁氏也日日诵习，不但能理解其中的要义，而且特别精通《净名经》。

普通七年（公元526年）十一月，丁氏病逝，时年四十二岁。梁武帝悲痛万分，诏令吏部郎张缵写了一篇长长的哀册文，对丁氏的妇道德行大加赞扬。经有司奏请，封谥号曰"穆"。梁简文帝即位后，又追崇为太后。

丁氏与昭明太子的母子情深。在丁氏病危时，太子衣不解带，日夜在病榻边侍候。丁氏去世，他水食不进，常常痛哭到气绝而复苏。太子本来身体十分强壮，肚大腰圆，可经过丧母的哀痛之后，减瘦很多，宫里人见了都觉心疼。昭明太子如此宽恕俭朴、好学勤奋，与母亲丁氏的教育和影响有很大的关系。

半老徐娘——南梁元帝萧绎贵妃徐昭佩

徐昭佩，东海郯人。其父徐绲官居梁朝侍中，信武将军。徐昭佩是南朝梁武帝之子萧绎的偏妃，萧绎时为湘东王。天监十六年（517年）十二月，徐昭佩被册封为湘东王妃。她先后为萧绎生下世子萧方和益昌公主萧含贞。

相传徐昭佩出嫁的那天，送亲的车马走到西州，突然刮起一阵飓风，损屋折树，不时又雨雪交加；到了归省的日子，又雷电大作。当时的湘东王萧绎就觉得这是不祥之兆。

萧绎为湘东王时，手握重兵镇守江陵。但是他自幼爱好文学，对政治军事丝毫没有兴趣,更受他父亲的影响,平日只穿戴粗布衣裳,饮食也仅仅是豆谷之类的粗粮而已。当时梁武帝在国都建康城西设士林馆,召集大批学者文人讲学论文,萧绎响应父亲的政策,在风景如画的江滨,与自己属下的文人雅士谈玄说道。

此时的徐昭佩正值妙龄之际,可萧绎却因为她的姿色平平而对她十分冷淡,再加上整日沉浸于与文士们切磋文学,萧绎常常终年不到徐妃的寝宫。得不到丈夫的欢心,徐昭佩常常为此郁郁寡欢。

一天,为了发泄对湘东王冷漠的不满,徐昭佩在面见湘东王之前梳妆打扮的时候便只化了半边脸。萧绎的一只眼睛患有眼疾,不能视物,侍女们生怕徐妃这么羞辱湘东王会激怒他,但徐昭佩却镇定地说:"萧氏父子一向讲究仁义道德,绝不会因为这样的小事置我于死地,最多逐出宫去,以示惩戒。这样更好,既然不能夫妻恩爱,倒不如另嫁别人。"果然萧绎见徐昭佩这副打扮,当即明白她是借此来羞辱自己的眼疾,大怒不已。但正如徐昭佩所料,萧绎仅仅是气得拂袖而去,并没有对她加以处罚。

从此以后,徐昭佩彻底心灰意冷,逐渐开始自甘堕落起来。

徐昭佩常年在宫中无人问津,每每借酒浇愁,经年累月如此,便养成了嗜酒的习惯。她常常喝得酩酊大醉,人事不省。萧绎偶尔到徐昭佩的寝宫来,每次都被酒醉的徐妃吐得浑身都是污物。久而久之,萧绎对徐昭佩更加冷淡。

如是年复一年,萧绎终于在江陵即位,改元承圣,是为梁元帝,徐昭佩被册封为贵妃。登基后的元帝萧绎仍然秉承旧习,整日以读书属文为乐,以与文武百官讲授老庄的道经为乐。徐昭佩则仍然在寂寞的深宫中虚度年华,这时的她已经过了不惑之年了。

多年生活在暗无天日的后宫中使徐昭佩形成了偏激善妒的性情。每当她看到与自己同样不受宠爱的妃子,便与之同席而坐,一起饮酒消愁;一旦发现有受到元帝宠幸而身怀有孕的嫔妃,她便会命人痛下毒手。后来,徐昭佩更加变本加厉地放肆起来,她开始与荆州后堂瑶光寺的智远僧人私通。后来她发现元帝身边有位年轻的文士暨季江,生得眉清目秀,举止风雅,便又开始与他私通。暨季江曾经与人感叹说道:"柏直狗虽老犹能猎,萧溧阳马虽老犹骏,徐娘虽老犹尚多情。"于是,"徐娘半老"这个典故便流传下来,用来形容中年妇人的风情不减。

当时与徐昭佩有往来的还有一个叫贺徽的人,他也长得颇具风度。徐妃便邀他到普贤尼寺私会,还在白角枕上写下诗句作为赠答。

这时得宠的是贞惠世子萧方诸的母亲王氏,但是没过几年王氏就死了。元帝以为是徐昭佩派人暗中加害,更加疏远徐氏。等到徐昭佩所生的世子萧方死后,元帝便愈发痛恨她了。

到了太清三年(549年),元帝最终对徐昭佩的放荡嚣张忍无可忍,便下令命她自杀。徐昭佩知道自己这么多年倒行逆施，此时已经是不可能得以幸免了，于是跳井身亡。

元帝将徐氏的尸体送回徐氏宗族，将她视为出妻。徐氏最后被葬在江陵瓦官寺。

颇有贤名——南陈武帝陈霸先皇后章要儿

古史记载帝后的出生，多有传奇色彩。据说，章要儿的母亲苏氏在生章要儿之前，曾有一个道士送给她一只五彩斑斓、光泽艳丽的小乌龟。三年后，在章要儿诞生时，室内紫光闪烁，再找那只乌龟却不见了。人们都说这要儿必是不同寻常的大贵之人。

章要儿自幼聪慧，容貌秀丽，且精通文墨，能谈《诗经》和《楚辞》。后嫁与陈霸先为妾，为陈霸先续弦夫人。婚后夫妇感情甚笃，章氏又为陈霸先生一子，名叫陈昌。

梁武帝大同年间，陈霸先自广州南征交战，命章氏与儿子陈昌、侄子陈蒨一起由海路返回吴兴。侯景之乱爆发后，章氏被侯景俘获并囚禁。叛乱平息后，陈霸先因功受封长城县公，章氏拜为夫人。

公元557年，陈霸先代梁称帝，为陈武帝。章氏被立为皇后。

公元559年，陈武帝因病去世。当时萧梁旧将王琳勾结北周和北齐反对陈朝，陈的宿将重臣都带兵在外抵御强敌，朝中无大臣，形势紧急。章后临危不乱，召中书侍郎蔡景历等商议，决定秘不发丧，急召尚在前线的侄子、临州王陈蒨返回建康。天气炎热，武帝的遗体须放入棺木，但马上营造，又怕刀斧之声传到外面，蔡景历乃与宫人和宦者用蜡做了一口棺柩。与此同时，皇帝的文书诏敕，依旧向下宣行，没有中断。陈蒨回朝即位，他就是陈文帝。大局就此稳定下来。章氏被文帝尊为皇太后，她居住的宫殿被称为慈训宫。

陈文帝死后，太子伯宗继位，尊章后为太皇太后。伯宗史称废帝，为人懦弱无能，大权落入皇叔安成王陈顼手中。

公元568年，章后在朝堂召集群臣，宣布黜废帝为临海王，命陈顼嗣位，是为宣帝，伯宗即日被移居别第。章后复为皇太后。

公元570年，章太后在紫极殿去世，享年六十五岁。她历经四朝，谨守朝规，节俭朴素，从不为亲属谋利，是梁朝一位较为贤德的皇后、皇太后和太皇太后。

坎坷的一生——南陈文帝陈蒨皇后沈妙容

沈妙容，吴兴武康（今浙江湖州）人。梁大同中，十几岁的沈氏嫁给了陈蒨。侯景之乱时，陈蒨和沈氏在吴兴被侯景等人抓去，软禁起来。侯景之乱平定后，陈蒨夫妇方得自由获释。陈霸先登上皇帝宝座后，陈蒨被封为临川郡王，沈氏成为临川王妃。

永定三年（560年），陈武帝病逝，在激烈的宫廷斗争后，陈蒨被推上皇帝的宝座，是为文帝。妻以夫荣，沈氏被立为皇后。陈废帝伯宗即位后，沈后被尊称为皇太后，她居住的宫殿被称为安德宫。

废帝陈伯宗是沈后的亲生儿子，但懦弱无能。皇叔安成王陈顼、中书舍人刘师知、仆射郅仲举等人乘机专权，师知与仲举常在禁中参决众事，而陈顼位望隆重，执掌军政大权。刘、郅等人忌惮陈顼，担心他觊觎皇位，打算把他迁到外地去，于是假传圣旨与陈顼："今四方无事，王可返回东府，经理州务。"陈顼闻诏正准备走，记室毛喜向他告密。陈顼便托辞有病不能从命，召师知前来商议。师知一到，便把他扣留，当夜于狱中赐死；仲举亦遭贬斥，不久被诛。从此以后，政事无论大小，全由陈顼裁决。

沈后见陈顼的野心越来越大，儿子的左右都被剪除，担心自己和儿子的前途。情急之下，就秘密贿赂宦官蒋裕，让他诱使建安人张安国据郡造反，企图以此来让陈顼上当。无奈张安国谋事不密，被人告发，落得身首异处。当时沈后身边的宫女侍从，都了解其中的内幕，沈后就把他们全部灭口。

没过多久，陈顼就夺取帝位，将废帝黜为临海王。陈顼就是陈宣帝，沈后被尊为文皇后。陈朝灭亡后，沈后被隋军掳往长安，隋炀帝大业初，从长安返回江南，不久就去世了。

为人宽厚——南陈宣帝陈顼皇后柳敬言

柳敬言，出身显赫，她是南齐尚书令、左光禄大夫柳世隆曾孙女，南梁广州刺史、吴兴太守柳恽孙女，梁武帝驸马都尉、鄱阳太守柳偃与梁武帝长城公主之女。

侯景之乱爆发后，为了避难，柳氏与弟弟柳盼到江陵去依附梁元帝，由于柳偃曾是长城公主夫婿的缘故，梁元帝对这姐弟俩照顾得很好。陈顼到江陵做人质，受到梁元帝的赏识，元帝把柳氏许配给他。

公元553年，柳氏生下陈叔宝，即陈朝末帝陈后主。第二年，江陵被西魏军队攻陷，陈顼被掳往关中，柳氏与叔宝留在穰城。

公元561年，柳氏携子返回建康，不久，陈顼还朝，受封安成王，柳氏成为安成王妃。

公元569年，陈顼取代侄子伯宗（陈废帝）做了皇帝，是为宣帝，柳氏被立为皇后。柳氏身长七尺，身材修长大方，垂手过膝，姿容美丽。当初陈顼住在乡下时，先娶了吴兴钱氏的女儿为妻，与柳后结婚是到江陵以后的事。宣帝即位后，封钱氏为贵妃，非常宠爱。柳后不但不嫉妒，反而甘居其下。尚方每次供奉后妃的物品，柳后都把最好的送给钱氏，自己留下差的。

宣帝死后，其子始兴王陈叔陵趁机作乱，企图篡位。陈叔宝靠柳后的保护才免于一死。叔宝即位，是为后主，尊柳后为皇太后。当时，陈朝刚刚丢失了淮南的土地，隋军已逼近长江，加上宣帝去世，国遭大丧，而后主因病不能视事，陈朝正值危急存亡之秋，朝政大事均由太后决定，一切井井有条。后主病愈，柳后才将权力归还。

公元589年，即陈后主贞明三年，陈朝灭亡，柳后被掳往长安。公元616年逝于洛阳，享年八十三岁，葬在邙山。她自幼勤俭贤淑，为人宽厚，是陈朝继章要儿皇后之后的又一位受人尊崇的皇后。

晚年出家——南陈后主陈叔宝皇后沈婺华

沈婺华的母亲为陈武帝陈霸先之女会稽穆公主，父亲是仪同三司望蔡贞宪侯沈君理。可惜沈氏的母亲年纪轻轻就病死了，那时沈氏年龄尚小，而悲伤却过于成人。

陈宣帝太建三年（571年），沈氏成为皇太子陈叔宝的妃子，叔宝即位，是为后主，沈氏被立为皇后。

在后主做太子的时候，沈后的父亲沈君理去世了，沈后服丧期间与后主分居。后主是个花花公子，性情放荡，难耐寂寞，便与沈后逐渐疏远。张贵妃乘虚而入，深得后主宠幸，后宫之政并归张贵妃，沈后却淡然处之，毫无怨言。沈后生活很俭朴，从来不穿锦绣衣服，左右近侍才百余人，天天埋头于阅览经史、吟诵佛经。沈后对后主的沉溺声色和荒废政务，忧心如焚，多次上书劝谏，反而使后主大怒，打算废掉沈后，立张贵妃为皇后。而这些还没有来得及做，就亡国了。

陈亡后，沈氏与后主被隋军掳往长安。隋炀帝对沈后的才学很赏识，每次出外巡幸，均命她随行。炀帝被宇文化及杀死后，沈后从广陵过江还乡，在毗陵天静寺出家为尼，法名观音，贞观初年去世。

胭脂井留名——南陈后主陈叔宝贵妃张丽华

南陈后主陈叔宝贵妃张丽华骄纵奢华，惑主乱政。在北朝大军擒住陈后主和张贵妃时，晋王杨广本想将美艳如花的张贵妃据为己有的，可仆射高颎却将张丽华视同殷纣王之妲己，毫不留情地把张丽华杀了。

南北朝

丫环入宫，后来居上

张贵妃的祖父原是个地位不高的武将，阵亡沙场之后，家道便逐渐中落了。父亲和哥哥都靠织席、卖席为业，一年里，只夏秋两季有生意。天气一冷，买草席的人少了，一家人就饱一顿、饥一顿地挨着过日子。后来实在没法活下去，只好把张丽华卖给龚大户当丫环。

陈宣帝太建二年（570年），宣帝为十八岁的太子陈叔宝选沈氏为太子妃，另外还选了龚氏为贵嫔。年仅十岁的张丽华，便随同龚氏入宫，成了伺候龚氏的小宫婢。

龚氏长得容颜艳美，身材婀娜，很得陈叔宝的宠幸。而娇小玲珑、乖巧机灵的张丽华，也给叔宝留下深刻的印象。不久，叔宝就怜惜地把张丽华升为良娣。过了几年，张丽华出落得更娉婷袅娜，秀朗明华，陈叔宝便迫不及待地临幸了张丽华。

不到一年，张丽华就怀孕了，并且给陈叔宝生了一个儿子，取名陈深。张丽华自此便从众妃嫔中脱颖而出，成了太子最喜爱的妃子。

太建十三年（581年）冬，陈宣帝病危，素有野心的次子始兴王陈叔陵，便打算篡夺长兄陈叔宝的继承权，阴谋不轨。

张丽华

太建十四年正月，陈宣帝一命呜呼。大家仓皇失措之际，始兴王陈叔陵举事夺皇位，后被朝廷的右卫将军萧摩诃讨平，身首异处。

在始兴王陈叔陵之乱中受伤的太子陈叔宝，睡在承香殿里，所有的嫔妃包括没生儿子的柳贵妃在内都不准入侍，只有张丽华获准入内照料，由此亦可见张氏受宠的程度。

三十岁的陈叔宝即位为陈后主之后，封柳氏为后，张丽华为贵妃。当初张丽华伺候的龚贵嫔，这时地位反而在她之下了。

生活奢靡，惑主乱政

张丽华虽然只被封为贵妃，但她发长七尺，黝黑如漆，光可照人，肤白如雪，容若朝霞，而且举止闲雅大方，又善于察言观色，所以最受陈后主的宠爱。柳氏虽贵为皇后，却一向无宠，只冷清清地另外住在求贤殿里，抱衾独眠。

陈后主很疼张丽华，特地动用无数工匠民夫，在光昭殿前盖了临春、结绮、望仙三座楼阁，每座楼阁高数十丈，有数十间华丽的房子，门窗栋梁全用贵重的沉檀木雕造，并且用黄金、珠宝做装饰，阁里珠帘宝帐宝床也极其华贵。每当微风吹起时，十里外都可以闻得到香气。殿阁前引水为池，种植了许多奇花异草，美不胜收。

陈后主住在临春阁，张丽华住在结绮阁，龚贵嫔和另一位新宠孔贵嫔合住在望仙阁，三阁间有复道相通，往来便利。

陈后主在阁上招待宾客，让宾客和宫中能文的女学士、贵嫔宠妃们间隔而坐，诗文唱酬，举杯痛饮。后主颇有文学素养，擅于作诗，便自己作诗谱曲，让宫女们学习演唱新曲，在酒筵前献艺。当时最著名的新曲有"玉树后庭花"、"临春乐"等等，都极为悦耳动听。

除了结绮阁外，陈后主还特地在光昭殿的后面盖了一座花园，园门是圆形的，好像满月一样，门前用透明的水晶作为屏障，庭前种了一棵高大的桂树，庭院里摆了石臼木杵，养一只听话的小白兔，训练它人立而捣臼，于是这儿就仿佛月宫仙境一般，而张丽华也成了月宫的嫦娥。每当陈后主大驾光临时，都昵称张贵妃为张嫦娥。

陈后主叔宝是个懒于上朝只想吃喝玩乐的皇帝，有时太阳晒到屁股了，他还在赖床；有时百司启奏，后主便命令蔡脱儿、李善度等宦官代为转达，不直接接见群臣。有时只见后主坐在金銮宝殿上，张丽华坐在他的大腿上，两人一同批阅奏折。有时蔡脱儿、李善度等太监记不住那么多，张贵妃还一条条地记在纸条上，交给太监们送还给禀事之臣。张丽华处理得简明扼要，十分得体。陈后主一直深庆辅政得人。

张丽华又喜欢笼络内侍，市惠宫女，宫中上上下下没一个不说张丽华好的。结果张丽华权倾后宫，朝中政事无论大小，只要有她的一句话，都立刻可以办得成。于是内宫奸佞的太监趁机和朝臣勾结，红包满天飞，赏罚没标准，张丽华虽然无心，朝政却因为她而日渐腐败。

一个政权如果赏罚不公，充斥了贪污渎职的官吏，那么被百般征取，无处申冤的百姓就渐渐地开始抱怨、开始反抗，希望这个政权早些崩溃。

而坐在后宫耽于酒色的陈后主，并不知道自己已失去了民心，仍然和嫔妃弄臣们酣饮达旦，习以为常。

陈后主除了有驰名天下的十大美女：张贵妃、龚贵嫔、孔贵嫔、张淑媛、袁昭仪、何婕妤、江修容、王美人、李美人之外，其他的佳丽更多达千余人。为了维持后宫奢靡庞大的开销，陈朝的百姓日子过得更苦了。

南北朝

兵临城下，藏身井中

当时隋文帝杨坚已篡北周，听说江东陈后主淫乱无道，便于公元588年派遣仆射高颎、晋王杨广、统御卢州总管韩擒虎和广陵总管贺若弼分道进攻陈朝。

当北朝大军南侵时，陈朝前线将士迅速地把紧急状况回报金陵。但是陈叔宝一点也不在意，依旧和佞臣宠妃日夜游宴。

有些大臣看不过去，把北军进犯的严重性向陈后主禀报，佞臣却公然反驳说："长江是天然的护城河，北军难道能飞过长江而来吗？"陈后主听了，觉得有理，更放心地饮酒作乐了。他还从容地对近臣们说："金陵是王者之居，从前北朝的齐军三次来袭，周军两次进犯，都被我们打败了。今天隋军不自量力，想来攻打我们，不过是白费力气罢了。"

正因为朝中君臣对军国大事自欺欺人，漠不关心，因此陈朝各地的将士都毫无斗志。再加上民心已失，所以隋军一路势如破竹，很快就包围了金陵城。

当贺若弼率东路大军从京口渡江之际，陈朝守军急急修书告急。陈叔宝正与嫔妃群臣饮宴欢笑，军书拆也没拆封，就朝床下一扔。

等隋将韩擒虎骑着青骢马，率甲士万余人杀进宫来时，张丽华正以东郭灵紫毫笔舔墨写诗呢！陈后主看见隋军打进来了，慌忙对张丽华说："爱妃啊，别写诗了，敌军已杀进宫来了，这可怎么是好？"

说完后，左手搂着张丽华，右手搂着孔贵嫔，三人抱头痛哭在一起。

一旁小太监对皇帝说："现在不是哭的时候，万岁爷还是带着娘娘们找个地方躲一躲，避避风头吧！"

说完，便引领陈后主和张贵妃、孔贵嫔朝景阳宫里逃，把他们三人藏进一口枯井里，自己也去逃命了。

隋军入宫，到处找不到陈后主，最后在景阳宫里看到了一口井，便在井口往下喊："底下有没有人？"

陈后主和张丽华等人当然不敢出声。

隋军不死心，往井里丢石头，结果三人没办法，只好现身投降，被隋军用绳子吊了上来。军士们把后主和两位美人交给隋将韩擒虎，后主便向韩擒虎投降了。

当金陵城被攻破时，仆射高颎随军入城。担任总指挥的晋王杨广，久闻南朝有个发长七尺、肤白如玉、美艳如花的张丽华，心里很想把她据为己有，便派人快马加鞭赶去告诉高颎，要他千万把张丽华留给自己。没想到当韩擒虎与高颎商量怎么处置张丽华时，高颎却冠冕堂皇地说："当年姜太公讨伐殷纣王，用袖子蒙面也要斩了妲己，张丽华是亡国祸害，怎么可以留下来？"便毫不留情地命士卒把张丽华杀死，丢进清溪里。

杨广知道此事以后，气得脸都绿了，愤愤地说："古人说过：无德不报，我将来一定会好好报答高公。"后来杨广即位为隋炀帝，果然杀了高颎，以释心头之恨。

当了六年皇帝的陈后主则被押到长安，成为阶下之囚，被封为长城公，后来又苟活了十六年才死。

多了一点幸运——北魏道武帝拓跋珪皇后慕容氏

慕容氏原是后燕国主慕容宝之女，在北魏攻陷后燕国都中山（今河北定州）时，慕容氏和后燕的文武官员以及守城的士兵一起成了北魏俘虏。由于慕容氏有着迷人的眼睛，匀称的身段，在到达平城（今山西大同）后，被道武帝拓跋珪看中，召入后宫，从此得宠。

天兴三年（400年）年初，一些大臣向拓跋珪提出了立皇后的建议。当时，左丞相拓跋仪等人主张立慕容氏，另有几位大臣主张立刘贵人。当时拓跋珪对她们两人都非常宠爱，究竟立哪一个，他也拿不定主意。最后，还是按照他的老祖宗留下的规矩，让她们每人亲手铸一个铜人，如果谁能铸成就立谁当皇后。慕容氏由于手巧和幸运，很快就把铜人铸好，而刘贵人却怎么也铸不成。

拓跋珪于是宣布立慕容氏为皇后。慕容氏的母亲孟氏被封为溧阳君。后事如何，不得而知。

死后追谥皇后——北魏道武帝拓跋珪贵人刘氏

刘氏是鲜卑族人，北魏登国初年（386年）被纳入宫中，封夫人，生华阴公主和明元帝拓跋嗣。

刘氏深受宠爱，专理内政。但是，北魏宫廷由拓跋珪立下三条规矩：第一，皇后未立之前必须亲手铸成铜人，否则不能立后；第二，后宫产子若立为储君，其母必须赐死；第三，汉族的妇女不得为天下母。这三条规矩虽然后来都被打破，却害死了不少无辜的女子。

刘氏本来可立为皇后，因铸铜人未成，只封了一个贵人（鲜卑族有铸铜人祭天的习俗）。后来，拓跋嗣被册立为太子，刘氏受命自杀。不幸的两条规矩害死了刘氏。拓跋嗣怀念母亲，非常悲伤，终日啼哭。拓跋珪劝说道："昔日汉武帝将立太子时，先杀太子母，实在是惟恐妇人干预朝政，如今你快要继承我的皇位了，不得不效法汉武之法。"太子听到后仍然悲不自抑，拓跋珪大怒，把儿子责骂了一通，赶了出去。后拓跋嗣即位，是为明元帝，追谥生母刘氏为"宣穆皇后"。

南北朝

美丽而识大义——北魏明元帝拓跋嗣夫人姚氏

姚氏是后秦国主姚兴的爱女，美貌而识大义。

北魏道武帝拓跋珪曾派人带五百匹骏马为聘礼，向后秦国君姚兴求婚，并许诺要立其女西平公主为皇后。当时姚兴已答应，但过后拓跋珪却将后燕王慕容宝幼女立为皇后，姚兴恼怒，于是拒婚，并派数万大军出战北魏，结果惨败，有数十位大将被俘。

后北魏道武帝拓跋珪身死，由其子拓跋嗣继位为明元帝。

北魏神瑞元年（414年），北魏新君拓跋嗣再次向姚兴求婚，并拟立西平公主姚氏为皇后。为了和解与北魏之间的矛盾，姚兴便应允了婚事。

西平公主身为王室的一员，她明白联姻对巩固后秦政权的重要性，知道父亲疼爱她，舍不得她远嫁他乡，但她更清楚后秦的现状，为了国家，为了父亲，她只好服从国家利益，从父之命，同意远嫁北魏，做好了出嫁的准备。

公元415年，西平公主在东武侯姚敞、尚书姚泰的护送之下来到北魏。北魏鉴于上次和亲失误所引起的柴壁之战的教训，对此次和亲相当重视，以皇后礼仪迎接西平公主。

西平公主入宫后，与拓跋嗣感情甚好。但是西平公主到了北魏并没有被立为皇后，只是被立为夫人。拓跋嗣也真心地想立西平公主为皇后，但按照北魏朝廷规矩，要立谁当皇后必须让她亲手铸一个铜人，能铸成的被认为大吉大利，则立为皇后，如铸不成功，则被认为不吉利，不能立为皇后。这种立皇后的办法全凭手巧和幸运。西平公主因为没有铸成铜人，占卜不吉，只好屈居于皇后之下，当一名夫人。对此，不仅西平公主感到愤愤不平，就是拓跋嗣也感到遗憾。

西平公主和拓跋嗣情笃意深，十分和谐。西平公主得到了拓跋嗣的尊敬和宠爱，成了无其名而有其实的皇后。拓跋嗣虽然没办法立她为皇后，但他总是以皇后的礼仪对待西平公主，后来还曾竭力筹措，准备立西平公主为皇后。西平公主体谅拓跋嗣的难处，婉言谢绝，一再向拓跋嗣表明自己不想当皇后。如此她更受拓跋嗣的尊敬。

公元420年，西平公主谢世。拓跋嗣悲痛欲绝，一时茶饭不思。为了追念西平公主，拓跋嗣给了她"昭哀皇后"的谥号，葬于云中金陵。

有为女主——北魏文成帝拓跋濬皇后冯氏

身为死囚之女，冯氏年幼时只好随姑姑远离家乡，来到北魏后宫。但却因祸得福，在后宫生活中，她学会了识字、算账和宫廷礼仪，很快就被皇太子拓跋濬所喜欢,十五岁时就登上了皇后之位。但她24岁便成了文成帝的未亡人。身为皇太后,冯氏加强了对北魏朝政的操控,她有胆有识,励精图治,大胆改革,稳定和加强了北魏的统治。她垂帘听政二十多年,深得北魏百姓的爱戴。

惊世一跳,奠定权威

冯氏,长乐信都(今河北冀县)人,太平真君三年(442年)出生于古都长安。她的祖父是十六国时北燕的最后一代国君冯弘,父亲是冯弘的第二个儿子广平公冯朗,在北魏太武帝进攻北燕时降魏被封为秦州刺史、西城郡公。母亲为乐浪王氏。

冯氏从小过着优裕的生活,其叔伯父皆为朝中高官。但是后来她的父亲冯朗因牵连案件被杀,按北魏的法令凡罪人家属、子女都被籍没入宫充当宫中婢女或是到作坊做工,身份地位十分低下。所以她小时候就被送入宫中,由她的姑母也就是太武帝的左昭仪抚育成人。

兴安元年(452年)文成皇帝拓跋濬即位。十岁的冯氏因相貌及才华出众被选为贵人,太安二年(456年)十四岁时被立为皇后。同年文成皇帝立李贵人两岁的儿子拓跋弘为皇太子。北魏和平六年(公元465年),也就是她被立为皇后的第九年,文成帝病死了,二十四岁的她成了寡妇。按照当时的规定,皇帝死亡,他生前所用的器物都要烧掉。在焚烧器物时,朝廷百官和宫中嫔妃都哭泣不已。冯皇后也悲恸异常,她跳入火堆欲追随文成帝而去,左右的人急忙抢救,好不容易才把她救醒。这一跳,奠定了她一国之母的绝对权威。

年仅二十四岁的冯皇后在文成帝死后被尊为皇太后。太子拓跋弘即位是为显祖献文帝。献文帝是文成帝的长子,生母李贵人按照"立子杀母"的规定,当献文帝立为皇太子之时被赐死。因此,献文帝自幼由冯皇后抚养。冯皇后幸因没有生子而逃死劫,后又坦然坐上了太后之位。

当时献文帝只有十一岁,朝政大权被车骑大将军乙浑把持。乙浑大肆杀害朝臣,自封丞相,列居诸王之上,朝政上事无大小都由他一个人做主。为了巩固自己的地位,乙浑将小皇帝与百官隔绝,假借皇帝名义发号施令。天安元年(466年)正月,冯太后密诏命大将军元丕逮捕丞相乙浑,并杀之。诛杀乙浑后,冯太后临朝听政,用她超人的政治胆识与才干稳定了北魏朝政。

献文帝拓跋弘刚毅果断、天资聪颖,又喜好研习黄老之术以及佛经。因为献文帝听说生母李贵人早年与冯太后争宠,而被冯太后的支持者——昭太后常氏所杀,所以献文帝长大后开始钳制冯太后的举动。权力之争,使这对名义上的母子之间的关系,发生了微妙的变化。这时皇子拓跋宏出生,冯太后开始以祖母身份亲自抚养孙子,不再干预政事。

皇兴五年(471年)八月,献文帝突然宣布要把皇位禅让给皇叔京兆王拓跋子推,此举遭到大臣们的反对,都说禅位给皇叔是紊乱宗祀的事,要禅位也要禅让给皇太子。公元471年，十八岁的献文帝被迫禅位给自己五岁的儿子拓跋宏。这位小皇帝就是后来著名的孝文帝，献文帝自己做了太上皇。从表面上看，献文帝似乎淡漠人世，实际上却并非如此。献文帝让位后移居崇光宫，军国大事他仍要过问。公元476年，年仅二十三岁的献文帝在退位后没多久突然暴卒。献文帝死后，冯太后被尊为太皇太后，再次临朝听政。

育幼摄政，大兴改革

皇兴元年（467年），献文帝的皇后李氏生子拓跋宏。按北魏的制度"中宫产子将为储，其母皆赐死"。孝文帝三岁时还未立为太子，他的母亲便被冯太后赐死。孝文帝从幼年起就受到冯太后"躬亲抚养"，根本无从知晓外祖外戚的情况。孝文帝天性至孝，事无大小都听祖母冯太后的决断。

第二次临朝称制后，冯太后改年号为"太和"。年号在封建时代代表最高统治者的政治志向。"太"者大也；"和"者和谐、协调之意。这里包含着大力推行汉化改革，协调各种社会冲突的意思。改元"太和"就标志着汉化改革国策的确立。"太和"年号从冯太后临朝称制延续到孝文帝亲政之终，先后达二十三年之久。

因为孝文帝聪慧，冯太后怕他长大以后不听话，想把他废掉，于是在一个冬天里让他穿着单薄的衣服，关在房里让他禁食三天。后来因为元丕、穆泰、李冲等朝中重臣进谏才停止。有人在冯太后面前诬陷中伤孝文帝，冯太后让人杖打孝文帝，他也默默忍受。直到冯太后死了，他也没有追究此事，从中不难看出孝文帝的宽宏大量和天性至孝。冯太后不再打算废黜孝文帝的皇位以后，就开始重视对他的政治教育了。她一开始就让孝文帝认真读书，汲取历代帝王的统治思想与经验，养成喜好读书的良好习惯。孝文帝学习进步很快，五经之义读后能讲，诸子百家无不涉猎。冯太后曾作《劝戒歌》三百章用来教育孝文帝，他也熟读能诵。冯太后的文化教育对于孝文帝毕生的事业影响很大。冯太后受过汉文化教育，临朝听政以后周围又聚集了如李冲、游明根、高闾等一批有很高文化素养的汉族文人。由于冯太后和汉族士人的教育和影响，孝文帝也热衷于学习汉族传统文化。在冯太后引导下，孝文帝逐渐参政听政。太和五年（481年），时年十五岁的孝文帝开始正式参与朝政。

冯太后临朝听政时，孝文帝表现得非常谨慎恭顺，事无巨细都一一禀报太后。为了稳固临朝称制的地位和权力，冯太后制定和实行了一系列政策。一方面她果断地实行宽宥与镇压相结合的政策，一面宣布大赦一面剪除异己，把宽赦与诛杀相结合，宽宥为主，诛杀为辅。对一些怀念献文帝的节义之士罢官免职；对献文帝心腹大将、大司马万安国予以赐死。随后论功行赏，任用征西大将军、安乐王长乐为太尉，尚书左仆射、宜都王目辰为司徒。经过一番激烈的争斗之后，冯太后又掌控了北魏的最高统治权。

另一方面她建立起了临朝称制可利用和依靠的核心势力——宦官集团。这一层人，虽然地位低微，但能量很大，整天围着皇帝、后妃团团转。为求得帝后欢心，极善察言观色、小心服侍，而且逐渐懂得许多军国大事内情，上传下达作用日趋重要，获得帝后们的信任，于是形成"中官用事"的格局。冯太后从中选拔了一批能干的宦官作为心腹，进一步掌控朝政。杞道德、王遇、张祐、苻承祖等人原都是出身微贱的阉宦，不到一年都被冯氏提拔到了王公的官位上。这些举措，确保了在她执政期间几次重大改革政策的制定和实施。

第一，颁布均田制和三长制。李安世于太和元年（477 年）提出均田之议，建议根据政府掌握的土地数量，按劳动力实行均田。他的建议切中时弊，得到了冯太后的赞赏，便下诏实行。诏书虽然是以孝文帝的名义发布，但其时孝文帝只有十岁，实际上是临朝秉政的冯太后的杰作。太和九年北魏正式实行了均田制，此时孝文帝虽然已经十九岁，但对政事也只是参议并无决断。因此冯太后是推行均田制的真正决策者。到了孝文帝执政时，他也严格执行了冯太后的既定方针，进一步推广这一土地制度。均田制的实行，增加了政府的赋税。赋税增多，官府库藏爆满。后来到了肃宗、灵太后胡氏执政时，"国家殷富库藏盈溢，钱绢露积于廊者不可较数"。"三长制"的具体方案是：五家为一邻，五邻为一里，五里为一党，邻有邻长，里有里长，党有党长，合称"三长"。"三长制"建立后，国家可以有组织地搜集隐漏户口，扩大编户齐民，为顺利推行均田制奠定基础。

第二，班俸禄，惩贪污。过去实行断禄之制，没有常俸，全靠皇帝赏赐和贪污受贿生活，各级官吏任意搜刮百姓以饱私囊。有的地方官上任时，只是"单马执鞭"，到了任满离职的时候，却是"从车百辆"。冯太后诏令群臣商议，并听从了高闾的主张，于太和八年（484 年）开始实行班俸禄，实行百官俸给制，并规定颁行俸禄之后，赃满一匹皆死。这对于澄清吏治制止官吏的贪污和敲诈勒索，有着积极的作用。当时外戚出身的秦益二州刺史李洪之地位显赫，但他为官贪暴，班俸禄施行后因为贪赃而被枷往平城。冯太后召集文武百官当面追赃定罪，因为其为皇帝亲戚才恩准在家中自裁。此后郡守县令因贪赃枉法而被处死的达四十多人，从此官吏更加小心谨慎，不敢不廉洁奉公。

班俸禄、整顿吏治、均田制及三长制等改革措施的推行，对于抑制豪强的土地兼并、减轻民众的赋税负担，恢复因长期战乱而遭受破坏的农业生产都是有利的。但是因为不同的利害关系，每个人对于新法必然会有不同的观点，在实施过程中也一定会遇到阻力。面对众多的议论，冯太后却十分沉着、果断，她以居高临下的姿态用毋庸置疑的反诘语气，将反对意见驳回，表现出不让须眉的气势。

第三，推行汉化政策。冯太后是汉人，她的祖父冯弘和伯父冯跋曾是北燕的国王。冯太后生长在长安，从小受到汉族文化的影响。父亲被诛后，她入宫受到姑母的教育，继续接受汉族传统文化的教育，汉族文化对她影响很大。因此，在她临朝期间，积极宣导汉化、推行民族改革。太和七年（483年），她下诏禁止拓跋氏同姓为婚。拓跋氏入主中原前，男女婚姻关系比较紊乱。父子、兄弟共妻，兄弟姐妹为婚，婚姻关系比较开放、自由，没有封建礼教的束缚，因此王室宗亲多有荒唐事。入主中原以后，鲜卑遗风也没有多大改观。为了改造拓跋氏鲜卑旧习、移风易俗，冯太后首先从禁止同姓婚姻着手，推行汉化政策。当然，同姓为婚在鲜卑拓跋部族中已根深蒂固，冯太后虽有一纸诏书但效果并不明显。后来孝文帝执政后，实行较为彻底的民族改革：禁同姓婚事兴办，禁止使用鲜卑语言、服装等，提倡与汉族大姓联姻，说汉话穿汉服等。

第四，兴学校，复礼乐。西晋末年后，政局混乱、战火迭起，北方学校教育受到严重破坏。冯太后执政后，意识到教育能起到"父慈子孝，兄友弟顺，夫和妻柔"的重大作用，就在天安元年（466年）诏令全国各地设立乡学。其后于太和十年（486年）改中书学为国子学。公元488年又采纳李彪建议，依汉制设立"太子太傅"以教育太子。这些诏令颁布后，促进了中原传统文化教育的恢复，大大加快了鲜卑拓跋部汉化的过程。

第五，对北魏初年的刑律，进行了大改动，废除了部分极其野蛮残酷的条文。北魏初，在死刑上分为车裂、腰斩、斩首、绞四种。冯太后制定新刑律时，除去车裂和腰斩，改为枭首、斩首、绞三种。北魏初年还有门诛、三族、五族的酷刑。门诛，要将犯罪者本人和他的妻儿子女都杀掉；三族，杀犯罪者本人和他的妻子儿女，另外还加上父母兄弟；五族，所杀的范围更广。冯太后时所改革的律令，把汉政权已经废除、到五代十国时代又重新启用的车裂、腰斩、夷五族等落后残酷的刑律，有的废除有的降等，使北魏法律更能适应中原地区社会经济发展的需要。

第六，宽待工商，解放工奴。中国自秦汉开始，历朝官府都对手工业者严加控制，将他们定于类似奴隶的卑贱身份，手工业者必须世代承袭，不得迁徙或脱籍。将掳获的手工业者分配居住在固定的地区，在政府严密管制下还严禁其子弟读书受业，并对庶民和工匠之间的通婚也予以严禁。冯太后执政后，出于加强农业的需要，一反传统做法，对手工业者再三采取宽松措施。先是在延兴二年（472年）允许工商杂伎兼营农业；后又于太和六年（477年）下诏，允许工匠在服役机构内升任官职，还准许其中立下战功的人，或者因技艺高超而被宫廷宠幸的人升任高官清流，这就打破了北魏建国以来的禁令。工匠的地位有了显著改善，逐渐与编户齐民同列。冯太后的这些措施，进一步铲除了北魏社会所残存的奴隶制因素，促进了社会的进步。

政绩显著，寿终正寝

冯太后临朝时英明立断、省决万机，国家大事全都她说了算。天性孝谨的小皇帝孝文帝，什么事都不敢违背祖母意愿，使得冯太后能大刀阔斧地进行改革。观其执政有三个特点：一是改革范围广，包括了思想文化、经济、政治、习俗等各个方面，其汉化改革的程度远胜于北魏以来各朝所为。二是许多政策和措施制度化，有些甚至比中原旧制还完备，如"三长制"。三是对中国历史上早已形成的某些政治、经济制度进行了果断的大变革，尤其是宽工商、释工奴、制定太和新律、实行均田制，这些大刀阔斧的改革，对社会经济的发展有着明显的推动作用。

冯太后所作的《劝戒歌》是一种告诫性的诗歌，内容是规范封建君臣关系的说教，这对于将要接替冯太后统治天下的孝文帝当然至关重要；她又作《皇诰》十八篇，以教授孝文帝如何修养德操。孝文帝步入少年后，冯太后便把他带在身边，直接参与汉化改革的廷议和决策，透过言传身教让他领悟其中的方略。太和十年以后，冯太后让孝文帝直接处理国家大事。

冯太后善于选拔和任用人才，尤其是重用汉族知识分子。他们之中有从宦官提拔上来的杞道德、王遇、苻承祖；有几年内从小官升至"宰辅"的王睿；有得到宠信经常出入宫廷的李冲、高闾等。他们都对北魏的政治、社会与文化有极大的影响。例如，冯太后尊重的游明根是北魏的一代宗师；李冲是著名的政治家，孝文帝的政治措施、制度兴革多有李冲参与谋划。

冯太后虽然宠幸臣子、阉宦等人，但她又是个性情严明、不徇私情的主子。她对下属的管束非常严明，即使是对自己宠爱的官吏也是要求得十分严格，从不放纵，左右侍奉之人有小小过错，她动不动就大加鞭挞，多至数百下。冯太后对被分封的宗室诸王的管束也很严。文成皇帝的儿子安乐王拓跋长乐被任为定州刺史，他在当地为非作歹，百姓状告不息。公元478年，他被押回平城，因不思悔改才命其自杀。公元490年，汝阴王拓跋天赐和南安慧王拓跋桢犯贪污罪，冯太后欲治其死罪，后因孝文帝出来说情方免除死罪，但削去了他们的官职，终身不得为官。然而，她事情过后心里不存芥蒂，只要臣下改过，仍然待之如初，许多人日后还更加富贵。

冯太后性情暴躁，对孙子孝文帝还算是慈明仁爱，自他一出生就自己亲自抚育，虽然中间有段时间看到少年孝文帝日益聪明、英达，而意欲加害，但最终在李冲等人劝谏下放弃，成就了孝文帝日后迁都改制的千秋美名。不过，冯太后顾忌别人在背后议论自己，对群臣左右稍有猜忌，就马上诛戮之。一直到冯太后死前，孝文帝都不知道自己的生母是何人，可见冯太后的威严冷酷到达何种程度。

冯太后的个人生活在宫室贵族中是比较朴素的，她穿的是素色、没有花纹的衣服，吃饭用的桌子也只有一尺长，并常因菜做得多而要求减少。但是由于冯太后一生好佛，魏国因敬佛而花费的钱财巨亿，黄金上百斤地使用，金玉珍宝成斗成斗地装嵌在佛堂佛像上，形制恢宏至今可见。

冯太后虽然威严冷酷，但其胸怀远大。她最喜欢登临方山远眺。一次，她和孝文帝同登方山（今山西大同东北）顶上，顾瞻远近山川，不禁感慨万分。她对群臣说："当年虞舜葬在苍梧，娥皇、女英二位妃子并没有陪葬。何必一定要葬在皇陵中才显得富贵呢！我死了之后，不要把我送回祖陵，把我安葬在方山顶上，最合我的心意！"于是孝文帝建造了方山顶上的两个陵墓，他决定最终要和祖母同葬在方山顶上。

太和十四年（490年），冯太后病死于平城皇宫太和殿，后葬于方山永固陵，谥号为文明太皇太后，终年四十九岁。她生前遗命，后事一切从俭、反对厚葬，遗嘱墓内不置随葬品，墓室二丈，坟陵不得超过三十步。按照北魏的惯例，这仅仅是一位普通官吏的规格。孝文帝为了表达自己的一片孝敬之心，违背了冯太后的遗命，将坟地扩展为六十步。但这对于一位临朝称制的太皇太后来说，也够薄俭的了。

子贵而母死——北魏文成帝拓跋濬贵人李氏

李贵人是南朝梁国人，出身良家，长得亭亭玉立，娇美无比。在魏、梁战争中，李氏被俘至长安。文成帝听说李氏的艳名后，深慕不已，便收入宫中，封李氏为贵人，生下献文帝拓跋弘。

太安二年（456年），拓跋弘被立为太子，依北魏家法，妃子的儿子一旦被立为太子，为防止外戚专权，其母亲必须死掉。李氏也不例外，作为当时的太后冯氏很怕李氏家族干预政治，便虚情假意地劝她说："孩子，我知道你年轻，也爱儿子，但是祖宗家法我也不敢违，你放心，我一定善待你的儿子。"随后李氏被赐死，葬金陵。

承明元年（476年），李氏被追谥为"元皇后"。

受妹妹排挤，抑郁出家——北魏孝文帝元宏皇后冯清

冯皇后是北魏太师冯熙的小女儿，文明太后冯氏的侄女。文明太后是个权力欲极强的女性，为了光耀冯家门第，她将两个侄女召进孝文帝后宫。不过，她的两个侄女命运不佳，其中一个刚入宫就染病而死，另一个名叫冯润，虽得到孝文帝宠爱，但没有多久就身患重病，离宫回家。不久，文明太后又把冯熙的小女儿召进后宫，这就是冯清。

冯太后死前遗嘱，要孝文帝立冯清为皇后。孝文帝居丧三年期满，尊奶奶冯太后遗嘱，遂立冯清为皇后。孝文帝尽管不太喜欢冯皇后，但还恪守成规，对她比较尊重。即使如此，冯清还是痛苦而寂寞地过着深宫里的日子。

公元494年，当孝文帝再次南征时，冯皇后因忙于率领六宫从平城（今山

西大同）迁到洛阳，暂时消除了一肚子苦恼。次年五月，孝文帝回到洛阳，不知孝文帝对她在迁都中出了力表示感激，还是可怜她父亲冯熙、哥哥冯诞的相继去世，总之，不仅对她尊重，而且对她非常宠爱。但好景不长，就在冯皇后为甜蜜的生活所陶醉时，她姐姐冯润病情痊愈，被重新召入宫中，封为左昭仪。

左昭仪冯润心术不正，她回宫后很受孝文帝宠爱，为了与妹妹冯清争夺后位，她便常对孝文帝吹枕边风，费尽心机地诬陷冯清，很快就动摇了冯皇后的受宠地位。冯皇后倒也宽容，对姐姐的行为一笑了之。但是，左昭仪得寸进尺，时常对冯皇后出言不逊。冯皇后见状，脸上自觉不自觉地流露出不满之色，左昭仪见此，更加不择手段地说冯清的坏话，终于使孝文帝于北魏太和二十年（496年）七月将冯皇后废为庶人。

冯皇后受不了这般侮辱，一气之下当了尼姑，后抑郁而死于寺中，时年约二十五岁。

风流成性被赐死——北魏孝文帝元宏皇后冯润

冯润是个自私而无情的女人，她诬陷排挤亲妹妹冯清，将她赶出宫去，又与人私通，后被及早除去，免了一场灾难，这也是她自食多行不义的恶果。

冯润是冯清的姐姐，文明太后冯氏之兄冯熙的女儿。她十四岁入宫，因美貌和善解人意而受孝文帝的宠爱。但不久患病，文明太后便送她回家养病，孝文帝思念不已。不久，她的妹妹冯清被立为后。年余，文明太后死，孝文帝服丧后，不禁又思念冯润。他派人暗访，得知冯润已病愈，便迫不及待地接她回宫，封为左昭仪。

冯润凭自己的姿色以及丰富的经验，很快就与孝文帝达到了如胶似漆、不可暂离的地步，心软的妹妹冯皇后只好暗自流泪。冯润又对孝文帝大吹枕边风，终于使孝文帝于太和二十年（496年）七月将冯皇后废为庶人，由她取而代之。

然而，冯润是个风流成性、不甘寂寞的淫妇，孝文帝离开洛阳后，她经常在夜幕降临时让心腹双蒙等人悄悄地把中官高菩萨勾引到床上，与他肆意淫乱。当她听到孝文帝在汝南染病的消息时，公开与高菩萨搭肩勾腰，无所顾忌。中常侍剧鹏实在看不下去，便出面劝谏。冯皇后不但不听，反而臭骂剧鹏，气得剧鹏很快病死。

就在冯皇后得意忘形的时候，彭城公主于北魏太和二十三年（499年）二月冒着大雨赶到了悬瓠。她一见到孝文帝，就跪倒在地失声痛哭，状告冯皇后强迫守寡的她同冯夙（冯皇后的弟弟）成婚，并把冯皇后的丑行一五一十地告诉了孝文帝。孝文帝听后半信半疑。

孝文帝还没动身,彭城公主南下告状的消息已传到冯皇后的耳中。冯皇后大吃一惊,立即和她母亲常氏跑到一位女巫家中,对她说:"请你一定帮忙,你只要能把皇帝咒死,我当上皇太后,会永远对你感恩戴德。"这位女巫果真听了冯皇后的话,点起香火,按照冯皇后的话反复诅咒。

就在冯皇后急得像热锅上的蚂蚁的时候,孝文帝已到达了邺城(今河北临漳),冯皇后见状更加恐惧,急忙把了解她丑行的全部宦官叫到一起,大施贿赂,并反复叮咛他们千万不要泄露她的隐私。

孝文帝刚回洛阳时,这些宦官还恪守诺言,没向孝文帝透露任何消息,可小黄门苏兴寿却向孝文帝告了密。孝文帝马上提审高菩萨、双蒙等六人,高菩萨等人见孝文帝已掌握了大量证据,只好如实坦白。

当天晚上,孝文帝在含温室召见冯皇后。她一见孝文帝那副威风凛凛、怒不可遏的样子,扑通一声跪倒在地,泪水顿时就像泉水般落下来。孝文帝喝令冯皇后到东楹坐下,然后令十几个卫兵把高菩萨等人押了进来。高菩萨倒背顺口溜似地把他们的丑行全部抖搂出来。孝文帝怒气冲冲地把冯皇后骂了一顿,最后咬着牙说了一句:"你快死吧!"冯皇后听罢,一声不吭,只是不停地叩头,当她起身时,完全成了一个泪人。

从内心讲,孝文帝这时已对冯皇后绝了情,但他想到皇后毕竟是文明太后的侄女,文明太后对自己有抚养之恩,从对文明太后的感激之情而言,是不忍心将皇后废掉的,况且南征军队还在前线,为了国事,便把废皇后和将她赐死一事暂且搁置起来。这样,冯皇后便回到了宫中。

冯皇后尽管在孝文帝眼里已经分文不值,但她在宦官和后宫中的嫔妃面前仍然高傲专横、目空一切。当孝文帝派宦官向她提问时,她声色俱厉地说:"我是皇后,应当当面回答,怎能让你们传达!"孝文帝听了宦官们添油加醋的汇报后,气得脸色铁青,马上把冯皇后和她母亲常氏叫进含温室,把一根拐杖扔给常氏,命令她痛打冯皇后。常氏在孝文帝威严逼迫下,举起拐杖,劈头盖脸地向冯皇后打去,直到把冯皇后打得叫苦不迭,鲜血淋漓。

冯皇后和常氏被宦官拖出含温室不久,孝文帝就离开洛阳,重新回到南征前线。孝文帝本来身体欠佳,加上对冯皇后的气恼以及来往于洛阳途中的颠簸,回到前线不久身体就支持不住了,只好原道而归。路过谷塘原时,孝文帝感到自己在人世再待不上多久,自己一旦去世,冯皇后必然是北魏的一大祸害,于是便对元勰说:"看来我是不行了。我现在最大的心事是如何处置冯皇后。你也知道,她无耻淫乱,自绝于天理人伦,我死以后,应当立即逼她自杀。但是,为了不给冯家抹黑,为了不有损国体,还要以皇后的礼仪安葬。"元勰心领神会地点了点头。

北魏太和二十三年(499年)四月,孝文帝在谷塘原病死。遗体到达鲁阳时,元勰委托北海王元详速奔洛阳,宣布对冯皇后赐死的遗诏。冯皇后听了遗诏，又哭又骂，大叫"这是阴谋。"元详不管这些，喝令白整等人逼皇后马上服下毒药。白整乘她还在叫骂的时候，将毒药灌进她口中。冯皇后一会儿便停止了呼吸，陪葬孝文帝比陵（在今河南临汝），谥幽皇后。

宗室咸阳王元禧等人闻其死，不禁开怀大笑，心里的一块重石落了地。因为，如果留下冯润，将要祸害好多人。

冯润就是这样一个自私自利的女人，正可谓罪有应得。

英年早逝——北魏孝文帝元宏皇后高氏

高氏，是尚书左仆射、司徒公高肇的妹妹，孝文帝元宏的皇后，宣武帝元恪的生母。

孝文帝延兴年间，高氏家族迁至龙城（今辽宁朝阳）。高氏因姿容绝佳，被召入掖庭时年十三岁。时文明太后见其貌美，遂将她送给孝文帝元宏，元宏对她十分宠爱。

孝文帝太和七年（483年），高氏为元宏生下皇子元恪（即宣武帝），后又生下皇子元怀（即广平王）和长乐公主。此时，北魏正由平城（今山西大同）迁都洛阳。途中，高氏在汲郡共县暴亡，葬于洛阳宁陵，时年仅二十五岁。之后，有人说高氏是被冯润派人暗杀的。

太和二十三年（499年），孝文帝元宏死，由其子元恪即位，是为宣武帝，追赠其母为"孝文皇后"，谥为"文昭皇太后"。

遭人陷害——北魏宣武帝元恪皇后于氏

于氏在北魏太和十七年（487年）生于北魏一个十分显赫的官僚家庭，从她的曾祖父于栗䃅到她的父亲于劲三代，于家共出了四位赠公，三名将军，两个尚书，三位开国公。

如此显贵家庭的女子自然要嫁给有显赫地位的人，景明二年（501年），领军将军于烈见他的侄女出落成一个如花似玉的美女，便大造美女的舆论，鼓动他的同事、部下在元恪面前吹嘘于氏如何漂亮，如何温顺，如何贤惠，如何有品行。

元恪本来就认识于氏，于氏在他眼中只是一个一般的女孩，但他刚登基，需要于家势力的帮助，于是便顺水推舟，下令把她召进后宫，封为贵人。于贵人进宫不久，就凭她的喜欢宁静、沉默寡语、宽容大度和对元恪的体贴入微，博取了元恪的欢心，于同年九月被立为皇后。于皇后在北魏正始二年（505年）年底为元恪生下了皇子元昌。

就在于皇后受宠于元恪和生下皇子品尝母爱时，两只罪恶的毒手慢慢向她伸了过来：宫中的高贵人见元恪时常召见于皇后，心里气不过，准备随时加害于她；高贵人的伯父、权臣高肇喜欢独揽大权，他见于皇后一家非常得势，自然想把他们挤垮，于是便和高贵人精心策划了毒死于皇后的计划，以便让高贵人当上皇后，由他操纵朝政大权。北魏正始四年（507年）十一月，于皇后不明不白地被高肇、高贵人害死。由于高肇、高贵的行动没有露出任何破绽，自然蒙骗了元恪。元恪对于皇后之死极其痛心，给了她"顺皇后"的谥号，将她葬于永泰陵。

恶有恶报——北魏宣武帝元恪皇后高氏

高氏是身世显赫的大家闺秀。公元503年，她在她亲属的串通下步入后宫，当上了宣武帝元恪的贵人。

高贵人与元恪的感情比较融洽，为元恪生了一位皇子，但这个皇子生下不久夭折了，高贵人感到十分惋惜。次年，高贵人又有了身孕，但令她大为失望的是这次生下的是位公主（建德公主）。她迫切希望再能怀上个皇子。但天不遂人愿，任凭高贵人做了多大努力，她再也没有怀孕。

恰在这时，于皇后为元恪生下了皇子元昌。为了扫平通向皇后宝座的道路，高贵人便与伯父高肇密谋毒死了于皇后。于皇后死后，高贵人就设法害死不足三岁的于皇后所生的元昌，他是宣武帝的长子。机会来了，北魏正始五年（508年）三月，元昌患了重病。高贵人就让高肇暗中嘱咐侍御师王显借机害死元昌。王显竟不给元昌进药，也不报告宣武帝，很快断送了元昌幼小的生命。

除掉了于皇后和其子元昌，高贵人心里乐开了花。次年七月，高贵人荣登皇后宝座。

就在高皇后陶醉于取得皇后之位的喜悦之中时，她的对手来了：胡国珍的女儿进了后宫，被宣武帝封为承华世妇。胡氏知书达理，能诗善文，精通佛经，略习武艺，诡计多端，而又年轻貌美，很快就得到了元恪的宠爱，入宫不久就有了身孕。公元510年，胡氏生下了皇子元诩，并被晋升为充华。

北魏宫廷本有规矩：凡是立为太子的皇子，其生母都必须处死，以免出现后宫乱政之事。因此，当有宫女四处传播元诩即将封太子、胡氏受宠之言时，高皇后竟乐不可支，马上去拜见宣武帝，说不能破坏祖宗规矩，不能为一个女人乱了朝纲云云。宣武帝不置可否。

公元512年年初，元诩被立为皇太子，胡氏却破天荒地逃离了鬼门关，把高皇后气得直跺脚，躲在房子里痛哭了好几天。

高皇后又在痛苦诅咒中艰难地熬了将近三年，到公元515年元恪病死时，她就准备借机干掉胡充华。但由于她的部下泄露了天机，胡充华早已做了防备，高皇后的阴谋不仅未能得逞，反而让胡充华借肃宗的名义封她为皇太后，把她架空,并把她的伯父高肇活活打死,除掉了她的唯一后台。

一个月之后,高皇后的太后空名也被胡充华除掉,被强迫到金塘瑶光寺为尼姑,不是重大喜庆的节日,永远不得步入皇宫。

公元518年,胡充华听说"天文有变",怕应在自己身上,便让高皇后当了替死鬼,然后以尼姑的礼仪将她葬于北邙山。

在残酷的宫廷斗争中胜出——北魏宣武帝元恪妃胡氏

在宣武帝后妃之间的残酷斗争中,高氏害死了于氏,胡氏又消灭了高氏。这位出身名门的女人,便开始在政治上显露才识,对北魏后期的历史进程产生了巨大的影响。

大贵之相,封为充华

北魏武始侯胡渊之子胡国珍,官至司徒,多年无子无女,急得四处求神拜佛,说来也巧,其妻皇甫氏果真有了身孕。斗移星转,转眼间到了生产的日子,一位千金落地,她就是后来颇有点名气的胡太后。

当时临泾一带占卜相面成风,女儿出生后,胡国珍把远近闻名的占卜大师赵胡请到了家中。赵胡把胡国珍的女儿左右端详了好一阵子,然后断定此女是大富大贵的象征,以后肯定会成为国母,生就龙种。胡国珍夫妇欣喜若狂,盼望着襁褓中的女儿快快长大成人。

胡国珍的女儿很幸运,她有一个非凡的姑姑。她的姑姑从小就当上了尼姑,对释迦牟尼崇拜得五体投地,此人一张嘴也巧,能把深奥的佛经义理讲得头头是道。经胡国珍引荐,她到了皇宫,给皇帝、皇后、太子公主等人宣讲佛经。时间一久,胡国珍的妹妹结识了不少皇亲国戚,在为他们宣讲佛经之余,就乘机夸赞起她的侄女,说她如何如何美貌温顺端庄,等等。很快,她的侄女成了皇宫里的新闻人物。不久,她的名字也传到了宣武帝的耳朵里,他怀着好奇心,派人把胡国珍的女儿召到皇宫。

胡国珍的女儿到了皇宫,也确实令人倾倒:匀称的身段,潭水似的眼睛含着热烈而温柔的亮光,鲜艳的红唇充满青春活力,可谓国色天香。宣武帝当即传下圣旨,把胡国珍的女儿封为充华世妇。

生了太子,大幸未死

公元509年,初夏以来,胡充华总是在花园里来回走动,因为她已怀有身孕了。怀孕本是一件喜事,但胡充华的眉头却锁得紧紧的。这也难怪,北魏后宫早就立下了一条规矩:后宫女子生的儿子一旦被立为太子,生母就要被赐死。历代宫妃为此而死者无数,以致后宫女子竟一怀孕就祈祷只生皇子、公主，千万不要生太子。

作为后宫女子，胡充华开始也像其他后宫姐妹一样祈祷过。不过，时间不长她的恐惧感就没有了。她曾反复地揣想：皇上爱她如痴如狂，从情理上说不会轻易把自己处死，北魏现在的文明程度比以前要高出许多，孝文帝时已出现了想废除这一陈规陋习的端倪，这次，自己也许会免于一死。退一步说，如果能生下太子，为国家留下继承人，自己的血脉能够登基为帝，死也值得。

永平三年（510年）三月的一天，在宣光殿里一声婴儿啼哭，胡充华的儿子元诩落地，他就是后来的北魏肃宗孝明帝。

胡充华生下儿子，年已二十七岁的宣武帝异常高兴。在宣武帝早年，顺皇后于氏曾在正始三年（506年）为他生下皇子元昌，但元昌三岁时就夭折了；高皇后也为他生下皇太子，皇太子刚会走路就病死了。皇子早死，令宣武帝十分悲伤，元诩的降生，给他带来了极大欢乐，他对儿子特别钟爱，精心选择了良家妇女当奶妈，在非常安全的地方精心喂养，还严格规定：高皇后和胡充华一律不准前去探视。

元诩降生的第二年，即被立为太子。按北魏宫廷旧制，太子即位，其生母即要赐死。册立太子的诏书传出后，宫中好心人为胡充华提心吊胆。然而从胡氏开始，北魏延续一百多年的"立子杀母"的恶俗竟然被宣武帝废除了。

这消息传开后，后宫的嫔妃齐声叫好，大臣们没多大反响，但高皇后却暴跳如雷，竭力反对，但一时间也拿刚刚晋升为"贵嫔"的胡氏无可奈何。

宣武帝延昌四年（515年），时年三十三岁的宣武帝元恪死，由年仅六岁的太子元诩即位，是为北魏孝明帝。孝明帝尊生母胡氏为皇太妃，后被尊为皇太后。

宣武帝死后，高皇后悲痛不已，但她旋即清醒过来，立即布置人马，准备加害胡充华。

当胡氏听到高皇后准备向她动手的风声，忧愁得不知如何是好。她身边的几个关键人物为她分愁解忧，出谋划策。宦官刘腾得知高皇后的阴谋后，立即告诉了左庶子侯刚，侯刚又当即告诉了侍中领军将军于忠，于忠又连夜到太子太傅崔光处询问对策。崔光老谋深算，筹划之后依计将胡充华安置在看守比较严密的地方，这样，高皇后就无从下手了。

但是，胡充华仅被守卫好，并没有从根本上解除高皇后对她的威胁。胡充华的儿子元诩登上皇位后，她通过孝明帝这块招牌，尊高皇后为皇太后，把她架空，又强迫她搬到瑶光寺当尼姑，并给她下了戒令：不是重大节日或国家大庆，不得随意进宫。公元518年，胡充华把高皇后杀死。

亲理朝政，广得人心

肃宗元诩即位时只有六岁，连吃穿都需要别人照料，更谈不上处理政务了。这就给胡太后提供了临朝听政的机会。

在男尊女卑的社会，一个女人直接提出要临朝听政是难以启齿的。不过，胡太后另有高招。她经常在崔光等人面前唠叨着：皇帝太小，什么事情还要由我照应。脑瓜子转得很快的崔光、于忠等人听出了胡太后的弦外音，略一商量便奏请胡太后临朝听政。后来文武大臣干脆一律称她陛下，她自称为朕。这样，胡太后俨然成了一位皇帝了。

延昌四年（515年）十二月，北魏皇帝要大飨宗庙，胡太后借口肃宗年龄太小，不能亲自祭祀，模仿周礼上国君与夫人交献的古制代行祭礼，备齐全副仪仗队，在文武大臣的簇拥下，亲自到了宗庙代替肃宗祭祀。

虽遭到礼官和博士的反对，但她还是代皇帝祭祀。经历此事，她感到应该培植自己的亲信势力了。

宦官刘腾在保护胡太后的过程中立下了汗马功劳，胡太后封他为长乐县开国公，食邑一千五百户，又封他的妻子为钜鹿郡君，还把他的三个养子分别提拔为郡守和尚书郎。刘腾病重卧床不起时，胡太后曾多次亲自登门看望。侯刚在胡太后受到高皇后的威胁时，为胡太后通风报信、出谋划策，胡太后当然不会亏待他，封他为武阳县开国侯，食邑一千二百户，后来又为他晋升一级爵位，成了开国公。崔光对保护胡太后也有功劳，胡太后也封他为博平县开国公，食邑二千户。于忠在这四个人当中功劳最大，胡太后把他封为常山郡开国公，食邑二千户，不久又升为尚书令。

胡太后在对这四个人封官加爵的同时，清醒地意识到北魏名义上的统治者是元氏家族，而自己只是北魏的太后，如果仅对刘腾等人宽厚而对宗室冷落，或许会很快惹出麻烦。于是她对宗室中有影响的几个人物也都予以升迁。把高阳王元雍升为太傅，统领太尉；清河王元怿升为司徒，骠骑大将军；广平王元怀升为司空。

胡太后在笼络大臣和宗室的同时，也大施德政收买民心。

有一段时间，洛阳的市民经常为一头白象大伤脑筋。这白象原是犍陀罗国王向北魏皇帝进贡的礼品。这象力气很大，经常冲出笼子，跑到街上，遇到大树当即拔起，碰到高墙一推就倒。洛阳市民见此惊慌失措，到处奔跑躲避。这事传到了胡太后耳朵里，太后立即下令把白象迁到永桥之南，给它建了一座十分牢固的白象坊，把它紧紧地圈在里面。胡太后这一手赢得了京师市民的赞誉。

胡太后还下达了一份诏书，明确表示对孝子、孝孙、义夫、节妇要大力表彰，提高他们的社会地位，号召全国百姓向他们学习，让他们受到人们的尊重。这样就笼络了文人墨客，满足了中国历代奉行的儒家的忠孝仁义思想。

胡太后深知百姓只认实际，没有让他们明白得到好处是不会赢得他们的真心拥护的。于是她下诏全国，由官府扶养鳏寡孤独，准许失去土地者和卖身为奴婢的回家与亲人团聚，慰问长期在外打仗的士兵，厚待保卫国家的沿边州郡，并给予那些应该得到升迁的人机会。

且不说她的这些政令能否真正实行，但它确实为胡太后赢得了民心。一时全国百姓对她交口称赞。

法律能否取信于民是胡太后能否在臣民舆论中站住脚跟的重要方面。胡太后曾下达命令，制造一辆"申讼车"，从云龙大司马门开出，绕到宫殿西北，再从千秋门开进宫内，这样一来，不少状子投到了"申讼车"中，胡太后把这些状子亲自处理或督促有关部门迅速处理。这样，不少冤假错案得到了甄别、平反和昭雪。

自东晋南迁以后，中国当时分裂为南北朝。胡太后执政时，北魏和南朝仍然处于紧张的对立状态。虽然进行了无数次厮杀较量，但都难见胜负。为此，双方都在积蓄力量准备吞并对方。

胡太后接到报告，说萧梁所筑淮堰即将竣工。胡太后心中不禁一怔，她深知淮堰一旦筑成，萧梁不仅可以抵挡北魏军队南下，而且更重要的是，淮堰将成为萧梁进攻北魏的大本营。胡太后立即派兵遣将，争夺淮堰，与梁主萧衍大战厮杀，终于夺得了淮堰，令北魏取得了政治军事的主动权。

处变不惊，清除政敌

时值青春年华的胡太后，尽管自临朝听政以来十分得意，但无论如何得意，也难以弥补这位寡妇的空虚与孤独。每当处理完政务的空暇，她就感到无比的寂寥。

胡太后并不是一个甘受长期寂寞煎熬的人，为了从寂寞中解脱出来，她仔细地物色了周围的人，终于选中了清河王元怿。

元怿虽不愿与自己的嫂子有染，只是虚与委蛇，但对于垂涎于他的胡太后而言，也不过是稍稍费了些手段而已。很快，元怿就被迫成了她的面首。

正光元年七月（520年）的某日，刘腾把胡玄度和胡定叫到跟前，问寒问暖，关怀备至。胡氏兄弟受宠若惊，对刘腾感恩不尽，愿为刘腾上刀山下火海。过了几天，刘腾又让胡氏弟兄二人到肃宗处诬陷元怿，一字一句地教他们说："你们到陛下处说，元怿给了你们很多布帛，让你们把毒药放到御食当中，毒死陛下，元怿答应你们事成之后，让你们荣华富贵。"刘腾对他们千叮咛万嘱咐之后，便气喘吁吁地跑到肃宗处，告发元怿准备毒死肃宗。肃宗当时只有十一岁，没有什么分析判断能力，当然对刘腾的话信以为真，便匆忙赶到显阳殿。刘腾乘机关闭永巷门，伙同元叉假传圣旨拿下了元怿，当夜就把元怿杀掉了。

次日，再次假借胡太后的诏令，布告全国，说胡太后从此还政肃宗，安心在宫中养病，不再过问政事。

这份诏书宣告了胡太后第一次下台。

胡太后被幽禁后，刘腾把大门昼夜都关紧，不准内外行人出入，就连肃宗也不准和母亲见面。胡太后的日用品也被限量，不免饥饱不匀，常常哀叹道："唉！养虎反被虎咬伤。"

时日一久，胡太后就由刚被幽禁时的惊惧，变成了怒火中烧。

紧接着发生的两件事，很快唤起了她东山再起的信念。

第一件是她的堂侄儿胡僧敬在她被幽禁后，和张车渠等人策划杀掉元叉。可惜，还没来得及动手，就走漏了风声，张车渠被杀，胡僧敬遭到流放。

第二件是相州刺史元熙的弟兄们反对元叉，拥护胡太后上台。就在胡太后被幽禁的半月后，元熙起兵讨伐元叉。但是，由于他打出拥立胡太后这个旗帜，不受元氏皇族欢迎，号召力不大，加上仓促起兵，准备不充分，很快就一败涂地。

这两次拥立胡太后的事件虽然都没有成功，但向胡太后投去了一束希望之光，那就是在宗室和大臣中不乏拥戴自己、反对元叉的人。

正光二年三月（521年），肃宗思念母亲，便率领文武百官到西林园朝见胡太后。酒宴上，性情粗鲁的右卫将军奚康生企图刺杀元叉，但是没有成功。胡太后和肃宗又被分开了，胡太后也被再次关进了北宫。

公元524年初秋，胡太后感到有机可乘，突然对群臣发疯似地说："你们太没有人情味了，把我们母子隔绝起来，不允许我到自己的亲生儿子处，我留在这里还有什么用处呢！你们还不如放我出家，到嵩高山闲居寺当个尼姑。先帝很有远见，建造了此寺，正为我今日着想。"边说边要剪去青发，肃宗和大臣见状惊慌起来，纷纷磕头哀求。

胡太后声泪俱下的表演，很起作用，不少大臣开始对她产生了怜悯之情，纷纷劝肃宗经常到嘉福殿看望母亲。

肃宗随着年龄的增长也多了心眼，不久，肃宗把胡太后想往来于显阳殿的意思转告给元叉，还流着眼泪把胡太后想落发出家的假戏，绘声绘色地作了描述。已放松警惕的元叉信以为真，同意胡太后到显阳殿。

胡太后一得到自由，并没有急功近利，而是和肃宗游山玩水，借以麻痹元叉。暗地里，联络反对元叉者。丞相、高阳王元雍是元叉的对立派，多次想向肃宗进言，把元叉搞掉，但一直没有机会。一日偶然遇到胡太后和肃宗，他自然不会错过良机。

胡太后等先是借言语挤对，迫使元叉交出了军权，再利用肃宗的宠妃在皇帝面前打击元叉，使得肃宗也对元叉心生疑虑，迫切地想要除掉他了。

但为了稳妥起见，胡太后先指使肃宗把侯刚调到冀州，又把贾粲调到济州，去掉了元叉的两只臂膀。这样，元叉在京师已势单力孤了。

正光六年（公元525年）三月辛卯这天，春意盎然，元叉照例出去游玩，因贪恋春色和美酒，当天宿在城外。胡太后乘机宣布将元叉除名为民，由她重新临朝听政。次日,元叉入宫,被守门的卫兵拒之门外,这时他才感到大事不妙。正当他急得团团转时,宦官传达了胡太后把他罢官为民的诏令。不久,胡太后以谋反的罪名,将元叉和元叉的弟弟元爪赐死,对元叉的同党刘腾、贾粲、侯刚等人也不放过,或赐死,或罢官,已死的也要剖棺戮尸。胡太后被废幽禁的怒火在此得到了淋漓尽致的发泄。

崇佛靡费　天下大乱

胡太后信奉佛教,大兴寺塔、石窟。时永宁寺曾建高百丈九级浮图(即佛塔),浮图上有一百二十个金钟,层层有序,金钟随风摇响,周围十余里均可闻其声。又征用民夫八十余万人,历时二十余年,兴建规模宏大的龙门石窟,耗资巨大,使国势日衰,民不聊生。还有甘肃庆阳的北石窟、泾川南石窟,皆为同时期所建。

永宁寺是北魏历史的一面镜子。它的建成,标志着北魏的强盛,九级佛塔,象征着皇家的气派,它的烧毁,恰好也是北魏灭亡的前兆。永熙三年(534年)二月,永宁寺发生了火灾,烈火熊熊,浓烟弥漫。长孙稚亲自率领一千多人奔赴现场抢救,也无可奈何,只好垂泪而去。凝结着劳动人民血泪、工匠们汗水的永宁寺被持续了三个月的大火全部烧毁。

胡太后带头建寺拜佛,大臣们群起响应,于是乎京师洛阳石窟屡凿,寺塔林立,就连屠宰厂、小酒馆的边角上也建上了寺院。这些寺院大都侵占了居民的房舍,仅洛阳的五百所寺庙就侵占了三分之一的市民居住区。失去土地和住宅的百姓,有的投身寺庙暂时栖身,有的起而反抗。北魏已经处于风雨飘摇之中了。

胡太后再次临朝听政后,虽然政权牢牢在握,但此时元怿已被处死,她内心的寂寞更加难以排遣。于是她就把自己少女时代的情人郑俨召进了宫,为了给郑俨提供出入禁中的便利条件,胡太后把他任命为谏议大夫、中书舍人和尝食典御。胡太后有了郑俨做面首,还嫌不够,又把徐纥拉入了怀抱之中。因为徐纥曾和元怿的关系不错,胡太后就把徐纥提拔为中书舍人,并把徐纥看成元怿的再现。徐纥很有才气,军国诏令全由他起草。一有诏书,他就让几个官吏拿着笔墨,自己一会儿踱步,一会儿卧下,顷刻即成。徐纥身强力壮,精力充沛,与胡太后如鱼儿离不开水的关系。胡太后有了郑俨、徐纥并不满足,不久,又把大将李神轨占为己有,供她自己寻欢作乐。

胡太后的这些面首凭借胡太后这座靠山,作威作福,横行霸道。一些大臣只要巴结这些面首就可以升迁,否则,就受到排挤。面首的弄权导致了面首与宗室亲王的矛盾,胡太后一味地偏袒面首,又使宗室亲王对胡太后大为反感。

不仅宗室亲王对面首专权和胡太后强烈不满,就是胡太后的儿子肃宗随着长大成人,也对胡太后开始不满了。

说起肃宗对胡太后的不满,其中一半还要归功于元雍、崔光和贾思伯对他的教育。元雍尽管受到胡太后的重用，但对胡太后的临朝听政大为反感，而对小皇帝肃宗却极感兴趣，一处理完政务，就对肃宗循循善诱地讲述治国之道。肃宗对元雍也很尊敬。

正光四年（523年），崔光染病卧床不起，到了弥留之际，把礼贤下士、为时人所称道的都官尚书贾思伯推荐给肃宗做侍讲。贾思伯对肃宗的教育也尽心尽力，兢兢业业。

随着知识的增加，视野的开阔，肃宗开始绞尽脑汁琢磨办法，以解决自己名不副实的境况，那就是：培植自己的势力，待时机成熟向母亲夺权。

公元525年，肃宗提拔了一批资历较浅、官位较低而又与胡太后没有什么联系的官吏。次年六月，又颁布了一份诏书，明确表示要亲自招兵买马，培养自己可以随时调动、愿为自己效劳的官兵。

胡太后看到肃宗的翅膀一天天长硬，心中感到极不踏实。为了防范再次发生宫廷政变，胡太后随时都在设计消灭肃宗的亲信。她先后派人暗杀了肃宗的好友蜜多道人和心腹谷士恢。肃宗对胡太后暗杀自己的心腹气愤难忍，和母亲的裂痕更深，最后演出了向尔朱荣求援的悲剧。

几乎在胡太后和儿子、宗室亲王离心离德的同时，北魏燃起了边镇和农民起义的烈火。公元522年，边镇起义。公元525年，边镇起义失败，二十多万起义军被押解到河北就食。河北的老百姓早就饥寒交迫，边镇军民又到什么地方就食呢？走投无路的边镇军民又在河北发动了大起义。公元525年，柔玄镇兵杜洛周起兵，占据上谷，改元真王。次年，沃野镇人鲜于修礼起兵，占据古城，攻陷定州、燕州。鲜于修礼死后，葛荣领导起义军继续战斗。葛荣在博野县斩杀北魏大将元融，自称天子。河北起义军失败后，山东又点起了起义的烈火，农民起义的烈火燃起不久，北魏内部也就分崩离析了。

河阴之变，北魏分裂

就在肃宗和胡太后离心离德、北魏处于风雨飘摇的时候，契胡酋长尔朱荣成了北魏君臣的瞩目人物。他不仅兵势强盛，而且还网罗了一大批有胆有识的人物。

肃宗为从胡太后手中夺回朝政大权，密令安北将军尔朱荣率军自晋阳入洛阳，迫使胡太后归政。尔朱荣早就有心以清君侧之名成就霸业，此时一见密诏，更觉出师有名，马上派心腹高欢打先锋，浩浩荡荡向洛阳进军。

不想密诏泄露，胡太后先下手为强，毒死了肃宗。先假称后宫妃子潘充华所生之女为皇子，稳定局面。几天之后，另择临洮王三岁幼儿元钊为皇帝。这种翻手为云覆手为雨的做法使得朝野愤怒，天下愕然。

野心勃勃的尔朱荣听到这些消息无比气愤，当即上呈抗表，声称要带兵入京，追查肃宗死因，并严惩郑、徐之徒。不久即进军洛阳。

尔朱荣到了河内，又派王相秘密到了洛阳，悄悄迎出长乐王元子攸，在四月丙寅这天，元子攸称帝，率领尔朱荣打进洛阳。

尔朱荣举兵入洛，将少主元钊和胡太后捆绑起来，一同沉进了黄河。胡太后死时，年约三十六岁。

接着，尔朱荣又让元子攸沿着黄河到淘渚，引见百官。百官一到，尔朱荣下令骑兵把他们团团围住，肆意杀戮。王室及公卿以下两千多人全部成了刀下之鬼。这就是历史上有名的"河阴之变"。河阴之变后，北魏历史出现了群雄纷争的局面。公元543年，北魏就分裂为东西魏，正式退出了历史舞台。

胡太后的尸骨后来被她的妹妹收葬于双灵佛寺。后于孝武帝元脩时，被追谥为"灵太后"。

胡太后之侄——北魏孝明帝元诩皇后胡氏

胡皇后，孝明帝生母胡太后堂侄女，冀州刺史胡盛之女，孝明帝元诩皇后。

元诩于六岁即位为孝明帝，因其年幼不懂朝事，故由胡太后临朝执政。这时，胡太后为了使胡氏家族在朝中长期荣耀，并控制孝明帝，便选召堂侄女胡氏入宫，又逼令孝明帝元诩立胡氏为皇后，胡皇后这时年约十五岁左右。孝明帝宠爱潘氏，常把胡皇后冷落一旁，胡皇后出于无奈，只好沉默、寡言少语地消磨日子。

孝明帝对胡皇后的冷落，使胡太后极为不满，加上有人向太后密报，说孝明帝要逼太后还政。胡太后为继续临朝执政，以长期维护其独尊地位，便当机立断，先下手将孝明帝毒死，另立三岁元钊为帝。不久，胡太后被安北将军尔朱荣溺杀，胡皇后到瑶光寺削发为尼，终日与青灯孤光为伴熬度余生。

身处乱世难有尊严——北魏孝庄帝元子攸皇后尔朱英娥

武泰元年（528年），孝明帝被生母胡太后害死，立临洮王世子、三岁的元钊为帝。不久，尔朱荣制造了"河阴之变"，杀死胡太后和幼主元钊，控制了北魏朝廷的大权，拥立彭城王元勰的第三子长乐王元子攸为帝，是为孝庄帝。又把女儿尔朱英娥立为孝庄帝皇后。

英娥原为孝明帝的嫔妃。如今她依靠父亲的威势，根本不把丈夫皇帝放在眼里，孝庄帝对她根本就没有感情可言。

孝庄帝即位不久，葛荣所领导的六镇农民起义军，号称百万，继续南下，北魏都城洛阳受到严重威胁。孝庄帝派大将军、太原王尔朱荣率7万骑兵，以侯景为前锋，在邺城围攻葛荣。葛荣自以为兵多将广，麻痹轻敌，自邺城以北，列阵数里，兵力分散，使自己处于十分不利的地位。尔朱荣集中优势兵力，一举击败了起义军，葛荣被俘身亡。葛荣死后，尔朱荣便收编了葛荣部将宇文泰，将其余二十多万起义的群众分散各州郡，归地方管理。孝庄帝封尔朱荣为大丞相，都督河北京城外诸军事，并封尔朱荣两个儿子为王。从此，以尔朱荣为首的尔朱氏家族，完全控制了朝廷大权。英娥也更加跋扈了。

永安元年（528年），梁武帝派将军陈庆之，率兵数千人护送投降梁朝的北海王元颢去洛阳争夺皇帝位。第二年五月，孝庄帝闻讯后，恐京城陷落，逃往河北。梁兵攻入洛阳后，元颢称帝，改年号建武。

永安三年（530年），孝庄帝不甘心做傀儡皇帝，利用朝见的机会，杀死飞扬跋扈的尔朱荣。尔朱荣的长子菩提、尔朱阳靓等三十人随荣入宫，也都被伏兵所杀。

同年十月，尔朱荣的从子汾州刺史尔朱兆和从弟尔朱世隆共谋，推戴太原太守兼并州事长广王元晔即帝位。于是孝庄帝被送晋阳拘禁，不久被缢死，年二十四岁。

尔朱英娥做寡妇不久，便被新兴的军阀高欢占有，并生下一子叫高攸。高攸封彭城王，她也拜为彭城王太妃。不过，这时她的家族在与东魏权臣高欢的斗争中被打击殆尽，她是以失败者亲属的身份在胜利者的家庭中生活的。

孝武帝元脩即位后，封高欢为大丞相、天柱大将军、太师等职，并世袭定州刺史；封高欢的儿子高澄为侍中。但对尔朱氏所有的官职却一律削夺。孝武帝又立高欢女儿为皇后，高欢权势更大。从此北魏的政权从尔朱氏转到高欢手里。高欢自居晋阳，遥控洛阳的北魏朝廷。

后来，高欢死去，他的儿子高洋废掉东魏，建立北齐。放荡的高洋竟对英娥无礼，英娥怒而拒之，后被高洋杀死。

高欢长女——北魏孝武帝元脩皇后高氏

公元532年，即安定王中兴二年，高欢拥立孝文帝之孙平阳王元脩为帝，即北魏孝武帝，高欢自称为大丞相，独揽朝政大权。他让自己长女入宫，嫁给孝武帝元脩，并被册立为皇后，时年元脩二十三岁，高氏约十八岁。

元脩是个荒淫的君主，凡被他看中的女子，不论辈分与亲疏，他都要尽行淫欢。他宠爱同父异母妹明月公主，对高氏皇后疏远，并渐渐冷淡而无感情。高氏虽身为皇后，因不得宠，故常无喜色，与宫人亦寡言少语。

公元534年，因孝武帝对高欢擅权不满，不愿再当傀儡，便图谋除掉高欢。行动失败后，遂挟明月公主西奔长安。孝武帝离开洛阳去长安，使高欢失去了"挟天子以令诸侯"的权势，故高欢曾多次请孝武帝回京亲政，孝武帝数月不还，高欢无奈则另立清河王元怿的世子元善见为孝静帝，从此北魏分裂，由洛阳迁都于邺的孝静帝，史称东魏；投奔于长安的孝武帝，史称西魏。

此时，长安宇文泰因反对孝武帝与其妹乱伦不道，便先后将明月公主与孝武帝杀死。

孝武帝死时，高皇后年仅二十岁。孝武帝在位时素与她没有感情，今孝武帝既死，高皇后也不愿再为他守丧居寡，于是由其父高欢做主，将她改嫁于彭城王元韶，后被元韶封为彭城王妃。

地位每况愈下——东魏孝静帝元善见皇后高氏

高欢立孝静帝之后，为便于控制他，又立自己的一个女儿为皇后。时为兴和元年（539年）。

东魏与西魏建立后，都想消灭对方，因而不断发生战争。东魏天平四年（537年），双方战于沙苑（今陕西大荔县南）。由于东魏士气低落，作战不力，结果被宇文泰打败。东魏武定元年（543年）二月，东魏反攻，重占汾南、河南，双方又战于邙山（河南洛阳北）。宇文泰被侯景打败，东魏军大胜。东魏武定四年（546年）十月，高欢率十多万大军围攻西魏的玉璧（今山西稷山县西南），由于西魏坚决抵抗，东魏苦攻了五十多天，士兵战死、病死的计有七万人之多，仍未攻下，最后连高欢也病倒了，只好撤军东归。

高欢回到晋阳不久，就病死了，由他的长子高澄以大将军、渤海王名义执掌东魏大权，而孝静帝的处境并未得到丝毫改善。高澄一点不把孝静帝放在眼里，不时派人窥伺宫中动静，向他禀报，使孝静帝愤愤不平。高澄还肆意凌辱皇帝。一次，他硬逼孝静帝连连饮酒，甚至指使他的走狗、黄门侍郎崔季舒殴打孝静帝。而身为皇后的高氏，见自己的兄长如此对待丈夫也毫无办法。

当时，东魏的河南大行台侯景看不起高澄，曾对人说："高王（指高欢）在，吾不敢有异；王殁，吾不能与鲜卑小儿（指高澄）共事。"果然，高欢一死，侯景就叛降西魏，后又投奔梁朝。东魏武定七年（549年）八月，高澄正准备接受孝静帝元善见禅位当皇帝的时候，被奴隶兰京所杀。此后，高欢的次子、太原公高洋继承丞相地位，并被封为齐王。第二年五月，高洋废孝静帝，灭东魏，自立为帝，改国号为"齐"，史称北齐。于是，高洋就成为北齐的开国皇帝齐文宣帝。

孝静帝元善见被高洋降封为中山王，高皇后成了中山王妃，兼称齐太原长公主。

北齐天保二年（551年）十二月，元善见命归西天，高氏连王妃的位子都失掉了，又嫁给了尚书左仆射杨尊彦。九年之后，杨尊彦因和燕子献、郑子默等人企图把高氏的母亲娄太皇太后赶到北宫，让废帝高殷的母亲李皇后临朝听政，结果被娄太后杀掉。

从此之后，高皇后一直过着寡居生活。

"九龙之母"——北齐神武帝高欢皇后娄昭君

娄昭君是个奇特的历史人物,被世人称为"九龙之母",在中国历史上绝无仅有。

她自幼聪颖过人,博通事理,为北魏的著名才女,故有不少名门大家向她求婚,皆被她谢绝。奇怪的是,她在一次偶然的机会,却看中了一个寄人篱下、穷困潦倒的苦力壮男,这就是高欢。相遇之后,娄氏没有将自己的爱恋之情告诉父母,而是自拿主意,让婢女给高欢送去了财物,并要高欢上门提亲,就这样两人终成伉俪。她是一个有胆有识、敢作敢为、敢于冲破封建礼教束缚、追求婚姻自主的一代奇女。

高欢是渤海人,世居北边怀朔镇,从习胡俗,处事大度,为人豪爽,轻财而重士,后为众侠拥推,参加"六镇起义",屡有战功。在高欢建功立业进程中,尤其在北魏分裂为东、西两魏之后,高欢与宇文泰互相攻打,战争不断。娄氏高瞻远瞩,多有独到见解,常参与高欢谋划,使高欢几次由被动转为主动,取得了胜利。

娄氏所作所为,非一般女辈所能及。她对高欢姬妾从不嫉妒,对高欢其他子女,均能同自己所生六男二女一样慈爱相待,高欢对她十分敬重。

孝静帝武定四年(公元546年),高欢去世,由娄氏长子高澄袭父爵位,代为大丞相、都督中外诸军、录尚书事、渤海王,娄氏为渤海王太妃。

公元549年,高澄被人刺杀,由娄氏次子高洋掌握朝政大权,并于次年废东魏孝静帝,自立为帝,建立北齐,是为北齐开国皇帝文宣帝,尊其母娄氏为皇太后,追赠其父为神武帝,又追赠其兄为齐襄帝。

公元559年,高洋死,由其子高殷即位为齐废帝,尊祖母娄氏为太皇太后。

公元560年,高殷被废,由高洋弟高演即位,是为北齐孝昭帝,改称太皇太后为皇太后。

公元561年,高演外游受惊跌伤而死,由高演弟高湛即位,是为北齐武成帝。武成帝在位五年,将帝位禅让给儿子高纬,是为北齐后主,高湛自称为太上皇帝。

公元562年,娄太后去世,享年六十二岁,葬于义平陵,谥为"神功明皇后"。

娄昭君是中国历史上一位颇有影响的皇太后,是北魏大丞相、北齐神武帝(追尊)高欢、北齐文宣帝、齐襄帝(追赠)、孝昭帝、武成帝、北魏孝武帝高皇后、东魏孝静帝高皇后、齐襄城王高流渧、博陵王高济"四帝两后两王之母"及齐废帝太皇太后。她对北齐的创建和历史进程,起过重大的作用。

人生如一场噩梦——北齐文宣帝高洋皇后李祖娥

李氏天生丽质，在十几岁时，一次偶然的机会，被东魏丞相高欢的儿子太原公高洋看中，娶进府中，成了太原公夫人，为高洋生下高殷和高绍德两个儿子。

高洋是北齐的第一个皇帝，是北朝数一数二的昏暴之君，不但荒淫残暴，无恶不作，而且是个歇斯底里的虐待狂。他逼奸自己的嫂子、孝静帝的妹妹冯翊公主元氏；杀掉弟弟高浚、高涣；喝醉酒后，打伤亲生母亲娄太后；用箭射伤岳母崔氏；逼奸父亲的姬妾尔朱英娥不成，又将她杀死。所作所为，令人发指。

赵郡（今河北赵县）李氏是没有南渡的北方著名世族，具有优良的儒学文化修养。成婚时，高洋尚在少年，对李氏十分爱重。做了皇帝后，高洋册立李氏为皇后。

高洋做了几年皇帝，日趋昏暴，成为一个十足的变态狂。他常在后宫逼奸高氏和元氏这两家皇族的妇女，视若娼妓，令左右侍从与之淫乱，他在一旁观赏。有时，任意闯进勋戚大臣的私宅，看到有几分姿色的妇女，就强行奸淫。他有一名妃嫔薛氏，本是清河王高岳（高洋的堂叔）家里的歌伎，被高洋强占入宫后十分爱幸，却又怀疑薛氏曾与高岳有过奸情，逼高岳自杀后仍不解恨，又把薛氏的尸体肢解，取髀骨制成一把琵琶，边喝酒，边弹奏，边哭泣，喃喃自语道："佳人难再得。"他以隆重的礼仪将薛氏厚葬，下葬那天，披头散发，亲自哭送至墓地，待殓葬完毕，才回宫。

天保十年（559年），高洋为李皇后加了封号，称"可贺敦皇后"。她当了十年皇后，至高洋死，中宫之位从未发生动摇，也算是一件怪事。

高洋恶贯满盈，至天保十年（559年），忽然得了暴病，食不能下咽。饿了两三天，自知命已垂危，便召入皇后李氏，握住她的手，呜咽叮嘱道："我死后，只怕太子年幼，不能保全皇位，你是女流之辈，如何对付许多觊觎皇位的兄弟呢？"又召入同母弟高演和高湛，要他们二人用心辅佐侄儿，说完后死去。

高洋的儿子高殷即位后，李祖娥被尊为皇太后。当时，高洋的母亲娄太后尚在。杨愔等人忠心辅助高殷，同李祖娥商议，准备将高洋的弟弟高演和高湛二王调离朝廷，放外任为刺史。谁知李太后把这事泄露给一个宫人，这宫人又告诉了娄太后。在娄太后的主持下，高演把杨愔以及忠于高殷和李太后的几个大臣抓起来，娄太后登殿升座，指着李氏哭骂道："岂可使我母子，受这汉家妇人摆布！"

接着，娄太后下诏，废高殷为济南王，迁出皇宫，命高演入承帝统。李氏则迁居昭信宫，号为昭信皇后。但是两年以后，高演在一次出外游猎中，跌下马伤重身亡，由高湛继位。

高湛十分荒淫无道。就在他册立皇后胡氏的当天夜晚，竟闯进昭信宫，企图对皇嫂李祖娥施行非礼。高湛威胁地说："如果不听我的摆布，那就别怪我不客气，你儿子的小命可攥在我的手中呀。"李氏为了保全儿子，只好屈辱地满足了他的兽欲。从这以后，高湛公然出入昭信宫，视李氏为妃嫔。几个月后，李皇后发现自己已经怀孕，羞愧不已。为了避人的耳目，李皇后不仅自己不出宫，也不许他人迈进昭信宫的门槛，连自己的儿子高绍德也不敢相见。

高绍德知道后，怒骂了自己的母亲，使李皇后更感到耻辱和羞愧。因此，当这个女儿一出世就被她掐死了。

高湛听到这一消息后，声嘶力竭地把李皇后骂了一通，然后命令卫兵速把高绍德押来。高绍德一到场，高湛就举起刀对李皇后恶狠狠地说："你杀了我的女儿，我就要杀你的儿子。"说完，一刀刺进了高绍德的胸口。李皇后见状，发疯似地哭叫。

她的哭声并没有唤起武成帝的良知，她被武成帝扒光衣服，用鞭子抽打得浑身鲜血淋漓，最后昏倒在地。高湛余怒未消，命人将她盛入绢袋，丢入沟渠。过了好久，才让人将她捞起。打开绢袋，李氏已是血肉模糊，气息奄奄了。高湛离开之后，宫女们含着眼泪，把李氏扶上床，小心敷上药，侍奉两天两夜之后，才见李氏苏醒过来。宫女们急急用牛车将她送出宫去，入妙胜寺削发为尼。

李祖娥平素喜爱佛法，曾有过出家为尼的念头。过了十数年，北齐亡于北周，李氏随同入关。直到隋朝建立，她才回到了家乡赵郡。

她这一生如同一场梦魇。

饱受折磨——北齐孝昭帝高演皇后元氏

元氏嫁给了北齐常山王高演当王妃，为高演生了儿子高百年。

公元559年，文宣帝高洋病死，他的儿子高殷继承了帝位。不久，高演的母亲娄太后把高殷赶下台，把高演推上了皇帝宝座，元氏也由王妃一跃升为皇后。

但是，元皇后命运不佳，仅当了一年皇后，高演就命归西天，她只好乖乖地退离皇后之位。当她陪高演的灵柩从晋阳宫运往邺城途经汾桥时，武成帝高湛听说她有一种奇药，便向她索取，元皇后怎么也不肯交出，结果被宦官打得遍体鳞伤。

元皇后得罪了高湛，高湛当然不会善罢甘休。公元564年，高湛以莫须有的罪名把元皇后的儿子高百年杀掉，并把元皇后软禁在顺成宫内。从此，元皇后和家中亲人失去了联系。

北齐灭亡后，元皇后又进入了北周后宫，直到杨坚当了宰相才被放回山东。

风流成性，沦为娼妓——北齐武成帝高湛皇后胡氏

胡氏是个分外艳丽的女子，被北齐长广王高湛选为王妃，后高湛即位，胡

氏自然当了皇后。只可惜高湛早亡，胡氏放荡淫乱，不能自控，儿子高纬十分生气，就将母亲软禁在邺城（今河北临漳）。后虽将胡氏接回后宫，从此母子两人相互猜疑，但胡太后仍然我行我素，风流成性。

胡氏的父亲胡延之，曾官至魏的尚书令，母亲是范阳大族卢道约的女儿。胡延之夫妻对女儿非常喜欢，十多个春秋过后，女儿出落成一个分外艳丽的豆蔻少女，被北齐长广王高湛选为王妃，并于北齐天保七年（556年）五月五日为高湛生下了第一个儿子高纬。北齐太宁元年（公元561年），高湛当上了北齐皇帝，胡王妃也一跃升为皇后。

高湛是个好色之徒，他逼奸了嫂子李祖娥，常宿在昭信宫，将胡氏冷落在一边。可胡氏却不耐宫闱寂寞，同高湛的亲信随从、给事和士开勾搭上了。高湛知道后，非但不责怪胡皇后，反而有意成全他们，升和士开为黄门侍郎。因为他自己同李氏勾搭，怕胡皇后生出风波，双方互相谅解，互不干扰，也就相安无事了。

和士开为了巩固自己的权位，讨好皇太子高纬，劝高湛让位做太上皇，说这样可以进一步纵情享乐。这时，北齐赋役沉重，民众怨苦，动荡不已，高湛乐得做一个不负责任、只享清福的太上皇，况且他还担忧自己在帝位上，会给朝廷带来麻烦，听信和士开的话，在二十九岁那年让位给儿子高纬，从此居于深宫，一味淫乐。三年以后，便因酒色过度而死。

高湛死后，胡太后与和士开的关系正式公开化，许多公卿大臣看不惯，议论纷纷。一天，官居太尉的赵郡王高叡（高欢的侄子）、安德王高延宗，以及司空娄定远、侍中元文遥等人一起进宫向高纬请求，调和士开出任外职。高纬年少昏庸，怕得罪胡太后，不敢做主。胡太后知道后，又急又恼。有一天，她在宫中大摆宴席，把诸亲王及文武大臣统统召进宫来赐宴，想以此笼络人心，但毫无结果。

由于高叡等人的一再坚持，胡太后与高纬只得下诏将和士开放出任兖州刺史。高叡再三催促和士开离京赴任，并让娄定元守住宫门，不许和士开入宫见胡太后。和士开通过贿赂娄定远，得以入宫。他一见到胡太后和高纬，便伏地痛哭，说："先帝驾崩，臣恨不能一起去死。臣见朝臣们的意思，恐不久就有废立之大变！"三人相对哭了一阵之后，胡太后问和士开："有何计策对付？"和士开说："臣既已入宫，还有什么可忧虑的呢？只要颁行诏书，便可解决。"胡太后心领神会。

第二天，以太后的名义下了一道诏书，将娄定远出调为青州刺史，又谴责高叡目无君王，不行人臣之礼。高叡接诏后气恼万分，进宫去争辩，走到殿前，有宦官悄悄劝阻他说："殿下不宜入宫，恐有祸事及身！"高叡正色道："我上不负天，死亦无恨！"他见了胡太后，又是一番振振有词的道理。胡太后也不回答，返身入内，剩下高叡一人，只得悻悻退出宫去。刚走到永巷，便被卫兵们抓住，押到华林园活活勒死，死时才三十六岁。

和士开权势日隆，擢为尚书令，封淮阳王。一班趋炎附势的大臣，纷纷向他献媚，甚至拜他为干爹。

后来，十四岁的琅琊王高俨痛恨生母的荒淫无耻，联合姨夫冯子琮，设计杀死了和士开。

胡太后闻报，悲恨交加，正想派人去抓高俨治罪，又听说高俨拥兵三千，屯在千秋门外，连皇帝也拿他没有办法。胡太后请皇后的父亲斛律光入宫解决此事。斛律光进宫以后，见高纬正在调集兵马出战，上前劝谏道："小孩子弄兵，真的交起手来，反容易激起变乱。皇上不如亲自去千秋门，琅琊王见了您，一定不敢轻举妄动。"高纬依言，随着斛律光走到千秋门，斛律光抓住高俨的手，笑着安慰他说："天子的弟弟杀掉一名汉家奴才，何必惊慌！"又把高俨拉到高纬跟前，代为请罪。高纬顺手抽出佩刀，用刀环在高俨头上击了几下，就放高俨走了。

过了几天，高纬下诏杀死高俨的几名属官，用以泄愤。后又以一同打猎为幌子，派人将高俨勒死。胡太后知道后，也只是大骂大哭了一场，也就作罢。第二年，下令追封高俨为楚帝，厚加葬殓。

和士开死后，胡太后难耐寂寞，借拜佛为名，经常出宫去寺院，借此机会勾搭了一个名叫昙献的和尚，两个人便在禅房里交欢。胡太后把国库里的金银珠宝多搬入寺院，又将高湛睡的御床也搬进禅房。宫中上下对这桩丑事议论纷纷，只把高纬一人蒙在鼓里。

一天，高纬入宫向母后请安，忽见母亲身边站着两名新来的"女尼"，生得眉清目秀，不觉垂涎万分。当夜，他命人悄悄宣召这两名女尼，逼她们侍寝，可是两名女尼抵死不从。高纬命宫人强行脱下两人的衣服，一看，不觉傻了眼，原来竟是两个男扮女装的少年和尚，他们是被胡太后带回宫中淫乐的。

高纬虽然昏庸无耻，这次也难以忍耐了。第二天就下了一道诏书，将昙献和两名小和尚斩首，又派宦官持节去太后宫中，逼她迁居北宫，幽禁起来，不准出宫一步，诸亲王大臣一律不得相见。

胡太后为设法取悦高纬，便将哥哥胡长仁的女儿召入宫中，盛装打扮一番献给高纬。高纬本是好色之徒，见胡女姿色撩人，非常宠爱。不久，高纬就废黜皇后斛律氏，立胡昭仪为皇后。胡太后还通过巴结高纬的乳母陆令萱，让他在皇帝面前进行疏通。胡太后不久就被高纬迎回皇宫。母子二人继续寻欢作乐，醉生梦死，却不知亡国之难即将到来。

隆化元年（576年）十月，北周武帝率军攻打北齐。当北周军队攻到晋州城下时，齐后主还在与宠妃冯小怜出游打猎，从中寻求刺激。直到北周军逼近晋阳时，齐后主才慌了手脚，立即授他的哥哥安德王高延宗为相国，兼并州刺史负责守城，自己却带领冯淑妃等人，仓皇出逃北方。

隆化元年（576年）十二月，齐后主高纬把帝位禅让给太子高恒；第二年正月，高恒即位，史称幼主，尊后主为太上皇。

胡氏在济州（今属山东）被北周的军队俘虏。后流落到长安，沦为娼妓，大约在隋开皇年间死去。

惨遭废黜，改嫁他人——北齐后主高纬皇后胡氏

高纬继承帝位后，他的母亲胡太后生活作风更不检点。她怕儿子说三道四，便想用自己兄弟陇东王胡长仁的女儿来讨好儿子。

一天，胡太后将侄女胡氏叫到宫中，并亲手将胡氏打扮后，胡氏便与高纬会面。胡氏没有想到，高纬当场表示接受，当天就宣布将她封为弘德夫人，不久又将她升格为左昭仪，仅比皇后低了一级。

公元572年，斛律皇后因其父所累被废后，胡太后主张立自己的侄女，而抚养过高纬的女侍中陆令萱则主张立自己的养女穆夫人，双方一时相持不下。最后，还是陆令萱做了妥协，胡昭仪当上了皇后。

但是，好景不长。因为胡氏也看不惯自己姑母胡太后的荒淫举止，并说："身为太后，却长期在宫中行淫放荡，影响极坏，实不配太后身份。"

此话不知怎么地却由陆令萱添油加醋地传入胡太后耳中，胡太后大怒。同年十二月，胡氏就在陆令萱的离间下，被胡太后削去青发，赶回家中。在北齐灭亡以后，胡皇后便改嫁他人。

小人得志——北齐后主高纬皇后穆黄花

穆皇后出身低微，母亲轻霄原本是穆子伦的一位婢女，后来不知什么原因又转到侍中宋钦道家当婢女，被宋钦道强奸怀孕，生下了黄花。穆皇后乳名叫黄花，字舍利，她的姓是后主高纬后来赐给的。

北齐乾明元年（560年）二月，宋钦道因与杨情等人企图发动政变被娄太后杀死后，舍利便变成了官奴。由于她长得漂亮，就当了北齐后主高纬皇后斛律氏的贴身婢女，常年生活在斛律皇后身边。时间一久，舍利不仅与斛律皇后有了深厚的感情，而且还受到了高纬的宠爱，得到了"舍利太监"称号。

这时，曾抚养过高纬的女侍中陆令萱见舍利有利可图，于是便收养了她，并把她推荐为弘德夫人。舍利不负陆令萱的厚望，施尽一切手腕讨取高纬的欢心，还于北齐武平元年（570年）六月为高纬生下了皇子高恒。当时陆令萱见高纬还没有确定太子，便让舍利主动把高恒送给斛律皇后做养子。不久，高恒就被立为皇太子。

北齐武平三年（572年）八月，斛律皇后因受父亲牵连被废，北齐内部围

绕着立谁当皇后展开了激烈的斗争。高纬的母亲胡太后一再主张立她的侄女当皇后，而陆令萱则始终坚持立舍利当皇后。最后陆令萱决定不争一日之长，暂时放弃了自己的主张，让胡氏当了皇后。

但是，事隔不久，陆令萱又对胡太后大施离间计，意思是说胡氏对胡太后的淫荡生活说三道四，于是借胡太后之手废掉了胡皇后，最终成功地把舍利推上了皇后宝座。

舍利当上了皇后，高纬不仅发自内心高兴，而且还尽量取悦舍利。高纬为了给舍利制作珍珠裙衣，曾派人带着三万匹锦缎与北周交易珍珠。而舍利自从当了皇后之后，几乎每时每刻都把高纬拴到自己身边，整天和他把杯对饮，两人经常喝得酩酊大醉。不但如此，穆黄花还小人得志，忘乎所以，连生母轻霄也不相认。

北齐隆化二年（577年）一月，在北周大军压境之下，高纬把帝位传给高恒，试图与舍利到河外募兵抵抗周军，不料刚出邺城不久，舍利就被滞留在济州，高纬则被追赶到青州，最后均成了北周的俘虏，被押送到长安。

后来，一说舍利到长安后被赐死，一说她沦落为娼妓。

晋阳已陷休回顾——北齐后主高纬淑妃冯小怜

冯小怜

冯小怜，有姿色，工琵琶，擅歌舞。她出身低微，但天生丽质，惹人爱慕。她初入宫时，是后主皇后穆黄花的一名贴身婢女，没有想到高纬皇帝一见钟情，按捺不住，遂屏退左右，临幸于她，发誓与她生死一处，永不分离。后被高纬封为淑妃。从此冯妃与后主出则同辇，坐则同席，形影不离。

公元576年，北周举兵攻齐，军情十分危急！然这时冯妃仍要后主打猎玩乐，因此贻误战机，当后主与冯妃返回时，晋州已将断城陷落。当时有人说："冯氏美貌祸水，使齐倾城倾国矣！"唐代诗人李商隐对此赋诗说："晋阳已陷休回顾，更请君王猎一围"；"小怜玉体横陈夜，已报周师入晋阳"。此时后主无奈只好挟冯妃逃至青州。第二年，后主与冯妃被俘，押至长安，北齐亡。到长安后，高纬被杀，冯氏被北周武帝赐给代王宇文达。

宇文达虽对冯氏十分宠爱，但她仍思念与高纬之情，从这一点来说，她是有情有义的。有一次，她为宇文达弹琵琶，弦断，遂赋诗一首，诗中云："虽蒙今日宠，犹忆旧时怜。欲知心断绝，应看膝上弦。"

公元581年，隋灭北周，宇文达被害，隋文帝又把冯小怜赐给达妃兄李询，后为李询母所逼自缢，年仅二十七岁。

性格柔顺被人欺——西魏文帝元宝炬皇后乙弗氏

乙弗皇后出身显门，父亲乙弗瑗曾任北魏的兖州刺史，母亲是北魏孝文帝的女儿淮阳公主。她自幼便貌若天仙，端庄秀美，十六岁时北魏正光六年（525年），被南阳王元宝炬纳为妃子。十年后，宝炬被宇文泰立为帝，她便成为皇后。

乙弗皇后虽然贵为皇后，仍然粗茶淡饭，穿一身旧衣，珠玉罗绮从不和她沾边。文帝的后宫美女如云，乙弗后从来不嫉妒她们，文帝对她很是敬重。

北魏自分裂成西魏、东魏两个政权后，双方政权都想吞并对方，但由于双方势均力敌，都想把北方兴起的少数民族柔然拉作外援，以对抗对方。大统初年（533年），文帝采纳了丞相宇文泰的建议，与柔然和亲，娶柔然可汗阿那瓌的女儿为皇后。

西魏大统四年（538年）正月，柔然首领阿那瓌的长女郁久闾氏到了长安。此时，为了国家利益，乙弗氏便要将皇后之位让给郁久闾氏。当时文帝和乙弗皇后感情甚笃，当然舍不得将她废掉。但是，这时阿那瓌扬言如果文帝不废掉乙弗皇后，柔然大军将进驻长安。文帝被迫忍痛割爱，将乙弗氏废掉。

乙弗皇后被废后先到别宫居住，后来削去青发，当了尼姑。

郁久闾氏心胸狭窄，依然不依不饶，因此天天向文帝吹枕边风，让文帝把乙弗皇后赶出长安。文帝不敢得罪郁久闾氏，只好把乙弗皇后迁到秦州，让她和儿子武都王元戊相依为命。

乙弗皇后到了秦州后，文帝就像丢了魂似的，心中感到极其空虚和不安，不久，就秘密派人嘱咐乙弗皇后重新蓄发，待时机成熟，再次把她立为皇后。并暗中赠与钱财。

这件事传到了郁久闾氏的耳中，她勃然大怒，立即派侍从告诉了阿那瓌。西魏大统六年（540年）春，柔然大举南下，西魏君臣见状惊慌失措。文帝开始还不相信阿那瓌是为乙弗皇后之事而发兵，说："岂有为了一个女人而兴师动众之理！"但转念一想，接着又说："如果确定如此，我还有什么脸面再见将帅呢？"于是派中常侍曹宠带着他的亲笔信逼迫乙弗皇后自杀。

乙弗皇后看完文帝的信后显得非常平静，对曹宠说："愿皇帝万寿无疆。只要天下能够太平无事。我死也无憾了。"说完，泣不成声地让曹宠转达她对皇太子的遗言。周围的人看到这凄惨的场面，都失声痛哭。之后，乙弗皇后便跟着曹宠进了房子，用被子把自己蒙得严严实实，在被中自杀，时年三十一岁。

乙弗皇后死后，文帝令凿麦积山为龛而葬之，号寂陵，谥"文皇后"，后迁至元宝炬永陵（在今陕西富平）。

柔然长公主——西魏文帝元宝炬皇后郁久闾氏

郁久闾氏，即柔然长公主，是柔然国主阿那瓌的长女，西魏文帝元宝炬皇后。容貌虽然秀丽，但性喜妒且狠。

在郁久闾氏的少女时代，北魏已分裂为东、西两魏。时两魏你攻我讨、逐鹿中原，连年战争不断。北边所建立的柔然政权举足轻重。东、西两魏为得到柔然的支持，都以和亲为手段与其结盟。

公元538年，即西魏大统四年，柔然主阿那瓌逼西魏文帝元宝炬废去乙弗皇后，立郁久闾氏为西魏皇后，时郁久闾年十四岁。她登上皇后位后，又想逼已废皇后乙弗氏死，故于大统六年柔然发兵西魏，西魏文帝被迫命乙弗氏自杀。之后，小皇后郁久闾氏因良心受到谴责，常做恶梦，在梦中又多见乙弗皇后在阴曹地府告她的状，向她讨命，以致发生精神错乱。终在临产时思想惊慌、紧张，结果难产死去，死时年仅十六岁。初葬少陵原，后迁文帝永陵。

由此可见，无论是乙弗氏，还是郁久闾氏，其实都是国家之间残酷政治斗争的牺牲品。

殉夫自杀——西魏废帝元钦皇后宇文氏

当元钦还是太子时，权臣宇文泰把自己的女儿立为太子妃。大统十七年（551年），文帝元宝炬病死，元钦即位，是为西魏废帝，宇文氏被立为皇后。

元钦与宇文皇后互敬互爱，相敬如宾，发誓要生死与共。但是，元钦认为宇文泰这位老丈人实在逼己太甚，便与心腹密谋暗杀宇文泰，不料机密泄露，元钦被宇文泰废掉。过了三个月，宇文泰被鸩杀。

宇文氏以为父亲是无视君主，觉得对不起自己的丈夫，便对宇文泰不满，提出强烈抗议。宇文皇后于公元554年殉夫自杀。

铲凶不成，出家为尼——北周孝闵帝宇文觉皇后元胡摩

西魏文帝元宝炬的第五个女儿元胡摩，从小受到良好的家教，能舞会文，元宝炬对她特别喜爱，视她为掌上明珠，封为晋安公主。

公元551年，元宝炬归天，丞相宇文泰扶持元氏的长兄元钦继承了皇位。宇文泰以开国元老的身份继续摄政。此时，元氏已经变成一个天真活泼的小姑娘了。她常常跟宇文泰的三公子宇文觉在一起嬉戏玩耍。他们俩年龄相仿，情趣相投，在一起甚为惬意，颇有点难舍难分的味道。宇文泰夫妇看在眼里，喜在心间，暗暗给孩子定下了这门亲事。

就在元胡摩和宇文觉十三四岁的时候，父母兄长决定为他们完婚。选定吉日良辰，大设宴席，在京城为他们举行了隆重的婚礼。蜂拥而至的达官显贵们纷纷贺彩道喜，整个场面热闹非凡。

美满的婚姻使得元氏对生活充满了希望。婚后不久，她的小郎君宇文觉又被封为安定公。公元556年，元氏的公公宇文泰不幸病逝。十五岁的宇文觉以嫡长子的身份被封为周公。此时，国家政权主要控制在宇文觉的堂兄宇文护的手中。

公元557年一月，宇文觉在堂兄宇文护的扶持之下登基坐殿，建立了北周。宇文觉即孝闵帝。不久，元胡摩被立为皇后。

孝闵帝宇文觉是个倔犟少年。他看不惯堂兄宇文护盛气凌人的姿态，更忌恨他独断专行的做法。当皇帝就要自己掌权，可是宇文护却处处束缚着自己的手脚，因此他下决心一定要摆脱宇文护的控制。他主动向元皇后谈了自己的想法，立即赢得了她的赞许。小两口取得心灵沟通之后，就开始寻找铲除宇文护的最佳方案。

孝闵帝和元皇后秘密召见一批心腹之人进行谋划。可是行事不密，识人不清，竟将奸诈的张光洛当作亲信。张光洛随即向宇文护告发。宇文护最初只是贬了孝闵帝心腹李植和孙恒的官职，把他们逐出朝廷，斩断了孝闵帝的左臂右膀，并未为难孝闵帝。

这次事件的结局使孝闵帝和元皇后吃惊不小，乙弗凤等大臣继续劝导孝闵帝并积极部署行动，可是又被张光洛告了密。这下宇文护大为恼火，决定立即采取措施。于是孝闵帝被废为略阳公，元皇后也被废为庶人。一个月后，宇文护又派人暗杀了宇文觉，并把元氏赶出皇宫当了尼姑。

带着忧伤，带着悲愤，元胡摩心灰意冷地来到佛门圣地，闭目诵经，清心养性。

后来，周武帝宇文邕登基，诛杀宇文护，追谥宇文觉为孝闵帝，并迎元氏入宫，称孝闵皇后，居崇义宫。

生活在权臣的阴影下——北周明帝宇文毓皇后独孤氏

独孤氏出身名门，是西魏权臣独孤信之女。十几岁便长成一个美少女，求婚者纷纷上门，父亲为她选了宇文泰的儿子宇文毓。

长安宇文泰的府中,在一片庆贺声中,宇文毓和独孤氏结成了夫妻。婚后生活很幸福,独孤氏对自己的婚姻感到十分满意。丈夫家世显贵,他们用不着为物质生活担忧。在精神和情感方面,虽说宇文毓称不上英俊男子,可他浑身充满了阳刚之气,而且有一副火热的情肠,对她百般体贴。

但生逢乱世,这种生活并不能长久。西魏恭帝四年(557年)正月,宇文氏夺得天下,建立了北周。孝闵帝宇文觉就是宇文毓同父异母的弟弟。宇文毓以皇兄的身份被封为岐州刺史。他在贤内助独孤氏的支持下,取得突出政绩,深受当地居民的爱戴。

这时北周宫廷内部为争夺权力发生流血事件。先是孝闵帝同心腹赵贵和独孤信企图除掉宇文护,不料被宇文护发觉,宇文护抢先杀掉赵贵,又逼独孤信自杀,废掉孝闵帝。父亲死了,可丈夫的机会来了。公元559年,宇文毓称皇帝,史称周明帝。

在宇文毓当了四个月皇帝之后,独孤氏被正式立为皇后。

地位的变动并没有给独孤皇后带来更多的乐趣,相反却加重了她的心事。她深切怀念已故的父亲,每当她遇到仇人宇文护的时候,总恨不得要杀了他。怎奈宇文护大权在握,自己又是一个女子,又能置他于何地?如此,独孤皇后积郁成疾,卧床不起,虽经御医诊治无效,才当了两个月的皇后就告别了人间,年仅二十余岁。

政治婚姻——北周武帝宇文邕皇后阿史那氏

阿史那氏是突厥人,其父突厥木杆可汗在位时,突厥的势力很强大。公元554年,突厥消灭了柔然的残余势力,做了蒙古草原的主人。其后,突厥兼并了契丹,成了北方的又一个强大政权。当时,中原地区的北周和北齐正在激烈争夺,双方都竭力巴结突厥,希望和它结成联盟,以消灭对方。

突厥木杆可汗决定联周攻齐,并决定把女儿阿史那氏嫁给周武帝宇文邕。

公元568年,武帝迎娶阿史那氏,并立其为皇后。

阿史那氏虽是突厥人,但容姿秀丽,举止温文尔雅,是一位美貌佳人。但周武帝却不是十分宠爱她。

当周武帝的外甥女窦氏了解了详情后,便对周武帝说:"天下还没有统一,突厥也还十分强大,希望舅舅为国家大局着想,不要冷落阿史那皇后。只要你对皇后多体贴一些,得到突厥的帮助,江南、关东还值得忧虑吗?"周武帝一听,恍然大悟,从此极为宠爱阿史那皇后。

周武帝死后,阿史那皇后的称号不断晋升,被周宣帝尊为皇太后,公元579年年初又改为天元皇太后,次年二月,又被尊称为天元上皇太后。宣帝死后,阿史那皇后被周静帝尊称为大帝太皇太后。

公元582年，阿史那皇后去世，年仅三十二岁，附葬于孝陵。

"姐弟恋"——北周武帝宇文邕皇后李娥姿

西魏恭帝元年（554年）十二月，西魏丞相宇文泰领军打败梁朝后，十九岁的美女李娥姿被作为战利品献给丞相宇文泰。宇文泰年过半百，国事繁重，对美色并无兴趣，于是就把她赐给了自己的四公子、年仅十二岁的宇文邕当侍女。

李娥姿被寄食于辅城郡公宇文邕门后，她常常为自己的走运暗自庆幸。她像大姐姐一样尽心尽意地照料着小主人宇文邕。在生活上，她想方设法给他更多的体贴和温暖，付出更多的爱与情。闲暇之时，她给他讲南国的美景，讲家乡的故事，长此以往，十三四岁的宇文邕被她彻底征服了。渐渐地，宇文邕长大了，朦朦胧胧地懂得了男女之情。而此时的李娥姿已经是二十多岁的大姑娘了，频繁的接触使他俩产生了一种难舍难分的情感。

武成元年（559年），李娥姿二十四岁，宇文邕年方十七，李娥姿生了个大胖小子，可谓早得贵子。虽然他们各自心态不同，但在那多子多福的年代，儿子的降生自然又加深了两个人之间的情感。虽然李娥姿还没有经过明媒正娶，但她事实上已经成了宇文邕名正言顺的夫人。第二年，宫廷发生政变，宇文邕接替大哥的皇位当了皇帝，即北周武帝。李娥姿也由此福禄俱增，成了人们心目中高贵无比的皇后。

十八年后，周武帝宇文邕寿终正寝，他与李娥姿生的儿子宇文赟继承了皇位（周宣帝）。不久，李娥姿被尊封为天元帝太后，又改为天皇太后、天元圣皇太后。宣帝死后，静帝继位，又尊封她为太帝太后。

开皇元年（581年），杨坚推翻北周建立隋朝，李娥姿被迫出家当了尼姑，法名常悲，于开皇八年死去，终年五十三岁。

杨坚长女——北周宣帝宇文赟皇后杨丽华

杨丽华是北周隋国公杨坚的长女。十三岁的时候，父母做主把她嫁给了周武帝的皇太子宇文赟。公元578年，周武帝病故，太子宇文赟继承皇位，是为周宣帝。杨丽华被立为皇后。

宇文赟是个淫荡成性的人，当了皇帝后，宇文赟更是肆无忌惮地纵情声色。他自称天元皇帝，封杨丽华为天元皇后。不久，他又相继立了三位皇后。为了扩大占有欲，满足虚荣心，他下令在洛阳（今洛阳）大修宫殿，广泛收罗天下美女充实宫中。回到都城长安（西安）以后，宣帝又增设了一位皇后尉迟繁炽，并且在宫中配备了五套精巧的床铺，令五位皇后各居一床，这样，他可以随心所欲地临时更换侍寝对象。

宣帝夜夜欢歌,搞得精疲力尽,他越来越感到身不由己,力不从心。于是他开始吃金石仙丹,以求壮阳强身。杨皇后苦口婆心地进行劝说,反而自己招致杖刑,被打得鲜血直流。可她偏不服软,不卑不亢,据理相争。宣帝更是恼怒,下令赐她自杀。这可吓坏了杨母独孤氏,她像捣蒜一样磕头求情,以致脑门出血,杨皇后才算免于一死。

公元579年年初,当了不足一年皇帝的宇文赟主动让位给八岁的太子宇文阐(静帝),自己悠闲地当了太上皇。十九岁的杨皇后也就成了皇太后。

公元580年,宇文赟因淫乱过度而卧床不起,不久死去。宣帝死后,大臣刘昉眼看静帝幼小无法执政,即与郑译等合谋推荐皇太后杨丽华之父杨坚出面主持国家政务。

公元581年,杨坚逼静帝禅位,灭北周,建隋朝,杨坚即为隋朝开国皇帝隋文帝。这时,杨丽华对此大为不平,整天闷闷不乐。杨坚自觉心中有愧,便封她为乐平公主。母亲见杨丽华芳姿不减,劝说她改嫁。可丽华誓死不从,决意守志终身。

公元609年,杨丽华跟随弟弟隋炀帝杨广到张掖巡游,途中死于河西,终年四十九岁。杨广返回京城时,将她葬于周宣帝宇文赟定陵。

母以子贵——北周宣帝宇文赟皇后朱满月

朱满月,吴(今属江苏苏州)人,因家人犯法,被没入东宫。后被太子宇文赟宠幸,生子宇文衍(后改名宇文阐),即后来的静帝。

大象元年(579年),她被封为天元帝后,不久改称天皇后,又改称天大皇后。她没有显赫的家族,又比宣帝大十多岁,始终不很得宠,只是因为生下太子衍,才受到尊重。

宣帝死,太子衍即位,尊她为帝太后,地位仅次于宣帝的正妻皇太后杨丽华。

公元581年,隋朝建,她出家为尼,改名法净。开皇六年(586年)死,以尼姑礼葬于长安城西。

宫廷丑闻——北周宣帝宇文赟皇后尉迟繁炽

尉迟繁炽,蜀国公尉迟迥之女,从小聪明乖巧,深得家人喜爱。十三四岁的时候,她已经出落得光彩照人,上门求婚者络绎不绝。经多方比较,父母还是决定把她嫁给了西阳公宇文温。这宇文温,是北周宣帝宇文赟的本家叔叔。

公元580年年初,宣帝宇文赟又新册封了两位皇后。为此,皇上在宫内举行盛大的庆贺典礼，特邀请贵夫人们前来光顾，尉迟繁炽以宗室妇的身份出席。在宴席上，宣帝一见到花容月貌的尉迟繁炽，就动了邪念。为了达到目的，宣帝暗嘱宫女轮班对其劝酒。她喝醉了，昏昏沉沉地趴到了酒桌上面。尉迟繁炽被搀扶到皇帝的寝宫，酣然睡去。宣帝于是占有了她。

第二天醒来，尉迟繁炽发现躺在当今皇上身边，不禁大吃一惊。就这样，宣帝又强留她在宫中住了八九天才恋恋不舍地放她回家。

回家之后，公公与丈夫立即猜到发生了什么，大怒之下决定造反，不料事情泄露，均被缉拿处斩。尉迟繁炽被宣帝召入皇宫，拜为长贵妃，并许诺立为皇后。这时宣帝已经立了四位皇后：天元皇后杨丽华、天皇后朱满月、天左皇后陈月仪，天右皇后元乐尚。于是将陈月仪改任天中大皇后，立尉迟繁炽为天左大皇后。

公元580年，宣帝患病而崩，尉迟皇后削发为尼，改名华道，在佛门圣地度过了她的后半生，于公元595年死去，终年三十岁。

驭夫高手——隋文帝杨坚皇后独孤伽罗

公元553年,北周大将独孤信家中又添了一个女儿,她就是独孤信家最小的女儿独孤伽罗,日后成为了隋文帝杨坚的皇后。

杨坚的贤内助

独孤伽罗生于一个名门大家,祖籍云中,北周的时候寄籍洛阳。她的父亲独孤信是北周的大司马,由于功绩卓著被封为河内公,是当时北周的"八柱国"之一,掌管兵权,位高权重。独孤信有六个儿子和七个女儿,长女就是北周明帝宇文毓的皇后,第四个女儿嫁给了大将军李昞(唐高祖李渊之父)。独孤信一家在北周的权势炙手可热,而独孤信的第七女,就是独孤伽罗。北周武帝天和元年,十四岁的独孤伽罗嫁给了二十六岁的杨坚。

独孤伽罗嫁给杨坚之后,夫妻二人感情非常好,他们有五男五女,长女丽华,嫁给周宣帝,被立为"天元皇后",深得宠爱。这样一来,独孤伽罗的姐姐是皇太后,女儿是皇后,杨坚一家的势力骤然增长,成为北周权势最大的家族。

但是这时候的北周,皇权还有很大的势力,并不是取而代之的最好时机。独孤伽罗也与杨坚处处小心,隐忍养晦。此后杨坚因为功勋卓著被封为上柱国将军,掌握全国兵马,在朝中威望日重,逐渐引起了周宣帝的猜忌。杨丽华成了皇后,杨坚作为国丈,皇室对他的猜忌却没有因而有所减轻。宣帝甚至对皇后杨丽华说:"你父亲如果惹火了我,我也会诛杀你全家。"

大象二年(580年),周宣帝和杨丽华之间发生争执。周宣帝很生气,但是杨丽华却神色自如,一点也没有认错的意思。周宣帝大怒,下令将杨丽华赐死。杨氏一家担心杨丽华被赐死不单会失去已有的富贵,甚至还会有满门抄斩的命运。杨家上下一片混乱,独孤氏亲自入宫叩头求饶,周宣帝才收回成命,不杀杨丽华。杨家采取了隐忍不发的策略,保住了女儿的性命,也使得杨氏一门的权势和地位得到了保全。

隋

同年，正值青春年华的周宣帝因病死去，新继位的静帝宇文阐只有八岁，不能料理朝政。杨坚就在众人的拥戴下以大丞相的身份辅政，总揽朝廷内外的军国大事，国家大事都由他来决断。这时候的杨坚在朝中的势力已经无人能及了。这时国家的政治不稳，杨氏代周的谣言四起。而独孤伽罗认为这时反对的势力还很大，称帝的时机还没有成熟，竭力地劝说杨坚暂时不要代周自立。

正当杨坚犹豫不决的时候，果然不出独孤伽罗所料，相州的总管尉迟迥举兵反叛，其余还有一些人回应。杨坚调兵遣将，率兵讨伐，很快就消灭了这些势力。剿灭了这些军队之后，杨坚听说尉迟迥的起兵与宇文氏诸王的怂恿有关，于是就在剿灭叛军后软禁了那些宇文氏的王侯。这样一来，杨坚就独霸了朝政，再也无人敢过问了。这次叛乱证实了独孤氏的见解，杨坚对她的建议更加重视。

静帝迫于形势封杨坚为隋王，允许杨坚带剑上殿，上朝的时候也可以不下跪。后来，在杨坚的要求下，静帝又赐给他只有皇帝才能戴的十二旒王冕和天子才能使用的旌旗，这些都已经超过了臣子所能享受的最高礼节限度。这时候，独孤伽罗密切关注天下舆论，她看到多数人对杨坚并不反感，就认定这是个有利的时机，于是就派人给在外带兵的杨坚送去消息，说："天下人都觉得你会代周自立，既然已经骑虎难下了，不如干脆就这样做算了，大丈夫处世就是要建功立业，夫君一定要抓住这个机会啊！"正是独孤伽罗的支持，使得杨坚最终下定了代周自立的决心。北周大定元年（公元581年），杨坚终于废掉了年幼的周静帝，自称皇帝，改年号为开皇，建立了隋王朝。

独孤皇后平日生活俭朴，不好华丽，专喜读书，知古通今。隋文帝治政稍有不妥之处，她就忠心苦劝。当时突厥与隋朝通商贸易，有一盒明珠价值八百万，幽州总管殷寿让她买下，她婉言谢绝，并说："如今外敌屡次侵犯，将士征战疲劳，不如把这八百万奖赏给有功的将士。"此举立刻朝野传闻，受到百官称赞。

独孤皇后还暗中派遣宦官监察朝政，若有她认为不妥的地方，等隋文帝退朝后，她就婉言进谏，隋文帝也常常采纳她的意见。她曾劝隋文帝从西城商人手中买下价值十万两黄金的宝玉，理由是"有了这笔巨资，将来可以养活一万名士兵"，仅从这一点，就能确信独孤后是位才智过人的女性。

独孤后对外戚要求尤为严格。大都督崔长仁是独孤皇后的表兄，奸淫妇女，触犯国家王法，按律当处以斩刑，隋文帝看在皇后面子上，有意赦免其罪。独孤皇后进谏说："国家之事岂可顾私。"遂将崔长仁处以死刑。宫中上下都十分敬重她，把她与隋文帝合称为"二圣"。

不准丈夫纳妾

在政治的大事上，独孤皇后可谓贤良明智，但在夫妻关系上，独孤皇后不单是不许自己的丈夫纳妾，也不准朝中大臣们娶小老婆，是标准的一夫一妻婚姻制度的崇尚者。隋文帝后宫佳丽很多，独孤皇后对隋文帝管制的严格程度在历史上是绝无仅有的。

隋文帝杨坚称帝的时候已经四十多岁了，这时的独孤皇后也已经二十七岁了。隋文帝改革官仪，大力整顿朝纲，一心想要建立一个圣明繁华的新朝。而独孤皇后作为隋文帝杨坚的贤内助，她明白后宫家事处理得是否得当，对隋文帝治理国家有重大的影响。因此，她当了皇后之后，并不安心于享受母仪天下的荣华富贵，而是开始了自己严治后宫的计划。

她首先废除了三妃六嫔的旧例，提倡简朴的生活，不但禁止后宫中的那些女子们穿华丽的服饰、有艳丽的妆饰，同时言行举止的要求也十分严格。独孤皇后命令，嫔妃们不得随意地亲近皇帝。众多嫔妃对独孤皇后十分不满，但是却都惧于独孤皇后至高的地位和强硬的手腕，不敢不服从。

独孤皇后知道只有不断地加深与丈夫之间的感情，才能够使隋文帝不被别的美色所诱惑，从而专心于朝政。所以，她凭借自己的柔情，体贴照顾隋文帝，丝毫不敢懈怠。她每天接送隋文帝上下朝，小心翼翼地服侍隋文帝，亲自过问丈夫的起居衣食。隋文帝杨坚也从不敢怠慢朝政，每天上朝退朝的时间都很严谨。此外，独孤皇后还常常与隋文帝一起回忆往年的情谊，细述夫妻多年来的恩爱，努力透过这些感情上的因素来牢牢地系住丈夫的心。

独孤皇后还很注重双方感情的专一性，她要求隋文帝一生要矢志相爱永不变心，还要求隋文帝不能与别的女子生孩子。隋文帝有五子，都是独孤皇后所生的。

此外，独孤皇后之所以限制文帝与别的女子生孩子，还有一个很重要的考虑，就是提防异母之子夺位争权的事情发生。

奇妒的独孤后，不容别的女人接近杨坚，杨坚只能望女兴叹。虽然隋文帝出于对国政大事的考虑，对独孤皇后严治后宫的种种制度表示认可和服从，但是自古以来皇帝嫔妃众多的惯例对他的影响也是很深的，时间久了，尤其是随着国家政局的渐趋平稳，隋文帝也开始对独孤皇后的清规戒律厌烦起来。

开皇二十一年秋，独孤皇后生病，在中宫调养。隋文帝退朝之后，临幸了一个宫女。原来她是早时反叛的尉迟迥的孙女，叫尉迟贞，年方二八。独孤皇后知道后气得咬牙切齿，不顾自己病体未愈，抱病带着一群宫女赶往仁寿宫。尉迟贞顿时花容失色，娇躯发抖，再也站立不住，忙双膝跪倒。独孤皇后当即就下令把尉迟贞乱棍打死。这时杨坚退朝后赶忙来到仁寿宫，瞥见独孤皇后怒颜高坐，地上的尉迟贞已经死去。杨坚不禁又痛又恨，顿觉失意至极，不禁心下一横，返身便走。

独孤皇后见杨坚变色而走，不禁也急忙赶出室外，她也不希望为了一个宫女，伤了夫妇多年的情分，想唤回杨坚。哪知杨坚却误会了独孤皇后的意思，以为独孤皇后不肯与他干休,便加快脚步,头也不回地走出了仁寿宫。

独孤皇后也觉得自己这件事情做得太过分,于是就痛哭流涕向文帝认错。杨坚到了此时,已无可奈何,念及夫妻两人早年的患难之情,也就不深加责罚了。从此独孤皇后的行为也有所收敛。有时任凭杨坚与宫人沾染,也装作不知,只是不容许杨坚太过分。

独孤皇后对后宫的严格治理,使隋文帝能够专心于政事,对隋文帝时期国家的强盛有很大的帮助。她追求一夫一妻的婚姻,要求夫妻互相忠诚于对方,这在古代的历史中是不多见的。正因为如此,独孤皇后在后人的眼中成了一个十足的"妒妇"。

在立储问题上看走眼

隋文帝杨坚坚信,最值得自己信赖的人只有结发妻子独孤皇后一人而已,所以,他对独孤皇后是言听计从。但是在东宫立储一事上,独孤皇后却"聪明一世,糊涂一时",错误地选择了杨广,最终断送了隋朝的大好基业。

公元581年,杨坚取北周而代之,建立隋朝。按惯例立长子杨勇为皇太子,独孤皇后对太子杨勇的期望很大,为了使他即位之后能够成为天下的表率,她亲自为杨勇选定了元氏作为太子妃,并按照仪制另立云氏之女为昭训。元妃是元魏宗室元孝矩的女儿,出身名门,而且生性温婉贤淑,端庄而有礼仪。独孤皇后非常喜欢,坚信她将来一定可以母仪天下,因而对她很是器重。昭训云氏虽然活泼乖巧,相貌俏丽。但独孤皇后嫌她门第低微,仪态不足,失于轻佻,因此并不喜欢。所以,独孤皇后暗示太子尽量少接近她。

太子杨勇生性率直,其情感与独孤皇后的期望不同。元妃虽为太子妃,但是杨勇对她更多的是敬重,却不是亲密,反而对云昭训十分宠爱。元妃独守空房,心中也很不是滋味。为此,独孤皇后越来越厌恶杨勇。

杨坚对太子杨勇本来十分信任,但独孤皇后对杨勇的看法很快就影响到了隋文帝,隋文帝也开始讨厌起杨勇了。有一年冬至,百官都到太子宫中称贺,杨勇命令张乐受贺,结果无意中超出了礼制的规定。这件事情传到了独孤皇后那里,她遂要隋文帝加以劝诫。隋文帝听说此事后,对于太子杨勇也渐渐有了猜忌之心,宠爱大不如前了。

太子杨勇处境困窘,元妃也常常担心焦虑,忧虑成疾,后来抱憾离开了人世。而云昭训却在不久下一子,很得杨勇喜爱。元妃的死本来是很正常的事情,但是独孤皇后却横加猜忌,以为是太子有意谋害了元妃,准备等待合适的时机,废去杨勇的太子之位,另立新太子。

晋王杨广生性诡谲,是个很狡诈的人,他早就觊觎太子的位置,于是乘机迎合独孤皇后。杨广的正妻是萧妃,他知道独孤皇后不喜别人宠幸姬妾,为了取悦独孤皇后,他不惜将其他姬妾所生的骨肉都命人掐死,只有正妃萧氏所生的孩子才禀告父母。这样一来，就正中了独孤皇后的心意，以为杨广与元配的萧妃厮守终身，所以对他很是喜欢。有一次隋文帝和独孤皇后一起到杨广的晋王府去，杨广知道隋文帝和独孤皇后都生性节俭，最恨奢华的行为，于是就预先命人将王府中的那些美姬都藏了起来，只留下几个又老又丑的宫女当作侍役，穿的也全都是粗布的衣服。屋子里的一切华丽陈设都撤去，换上了简陋的装饰，架上的诸般乐器也都积满了灰尘，望上去就好像已经长久都没有动过了的样子。

隋文帝和独孤皇后到晋王府看到这些，心里很满意，对杨广也极有好感。从此之后，独孤皇后对杨广更是另眼看待。独孤皇后遣亲信左右到晋王府第探视时，杨广也总是小心伺候，不论来使的身份是贵是贱，都亲自与萧妃到大门外迎接，设宴款待，并送以厚礼。时间久了，说杨广好话的人就越来越多了。独孤皇后改立杨广为太子的心意就越来越强烈，常常拿这件事情与杨坚商量。

大臣杨素看到独孤皇后对杨勇不再宠爱，也常向隋文帝谄言太子失德。内外交谗，隋文帝也动了废立太子的主意。不久，宫廷内外就都知道了废立的消息。消息传到了东宫，杨勇心中慌乱，竟秘密地叫巫师来府中做法。结果这个消息被人报告给隋文帝和独孤皇后，当晚隋文帝就命杨素到东宫探虚实。杨勇心无城府，以为杨素真心好意到府中慰问，便口无遮拦，言语之中露出怨愤之气。杨素回宫将这些报告给隋文帝，隋文帝大怒，决定第二天就宣诏废掉杨勇。开皇二十年（公元600年）十月，隋文帝在独孤皇后主张下将嫡长子杨勇废为庶人，十一月立次子晋王杨广为皇太子。

仁寿二年八月，独孤皇后病逝永安宫中，终年五十九岁，葬于太陵。从此之后，隋文帝失去了一个贤内助，也没了严厉的约束，开始宠幸宣华、容华二位夫人。由于年纪老迈，且纵欲无度，时间不长，仁寿四年秋七月，杨坚便病卧仁寿宫了，病情渐趋加重。不久，杨广开始显出顽劣的本相，并且趁机调戏宣华夫人，隋文帝听说后哀叹道："畜生何足托大事，独孤皇后误我大隋。"然而此时已于事无补。

不久，杨广即位，也就是历史上最荒淫无道的隋炀帝。即位后短短的十几年时间，隋炀帝就葬送掉了其父隋文帝苦心经营数十年的隋帝国。

晚节不保的宣华夫人——隋文帝杨坚夫人陈氏

南朝陈宣帝陈顼之女陈氏，自幼聪明伶俐，具倾国倾城之姿。深得陈宣帝的喜爱，被视为掌上明珠。

公元588年的除夕之夜，正当陈后主君臣在宫中饮酒作乐之时，隋军已渡过长江，直抵建康，陈军纷纷投降，陈朝灭亡了。陈氏和陈国宫人一起被发配到隋朝后宫，不久，又被隋文帝征选为嫔，从此开始了一种新的生活。

隋

公元602年,独孤皇后病逝。隋文帝便开始毫无顾忌地宠幸陈氏,不久,陈氏就由夫人晋升为贵人。随着陈氏地位的提高,她开始处理宫中一些内部事务,权力越来越大。六宫中其他一些妃嫔,都不能和她相提并论。

公元604年,隋文帝在仁寿宫避暑。暑天时就感到身体不适,四肢乏力,身体倦怠,不思饮食,到了暑天已过、秋风渐凉的时候,他便一病不起了。太子杨广、大臣杨素、柳述及陈宣华夫人、蔡容华夫人等都在跟前伺候。

一天,东方刚刚露出鱼肚白,宣华夫人和容华夫人在杨坚病榻前一宿没有合眼,此时困得实在不行,才闭上眼睛打个盹儿。隋文帝一觉醒来,发现二位夫人一直守护在自己身边,一夜未睡,赶紧催促二人去更衣休息。

不多时,宣华夫人陈氏就又回到隋文帝面前,并且神色慌张,衣衫不整,环佩零落,文帝忙询问怎么回事。宣华夫人只是摇头落泪,一声不吭。隋文帝更加奇怪,一再追问,宣华夫人才道出真情。原来,在她出去更衣的时候,正巧遇到急匆匆赶来的杨广,杨广见宣华夫人年轻漂亮,而且父亲又重病在床,不久人世,于是胆大妄为,竟想对宣华夫人施以非礼。宣华夫人拼命挣扎,才逃出杨广的魔掌。隋文帝听后暴跳如雷,破口大骂杨广畜生,后悔自己把国家重任交到杨广的手里,但也无可奈何。

隋文帝死后,杨广继位,称隋炀帝。刚刚登基,隋炀帝就派人把一个精致的金盒送到宣华夫人手中。宣华夫人打开金盒,里面装的是五彩制成的同心结。宣华夫人犹豫不决,但又惧怕杨广的淫威,后在来使的催促下,她还是收下了同心结。

杨广得知宣华夫人收了同心结,高兴非常,连夜赶来与宣华夫人相会。从此,杨广强占父妃事件成为隋王朝贻笑后人的丑闻。

隋炀帝杨广继位以后,背着萧皇后整天与宣华夫人饮酒作乐。隋炀帝皇后萧氏开始还以为先皇初丧,炀帝可能到别宫独处,并未在意。但很快炀帝与宣华夫人的丑闻就传到了她的耳朵里。萧皇后是不允许有人来代替她的。为此,萧皇后当着宣华夫人的面大骂杨广:"你刚刚做了皇帝,就奸淫父皇的妃子,背弃正妻;如果当了几年皇帝,又将怎

宣华夫人

么样呢？你一定要把她打入冷宫，不然，我就传下懿旨，让百官都知道你的丑行，看你这皇帝如何当法？"萧皇后的话不仅说得杨广哑口无言，而宣华夫人更是羞愧难当。为了保住性命，聪明的宣华夫人请求杨广将她送到了无人居住、与世无争的地方。杨广无奈，将宣华夫人出居偏僻的仙都宫。

宣华夫人离开之后，杨广整天闷闷不乐，经常莫名其妙地大发脾气，因为他从内心深处爱着宣华夫人。萧后看他日渐消瘦，知道他是惦记着宣华夫人，不得已只好又把宣华夫人接回宫中。

宣华夫人虽然又回到宫中，可是经过此次变动，整日郁郁寡欢，只过了一年多就离开了人世。享年二十九岁。

宣华夫人死后，隋炀帝悲恸万分。为了表示对她深切哀悼，炀帝还为她写了一篇《神伤赋》来纪念她，并举行了隆重的葬礼仪式。

陈氏一生本无大错，但遇到杨广这样无道的昏君，她又能怎样呢？

命运多舛——隋炀帝杨广皇后萧氏

萧氏的一生，随着两次占卜的结果而起伏，经历了坎坷的人生，真是造化弄人啊！

苦尽甘来，一朝选在君王侧

陈太建元年（570年）二月二日，江陵（今湖北沙市）城内西梁宫中，皇帝萧岿的宠妃张姬产下了一名女婴。按照当时江南的风俗，孩子生在二月命运多舛，而这名女婴又出生在二月二，更是不吉利。萧岿迷信占卜，连占两卦卦相都不好，身为一国之君的萧岿为了自己的社稷是不能允许这样的"灾星"留在家里的。他要把他的骨肉弄死，张姬哭得两眼红肿，苦苦哀求，最后，萧岿退了一步，决定把这个小生命送给别人。于是，第二天，这个新生的女婴就被送到萧岿的远房亲族萧岌家中，托萧岌夫妇收养。这个女婴就是后来贵为隋炀帝皇后的萧氏。

萧岌夫妇无儿无女，对萧氏百般疼爱，视如掌上明珠，聪明伶俐的萧氏给萧岌夫妇带来无尽的乐趣。可命运偏偏作弄，萧氏八岁时，萧岌夫妇便相继谢世了。孤苦无依的萧氏只好辗转投奔舅舅张轲。张轲的家境无法与萧岌相比，老两口辛勤耕作，过着清苦的日子，再添上萧氏，更是难上加难，甚至有时等米下锅，没办法，连小小的萧氏也得干些力所能及的活以维持生计。张轲夫妇对萧氏如亲生女儿一般，力所能及地养育萧氏，他们教萧氏为人处事的道理。劳动之余，他们还教萧氏读书认字。萧氏天性聪颖，过目不忘，她虽然生活在贫困的环境中，但仍然成为一个知书达礼、颇有教养的女子。

开皇三年（583年）的一天，萧岿派人匆匆赶到张轲家里，说萧岿有急事，暂让萧氏回家一趟，立即动身。坐在疾驰的车里，萧氏秀眉微蹙，她不知等待自己的又是什么。

原来，隋文帝次子晋王杨广已年满十六岁，到了选王妃的年龄，文帝和独孤后为此大动了一番脑筋。独孤后提出最好从南方的名门望族中为杨广挑选王妃，文帝十分赞同，二人一拍即合。他们左思右想，最后一致以为当时南方的名门望族中最为门当户对、最有影响、最受礼重的莫过于江陵后梁王萧岿了。于是，杨坚派使者陈中带厚礼去萧家提亲。

萧岿喜出望外，小小的西梁国主如能与大隋皇帝结为儿女亲家，那么他的统治就确保无虞了。于是把家中三个女儿都叫出来，可陈中看来看去，不是相貌不好，就是卜卦不吉，眼看这门婚事已没有希望了。这时，有人小心翼翼地向萧岿提起了寄养在张轲家的萧氏，萧岿欣然同意，派人立即去接。没想到萧氏站在陈中面前，陈中顿时呆了，眼前的萧氏安详典雅、落落大方，美丽而高贵，妩媚不失端庄，娇羞中透出大家风度，与前几个大不相同。萧岿也愣了，没想到十四年前被他遗弃的女儿，长得如此动人。陈中迫不及待地再虔诚祷拜，占得一个大吉大利的卦。陈中向萧岿道贺，回去禀报文帝定夺。萧岿怎么也没想到十四年前差点被自己扼死、从未相聚过的女儿竟给他带来了希望，从此把她视为"福星"。就这样，萧氏终于苦尽甘来，福从天降了。

不久，萧氏被迎到长安，文帝和独孤后亲自召见。见皇帝、皇后之前，萧氏十分紧张，看见跟前十分和蔼的皇帝、皇后，她变得轻松起来。文帝问了些南方习俗和萧家的情况，萧氏对答得体，独孤后甚为满意。文帝听后也大加赞赏，对她愈发喜爱。就这样萧氏正式进了皇宫。不久，举行册封礼仪，萧氏进为晋王妃。

萧妃性格随和温顺，对占卜颇有造诣。每当与笃信占卜的文帝、独孤后谈到卜卦时，总能把其中的道理分析得透彻、精辟，深得文帝和独孤后的赏识。晋王杨广仪容俊美、才思敏捷，萧妃十分欣慰。杨广对这样一个温柔贤惠、美丽端庄的妻子更是百般恩爱，夫妻十分和睦。

随着年龄的增长，杨广开始觊觎太子的位置。他深知父亲杨坚是一个励精图治、反对奢侈的君主，母后独孤氏又是一个力主一夫一妻制、深恶淫行的皇后，为了赢得父皇和母后的信任，他极力讨好，迎合他们，所以他在衣食住行等方面装出清心寡欲、克勤克俭、心怀大志、奋发向上的样子，收买大臣与宫廷内侍，宣扬自己，中伤太子杨勇。久而久之，杨勇懦弱无能、心怀不轨；杨广清正贤明、循规蹈矩，成为朝中一致的舆论。杨坚与独孤后渐渐相信杨广，终于废了杨勇的太子之位而代之以杨广。

大业元年（605年），杨广登基，下诏册封萧妃为皇后。

夫君骄奢，徒自伤心落泪

杨广继位后，骄奢淫逸，大修洛阳宫室，搜罗天下奇珍异宝，滥用民力凿通运河，巡幸江南，这一切使萧后感到不安。她正位为皇后，儿子杨昭立为太子，母子至尊至贵，她对自己的境遇十分满足。只是对炀帝变得如此放纵十分痛心。她婉言规劝，可杨广哪里听得进她的话。她知道想要炀帝完全像父皇杨坚那样勤俭治国已不可能，只希望他行事能有个限度。

　　大业三年（公元607年），炀帝下令开运河、造龙舟，准备一次盛大的水上游历。一时江南震动，朝廷上下议论纷纷。萧后觉得自己身为皇后，必须阻止炀帝此次活动。一天，她对炀帝谈起了独孤太后："母后驾崩前曾对我说，太子简朴恭孝、自守甚严，将父皇基业托付给你最放心。可你现在要开运河、造龙舟耗费钱财不说，更使多少百姓无家可归啊！""皇后，你真是太过虑了。父皇留给我一个统一富足的大帝国，国库里的钱堆得像山一样。钱是供人享用的，像父皇那样空做守财奴，岂不自寻烦恼。'对酒当歌，人生几何'，我现在富有天下，这是老天对我的恩赐，倘不享用它，岂不辜负了上天的美意。"炀帝忘乎所以地说。听了这番话，萧后顿时失望，知道多说无益，只得暗自叹息。

　　自那次和炀帝谈话后，萧后自恨无法改变炀帝的奢靡，眼见大隋江山每况愈下，在无可奈何的情况下，作了一篇《述志赋》，表达了对炀帝的希望和规劝。文章写道："古圣贤遗训和做人道理我不能忘怀，我的愿望是做一个周文王夫人周姒那样的贤良圣母，为国家培养出周武王那样的英才；做一个像齐威王虞妃那样的贤妻内助，规劝君王勤政爱民，致君尧舜之上……"

　　炀帝临幸萧后住处，无意看到了这篇文章。他一面读，一面赞道："写得好，没想到皇后居然有此文才，真是可佩可敬呀。"萧后心中暗喜。谁知炀帝越看越觉得不对劲儿："皇后，所谓人生如寄，多忧何为。我取大业作年号，就是要追求秦始皇汉武帝的伟大事业，生有荣名，死有遗业。"萧后大为失望，仍想再劝几句，却见炀帝脸色一沉："皇后，我平生讨厌别人劝我，希望你不要再说这些不中听的话了，这样徒惹你我不高兴罢了。"听到这话，萧后如冷水浇头，她清醒地认识到炀帝已彻底不可挽救，只好听天由命。从此她不闻不问。

　　炀帝一意孤行，而且对进谏大臣必置之死地，朝廷上下人人自危。八月仲秋，炀帝亲率龙舟数千艘、随从两万多人巡游江南。第二年四月才返回洛阳。此时，太子杨昭已十九岁，颇像萧后，待人宽厚，自奉甚俭，很得人心。七月，天气酷热，从长安赶来朝见的杨昭一路受暑，不久就一病而亡。消息传到洛阳，萧后伤心落泪，她觉得这是上天的警告，再劝炀帝收一收心。炀帝失去爱子，也很伤感，所以，他答应萧后不再远游，可他生性好大喜功，如今据有天下，总想做些惊天动地的事才能显出他的伟大，他向萧后保证的话很快就忘在脑后了。

国亡他乡，何处可以容身

文帝励精图治，国家安宁，当时，边境已无强敌，只有北方的突厥称雄塞外，时常南下骚扰边境。隋文帝曾用和亲政策，将义成公主下嫁突厥启明可汗。炀帝突发奇想，要去塞外炫耀武力。他下令修筑直通太原的大道，亲率三宫六院、百官甲兵五十多万人浩浩荡荡直趋胜州（今内蒙古托克托附近）。在胜州行宫里，炀帝接见了启明可汗、义成公主及众酋长。

萧后一直惦念着义成公主。盛会后，萧后亲自拜会义成公主。皇后屈驾给她一王室之女、番邦之妻无上的殊荣，义成公主十分感动，更有一种如见亲人的感觉。由此，萧后与义成公主建立了一份深厚的感情。

大业年间，炀帝两次巡游江都，一次巡长城，三次攻打高丽，损兵折将，劳民伤财，将士离心，哀鸿遍野，饿殍载道，各地农民起义风起云涌。这时全国到处都有逃亡的将士聚众为盗；豪杰之士乘机号召，称雄一方，割据而立；州郡官吏无力平盗、惧怕朝廷刑律，反与盗匪暗通。

就在这种危机四起的情况下，大业十二年（616年），炀帝仍然下令游江都（今江苏扬州）。萧后及许多忠正大臣极力劝阻，炀帝不但不听，反而一怒之下杀了不少忠臣。到了江都后，炀帝想方设法来享乐，置朝政社稷于不顾，宠信佞臣、沉湎酒色。萧后忧心忡忡，觉得这情形再继续下去实在太危险了，有亡国的可能。她不顾炀帝的反感，找了一个机会再次规劝炀帝："皇上，现在群盗四起，你怎能放弃朝务，安心享乐呢？这样下去，就怕大隋江山不稳了。"炀帝不以为然地说："说得严重了，你这是杞人忧天了。""但愿我这是杞人忧天，皇上倘再执迷不悟，恐怕将来不能再安心享乐了。"这番话并未能使炀帝振作起来，他对日益严重的局势丝毫没有办法。远在突厥的义成公主闻知隋朝江山被灭，萧后被执，便促使启明可汗之子处罗可汗发兵围困窦建德，逼迫窦建德生擒宇文化及。义成公主派专使迎接萧后，萧后举目无亲，从此就过上了背井离乡、流落异域的生活。

贞观四年（630年），唐朝大将李靖率军大败突厥。唐太宗李世民得知萧皇后尚在塞外，便派特使迎接她返回长安，颐养天年。

十四年的流亡生活，萧皇后已成了白发苍苍的妇人。虽然唐太宗对萧氏十分关照，可这一切都无法弥补她此时心中的裂痕。她在孤独寂寞中悄悄地离开了人世，人生走到了尽头。

雀屏选夫——唐高祖李渊皇后窦氏

窦氏出身名门望族,其父窦毅北魏时为上柱国,入隋为定州总管,母为北周武帝宇文邕姊襄阳长公主。窦氏从小就貌美如花、志气不凡,登门求亲者不计其数,窦毅却独具慧眼,把女儿嫁给了当时并不特别出色的李渊。结果窦氏给丈夫生了四个儿子:建成、世民、元霸、元吉,个个都是英雄豪杰。李氏父子自山西太原起义,终于推翻了隋朝、扫平群雄,开创了大唐帝国,创造了汉朝以来第二个太平盛世,享国三百年之久,窦皇后也是兴唐的一大功臣。

天生丽质有胆识

唐高祖窦皇后是京兆始平人,出身于名门显贵。她的外祖父就是大名鼎鼎的北魏权臣宇文泰。宇文泰一共生了十三子、八女,其中的三子是北周第一任皇帝孝愍帝宇文觉,长子是北周第二任皇帝明帝宇文毓,四子是北周第三任皇帝武帝宇文邕。算起来,北周孝愍帝、北周明帝、北周武帝都是窦皇后的舅舅。窦后的母亲是宇文泰的长女(大排行次于北周明帝宇文毓),被封为襄阳公主;襄阳长公主嫁给了隋朝定州总管神武公窦毅,生下了窦皇后。

据史载,窦氏一生下来就发垂过颈。到了三岁时,不但容貌娇丽,头发更长得和身子一样长,垂到脚后跟,并且漆黑光亮,触手柔滑。

依照中国相书上的说法,女子发长委地,是大贵之征,甚而可以贵为一国之母。当年南陈后主陈叔宝的宠妃张丽华,就是"发长七尺,鬓黑如漆",这是人尽皆知的例子。所以,窦氏的父亲窦毅特别钟爱这个女儿,常常对人说:"我的这个宝贝女儿,长得如此出色,不可以随随便便就许个婆家,一定要慎重地替她找个贤能的丈夫。"

窦氏愈长愈美丽,她的小舅舅北周武帝宇文邕很喜欢这个外甥女,便把窦氏带到宫里,锦衣玉食,分外宠爱,还请老师教她读书识字。聪明的窦氏自幼就熟读《女诫》、《列女传》等书。

北周武帝宣政元年（公元578年），窦氏八岁，她的小舅舅宇文邕亲率五路大军北讨突厥，不幸在半路上染患恶疾，不治而死，死的时候才三十六岁。

宇文邕死后，二十岁的儿子宇文赟即位为北周宣帝。北周宣帝只在位一年，就因"昵近群小，饰非拒谏，用法严苛，任意诛杀，沉湎酒色，大兴土木，穷极奢丽，赋敛繁重"而大失民心，被迫把皇位让给他七岁的儿子宇文阐，史称北周静帝。

而静帝只当了三年的皇帝，就被权臣杨坚篡夺帝位建立了隋朝，是为581年。

北周灭亡时，窦氏才十一岁，她听到消息十分难过，从床上一跳而起，愤慨地说："只恨我不是个男儿，不能救舅舅家。"

她父亲窦毅听了，赶紧用手掩住女儿的嘴巴，训斥道："你不可以胡乱说话，小心招来灭门之祸。"

窦毅虽然如此教训女儿，心里却很佩服她的胆识，认为女儿将来一定不是个泛泛之辈而庸碌一生。

李渊娶了姨表妹

隋文帝开皇十四年（594年），窦氏已二十四岁了，依然小姑独处，待字闺中。

当然不是没有人登门求亲才蹉跎了窦氏的婚姻，而是窦氏的父亲窦毅择婿太严。尽管有许多王孙贵胄、翩翩公子托人来说媒，几乎快把窦家的门槛都踏烂了，但是窦毅看了都不中意，没有答应。

窦毅的妻子襄阳长公主宇文氏有些着急了，问丈夫究竟要把女儿留到何时才嫁？窦毅说：

"你着急，我比你更急呢！可是没一个来提亲的配得上我们家女儿，我总不能随随便便就把她给嫁了吧！"

后来，夫妻俩请"神相"袁天罡占卜。袁天罡一见窦氏，就连连称赞她有"大贵之相"。窦毅问如何才能找到一位乘龙快婿呢？

"姻缘天定，不由人事，我看窦公不妨在屏风上画两只孔雀，让求婚的英雄豪杰挽弓射箭，谁射中孔雀的眼睛，谁就是窦家的乘龙快婿。"袁天罡说到这儿，顿了顿，又慎重地叮嘱窦毅说："千万记住，天机不可泄漏啊！"

于是窦毅就请人在大厅的屏风上画了一双孔雀，请求婚者弯弓射之。结果有的人只会舞文弄墨，却不能挽弓；有的人虽然勉强把箭射出去了，要么射不中孔雀，要么只射到孔雀的身子，没有人能射中孔雀的眼睛。当然，他们更不知道，只有射中雀眼的人，才能成为窦家的女婿。

这天，陇州刺史李渊也来到窦府，参加射箭招亲。李渊生得英俊高挺、气

中国皇后全传

窦皇后

宇不凡,所以一走进窦家,便引起一阵骚动;"是李刺史呢!"大家交头接耳地窃窃私语。

提起李渊此人,真是来头不小,难怪引人瞩目。李渊的七世祖李嵩在东晋时据秦凉,自称为王,传到李虎时,是西魏的勋臣,后来又佐北周伐魏,为八柱国之一。传到李昞时,佐杨坚创隋,封唐公,娶独孤信的四女儿,生下李渊。而独孤信的长女嫁北周明帝宇文毓、七女嫁隋文帝杨坚,所以李昞和隋文帝名为君臣,实为连襟,那李渊见到隋文帝,喊一声"姨丈"也就够了。这样的人一到,难怪顿时引起阵阵喝彩。

李渊走进窦家大厅,见了窦毅,亲切地喊了声"姨丈"。算起来,窦毅是李渊母亲的姊夫,这样称呼也说得过去。

窦毅笑眯眯地说:"贤侄也来参加射箭招亲吗?"见李渊点了点头,窦毅接口说:"祝你好运。"

李渊弯弓射了两箭,结果各中一只孔雀的眼睛,窦毅笑呵呵地对李渊说:"贤侄果然是我的乘龙快婿。"

李渊就这样娶到了姨表妹窦氏,这就是"雀屏中选"典故的来由。

相夫教子成霸业

李渊娶窦氏时,他的父亲李昞已经病故。他世袭父亲的官爵,成为陇州兼谯州刺史。

婚后十年,隋文帝驾崩,子杨广即位为隋炀帝,年号大业。这时,窦氏已给李家生了四子一女:长子建成、次子世民、三子元霸、四子元吉,另外一个女儿(大排行老二)后来嫁给临汾人柴绍。

窦氏四子当中,长子建成与次子世民都十分杰出,从小互不相让,经常打打闹闹。建成为了胜过弟弟,便联合四弟元吉做同党,世民为了胜过哥哥,也联合三弟元霸为自己的帮手。双方勾心斗角,互逞机锋,到了十几岁依然如此。

窦氏见四个儿子如此不和,十分担心。有一天便把四个儿子叫到面前,拿出一把竹筷子,对四人说道:"手心手背都是肉,你们都是我生的,为什么如此不能相容？这里有一把筷子，现在每人拿一根筷子，试试看能不能把它折断？"

四个兄弟觉得好玩，各自伸手拿了一根筷子，轻松地把筷子折断了。

窦氏见状，又说："这剩下的一把筷子，谁能一次把它们折断呢？"

四个兄弟先后试了试，没有人能够折断它们。

窦氏说："一根筷子很容易折断，一把筷子就不容易折断了，这就是团结的力量。你们兄弟要相亲相爱，团结合作，才不会被敌人轻易地折断啊！"

听了母亲的教诲，四个兄弟颇受感动。但是过了不久，老三元霸生病死了，兄弟间的关系又起了变化。原本就比较要好的老大和老四显然占了上风，势单力薄的世民开始吃亏受气。这也养成了李世民日后爱结交异姓朋友的个性。

窦氏当然注意到了他们兄弟关系的失衡，开始偏袒老二。但是窦氏在隋炀帝大业十一年（615年）生病而死之后，这种对立开始日益尖锐。

窦氏去世时，享年四十五岁。最难过的不是她的老公李渊，而是她的次子李世民。

李渊在炀帝末年时，已升官为太原留守，有享受不完的荣华富贵，天天走马斗鸡玩女人，过着快活似神仙的日子。这会儿老婆窦氏一死，他更可以放手讨妾了。李渊是个好色的人，他一共有二十二个儿子、十九个女儿，其中只有四子一女是窦氏所生，其他的全是别的女人给他生的，由此可见他的风流。窦氏去世，李渊可说反倒更逍遥自在。

而李世民就不同了，母亲在世时，还有人帮他撑腰，母亲死后，他更觉孤单了。为此，李世民把精神心力全放在外头的世界，他密切注意隋朝政权的盛衰兴替，更广结天下豪杰，如三原李靖、晋阳令刘文静、晋阳宫监裴寂等人，以为日后开创另一个新王朝的积攒本钱。

李渊贪酒好色、资质平平，只想终老于太原留守，不敢冒全家被抄斩的风险，公然造反。为此，李世民和刘文静、裴寂等人设下一个美人计，在炀帝的晋阳行宫设筵把李渊灌醉，而后召两位宫里的美女陪侍。等第二天李渊醒来，才知道自己昨夜竟睡在龙床之上，亵渎了炀帝的两名宫妃，这可是杀头的死罪，李渊无奈，只好造反求生了。

隋炀帝大业十三年（617年）七月，李渊父子自晋阳起兵，以三万人攻击隋帝国的兵粮重心——关中，同年十一月就攻陷了长安，天下英雄闻风来归，注定了隋亡唐兴的命运。次年三月，荒淫纵欲的隋炀帝被部将宇文化及弑于扬州，天下大乱。同年五月，李渊就在长安即帝位，改元武德，国号唐，史称唐高祖。李渊并追封窦氏为"大穆顺圣皇后"。

如果此时窦后还在世，唐高祖李渊不会把隋宫当作自己的行宫，只顾着和宇文昭仪、万贵妃、尹德妃、张婕妤、大小杨嫔等女人日夜鬼混，没时间注意秦王世民的野心勃勃，以及太子建成和世民的兄弟不和、各结党羽，窦后更不会坐视兄弟内斗，发生玄武门的惨剧。

结果李渊只荒淫了九年，就在武德九年（626年）六月三日，发生了玄武门之变——李世民与妻兄长孙无忌、府僚张公谨等九人，埋伏在玄武门内，袭击准备上朝的太子建成、剿刺齐王元吉。结果建成被世民用弓箭射死，元吉也被世民的部将所杀。

唐高祖李渊闻变惊愕万分，左右的人劝他把国政交给世民，李渊见风转舵，立即下令内外诸军都听秦王调度，在三天之后封世民为皇太子，两个月后交出政权，把皇位传给二十九岁的李世民，自居太上皇。又过了九年才到阴间去与老伴儿窦皇后会合，合葬于千献陵。

盛世贤后——唐太宗李世民皇后长孙氏

公元600年，隋朝左骁卫将军长孙晟家中添了一个千金，长孙晟将其视为掌上明珠，百般呵护。她自幼酷爱读书，博闻强识，日后成为唐太宗李世民的皇后。唐太宗李世民治理国家期间之所以出现盛世之貌，长孙氏功不可没。

以德立身传美名

长孙氏是河南洛阳人，其先祖本来是北魏的拓跋氏，北魏汉化以后，这一支改姓长孙。长孙氏出生在官宦世家，自幼就接受了一整套正统的教育，受到汉族的文化熏陶，随着她不断成长，逐渐形成了贤淑温柔、正直善良的品性。长孙氏的父亲长孙晟在隋朝的时候任骁卫将军，能文能武，在当时很有名气；母亲高氏也是出身名门，高氏之父高敬德曾任扬州刺史。

长孙氏小时候，曾经有一个算卦的先生为她算命，说她"坤载万物，德合无疆，履中居顺，贵不可言"，后来的事实果然与算命先生所言相差无几。长孙氏十三岁的时候，嫁给了年方十七岁的李世民为妻。李世民的父亲是当时的太原留守李渊，李世民是其次子，很有文略，而且喜欢习武，很得李渊的宠爱。长孙氏出身于世家大族，但是嫁给李世民之后，却非常孝敬，一点也不骄纵，行事都很低调。长孙氏年龄虽小，却能够尽守妇道，对公婆小心侍奉，非常尽心尽力。后来长孙氏和李世民有了孩子，她就更加勤勉，相夫教子，对家人也很体贴照料。

后来李渊起兵，二十一岁的李世民随父亲南征北战，立下了汗马功劳。长孙氏随夫出行，照顾李世民的衣食，尽心尽力，家中的一切大小事务，长孙氏都处理得井井有条，让李世民没有后顾之忧，李渊对这个儿媳也很满意，常常在家人面前夸赞她。

没过多长时间，李渊在长安登上了天子宝座，成为大唐王朝的开国之主

——唐高祖。李渊称帝之后封李世民为秦王,负责节制关东的兵马,并命他扫荡割据势力。李世民凭借自己卓越的才能,数年之内,就挥兵扫平了所有的割据各地残余力量,完成了大唐的统一大业。在李世民征战南北的过程中,长孙氏也紧紧追随丈夫,不辞劳苦四处奔波,为他照料生活起居等诸般事务。

唐武德九年八月,李渊因年事已高而禅位给太子李世民,李世民做了皇帝,国家在他的统治之下开始走向盛世。长孙氏也成了母仪天下的长孙皇后,但她依旧没改往昔的优秀品德,她从不骄矜自傲,一如既往地保持着贤良恭俭的美德。这与先前卜卦先生所说的"坤载万物"的预言也正好契合。

对于年老赋闲的太上皇李渊,她十分恭敬地侍奉,每日早晚必去请安,时时提醒太上皇身旁的宫女怎样照料他的生活起居,像一个普通的儿媳那样尽着孝道。

唐朝后妃的建制很多,除了皇后之外,还有四夫人、九嫔妃、二十七妇、八十一御女。几乎每一个朝代都会出现后妃争宠的事,但唐太宗一朝,这种事情很少,这一点与长孙皇后的开明是分不开的。她凭借自己端庄仁慈的品性,无言地影响和感化着周围的嫔妃,使整个后宫很和睦。唐太宗也因此可以不受后宫是非的干扰,专心致志地料理军国大事,长孙皇后的这一优点让唐太宗也十分敬服。

长孙皇后对后宫的妃嫔非常宽容和顺,她并不因为自己的皇后地位而一心争得专宠,反而常规劝唐太宗要公平地对待后宫的每一位妃嫔。长孙皇后在宫中很注重妃嫔之间的情谊,对其他嫔妃所生的子女,也都视同己出。豫章公主早年丧母,长孙皇后收养了她,待她比自己的亲生女儿都要亲。妃嫔生病了,她也安排御医前去诊治,因而宫中的人对她也很爱戴。

长孙皇后还整理古代妇女的优秀事迹,编辑成十卷书,名曰《女则》,并亲自为之作序。她阅读史书的时候看到汉明帝马皇后事迹的时候,亲自作文批评她的过失,认为她宠信外戚,使外戚在朝中横行霸道,并认为这是其之所以取祸的根源。长孙皇后死后,唐太宗看了全书后倍增悲恸,并且让把这本书作为后宫嫔妃的行为准则,在后来,《女则》就成了当时妇女们竞相遵守的规范守则。

皇夫执政贤内助

长孙皇后喜好读书,常与唐太宗谈古论今,因而也能提出自己的见解,给唐太宗很多帮助。事实是长孙皇后一生在政事、人事等方面给唐太宗提出过不少好意见。唐太宗当政期间,是中国历史上最辉煌的时代,被称为"贞观之治"。盛世的形成固然与唐太宗的个人能力密不可分,但是同他周围一批杰出的臣辅,也有莫大的关系。而这一些人才的团结,与长孙皇后的努力是分不开的。

因为长孙皇后的所作所为正直有道，唐太宗对她也十分器重，所以回到后宫之后，常与她谈起一些军国大事及赏罚的细节。长孙皇后一向遵守后宫不干政的准则，她说："母鸡司晨，终非正道，妇人预闻政事，亦为不祥。"但是唐太宗却坚持要听她的看法，长孙皇后拗不过，就只好说道："居安思危，任贤纳谏而已，其他的我就不了解了。"她提出的是原则，而不愿用细枝末节的建议来束缚皇夫，李世民牢牢地记住了贤妻的"居安思危"与"任贤纳谏"这两句话。

在"居安思危"方面，当时天下已太平，很多武将渐渐开始疏于练武，唐太宗就时常在公务之暇，召集武官们演习射技，名为消遣，实际上是督促武官勤练武艺，并以演习成绩作为他们升迁及奖赏的重要参考。他任人唯贤，用人不疑的作风，深得手下文武诸臣的拥护，由此属下人人自励，不敢疏怠，就是在太平安定的时期也不放松警惕，国家长期兵精马壮，丝毫不怕有外来的侵犯。

在"任贤纳谏"方面，唐太宗深受其益。他手下的谏议大夫魏徵就是一个敢于犯颜直谏的耿介之士。魏徵常对唐太宗的一些不当的行为和政策，直截了当地当面指出，并力劝他改正，唐太宗对他颇为敬畏，常称他是"忠谏之臣"。但是，有时候，魏徵当着朝臣的面驳斥唐太宗的意见，使唐太宗的心里很不舒服。一次，魏徵在朝堂之上当众驳斥唐太宗，唐太宗很是恼火，回到后宫的时候依旧余怒未消，满脸怒气地对长孙皇后说："魏徵这个乡巴佬，经常使我难堪，我非杀了他不可。"长孙皇后很少见太宗发那么大的火，听了之后，也没有做声，而是到寝宫打扮了一番，然后穿着皇后的礼服出来，并一本正经地对着唐太宗行三拜九叩的大礼，口中还说："恭喜圣上！贺喜圣上！"唐太宗很是惊讶，不知道这是为了何故，于是就问喜从何来。长孙皇后说道："妾闻主明才有臣直，今魏徵直，由此可见陛下明，妾故恭祝陛下。"唐太宗听了心中一怔，然后明白了长孙皇后的意思，顿时满腹的怨气也就烟消云散了，此后对魏徵的意见更加重视。长孙皇后救了魏徵，且剖析人理，又捧了太宗，使其不得不服。后来唐太宗还在朝堂之上当着群臣的面夸奖魏徵说："人言魏徵粗鲁，以吾观之，正是其可爱之处！"

长孙皇后不仅在口头上称赞魏徵，而且还派人赏赐魏徵，并传自己的口信说："听说你很正直，现在看来果然如此，所以才赏赐你；你应该坚持这样做。"魏徵得到长孙皇后的支持和鼓励，更加尽忠尽力，经常在朝廷上犯颜直谏，丝毫不怕得罪皇帝和重臣。也正因为有他这样一位赤胆忠心的谏臣，才使唐太宗避免了许多过失，成为一位圣明君王，说到底，这中间实际上还有长孙皇后的一份功劳呢！

长孙皇后的哥哥长孙无忌，与唐太宗是布衣之交，很早的时候就跟随唐太宗出外征战。唐太宗即位之后，对他也倍加宠信，准备让他出任宰相一职，谁知道长孙皇后知道了之后坚决不同意，一再强调自己身为皇后，已经尊贵至极，实在不愿意自己的兄弟子侄也都在朝廷中做大官，而且举出汉朝的吕后家族作乱的前车之鉴，极力反对。唐太宗听了却不以为然，觉得让长孙无忌担任宰相，凭的是他的功勋与才干，应该任人不避亲、惟才是用才对。于是就任命长孙无忌为左武侯大将军、吏部尚书、右仆射（宰相）。长孙皇后没有办法，就私下与长孙无忌商量希望他能够推辞，不要就职。长孙无忌也很顾忌与长孙皇后的关系，不愿意出任宰相。太宗万不得已，只好让他做开府仪同三司，位置很高，但是不掌管实际的政事。长孙无忌仍要推辞，认为自己是外戚，如果做此高官，恐怕天下人说其中为私。唐太宗就正色道："朕为官择人，惟才是用。如果无才，虽亲不用，如果有才，虽仇不避，魏徵是例子。今日之举，并非私亲也。"长孙无忌也觉得有理，这才答应。长孙皇后看到哥哥不慕权势，也很高兴，也就不再说什么了。

当时房玄龄由于过错被遣返家乡，长孙皇后很赏识他的才干，希望唐太宗能够对他加以重用。此时，长孙皇后已在弥留之际，但她还不忘国家大事。她说："房玄龄跟随陛下很长时间了，这个人做事小心缜密，有很大的智慧，是个不可多得的人才，如果没有大的过错，希望陛下能够重用他。也希望陛下能够亲近君子而远离小人，采纳忠臣的建议，远离小人的谗言，减少百姓的劳役，发展生产，使国家富强，我就是死了，也没有什么遗憾了。"唐太宗听了连连点头，在长孙皇后死后没有多久就重新起用了房玄龄作为宰相，而房玄龄也正如长孙皇后所言，为大唐盛世的形成贡献了巨大的力量。

崇尚节俭明大义

长孙皇后出身显贵，却从不崇尚奢华，一直过着节俭简朴的生活。她和先前一样，衣服用品都不讲求豪奢华美；平时的饮食都很简单，偶尔宴请宾客，也从不铺张，并在后宫中实行节减开支的政策，凡是多余的用度，能去除的尽量节减。长孙皇后以身作则如此，后宫中自然而然地也就形成了崇尚朴实的风气。

唐太宗即位之后，长孙皇后的长子李承乾被立为太子。由于太子年幼，长孙皇后就让他的乳母遂安夫人总管太子东宫的日常用度。当时宫中实行节俭开支的制度，太子宫中自然也不能例外。因此，遂安夫人时常在长孙皇后面前抱怨，认为太子是未来的君王，理应受天下人的供养，但是现在的日常用度却捉襟见肘，一应器物都显得过于寒酸，并屡次要求增加太子府的日常费用。长孙皇后也很喜欢太子李承乾，但是她却并不因此而网开一面，反而说："身为储君，来日方长，所患者德不立而名不扬，何患器物之短缺与用度之不足？"遂安夫人听了之后也就不再言语了。

长孙皇后的女儿长乐公主是唐太宗的掌上明珠，从小就很受唐太宗宠爱，养尊处优,显得很娇贵。出嫁的时候,长乐公主向父亲撒娇,要求自己所配的嫁妆一定要比先前出嫁的永嘉公主加倍。永嘉公主是唐太宗的姐姐,出嫁的时候正是唐朝初年百业待兴之时,所以嫁妆比较简朴。而长乐公主出嫁的时候,唐朝正处于贞观盛世,要求增添些嫁妆也就并不过分,唐太宗也同意了。但是魏徵却向唐太宗进谏,认为长乐公主的嫁妆如果超过永嘉公主的话,于情于理都不合适。认为自古以来长幼有序,规制也是有定例的,希望唐太宗收回成命,不要授人以柄。回宫后,唐太宗无意间把魏徵的话告诉了长孙皇后。长孙皇后听了之后却觉得很有道理,她说:"经常听说陛下很看重魏徵,不知道是什么原因。今天听了他的谏言,才知道他引用礼义来帮助主人不徇私情,这才是真正的社稷之臣呀。我与陛下结发成为夫妇,情深意重,每次说话都要先看看陛下高兴不高兴才敢说,从来不敢轻易冒犯;魏徵作为臣子,能这么说,实在是难得呀,陛下怎么能不听从呢?"唐太宗听了之后,也觉得很有道理。于是,长乐公主出嫁的时候所带的嫁妆也并不丰厚。

贞观八年,长孙皇后随唐太宗巡幸九成宫,九成宫是当时避暑的胜地。结果一天夜里出现了紧急状况,有人报告说侍卫中发生了兵变。唐太宗听说了之后,立刻亲自手持武器,出来巡视,长孙皇后担心唐太宗遇到危险,就自己挡在唐太宗面前。所幸有惊无险,并未出现大的变故。长孙皇后出巡之前身体就不好,这次受了惊吓,又感染风寒,结果引起旧病复发,虽服用了大量的药物,病情却依旧不见好转。在身边服侍的太子李承乾请求唐太宗大赦囚徒,并将他们送入道观来为母后祈福祛疾。这虽然不合礼制,但是群臣都很感念长孙皇后平日的盛德,所以就都随声附和,就连耿直的魏徵也没有提出异议。但是长孙皇后却说:"人的生死自有命中注定,富贵在天,不是靠人力所能够左右的。如果这样做能够延长寿命,我从来就没有做过恶事;现在行善都没有什么效果,那么求福又有什么用呢?道观是个清静的地方,不要因为我而受到搅扰;赦免囚徒是国家的大事,更不要因我一个妇人,而乱了天下的法度!"众人听了都感动得流下了眼泪。后来朝臣几次上书请求大赦,都被长孙皇后阻拦,唐太宗无奈,也只好依照她的意思而作罢。

长孙皇后的病越来越重,终于在贞观十年盛夏去世,她只活了三十六岁。弥留之际,她托付了唐太宗几件事,再一次显示出了她的深明大义。

一是,奉劝唐太宗不要让外戚位居显要,以防外戚权力过大干预朝政,同时也是为了他们的安全着想。但是,唐太宗却没有记住长孙皇后的临终遗言,在晚年的时候封长孙无忌为宰相兼顾命大臣。长孙无忌也忘了先前长孙皇后的规劝,开始独揽朝政,后来竟然被武则天所杀。长孙皇后透过前代外戚的下场看到了这个可能性,最后果然不出所料,可见其先见之明。

二是,请求死后薄葬,一切从简。长孙皇后说:"我生的时候过着节俭简朴的生活,现在要死了也不可浪费。并且死者埋葬也就行了,只是不让人看见也就可以了。自古以来的圣贤人士，都崇尚薄葬，只有无道的昏君，才修起高大的山陵，浪费天下人的钱财，被天下有识之士取笑。只求依山而葬，不需要起坟，也不用棺椁，所用的器物，也只用些木瓦，俭薄送终，就是不忘我了。"长孙皇后贵为万人之上，却在临死的时候依旧不忘体恤民情、力行节俭，这在过去的历史上是很少见的。

长孙皇后以她贤淑的品性和无私的行为，不仅赢得了唐太宗以及天下人的敬仰，而且为后世树立了贤妻良后的典范。到了高宗时，加尊号称她为"文德顺圣皇后"。后代无论持何种立场的史学家，都从不同的角度对她给予赞扬，这也是很难得的。

贤惠多才——唐太宗李世民贤妃徐惠

徐惠，湖州长城人，父亲徐孝德，曾经官至右散骑常侍。

徐惠天资聪颖，据史载，四岁能口诵《论语》、《毛诗》等经典著作。八岁的时候能写一些通篇流畅、颇有文采的好文章，表现出超乎寻常的天赋。徐惠自己喜爱读书到了废寝忘食的地步。天赋加勤奋，使得徐惠从小就具有十分渊博的知识。父亲孝德曾叫她拟《离骚》为《小山篇》，她遂即拟作云："仰幽岩而流盼，抚桂枝以凝想；将千龄兮此遇，荃何为兮独往！"表现了她文学上很深的造诣。徐惠能作出这样的文章，连她父亲也大吃一惊，当太宗听说这件事后，李世民也感到徐惠不同一般，欣赏她知书善文，于是下诏将徐惠召入宫中，纳为才人，那时她才十一岁。

她被封为才人后，仍手不释卷，博览群书，拟写骈赋，挥手即得。其端雅杰作，如《长门怨》、《赋得北方有佳人》、《秋风函谷应召》等多篇，被收录到《全唐诗》中。她常常闲暇之余写诗，以表达自己的思想，抒发自己的内心感受。因她聪慧过人，貌美出众，所以深受太宗宠爱。在她被封为才人后，又相继被封为婕妤（正三品），不久又被封为充容（正二品），已列入了九嫔之列，地位已经明显提高了。

在唐代，可谓是诗歌的黄金时代，诗人多不胜数，就是在幽闭的皇宫里，也出了像徐妃这样的女作家，足可见唐朝诗歌之兴盛。

徐惠入宫后，以自己的非凡才智作出了不少贡献，其中最大的贡献还在于她积极进谏，在政治上给予太宗以很大帮助。

唐太宗作为封建皇帝，虽然在位时颁布了一系列深得民心的法律、法令，出现了贞观之治这样前所未有的盛世。但是他不会也不可能没有他阶级的局限性。李世民晚年好大喜功，对外频频发动战争，战争需要人力、物力、财力作保障，这必然加重人民的负担。为此，徐妃利用一切可能的机会劝说太宗，极力阻止对外发动战争。

贞观二十二年（648年）春，唐太宗出游玉华宫时，徐妃上疏太宗，指出近年以来战争、劳役的双重压迫，东征高丽，西讨龟兹，加上兴筑翠微、玉华等宫室，使士兵和马匹疲于战争，船只、车辆忙于运输，势必造成田园荒芜。同时警告太宗："人民的痛苦、疲劳是叛乱的导火线，当人民不堪重负时，必然会起义反抗。"希望唐太宗能减少兵役、劳役，让人民休养生息、发展生产。

唐太宗李世民在位之时，很少兴修离宫、别馆，这当然与他吸取隋炀帝灭亡的教训不无关系，另外与徐妃的劝谏也不能说全无关系。在上疏中，徐妃劝谏太宗要无为而治，不可大兴土木。她说："招募工匠大兴土木，必然给百姓带来困扰，使他们不能安心务农，假使皇帝能给他们便利，让民众自由耕作，而不是整天役使他们，普天之下就太平无事了，五谷丰登，人民自然会欢天喜地，高高兴兴。"唐太宗接纳了徐妃的建议。

徐妃非常痛恨玩物丧志之人。在给太宗上疏中，她认为珍玩伎巧，是国家沦丧的根本所在。珠宝玉器，是迷人心窍的毒药。珍玩珠宝盛行民间，必然会败坏淳朴的民风。她还举例说：商纣王迷恋玉器，最后导致了国破家亡。所以做皇帝应提倡节俭，而不能奢华，应该给后人留下治国的法制、原则，让人们都遵从，这样大唐王朝必会更加强盛，永远立于不败之地。

徐妃的疏文写得结构严谨，声情并茂，论据充实，真实感人。对此《新唐书》、《旧唐书》均有记载，并且《旧唐书》将其原文照录。唐太宗对徐妃的进谏非常赞赏，给予她很丰厚的赏赐。她的父亲也被提升为水部员外郎。

因徐妃为唐氏王朝作出了很大的贡献，所以，唐太宗给了她很高的荣誉。对于唐太宗的知遇之恩，徐妃亦非常感激，且更加爱戴太宗。贞观二十三年（649年），太宗驾崩，徐妃万分悲痛！后因思念太宗，不食茶饭，终忧劳成疾，病情一天天加重。她拒绝太医为她医治，意为要紧跟太宗而去。她说："我之所以这样，就是想早日死去，假若真有魂灵的话，就让我日夜侍奉于太宗身边。太宗待我仁厚，即使做牛马我也心甘情愿。这就是我最大的心愿。"

公元650年，徐妃告别人世，终年二十四岁。唐高宗继位后，念其贤德，下诏追谥号"贤妃"，并按照她的遗愿埋葬于昭陵，使她得以永远陪伴在太宗身边。

惨遭毒手——唐高宗李治淑妃萧氏

萧氏的降临，给萧家带来了喜悦。萧氏从小天真活泼、聪明伶俐，深得家人疼爱，视其为掌上明珠。适逢唐太宗为太子李治选妃，萧氏以其优雅的举止赢得太宗赏识，遂为太子李治的妃子。

李治生性柔和，缺少阳刚之气。太宗李世民对渐渐长大的李治愈加不满，觉得李治性情温和、天赋不高、过于懦弱，担心他将来难有作为。为此，李世民曾想废掉李治，让在许多地方颇像自己的三儿子李恪为太子。但遭到大臣的反对，因为李恪为庶子，按照嫡长子继承制，不具备继承皇位的资格，李世民只好作罢。李治虽在治国方面悟性较差，但看重感情。萧氏入宫后，深受李治的喜爱。萧氏也没有辜负李治的厚爱，为李治生下二女一男。尽管李治已有子，但对萧氏母子非常关照。

贞观二十三年（649年）四月，唐太宗身患重病，卧床不起。尽管如此，太宗李世民对过于懦弱的李治仍放心不下。临崩之前，太宗李世民把长孙无忌和褚遂良召到床前，命其协助太子治国。之后，太宗驾崩，太子李治即位，是为高宗。

永徽元年（650年）正月，众臣纷纷上书，要求册立皇后。高宗宠爱萧妃，有立萧妃为后的想法，但萧氏家庭地位不如晋王妃王氏。王氏是魏尚书左仆射思政之孙，其祖母为安长公主，所以也算是皇亲国戚，其父王仁祐为陈州刺史。唐朝皇帝在掖庭之选及后宫宠幸上，不计尊卑贵贱，但若要册立皇后，绝对讲究门第。所以，立王氏为后自然无可非议。萧氏虽已暗中窥视凤冠已久，但高宗绝不会为萧氏而得罪众臣。因此，永徽元年（650年）正月，高宗立王氏为皇后，册萧氏为淑妃。

永徽元年二月封萧淑妃的儿子李素节为雍王、两个女儿分别封为义阳公主、高安公主。高宗非常喜欢儿子素节，而且对萧淑妃非常宠爱，这引起了王皇后的嫉妒。因为王皇后一直无子，高宗并不宠爱她，所以很少临幸于她。王皇后担心高宗立萧淑妃的儿子素节为皇太子，因此，王皇后时常在高宗面前诋毁萧淑妃。王皇后的举动引起高宗的反感，结果更加疏远冷落她。萧淑妃可谓春风得意，宠极一时，整日在高宗耳边吹风，让高宗立自己的儿子素节为太子。萧淑妃明白，一旦素节被立为皇太子，自己就可能成为皇后、皇太后。

永徽二年（651年），高宗去感业寺进香，与旧日的情人武则天相遇。武则天原是太宗的才人，曾得太宗的宠爱，后又被冷落。工于心计的武则天看上了性情懦弱的李治，心想若能做李治的妃子就有可能成为日后的皇后。岂料，太宗驾崩，按唐规定，皇帝死后，未为皇帝生子的嫔妃一律削发为尼。于是武则天随众嫔妃削发为尼，入感业寺修行。高宗李治与武则天相遇后，武则天投其怀抱痛哭，高宗李治一阵心痛，答应将武则天接入宫中。

为此，高宗矛盾重重，武则天是父亲太宗李世民的妃子，若纳为己妃，肯定会招来众臣反对。王皇后出于对萧淑妃的嫉妒，支持李治让武则天蓄发，纳入宫中。为掩人耳目，王皇后为高宗出主意，让武则天暂时侍奉王皇后，然后封妃。高宗十分感激王皇后。王皇后为巩固自己的位置，收李忠为养子。李忠为高宗长子，系后宫所生。永徽三年（652年），高宗立李忠为皇太子。萧淑妃为此非常气愤，但也奈何不得，因为此时萧淑妃已开始渐渐失宠。

武则天进宫后，王皇后为达到排挤萧淑妃的目的，时常在高宗面前称赞武则天，李治愈加喜欢武则天。当武则天比萧淑妃更受高宗宠爱之后，王皇后又后悔了，于是又反过来与萧淑妃联手攻击武则天。

武则天发觉王皇后与萧淑妃联合诋毁自己，便开始不择手段地整治王、萧二人。此时的高宗完全迷恋于武则天，几乎无心临幸其他嫔妃，武则天借机挑拨王皇后与皇帝之间的关系，使高宗产生废王皇后、立武则天为后的想法。高宗的提议遭到众臣的反对。迫于老臣的势力，高宗只好封武则天为宸妃（宸妃是高宗专门为武则天所设，高于四妃）。武则天为了陷害萧淑妃、王皇后，便施以小恩小惠，拉拢萧淑妃、王皇后的宫人，监视萧淑妃、王皇后，收集后妃对皇上不满的言行，以便成为打击她们的证据。终于使萧淑妃被废为庶人，关入牢中。

永徽五年（654年），武则天生下一位公主，十分招人喜爱。王皇后想借此机会缓和与武则天的关系，便前去探望。谁知却惹下杀身之祸。武则天为了达到自己的目的，竟亲手掐死亲生女儿，然后，诬陷为王皇后所为。王皇后有口难辩，高宗信以为真，十分气愤，仰天长叹"皇后杀我女"。随后，废王皇后为庶人，与萧淑妃关在一起。而且，王氏家族均被流放。

这年冬，高宗立武则天为皇后。武则天为后以后，权力欲更加增强，开始参与朝政。

生性懦弱的高宗，忽然想起了萧氏与王氏，便悄悄来到"回心院"，探望萧淑妃与王皇后。高宗见到的是乌黑的房间，囚门禁锢，食物用盘子盛着放在地下。高宗呼喊"皇后、淑妃怎样？你们在哪儿？"二人同时呜咽道："这里只有罪臣，哪还有什么皇后、淑妃的尊称？"高宗宽慰萧淑妃与王皇后，并答应将二人救出。谁料，此事马上被武则天知道。武则天为绝后患，将二人断其手足，投入酒瓮之中，折磨而死。时为公元660年。

出身高贵，性情温顺——唐高宗李治皇后王氏

公元642年，李治为晋王，当唐太宗为李治择妃时，同安长公主以王氏貌美贤淑，极力推荐。而且王氏出生于望族名门，曾祖父是南北朝时西魏大将王裕，曾祖母是唐高祖李渊的同母妹同安公主。母亲柳氏出自关中世代豪族，舅舅柳奭为太宗时中书舍人，后晋中书令。太宗也觉得王氏出身高贵，便选定王氏为晋王妃。李治时年十五岁，王氏亦十四五岁。翌年，李治被立为太子，王氏遂为太子妃。

公元649年，太宗死，太子李治即位为高宗，次年册立王氏为皇后。然而，时间一年一年过去，王皇后却迟迟没有生育，这使她十分苦恼。在此期间，身份低、容貌平平的宫女刘氏，遇一偶然机会得高宗临幸，生下皇子李忠。另外，貌美出众的萧淑妃受高宗宠爱，生下皇子李素节。萧淑妃容貌艳

丽，姿色出众，且体态丰腴，性情刚强率直，举止风流高雅，对年轻的高宗有极大吸引力。王皇后却性情温顺柔弱，缺乏妙龄女子应有的激情。在萧淑妃受宠日增的情况下，王皇后越来越显得寂寥、忧郁。天生丽质又凤冠加顶的王皇后，渐渐失去了应该属于她的宠幸，当然也就没有怀孕的机会了。

这时，王皇后与母亲及舅舅私下商量，经权衡利弊，决定收养李忠为子，拟立李忠为太子，来巩固自己的皇后宝座。此时，萧淑妃得李治恩宠，又与王皇后争立太子，以致争夺后位。王皇后为了对付萧淑妃，便将高宗非常喜爱的武媚娘（武则天）从感业寺召回，献给高宗，高宗十分高兴。王皇后原本是想借武则天之力使萧淑妃失宠，万没想到由于武则天的重新回宫，她的悲惨命运即由此开始。

武则天诡诈多变，手腕极高。初回宫之时，整日低声下气地侍奉皇后，一味恭顺，王皇后非常高兴，经常在高宗面前称赞她，所以高宗很快晋封武则天为昭仪。然而，武则天回宫不到一年，就生下了她与高宗的第一个儿子，即高宗第五子李弘。唐高宗喜不自胜，对武昭仪的宠幸日甚一日。王皇后自以为是武则天的恩人，便趁机要求高宗立陈王忠为太子。

公元652年，在长孙无忌等大臣的挟持下，高宗册立陈王忠为太子。至此，王皇后击败情敌萧淑妃，立养子忠为太子的宿愿都已实现了，得意之色溢于言表。

然而，在事实面前，王皇后很快就后悔了。因为唐高宗得到了梦寐以求多年的武才人之后，本就很少得到皇帝宠幸的王皇后，情况更加恶化。同时，原先屈身迎合皇后的武昭仪，如今很少来侍奉她了。而且武昭仪专宠于帝，不仅使萧淑妃遭殃，而且随着李弘的降生，开始危及皇后的凤冠了。在母亲柳氏的怂恿下，王皇后决定与昨日的敌人萧淑妃握手言和，共同对付武昭仪。

但高宗对武昭仪已经情深意切，尤其他看清皇后与淑妃化敌为友的用心后，表现出了从未有过的愤怒情绪。王皇后努力的结果是适得其反，高宗对武昭仪的信赖与日俱增。

当王皇后和萧淑妃联合起来对付武则天的时候，特别是立陈王忠为太子后，武则天再也不能坐守待毙，她开始反攻了。从此，她开始与皇后反目，并要"干掉皇后"。于是，她先以巫蛊案对其陷害，要高宗废其后位，因长孙无忌、褚遂良等大臣力谏，使武则天阴谋未遂。之后，武则天又诬陷王皇后杀死小公主（武则天生女），高宗大怒，遂与结发之妻王氏绝情。

公元655年，王皇后被废为庶人，囚禁于冷宫，武则天如愿以偿地当上了皇后。为了斩草除根免除后患，武则天令人对王氏与萧氏重打百杖，弄断其手足，然后将二人浸入酒瓮，残酷折磨而死。

中国唯一的女皇——唐高宗李治皇后武则天

武则天是中国历史上唯一的一位女皇,她统治唐朝十五年。武则天虽然采用卑劣毒辣的手段登上皇帝宝座,但在她统治时期的唐朝,社会经济、文化均得到了快速发展,呈现出了盛世气象。

从才人到皇后

武则天的父亲武士彟(音约)是唐高祖李渊手下的将军,后追随李渊起兵,被拜为光禄大夫,封太原郡公。公元620年,武士彟的原配夫人病逝,唐高祖做媒将前朝显贵杨达的女儿嫁与武士彟。杨氏嫁进武家之后,为武士彟生了三个女儿,第二个女儿就是武则天,于唐高祖武德七年(624年)正月二十三生于都城长安。

武则天的少女时代是随做官的父亲在利州(今四川广元)度过的。父亲很宠爱她,让武则天读书识字,但不久父亲因病去世,武则天一家回到了长安居住。十四岁那年,唐太宗的长孙皇后谢世,大臣们劝唐太宗再次选美,宠幸新人,以排遣心中的抑郁。武则天因美貌名满长安,被选进后宫。

武则天在贞观十一年的深秋时节被召入宫。由于她美貌异常,太宗对她也是宠爱有加,私下叫她"媚娘",没多久就被封为"才人"。武则天原本是可以很快得到晋升的,但因后来太宗发现她性格倔强,不擅逢迎,又没有为太宗生育一男半女,所以才不受太宗的宠爱,才人的称号也就没有改变、提升。

贞观二十三年唐太宗逝世。按照唐朝后宫的惯例,皇帝死后,服侍过先皇而没有生育的嫔妃都要出家为尼;生育过的则要打入冷宫,为死去的皇帝守寡。于是,武则天被遣送到感业寺水仙庵出家为尼。

武则天到感业寺第五年的一天,高宗李治到感业寺里来进香,武则天凭借自己的美貌深深吸引了唐高宗,高宗不顾佛教教规和礼教的约束,将武则天带回了皇宫。

武则天被唐高宗李治重新征召入宫可能的原因有两个:一种说法是唐高宗李治在做太子的时候就已经与武则天有私情。武则天入宫之后,她知道唐太宗的年龄比自己大许多,她不可能跟唐太宗一辈子。于是她开始寻找自己新的靠山,生性懦弱、忠厚老实的太子晋王李治,就成为了她最好的人选。两人眉来眼去,渐渐有了私情。第二种说法是武则天的入宫,与王皇后和萧淑妃的宫廷争宠有关。王皇后风闻武则天与高宗做太子时候的一些韵事,就决定接武则天进宫,以限制萧淑妃的势力。于是,王皇后便鼓动高宗接武则天进宫,她还自己做主让武则天先蓄发,再入宫。

武则天入宫后也很感激王皇后的照顾,对王皇后非常尊敬,侍奉高宗也很周到。不久就升到了昭仪,是九嫔之首。在王皇后和武则天的联合打击下,没有多久,萧淑妃就被废为庶人。但是武则天也非常清楚,王皇后的下一个打击的目标就是自己了。所以,要巩固自己的地位,必须以攻为守把王皇后彻底打倒。

据说,武则天进宫不久就生了一个儿子,第二胎是个女孩,很可爱,唐高宗也非常喜爱。有一次,王皇后来看望小公主,走了之后,武则天竟采用违背人性的方法掐死女儿,诬陷王皇后。王皇后自然而然地就成为高宗怀疑的对象,所以下决心要废掉她。永徽五年十月十三日,高宗正式下诏书废王皇后为庶人。六天后,立武则天为皇后。

高宗共有十二个子女,武则天先后生了四男二女,可见武则天的受宠程度。但是,阴狠毒辣的武则天并没有放过被打入冷宫的王皇后及萧淑妃,她要斩草除根才能完全安心。她在唐高宗面前不断指责王皇后与萧淑妃使用巫术谋害自己。高宗生性懦弱,就下诏废黜了王皇后和萧淑妃。

武则天

铁腕理政,别开生面

武则天有着卓越的政治才能。唐高宗上元元年(674年),武则天上书十二条,史称"建言十二事"。包括发展农业、减轻赋税、广开言路等,基本上是一套较完整的治国方略,高宗看了之后大加赞赏,并颁布诏书号令在全国推行,这成为武则天执政的开始。

唐高宗体弱多病,经常不能临朝听政。武则天开始渐渐操纵朝廷政务。高宗生性懦弱,也乐得清闲。当初高宗要立武则天为后的时候,长孙无忌等人竭力阻拦,于是武则天便制造朋党案,将长孙无忌牵连进去。高宗不明就理,下诏把他流放到外地,之后又逼长孙无忌自尽。长孙家族人也被渐次清除,或杀或流放。武则天还捏造西台侍郎上官仪和废太子李忠图谋反叛的证据,将上官仪父子处死。由于武则天手段强硬,处理政务有章有法,在朝中大臣中树立了权威,朝廷大臣便无人敢与之作对了。高宗虽然对武则天的专断很不满,但是却又不能不倚重她。就这样,武则天渐渐地从幕后走向了台前,后来竟然和唐高宗共同接受群臣的朝拜。上元元年（674年），高宗号天皇，武则天号天后，天下人称为"二圣"。从此之后，朝廷的大权，尽在武则天的掌握之中。

早在公元656年，不是武则天亲生的太子李忠被废黜，武则天的长子李弘被立为太子。李弘为人忠厚、谦虚忍让，很有才能。高宗体弱多病，想要禅位给太子李弘。但是，武则天却不愿失去手中的权力，加上李弘对武则天并不顺从，武则天竟然在上元二年（公元675年）将年仅二十四岁的儿子李弘毒死，立次子李贤为太子。高宗遭丧子之痛，身体每况愈下，就想把皇位让给武则天。由于大臣们极力反对，朝廷大政只好托付给太子。太子李贤处理政务颇为精干，朝臣们对他也很赞赏，这又引起了武则天的不安。武则天就又一次指使人诬告太子贪恋女色，想早日夺取皇位，并于公元680年八月，将李贤贬为庶人，立三子李显为太子。弘道元年（公元683年），高宗病死，李显继位，是为中宗。按照高宗的遗诏，国家大事还要听从武则天的意见。不久，武则天以太后名义临朝称制。

即使是这样，还是不能满足武则天的权力欲，一年之后，武则天就废掉中宗，改封其为庐陵王，同时，立四子李旦为帝，是为睿宗。她通过不断更换皇帝实现自己对朝廷大权的操控。李显、李旦两人都是昏庸无能之辈，只不过是武则天的傀儡罢了，处处都要受制于她。后来武则天改东都洛阳为神都，意图作为以后称帝时的都城。

武则天的权力之大，俨然已经是朝廷的真正皇帝，引起唐皇旧臣起兵勤王，最有名的就是徐茂公的后代徐敬业。他这时被谪降，于是纠合一群对朝政不满的人在柳州举事；后来又有宗室琅王李冲在博州，越王李贞在豫州也都相继举兵，讨伐武则天。武则天亲自指挥，调兵平叛。期间，宰相裴炎要求武则天还政睿宗，被她处死。此后武则天频繁更换宰相，宰相基本上也就没有什么实权了。不久，叛乱被平息。发难者或死于战场，或被捕杀，无一幸免。武则天度过了这次危机之后，又大肆地株连、捕杀李氏宗亲，展现出了她冷酷果断的性格。

公元690年，武则天借佛僧法明之口，广造舆论，说什么武后是弥勒佛转生，要代替大唐作为天子；加上民间有人进献了一块刻着"圣母临人，永昌帝业"的白石头，说是来自于洛水；又有唐睿宗为首的六万臣民上表劝进，请求改变国号。武则天眼见时机成熟，于公元690年的重阳节，在"上尊天示"、"顺从众议"的呼声中，登上了皇帝的宝座，正式建立了大周王朝，改元天授，自称"圣神皇帝"。就这样，已经六十六岁的武则天，成了中国历史上第一位女皇帝。

武则天当政期间，唐朝的经济得到了进一步发展。首先她重视农桑，注重发展农业生产。武则天明令禁止土地兼并，保护农户的利益，并鼓励地方官加强对农业生产的管理，她还令人编写农书《兆人本业记》，颁行全国，这部书对农时有比较准确的掌握，对农业生产的发展有极大助益。

其次，她广泛搜罗人才，重用庶族士人。武则天即位之后，摒弃以前以家世为标准的陋习，下令不拘资历深浅或者门第高低，任何人都可以推荐人才到朝廷做官，也可以毛遂自荐，经过考试之后，量才录用。她完善从隋朝开始的科举制度，让那些出身贫寒的人可以凭借自身的才能获得官职。天授元年（690年），武则天开科举，选拔文官。长安二年（702年），开武举，选拔武将，一时间群贤云集。她前后任用的主要宰相，如李昭德、魏元忠、杜景俭、狄仁杰、姚崇、张柬之等，以及边将如唐休、娄师德、郭元振等人，都堪称人杰。这些人对武则天时期的政治经济发展，发挥了很大的作用，甚至一度影响到此后的唐玄宗时代。

历代统治者对北方游牧民族的侵扰都很伤脑筋。武则天采取恩威并用的方式处理与北方游牧民族的关系，也取得了很好的效果。武则天采取募兵、发奴、就地组织团结兵等办法，解决了兵源。采取大兴屯田的政策，在边地设立屯田，实现了粮食的自给，解决了粮源运输问题，解除了战争的后顾之忧。长寿元年（692年），武则天利用吐蕃内乱之机，发动对吐蕃的战争，大获全胜，恢复和重建了龟兹、于阗、疏勒、碎叶四镇，巩固了唐帝国西部的边防，天山南北地区被纳入到了唐帝国的版图。由于这一地区的交通得到了疏导，一度中断的通向中亚细亚的商路得到了重新发展，从而促进了中外经济、文化交流。

武则天不但倚重武功，也重视文治。她召集周思茂、范履冰、卫敬业等诸儒，编撰了《玄览》、《古今内范》各百卷，《青宫纪要》、《少阳正范》各三十卷，《维城典训》、《凤楼新诫》、《孝子传》、《列女传》各二十卷。武则天自己的文学修养也很高，著有《垂拱集》上百卷和《金轮集》十卷，可惜现在已经失传了。《全唐诗》等录有她的诗五十八首，其中多数都是庙堂祭奠时候的作品，但是也有记游抒情的诗篇。

通过这些政策，武则天重击了士族豪强势力，而许多家境贫寒的士人通过科举考试获得了功爵，他们支持武则天的统治，成为武则天新的支持者。武则天不但巩固了自己的统治地位，也使唐朝的国力得到了大幅增强。

重用酷吏，豢养男宠

武则天的私人生活比较腐化，称帝之后不久，武则天就命人专门设置"控鹤监"和"奉宸令"，专管研习床前的供奉之艺。武则天认为，既然男子做皇帝的时候可以有诸多侍妾，那么现在自己做皇帝也就应该有诸多的男宠。所以武则天的男宠颇多，其中比较有名的有薛怀义、沈南、张易之、张昌宗等人。她在六十多岁时因宠爱薛怀义，要他入寺为僧，以出家人的名义入宫宠幸。她到七十多岁的时候，又令美少年张易之、张昌宗兄弟"傅粉施朱衣锦绣服"，和她及女儿太平公主燕居作乐。武则天虽然宠幸男宠，但是，并没有因此而影响对国家大事的裁决。

为了稳固自己的统治，打击敌对势力，武则天不惜动用酷吏进行残酷的镇压。武则天在丽景门设立推事院，百姓称之为"新开门"，任命来俊臣担任院主，掌管重大的案情。百姓都说，凡是被告入新开门的，一百人中难得一二人能保住命。来俊臣审问犯人，往往想出各种新奇的法子，令被审问者求生不能，求死不得。有一回，一封告密信送到武则天手里，内容竟是告发大臣周兴与人策划谋反。武则天大怒，责令来俊臣严查此事。来俊臣想，周兴是个狡猾奸诈之徒，仅凭一封告密信，是无法让他说实话的。苦苦思索半天，终于想出一条妙计。他准备了一桌丰盛的酒席，把周兴请到自己家里。两个人边喝边聊。酒过三巡，来俊臣叹口气说："我平日办案，常遇到一些犯人死不认罪，不知老兄有何办法？"周兴阴笑着说："你找一个大瓮，四周用炭火烤热，再让犯人进到瓮里，你想想，还有什么犯人不招供呢？"来俊臣连连点头称是，随即命人抬来一口大瓮，按周兴说的那样，在四周点上炭火，然后回头对周兴说："宫里有人密告你谋反，上边命我严查。对不起，现在就请老兄自己钻进瓮里吧！"周兴一听，扑通一声跪倒在地，连连磕头说："我有罪，我有罪，我招供。"这就是历史上有名的"请君入瓮"的故事。

武则天利用酷吏，却并不完全信任他们，也从不加以重用。所以说，那些酷吏只不过是武则天与李氏宗族斗争时所使用的工具而已。一旦他们的使命完成，武则天便利用民愤，毫不留情地将他们先后处死。所以说，酷吏政治只是武则天的政治手段之一。

当然，除了宠幸男宠、任用酷吏之外，武则天放手选官的政策，也使官僚集团数量增大，机构膨胀，大大加重了人民的负担。她统治后期，逃户问题已经日益严重，府兵制也开始走向败坏。武则天崇尚佛教，修建了大量的寺院，造天枢、铸九鼎，仅用钢铁就达二百余万斤。她还耗费大量的人力物力开凿石窟，著名的龙门石窟就是那时候开凿的。武则天晚年时好大喜功，生活奢靡，也耗费了大量的财资和劳力，这些都是为后世所否定的。

立储踌躇，江山归唐

武则天虽然通过各种方法巩固了自己的地位，她作为大周皇帝的事实也为天下所接受。但是，自己之后由谁来继承自己的皇位？武则天左右为难。

武则天建立周王朝之后，将自己的侄子们大量分封，并加官晋爵，很多武姓后代都做了宰相和将军，掌握朝政大权。朝廷中的大臣们立了功劳，也都赐给武姓。这从某种意义上，反映了武则天想立武姓的侄子为储，而当时最合适的人选就是武承嗣。

公元693年，武则天在万象神宫即明堂里举行了祭典大礼，这次武则天出乎意料地让侄子武承嗣为亚献，武三思为终献，而正式的皇储李旦却被冷落在一边。然而，武则天的意愿却遭到了宰相狄仁杰等人的激烈反对。狄仁杰等大臣极力主张把皇位传给皇储李旦，并晓以利害。武则天思前想后，也觉得有理。因为如果把侄子立为皇储，那么大周的政权虽然可以继续，但是由于自己已经是武氏家族出嫁的女儿，按照礼制，她已经是外人，因此绝对不会被供奉在祖庙，而这正是武则天最不想看到的结局。如果立自己的儿子做皇储，将来继承皇位，她自然可以顺理成章地保住皇太后的正统地位，和丈夫高宗一起享受儿孙们世代的供奉。然而，这样就又要回到她已经打破的旧传统中去了。

除了武承嗣和皇储李旦之外，太平公主也十分想得到继承皇位的机会。武则天虽然对她很宠爱，也曾经有过类似的念头，但是没过多久就彻底打消了这个想法。因为无论是从气势上还是从能力上来说，太平公主都远远比不上自己，让她继承自己的位置，无疑是自取灭亡。同时，朝中大臣也很难接受这样一个任性而随意的人。

一天晚上，武则天做了一个梦，梦到一只大鹦鹉的两个翅膀折断了。第二天，武则天问狄仁杰是什么征兆，狄仁杰趁机进言道："陛下姓武，那鹦鹉便是陛下了。两个翅膀就是陛下的两个儿子，如果陛下再次起用两位爱子，两个翅膀就会重新好起来的。"武则天沉吟不语。这件事情过了没有多久，武则天的男宠张易之和张昌宗兄弟在宰相吉顼的劝导下，劝说武则天立庐陵王李显为太子，这发挥了关键性影响。公元698年，武则天将李显秘密接回了京城洛阳，太子李旦请求退位，并请求武则天立哥哥李显为太子。圣历元年三月，武则天立庐陵王李显为太子。

武氏当政的后期，男宠张氏兄弟的权势急剧膨胀，连武氏兄弟也巴结他们。后来，他们又在武则天的支持下干预朝政。朝廷中的很多大臣对此都惶恐不安，于是开始暗暗地密谋逼武则天退位的事情。公元704年年末，武则天因病卧床，好几个月都不召见宰相，张氏兄弟趁机左右朝政大事，朝中大臣们更加紧张。宰相张柬之等人经过周密部署，在公元705年一月发动兵变，迫使病中的武则天让位，禅位给中宗。张氏兄弟在兵变中被杀。武则天见大势已去，只好退位，中宗复位，重建唐朝，大周政权结束。

不久，武则天不情愿地离开了她做了十五年女皇的宫殿，搬到了洛阳宫城西南的上阳宫居住，中宗给她上了尊号"则天大圣皇帝"。武则天的身体每况愈下，于神龙元年（705年）十一月初二，逝世于上阳宫的仙居殿，时年八十二岁。武则天临终时立下了遗嘱，要求去掉帝号，称"则天大圣皇后"，和高宗合葬于乾陵；嘱咐只许为自己立碑，不许立传，并请求赦免王皇后、萧淑妃以及褚遂良等人的家属。

公元706年的一月，武则天的灵柩运回了长安，和高宗合葬在乾陵。

死于武则天毒手——唐中宗李显皇后赵氏

赵氏出生在显宦之家。祖父赵绰曾跟随高祖李渊转战南北,灭隋军、平叛军,立下了汗马功劳,被封为右领军将军。父亲赵瓌也曾在唐为定州刺史,母亲为唐高祖的女儿常乐公主。

赵氏生得漂亮,体态丰腴,而且自幼喜好读书。这年高宗为英王李显选妃,便想到姑母家的宠爱之女赵氏。说起来,赵氏还是英王的表姑,虽说乱了辈分,但在当时还不算过分,高宗为儿子英王李显选表姑赵氏为妃。

高宗乃赵氏的姑表兄长,转眼又成了赵氏的公公。赵氏比高宗年少许多,兄妹二人自幼相识,所以,高宗对这门亲事十分满意。英王李显乃武则天所生,而武则天与赵氏的母亲常乐公主有矛盾,本来是不同意这门亲事的,但见高宗乐不可支,儿子英王又十分满意,此时的武则天还未达到她的目的,所以不敢得罪高宗,也就只好作罢。

结婚这天,皇宫内喜气洋洋,英王李显更掩饰不住内心的欢欣。皇室娶亲自然是隆重的,更何况赵氏乃皇室亲戚,是礼聘入宫,看热闹的人们都暗自羡慕赵氏的显贵。但是,谁会料到此时的宠儿日后竟会成为武则天的阶下囚?

李显对赵氏十分喜欢,高宗也为娶到这样贤淑的儿媳感到高兴,武则天对此耿耿于怀。随着岁月的流逝,武则天渐渐独揽朝中大权,性格懦弱的高宗已无法控制武则天。此时,李显又钟情于韦氏,对赵氏也逐渐冷漠,再加上韦氏生性嫉妒,武则天见时机成熟,便将多年以前对赵氏母亲常乐公主的怨恨,报复于赵氏身上,她命人将赵氏囚于内侍省。

常乐公主虽然资格很老,但也对武则天无可奈何,就是朝中的老臣也都逐个被武则天治罪。武则天将赵氏囚禁起来仍觉不够,随后又将赵氏的父亲赵瓌从定州刺史驸马都尉贬为括州刺史。赵氏被囚于内侍省,无人照料,每日送进的食物难以下咽,赵氏悲痛欲绝,喊天天不应,喊地地不应。数日之后,看守不见赵氏的动静,打开铁门一看,赵氏骨肉如柴,早已断气,而且尸体上爬满了苍蝇、蚊虫,散发一股恶臭味,令人毛骨悚然。

赵氏死后,其父赵瓌又被武则天以与越王谋反为借口而杀死,常乐公主受牵连也被诛杀。武则天总算出了口恶气,从赵氏一家三口无辜被害,可见武则天的残忍。

后来,中宗死后,有司为赵氏上谥号,并以皇后身份与中宗合葬于定陵。

杀夫害己——唐中宗李显皇后韦氏

韦后是唐中宗李显的结发夫妻,中宗还是太子之时,韦氏就被选为妃,她和李显在母后武则天的掌权期间,被下放房州,吃尽苦头,过着担惊受怕的日子。后来中宗即位,韦氏也享尽了荣华富贵。可惜韦后才华不足却野心太大,一心想效法她的婆婆武则天做九五之尊,结果却在政变中败北,死于非命,把江山拱手让给了唐玄宗李隆基,而后者开创了大唐开元、天宝的太平盛世。

当了皇后又被贬

英王李显是唐高宗李治和武则天所生的儿子,于高宗永隆元年(680年)被立为太子,韦氏也于此时被选为太子妃。

韦氏是京兆万年人,世居长安城南之韦曲,为官宦世家。她的祖父韦弘表在唐太宗时是曹王李明府中的典军,父亲韦玄贞则历任普州参军、豫州刺史。从表面上看来,韦氏嫁到李家做太子妃是高攀、是飞上枝头做凤凰,但是韦氏却并不沾沾自喜。因为二十五岁的李显在母后武氏长期的高压统治和管教下,不但见识平庸,胆识也全无,不像个男子汉、大丈夫。但是二十岁的韦氏倒也深谙女子三从四德的道理,既然嫁给了李显,就全力以赴,尽到自己当太子妃的责任。

高宗于弘道元年(683年)驾崩,李显顺理成章地成为中宗皇帝,韦氏也当上了皇后。距离她做太子妃,不过三年的光景,一切似乎太顺利了。

可惜天有不测风云,中宗李显忘了他母后武则天仍大权在握,还不能太过于嚣张。结果,中宗迫不及待地打算升他的老丈人韦玄贞为侍中,遭到大臣裴炎的反对。中宗昧于情势,竟然对裴炎说:"我是皇帝,我就是把天下都给韦玄贞又有何不可?有谁能反对?何况只是一个小小的侍中?"

话传到武则天皇太后的耳里,中宗皇帝立刻被武氏以"不适合当皇帝"为由,废为庐陵王,下放到房州(今湖北房县),这是嗣圣元年(684年)的事。武氏改立四子李旦为皇帝,史称睿宗。

睿宗对政治毫无兴趣,虽当了皇帝,却从不过问政事,而由武后亲自接见百官、发号施令,结果开始了武氏长达二十一年的专制统治。

贬居房州遭惊吓

韦氏随庐陵王李显来到房州后,虽然衣食不缺,但精神上总觉得非常苦闷。毕竟他俩曾经贵为帝后啊,如今却被贬谪,再也无人逢迎,那种滋味难以言表。

更糟的事情还在后头哩!大唐勋臣李勣(李勣原姓徐,后赐姓李)之孙徐敬业看不惯武则天大权独揽,重用自己的侄儿武承嗣(为武元爽之子)、武三思(为武元庆之子),便请名诗人骆宾王写了一篇传诵千古的"讨武曌檄",细数武氏的罪状,于光宅元年(684年)在扬州举兵造反,开启了讨伐武氏政权的先声。垂拱四年(688年),宗室韩王李元嘉(为高祖李渊之子)的儿子黄国公李譔，伪造中宗诏书，分告诸王，命他们起兵讨伐武后。于是琅琊王李冲（越敬王李贞之子）募兵击武水（今山东聊城县西南），越敬王李贞（唐太宗李世民之子）闻讯，也于豫州（今河南汝南县）起兵，结果父子双双兵败遇害，宗室因此事被牵连而遭杀害的人很多。

武后见宗室不服，便于永昌元年（689年）和天授元年（690年）大肆屠杀宗室诸王，被害的宗室多达三十余人。另有不少被流放岭南，诸王亲党被杀的更多达好几百家。也就在天授元年的九月九日，武氏自即帝位，称圣神皇帝，改国号为周，做了七年傀儡皇帝的睿宗李旦，又被降级成为皇太子。

京城里血腥残酷、诡谲万变的政权斗争，自然也波及到京师外的每个地方。位于房州的庐陵王李显和王妃韦氏，也深切地感受到这一连串的政治风暴，深恐母后突然下旨将他们杀害，在死神的威胁下，终日彷徨不安。每次听说京师派特使来到房州时，李显都吓得打算先自杀了事。幸好韦氏还算镇定，劝丈夫说："人生本来就祸福无常，就算京师来旨，也不见得一定是赐死的诏令，为何不等等，看看究竟呢？"结果每次总是有惊无险。

这对患难夫妻就如此相持相勉地在房州熬了十四年岁月。李显很感激韦氏的扶持，有次当着韦氏的面指天发誓说："如果我将来有重见天日的机会，随你想做什么，我都不管。"

患难夫妻的深厚感情虽然令人感动，但是李显复位后，韦氏却真的胡作非为，不但干预朝政，还秽乱宫闱，结果李显真的不加过问。难道这一切冥冥中自有天意？

复后位荒淫无忌

武则天称帝的十五年里，虽然私生活十分糜烂，但是却能任用正直的大臣如魏元忠、娄师德、狄仁杰，使朝政能步入正轨。她更采纳了狄仁杰的建议，放弃了把帝位传给侄儿武承嗣或武三思的私念，在圣历元年（698年）派人到房州迎回庐陵王夫妇，立李显为太子；原来的太子李旦，则降为相王。

到了长安四年（704年），八十一岁的武则天生了重病，几个月无法起床视朝，结果宰相张柬之、崔玄暐和朝臣敬晖、桓彦范、袁恕己等人趁机拥李显复位，推翻了武氏政权。李显再次坐上了皇帝的宝座，仍称中宗，韦氏也重新尝到了当皇后的滋味。

不久，中宗收用了武氏的女官上官婉儿。上官婉儿原是宫中的女官，因为聪明活泼、文笔清丽，成为武则天的贴身女官。武氏当政时，朝中的文书大半都由她草拟。武氏在宫中乱搞男女关系，上官婉儿在耳濡目染之后，也难免情窦大开，和武氏侄儿武三思有了肌肤之亲。中宗复位后，看上了年轻貌美、风情无限的上官婉儿，便封上官氏为昭仪。上官婉儿成了中宗的宠妃，自然不好再跟武三思了。神龙元年（705年）一月间，上官婉儿为了弥补对老情人的亏欠，便从中牵线，把韦后介绍给武三思。这样也算对韦氏有个交代，我抢了你的老公，也把我的老情人让给你，两下扯平。

武三思长得英俊潇洒，韦后觉得这笔交易并不吃亏，再加上当年老公曾对天发誓不过问她的一举一动，因此韦后很快地就跟武三思打得火热。武三思与皇帝的关系还不仅止于"客兄"而已，他还是中宗的亲家公哩。原来中宗与韦后所生的幺女安乐公主嫁给了武三思的次子武崇训，李、武二家更有着姻亲的关系，亲上加亲，武三思更有机会常常拜见韦后，并获得韦后的肉身布施了。

安乐公主是当初中宗和韦后被母后武则天贬谪房州、快抵达州境的路上所生的，有了这层纪念的意义，再加上安乐公主生性惠敏、容姿秀绝，因此她从小就特别受到父母的宠爱。安乐公主想要什么，中宗、韦后总是尽力办到，绝无二话，安乐公主恃宠而骄的情形，当然可以想见。武崇训生得一表人才、风度翩翩，他和安乐公主的婚姻，真不知羡煞了多少人。

在韦后的庇护下，武三思不但经常出入宫廷，有回居然还坐在宫中的龙床上，和韦后玩游戏，中宗却在一旁替两人点筹码、算输赢，也不以为有何不妥，这真是人家把他卖了，他还帮人家数钱呢！

闹政变情夫被杀

由于太子李重俊并非韦后所生，而是中宗与宫女的结晶，所以韦后很不喜欢他。而韦后和中宗所生的唯一儿子李重润，却早被武则天的面首张易之兄弟杀害了，这是韦后最感伤心难过之事。

安乐公主是韦后的掌上明珠，又是武则天的孙女儿，从小为所欲为，养成了女权至上的心理，颇想效法她的祖母，有朝一日也能继承帝位，做中国历史上第二位女皇帝，便在神龙二年（706年）私下请父王把皇太子李重俊废了，立自己为皇太女。

中宗不知如何是好，问大臣魏元忠。魏元忠说："皇太子是国家的储君，又没有犯错，怎么可以随便废掉？如果把公主立为皇太女，那驸马又该封什么名号呢？天下百姓一定都大感错愕，这恐怕不是公主之福。"

安乐公主知道魏元忠从中作梗，对中宗说："元忠是山东的田舍汉，哪里有资格谈论国家大事？当年祖母还不是可以当皇帝，儿是公主，当皇太女又有何不可？"中宗无言以对，只是连连摇头。

安乐公主见中宗不肯废去太子重俊，立自己为皇太女，便又敦请母后韦氏模仿当年武则天称制之先例，以女主君临天下。韦后听了颇为心动，便积极着手安排。

景龙元年（707年），惶惶不安的太子李重俊与左羽林大将军李多祚等人决定先下手为强发动政变，率领北门禁军攻杀韦武集团。但是结果只在武家杀死武三思、武崇训及其亲党十余人，进宫搜捕韦后等人时，中宗却为上官婉儿所劝，带着韦后、安乐公主避难于玄武门楼，以玄武门的守军迎战。

结果李多祚兵败被杀，太子李重俊也同时遇害。这次政变可谓两败俱伤，太子虽被除掉，但是戚党这边却死了狠毒善斗的武三思，安乐公主的夫婿武崇训也赔上一条命。韦后和安乐公主真是欲哭无泪。

武崇训死后，韦后再招武承嗣的次子武延秀做安乐公主的驸马。当时武承嗣早已去世，其子武延秀"美仪容、善歌舞"，并不比武崇训逊色，安乐公主这才又转悲为喜。

想称帝祸害宗族

景龙二年、三年，是中宗与韦后最亲密的时期，两人相偕看宫女拔河、联袂私游夜市，韦后没有情夫的搅局，仿佛又开始恪尽妇道了。但这些只是表象，韦后在太子政变失败而死后，在朝中的气焰更盛了。她的哥哥韦温和武三思的同党宗楚客（为武则天叔父姐姐的儿子）都大权在揽，韦后还用了许多女流干预政治，除了安乐公主和上官婉儿外，还有韦后的妹妹郕国夫人、上官婉儿的母亲沛国夫人郑氏、女巫第五英儿等。这些人营私受贿、卖官鬻爵，使女流干政的风气在武则天之后，达到另一个极盛的时期。

中宗对外戚和女流专政的情形，渐渐有不满之意，这种反应引起韦后及其党羽的疑惧。韦后颇想积极仿效武则天的故事，安乐公主也想达到做"皇太女"的目的，于是母女合谋在景龙四年，以在馅饼中下毒的办法，把五十岁的中宗毒死于神龙殿。

中宗死后，韦后顺应舆情立温王李重茂（为中宗第四子，后宫所生）为太子，不久李重茂便即位为少帝。

李重茂虽然被拥立为帝，但是一切大权都在韦太后及其同党手中。韦温掌内外军权，军政要职全由韦氏子弟担任，宗楚客还屡屡上书，请韦太后称帝。韦太后一心想称帝，但是仍有些顾虑，因为少帝、相王李旦显然是她称帝的障碍，如何除去是个问题。此外，武则天与高宗所生的女儿太平公主，也一向与安乐公主不和，如何把这些障碍一一扫除呢？

相王李旦就是中宗李显被废为庐陵王时，做了七年皇帝的睿宗，他是高宗和武则天所生的第四子（李显则是高宗武后之三子），武则天晚年把李显迎回长安重做太子，李旦就被废为相王。这个安排在十三年后引发了另一场宫廷政变，相王李旦的三子临淄王李隆基素有异志，在京师长安密结才力之士，以图推翻韦氏。当时宫廷禁卫军虽由韦家子弟统率，却因经常作威作福而不得军心，给了李隆基可趁之机。

当宗楚客劝韦后称帝的事被李隆基知道以后，他觉得事不宜迟，便与太平公主及主子卫尉卿薛崇简、苑总监钟绍京等人密谋发动政变，宫廷卫军的将校陈玄礼、葛福顺也都参与举事。

景龙四年六月的一个黄昏，参与密谋的羽林将领，先在玄武门集合，由葛福顺等人率领，夤夜直入羽林营，斩诸韦将领，宣布起义的目的，结果禁卫军都欣然听命。

李隆基便率羽林将士入玄武门，将韦后、安乐公主、武延秀、上官婉儿等人杀死，完成了政变。韦氏宗族子弟也随后被诛除一空。

政变成功后，睿宗李旦复位，改元景云，李隆基也被立为太子。过了两年，睿宗就把帝位传给李隆基，他就是历史上著名的唐玄宗。

韦后才略不足却野心勃勃，结果毒死丈夫还不到一个月，政权就被推翻，自己也赔上一条性命，还连累了亲戚宗族全被杀光，可见像武则天那样当皇帝不是谁都可以仿效的。

才高命蹇——唐中宗李显昭仪上官婉儿

上官婉儿，唐中宗李显昭仪。她是唐代名臣及著名诗人上官仪的孙女，博古通今，谙音律，善诗赋，是唐代有名的才女。

公元664年，身为宰相的上官仪参与高宗废黜武后之事，惹下弥天大祸。此事被武则天察觉后，上官仪遭到陷害入狱而死，上官家也被抄，其子（上官婉儿的父亲）上官廷芝被处死，年仅一岁的上官婉儿和其母郑氏一起送入宫中成了官奴。

上官婉儿天生丽质，天分高又勤奋好学。一开始由其母亲郑氏亲自带教。后经特别的许可，婉儿得以和宫人们同去习艺馆，跟宫教博士正式学习，成为博士们的得意学生。婉儿不仅精通经书、史书，而且书法、算术、吟诗、宫廷礼节、棋弈无一不涉猎。

上官婉儿十四岁的时候已是一个亭亭玉立的少女，不仅妖冶艳丽，而且过目不忘，文采超人，不假思索便下笔千言，因而名声大噪。

武后听说后，决定亲自召见她，考验她的才学。第一次觐见武后，婉儿镇定自若，武后命题令作，婉儿一挥而就。武后细看一遍，大加赞扬，认为她绝非凡人，遂将婉儿留在身边，悉心指导，让其撰拟诏书，参决政事。一次，武后赏花设宴，令她与群臣赋诗，满朝文臣翰林众多，但最后都不及婉儿的才学。

对于女儿的一步登天，郑氏既喜又忧。喜的是婉儿从此可以荣耀门庭，忧的是伴君如伴虎，武后夺走了公公和丈夫生命，婉儿平常视武后为仇人，担心她找机会报复，反而惹出杀身之祸。

在婉儿得知家世后，既没有掉一滴泪，也什么都没说。当母亲想提这件事时，都被婉儿阻止，低声说："过去的事情不要再提起，若被别人听到，事情

上官婉儿

可就麻烦了。"好像一下子懂得了很多的事情。

虽然武后是仇人,但婉儿还是非常佩服武后处理事务的干练和她那孜孜不倦的精力。久而久之,婉儿对武后产生由衷的敬仰和无限的憧憬。于是,婉儿开始学习武后的言谈举止、价值观念、思维方法,特别是"帝王"的为政之道。在宫廷生活中,婉儿从太子弘的突然死亡、太子贤被立为太子,又转而被废的下场,看到了太后做事的果断以及宫廷内部的尔虞我诈、互相倾轧,给婉儿留下了极其深刻的印象。

公元684年年初,武则天废中宗李显为庐陵王,改立睿宗李旦,一切军政大事都由武则天临朝处理。这年九月,发生了柳州司马徐敬业在扬州举兵反对武则天的事件。当时"初唐四杰"之一的骆宾王,写了一篇讨伐武太后的檄文——《为徐敬业讨武曌檄》。

骆宾王的檄文传到太后的手里,她让婉儿宣读。当读到"伪临朝武氏者,性非和顺,地实寒微。昔充太宗下陈,尝以更衣入侍。洎乎晚节,秽乱春宫。密隐先帝之私,阴图后庭之嬖……加以虺蜴为心,豺狼成性,近狎邪僻,残害忠良,杀姊屠兄,弑君鸩母,人神之所共疾,天地之所不容"时,武后不觉露出了微笑。

婉儿觉得奇怪,她不明白为什么武后看到大骂自己的文章后,竟然发笑。太后望着发愣的婉儿,令她从头开始朗读,让所有的人都听到。婉儿稍稍定了定神,继续读道:"是用气愤风云,志安社稷。因天下之失望,顺宇内之推心,爰举义旗,誓清妖孽。……一抔之土未干(指高宗葬未久),六尺之孤(指中宗)安在?"

读到此,太后制止婉儿读下去,说道:"刚才那两句再读一遍!"婉儿又读了一遍:"一抔之土未干,六尺之孤安在?"

"这篇檄文是什么人作的?"武后问。"是临海丞骆宾王所作。"婉儿回答。"真是绝对妙句,虽然内容空洞,充满攻击谩骂,可是它确实是篇好文章,能写出这样好文章的人,也不简单,让这样有才学的人流落乡村野郊,这难道不是宰相的罪过吗?"武后说。

婉儿接着读下去,读完后,婉儿感慨万千,为太后的城府与雅量所叹服。

自万岁通天以后,武后所下的所有诏书,多出自婉儿之手。随着婉儿的权势增强,婉儿的胆子也渐渐大了起来。

武则天在生活方面比较放纵。先是宠幸薛怀义,后来又宠幸张昌宗。

公元697年时,武后已达七十岁。因为武后视婉儿为其心腹,所以她与男宠张昌宗的关系,对婉儿也不保密。这时婉儿也已经三十三岁了,在不知不觉中婉儿与昌宗产生了感情。不久,武则天对婉儿与昌宗之事有所察觉。一天上午,婉儿和往常一样陪则天皇帝进餐,张易之、张昌宗均在座。武后突然抽出匕首刺伤了婉儿的额头,婉儿用手捂着脸,跪在墙角。此时,武后什么也没说,径自扬长而去。自此事后,婉儿被幽禁在掖庭局的女牢里。

张昌宗是武后的男宠,婉儿怎能染指其间?武后对如何处理婉儿一直下不了决心。杀她,于心不忍,实在太可惜;不杀,平息不了心头恶气。在张昌宗的再三苦求下,则天皇帝决定不杀婉儿,代之以黥刑,以此教训她一下。

能免死罪,令上官婉儿一阵惊喜。但额上留下难看的记号,自己以后可如何见人呢?婉儿说动了宦官医师给她以朱色刺青。从此在婉儿的额中央出现了一朵朱色梅花。

当上官婉儿仍像从前一样回到女皇帝身边工作时,所有见到她的人都觉得婉儿身上散发出一股更加独特且神秘的魅力。从此以后,她再也没有陪则天女皇进餐,武后对她的宠爱也大不如前。

公元705年,宰相张柬之等发动政变,诛杀二张(张易之、张昌宗),迫使武则天退位,尊为上皇,复国号唐,太子李显复位,是为中宗。

婉儿很快获得了中宗的宠幸。原来,中宗与婉儿早就相识。在复立中宗为太子后,武后将中宗第七女安乐公主嫁与武三思之子崇训。在安乐公主与崇训结婚时,贵戚显宦,社会名流,无不往贺。上官婉儿也随同前往。当时还是太子的李显在宴会上看见婉儿容色秀丽,内心就喜欢上了她。

中宗复位后,中宗让婉儿在新帝身边做秘书工作,专门掌管制作敕命、誊写,及向中书省传达命令的工作。不久,便册封她为婕妤。此时,婉儿已经四十二岁了。她与一心想学武则天临朝专制的韦后及武三思很快形成了一个新的权力中心。

韦后、武三思等势力的发展,很快与太子李重俊发生了矛盾。重俊不是韦后的亲儿子,韦后对重俊被立为太子,深感不安,因而一直想废掉他。重俊对韦后和武三思等要废掉他的想法早有所知,但他发现满朝文武大臣,多是武氏党羽,只有魏元忠、李多祚两人,较为正直,于是同他们商议政变计划。

公元707年夏,李多祚会同李思冲、李承况等,带领三百羽林兵,拥着太子重俊,杀入武三思宅第,武氏父子及其全家男女老幼均被杀。

此时，中宗与韦氏、婉儿，及安乐公主等夜宴才罢，忽然右羽林大将军刘景仁，踉跄进来，报称太子谋反，已领兵入肃章门了。婉儿颇有主见，献计道："玄武门楼坚固可守，请皇上皇后，快往登楼，一来可以暂避凶锋，二来可俯宣急诏。"于是众人相互簇拥着登上了玄武门楼。这时多祚已带兵攻到，多祚请求说如除三思的宫内党羽，就立刻退兵。多祚又要求将勾引三思的上官昭仪交出处置。此时，婉儿忙跪倒道："我并无勾引三思，请陛下明察，我死不足惜，只是恐怕叛臣先抓婉儿，再索皇后，最后就是陛下。"中宗望着哭成泪人的婉儿，心里一阵发酸，说道："我在宫中，难道什么也看不见，听不到吗？我怎忍心将你交与叛逆，你站起来，商讨如何对敌。"

也许是重俊命运不好，不久宗楚客卫队赶到，重俊军大部被杀，重俊亦被刺身死。重俊之乱，上官婉儿因退贼有功而更加受到重用。

公元710年，韦后与一心想当皇太女的安乐公主合谋，毒死中宗。韦后终于如愿以偿，临朝称制，韦后专权。

韦氏的再度专权引起很多人的愤怒，形成很多反韦力量，这些力量渐渐汇集在相王李旦的第三子临淄王李隆基的周围。

公元710年，李隆基于六月二十日深夜，派兵包围太极殿，杀死了人神共愤的韦后与安乐公主。

当李隆基的军队攻入宫中时，婉儿手持蜡烛，率领宫人，从容地出来迎接。待见到刘幽求后，即将前日相王参政的草制，从袖中取出，递与幽求，表明自己是站在李唐皇室一边的，并请幽求转告隆基，请求免于一死。

刘幽求已被婉儿的娇喉和宛转的话语、镇定自若的神态以及楚楚可怜的样子所感动，他满口答应了婉儿的请求。当时李隆基正好率兵前来，听到刘幽求的报告，并不心动，他已认定，婉儿是惑乱宫廷的帮凶，她虽是才女，可其罪不可恕，今日不杀，恐悔之不及。随即下令杀死婉儿，此时，婉儿四十六岁，一代杰出才女上官婉儿就这样结束了生命。

上官婉儿虽然因为附从安乐公主而被杀，但她的才名却流传了下来。玄宗李隆基在开元初年旨令收集她的诗文，编为《上官昭仪集》二十卷，可惜这个集子已流失，只有部分流传下来，在《全唐诗》中只收有上官婉儿的诗三十二篇。

巫蛊招祸——唐睿宗李旦皇后刘氏

刘氏生于官宦之家，祖父刘德威为唐初名将，官至刑部尚书；父亲刘延景为陕州刺史。刘氏从小聪明伶俐，十分讨人喜爱，仪凤三年（678年），唐高宗第八子李旦封为豫王后，刘氏被纳为孺人，不久又立为豫王妃。睿宗李旦和其父高宗一样，性情懦弱，注重感情，所以夫妇二人相亲相爱，过得顺心、舒服，刘氏在这些年内先后生下了儿子宁王李宪和寿昌、代国二位公主。

嗣圣元年（684年），皇太后武则天临朝称制，废中宗李显，改立豫王李旦为帝，改元文明，刘氏被立为皇后。其实，李旦名为皇帝，实为傀儡，武则天依旧临朝称制。尽管做了皇上，可是李旦夫妇心情十分不畅，他们留恋做豫王时的那段自由自在的日子。然而，即使名义上的皇帝和皇后，也只当了5年，载初元年（689年）九月，武则天自称皇帝，改国号为周。于是，李旦从皇帝降为皇嗣，徙居东宫，刘氏也由皇后降为王妃。

对于这种任人摆布的生活，刘氏心中非常愤懑。于是，她在万般无奈的情况下，采用了巫蛊咒诅之法，指望能咒死则天女皇，重新做真正的皇后。不料事情泄露，长寿二年（693年）正月初二，刘氏去嘉豫殿朝见则天皇帝时，被则天所杀，尸身埋于何处也无人知晓。

景云元年（710年），睿宗再次继位，才将刘氏招魂葬于东都城南，名惠陵，并追谥刘氏为"肃明皇后"。

玄宗的生母——唐睿宗李旦皇后窦氏

窦氏，唐睿宗李旦皇后。她是唐高祖李渊窦皇后堂兄窦抗曾孙女，李渊二女儿襄阳公主孙女，润州刺史窦孝谌之女。

窦氏是一位貌美、聪颖，自幼受礼教熏陶，性格柔顺、循规蹈矩、受人喜爱的贵族小姐。时武则天之子相王李旦年十四岁，武则天听说窦孝谌之女貌美端雅，又知书达理，于是便与高宗商量，遂纳窦氏为李旦王妃。婚后二人你恩我爱，生活十分甜蜜。公元684年，李旦即位为睿宗，封窦氏为德妃。后窦氏生下李旦第三子李隆基（即后来的唐玄宗），又生下了金仙、玉真两位公主。

公元693年，窦氏被诬为以"巫蛊"咒诅武皇，武皇怀恨在心。不久，武皇召窦氏入宫朝见。朝见毕，在窦氏回东宫途中被人暗杀，可怜她被武后暗杀灭迹，最终也未找到尸体。李旦这时早已被废去帝位，也明知窦氏是被武皇暗算，但为保全自己性命，也只好含悲愤保持沉默。

景云元年（710年），睿宗复位后，遂命人在宫中挖掘、寻找窦氏尸体，然终未找见。无奈只好追谥窦妃为"昭成皇后"，并招魂葬于"靖陵"。后睿宗传位，由太子李隆基即位为玄宗，玄宗追尊生母"昭成皇后"为皇太后。

玄宗开元四年（716年），睿宗李旦亡并被葬于桥陵（在今陕西省蒲城县），玄宗遂迁其母窦太后与父亲合葬。

无子的遗憾——唐玄宗李隆基皇后王氏

王氏是同州下邽（今陕西渭南）人，出身于士族，先祖是梁朝冀州刺史王神念。王氏的父亲王仁皎,在唐朝初年曾任甘泉府果毅都尉。

王氏聪明、好学,长得漂亮,体态丰腴。所以,唐玄宗李隆基初封临淄郡王时,娶王氏为郡王妃。

中宗复位后,大权落入颇有手腕和野心的韦皇后手中,韦皇后弄权玩术,胜于武后;但缺乏武后那样的雄才睿智。韦皇后为了达到临朝称制的目的,与安乐公主合谋毒死中宗,重用韦氏族人。

李唐王朝,面临再次易姓的危机,临淄王李隆基与侍读张说密谋,联络太平公主,策动羽林军发动宫廷政变,包围太极殿,杀死了人神愤怒的韦皇后及其族人党羽,以图稳定李氏大统。

在这一场政治风波中,郡王妃王氏,以她政治上的胆识和见地,参与了丈夫的密室谋划,力劝李隆基铲除韦后及其党羽,以防后患。

政变成功后,李隆基的父亲李旦即位,为睿宗。李隆基因匡扶大唐基业有功,被封为平王,随后立为太子。王氏亦晋册为太子妃。

为了巩固政权,先天元年(712年),太子李隆基与张说、太子妃的孪生兄长王守一密谋杀掉自己的姑母太平公主,彻底铲除了武氏的势力。睿宗听说后,极为恐慌。多年来的宫廷斗争,自己的兄弟姊妹死的死,亡的亡,最后只有他和太平公主还活在人世,他兄妹二人情感甚笃,相依为命。此次太平公主被杀,睿宗万分悲恸,懦弱的睿宗已感力不从心,随即宣布"退位",禅让皇位于太子李隆基。

李隆基即皇帝位,号玄宗,王氏被册立为皇后。

王氏了却了自己的凤愿,做了"母仪天下"的皇后。王氏家族也因此显赫。王皇后的父亲王仁皎官拜邠国公。孪生兄长王守一娶靖阳公主,做了驸马,升为殿中少监,加太子少保,封晋国公。王皇后家族,大都得官升迁。

自古以来,"母以子贵"。然而,作为"母仪天下"的王皇后,自从嫁给李隆基,一直没有生得一男半女。这让王皇后忧心忡忡,因为无子则无以继大统,皇后名位难以永保。

《簪花仕女图》(局部)唐 周昉

李隆基即位后,曾梦有神人告之:神佑此子。后来杨良媛生了一个男孩,取名"亨",源于《易经》。所以,唐玄宗对李亨母子宠爱有加。晋封杨良媛为贵嫔。这就更增添了王皇后的忧虑。她想找人算算究竟李亨是否就是皇上梦中神人告之的孩子,于是找人寻得一位道长为李亨占卦,没想到卦相为"不宜养"。王皇后以此为由将李亨接到后宫,收为己有,亲自抚养。杨贵嫔无奈只得割爱。不久,杨贵嫔病逝。但王皇后的忧虑依然存在。

原来,李隆基做了皇帝后,一天,发现后宫中还藏有一位艳丽、娇媚、高雅的佳人,这就是后来宠极一时的武惠妃。武惠妃是恒安王武攸止的女儿。自从见宠于玄宗,宫中礼遇,几乎与王皇后平起平坐。武惠妃恃宠而骄,从不把王皇后放在眼里。

对于武惠妃的骄蛮,以及她的逾礼过失,王皇后十分不满,时常在玄宗面前数落。由于玄宗对武惠妃的宠爱已经到了入痴入迷的境地,所以对王皇后忠言不但不相信,反而认为她是争宠斗艳,故意谗言诋毁。

久而久之,唐玄宗对王皇后所作所为非常厌恶,再加上武惠妃的挑拨,于是产生"废后"的念头。他多次与姜皎商议废后之事。其实,宫内宫外对玄宗专宠武惠妃早有议论,最为忌讳的就是"武"姓。姜皎有意无意地将玄宗废后的念头泄漏出去,引起许多大臣不满。玄宗气愤之极,立即下诏流放姜皎去边地。

这恰恰证明了唐玄宗确有废后的意图。王守一将废后之事密告王皇后后,王皇后十分恐慌,这对王皇后来讲,不能不说是一个危险的信号。自武惠妃专宠以后,玄宗几乎不召王皇后及其他嫔妃侍寝,王皇后既不能生儿育女,又不得常见玄宗,关系日渐疏远。

王皇后的处境引起王氏家族的忧虑和恐慌。王皇后的兄长、驸马王守一更为焦虑,王皇后一旦被废,且不说王氏家族的荣华富贵,就连生死性命也很难预测。情急之中,王皇后便与王守一商量,求助于巫蛊左道,以求渡过危机。王皇后身处后宫,难以找到作法僧道,即使找得到,在宫中也难免不为人察觉败露。于是,蛊咒作法之事便交由王守一具体操办。

王守一多方打探后听说左道僧人明悟精于蛊咒压胜之术,于是请明悟在府邸设坛作法。明悟教王守一沐浴祭拜"天枢"北斗,取块称作"霹雳木"的压胜神牌,刻上玄宗"李隆基"的名字。然后画符压住,念咒封固。然后,将"霹雳木"交给王守一,十分肯定地说:"皇后佩带此牌,定会早得贵子,大有作为,君临天下。"此话正符合王氏家族的意愿,所以,王守一万分高兴地接过"神牌",悄悄携带入宫,交给王皇后佩带。

王皇后所作所为,尤其是蛊咒压胜之事,很快被宫人告发。玄宗闻之,极为震惊。开元十二年(724年)秋七月,唐玄宗亲自调查此案,人证物证俱在,罪不可赦。为此,唐玄宗颁布诏书,废除王氏的皇后名位,贬为庶人,迁出后宫,别院安置。王氏族人免去所有品位,量刑处置。

王皇后十分绝望,临行前,她请求玄宗念结发夫妻之情再见一面。玄宗准奏。王皇后与玄宗会面时,泪如雨下,失声痛哭,可怜兮兮地说道:"陛下难道不念你我患难时的情分吗?"但玄宗对此毫无反应。

当年十月,王庶人身心憔悴、忧郁病死,唐玄宗下令以一品官的礼遇葬于长安城外的无相寺。

后来,玄宗的孙子、唐代宗李豫继位以后,于宝应二年(762年),宣诏为"废后"王氏昭雪,免去所有罪名,追复"皇后"尊位,但仍未封谥号。

三千宠爱在一身——唐玄宗李隆基贵妃杨玉环

杨贵妃倾城倾国的姿色,致使唐玄宗"夺子之妻",杨氏家族也因此封官晋爵,贵盛一时。一个杨贵妃使得唐玄宗寻欢作乐,朝政日非,各种矛盾激化,最后爆发"安史之乱",娇宠的杨贵妃最终却落得了在马嵬坡梨树上吊死的命运。

国色天香寿王妃

杨玉环是隋末梁郡通守杨汪的四世孙杨玄琰的女儿。传说出生时手臂上还套着一枚玉环,所以取名玉环。杨玉环自幼聪颖伶俐,天生丽质,逗人喜爱,不幸的是她父母早逝,很小就被叔父河南府士曹杨玄璬收养。因而她的少女时代是在洛阳度过的。

杨贵妃

开元二十二年(734年),杨玉环已长成亭亭玉立的少女,尽管还带着稚气,但已完全显露出其娇艳的风采。杨家有美女,顿时传开了,作为养父的杨玄璬暗中也深为女儿的美貌所骄傲,因而更见宠爱。玉环也因此放纵自己,她经常在府中弄歌习舞,并且时常结伴外出。一个偶然的机会,杨玉环意外结识了玄宗皇帝的女儿咸宜公主,这是她一生转折的契机。

在一次参加咸宜公主府邸的游宴中,杨玉环认识了公主的同母弟弟、时封寿王的皇子李瑁,杨玉环的姿色使寿王一见钟情,尚无王妃的李瑁十分想得到杨玉环。

咸宜公主和寿王都是唐玄宗最宠爱的妃子武惠妃所生。武惠妃是女皇武则天的侄女，深得玄宗的宠爱。所以，惠妃所生的子女，在玄宗那里也比较受宠。寿王为人谨慎，虽然对杨玉环已产生爱慕之心，但他还是让姐姐咸宜公主试探母亲武惠妃的口气。儿子对杨玉环有好感的事，武惠妃已通过女儿咸宜公主获悉，而且面呈玄宗，玄宗皇帝也很快应允了李瑁的要求。

开元二十三年（735年）十二月，河南府士曹杨玄璬宅院热闹非凡，二十多名典礼人员沿着伊水岸，每隔十步就立一人，直到杨宅大门前。原来这是册立杨玉环为大唐皇子李瑁的王妃仪式。美貌的杨玉环终因其明眸皓齿、风韵亭亭而成为寿王妃。

具有美丽姿容的杨玉环，得到了丈夫寿王的百般欢宠。寿王除了入宫进行指定事务外，将各种事情放弃，陪伴杨玉环，甚至让母亲武惠妃一起伴杨玉环出游，所以杨玉环也受到婆婆武惠妃的格外关照。杨玉环生子后，武惠妃时常去寿王府，对杨玉环关怀备至。

开元二十五年十二月，年仅四十岁的武惠妃突然暴病身亡。这对于寿王夫妇来说无疑是塌天大祸，母亲的早逝使他被立为太子的希望一下子变得十分渺茫。

开元二十六年七月，唐玄宗举行立太子的大典，李亨被立为皇太子。

父夺子妻受专宠

武惠妃去世后，玄宗皇帝陷入了深深的哀痛之中。他郁郁寡欢，除了上朝例行公事，常一人独处。到哪里去找一个像武惠妃这样的女人呢？玄宗的心事烦恼被高力士看了出来。

"听说寿王妃杨氏颇似惠妃，不知陛下意欲如何？"高力士诡秘地讨好皇帝。

是啊，美丽的儿媳杨玉环的确有一些武惠妃的影子，可是，她是儿子寿王的王妃，玄宗若有所思，迟迟没有反应。不过善于巴结逢迎的高力士马上就明白了皇帝的顾虑。"陛下您放心，老奴一定把事情办得合情合理。""晤！"玄宗终于露出了笑脸。

皇子寿王的王妃杨玉环的命运就这样在谈笑间被决定了。

寿王李瑁和杨玉环万万没有想到，武惠妃的早逝，带来的不仅仅是失去太子宝座的痛苦，更让他们难以接受的是父皇"夺媳为妻"的圣命，于是，这对恩爱夫妻陷入痛苦的深渊。

开元二十八年（740年）十月，玄宗带领文武官员行幸骊山温泉宫。第二天，玄宗派出的使者直奔长安寿王邸，诏令寿王妃杨玉环赴骊山侍驾。

寿王心里顿时明白，他虽然深爱他的王妃，但是父皇的旨意又不能违背。既然父皇诏令杨玉环侍驾，如果不从，只能招来杀身之祸。献出爱妻，或许会得到父皇的欢心，再加上杨玉环在父皇面前的进言，自己的太子梦或许还会实现。他把这一想法告诉了杨王妃。听到诏令后，杨玉环一直处在惶恐和不安中，然而听了丈夫的想法后，她又觉得释然了，只有依从皇帝，才能保证自己的好运气，才能保证杨家的荣华显要和丈夫寿王的两个年幼孩子的性命。夫妻俩在极度的矛盾和痛苦中告别，杨玉环连夜赶往骊山。

在高力士的亲自安排下，终于得到杨玉环的唐玄宗在骊山离宫里度过了令人销魂的日子。他觉得，与惠妃相比，杨玉环身上散发着一种野性的美。

"陛下，我可是没有脸再回寿王那边去了！"杨玉环的娇嗔令玄宗头疼。是的，杨玉环是儿子寿王的王妃，和儿子共享一个女人，在礼制上是行不通的，而玄宗又找不到任何可以纳她为妃的借口，可他已经离不开这个女人，这确实是一件难办的事，然而却又不能不办。

第二年正月，太真宫里来了一位法号太真的漂亮女道士——她，就是杨玉环。人们觉得身为大唐皇子的王妃去做什么女道士，真是不可思议。深谙其中奥秘的玄宗却异常高兴。因为这样一来，皇帝将要娶的就是女道士杨玉环，而不是寿王妃杨玉环了。何况太真宫就在皇宫中，杨玉环可以随时入宫为皇帝侍寝。

元宵佳节来到了。这一晚太真宫里的杨玉环也携侍女来到街上观灯。杨玉环随街上拥挤的人流往前移动，不意却遇到了曾获玄宗专宠的梅妃带着婢女也来到街上。梅妃看到端庄貌美的杨玉环醋性大发，就是这个杨玉环把皇上从她身边夺走，所以，她轻佻地骂了一句："这肥猪！"杨玉环感到奇耻大辱，怒不可遏，然而一想到自己只不过是一个女道士时，她强压怒火："哼！总有一天，我要叫你知道我的厉害！"杨玉环觉得要改变眼前的境况，首先，要改变自己的身份，不能再当道士。

一次，玄宗兴致很高，与杨玉环闲聊，杨玉环忽然流下了眼泪，责问玄宗皇帝："你为什么总叫我太真，却管梅妃叫爱妃！难道要我当一辈子女道士？"

入宫一年来，几乎每晚皇帝都要她伴寝，但她忘不了元宵节上的侮辱，她要利用皇帝对自己的宠爱打击梅妃，出出这口恶气！从此，皇帝亲切地称杨玉环为"娘子"，而且让宫中的人也这样称呼，杨玉环地位又有了提高。入宫一年，杨玉环以她的美貌、性格赢得了皇帝的宠爱，而且玄宗对她的宠爱超过了武惠妃和梅妃。玄宗的情趣与杨玉环有许多相同之处，杨玉环通晓音律，能歌善舞，加上她聪慧过人、善于献媚的天赋，越发使玄宗迷恋，为了陪伴杨玉环游乐，他把军国大政委之于李林甫。

杨玉环耳闻目睹了宫廷生活的残酷，她愈加感到，要保证自己在宫廷中的地位，就必须扼杀别人，杀掉每一个有碍于自己的人。她懂得靠自己孤军奋战是不可能立稳脚跟的，必须建立自己的网络，寻求党援。在玉环看来，长得高高大大有着狡黠小眼睛的高力士是玄宗把自己弄进宫来的主谋，他可以引为援手。

一天，杨玉环请高力士到自己的宫室，这是她第一次单独和高力士在一起。此后，杨玉环凡事都同高力士商量，两人频繁来往，高力士为杨家的每一个人都安排了合适的位置。

杨玉环在玄宗的心目中占有极为重要的地位，除了她，玄宗几乎忘掉了其他的女人。为了让杨玉环开心，玄宗及朝中大臣极力讨好杨玉环，大臣们清楚，玄宗宠爱的女人高兴，玄宗肯定高兴。

天宝二年（743年）正月，玄宗下令隆重接待北部边塞胡将安禄山。杨玉环看着对安禄山如此感兴趣的皇帝，感到不可思议。她早已听说过，安禄山先被任命为平卢兵马使、营州刺史，到天宝元年又被提拔为平卢节度使，成为唐朝第一个胡族节度使，安禄山掌握了北部边境的军权、民权和财政大权。

当杨玉环陪同玄宗在大殿上看到向皇帝走来的安禄山时，差点儿笑出声来，这个身材肥胖、尊容令人瞠目的人就是那个拥有各种各样动人传说、以勇武著称的安禄山吗？然而更令杨玉环吃惊的是，安禄山并没有弯腰向玄宗下拜，而是对着杨玉环弯腰行礼。

玄宗责问："啊，杂胡，你为何只向妃子叩拜，不向朕行礼？"

"臣从小时候起，就只向母亲行礼，我只知道是母亲生下了我，至于父亲是谁，那就很难说清了，因此臣总是先向女的行礼。"杨玉环大笑起来，内心不由地对他产生了好感，玄宗自然也就不再追问。为了犒劳安禄山，玄宗赐给了安禄山许多的金银珠宝，还任命他为范阳节度使、河北采访使，顷刻间，安禄山一下子增添了十万人马，掌握了北部边塞的军政实权。

之后，安禄山提出要拜杨玉环为干娘，玄宗遂同意。杨玉环感到意外，可又一想：有这样一个拥有地方实权的武将做自己的干儿子，在自己通往贵妃的道路上绝不会没有好处。

为了庆贺杨玉环收安禄山为义子，宫中连连举行盛宴。

册封贵妃君王痴

天宝四年（745年）七月，唐玄宗颁布诏令，命左相兼兵部尚书李适之为使，金紫光禄大夫陈希烈为副使，持节册立韦昭训的女儿为寿王妃。丈夫寿王新娶妻室，杨玉环心中不是滋味。从内心里她依然是爱寿王的，她忘不了寿王眼含热泪教她如何为他被立为太子努力争取的话，然而如今玄宗是不会糊涂到让玉环的前夫来做太子的。

八月，唐玄宗李隆基在长安大明宫凤凰园发布诏命，册封太真宫女道士杨玉环为贵妃。她端坐在镶满金银的大椅上接受文武百官和朝廷命妇们的祝贺。看着那些年老的大臣命妇对自己下拜，杨玉环感到从未有过的惬意。入宫五年，杨玉环终于有了正式的名分。

而且，杨氏家族也跟着显贵起来。杨贵妃父亲杨玄琰被追赠为济阳太守，封齐国公，母亲李氏受封陇西郡夫人，叔父杨玄珪官拜光禄卿银青光禄大夫，哥哥杨铦为殿中少监，堂兄杨锜为驸马都尉，并尚武惠妃生的太华公主为妻。贵妃的三个姐姐也分别赐予夫人封号，大姐封韩国夫人，二姐封虢国夫人，三姐封秦国夫人，并赐第长安，准她们以女官身份出入宫廷。

当上贵妃的杨玉环终于从冷冷清清的太真宫光明正大地搬到兴庆宫来了。侍女人数也大大超过以前，单是为她织锦刺绣的工人就有一千二百多人，出则乘轿，入则服侍，享受的礼仪品格与昔日的武皇后一样，甚至比武皇后还奢侈。然而杨玉环现在却变得十分挑剔，饭菜稍不如意就要大发脾气，变得难以侍候。

天宝五年（746年）盛夏，皇帝将游幸曲江的消息发布后，从皇宫到曲江的沿途挤满了看热闹的长安百姓，想一睹圣颜，更想一睹压倒后宫三千嫔妃的杨贵妃的风采。

那天，贵妃和皇帝同辇，杨贵妃的三个姐姐——大姐韩国夫人、二姐虢国夫人和三姐秦国夫人照例各自乘着华丽的钿车随后，满朝文武也都参加了游宴。行将结束时，贵妃提议到附近的乐游原上看夕阳美景。皇帝推托饮酒过量想回帐篷歇息。贵妃一行刚走，虢国夫人就趁机溜了回来，二人很快成了美事。

杨贵妃久已对虢国夫人不放心，当发现玄宗和虢国夫人都不在，她立即带领随从径回玄宗歇息的帐篷，看到那令人尴尬的场面和玄宗羞怯的目光，她气恼了，立即吩咐："备车，回宫！"对玄宗令其马上回去侍驾的诏命，不予理睬。

杨贵妃气呼呼地回到皇宫，她感到气愤，没料到靠了自己才有今日的虢国夫人竟敢背着自己与皇帝乱来，她不能容忍！高力士匆匆赶回来一见贵妃就说："啊呀，娘娘，见了皇上，你就说是因为身体不适才急着赶回来的。"

"不行！我岂能受虢国夫人侮辱，她算什么东西！"

次日一早，使者带来了皇帝诏令：贵妃立即出宫，搬到杨铦府第。杨贵妃余怒未消，拔腿便去。

杨氏家族听说贵妃被驱逐出宫，都纷纷聚集到杨铦府中。他们知道是贵妃触怒了皇帝才被赶出来的，杨氏家族的人恐慌起来，他们觉得最好的办法是赶快让贵妃向皇帝赔罪。然而贵妃听完他们商量的结果后"哈哈"大笑，她觉得该赔罪的是玄宗而不是自己。

在宫中，玄宗皇帝在盛怒中度过了这一天。登基几十载，还从未有人敢这样放肆，一个虢国夫人算什么，朕有后宫三千嫔妃，他希望贵妃认个错也就了了，然而贵妃却更倔强。

到了晚上，皇帝终于耐不住了，命把赐膳送到了杨府。次日又有十几辆宫车运来了贵妃的衣物和几十个侍奉贵妃的侍女，聪明的杨贵妃明白皇帝已不再生气了。

杨贵妃出宫的第五天夜里,玄宗派高力士迎接贵妃回宫。杨贵妃由侍女扶下宫车,看到早早站在那里等待自己的皇帝,仅仅五天不见,玄宗竟苍老了许多。在这一瞬间她明白了自己在皇帝心中的地位。接着唐玄宗下令在宫中举行欢宴为贵妃压惊,并赐给了贵妃各色各样的小玩艺儿,给她的姊妹每年几千万钱的脂粉费,杨氏家族化险为夷,为此又获得了大量的赏赐,这是他们万万没有想到的。

杨贵妃依然过着奢侈的生活,各国进贡来的珍珠宝石、奇花异草,贵妃十分喜欢,都要亲自过目,于是争相进贡成为一种时髦。贵妃匣中许多精巧优美世上罕见的东西都是岭南节度使张九章和广陵长史王翼进贡的,他俩也因此加官晋爵。杨贵妃爱吃荔枝,荔枝成熟时玄宗就诏令岭南地方官选择最好的,从岭南到长安的官道上马不停蹄,日夜兼程派专人奉送。真可谓"一骑红尘妃子笑,无人知是荔枝来"。

杨贵妃的姐姐虢国夫人

谁知到了第二年的春天,杨贵妃再次被逐出皇宫。原来,杨贵妃听说宁王有个玉笛能吹奏出美妙声音,就派人去借了来吹奏。玄宗的弟弟宁王的笛子借给贵妃这在礼制上是欠妥的。玄宗看见悠然自得吹笛的贵妃立时大怒,下令:立即出宫,搬到杨铦府中!

杨铦府邸再次被阴郁的气氛笼罩着。从虢国夫人开始,杨家的所有亲族再次聚到杨铦府邸,商议对策。杨家人感到那欢乐的生活将会一去不复返,杨氏家族将从此衰弱,甚至会招致杀身之祸。可笼罩着杨府的愁云惨雾只持续了四天,到了第四天晚上,玄宗派内侍张韬光送来了御赐膳食,贵妃悬着的心终于放下。

于是杨贵妃剪了一绺头发用罗帕包妥交给张韬光,赋就短笺一张,令其转呈皇上:"臣妾死不足惜,惟望陛下珍重圣体,陛下对杨氏家族的大恩大德妾死不敢忘。今将头发一缕奉献陛下以为纪念。"

玄宗见一缕秀发,心中一阵痛楚,马上派高力士迎接贵妃回宫。

再次回到宫中的杨贵妃更加受着专宠,玄宗对杨贵妃的任何要求都立即给予满足，杨氏五府因此又获得了大量赏赐。杨贵妃暗自高兴，这次事变后，她和皇帝的关系发生了错位，皇帝对自己已不只是宠爱，简直是病态地迷恋。

杨家五府多得势

杨贵妃荒淫奢侈的生活令人侧目，杨氏家族更是因她而飞黄腾达。堂兄杨铦、杨锜和三国夫人在长安都有御赐的宅邸，时人誉为杨氏五府，除皇宫外，长安城最豪华的当属五府的住宅。三国夫人入宫时连公主都得让座。皇帝游幸骊山时，五府都乘着豪华的车子，打着五彩的旗帜随驾同行，宜人的香气飘出很远。长安的百姓都传唱着歌谣："生男勿喜女勿悲，君今看女作门楣。"他们多么希望自己养一个像杨氏一门那样靠女儿获宠享荣华富贵的漂亮的女儿。杨贵妃的从兄杨钊曾在蜀做小官，后到长安因贵妃的关系得任清贵宫当监察御使。高力士以为，杨钊若能和贵妃的那个干儿子安禄山联合起来，必能当大任，就可保证贵妃的地位永远不动摇。在高力士的举荐和贵妃的暗中干预下，杨钊很快又升任御史中丞，诏书发布后，杨钊到贵妃馆舍谢恩。

杨贵妃两眼盯着杨钊说："那个曾获皇上宠幸的梅妃，虽已远离了大明宫，却仍是我的心头之患，我要你……"于是，可怜的梅妃做梦也没有想到，元宵夜的一句戏骂竟会招来杀身之祸。

杨贵妃的权力一天天扩大，贵妃的任何要求都变成了诏令。她的家族，杨铦、杨锜、三国夫人五府的权势超过了其他王族。天宝十年（751年）元宵灯会，五府各自带着随从在街上横冲直撞，在西市与玄宗女儿广平公主相遇，双方互不让路发生争执，杨府随从挥鞭打人，广平公主受伤落马，驸马程昌裔下马欲救，也挨了几鞭，由此可见杨府的权势。

由于杨贵妃在皇帝面前的极力夸耀和杨钊的投机钻营，杨钊在朝堂上的地位越来越重要。到天宝九年（750年），他已官至兵部侍郎兼御史中丞，遥领剑南节度使，身兼十五使职，权倾内外。这年八月，玄宗又赐杨钊名国忠。杨国忠阴险奸诈，接受贿赂，暗结帮派，骗取玄宗的信任。然而他很快发现，玄宗的器重引起了宰相李林甫的不满，李林甫开始处处打击排挤他。为了与李林甫对抗，杨国忠在杨贵妃的帮助下加强与安禄山的联系。天宝九年五月，杨国忠请求赐给安禄山东平郡王职位，玄宗应允并发布诏令。入朝为官仅四年的杨国忠成为独揽大权十七年的宰相李林甫的强大对手，双方的明争暗斗日趋激烈。

天宝十年（751年），李林甫以剑南地方战乱迭起、边境不稳为借口，奏请玄宗，剑南节度使杨国忠应立即到任平定战事，想以此为借口把杨国忠排挤出朝。这使杨国忠无法拒绝。

贵妃心里十分清楚，杨国忠和李林甫的明争暗斗，杨国忠压倒李林甫成为朝中头号人物，这对杨家的显赫和她自己地位的稳固都大有好处。杨国忠受到暗算是她不能容忍的，她立即唤高力士商量。高力士是主要的谋划者，他认为杨国忠不如先到蜀地处理军务，暂避风头，然后由贵妃奏请圣上将其召回。果然，杨国忠刚到蜀地，玄宗派出的使者也随后赶到了。

第二年，执政十九年的宰相李林甫因病死去。这对杨国忠来说真是天赐良机，玄宗马上发布了由杨国忠代替李林甫为右相的诏令。杨国忠当政后，唐朝政治更处于混乱之中。杨国忠欺上瞒下，边境上的战败奏折他扣住不发，自作主张，甚至人事更动也不与玄宗商议。杨国忠利用宠臣的地位，身兼三十多使职，横行受贿，广结罗网，成为李林甫之后的又一大奸相。

天宝十三年（754年）正月，北部边将，身领平卢、范阳、河东三镇节度使的安禄山入朝拜年。在他入京以前，宰相杨国忠曾多次上奏安禄山正在积蓄力量准备叛唐，要求玄宗用明升暗降的办法削夺安禄山的兵权。由于杨贵妃的暗中庇护，玄宗一直不予理睬，安禄山身领三镇节度使职，在北部边地的战场上屡立奇功，玄宗对他的宠爱较之杨国忠有过之而无不及，安禄山的存在对杨国忠的相位将会构成威胁，所以，杨国忠必须想法除掉他。

然而杨国忠陷害安禄山却是杨贵妃不能容许的。玄宗这次召安禄山入谒就是她提出来的。为了笼络安禄山，玄宗下令在杨氏五府所在地宣阳坊附近的亲仁坊为安禄山花费巨资盖起了一座宽绰豪华的住宅。玄宗仍然赐给了他金银财物，并加官左仆射，对其部下论功行赏。

安禄山被召进宫，受到皇帝和杨贵妃的热情款待。三天后，杨贵妃把安禄山召进自己馆舍，在虢国夫人等人的怂恿下，几个妇人给安禄山洗了婴儿澡，一直闹到深夜。杨贵妃已难以相信这位对皇帝和贵妃的宠幸感激涕零、忠心耿耿的胡将，将要反叛朝廷。

贪婪到头无善终

天宝年间，玄宗把军国大事先后托给奸诈的李林甫和杨国忠，他们骄纵跋扈，屡兴冤狱，致使朝廷贪污腐败，十分混乱。多次入朝的安禄山窥透大唐国力空虚，他一面积极招兵买马，制造枪械，储备粮草，为起兵叛唐做准备，一面用贿赂媚取的手段骗取玄宗和贵妃的信任，年年加官晋爵，拥有十五万兵马，成为唐朝权势最大的边将。

天宝十四年（755年）十一月九日，安禄山以"诛杨国忠"的名义在范阳（今北京）起兵，率领胡汉兵马十五万长驱南下，直指长安，深受玄宗和贵妃宠爱信任的安禄山终于公开发动了武装叛乱。

十一月十五日，皇帝一行正在骊山避寒，乍听安禄山起兵的消息，难以置信，安禄山一向很听话。然而各地不停送来战况报告，河北的州郡纷纷投降，安禄山的军队所向披靡，已经渡过黄河，迫近东都洛阳了。多年不理朝政、不问军事的唐玄宗感到手足无措，匆忙中，他召集紧急朝议，任命刚来京城的安西节度使封常清为范阳、平卢节度使，立即到东都洛阳募兵，固守洛阳。令荣王李琬、大将高仙芝为正副元帅，在长安募兵组成东征军，出守陕州。

安禄山以万夫不挡之勇，连连攻克大唐各地城池。十二月八日逼近洛阳外围。十二月十三日，安禄山进占洛阳，从举兵叛唐到占领东都洛阳，安禄山仅用了一个月时间。唐玄宗听说洛阳失守，怒不可遏，下令将封常清、高仙芝在军中斩首示众。任命陇右节度使哥舒翰为守潼关的主将。哥舒翰多年来屡立战功，是唐朝威名赫赫的边廷武将，正在长安养病。哥舒翰临行前，循例谒见玄宗："多年来承蒙陛下的恩宠，臣当誓死效力，然而沙场之争胜败难料，这次出征或者是安禄山的人头落地，或者是臣的首级滚落在安禄山的床笫之侧。"

第二天，哥舒翰率领留守京城的八万人马出发了。已在潼关的高仙芝和封常清的部下，此外还有各地汇集来的残兵败将，共计二十多万人马，统归他指挥，这是唐玄宗的最后一线希望，可是大病初愈的哥舒翰能敌得过拥有重兵的安禄山吗？他真担心。

大唐的江山社稷不能断送在自己手里，整日与杨贵妃沉浸在情爱中的玄宗似乎清醒了，他决定亲自率军征讨安禄山这个畜生，让太子监国。安禄山的叛乱对玄宗的打击太沉重了。

对玄宗的打算，贵妃立即表示赞同。然而得知太子监国、玄宗亲征消息的杨氏家族却惊慌了起来。杨国忠请求贵妃设法阻止皇帝亲征。他说我们可是一直在同东宫作对啊！太子一旦监国，我们杨家满门都会丧失性命。

所以最终，玄宗还是留在长安城。

天宝十五年（756年）正月，安禄山在洛阳自号大燕国皇帝，改年号圣武，正式建立起与玄宗分庭抗礼的政权。消息传到长安，玄宗怒极，真恨不得亲手杀了他。

四月，安禄山的后方兴起了许多义军，与其抗争，其中规模最大的是郭子仪和李光弼的义军，一些投降的州郡纷纷反正，潼关的守军还击败了安禄山的一次进攻。而且传说安禄山病重，收复洛阳的时机已到，而哥舒翰将军派人送回奏折，以为此时收复洛阳还不是时机。所以，朝中部分大臣迫不及待，认为这会使玄宗犹豫。可是一份意外的奏折却使玄宗大惊失色，不顾哥舒翰的反对，诏令哥舒翰立即出兵收复东京。

六月十日，哥舒翰的二十万大军从潼关出发，在灵宝县西原同安禄山的劲旅崔乾祐部相遇，展开了决战。哥舒翰虽拼死力战，未能挽回败局，官军死伤大半，哥舒翰被俘，潼关失守。

潼关失守的消息传到长安，宫内一片惊慌。潼关一失，长安已无险可守，安禄山的部队很快会到达长安。次日，杨国忠入宫，商量皇帝西狩的具体问题，皇帝出逃的准备工作正在秘密进行，龙武将军陈玄礼被告知做这次出行的护卫。傍晚，皇帝和杨贵妃一起从兴庆宫移往大明宫。

消息传来，杨贵妃一直在惊恐和不安中度日。

六月十三日天蒙蒙亮，玄宗李隆基带着杨贵妃、高力士及一些皇子皇妃踏上了逃难的路途。跟随去蜀的有太子李亨、宰相杨国忠等臣僚及充当护卫的龙武将军陈玄礼率领的龙武军。

从京城全体将士启程不久，东宫宦官李辅国来到太子亨面前，转达龙武将军陈玄礼的话：全体将士以为国家遭此大难完全是杨国忠骄横跋扈引起，请杀死杨国忠以谢天下，紧张的气氛骤然笼罩着这支队伍，只是坐在车中的玄宗和贵妃一无所知。

吃晚饭的时候，杨国忠忙得满头大汗，安置随行的官员和各国使者。突然，陈玄礼部下高喊："宰相与胡虏谋反！"呐喊的士兵举起刀剑追向杨国忠，相府卫士和家丁及从官分别阻挡，然而他还没跑出多远就被蜂拥而上的士兵乱刀杀死。他的儿子杨暄也被杀死。

正在驿亭中吃饭的唐玄宗和杨贵妃感到似有兵变，这时有人进来报告："宰相杨国忠已被叛乱的龙武军杀死。"皇帝闻言大吃一惊，这时叛乱的士兵已围住了驿馆，龙武将军陈玄礼大声说："宰相杨国忠谋反已被臣等杀死，然而祸根却还留在陛下身边，六军将士请陛下割爱正法！"

陈玄礼所指玄宗当然明白，但是他不舍得："贵妃在深宫之中，怎会知道宰相谋反，她无罪啊！"高力士知道，若不答应六军将士的请求，皇上的性命也难以保全，所以，他对玄宗说："贵妃确实无罪，可已死杨国忠，贵妃还在陛下身边，将士们怎能安心？"

杨贵妃明白，自己决不可能逃脱这场劫难，她便站起身对高力士说："告诉将士，我愿以死殉国！"然后，她又跪在玄宗面前含泪向皇帝诀别："愿陛下珍重圣体，尽量设法求自免，妾死九泉亦当瞑目！"

玄宗泪落如雨，他怎么能忍心呢？十几年来，杨贵妃给过他多少欢乐的时光，他的大脑一片空白，似乎一切都凝固了。士兵们聚集着，高力士为了避免危及皇上的性命，替皇帝传着口谕"皇上赐贵妃死"。众将士欢呼"皇上万岁！"

杨贵妃在马嵬驿佛堂前的梨树上结束了自己的生命，时年三十八岁。杨贵妃，一个绝世美人，她享尽了人间的荣华富贵，却终究难以善终。

死于宫廷斗争——唐肃宗李亨皇后张氏

公元755年，安禄山、史思明发动了长达八年的"安史之乱"。次年，叛军攻破潼关，挥师直取京师长安。

唐玄宗从长安出逃，当行至马嵬驿时，军队发生哗变，有逃难吏民跪在太子马首恳请太子主政，唐玄宗得报，立即颁布诏书，准太子李亨留驻马嵬驿主政监国，收拾残局。太子妃良娣张氏与东宫太监李辅国劝说李亨顺应吏民百姓的要求，留马嵬驿统领各镇勤王之师，迎战叛军。

因为李亨曾任朔方节度使，在那里有一定的基础。朔方路途不远，又有朔方留守杜鸿渐和行军司马裴冕在那里镇守。经多年经营，兵精马壮。因此，李亨决定西去朔方灵武（今宁夏灵武），征集兵马，再兴发长安。

这时，张良娣已有孕在身，随军西去朔方，风餐露宿，一路十分劳苦。李亨随从军卒为数不多，一路上和逃难百姓同行，杂混一处，更觉混乱。为了保障李亨的安全，每晚住宿，张良娣都将自己的被褥安置在前厅，让李亨住到后室，以防不测，李亨非常感恩。

《宫乐图》唐 张萱

不久，李亨、张良娣一行顺利到达了朔方灵武。广集各镇兵马，准备兴兵讨伐安史叛军。李光弼、郭子仪等人，闻知监国太子李亨已抵灵武，纷纷率部队前来会合。

抵达灵武以后，张良娣生了一个儿子，取名李佋。产下三天，张良娣不顾自己产后体虚，起身亲自带领随军女眷，为前线将士赶制战袍军服，使太子深受感动。

公元756年，在张良娣、李辅国及文武官员的要求下，李亨在灵武即皇帝位，是为肃宗。改年号为"至德"。尊李隆基为"上皇天帝"。

肃宗即皇帝位后，立即诏令各部唐军，进剿叛军。李光弼、郭子仪率唐军及部分借用的回纥兵，大举进攻，很快就收复了京城长安。

公元758年，肃宗李亨、张良娣等返回长安，改年号为"乾元"。

肃宗回京后，即册晋张良娣为"淑妃"。同时，他又派人到成都接回太上皇李隆基，于城南兴庆宫居住。接着，唐肃宗又任张淑妃的父亲张去逸为尚书省左仆射。母亲窦氏封义章县县主。姐姐封清河郡主。妹妹封廓国夫人。弟弟张清、张潜也皆加爵升官，因此显贵。

公元758年，肃宗诏告天下，立张淑妃为皇后。

公元759年，为了加强对各方镇的控制，强调皇帝的权威，唐肃宗李亨诏令群臣重议帝号。经过廷议，上尊号为"乾元大圣光天文武孝感皇帝"。张皇后闻知，也要求为自己上尊号为"翊圣"，"翊圣"即为拥戴辅佐皇帝的圣贤之人。不想激起了朝臣的强烈反对。恰好当天晚上，出现月食天象，京城内外，十分惊慌。朝中盛传，皇后阴德过盛，以阴压阳，因此天降灾象，以示惩戒。为避天灾，唐肃宗这才诏令三省各部，禁止为张皇后议上尊号。从此以后，唐肃宗对张皇后日渐疏远。

张氏既然已经做了皇后，当然也就希望让自己的儿子做太子。张皇后曾恳请肃宗立她生的儿子李佋为太子。遭到肃宗第三子建宁王李倓的强烈反对。不久，李佋夭折。从此张皇后和建宁王李倓结下了怨恨，并多次谗害李倓，终使肃宗下诏赐死了李倓。

太子李豫，率唐军先后收复了长安、洛阳，关中、河南一带得以安定。这样，太子李豫名震天下，万民翘首以待。张皇后虽然常以李豫非嫡出为由，希望肃宗改立她的小儿子李侗为太子。但是，由于李侗年幼而李豫威望极高，加上李泌及朝中文武大臣又强烈反对，肃宗一直未予应允。特别是太上皇李隆基也极为反对，他格外喜爱李豫这个孙子。他认为，恢复李唐江山的重任，只有李豫才能承担。

张皇后由此深恨太上皇，于是勾结宦官李辅国，怀疑太上皇李隆基欲复帝位，多次密奏肃宗，要肃宗将太上皇迁出幽禁。此时，肃宗李亨因内外忧虑、心烦成疾，以致病危。唐肃宗病后，张皇后乘机矫诏逼迫太上皇李隆基迁入西宫甘露殿，同时，又将高力士流放巫州（今四川巫山）。

太上皇李隆基被软禁甘露殿以后，染病不起，公元760年病逝于甘露殿。唐肃宗正在病中，闻此噩耗，病势更加严重。弥留之际，他终于颁布诏令，命太子李豫主政监国，掌管一切军国政事。

诏书颁布以后，太子李豫将继大统的局势已定。李辅国见肃宗命在旦夕，张皇后大势已去，转而投靠太子李豫。张皇后见状十分恼怒，转而勾结肃宗第二子、越王李係，图谋贬废李豫，立李係为太子。

李係应允以后，张皇后立即假传圣旨，急召太子李豫到长生殿觐见，企图捕杀太子李豫。张皇后所作所为，早有程元振的心腹太监密报了李辅国、程元振。李辅国等在凌霄门拦住了太子李豫，将张皇后的阴谋禀告了李豫，从而保太子未被杀害。

当天夜里，李辅国、程元振亲自率禁军冲入长生殿，唐肃宗于病榻上，忽见禁军冲入殿前，受到惊吓，当即毙命。李辅国控制了局面以后，立即赶到后宫，将张皇后押解出宫，幽禁于别殿。

公元762年，太子李豫即皇帝位，是为代宗。唐代宗经廷议议决，颁诏历数张皇后的罪过，贬张皇后为"庶人"，后杀于宫中。张皇后族人及亲信，全部被杀。

代宗之母——唐肃宗李亨皇后吴氏

吴氏为濮州濮人（今河南濮阳），因父亲吴令珪犯罪被囚而死，年幼的吴氏便被没入掖庭做了宫女。

入宫后,吴氏在后宫洒水、浇花,做一些琐碎之事。

公元738年,李亨被立为太子。然而,玄宗李隆基子嗣很多,宰相李林甫攀龙附凤,为了讨好武惠妃,曾建议立武惠妃之子寿王李瑁为太子。眼下,李林甫见李亨做了太子,恐怕将来对己不利,千方百计地陷害李亨,虽然没有得逞,却使李亨惶惶不可终日。由于精神过于紧张,太子李亨年纪轻轻却开始斑秃。后来,太子进见父皇,玄宗十分不悦。后来,玄宗偶到太子东宫,见太子房间乱七八糟,左右无嫔妃侍奉。随后,玄宗让高力士诏选五个良家女子入东宫服侍太子。高力士对玄宗说:"京兆之人,都以各种借口推脱,不愿入宫,不如在掖庭之内,找一个仕宦家庭的女子入宫,不知陛下意下如何?"玄宗准奏。

高力士接诏后,便在掖庭之内仔细为太子李亨挑选妃子。左挑右选,最后选了三位良家女。吴氏因其貌美,加之出身还好,所以被选入东宫,侍奉太子李亨,从此改变了她的命运,结束了她在后宫打杂度日的生活。

《游春图》(局部)唐 张萱

太子李亨对吴氏十分喜欢,性情柔和、谦逊礼让的吴氏对太子更是细心照顾。开元十四年(726年),吴氏生下一子,取名李俶。后又改为李豫,也就是代宗。

李豫的降生使李亨兴奋不已,李亨更加疼爱吴氏母子。玄宗李隆基见太子的生活环境有了很大的变化,而且,太子李亨的精神日渐好转,李隆基从内心也感激吴氏。玄宗得嫡皇孙,非常高兴,欲亲自看着仕女给皇孙洗澡。玄宗见襁褓之中的李豫后欣然说道:"你等以为体弱,我看他福过乃父。"遂召李亨、吴氏一同欢宴,并且对高力士说道:"一日见三天子,也可为乐事了。"此时的玄宗完全沉浸于天伦之乐之中。

太子李亨对吴氏关心备至,而且十分喜欢儿子李豫。吴氏心情舒畅,与太子过着幸福的生活。谁知好景不长,十八岁的吴氏突然得重病,卧床不起,不久便离开人世,确切卒年不详。太子李亨怀抱幼小的儿子李豫痛哭一场。

公元756年,太子李亨在灵武即皇帝位,是为肃宗。

上元三年(762年),唐肃宗李亨病重,李豫往来侍疾,但肃宗的病情日渐加重。张皇后无子,惧怕李豫功高难制,便暗中勾结越王李系入宫,阴谋废立。但此阴谋被宦官李辅国、程元振得知,便暗中保护李豫,以防不测,并率军逮捕越王,囚禁张皇后。肃宗李亨连病带吓死去。李豫便被拥立为帝,是为代宗。

李豫即位后,群臣上奏:请将其生母吴氏与肃宗合葬,并追尊为皇后,上谥号为"章敬皇后"。后吴氏与肃宗合葬于建陵。

短暂的生命——唐德宗李适皇后王氏

德宗皇后王氏,是秘书监王之女,出身显赫,从小受到良好的教育和熏陶。

广德元年(763年)五月,代宗长子李适被封为天下兵马大元帅、鲁王。这期间,李适娶天资聪慧的王氏为妻。不久,王氏生下一子,取名李诵,即后来的顺宗。李适十分高兴。大历十四年(779年),代宗去世,德宗即位,马上封王氏为淑妃,排在众嫔妃之首,行使皇后的权力。

几年后,唐朝朝廷内部爆发了泾原之变,叛乱的将领占领了长安,德宗仓皇逃往陕西乾县。由于离开长安后几年的奔波,特别是女儿生下后即夭折,对王淑妃打击很大。回到长安,王淑妃一病不起。贞元二年(786年)十一月,德宗宣布立王淑妃为皇后。然而隆重的加冕典礼刚落下帷幕,王皇后就停止了呼吸,德宗悲伤万分。后赐谥号"昭德皇后",遂葬于皇陵园崇陵(今陕西省泾阳县)。

节俭而自律——唐顺宗李诵皇后王氏

王氏幼年被选入宫,她天生丽质,性格朴实宽厚,聪慧善良。代宗见她年幼可爱,温文尔稚,就将她赏给了自己的长孙宣城郡王李诵,当时王氏年仅十三岁。

公元779年,李诵晋封宣王,王氏被立为宣王孺人。同年五月,德宗李适即位,立李诵为太子,王氏封为"良娣"。这年,王氏生了一个儿子,取名李纯。

李诵娶王良娣在太子妃之前,而且是王良娣生有两个儿子,特别是大儿子李纯,在李诵的27个儿子中位居最长,但仅为"庶长子"。如果王良娣有争嫡立长的野心,这是可以利用的最好机会,但王良娣对太子妃始终十分尊重,从不搞那种争宠斗艳、落井下石的阴谋诡计。

公元794—804年间,即贞元后期,政治的紊乱和朝廷对国家事务的失控,使奢侈享乐、得过且过的风气日盛一日,唐德宗在政治上失意以后,便放纵享乐,沉湎于酒色。面对国家、朝廷如此状况,太子李诵忧心如焚,积劳成疾。王良娣焦急万分,她不仅日夜守候在李诵身边,而且身体力行,用度简朴,对待其他嫔妃,甚至是宫女也都十分友善,以致宫内风气大为好转。

王良娣的两个女儿,长女汉阳公主、次女恭靖公主,这时都已长大外嫁。由于王良娣家教严格,汉阳公主姊妹俩格外节俭,计算收入,量入为出,从不攀比。一直到文宗即位之时,府邸中器用衣物等,还是十几年前结婚时母亲赐送的器物。

鉴于历代外戚依靠后妃得宠而弄权聚财的教训,王良娣对自己的族人倍加抑制,从不妄加赏赐,索官请爵。王良娣的兄弟王重荣,这时被唐德宗任命为王良娣的小儿子福王李洎的师傅,晋升为太子宾客、金吾将军,常常出入太子东宫。王良娣对王重荣训导严厉,以

《内人双陆图》(局部) 唐 周昉

防止自家族人妄加干政,结党营私。史称王良娣有"古后妃风"。

公元804年,忧国忧民的太子李诵突然得了中风病,口不能言,瘫痪在床。第二年,唐德宗病逝,李诵即位,是为顺宗,改年号为"永贞"。

顺宗李诵在做太子的时候,对藩镇割据、特别是宦官专权的祸害已有深刻的认识。所以,顺宗继位以后,虽然病重卧床,还是立即起用了王叔文、王伾,以及柳宗元、刘禹锡等人改革弊政,史称为"永贞革新"。

当时,顺宗的中风病已很严重,所以许多革新的诏令,都是通过在身边侍

奉的王良娣传达给内侍太监李忠言，然后再交由王叔文、王伾颁布出去。这样，也就为权阉俱文珍等人提供了反攻的借口。

永贞革新，不但损害了宦官的利益，也损害了腐朽的旧官僚的切身利益，因此，遭到了他们的联合反对。宦官俱文珍首先策动一部分藩镇的节度使，纷纷上表于朝廷，称顺宗久病，无法正常处理国家大事，应让位于太子。

顺宗自知将不久于人世了，面对朝野的一片反对，改革新政也无法实行，政治上无法实现自己的愿望，生前唯一可憾之事，就是还没有正式册封王良娣为皇后。

正当顺宗准备册封王良娣为皇后时，病情突然加重，册封皇后之事不得不中止。

公元805年秋，只做了八个月皇帝的顺宗李诵，在朝野官僚和宦官的一片反对声中，不得不"禅位"于太子李纯。自称太上皇，同时册立王良娣为"太上皇后"。

公元806年正月，顺宗病逝，唐宪宗李纯迫于宦官集团的压力，将太上皇后王氏的封号改为"皇太后"。

册封"皇太后"的典礼刚刚完毕，宪宗就将自己的母亲王氏迁出后宫，送到长安城东南的兴庆宫居住。朝政大权完全落于权阉集团之手，宪宗李纯实际上成为一个傀儡皇帝。

公元816年，皇太后王氏因为长期不得与儿子李纯相见，忧郁成疾，命在旦夕，临终之前，她留言给宪宗，交代自己的后事。她要求，"死后能和先皇埋葬在一起，侍奉先皇。""皇上悼丧三天，就去处理国家政务，穿孝服27天就可脱掉了。""宫中用不着天天来守灵，不要悲哭丧事。""至于文武官吏和天下黎民百姓，举哀三天就足够了。""朝外，不要禁止文武官员、黎民百姓的婚姻嫁娶，祀祠典礼，不要禁止喝酒吃荤，庆喜宴席。""我死了以后，为我治病的侍医也不要任意加罪。""埋葬仪式和陪葬的明器，按照以往的旧制就可以了。"皇太后王氏倡导开明、节俭之风，表现了母仪天下的风范。

不久，太后王氏病逝于兴庆宫咸宁殿，时年五十四岁。王氏去世以后，朝议尊谥号为"顺宗庄宪皇后"，与唐顺宗李诵合葬于丰陵。

神奇的传说——唐宪宗李纯皇后郑氏

郑氏，貌美，聪颖伶俐。郑氏初入宫时为侍女，因容貌艳丽，得皇上宠爱，生皇子，被唐宪宗李纯立为皇后。

入宫前，郑氏曾遇卜者为其相面，卜者说她有皇后之运。时早有野心想做皇帝的浙西观察使李锜闻知此事，便迅速让人到郑家提亲，遂纳郑氏为妾。李锜曾对郑氏说："卜者说你有皇后之命，今日咱俩为夫妻，那么我就有可能做皇上。"数月后,李锜觉得时机成熟,便举兵反叛,然很快即被朝廷大兵击败,李锜被杀,郑氏遂被押送入宫为奴。后因郑氏聪慧勤快,不久又被选入郭贵妃宫,当了郭贵妃的贴身侍女。这样一来,便给郑氏创造了接近皇上的很多机会。打这时起,郑氏便时时留意,挖空心思地给皇上传情送爱。郑氏此举果然奏效,很快便得到了宪宗宠幸。后郑氏怀孕,如期生下了儿子李忱。在此期间,郑氏曾受郭贵妃斥责,郑氏因身份低下,只好忍气吞声。后李忱懂事,知生母出身卑微,自己也不敢多言多语,只好小心谨慎地默默度日。

公元821年,即穆宗长庆元年,李忱封光王,尊生母郑氏为王太妃。后朝中一度混乱,宦官互相争权夺利,这给不参与宫中斗争的李忱便带来了机会。公元846年,即武宗会昌六年,武宗驾崩,朝中宦官以武宗儿子年幼为由,拥立宪宗之子、武宗的叔父李忱为帝,是为唐宣宗。"母以子贵",这时出身卑微的郑氏一步登天,被封为皇太后,郑氏家族亦均加官晋爵。

公元865年,郑太后逝世,谥号为"孝明皇后"。

晚景可慰——唐穆宗李恒皇后萧氏

在李恒为建安郡王时,出身南国的萧氏被选入宫服侍李恒。萧氏入宫后以聪颖秀慧得以成了李恒的随身侍女,这样得以与李恒朝夕相处。而萧氏又颇具姿色,因而获得了李恒的欢心。李恒与萧氏相通后,于公元809年生下了李恒的第二个儿子李昂。

公元821年,李恒即位当了皇帝(即唐穆宗)。萧氏虽然给他生了儿子,可是穆宗并没有给她什么封号,这使得萧氏郁郁寡欢。穆宗驾崩以后,长子李湛继承皇位,为唐敬宗。这时他还只是十六岁的少年。李昂封为江王,萧氏因穆宗在位的时候未获册封,仍然冷落一隅。

李湛只当了两年皇帝,便被宦官们害死。

公元827年,即太和元年,内枢密使王守澄、杨承和等人凭借他们的势力,拥戴江王李昂为皇帝,即唐文宗。这年文宗仅十七岁。宦官们认为,只有这样的少年皇帝,他们才可以作威作福。

唐文宗李昂继位以后,痛念生母萧氏多年来忧闷不乐之苦,遂举行盛典,隆重尊封生母为皇太后。被冷落十数年的萧氏这才有了出头之日。每当册封皇后或皇太后的时候,其亲属也要加官晋爵,以沾皇恩。可是萧氏自幼与家人失散,如今册封为皇太后,更加怀念亲人。她只记得,父母已经亡故,只有一个弟弟不知现在何处。她希望文宗能给她寻到亲人,与之团聚。

文宗是一位很孝顺的皇帝,他觉得母后家族已没有别的亲人,既然还有一位舅舅,就要千方百计,设法为母后寻到弟弟。他一方面广告天下,一方面下诏,令福建、浙江一带的地方官吏在这两个地区内广泛查访,以慰母亲思亲之情。

　　结果先后有三人来说自己是皇太后的弟弟。分别是萧洪、萧本与萧弘。后经三堂会审，确认都是冒充的假国舅。一时间，朝廷上下，举国大哗。

　　闹了十几年的假国舅案件，经过三司会审，皇帝御批，才算告一段落。最后，萧洪在流放驩州途中被"赐死"；萧本也遭流放，发配到爱州；萧弘被流放发配到儋州。虽然先后有三个人自称是萧太后的弟弟，而萧太后却始终没有见到一个真正的亲人，这是她终身的憾事。

　　萧太后在穆宗时虽然未获得任何名位，但晚年有文宗膝下承欢，过得还是比较愉悦幸福的。

　　公元847年，萧太后病逝，得谥号为"贞献"。历史上称为唐穆宗贞献皇后。

陪丈夫颠沛流离——唐昭宗李晔皇后何氏

　　何氏为东蜀梓州人。蜀地出美女，这位何氏女子既有姿色，又聪明伶俐。乾符三年，婉丽多姿的何氏被分到秦王李晔宫中为侍女，她时常在李晔身边侍奉，照料起居。很快就获得了秦王李晔的格外欢喜，多次被召临幸。结果何氏生了德王李裕和后来做唐朝末代皇帝的唐哀帝李柷。

　　文德元年（888年）三月，僖宗病重，观军容使杨复恭率兵入宫，强立皇太弟寿王李晔为帝。李晔即皇帝位，是为唐昭宗。

　　唐昭宗即位后，册封何氏为淑妃。这时昭宗虚有其位，文臣武将只顾互相争斗，昭宗的圣旨却无人过问。在此乱世之中，何妃享受不到那种淑妃仪威。但何妃真心爱护昭宗皇帝，不离左右。因前朝有的皇帝突然暴卒，死因不明，为防备加害昭宗，每天进奉的御膳，何妃都要亲自品尝。

　　在军阀倾轧斗争中，杨复恭失势，朱全忠连连获胜，权势增大，以至于挟天子以令诸藩镇。朱全忠将一些心腹派入宫中，将忠于帝、妃的内侍调出。皇宫内院的一切行动，全掌握在朱全忠手中。这使得皇宫之内，人人惴惴不安。入夜之后，因顾及朱全忠的耳目，昭帝与何妃两个人对坐后宫，相对垂泪，竟然什么话也不敢说。

　　乾宁三年（896年），李茂贞出兵攻打京师长安，昭宗传旨延王戒丕保卫城池。但戒丕畏惧李茂贞兵势强大，不敢迎战，就上奏昭宗建议皇帝由鄜州渡河，临时驾居太原。

　　唐昭宗无可奈何，只得匆匆整理行装，带着何淑妃和少数宫中嫔妃以及嗣王等几十人，偷偷逃出长安城，奔至渭北。

　　韩建赶到渭北富平昭宗的行宫，为昭宗出谋划策，孤单无助的昭宗仿佛遇到了救星，马上听从韩建，车驾跟随韩建到了华州，把华州府署作为皇帝的临时行宫。没想到昭宗和何妃逃出了虎口又进了狼窝，韩建将帝妃迎至华州，也是为了挟皇帝而控制藩镇，壮大自己。没了主张的昭宗一切听从韩建的摆布，解散了诸王的军士，至此昭宗身边没有了亲军。何淑妃在凄风苦雨中，侍从昭宗，无微不至。

《捣练图》（局部）唐 张萱

昭宗在颠沛流离的生活中，深感何淑妃对他恩爱不移，患难与共，尽管是在华州行宫，他还是正式降旨，册封何氏为皇后。虽然徒有虚名，但从中可以感受到危在旦夕的昭宗对何氏的感激之情。何氏是唐代后期唯一在世时册封的皇后，又是唐代最后一位皇后。

昭宗立何皇后所生的儿子李裕为皇太子，改元为光化。

光化三年（900年），尚幼的太子李裕已封为德王，唐昭宗实在不甘于任人摆布。左右军中尉刘季述和王仲光看透了昭宗的心思，于是二人密谋，废昭宗皇帝，让皇太子李裕继位，因为李裕年幼，可以做一个傀儡皇帝。当年十一月，一天，刘季述率领千余人禁军，破宫门而入，召集百官，陈兵于殿前，宣布皇上昏庸，不能治理天下，为了大唐社稷，请太子监国。

刘季述对群臣宣布以后，自己带兵士突入宣化门至思政殿，见到宫人就杀。在乞巧楼的昭宗见此情形，吓得躲在龙床下面，被刘季述拖了出来。

何皇后镇定自若，以皇后之尊拜请刘季述不要惊动圣上。刘季述取出他强迫百官所写的状白，对何皇后说："朝中大臣，愿请太子监国，陛下已经厌倦国家大事，请陛下到东宫，安静颐养。"何皇后见刘季述声色俱厉，众军士刀枪林立，就劝昭宗："陛下且听中尉的话，待事平定，再作商议！"于是昭宗皇帝无可奈何，取出传国玉玺交给了刘季述。

刘季述接过玉玺以后，令太监们扶昭宗、何后登辇，立即赶往少阳院，嫔妃侍从相随的只有十几个人。

天气寒冷，何皇后和嫔妃无衾缺衣，冻得哆哆嗦嗦，有的妃嫔忍受不了放声大哭，帝后泪眼相对无语，真是一对乱世帝后，患难夫妻。

昭宗及何皇后被囚禁以后，太子德王李裕改名李缜，被立为皇帝。为掩人耳目，李缜虚情假意地奉昭宗皇帝为太上皇，何皇后为皇太后，把少阳院改为"问安宫"。

当时，兵权最大的还是朱全忠。与刘季述相对的崔胤，传密诏令他勤王救驾。朱全忠一时间踌躇不决，拿不定主意。

天复元年（901年）新正，宫廷内外，刘季述的部下畅饮通宵，正在团圆守岁。孙德昭、董彦弼趁机发兵起事，砍下王促先的首级，拎着王促先的首级来到了少阳院。叩门大呼："陛下，看逆贼已被杀死，请陛下出来犒劳将士。"大年初一，少阳院内凄凄惨惨，冷冷清清，一片泣声，正在任泪自流的昭宗与何皇后闻此心中顿时欢喜。于是，孙德昭与赶来的崔胤拥戴昭宗到长乐门楼，接受百官朝贺。

昭宗改元天复，大赏功臣。但天下并未太平，宦官、藩镇们的争权夺利在继续加剧。

天复二年一个寒冷的冬天，昭宗和何皇后又被韩全诲与李继昭等劫持到了凤翔。朱全忠发兵5万以救驾为名围困了凤翔城。城中粮食都已吃完，每天都有人饿死、冻死。

天复三年正月，李茂贞收捕了韩全诲等人，打开城门，朱全忠至昭宗殿前素服谢罪。而昭宗对他说，唐代的宗庙社稷，全靠你来保全了，甚至把自己身上的玉佩解下来赐给了朱全忠。

昭宗携皇后、妃嫔们准备还都。朱全忠跟随而至，又逼昭宗迁都于洛阳。

这天，朱全忠出都，昭宗特设御宴，为朱全忠饯行，酒过数巡，其他大臣先后辞别，昭宗留朱全忠及忠武节度使韩建在座。这时，何皇后从后室出来，亲自以皇后之尊，手捧玉卮，劝朱全忠饮酒。恰好后宫晋国夫人到昭宗身边，附着昭宗的耳朵低语。朱全忠不由得大起疑心，以为昭宗设计加害于他。从此，朱全忠对昭宗和何皇后存了戒心。

仲夏，洛阳的宫室建成，朱全忠请帝、后起驾入东都宫中。恰巧司天监王墀上奏，星气有变，不利于皇帝东行。昭宗闻奏，就派宫人去告诉朱全忠，说皇后即将临产，不便行路，俟十月再东行洛阳。但是，朱全忠怀疑昭宗有什么计谋，立即派寇彦卿带领将士，强使昭宗和临产的何皇后起驾东赴洛阳。

昭宗至东都洛阳，入宫之后，又一次改元，是为天祐。晋封朱全忠为护国宣武宣义忠武四镇节度使，昭宗完全是一个傀儡。

尽管如此，朱全忠仍然决心弑君篡位。这年仲秋，昭宗宿于椒殿，蒋元晖等带兵叩开宫门，奏称有紧要军情，需要立即面呈皇帝。昭仪李渐荣开窗，只见院内刀枪闪闪，料知大事不好，便说："你们要杀，就杀我吧，不要伤及皇上。"昭宗闻声，慌忙起床，光着脚便往殿门跑，遇见了拿着刀的史太，史太紧追不舍，李渐荣以自己的身体挡住昭宗，史太一刀杀了李渐荣，昭宗大惊失色，越觉惊慌无主，欲逃无路，血往上冲，昭宗双手抱头闷然一声倒地，顷刻之间已然归天。

何皇后闻变，从正宫披头散发奔跑出来，她连忙向蒋元晖乞求免死。蒋元晖令她暂居宫中。

昭宗已薨，蒋元晖假传圣旨，立何皇后所生年仅十三岁的辉王李祚为皇太子，改名李柷。第二天，又假传何皇后懿旨，昭宗驾崩，李柷即位，是为哀帝。

哀帝登基后，尊何皇后为皇太后，居积善宫，号为积善太后。

朱全忠弑君成功，更有信心，觉得自立为帝的时机已到。

何太后居积善宫，每天以泪洗面，她想蒋元晖当时既然能留她性命，是否可求他相救，保全李唐江山。何太后暗中派了宫中的阿秋、阿虔去蒋元晖处。谁知阿秋、阿虔密见蒋元晖的事情很快被朱全忠知道了，他派兵杀了蒋元晖，又令赵殷衡率人到积善宫，先将阿秋、阿虔两位宫人乱杖打死。又将何太后弑死于积善宫，时年三十七岁。朱全忠又以幼主李柷的名义，废皇太后为庶人。

何氏就这样含恨死去，她虽然做了整整十年皇后、皇太后，但她从未享受过皇后的待遇，更没有施展过皇后的仪威。只是默默地陪伴昭宗过着颠沛流离的生活，最终却被贬为庶人，弑死于积善宫，真是一位悲剧人物。

汉藏团结的使者——吐蕃赞普松赞干布皇后文成公主

唐朝初年，在祖国西南隅的西藏高原上，崛起了一个强大的民族政权——吐蕃。公元 636 年，即贞观十年，年轻的吐蕃赞普松赞干布平定了叛乱，完成了统一西藏高原的任务，经过一系列的政治经济改革，使吐蕃成为一个祖国西南地区的奴隶制强国。松赞干布曾经几次向唐朝求婚，唐太宗都没有答应。公元 640 年冬天，松赞干布又派大相噶东赞和智塞恭顿为正副使者，携带黄金五千两和大量的贵重礼物，率从者百名，从拉萨出发，经过数千里的草原，千里迢迢来到了唐朝首都长安，向唐太宗再次求婚。

唐太宗这次接受了松赞干布的请求，答应把宗室之女文成公主嫁给他。

当这一消息传到文成公主那里时，她的心情很矛盾，一个年轻女子要嫁到遥远的边疆，远离家乡不能与亲人往来，而且风俗习惯与中原地区大不一样，不安和愁苦的心情是在所难免的。但是她能理解皇帝的意图和自己肩负的重任，意识到通婚能使汉藏两族人民世代友好，便同意了这桩婚事，并且悉心筹划着未来的生活，还召见了噶东赞，了解了吐蕃的物产、风俗、生活习惯，做好了嫁到"僻寂荒寒"的青藏高原去的准备。

唐太宗为文成公主准备了丰厚的嫁妆，有各式各样的日用器具、珠宝、绫罗绸缎、衣物、饰品等各种东西，显示了唐朝的富庶和国力强盛。还送去了中原的经史、医药、文学、历法等书籍和各种先进的生产技术,把中原文化的精华传到了西藏。还另备洁车奉载释迦牟尼佛像,派了 25 名年轻美丽的侍女,一个乐队和许多制作生活用品的工匠、厨役以及公主奶妈的一家,随同文成公主前往吐蕃。

文成公主入藏

唐太宗特派他的族弟、礼部尚书李道宗主婚,并护送文成公主去吐蕃。公元 641 年正月从长安启程,满朝文武大臣都来送行,在长安城西十里的送客亭,文成公主和噶东赞等告别了送行的人群,离开了长安。

在文成公主入藏的道路上有许多关于她的传说。当公主越过青海的日月山时,好像是又过了一重天,不由得产生思念家乡的悲伤情绪,唐太宗为了宽慰她,特意用黄金铸造了日月模型各一个,派人远道送来,叫公主携带在身边,从此这座山就被叫做"日月山"。现在山上仍有旧石碑一座,碑上"日月山"三个大字还隐约可见。

青海还有一条倒淌河,这条河水自东向西流入青海湖,传说它本来也是由西向东流的,因为文成公主从这条河边起,要弃轿乘马,进入草原,她感到离家一天比一天更远了,不禁失声痛哭,由于她这一哭,才出现了"天下江河皆东去,唯有此水向西流"的现象,倒淌河的名称即由此而来。这些故事虽然是传说,但它也表明了人民对公主的深切怀念,而把她的名字同许多地名联系起来,也说明文成公主入藏为发展民族友谊作出的重大贡献。

文成公主出嫁的消息传到了吐蕃,使藏族人民产生了极大喜悦和兴奋,为了减少公主在旅途中的艰难,他们在许多地方都准备了马匹、牦牛、船只、饮水和食物,来迎接公主。

文成公主一行到达黄河源头附近的柏海时,松赞干布也从吐蕃远道赶来迎接,他穿上汉族的袍带,打扮成唐朝的驸马,以唐朝女婿的身份拜见了李道宗,对唐太宗把文成公主嫁给他表示衷心的感激,并请李道宗向唐太宗致意,李道宗辞别了藏王返回长安。松赞干布带着公主去拉萨。

当文成公主到达拉萨时,吐蕃人民穿着节日的盛装,迎接这位不远千里而来的赞磨(即王后)。松赞干布以前是住在帐篷里的,为了和公主结婚,他在拉萨修筑了一座华丽的王宫——布达拉宫,在这里他和文成公主举行了隆重的婚礼。至今布达拉宫内仍还保存着他们结婚的洞房遗址和他们的塑像。

文成公主到达吐蕃,带去了先进的文化技术,还有各种谷物、蔬菜种子、工艺品、药材、茶叶及各种书籍,对吐蕃的农牧业、手工业以及宗教文化的发展都起了推动作用。

文成公主入藏前,吐蕃人都是住帐篷、穿毡裘,公主入藏后,上层人物都改住房屋,一部分人开始穿绫罗绸缎,生活习惯有所改变,生活条件也随之改善。

同时,公主还建议松赞干布创造藏族自己的文字。在这之前吐蕃没有文字,无论什么事都是以绳打结或刻木记事的原始办法。于是他指令桑扎布造出三十个字母和拼音及造句的文法,从此吐蕃有了自己的文字。

当时吐蕃没有正式、可靠的历法,是以麦熟的三月为一年的开始,文成公主把唐代天文历法带去了,从此吐蕃开始用唐朝的农历,对吐蕃的经济,文化的发展,特别是农业生产提供了方便。

公主还是一个虔诚的佛教徒,她吟诵过不少佛经,通晓占卜,这一点最受当时吐蕃人的欢迎。据西藏史书记载,当时兴建大昭寺时,就是请公主占卜选定吉地后,在当时的逻些川填湖动工修建起来的。在文成公主和尼泊尔婆尊公主的影响下,松赞干布信仰了佛教,从此佛教逐渐在吐蕃得到了广泛的传播。

文成公主入藏后,促进了藏族的经济、文化的发展。松赞干布不断派遣贵族子弟到长安求学,唐朝许多有学问的人,也被聘请到吐蕃掌管文书,加强了汉藏两族的友好关系。

贞观二十三年,唐太宗逝世,松赞干布到长安吊丧,并献金银珠宝15种,"请置太宗灵座前"。唐高宗即位,封松赞干布为"驸马都尉""西海郡王"并赐物2000件。

公元650年,即永徽元年,松赞干布去世。高宗十分伤感,派将军鲜于匡济前往吊祭。松赞干布去世后,文成公主又活了三十年,继续致力于唐朝与吐蕃友好团结的伟大事业。公元680年吐蕃流行黑痘症,公主染病去世。她在西藏生活了四十年。

文成公主逝世后，藏族人民为她举行了隆重的葬礼，表达了藏族人民对她的尊敬和爱戴。藏族还规定了两个节日来纪念她，一个是藏历四月十五日，为藏族的"萨噶达瓦"节，二是藏历的十月十五，相传这是公主出生日。每逢这两个节日，藏族人民都要举行隆重的纪念与祈祷活动。在西藏拉萨市的布达拉宫和大昭寺内，至今还供奉着文成公主的塑像，西藏民间至今还流传着许多关于文成公主的故事。

在西藏高原扎根——吐蕃赞普赤德祖丹皇后金城公主

唐神龙元年（705年），赤德祖丹继位为吐蕃赞普，垂帘听政的赤德祖丹祖母派大臣悉薰热入唐，献上礼物，为赞普请求娶唐公主。为了边境的安宁，唐中宗将雍王李守礼之女金城公主嫁给赞普。

景龙三年（709年），吐蕃派人前往长安迎接公主，中宗李显在苑内球场设宴招待。唐景龙四年，唐朝派左卫大将军杨矩护送金城公主入藏，李显亲自送至始平县（今陕西兴平），并赐给锦缯各数万匹，大批杂使、工匠，还有龟兹乐队，同时还改始平县为金城县，改乡为凤池乡，地为怆别里，并颁布金城公主远嫁制书。

金城公主沿着丝绸之路至甘肃后，再经青海的河源、玉树等地，进藏所走的路线与文成公主相同。经过长途跋涉，终于来到了吐蕃首都，藏族人民以他们的方式隆重欢迎远道而来的唐朝公主，藏王赤德祖丹更是分外欣喜。

金城公主出嫁时，带去大量的锦缯和各种工艺技术人员，入藏后，又派专人去中原求取《毛诗》、《春秋》、《礼记》等文化典籍。这些诗书的传入，对于吐蕃的语言文字以及整个文化的发展起了很大的影响。金城公主的丈夫赤德祖丹特别喜爱汉族文化。这时期吐蕃的文物制度多是采用唐朝的，汉文汉语也颇盛行。

藏王赤德祖丹继位时，年纪幼小，对外军事政策主要为大臣所操纵。到了成年以后，又常常受到边将的蒙蔽，虽然与唐室通婚，唐、蕃双方的战争时有发生。

金城公主像（布达拉宫壁画）

吐蕃军队连连受挫，于是，赤德祖丹派使者入唐求和。唐玄宗派皇甫惟明前往吐蕃，并捎给公主一封信，藏王非常高兴，又派大臣名悉腊赴唐，并转交赤德祖丹和金城公主的礼物及藏王赤德祖丹的书信。唐玄宗对吐蕃来使名悉腊予以优厚的招待，并与吐蕃订立了以赤岭（青海湟源日月山）为界的互不侵犯和约，并立碑刻约，这是唐蕃第三次和盟。

藏史盛传，唐玄宗天宝元年（742年），金城公主妊娠，藏王赤德祖丹的另一王后那昂女细顿得知后非常妒忌，便四处散布声称自己怀有身孕。当金城公主生下王子赤松德赞时，被细顿夺去，伪称是自己的，藏王和大臣们一直疑而未决。对此金城公主心中十分痛苦。按照古代藏族习俗，王子能说话走路时，要举行小王子的能步喜会，赤德祖丹设宴庆祝，邀请了两个王后的亲属和大臣。藏王用金质的酒杯盛满佳酿，交给小王子说道："儿呀，你就把这杯酒送给你的舅舅吧！"那昂家族的人们用不同的方式引诱他，而王子却走到了金城公主的家人一边，把金杯递给了金城公主的家人。这时金城公主落泪了，从儿子呱呱落地至今，始终母子分离，从此永远可以和儿子在一起了，金城公主欢跳起来。这段王子认母的故事，虽然只是一个传说，可它反映了藏族人民早在一千余年前就认识到汉藏血肉相连、不可分割的关系。

唐开元二十九年（741年），金城公主长眠于西藏高原。她自出嫁吐蕃到去世，在吐蕃生活了三十二年，始终沸腾着一片唐蕃和平相处的心愿，并为此做出了巨大贡献，为传播汉藏友谊耗尽了心血。

以虎狼为伴的人——后梁太祖朱温皇后张惠

张惠,宋州(今河南商丘)刺史张蕤女。她是后梁建立者、梁太祖朱温皇后,是梁末帝朱友贞的生母。张氏从小就聪明贤惠,她仪容俊秀,身材窈窕,眉如柳叶,眼似秋水,眉宇间常显出一股女杰精英之气。

人称朱阿三的朱温投奔黄巢起义之后,被任为同州(今陕西大荔)防御使。这时张惠父亲早已去世,又逢兵荒马乱,她和母亲在战乱中又不幸失散,张惠成了朱温起义军的俘虏。

朱温见到如此美丽的张惠,极为高兴,并直言对她十分爱慕、欲娶其为妻。此时的张惠流浪度日、无依无靠,实在无奈,不得不点头同意朱温的求婚。

自张氏嫁朱温后,便经常劝勉朱温要"多施仁政",从而使朱温狂野暴虐之性多有收敛,使不少人免遭杀害。故时人盛赞她"以仁以德抑制了朱温的虎狼之心",说她是"五代第一贤妃"。后朱温叛黄巢归唐,僖宗大喜,遂授朱温为左金吾卫大将军,继而赐名为朱全忠。此时张惠生下儿子朱友贞,后被封为魏国夫人。

公元904年,即唐哀帝天祐元年,在朱温被晋封为梁王、正在积极准备篡唐夺权之时,张惠病危,张惠拉着朱温的手说:"你已被封为梁王,我亦成为梁王妃,均受唐室厚恩,须继续辅佐唐室,万不可废唐帝自立。要知上台容易守业难,要切防落下千古骂名。"朱温遂对张妃说:"你我已成婚二十余载,内政全靠你主持,外事亦多赖你出谋划策,对贤妃劝导我朱温无不言听计从。然今日天下时势逼人,废唐帝夺权已势在必行,望贤妃能予理解和支持。"

张妃听罢,长长地出了一口气说:"若眼下真有天时地利人和拥你登位,登位后千万要注意戒杀、远色、施仁政……",她的话尚未说完,即死去。朱温拥尸痛哭,悲伤不已。朱温部下将士闻听张贤妃病卒,无不哀伤落泪。

张贤妃卒后,朱温没有听她的临终劝告,大杀李唐宗室诸臣,又因好色引起杀身之祸。后朱温死，朱友贞即位，是为后梁末帝，追谥生母张贤妃为"元贞皇太后"，又将其棺椁由河南开封迁出，与朱温合葬于宣陵。

薄情寡恩，为人不齿——后唐庄宗李存勖皇后刘玉娘

刘玉娘是后唐庄宗的皇后，她以美貌和计谋得到专宠，并生一子李继岌。刘玉娘为了争宠，六亲不认；她勾结伶宦聚敛钱财，把持朝政，陷害忠臣良将，杀死皇夫，与自己的夫弟妍逃而不得善终。

棒笞生父，薄情寡恩

刘玉娘自幼随父亲刘叟到处流浪，四处为人行医问卜。后梁乾化元年（911年），他们在成安（今河北成安），正遇到晋王李存勖的手下袁建丰率兵在街头烧杀劫掠。袁建丰正愁所获无几时，看到一老一小的刘玉娘父女。此时的刘玉娘虽然只有五六岁，却生得聪明伶俐，讨人喜欢，袁建丰就将其抢到马上，回营送给了主帅李存勖。李存勖见刘玉娘精灵秀慧，小巧可爱，便带到晋阳（今山西太原南），令入侍生母曹氏。

刘玉娘从小随父在外谋生，懂得不少人情世故，虽年纪幼小却善于察言观色，行为乖巧，深得曹氏宠爱。每逢闲暇之时，曹氏便教她学习吹笙弹琴及歌舞诸技。她生性聪颖，悟性极好，被曹氏视若掌上明珠。

刘玉娘长成十五六岁时，已经出落得貌美动人。一日晋王李存勖出征归来，入内庭拜曹氏，母子相聚，欢乐异常，曹氏命刘玉娘歌舞弹唱，以助雅兴。刘玉娘格外妩媚，她轻歌曼舞，吹笙弹琴，悠扬婉转。李存勖深通音律，听到刘玉娘抚琴弹曲，又看她千娇百媚，楚楚动人，两眼一眨不眨地盯视着她，竟忘了同母亲说话。曹氏早已心中了然，便将刘玉娘赐给李存勖。李存勖大喜过望，当即将刘玉娘带回。当时，李存勖的正室为卫国夫人韩氏，二房为燕国夫人伊氏。刘玉娘作为第三妻房，封为魏国夫人。

刘玉娘不但年轻貌美，多才多艺，而且多谋善诈，善施心术手腕，暗中设置障碍，阻止李存勖与其他妻妾见面；同时又百般献媚，想方设法让李存勖专心于己。所以，自从刘玉娘进府后，其他夫人很快被李存勖冷落了。

李存勖进驻魏州，经过河北时，仍以医卜为生的刘叟闻女已显贵，赶到王宫，自称为刘夫人的生身之父，求见刘玉娘。李存勖令袁建丰审视，袁建丰说当初确曾见此黄须老人挈着刘夫人。可是，当刘夫人自己出来会见时，却勃然大怒说："妾离乡时妾父已死于乱兵之中，曾由妾恸哭告别，哪里钻出这田舍翁，竟敢冒称妾父！"刘玉娘正在与嫡夫人韩氏、伊氏争宠，三人皆以门第攀比，因耻为寒家之女，她只好六亲不认。说罢便命兵士棒笞刘叟百下。老迈的刘叟几度昏厥，最后只好哀号而去。

后梁龙德三年（923年），李存勖称帝，建立后唐王朝，改元同光。李存勖即后唐庄宗。立谁为皇后，这成了庄宗最棘手的问题。庄宗有意立刘玉娘为后，但是卫国夫人韩氏为正室（第一夫人），燕夫人伊氏位次也在刘玉娘之上，越次册立，违反常规，无法向群臣交代，故庄宗就此事一再拖延。

刘玉娘表面上佯作欢笑，可暗中早已焦灼异常。偏偏此时又生出两件事情。一是同光二年（924年）正月，庄宗派皇弟李存渥、皇子李继岌去晋阳迎接皇太后及韩氏、伊氏来洛阳团聚。韩氏、伊氏来到洛阳无疑给刘玉娘做皇后形成极大的威胁。此时皇太后曹氏也不如原先那样喜欢刘玉娘，对她有许多不满。另一件更叫刘玉娘头痛的事是河南尹张全义上表奏请庄宗到洛阳举行郊祀之礼，庄宗大喜，准备立即举行。郊礼是一种盛大的国礼，新即位的皇帝要与皇后及群臣参拜天地祖宗，敬告神鬼和列祖列宗。刘玉娘心急如焚，万一在立皇后之前举行郊祀之礼，卫国夫人韩氏必定以第一夫人的身份参加，那就成了事实上的皇后了。

她即刻开始行动，一方面亲自出马，盛饰入谒庄宗，以仪物未齐，不足显示尊严，需要再加制造为由，请求改定郊祀礼仪的日期。庄宗经不住她的劝说，遂将日期推至仲春二月。另一方面，她情急生智，嘱使伶人和宦官四下活动，运动朝臣。丞相豆卢革经刘玉娘的金银贿赂，加之说客劝说，便对立刘玉娘为皇后之事大表赞同。最难说服的是枢密使郭崇韬，他位兼将相，为人正直，为官清廉，他反对越次册立刘氏。刘玉娘无奈，便找到郭崇韬故友的子弟，重金赂之，请他们前去劝说郭崇韬。郭崇韬正对伶官把持朝政忧心忡忡，故友子弟乘机献策说："为公之计，不如主动奏请册立刘玉娘。她专宠，路人皆知，且皇上早就有意立她为后，公何不顺水推舟，送个人情呢？公若率先奏请，上可得皇上的欢心，内可得到刘玉娘的报答，虽遭别人评说，但可推行公之改革措施，何乐而不为。"这一席话，终于说动郭崇韬，他马上与丞相豆卢革联名上书，请立刘玉娘为皇后。庄宗接到奏章，正中下怀，刘玉娘佯装不知，暗自欢喜若狂。

郊祀之礼终于按照刘玉娘的意愿举行了。二月朔日，庄宗亲祀洛阳南郊，群臣毕聚，宰相以下按次称贺，颂声连天。过了数日，即正式册立刘玉娘为皇后，封皇子李继岌为皇太子并魏王。刘玉娘归宫时，朝廷内外，百官相率朝拜，贺她荣居皇后之位，唯独卫国夫人韩氏和燕国夫人伊氏愤愤不平，不肯朝贺。庄宗不得已封韩氏为淑妃，封伊氏为德妃。

搜刮民财，为所欲为

早在庄宗即皇帝位之前，刘玉娘就开始伙同一批宦官伶人操弄朝政，受贿索贿。后梁宋州节度使袁象先入朝，辇带珍宝数十万遍赂刘玉娘及宦官伶人，立即得到庄宗的召见，庄宗再三慰劳，倍加宠信，赐名李绍安。后梁降将霍彦威、戴思远等，因纳贿刘玉娘，而大得庄宗恩赐。

荆南（今湖北江陵）节度使高季昌，闻庄宗已灭梁，颇为畏惮，亲自入朝拜见庄宗。庄宗和郭崇韬对他以礼相待，赐以盛宴，命其归镇，官任原职。当高季昌辞朝南归至襄州（今湖北襄阳）时，突遭追缉，幸亏在卫士的保护下，乘夜逃脱，才幸免一死。原来，高季昌入朝，馈赐刘玉娘及伶宦不足，刘玉娘心中不平，便同伶宦一起，谗言庄宗。庄宗素来听信刘玉娘，加之对高季昌始终不放心，立即令襄州刺史捉拿季昌，致使高季昌怀恨在心，暗中召纳后梁散卒，练兵屯粮，随时准备兵击后唐。

李存勖自幼喜好音律歌舞，豢养了一批伶人。做皇帝后，这些伶人立即得宠。这些伶人可以随时出入宫廷。刘玉娘借机遍插伶官，位加群臣之上。她还煽动庄宗任用宦官为监军，并下令：前朝宦官，不论贵贱，都可回朝廷任事。当时庄宗身边一千多名宦者，皆是给养丰厚，委以重任，成为腹心耳目。宦官伶人唯利是图，毫无治国之术，只知陷害贤能忠良，搜刮民脂，为所欲为，而一些贪官污吏，又倚他们为后援，殃害百姓。

刘玉娘还是后唐最大的搜刮民财的暴贼。她被立为皇后后，公开聚敛财宝，凡州县方镇贡纳之物，皆先入后宫，然后再交纳府库。租庸使孔谦为了取媚于皇后，将朝廷下文所定的租赋之数，加倍征收。天平、平卢两镇上书抗议，朝廷亦指责孔谦"有紊规程"，孔谦却依仗刘玉娘置若罔闻，行之如故，还强行向百姓借钱，以高价货物偿还。州县官吏遂群起效法，并且变本加厉，层层加码，造成百姓流亡，国家财政危机愈演愈烈，刘玉娘个人却金银财宝充斥后宫。

有了地位和金钱，刘玉娘并不感到满足，她一生中最为遗憾的是没有一个富贵的娘作为依靠，她那可怜的生父遭笞后已不知下落。一日，刘玉娘奏报庄宗，说她自幼失去父母之爱、孤苦无依，想认张全义为父，以慰心愿。庄宗对她言听计从，便慷慨允诺，并立即与她再幸张宅。皇上皇后双双驾到，张全义竭诚迎接，摆酒设宴，陪皇帝皇后品尝山珍海味。酒过三巡，刘玉娘让张全义上坐，向他行父母之礼，吓得张全义马上离座而起，他怎敢傲居这位貌美心狠、显赫无比的皇后之上。刘玉娘令随从强扶张全义入座，自己款款下拜，惹得老迈的张全义眼热耳红。他万般无奈，只好受了全礼，认下义女。庄宗坐在一旁喜笑颜开，叫张全义不必辞让，并亲自筛酒举杯，为张全义上寿。张全义谢恩饮毕搬出很多金银首饰，赠献义女刘玉娘。

五代十国是中国历史上佛教最盛行的时期之一。当时，百姓苦于苛敛暴役，困于战争的破坏和杀掠，多剃度为僧，逃避赋役，以全性命。大批没落的贵族和幸存于锋刃之下的彪悍武夫都兴斋僧礼佛，感戴佛祖。刘玉娘认为：身为皇后，富贵荣显无以复加，是佛力保佑的结果。于是她怀着虔诚而又惶恐的心情拜佛，她将平时所得贿赂，大批赏赐给僧尼寺院。虽然她对佛教的微言大义一窍不通，却朝夕诵经念佛，以示敬重，她还劝庄宗信奉佛教。许州节度使温韬听说刘玉娘拜佛，立即将自家宅第改为佛寺，日夜替皇后祈福。事情传至朝廷，庄宗下旨嘉奖，刘玉娘亦下令对温韬优加褒美，旨令同时驾到。从此，皇后刘玉娘的旨意称教令，与庄宗的圣旨并行朝野内外，不分上下。官吏每接到刘玉娘教令，比接到庄宗的圣旨还要重视。后来中宫教令愈传愈多，应接不暇。

勾结伶宦，诛杀良将

同光三年（925年），皇太后曹氏病逝。没有了婆婆的约束，刘玉娘更加肆无忌惮，开始将那些对她不利的功臣将相进行排挤陷害。朝廷中，对刘玉娘妨碍威胁最大的是郭崇韬。他本为李克用手下的一名教练使，机警英武，才干过人。李克用死后，他辅佐庄宗，参谋军机大事，在危难之际，他率军冲锋陷阵，出奇制胜。在后唐灭后梁的过程中，他力非众议，一手谋划进取之策，布置攻战方略，特别在占领汴梁、诛杀梁末帝的过程中，他的功勋尤为显著，成为后唐举足轻重的人物。他为人刚正不阿，为官清廉，勇于革新，反对唐末以来宦官充任枢密使的陈规，请求革除所有朝中任事的宦官伶人。

郭崇韬的一系列改革，与刘玉娘依靠宦官伶人干预朝政、为所欲为的做法水火不容，于是便开始了以刘玉娘为首的伶宦集团同以郭崇韬为首的权臣集团的斗争。郭崇韬原以为奏立刘玉娘为皇后便可以换取她的支持，推行维护自己的改革措施，并制服宦官伶人。结果，刘玉娘当了皇后，却伙同伶宦攻讦诬陷郭崇韬。

后唐同光三年秋，庄宗派郭崇韬讨伐前蜀。郭崇韬奉命出征，仅用了七十天时间便灭了前蜀。

郭崇韬在征蜀途中，曾对魏王李继岌说："待平定蜀地后，王立殊功，威望遽升，日后继位做主，要尽除擅威作福的伶宦。若不改变伶宦恃宠怙势的弊风陋习，必将造成上下离心，民怨沸腾的局面。"这发自肺腑的忠良之言，被刘氏的亲信听到并告诉了刘氏，因此，刘氏对他更加恨之入骨。此时庄宗怕郭崇韬功高盖主，特遣宦官向延嗣来蜀，催令大军还朝。延嗣一到成都，李从袭便密告延嗣道："蜀中军事措置，全由郭崇韬把持，他的儿子每天与军中骁将及蜀地豪杰，饮酒发誓，不知是何用意。军中诸将也都是郭崇韬的党羽亲信，一旦有变，不仅我等性命难保，魏王恐怕也难免身遭大祸。"说完泣不成声，向延嗣本就对郭崇韬没他举行欢迎仪式而不满，听了这话当即表示："等我归报朝廷，必将严加惩办！"

第二天，向延嗣便辞别魏王，快马加鞭奔回洛阳，向刘玉娘报告郭崇韬准备谋反，魏王李继岌危在旦夕。刘玉娘听后，认为除掉郭崇韬的时机已到，马上向庄宗添油加醋地哭诉，请求庄宗派人杀掉郭崇韬，救出皇子继岌。庄宗一听顿时怒气冲天,当即遣宦官马彦珪去成都,敦促郭崇韬火速还朝,马彦珪临走时却跑到后宫拜见刘玉娘,问道:"蜀中事势危在旦夕,万一发生紧急事变,我在千里之外,怎样向您通报呢?"刘玉娘决意立即除掉郭崇韬,因而再度入见庄宗,请求庄宗给予马彦珪自行处置的权力。但庄宗并不同意,言道:"诸事皆出自传闻,是否事实还待于证实,怎能让马彦珪擅自决断?"刘玉娘得不到庄宗的首肯,便自行起草教令,由马彦珪送交魏王继岌,命令他就地暗杀郭崇韬。

同光四年(926年)正月初六日,郭崇韬正在布置班师回朝事宜。马彦珪从洛阳赶至成都,将皇后教令交给魏王继岌,继岌犹豫道:"大军即将班师还朝,不见任何谋反事端,怎可做此不义之事,下此毒手呢?"马彦珪与李从袭声泪俱下地说:"大王如拒不执行,万一中途事情泄露,必将招致杀身之祸。"继岌坚持说:"皇上没有诏书,仅凭皇后教令就诛杀安邦定国的功臣宿将,何况崇韬身为招讨使,重任在身,更不可随意伤害!"李从袭、马彦珪又捕风捉影,说出许多利害关系,但仍得不到魏王的允诺,他们便暗自采取行动,伏兵杀死了郭崇韬。诸将闻郭崇韬被诛,惊愕不已,纷纷质问魏王继岌道:"大王行军千里以外,不见皇上敕旨,擅杀大将,如何向军士交代呢?若军心一变,归路皆成荆棘了。"李继岌惶恐不安,只得伪造庄宗诏书,颁示军士,声明只罪及郭崇韬父子,他人概不牵连,才稍稍稳定了军心。

穷途落发,终被赐死

郭崇韬被诛,标志着以刘玉娘为首的中宫伶宦彻底得胜,他们逐渐操纵了朝廷大权。刘玉娘加紧扫除了郭崇韬的同党,一面更加紧了对庄宗的挟制,将庄宗玩弄于股掌之间。有一位女子貌美如花,深得庄宗喜爱,被纳为姬妾后,很快孕生贵子,这下可气坏了霸道的刘玉娘。玉娘便想方设法要把这位新来的爱姬赶出宫廷。碰巧武宁军节度使李绍荣(原名元行钦)丧妇,庄宗赐宴抚慰。在宴席上,庄宗安慰李绍荣道:"爱卿丧妇,不可过分悲痛,朕将为卿再娶一美妇。"刘玉娘在旁一听,马上召来庄宗爱姬,道:"陛下爱怜绍荣,何不将此女赏赐给他?"庄宗一时不好反驳,只好佯装答允,而刘玉娘却让李绍荣拜谢庄宗,并嘱咐宦官送庄宗爱姬与绍荣一同出宫进了绍荣宅第。庄宗怏怏不乐,但也无奈。

这件事传出以后,宫廷内外皆知刘玉娘权重,大小臣子争相献谀。大批的钱财流入后宫,百姓流离失所。刘玉娘日夜与庄宗花天酒地,纵情欢愉。宫中住得厌了,就游山玩水,打猎解闷。在派人杀害郭崇韬的同时,刘玉娘同庄宗率领诸皇子及后宫嫔妃,浩浩荡荡,穿越伊阙,扎营龛涧山,围猎捕兽,数日不归。当时正值隆冬大雪纷飞,随从不堪寒冻,沿路抢劫民衣民食,甚至拆民舍焚火御寒,比强盗还要逞凶,致使沿途各县吏因畏惧而逃避他乡。

郭崇韬死后，庄宗听信刘玉娘及宦官景进的诬告，又冤杀护国军节度使朱友谦全家。于是功臣宿将，皆怀自危之心，军队乏粮，将士愤愤不平，各地节度使、兵卒纷纷起兵反叛。庄宗派蕃汉内外马步军总管李嗣源率侍卫亲军前往讨伐，结果亲军士卒发生哗变，胁迫主帅李嗣源攻取汴梁，住在洛阳的庄宗和刘玉娘闻变，为激励将士尽力抗守，急忙将内府钱帛赏赐给洛阳军士。军士得到钱帛，怨恨道："我等妻子儿女均已饿死，还要这些钱帛何用？"庄宗闻言，悔之晚矣。

庄宗亲率主力部队进兵汴梁，途中听说李嗣源已占领汴梁，遂仓皇回逃，至荥阳，兵士已逃散了一大半。回到洛阳，郭从谦率众哗变，与洛阳驻军混战，庄宗亲率近卫骑兵抵御。结果被乱箭射中，流血盈身，将士扶他退到凌霄殿中。刘氏见庄宗气息奄奄，竟命宦官给他灌注酪浆，一杯下肚，庄宗便一命呜呼了，时年仅四十二岁。

刘玉娘见庄宗已死，又命宦官放起大火，将庄宗尸体化为灰烬。然后，她便与庄宗四弟李存渥及行营招讨使李绍等人，收拾宫中金银财宝，烧毁嘉庆殿，带领七百骑兵，出洛阳狮子门，向西逃去。在逃往太原途中，刘玉娘因怕李存渥弃她而去，索性委身于他。李存渥见刘玉娘风流娇娆，风韵不减当年，便也乐意和她结为露水夫妻。来到太原时，汾州刺史李彦超不准他们入城，李存渥只好再寻他处，结果被部下杀死于途中。刘玉娘无处存身，万般无奈之下削发为尼，将随身所携金银取出，请人在太原为她建造一座尼庵，想要安度余生。

后唐天成元年（926 年）四月，李嗣源即帝位，是为后唐明宗。明宗派人到太原赐刘玉娘自尽。她的儿子李继岌逃到渭河，亦于卧榻自缢身亡。后晋天福五年（940 年），后晋高祖石敬瑭追谥刘玉娘为"神闵敬皇后"。

以身殉唐——后唐明宗李嗣源皇后曹氏

曹氏是后唐明宗李嗣源的原配夫人。当时，李嗣源被河东节度使李克用收为义子，他率军冲锋陷阵，英勇杀敌，屡立战功，不断得到升迁，历任侍卫队长、代州刺史、邢州节度使等职。曹氏在随李嗣源戎马征战的日子里，生下了一子一女。儿子李双环，是李嗣源的长子，后来不幸被后唐武宁军节度使李绍荣杀害。女儿先后被封为永宁公主、晋国长公主和魏国公主，嫁给后唐河东节度使石敬瑭，石敬瑭建立后晋称帝后，她也成了皇后。

公元923 年，庄宗李存勖建立后唐，灭了后梁，李嗣源因功被升为后唐蕃汉内外马步军总管，进位检校太傅，兼侍中及天平军节度使，曹氏被封为楚国夫人。两年后，魏博镇发生兵变，庄宗李存勖派李嗣源前往讨伐。结果，亲兵发生哗变，胁迫李嗣源转而攻打汴梁。楚国夫人曹氏及李嗣源家小都住在常山

（今河北曲阳、正定），仍然被后唐庄宗所挟制，随时都有被杀的可能。这时曹氏沉着冷静、机智勇敢地指挥全家人与庄宗派来的监护军周旋，与赶来救助的牙门都校王建立里应外合，将监护军全部杀死。不久，李嗣源攻克了洛阳，庄宗被乱兵杀死，李嗣源即帝位，称后唐明宗。

李嗣源称帝后，立谁为皇后又决议不下，成了问题。当时，只有楚国夫人曹氏和新来的别室王氏有资格做皇后。王氏年轻貌美，妖娆多姿，最得李嗣源宠爱，被封为韩国夫人，位在曹氏之下。曹氏为人简朴大方，和善慈悲，端庄严肃，她见王氏得宠，明宗也有意立她为后，便索性主动将皇后之位让于王氏。而王氏口头上推辞，心里却求之不得。可是朝廷内外一致反对越次立王氏为后，李嗣源只好拖延不决。又过了两年，后唐天成三年（928年）才将曹氏封为淑妃，同时将王氏封为德妃。

后唐长兴元年（930年），群臣再度上奏，皆云曹氏当立。德妃王氏见大势已定，只好公开表明了应当立曹氏皇后的态度。于是，李嗣源下诏，正式册立曹氏为皇后。曹氏被立为皇后，荣及三族。为了安慰王氏，李嗣源下诏，将王氏德妃升为淑妃，将王氏一家也荣及三族，算是对王氏的补偿。曹氏虽为皇后，但仅是一个头衔而已，其实王氏依然专宠，掌握中宫大权，成了实际的皇后。

三年后，李嗣源命丧黄泉。后唐长兴四年（933年）冬，李嗣源的儿子李从厚继位为闵帝。册封曹皇后为皇太后。李从厚懦弱无能，优柔寡断，朝政全由枢密使朱弘昭、冯赟把持，这二人专制朝权，捕风捉影，专喜生事。这时，李嗣源养子潞王李从珂以清君侧为名，诛讨朱、冯二人，在凤翔起兵，率军攻下长安、洛阳，闵帝李从厚被缢杀。李从珂继位为后唐末帝，曹氏仍住洛阳为太后。李从珂即位后，横征暴敛，骄兵悍将纷纷邀功请赏。朝廷对百姓敲骨吸髓，无所不用其极，致使众怨沸腾，上下离心。在这种形势下，各藩镇蠢蠢欲动，想得皇位，其中最有实力的便是曹太后的女婿、河东节度使石敬瑭。

后唐清泰二年（936年），身兼太原尹、北京留守、河东节度使三职，又手握重兵的石敬瑭经过多年各方面的蓄势，终于在晋阳发动兵变，不惜自称儿臣，割燕云十六州给契丹，借来五万兵，攻占太原，自立为大晋皇帝，继而率军进逼后唐京都洛阳。末帝李从珂走投无路，与曹太后率宫中老少自焚于玄武楼。石敬瑭进入洛阳后，派人寻找岳母曹太后的尸骨，诏令罢朝三天，举行盛大的哀悼仪式。然后，将曹氏骨灰葬于后唐明宗李嗣源墓徽陵旁边。后晋天福五年（940年），石敬瑭又追谥曹氏为"和武宪皇后"。

自焚而死——后唐末帝李从珂皇后刘氏

刘氏从小泼辣无比，能言快语，姐妹兄弟无不让她三分。她虽然脾气很大，但长相却非常迷人，又带有几分狡猾，显露出一种野性的风韵。

后唐同光三年（924年），庄宗命河东节度使李嗣源率兵到北边防御契丹军队的进犯，李嗣源的义子李从珂被征调随行，任突骑都指挥使。李嗣源、李从珂兵驻太原以北边地，与边将刘茂成联合防守。此时，李从珂娶了刘茂成的女儿刘氏。两年后，李从珂因军功被提升为河中节度使，刘氏亦被晋封为夫人。

后唐天成元年（926年），李嗣源在魏博（今河北大名）发动兵变，进攻洛阳，夺取了后唐政权，即皇帝位，称后唐明宗。明宗封李从珂为潞王，出为凤翔（今陕西凤翔）节度使，刘氏亦被封为沛国夫人。刘氏自从嫁给李从珂后，一面随丈夫四处征战，帮助料理内政，一面凭着她的聪明才智，为丈夫出谋献策。但她素性强悍泼辣，她要李从珂臣服于她，不准李从珂多纳妻妾，动不动名就呼天抢地大闹一场，完全是泼妇的所为，因此李从珂对她十分畏惧，诸事都由着刘氏。

后唐清泰元年（934年），明宗病死，其子李从厚即位为闵帝。李从珂效法义父，在凤翔发动兵变，率军攻取洛阳，从李从厚手里夺取了帝位，被称作后唐末帝。为了巩固皇位，刘氏赶紧劝说李嗣源正室曹太后出面，帮李从珂稳定军心。曹太后见事已至此，只得向朝廷将相臣僚们下诏宣布皇长子潞王从珂即皇帝位。有了太后的承认，李从珂暂时稳住了宝座。百官三次上表请立中宫，李从珂遂立刘氏为皇后。

刘皇后的弟弟刘延皓，从小跟随李从珂征战，在军中为牙将。李从珂即帝位后，升为宫苑使兼宣徽南院使，后唐清泰二年（935年），因刘氏一再请求，再升为枢密使，兼领天雄军节度使。刘延皓本来宽厚谨慎，但位列将相后，一改前节，与姐姐刘氏一起横征暴敛，四处索取贿赂，公开抢占民宅，派人往各地聚敛民财；召集大批的歌童舞女，过着歌舞宴乐、酒溢肉糜、淫荡不堪的生活，弄得民怨沸腾。遇到有人弹劾刘延皓，都被刘氏一一挡回去。后来，他又克扣军饷，到魏州军中公开索贿，结果遭到将领张令昭的驱逐，连夜奔逃到相州（今河北临漳）。

消息传至朝廷，刘氏诬告张令昭谋反，要皇上惩处张令昭。李从珂不怪罪刘延皓的所作所为，反而派大军讨伐张令昭，将其全家抄斩，同时将魏州诸军三千余人全部处死。就在此时，河东节度使石敬瑭在太原发动兵变，自立为王，并借助契丹军队，浩浩荡荡开进了洛阳，李从珂派兵抵抗，军士根本不听指挥，他在走投无路之下，与刘皇后、曹太后及皇族老少携传国玉玺登上玄武楼自焚而死。

从皇后到囚徒——后晋高祖石敬瑭皇后李氏

后唐明宗李嗣源第三女李氏，不但生得眉目清秀，而且聪明能干，温良仁让，深为李嗣源钟爱。到李氏十五六岁时，石敬瑭助李嗣源称帝（即明宗），明宗极为器重他，因而将爱女下嫁，招之为婿。自从龙凤配对后，小夫妻恩爱非常。石敬瑭不但对妻子言听计从，对岳父大人也更加尽心卖力。

公元926年，李嗣源称帝后，封赏功臣宗室。这时石敬瑭既是明宗的功臣，又是明宗的女婿，身兼太原尹、北京留守及河东节度使三职，握有兵权，地位显赫。随着女婿地位的不断提高，李嗣源考虑给女儿李氏以相应的封号，因此于公元928年下诏将她封为魏国公主。

襄助夫婿，成就帝业

婚后，李氏既要对丈夫尽诚，做一个贤良的妻子，又要对父皇尽孝心，做一个孝顺的女儿。在石敬瑭的军府中，她为丈夫出谋划策，帮助丈夫处理军机要务，一旦遇变，石敬瑭便派她前往朝廷探听风声，并说服李嗣源消除疑忌；在后唐朝廷中，她贵为公主，又是要镇守将石敬瑭的妻子，地位举足轻重，李嗣源对她既宠又信，每当风吹草动，便向她了解石敬瑭的动静，设法限制石敬瑭势力的发展。

魏国公主十分理解丈夫的远大志向，从内心支持丈夫建立帝业的理想，只不过年迈的父皇尚未驾崩，她不愿看到生身父母成为阶下囚的惨景，因而多方劝阻石敬瑭的篡位行为；石敬瑭苦于实力不够强大，也乐得听取妻子的忠告。但时过不久，李嗣源便一命呜呼了，后唐闵帝李从厚继位。李从厚与魏国公主不是同胞兄妹，相互感情不深，只因他继位后，对魏国公主的生母曹皇后备加尊敬，册赠曹皇后为曹太后，才博得这位妹妹的好感。曹太后对女婿石敬瑭的野心早有觉察，从家本位观念出发，她召回女儿魏国公主，并召见女婿石敬瑭，要他们听从李从厚诏谕，共保后唐江山。但李从厚优柔寡断，朝政全由枢密使朱弘昭、冯赟把持，朱、冯排除异己，滥施赏罚，众皆侧目而不敢言语。于是，李嗣源养子潞王李从珂在凤翔起兵，攻占洛阳。李从厚率领从骑50人逃往太原投靠妹夫石敬瑭，希望得到魏国公主的庇护。遗憾的是魏国公主不愿出面，石敬瑭还派人在卫州（今河南汲县）将其随从全部杀死，使李从厚如一只孤兽在途中被人缢死。李从厚死后，李从珂在洛阳称帝为后唐末帝，亦尊曹皇后为太后。这时，后唐朝廷一片混乱，骄兵悍将纷纷邀功请赏，朝廷对百姓敲骨吸髓，造成了民怨沸腾、上下离心的局面。石敬瑭加紧了篡夺皇位的进程。李从珂对石敬瑭怀有戒心，但无力控制，只好采取养父李嗣源的办法，增封加赏，以图安宁。因而，后唐清泰二年（935年），魏国公主又被晋封为晋国长公主，益发成为后唐朝廷与藩镇石敬瑭之间的焦点人物。

与李从厚相比，李从珂仅是李嗣源的养子，与魏国公主关系更加疏远，虽然他送去了晋国长公主的美号，但也打动不了这位皇妹的慈悲之心。与此同时，石敬瑭已加紧了篡夺帝位的步伐，他要妻子接受晋国长公主的封号，常去朝廷周旋，设法稳住李从珂，自己则与北方契丹贵族相勾结，准备利用契丹军队起兵。不料李从珂提前发难，他借石敬瑭未上朝贺寿为由，指责石敬瑭有谋反之心，使晋国长公主无言以对。同时，他与侍臣密商制服石敬瑭之策，打算与契丹人和亲，岁输钱财十余万缗，以争取契丹，断绝石敬瑭后援，并准备下诏强迫石敬瑭移驻他镇。晋国长公主借贺寿之机，通过生母曹太后近侍摸清了李从珂的底细，返回太原，便向丈夫汇报了所见所闻，石敬瑭只好于匆忙中举起了反叛大旗。

晋国长公主窃取情报，促使石敬瑭提前起兵，避免了遭受李从珂的袭击，同时也促使石敬瑭出卖中原人民利益，卖身投靠契丹贵族，演出了一幕空前绝后的历史悲剧，这是她始料未及的。后唐清泰三年（936年），石敬瑭在晋阳（今山西太原南）提前起兵，李从珂亲统大军前来讨伐。石敬瑭自觉实力不足，听从幕僚桑维翰建议，向耶律德光上表称臣，并愿意事以父礼，乞求发兵援助。表中允诺事成后愿割地酬谢。耶律德光览表大喜，自率五万骑兵去解晋阳之围，与石敬瑭会师于太原北门外柳林，册立石敬瑭为大晋皇帝。四十五岁的儿皇帝石敬瑭，穿着契丹服装，出城拜见三十四岁的父皇耶律德光。当面确立了父子、君臣关系。为了感谢父皇大恩，儿皇帝当即宣布，每年献帛三十万匹，割幽云十六州土地给契丹。接着，石敬瑭在契丹兵帮助下，进逼洛阳；李从珂自焚身亡，后晋正式代替了后唐。随着丈夫做了儿皇帝，晋国长公主也做了耶律德光的"儿媳妇"，后来她写信给耶律德光时，自称"晋室媳妇李氏妾"，还称耶律德光为"皇帝阿翁"。

后唐覆灭，李氏的生母曹太后在女婿石敬瑭兵进洛阳之际，率养子李从珂及宫中老小毅然自焚于玄武楼。看到此种惨景，晋国长公主呼天抢地，大恸数日，石敬瑭规劝无效，也陪着掉几滴酸泪。事后，石敬瑭派人找到了岳母的尸骨，安放在长春殿内，诏令罢朝三日，举行了盛大的哀悼仪式，并追谥曹太后为"和武宪皇后"，铸造了宏伟的陵墓，派人岁时祭扫，才使晋国长公主大哀稍节。

晋国长公主对石敬瑭成就帝业帮助很大，她为人强敏，使石敬瑭敬惮不已，每逢军国大事，石敬瑭都要向她征求意见。因此，后晋建立后，便有一班媚臣上表，请求册立皇后。石敬瑭遂在封赏文武将佐、大赦天下的同时，下诏册立晋国长公主为皇后。但是，在契丹人扶持下偷建起来的后晋小朝廷，内遭中原人民的唾弃，外受契丹人的挟制，石敬瑭本无大才，面对乱局，一筹莫展，唯一能干就是借契丹之虚势以恐吓臣民，尊辽主为父皇帝，除了岁输金帛三十万之外，吉凶庆吊、岁时赠遗、珍奇玩好相继于道，生怕"父皇帝"不满意。在那公私两困、满目疮痍的局势下，石敬瑭惶恐终日，哪里还有心思去封三宫六院呢？故虽有册立皇后之诏，并没有举行册封仪式。

公元937年暮春，有人再次奏请举行皇后的册封仪式，石敬瑭仍以宗庙未立，否定了这一建议。说起来，他还是没有这个心思搞什么册封仪式。原因主要有：一是他拥兵进入洛阳，见洛阳宫室一片残破，无法立足，便匆忙迁都汴州。奔波劳顿，月余不息。二是幽云十六州送给契丹，后晋北部边防一片空虚。契丹主移军云州，使得石敬瑭也深感不安，不得不偷偷地设计防御。三是更使他害怕的还是国内藩镇未尽归服，时刻都会发生武装夺取皇位的事变。为此，石敬瑭接受桑维翰的建议，推诚弃怨，厚抚藩镇；卑辞厚礼，敬事契丹；训卒缮兵，勤修武备；劝课农桑，藉实仓廪；通商惠工，惮足财货，才勉强得来国内初安的局面。

这期间，晋国长公主深深理解丈夫的处境，她并没有因自己未登后位而生怨责。相反，她多方留心政事，支持丈夫巩固政权，与丈夫忧勤相济，患难与共。石敬瑭也没有忘记册封爱妻，夏五月，局势稍定，他便下诏设立宗庙，待高祖以下四个宗庙立定后，他即令有司准备举行册封仪式。不料这时又发生了天雄军节度使范延光起兵谋夺皇位的事件，于是再度将仪式搁置了下来。

公元942年，石敬瑭在契丹主和藩镇的双重压力下忧病而死。可怜晋国长公主再也没有机会享受册封皇后的仪式了。她哭得死去活来，既为丈夫的凄凉结局而无限悲哀，也为自己落寞抱寡，无依无靠而深深地忧虑。她给石敬瑭生下数子，或早夭，或被杀，只剩下幼子重睿，尚在冲龄，无法继承皇位，只得孤儿寡母，任人处置了。好在她平日为人敏慧，礼待臣下，深得文武将吏的敬爱，拥有实权的将相不但没有遗弃她，反而名正言顺地称她为皇后。

仰人鼻息，委曲求全

石敬瑭临死之时，宰相冯道入见，石敬瑭命幼子重睿向冯道下拜，意欲托孤寄命，让冯道辅立幼主。待石敬瑭咽气，冯道立即找马步都虞侯景延广商议，准备扶重睿即位。但景延广坚决反对，他认为重睿年幼无知，不能当国君大任，何况国家多难，非立年长的国君不能稳定局势，故提议让石敬瑭的侄子齐王石重贵继承皇位。冯道本是个模棱两可的人物，便将景延广的建议呈报李皇后，李皇后只好同意。这样，石重贵即位为后晋出帝，向辽主耶律德光上表称孙。景延广因定策有功，被任命为同平章事兼侍卫马步军都指挥使，集将相于一身。后晋天福八年（943年）秋天，景延广建议石重贵册尊李皇后为皇太后。于是，李皇后正式受封为李太后。

本来，李太后与石重贵只是叔母与侄儿的关系，自石重贵嗣位后，李太后享受尊位，对政事不便过问了。但是，石重贵即位没有经过辽主的批准，他虽然上表向辽主称孙，但不愿称臣，表示只有亲属关系而没有君臣关系。辽主耶律德光为此大为恼火，马上下令兴师问罪。景延广未做任何抗辽准备，因而数战数败。公元944年，辽兵攻陷贝州（今河北清河），分几路大军向南推进，咄咄逼人。出帝遣使致书辽主，求修旧好，遭到拒绝，只好请求叔母李太后出面求情了。辽主耶律德光对这位比自己年长的"儿媳妇"李太后以礼相待，他要依靠李太后收揽中原民心，因而自儿皇帝石敬瑭死后，每逢要事，他都要致书李太后，承认她的太后尊位，要她出面训导"孙皇帝"石重贵。这样，李太后的政治地位又显得极其重要了。

李太后身居尊位，实际上成了辽与后晋关系中的核心人物。她为了后晋的苟安，不惜低声下气，以晋室媳妇李氏妾的身份向辽主"皇帝阿翁"求情，希望"阿翁"宽恕"孙儿"重贵。同时她也企图以太后的身份管束重贵，要他勤俭治国，振兴家邦。可是，一旦太平，石重贵便忘乎所以，根本不把李太后放在眼里。他本是一个昏庸无能而又鄙俗下流的武夫，当上皇帝后，纳叔母冯氏为皇后，专事淫乐，使朝廷力量比石敬瑭在位时更加腐朽脆弱。

正在石重贵志得意满、以为天下无事、扩建宫殿、醉生梦死的时候，后晋开运三年（946年），辽主耶律德光发动了大规模的南侵，派降将张彦泽和通事傅住儿率军一举攻克汴京，后晋全军溃败，皇宫被围。耶律德光致书李太后，说明晋军已全部投降，希望她携儿子快快归顺，同时，令张彦泽给石重贵发了一道言辞激烈的檄文，指责他纳叔母于中宫，乱人伦之大典等等，吓得石重贵面如土色，不知所措。

李太后住在深宫，尚不知宫外天翻地覆的变化，当她看到辽主的来书，大惊失色，踉跄奔出，找到了石重贵，哭着说："你与冯氏肆意妄行，闹到这等地步，如何保全宗社？如何对得住先人！"言毕恸哭不已，拉着石重贵及宫妃十余人，准备纵火自焚。眼见得宫中已三四处起火，石重贵亲军将领薛超赶到，命士卒扑灭了烟火，同翰林学士范质二人伏地劝阻，乞请太后与皇帝保全身家。范质认为："辽主来书，无甚恶意，只要奉表请罪，或许还能保全晋室宗社。"怀着这样的痴心妄想，李太后放弃了轻生的念头，命范质帮助起草降表，她与石重贵各书一份，乞求辽主宽恕，企图保全后晋社稷。耶律德光看到降书后，立即令人将李太后和石重贵驱出皇宫，囚禁到开封府中。石重贵被迫脱去皇袍，改服素衣。

后晋王朝至此告终。耶律德光在汴京登基，表示自己正式成为中原皇帝，宣布以大辽为国号，改年号为大同元年。

李太后本拟奉表请罪，保住后晋社稷，不料与石重贵一起做了阶下囚，难免满面挂泪，无限悲哀。但这并不是她的最后结局，更悲惨的遭遇还在后面。

阶下之囚，埋骨辽东

公元947年，辽帝耶律德光来到汴京，李太后与石重贵请求到郊外迎接，辽主不愿接见，派人致书云："你等不要担忧，宿饭处当有安排。"然后命李太后带着石重贵及晋室宫眷全部迁入封禅寺内，以重兵看守，不准随便外出。时值正月，连日冷雨，寺内酒肉绝迹，素食也仅足僧人受用，过惯了酒池肉林生活的石重贵，如今又冻又饿又愁，哪里忍受得了呢？李太后派人给寺僧传话：“我过去曾赏你们饭食数万金，难道你们全忘了么？怎么连口吃的也不给呀？"僧徒答曰："虏意难测，没有命令我等不敢进食。"直气得太后老泪纵横，石重贵只好偷偷地向守兵乞求，讨来几碗粗粝烂饭，太后等人勉强充饥。如此过了数日，才接到辽主圣旨：石重贵由孙皇帝降为光禄大夫、卒子尉，封为"负义侯"，合家迁住黄龙府（今吉林农安）。听说要发配到黄龙府，石重贵与李太后及诸随从宫眷，无不相向号泣，以泪洗面。想不到中原宫廷中的天子皇亲，一下子变成了漠北塞外的囚徒，怎能不慌，又怎能不悲哀。挨过正月，辽主派来三百骑兵，押送石重贵一家北迁。启程那日，李太后突然接到辽主传话："闻重贵不从母教，因致覆亡。太后媳妇可自行选择去处，不必与重贵偕行。"

李太后慌忙泣道："重贵对太后媳妇李氏妾非常孝敬，不过违背先皇大志，失和于阿翁皇帝，所以一举败灭。今妾母子幸蒙大恩，保全身家性命，母不随子，欲何所归？"言毕携眷起行，北迁的队伍开出都门，都城人士皆掩面哀叹。李太后乘车在前，后面皇妃安氏、石重贵，皇后冯氏、皇弟重睿、皇子延煦、延宝等人紧紧相随。还有宫妃五十人，内宫三十人、东西班五十人，另有医官、控鹤官、御厨、茶酒、仪鸾司、亲军等数十人一同从行。阿翁皇帝念媳妇李太后恭顺，又派原晋相赵莹、枢密使冯玉、都指挥使李彦韬随行伴送。沿途所经，皆是故晋州县，州郡长吏不敢迎奉，偶有路旁父老送来食物，大都被契丹骑兵抢吃，可怜李太后一行，吃了上顿没有下顿的，加上山川艰险，风雨凄清，触目皆愁，心中十分悲凉。

到了幽州（今北京）城，全城士兵都争相迎观，有人牵羊持酒前来献纳，皆被卫兵叱去，李太后深感万分悲惨，观者亦无不唏嘘。后来，守城主将号称是奉了辽王的命令，将李太后一行接入城内，犒赏酒肉，奉为宾客。原来这主将是后晋北边守将、石敬瑭的连襟赵延寿，现已投降契丹，被辽主任命为幽州节度使，为燕王。他的原配夫人是李太后的姐姐兴平公主，兴平公主死后，他又娶了李太后的妹妹永安公主为续弦。因为这种亲戚关系，赵延寿不能闭门拒客。他的母亲种氏和永安公主将李太后奉为上宾，备食馔招待，石重贵等人皆得饱餐一场。但好景不长，停住数日又得上路北行。

自幽州启程，行十余日到平州（今河北卢龙），再向东过榆关，尘沙蔽天，供给顿绝，众人皆饿得饥肠辘辘，困顿异常，夜间住宿也无馆驿，往往在山麓林间瞌睡了事。众人只能以野蔬果实充饥，苟延残命。

又行七八日至锦州，再走了十余日，渡辽河，至渤海国铁州（今吉林敦化西南），迤逦而至黄龙府。在黄龙府住到六月，契丹国母述律太后下令将李太后及石重贵迁居怀密州。这怀密州还在黄龙府西北一千五百里以外的地方，迫于命令，李太后只得领石重贵再度启程，跋涉长途，去往那遥远的荒野。

当李太后一行来到辽阳（今辽宁辽阳）以北二百里的地方时，辽朝内部突然发生了重大事变。耶律德光猝死于中原，其侄儿永康王兀欲在恒州（今河北正定）自立为帝，并捏造先帝遗制，传谕四方，不料报知述律太后，遭到极力反对。述律太后以国母的身份传谕兀欲，令他取消成议，并发兵声讨。双方交战，述律太后失败被囚，大局就绪，兀欲自称天授皇帝，改元天禄，大赦天下，召李太后及石重贵还居辽阳。

　　公元948年，天授帝驾临辽阳，李太后领着石重贵拜谒兀欲。兀欲大发慈悲，令重贵更易常服入见，并赐他旁坐，摆酒款待，直把李太后及重贵感激得涕零不已，真有点苦尽甜来的感觉了。李太后拜谢道："蒙皇帝大恩，贱妾子孙将世世报德。但妾等坐食上国，常怀惭愧，能否于汉儿城旁赐一块土地，让妾子孙在此耕种为生？如承俯允，更感德无穷了！"兀欲温颜答道："我会让你满意的，你回辽阳等候敕令吧。"

　　公元949年春，兀欲敕书颁到，令李太后及石重贵南徙建州（今辽宁朝阳）。自辽阳至建州行程千余里，李太后与石重贵携眷启行，途中翻山越岭，备极艰辛，抵达建州，建州节度使赵延晖出城迎接，安置正寝，款待了李太后母子。几天后，赵延晖按照兀欲敕令，划建州数十里外土地五十顷给李太后母子，并拨给库银若干，让他们开垦荒地，筑室分耕。李太后及石重贵带领随行数百人尽往耕作，按时收成，过着男耕女织的农家生活，总算是有了归宿。

　　一年后，李太后因伤心劳顿，一病不起，病势日重，已无药可医。延至八月中秋，已入弥留之际，嘱咐石重贵道："我死之后，焚烧尸骨，将骨灰送到范阳佛寺（今北京城西南），万万不要做了虏地孤鬼呀。"言毕即殁，石重贵与随行宫人无不扶尸大恸，守灵数日，便将其焚骨扬灰，穿地而葬。此后石重贵一直苟安于建州，后来的情况不得而知。

最后的狂欢——后晋出帝石重贵皇后冯氏

　　冯氏为邺都副留守冯濛的女儿，因姿色出众，美名远扬。高祖石敬瑭和冯濛交情甚厚，他闻知冯氏貌美，便赐婚，让冯氏嫁给自己的弟弟重胤为妻，封吴国夫人。但不幸重胤不久便死去，冯氏在邺都寄居寡欢。

　　天福七年（942年）五月，石敬瑭病卒，当天即立石重贵为后晋出帝。这位皇帝自小讨厌读书念经，喜好骑马射箭，沉溺酒色，他即位虽在服丧期，却照旧玩乐不已。在此之前，重贵早对冯氏垂涎三尺，只是碍于叔侄关系，加之高祖管教甚严，不敢轻举妄动。等到他嗣位、大权在手后，便欲尝凤愿，可巧这位冯叔母也和高祖后李氏、重贵母安氏等同来奔丧。在守灵时，两人便眉来眼去，情意绵绵。

　　举哀已毕，重贵即命左右挑了一所幽雅别致的房间让冯氏居住。到了晚间重贵先去李氏、安妃处请安，后又专程去冯氏房间。在一番虚言与扭捏之后，重贵便将冯氏拽入罗帏，了结了他多年的心愿。

他们的无耻行径，在宫廷中传开后，重贵并不回避，他索性趁此机会欲封冯氏为后。为此，先尊高祖后李氏为皇太后，生母安氏为皇太妃，然后张罗自己和冯氏的婚礼，与冯氏一同在高祖像前行庙见之礼。重贵即令冯道等大臣退出，回宫大摆酒宴，鼓乐助兴，不亦乐乎。重贵还对左右说："我今日做了新女婿，你们看怎么样？"冯氏与左右哄堂大笑。太后李氏非常生气，却又拿他们没有办法，也只有随他去了。

不久冯氏即被册封为皇后，不仅掌管六宫，也参与朝政，皇上爱屋及乌，立刻把冯氏的嫡亲兄弟重用起来。冯玉原来只是个小小的礼部郎中、盐铁判官，出帝一下将他跃升为端明殿学士，户部侍郎，寻加右仆射，军国大政一以委之，他一下成为了后晋的关键人物。冯玉虽无卓识远见，但奉迎出帝、揣摩帝意却是一把好手。其结果，皇帝愈加宠他。由此，冯玉乘势弄权四方大肆索贿，朝政日坏。

冯氏自被封为皇后后，由于出帝自认内外无事，皇后陪着他日夕纵乐，消遣光阴，冯氏得专内宠，可谓三千宠爱于一身，所有宫内女官只要得到冯氏的欢心均被封为郡夫人，又用男子李彦温为皇后都押衙，正是特开先例，破格用人。

重贵如此为色所迷，昏庸误国，他哪里知道，其实灭国就在眼前。不久契丹主兴兵犯境，石重贵派天雄军节度使杜威迎战，杜威临阵倒戈。杜威投降后马上随契丹主拥兵南下，他派出部将张彦泽率两千骑兵先行渡河，张部渡河的第二天出帝才知道杜威投降的消息，当晚又听说张彦泽又攻占滑州（今河南滑县东南），出帝立即召冯玉等人来计议，但为时已晚。第二天早上张军破城，并置兵于皇城南门外，出帝急得不知如何是好，自己带着十几个人放火烧皇宫，并欲自焚，幸被人拦下。这个时候，张彦泽派人送来契丹主的书函说："要出帝屈身投降，可免杀身。"出帝马上命人灭火，把皇宫城门全部打开，又起草降表，自称："孙男臣重贵"，真是不知羞耻。

天福十二年（947年）正月初一，契丹主入开封，后晋的文武百官出迎郊外。五日，契丹封重贵为"负义侯"，要迁往契丹境内。当即派兵入宫胁迁皇氏家族，宫中无不痛哭。皇后冯氏和出帝及太后李氏，乘轿而行，后面跟随宫人、太监。又过数日，契丹以三百骑兵押送出帝一行北去，除李太后、冯皇后、皇帝、二位皇子外，还有冯玉和他的儿子冯杰及宫人宦官百余人，沿途没有供给，他们只得采野果杀牲口充饥。到契丹境内后几经辗转最后在乾祐二年（949年）迁至建州，在城北数十里外划出五十余顷土地，他们在此建造房舍，耕耘土地，过起了流放生活。至北宋乾德二年（公元964年）出帝死于建州。至于冯氏死于何时，史书无详载。

知礼义，识大体——后汉高祖刘知远皇后李氏

李氏生于唐朝末年的一个贫苦农家，虽长年劳作，历经风雨，但仍不失天生丽质，自然之美。一天，她在河边漂洗衣物，被时任李嗣源偏将的刘知远看到，刘知远遂生爱慕之心。回府后，刘知远立即派人到李家提亲，被李家拒绝。当天夜里，刘知远便带几个骑兵抢走了李家姑娘，娶为妻子。婚后，二人感情甚好。后又生下儿子刘承祐，夫妻感情进一步加深。

之后，刘知远因军功晋升为河东节度使，受封北平王，李氏亦被封为魏国夫人。公元942年，石敬瑭死，后晋出帝石重贵即位，政治日益腐败。公元947年，刘知远也在太原称帝，国号汉，史称后汉，刘知远即后汉高祖皇帝。

称帝以后，刘知远打算敛取民财，犒赏将士。李氏闻知此事，直言进谏道："建立国家虽是天意，但也要与民同治。陛下新登皇位，不采取惠民措施，反而剥夺民财，这怎能表现新天子救民的本意呢？贱妾伏请陛下三思而行。"又道："后宫尚有一些积蓄，为何不拿出来赏劳军士呢？即使不能厚赏诸军，但能安抚民心，这才是治国的根本呀。"刘知远纳谏，军士无不感激，百姓也因此免受灾难。内府钱财，大多是李氏自己的积蓄。刘知远为此深受感动。一个月后，李氏便被立为皇后。

公元948年，刘知远病死，其子刘承祐继位，是为隐帝，李氏被尊册为皇太后。

刘承祐即位时年方十八岁，年幼轻佻，狎于近习，贪恋声色，专事荒淫，不理朝政。李太后常常严词督责。刘承祐听多了，竟道："国事由朝廷做主，太后妇人，管什么朝事？"

根据刘知远的遗嘱，由宰相苏逢吉、枢密使杨邠、郭威和都指挥使史弘肇四大臣辅佐刘承祐治理军国。四大臣之中，刘承祐只信任善于谄媚的苏逢吉。后苏逢吉进谗言诋毁其他辅佐大臣，刘承祐轻信，于是伏杀杨邠、史弘肇，并尽灭其族。同时，命开封府尹刘铢诛杀郭威家属，并密遣使者去杀正在外征战的郭威。郭威闻讯，召集诸将，哭诉杨邠、史弘肇之死和自己的遭遇，以激怒将士。然后，命亲将郭崇威为先锋，自统大军随后，长驱汴梁。刘承祐急命禁兵出城抵抗，结果禁军纷纷弃戈迎降，郭威轻松地进了汴城，刘承祐被乱兵射死。李氏在宫中闻悉，不禁泣下道："不听忠言，应该受祸，悔也迟了！"

当刘承祐祸害郭威及其家属时，遭到了太后李氏的责骂。郭威对李氏极为感激。郭威入汴京后，并未马上称帝，而是先拜见李太后，并尊李太后为母。然后由李太后发布诰命，由郭威登基称帝，建立后周。之后，郭威为李太后上尊号为"昭圣皇太后"，迁居太平宫。

公元954年，李氏逝世于太平宫中，郭威以太后的规格为其举行了盛大的

葬礼。

慧眼识夫君——后周太祖郭威皇后柴氏

柴氏出身富豪世家，邢州龙岗（今属河北）人。太祖郭威也是邢州尧山（今河北龙尧）人，他本姓常，因父被杀，母亲才带他改嫁郭家，于是改姓郭。他三岁时，随母亲和继父迁居太原，没住多久继父就被沙陀军队掠杀，母亲不久也故去。郭威小小年纪成了孤儿，由姨母韩氏收养，姨母家境穷困，郭威过着十分艰苦的生活。

不想长大后，郭威长得形神魁壮，力大无比。他不种庄稼，爱好武艺，胆大情豪，好打不平，他最大的愿望是当兵，十八岁时潞州（今山西长治）节度使李继畤为了扩展势力，招募壮丁，郭威随即应召。李节度使观其雄姿英发，十分喜欢，当即留于帐下为牙兵。所谓牙兵就是藩镇的亲兵，待遇很高，纪律甚严。郭威生性好动，经常犯禁。一天，他在集市上看到一个长得十分健壮的屠夫，在市上横行霸道，郭威知道后非常生气，要为众人打抱不平。酒醉后他去买肉，有意挑这个屠夫的毛病，这屠夫哪里受过这种气，他气得把衣服撸开，露出大肚子，怒指郭威说："你敢刺我这儿吗？"郭威哪管那套，一刀直刺其腹。周围的人看出了事，便把郭威抓去报官。李继畤爱其勇，就给以庇护，由此使郭威更加任性。

龙德三年（923年），后唐庄宗李存勖灭后梁，把与后梁结盟的潞州刺史李继畤杀死，并把他的牙兵郭威配为马夫。当时郭威21岁，外刚内秀，喜欢读书，有一次他偶然发现了《阃外春秋》这部兵书，便精心拜读，知道了许多治乱之事，懂得了不少治国用兵之道。

据传，柴氏本来是后唐庄宗的嫔御，庄宗死后，明宗让她的父母接她回家，她们行之途中，突遇大暴风雨，父母惊讶不已，只得在旅舍中住了好多天，等待天气的好转。有一天，她们见一个强壮高大的男人从旅舍门前经过，此人穿的衣服十分破旧，给人一种衣不遮体的感觉。但柴氏一见惊问："此何人也？"旅店主人回答说："此马步军使郭雀儿者也。"柴氏觉得此人长相特异，他日定会发达，就要嫁给他，并同父母商量。父母听后又怨又气说："你是皇帝左右的人，回来最低也要嫁给节度使，怎么能嫁给这个穷小子呢？"柴氏大不以为然，对父母说："这个穷小子肯定是个贵人，不可失也，如果你们一定不同意，我将囊中的财物分一半给父母，我取一半，我一定要嫁给他。"

父母见她态度如此坚决，知道不可逆转，只得派人征求郭威的意见。郭威一见温柔贤淑、美丽多姿的绝代佳人，自然点头称善。于是，柴氏取出银两帮郭威添置衣裳并让店家布置新房，摆设酒宴，着实欢庆了一番。

新婚之后，有了柴氏做贤内助，并不断地给他银两，使郭威的事业和生活有了新的起色。当时郭威壮年,喜欢打斗,行侠仗义,不拘细节。对此,柴氏经常规劝他。柴氏的侄子柴荣自幼聪明,柴氏非常喜欢他,于是劝郭威收为养子,小两口生活十分美满。传说有次郭威睡午觉,柴氏惊喜地发现,有五色小蛇出入于郭威的眉鼻间,她知道丈夫日后必贵,所以更加细心侍奉。

遗憾的是没等到郭威发迹她便死去。后来郭威创立后周,是为太祖。他当皇帝后没有忘记与他患难与共的妻子柴氏,于是追封柴氏为皇后,并上谥号"圣穆皇后"。

显德初年(954年)太祖郭威驾崩,谥号"圣神恭肃文武孝皇帝",庙号周太祖,圣穆皇后亦祔于其室。

把握自己的命运——后周世宗柴荣皇后符氏

符氏,陈州宛丘(今河南境内)人,出身于将门世家。祖父符存审,后唐大将,曾出任宰相,赐姓李氏。父亲符彦卿曾任后晋天雄军节度使,与将军郭威有莫逆之交。

据说,一位相面先生看了符氏之后,曾对符彦卿说:"您的女儿贵不可言。"这话被传到了后汉大将军李守贞的耳朵里。这李守贞早就有异志,盼望李家飞黄腾达的一天,于是让自己的儿子李崇训娶了符氏。

后汉乾祐年间,李守贞据河中反叛,后汉统军大将枢密使郭威率军讨伐。兵临城下时,李氏父子惊慌失措,拒不投降。及城陷,李氏父子为免遭阶下囚之辱,准备自杀。在自杀之前,他们先把自己的妻儿亲属杀尽。符氏不愿随夫殉葬,四处躲避。慌乱之际,李崇训一时找不到符氏,汉军又已涌来,他只好仓皇自刎了。符氏大难不死,却成了寡妇。

符氏毕竟出身于将门,处乱不惊,她知道围城大将郭威与自己的父亲是莫逆之交,必不会因丈夫作恶而加罪于自己。李崇训死后,符氏从容淡定,据堂而坐。汉军一窝蜂地冲进来,见堂上坐着一个美丽女子,无不想趁乱贪占美色,一时乱成一团。谁知这时符氏却猛然站起身,大声喝道:"谁敢动我,我是符魏王之女。魏王与枢密使郭太尉的关系,虽兄弟也比之不过,你们胆敢无礼,我定不轻饶。还不快去禀告太尉,就说我在此,快去快来!"说完,面不改色,安然落坐。军士们都知道符彦卿和郭威的交情,忙不迭地说:"夫人少惊,我等无礼,罪该万死,望夫人原谅,我们就去禀告太尉。"

郭威心里也在惦念着老朋友的女儿,正在四处寻找符氏。这时军士来报,说符氏女正在厅堂,郭威不禁大喜,马上派人备车,将符氏送归魏王符彦卿,让他们父女团圆。

符氏的母亲认为女儿既然守了寡,就该去当尼姑,自认命苦。但符氏坚决不当尼姑,认为既然大难不死,就该好好活着。母亲见女儿志坚,也就罢了。

郭威听说此事,更是对这位老朋友的女儿赞不绝口,说:"此姑娘如此性情,正该为天下之母呀!"

郭威乃对好友符彦卿提亲,希望他能将女儿嫁给自己正在澶渊(今河南濮阳)为镇将的养子柴荣。彦卿当然同意,回去问女儿,女儿早知柴荣英名,哪有不愿意的道理,便点头应允。再通报澶渊前线的柴荣,也是十分的愿意。于是一顶花轿就把新娘抬到了澶渊军中,柴荣在军中举行了盛大的婚礼。柴荣在众人簇拥之下进入洞房,揭开新娘头上的红巾,见符氏脉脉柔情,端庄大方,好生欢喜。

婚后的日子是甜美的,符氏性格随和,很有教养,对柴荣体贴备至。而柴荣自然对妻子也是百般存慰。但他出身军伍,性格粗暴,对部下免不了打骂呵斥,符氏总是从旁边劝柴荣息怒,为军士打圆场,尽量避免柴荣在盛怒之下做出错事。因此,军士们很尊敬符氏,柴荣对这位妻子更加敬重了。

广顺元年(951年),郭威建立后周,即皇帝位,是为太祖。显德元年(954年)太祖郭威病逝,柴荣继帝位,是为世宗。此时,柴荣的结发夫人刘氏早在四五年前死于刘承祐刀下,柴荣封符氏为皇后。

柴荣称帝后,他对内进行了一系列改革,对外仍然马不停蹄四处征讨。皇后每每言词诚恳地劝谏他保重身体,使柴荣极为感动。有一次世宗亲征淮南,皇后坚决要求跟随同去,以便照顾起居饮食。由于南方炎热,符氏生病了,为了不耽误战事,她强忍病痛,辞别丈夫北归。但回到京师后,因旅途劳累,病情不但未见好转,反而加剧。后周显德二年(955年)七月二十一日,符氏病逝于汴梁滋德殿,时年二十六岁。

接到皇后去世的消息后,世宗十分悲伤。回京后,给皇后上谥号"宣懿",安葬于新郑的懿陵。

谦恭守礼——南唐烈祖李昪皇后宋福金

宋氏小字福金,生于书香门第,父亲宋韫。因唐末战乱四起,父母双亡,后被吴国升州刺史王戎领回家收养。王戎的女儿王氏只比福金年长一岁,二人自小厮缠在一起,十分友善,长大后二人也形影不离。王氏待福金犹如自己的亲妹妹。

吴国掌握政权的大将军徐温为其养子徐知诰聘亲,指名要王戎的女儿王氏。徐温权势显赫,徐知诰也领有重兵,王戎哪敢不依,女儿也只得听命。但是,这事却急坏了宋福金,她和王氏从未分离,王氏女也舍不得与福金分开。还是王戎有主意,干脆让宋福金作为婢女随女儿一同去徐家。果然,女儿和福金二人都很满意。

徐知诰却与王戎的想法不同,他见宋福金有大家闺秀的气质,觉得不能亏待她让她做丫头，且福金和王氏本来就有姐妹之谊。于是，干脆作为妾把她和王氏二人一同娶来。果然，王氏和宋福金都没有意见，于是欢天喜地地结了婚。

福金在徐家表现得极有妇道，对丈夫和正室王氏都谦让有礼，对公婆也很温顺。不久，福金怀孕了，这可喜坏了徐知诰和正室王氏，一家人都很高兴。十个月过后，宋福金生下一个男孩，这就是以后当了皇帝的李璟。母因子贵，宋福金在家中的地位也大大提高了。

后来王氏因病不幸早死，福金痛失一位好姐姐。王氏死后，徐温命令徐知诰将宋福金扶正。随着徐知诰地位的不断上升，宋福金亦得晋封为广平郡君，又晋封为晋国君，成了一个贵夫人。

生了李璟之后，宋福金在以后数年间又喜得二子，即景迁和景达。这两个儿子以后都成了南唐王朝的顶梁柱。

福金虽然贵幸无比，但仍然相当谦虚。她治家有方，处事谨慎，从来不妄言乱笑。徐知诰每有大事，常常和夫人商量。当领有吴国重兵的徐温在金陵（今江苏南京）病死的时候，徐知诰十分悲痛，想从自己驻兵之地的吴都（今江苏扬州）到金陵奔丧。此时，宋福金进谏道："忠孝当然重要，现在养父病死，你尽忠尽孝本是应该。不过，扬州是吴都所在，你手握吴国政柄，如果离去，则太阿倒执，柄不在我，你将后悔终身。"一番话，说得徐知诰恍然大悟。于是，知诰只派他人去金陵为养父料理丧事，自己则留在广陵，进行篡夺吴国王位的准备工作。

公元936年，徐知诰自封为齐王，将宋福金封为王妃。不久，干脆让傀儡皇帝杨溥禅位，自己当上了皇帝。徐知诰恢复自己原来的李姓，并自认为是唐太宗的后裔，建国号为唐，史称南唐。知诰改名为李昇，即后唐王朝的开国君主。宋福金被立为皇后，成为这个新建王朝的第一位国母。

新的王朝在李昇的惨淡经营下，逐渐富强。李昇贮藏了大量兵器和钱帛，训练了一支强大的水军，准备一旦中原有变，即进行北伐，恢复昔日唐太宗时的李唐江山。但李昇竟然相信道士迷惑而服用丹药，宋福金虽劝说也未能阻止，不久李昇即因丹药中毒而亡。

李昇死后，太子李璟即位，是为元宗，宋福金被尊为太后。

元宗李璟的身边那些只会写诗填词、不懂治国的人，宰相中书侍郎孙晟看不惯，就想拥宋福金临朝听政。但遭到了宋福金的坚决拒绝。

从此以后，宋太后深处宫中，对于国中政事，皆不干涉，一切让儿子去处理。起先，李璟对朝政处理得还好，打了不少胜仗，扩大了国家的疆土。但出师频繁，兵民劳苦，对北敌的作战最后却失败了。此时，宋太后她内心是十分忧虑的。但她却坚持说："妇人干预外事，并不是国家之福，很可能要坏事。"宋太后本是一个贤淑的女人，但在儿子李璟不成器的情况下，她却没有出面维持，采取听之任之的态度，致使朝政越搞越坏，这是不明智的。

公元945年，宋太后病逝，葬于李昪墓旁的"永陵"。

温良恭顺——南唐元宗李璟皇后钟氏

钟氏之父钟泰章，在吴国上层权力斗争过程中，协助徐温除掉政敌张颢，立下了大功。于是，徐温与钟泰章结为儿女之亲，让养子徐知诰第二个儿子（即后来的南唐元宗李璟）娶了钟泰章的第二个女儿（也就是钟氏）。

钟氏从小受过很好的教养，成为一个贤淑的大家闺秀。徐温为自己的孙儿能娶这么好的媳妇而高兴，钟氏也随着夫君地位的上升而日益尊贵。后李璟受封齐王，钟氏亦受封为齐王妃。公元943年，李璟即皇帝位，钟氏被立为皇后。

当了皇后之后，钟氏仍前风不变，温良恭顺，每有赐物，必先让宫中其他姐妹品尝。然而，丈夫李璟却很不争气，文采有余，治国乏术。

起先，李璟在南方打了不少胜仗，但北方后周强大起来后，进兵淮南，南唐兵不堪一击，连连失败，失去了江淮间大片领土。钟皇后并不过问政治，但在国家大难之时，她居食不安，不施乐舞，忠君忧国，显示了一片爱国情怀。

李璟在丧失大片领土之后忧惧而死，后主李煜继位，钟氏被尊为皇太后。因她的父亲名叫泰章，讳"太"，又改称为"圣尊后"。不久，圣尊后钟氏生病卧床不起。后主是个孝子，朝夕倾心侍候，不离左右。

公元965年，圣尊后钟氏病逝。李煜异常悲痛，遂将其安葬于钟山的顺陵，上谥号为"光穆"，又称"光穆顺圣"。

姐妹同夫——南唐后主李煜皇后大小周氏

唐末五代时，扬州人周宗生了一双女儿，长名周娥皇，幼名周女英。古代扬州是个出美女的地方，大小周氏姐妹俩均是才貌双绝、气质娴雅的女子，她们先后嫁给了南唐后主李煜。

南唐是唐朝灭亡后在江南成立的一个政权，唐朝被军阀朱温篡亡后，唐朝的淮南节度使杨行密据扬州而称帝，国号为吴。杨行密传位次子杨渭时，大权落入权臣徐温之手。徐温死后，养子徐知诰继续掌权，不久就篡吴自立，在金陵（今南京）建立了南唐，并恢复本姓本名李昪。

烈祖李昪在位六年驾崩，传位元宗李璟。李煜则是李璟的第六个儿子。李煜是一个温文儒雅，聪悟好学，艺术天分极高的才子。自幼生长在帝王之家，过着养尊处优的奢华生活，也培养出他对生活品味的追求和执著。像这样一个懂艺术、懂生活、年轻英俊的王孙公子，应该是所有少女梦寐以求的白马王子吧!

元宗李璟保大十二年（954年），十八岁的李煜娶扬州人周宗的长女娥皇。周娥皇虽比李煜大一岁，但是因为个子不高，加上一张稚气的脸孔，外表上还看不出来。周娥皇姿色和才艺双绝，自然能虏获李煜的感情，成就了一段美满的姻缘。

有一回，周娥皇与李煜雪夜酣宴，娥皇请李煜起舞。

李煜醉态可掬地对娇妻说："你若谱制新曲，我就随曲起舞。"

周娥皇命人取笔墨笺纸来，只见她喉无滞音、笔无停思，很快就在花笺上写好一首新曲，交给乐伎演奏，让李煜在雪夜随曲而舞，一座尽欢。周娥皇当时所谱写的曲子，就是著名的"邀醉舞破"。她另外还有"霓裳谱"、"恨来迟破"等曲，也都旋律优美而流行一时。

宋太祖建隆二年，也就是赵匡胤篡北周自立为帝的次年，李煜在南京即位为帝，史称南唐后主，周娥皇也做了皇后。李煜即位后，不思发愤图强、振兴国势，也无能、无才把国家治理好，更没有兴趣冠带坐朝、批阅奏章。他认为："我不犯人，人不犯我"，只要对北宋政权表示恭顺，对赵匡胤表示臣服，北宋师出无名，就不会来攻打自己了。为此，他除去了"南唐"的国号，改称"江南"，并奉行北宋颁行的历法，按时遣使入贡，表示自己统治的只是一个"地区"，而不是一个"国家"。

《韩熙载夜宴图》，反映五代时的贵族宴乐景象。

除去了心头的隐忧之后，把朝政交给大臣治理，李后主依旧和大周后歌舞筵乐，享受欢乐的生活。

大周后做了四年的皇后，就得了重病。她十四五岁的妹妹周女英入宫探视。姐夫李后主看到天真烂漫的小姨子，不禁大为心动，便大献殷勤，使周女英落入他的情网之中。

周女英在夜深人静时偷偷从寝宫溜了出来,到含元阁与李煜幽会。她怕被别人发现自己跟姐夫偷情,还把金缕鞋脱下来,拎在手里,穿着袜子赴约,以免发出响声。

周女英瞒着姐姐和姐夫皇帝约会的事,很快就被周娥皇发现了。当她在一大早醒时发现妹妹站在病榻旁,气得一句话不说,把头别向床里。周女英惭愧地走了出去,离宫返家。

李煜对爱情的背叛,加重了大周后的病情,以至于一病不起,于宋太祖乾德二年(964年)十一月初二撒手人寰,时年二十九岁。她的死,自然给李后主带来莫大的哀痛。后主写了许多缠绵悱恻、哀悼感人的诗、词、文,赞誉大周后的仪德才艺,刻画自己的哀凄孤独,甚至自称为"鳏夫煜"。

大周后的葬礼隆重落幕之后,鳏夫李煜又开始向小姨子周女英求爱求婚。但是周女英拒绝了。因为对姐姐的死,她一直深感愧疚和自责。眼下姐姐尸骨未寒,如果她马上取代了姐姐的位置,这将让她无法面对世人,也无法面对自己。李后主很体谅小姨子的这种心境,他不急,他耐心地等着。

花开花落,月圆月缺,一转眼,三年都过去了。在替亡妻守丧三年之后,李后主重新对小姨子周女英展开爱情的攻势。

周女英已经快满二十岁了,也到了该出嫁的年纪。但是她仍有着心理障碍,不敢敞开心怀接受姐夫的爱情,令李煜又苦恼、又无奈。

直到大周后死了四年,到了宋太祖开宝元年(968年),周女英才答应了姐夫的求爱,嫁给他,成为南唐的皇后,史称"小周后"。

李后主和小周后婚后生活甜蜜,幸福无比,就像当年李后主与大周后的婚姻一样地惹人羡慕。

但是,这样欢乐的日子也只有七年而已。宋太祖开宝八年(975年)十一月,北宋大将曹彬攻陷了南唐金陵的外城,李后主见大势已去,便开城投降,成为亡国之虏,带着妻子家人随曹彬北上,进汴京晋见宋太祖赵匡胤。

宋太祖召见了李煜,看他全无君王之相,倒像是个亡国之相。便说道:"朕两次召你入京,你都不肯来。你既敢违抗朕命,朕就封你做'违命侯'吧!"说完,把手一挥,就叫李煜退下去了。

李煜在汴京过着"违命侯"的囚犯生活,和以前相比,当然有天壤之别。幸好小周后在旁贤惠地伺候着,让丈夫稍觉安慰。

过了一年,宋太祖赵匡胤驾崩了,弟弟赵匡义即位,史称宋太宗。赵匡义是个好色的皇帝,他看上了李煜的小周后,便封李煜为陇西郡公,封小周后为郑国夫人。

宋制每逢庆典,命妇循例入宫朝谨申贺。小周后一进宫,就被太宗留下,恣意奸淫,总要过好几天才放她出宫。小周后一回家,就大哭大闹。李煜不敢吭气,只有躲避的份儿。李煜在这样的情况下,当然满腹牢骚哀愁,只好寄情于诗酒，写了许多哀怨感人、流传千古的词作。

相传，宋太宗见小周后心里念念不忘丈夫，便在太平兴国三年（978年）七月七日这天，用毒药把李煜毒死了，想从此独占小周后。

李煜死后，小周后哀伤不已，不久便自缢而死，为夫殉节。

就这样，小周后和姐姐大周后一样只活了三十岁，纵然是情未了，却都是红颜薄命。

国破人亡——前蜀高祖王建贤妃徐氏

徐氏和她妹妹同时做了前蜀高祖王建的妃子，她们二人勾结宦官，逼高祖王建立徐氏的幼子为太子，进而又毒死高祖，把持朝政。她们卖官鬻爵，搜刮民脂民膏，大兴土木，生活糜费，整日花天酒地，游山玩水，弄得国力衰败。他们最后沦为阶下囚、遭到杀戮也是自食其果。

徐氏，唐眉州（今四川眉山）刺史徐耕的女儿。她还有个妹妹，人称小徐氏。徐耕十分宠爱这两个女儿，寄希望于她俩光耀门庭，每天教她们读书、吟诗，要她们学治家理国的要义，并请人教她们礼仪和弹琴弄舞，祈望女儿有发达的一天。这二女也不负厚望，勤奋好学，秀外慧中，尤其善于吟诗作赋。

唐广明元年（880年）年底，黄巢起义军开进了唐都长安，宦官头目田令孜率五百神策兵护卫唐僖宗及皇子、妃嫔数十人，向四川逃窜。唐僖宗被挟至成都，唐朝廷庞大的机构，从官员到随驾诸军，浩浩荡荡而来，使本来安定祥和的四川中部、东部陷入一片混乱之中。为了保卫成都，维持局势，陈敬瑄将眉州刺史徐耕调进成都，任内外都指挥。徐耕全家一同迁入成都，唐光启元年（885年），唐僖宗率嫔妃离成都返回长安。

此后，西川与东川两镇展开了激烈的混战，东川节度使顾彦朗与西川陈敬瑄互相火并，正在两败俱伤之际，利州（今四川广元）刺史王建渔翁得利，乘机于唐昭宗大顺元年（890年）率军进入成都，斩杀田令孜和陈敬瑄，占据了成都，王建遂被唐昭宗封为蜀王。几年后，王建大兵攻下梓州（今四川三台），吞并了东川，准备割据巴蜀，自立为帝。

王建称帝后，内外都指挥使徐耕看到王建势力日益强大，便将家中两个女儿送到王建府中，充当侍妾。王建一见徐耕二女，天生丽质，窈窕多姿，又聪慧过人，便将她们收入后宫。

后梁开平元年（907年），王建在成都称帝，建国号蜀（史称前蜀），年号武成。第二年十月，册立徐氏为贤妃，其妹小徐氏为淑妃。前蜀永平元年（911年），徐贤妃生下王建第十一子，取名王宗衍。此子生得方头大嘴，两手过膝，两眼有神，一副富贵相，深得王建钟爱，后被封为郑王。郑王宗衍自幼聪明活泼，在母亲的教育与影响下，好学爱文，童年时便会写诗作文，尤其擅长于诗词创作，作艳体诗二百余首，编为《烔花集》、《坤仪令》，在蜀地广为流传。可令徐氏姊妹着急的是，宗衍虽被任命为左奉驾军使，但他似乎对治国理政没有兴趣，只爱游山玩水、斗鸡游戏、吟诗歌舞。徐氏姊妹千方百计地要想将他立为太子，这怎么行呢？

《韩熙载夜宴图》（局部）

徐氏姐妹很懂得培植自己的势力，自入宫以后，她们便开始拉拢臣相，为控制朝政做准备。太监唐文扆，被王建任命为内飞龙使，不仅是宦官的头目，而且典章禁兵，参与机密，比宰相张格权力还大。他阴谋勾结大小徐妃，挟制年老昏聩的王建，控制了朝政。

当时，在王建的诸子之中，宗杰最有政治才干，宗辂长相与王建最相似，因而，王建私下决定，在此二子中选一人立做太子。当王建准备册立第八子王宗杰为太子时，大、小徐妃密令唐文扆以重金贿赂张格，让张格出面，请朝廷内外百官在奏表上签名，同声奏请册立宗衍。王建览表大惊道："宗衍幼弱，好立作太子吗？"

正值大、小徐妃站在一旁，大徐妃立即进言道："宗衍已十多岁了，相面先生说他后当大贵，只是陛下身边皇子十多个，后宫充斥，哪里轮得着宗衍呀！贱妾情愿携宗衍出宫，免得遭人妒害，也省得陛下左右为难呢！"说到此，已是泣不成声，泪涕涟涟。

王建连忙慰谕道："我并非不愿立宗衍，只是怕他年少不明政事，到时候莫要误了国计。"

小徐妃答道："相臣以下，一致赞成册立宗衍，只有陛下忧虑重重。妾恐陛下另有他谋，借此讹妾呢！"

王建被说得满面生红，一再申辩。大、小徐妃撒娇弄嗔，使出各种手段，直逼得王建性急起来，便道："罢了！罢了！我明日册立宗衍好了。"

目的达到了，大、小徐妃才含泪谢恩，第二天王建即颁诏，正式册立宗衍为太子。

王宗衍被立为太子,置东宫开府设官,他整天和诸王斗鸡、击球作乐,且性好靡丽,酷爱声色,除和诗作词、歌舞升平外,就是伙同大、小徐妃戏狎淫荡,是一个地道的浪荡子。

此时,王建已年老体衰,当他路过东宫,听到里面喧哗声很是热闹时,询问左右,才知道是皇妃、太子及僚臣在斗鸡击球,不禁长叹道:"我身经百战,历尽艰难,才创下这番基业,此辈能够守成吗?"由此颇恨张格,且有废立太子之意,怎奈徐氏姊妹从中把持,制住王建,无法更改。

宗衍被立为太子不久,最为王建所钟爱的八子宗杰突然中毒而亡。年已衰迈的王建,起了疑心,他禁不住这场打击,伤感成疾,危在旦夕。弥留之际,他急召沉稳有谋的北面行营招讨使王宗弼来成都,任命为马步都指挥使,面授遗嘱道:"太子仁弱,朕曲遵众请,越次册立。如果他不能继承大业,你可将他移居别宫,但不要加害。再择其他皇子继承皇位。"然后喘了一口气,极为关切地说:"徐妃家人兄弟,只可优赏禄位,千万不能让他们掌兵预政!"宗弼唯唯而退。

谁知道隔墙有耳,这番谈话竟被大、小徐妃偷听去了,她们抢先下了手,让久握禁兵的宦官唐文扆派兵封锁宫门,任何人不得入宫,就连宗弼等30余位大臣早晚问安也未获准,每天只有慰抚的命令不断从宫中传出。宗弼知道大事不妙,便同皇城使潘在迎联络,率领一班壮丁冲进宫中揭露唐文扆的罪状。王建虽病情严重,还能知道人事,便召太子宗衍入宫侍疾,令东宫掌书记崔延昌权制六军事,贬唐文扆为眉州刺史。大、小徐妃及张格见大事不好,便密令尚食(主管皇帝膳食机构)在烧饼中放置毒鸩毒死王建,并用迅雷不及掩耳之势让宗衍继了帝位。

王宗衍嗣位后,尊生母徐贤妃为"顺圣皇太后",册立小徐妃为"圣皇太妃",晋封宗弼为齐王,任命徐耕为骠骑大将军。

新皇帝昏庸无道,分派完毕,又醉酒唱歌,游戏玩乐去了。朝廷中,王宗弼职兼文武,总揽大权,他纳贿营私,擅作威福,早把先帝嘱托扔在一边,很快与大、小徐妃同流合污。

宋光嗣系小太监出身,专长揣摩迎合,对太后、太妃百般献媚,且同王延绍等勾结,干预政事。礼部尚书韩昭素无才,因纳重贿于太后、太妃,得任文思殿大学士,位出翰林承旨之上。对朝廷如此黑暗的情况,原来王建朝廷内的许多重臣宿将,皆心怀忧虑,称疾告老。这样,却正合了太后、太妃心意,通过王宗衍及朝廷达官,完全操纵了前蜀政权。

太后、太妃直接下达旨令,通行各地,公开地卖官鬻爵,自刺史以下,每一官缺位,都有数人前来争买,谁的钱出得多,谁就可以当官。她们不但自己卖官,还允许亲信参与卖官活动。礼部尚书韩昭任文思殿大学士后,又面恳王宗衍，要求将若干刺史官职出卖，王宗衍也不敢阻拦。专供皇家游乐的场地本来已有清风楼、九顶堂、会仙楼、龙飞楼、应圣桥、摩诃池（龙耀池）、鼓角楼等。她们又让王宗衍下诏修池造苑，改龙跃池为宣华池，就池造苑，大兴土木。又立高祖（王建）庙为万岁桥，造文人观、金华宫、三学士诸池，耗费巨大。华阳尉张士乔上书谏阻，陈述勤俭治国的道理，反被流放到黎州。张士乔万分激愤，高风亮节，投水自尽，以示抗议。她们搜刮民膏民脂以满足奢侈豪华的生活，并于各通都大邑设立邸店，派专人经营，垄断贸易市场。

一次，太后、太妃带王宗衍往省母家，王宗衍瞥见一绝色美人，顿时魂不守舍。这位佳人原是徐耕的孙女，太后、太妃的内侄女，与王宗衍为表兄妹，太后一眼看穿了这个好色天子的心，携美人进宫，给王宗衍作妃嫔。小徐氏姿色在其姑母之上，才气也不在姑母之下，入宫以后，极尽柔媚，奉承迎合，宠盖六宫。太后、太妃因侄女又得专宠，更觉得光耀无比，不数日她们便同王宗衍一起，废去原立皇后高氏，遣送回家，直把那年迈的高氏的父亲高知言惊气致死。随后册立这位新来的徐氏为元妃。从此，王宗衍宫中佳丽日增，整天酣歌妖舞，花天酒地。

前蜀在唐朝末年未遭大的战乱，经济一直平稳地发展，加上晋王李克用、李存勖父子忙于争夺黄河流域的领导权，无暇西顾，使前蜀政权得以苟且偷生。前蜀本是全国最富裕的地区之一，太后、太妃与王宗衍不思振作，整天游山玩水，赋词吟诗。她们经常邀集大批诗人门客，整日在宣华苑内饮酒作诗，互相唱和。王宗衍有所谓"这边走，那边走，只是寻花柳"的名句，反映了前蜀统治集团侈靡腐烂的生活。徐太妃更是被宫中人称做"花蕊夫人"，她的诗词，情意绵绵，流露出浓厚的闺阁脂粉气味，深受王公贵族钟爱。

宫中玩腻了，太后、太妃便与王宗衍出外游幸，游览名山大川，题写淫乐诗词。从前蜀乾德元年（919年）开始，她们数次出游青城山，在山上修建宫殿亭阁，用数万缎缯彩绸缎结成彩楼，王宗衍母子住彩楼之上，列座畅饮，不问晨夕。到了得意忘形的时候，男女淫亵，毫无顾忌。如此还嫌不足，又在彩山前修建宽阔的河渠，与宫中相连，酒酣之时，便泛舟于渠中，让宫女乘坐短画船，手执火炬千余条，逆照水面，以供王宗衍母子观赏。渠两岸锣鼓齐鸣，歌舞沸扬。彩楼彩山遇大风雨即毁，毁而复建，耗资巨大，从不顾忌。

由于太后、太妃和王宗衍一味奢侈淫乐，加重剥削，前蜀的政治日益腐败，民不聊生，众怨沸腾，国力也迅速衰弱。

前蜀咸康元年（925年）冬，后唐派魏王李继岌、大将郭崇韬率大军伐蜀，前蜀武兴节度使王承捷以凤州（今陕西凤县东）、兴州（今陕西略阳）、扶州（今甘肃文县西南）、文州（今甘肃文县）四地迎降。正在秦州（今甘肃秦安北）游幸玩乐的王宗衍母子闻讯慌了手脚，急忙遣亲军将领王宗勋率兵三万抵御。前蜀兵匆忙上阵，一败涂地。唐军乘胜追击，攻占绵州（今四川绵阳），逼近成都。王宗衍母子匆忙奔回成都，只见群臣束手无措，相对涕泣，成都尹韩昭、宦官宋光嗣已被掳杀，太后、太妃和王宗衍吓得魂不附体，为保性命，只得率百官奉表迎降。

后唐同光四年（926年），大、小徐妃及所带领前蜀百官妃嫔数千人，从成都被押往洛阳，后唐庄宗又诏命他们住长安，不往洛阳。三月，庄宗命令宦官向延嗣去诛杀"王宗衍一行"，枢密使张居翰取旨复视，忙将"行"字改为"家"字。这样，就只杀了王宗衍一家，救下了前蜀百官仆役等千余人的性命。

大、小徐妃和王宗衍享尽尊荣，为留一命才奉表迎降，最终仍免不了杀身之祸。

花蕊夫人——后蜀后主孟昶贵妃费氏

五代十国，天下分崩离析，群雄各据一方。公元925年，后唐庄宗李存勖，派孟知祥为西川节度使，于次年入成都，开始整顿吏治，减少苛税，使四川成为全中国唯一的乐土。公元932年，孟知祥趁后唐日益衰乱，杀了东川节度使董璋，并吞了东川之地。又过了两年，孟知祥在成都称帝，国号蜀，史称"后蜀"。

孟知祥只当了几个月的皇帝就病死了，十六岁的儿子孟昶继位，史称"蜀后主"。

孟昶在公元934年当皇帝时，见天下纷乱，群雄竞起，不免小心翼翼，勤于政事。他尊儒重道，贵农贱商，宽减刑赋，大兴文教，把国家治理得像模像样。公元947年，契丹人灭了代后唐而兴的后晋，后晋的秦州、成州、阶州不肯受异族的统治，归降后蜀。蜀后主又攻取凤州，使疆域大为扩张，国势更加富强了。

孟昶原本是个风流好色，贪图享乐的人，继位之初所以励精图治，不敢稍懈，是因为中原多故，强敌环伺；等国势强大，民生富饶之后，不免志骄意满，尽情纵欲起来。

孟昶嫌后宫的嫔妃姿色平庸，便下诏大选良家女子充实后宫。凡女子年龄在十五岁以上、二十岁以下者，都有资格进京参加选美。四川原是中国出美女的地方，再加上湖南、陕西的佳丽，使蜀宫里的美女令人目不暇接。而美丽的"花蕊夫人"，便是从选美大会中脱颖而出，成为飞上枝头的凤凰。

花蕊夫人娘家姓费（音毕），世居蜀州青城。这位费氏不但年轻貌美，更兼气质娴慧、诗文俱佳。入宫之后，孟昶见费氏肌肤细腻，娇嫩轻盈，好像花蕊一般娇贵，便赐她"花蕊夫人"之号，很快就获得孟昶的宠幸。

孟昶日日带着花蕊夫人骑马打球，游宴寻诗，把国家政事丢在一边不理。

花蕊夫人虽然获宠得侍君主,却也关心国家,屡次规劝孟昶不要酷法厚敛、亲信谄谀之臣,孟昶却把她当作女流之见,不以为意。

孟昶和花蕊夫人在蜀宫享受了十余年奢华快乐的生活,而蜀国的政治也因奸佞当道、贪污成风而腐化到极点。百姓在横征暴敛下无以维生,怨声载道。后蜀有一个忠臣名叫吕奇泽,不忍见亡国之大祸临头,便上书苦谏,请后主勤政爱民,以国事为重。孟昶见奏大怒,下令把吕奇泽斩首,并诛三族。

花蕊夫人

这个消息传到汴京宋太祖赵匡胤的耳里,认为正是伐蜀的大好时机,便在乾德三年(公元965年)命大将王全斌、曹彬、刘光义等人,率六万大军分道伐蜀。

后蜀因为政治腐败,所以将士都无斗志,宋军一路势如破竹。虽然四川有天险可恃,无奈蜀军纷纷开城投降,宋军很快地就杀入剑门关内了。当宋军所向无敌、攻入蜀中时,蜀后主孟昶正跟他的爱妃花蕊夫人,在华丽的摩诃池上避暑欢筵,饮酒作诗呢!

孟昶听说宋军已杀到剑门关内,一时大惊失色。他一边令太子孟玄喆为统帅,大将李廷珪、高彦俦、吕彦琦、赵季札等人率军出战。哪知这些将军平日只会作威作福,欺压百姓,一旦作战就溃败不堪,只有高彦俦力战而死,其他人都纷纷投降了宋军。

孟昶见大势已去,便在城头竖起白旗,向敌人投降了。

捷报传回汴京,宋太祖赵匡胤大喜,他久闻花蕊夫人的美色,亟思一见颜色,以慰渴念,立刻下令蜀主孟昶率家属即刻启程来京受职。

宋太祖在崇元殿中接见了孟昶一家人,赐坐赐筵,颇为礼遇,看到花蕊夫人真是国色天香,心中暗暗垂涎。为了不着痕迹地达到目的,老谋深算的宋太祖先封孟昶为检校太师兼中书令,授爵秦国公,孟昶所有的子弟妻妾,也都各有赏赐。过了几天,宋太祖又召孟昶入宫宴饮,可到第二天一早起来,孟昶便得了一种怪病,再也无法吞咽食物。拖了两三天,他就上西天了。

宋太祖特命鸿胪卿范禹偶负责筹办,很隆重地把孟昶安葬于洛阳城郊。等丧事料理完后，未亡人花蕊夫人入宫谢恩。这一谢，就长住宫中而不得出了。赵匡胤见花蕊夫人楚楚动人，愈看愈爱，便下令左右设筵，要花蕊夫人侍宴。花蕊夫人至此，也身不由己，只得惟命是从。宋太祖也顾不得对方还是个正在守丧的寡妇，就把她抱上床去寻欢取乐了。

花蕊夫人也许因为心中愧疚，也许真爱孟昶，虽然被迫失身于宋太祖赵匡胤，她还是念念不忘她的亡夫孟昶。于是她亲手绘了一幅孟昶的画像，放在卧室里，以便早晚供奉。画中的孟昶头戴鸦鹊一字巾，手执金弹银弓，容貌俊美，风度翩翩。赵匡胤见了，问花蕊夫人拜的是什么神？花蕊夫人骗赵匡胤说："这是四川妇女膜拜的送子神张仙啊！"

故事传开来，宫廷里的嫔妃们，大家都请画师照着画一幅张弓挟弹的张仙图，早晚膜拜，祈求赐子。至今，民间仍相信"张仙送子"哩！

宋太祖得了花蕊夫人，心爱不已，特别册封她为贵妃。后来，宋太祖想立她为后，便把这件事跟大臣赵普商量，赵普说："亡国宠妃，不足为天下母，宜另择淑女，才肃母仪。"

宋太祖问谁合适当皇后？赵普建议左卫上将军宋偓的长女。太祖想了想，便点头同意了。于是赵匡胤在开宝元年（968年）册立十七岁的宋氏为后，这年赵匡胤四十二岁。

赵匡胤虽然娶了新娘子，但是对花蕊夫人仍然十分宠爱，不时溜到花蕊夫人的房里，和她叙旧。

开宝九年（公元976年）冬天，宋太祖赵匡胤生了重病，气若游丝。有一天晚上，只有太祖的弟弟赵匡义和花蕊夫人陪侍于病榻前。到了半夜时，赵匡义见左右无人，忍不住乘机调戏起嫂子花蕊夫人来。

赵匡胤忽然醒来，发现此景，生气地用玉斧斫宫殿的地板。皇后宋氏和太子德昭闻声匆匆赶至，太祖已气得说不出话来，连呼吸都有些困难了。赵匡义惶恐匆忙地离开宫殿，回到自己家里。

第二天晚上，宋太祖就驾崩了。赵匡义即位为皇帝，史称宋太宗。

宋太宗即位后，美丽的花蕊夫人便不知去向，没有了她的消息。

水性杨花——闽惠宗王延钧皇后陈金凤

陈金凤，原为闽国主王审知侍姬。王审知死后，将其转为儿子闽惠宗王延钧的皇后。

陈金凤是个私生女。她的父亲陈侯伦，原是福建观察使陈严手下的一名小吏，因其长得俊秀，姿容肤色宛若女子，故而成了陈严的男宠。陈严妾陆氏，亦为貌美之女。后陈侯伦与陆氏私通怀孕，于公元893年，即唐末昭宗景福二年，生下女儿陈金凤，陈金凤之父实为陈侯伦。

公元 909 年，即五代后梁太祖开平三年，陈金凤十七岁那年，被闽王王审知选召入宫，禀被封为才人。陈金凤并非国色天香，然她玉滑的肌肤却为众多美女所难比，所以备受王审知宠爱。后王审知死后，由其子王延钧杀兄长王延翰自立，是为闽惠宗，并由此改名为王鏻。闽惠宗被陈金凤所勾引，遂召见陈金凤，二人遂入寝宫，有了肌肤之欢。不久，惠宗便封陈金凤为淑妃，继而又册立陈金凤为皇后。

闽惠宗王鏻是一个无心理朝政、一心玩弄美女的昏君。到最后，终因荒淫过度，晚年患瘫痪症，长年卧床。这时，陈皇后竟与幸臣归守明、百工院使李克殷私通，也是一个淫荡不堪的女人。

据说陈金凤约于公元 935 年被杀，时年约四十三岁。

好景不长——闽康宗王昶皇后李春燕

李氏姿色出众，在惠宗后宫众多美女中可谓鹤立鸡群。因此，惠宗对李氏十分宠爱，特为其精心建造了十分华丽、别致的"东华宫"。此宫从上到下、从里到外，多用珍珠、珊瑚彩骨骼、檀楠木、琉璃瓦等众多珍贵奇材建筑装饰而成。

当时惠宗与春燕常游幸于东华宫，几次被惠宗长子王继鹏看见。王继鹏虽然对春燕十分爱慕，只因碍于父皇在位，虽互有投情，但不敢公开表露。

公元 935 年，即惠宗永和元年，惠宗有疾，不便行动，王继鹏遂杀父自立为康宗，并更名为王昶。这时王昶已无所顾忌，便公开召春燕侍寝，并封春燕为贤妃，不久又册立春燕为皇后。

康宗为再次表达他对春燕的厚爱，曾不惜耗费巨资，下令为春燕建造"紫薇宫"。紫薇宫的精美与华丽，与惠宗为春燕建造的"东华宫"相比真是有过之而无不及。

康宗王昶通文四年，闽军因苦于重役，遂起兵造反，康宗王昶及李皇后春燕均被杀死。

被继子缢死——北汉睿宗刘钧皇后郭氏

郭氏貌美、聪慧，初嫁北汉创建者世祖刘曼次子刘承钧为妻。公元 945 年，刘曼兵败高平，后忧愤而卒，由其子刘承钧继位为睿宗（从此更名为刘钧），遂册立郭氏为皇后。

郭后没有生育，先后收养二子：一子本姓薛，时取名为刘继恩；一子本姓何，收养后取名为刘继元。

刘继元娶妻段氏女，段氏与郭后有隙不和。后段氏患病，不久即死。继元对郭后怀恨在心，认为段氏是由郭后所杀。

公元968年，即睿宗天会十二年，睿宗刘钧死，由收养长子刘继恩继位为少帝。少帝在位仅六十余天，即被供奉官侯霸荣所杀，遂由刘继元嗣位为英武帝。继元为人残忍，嗣位后遂令嬖臣将正在守丧于睿宗灵前的郭后缢死，又将刘氏子孙全部灭杀。

结发夫妻——北宋太祖赵匡胤皇后贺氏

贺皇后,是贺景思之女,是宋朝开国皇帝赵匡胤的第一位皇后。

后晋时,赵匡胤父亲赵弘殷,与贺景思同在晋军中供职,二人结为知己好友。时赵弘殷子赵匡胤年十八岁,贺景思女年十六岁,这样由两家大人做主,让赵匡胤娶贺氏女为妻。

贺氏性情柔顺、贤淑,二人婚后感情甚好,并一连生了二女一子,两个女儿后来被封为秦国公主和晋国公主,儿子赵德昭后被封为燕王。

公元956年,即后周显德三年,赵匡胤因功被授为殿前都点检及归德军节度使,封贺氏为会稽郡夫人。

公元958年,贺夫人患病,不久去世,终年三十岁,安葬于太祖父母永安陵旁(在今河南巩义市)。

公元960年,赵匡胤称帝,是为宋太祖,追封贺氏为皇后,后又追谥为"孝惠皇后"。

开国皇后——北宋太祖赵匡胤皇后王氏

王氏,是邠州新平(今陕西彬县)人,宋朝开国第一位皇后。王氏仁慈俭朴而贤惠,孝敬婆婆,赵匡胤对她是恩宠有加,但她只做了三年皇后就病逝了。

王氏的父亲王饶在后周时,官至兼侍中、彰德节度使,为人宽厚,举止文雅,有儒者的风范。他所到的藩镇,百姓都能安居乐业。因此他在上流社会中有很高的声誉。显德四年(公元957年)冬,王饶病故,被追封为巢国公。此时,赵匡胤想借重王饶的威望来抬高自己的地位,于显德五年(958年)即原配夫人贺氏病死的当年,就匆忙将王氏聘为继室。赵匡胤很看重名门之后的王氏,在她婚后不久赐其冠帔,并封为琅琊郡夫人。建隆元年(960年),赵匡胤登上皇帝宝座后，册立王氏为皇后。

王氏相貌出众，擅长弹筝鼓瑟，虽出身于名门望族，却无骄横之气。虽然贵为皇后，仍然十分朴素，对下人非常仁慈。她对丈夫谦恭和善，常常亲下御厨为丈夫操办膳食。她还与婆婆杜太后一样，虔信佛教。每天晨起，先要焚香诵佛经，然后到杜太后宫中问安侍候，因而很得婆婆的欢心，杜太后常常为有如此勤俭孝顺的儿媳而喜不自胜。

王氏生来体质纤弱，所生三个儿女都不幸夭折。乾德元年（963年）十二月，王氏病故，年仅二十一岁。赵匡胤认为她的早逝与翰林医官王守愚用药不精有关，遂将王守愚流放海南。

乾德二年（964年）四月，王氏葬于安陵之北，谥号"孝明"。

膝下无子的遗憾——北宋太祖赵匡胤皇后宋氏

宋氏出身显贵，其父宋偓（原名宋廷偓）官至左卫上将军，其母是后汉高祖刘知远的女儿永宁公主。

公元967年，宋氏随母亲入宫接受赵匡胤的召见。此时，孝明皇后已去世数年，赵匡胤有心再娶。赵匡胤见宋氏举止端庄，风姿绰约，一见钟情，当场赐予冠帔。

公元968年年初，便将宋氏迎入宫中立为皇后，这年宋氏十七岁。

宋氏柔顺好礼，尽心服侍丈夫。赵匡胤每次退朝回宫，她总是穿戴整齐前往迎接，然后陪赵匡胤一起用膳。转眼八九年过去，宋氏却一直未曾生育。虽然自己膝下无子，但她对赵匡胤前妻们留下的两个儿子赵德昭和赵德芳都十分关怀，内心里她更为偏爱德芳。

公元976年秋天的深夜时分，就寝于万岁殿的赵匡胤不明不白地猝死。当宋氏得知此事时已经是四更时分，天上飞着纷纷扬扬的雪花，仿佛是在为这场祸乱奏哀乐。赵匡胤的死突如其来，这对猝不及防的宋氏来说犹如晴天霹雳。宋氏想到赵匡胤就寝前还与弟弟赵光义密谈过，为什么转眼之间就溘然长逝了呢？宋氏泪眼模糊地望着赵匡胤的遗体，同时也陷入到了无边的绝望与恐惧中。在几个年长的宫女宦官的提醒下，她才想起丈夫死前对后事未做任何安排，而今国不可一日无君！应该由谁来担当江山社稷的重任呢？赵匡胤儿子们的面孔飞快地在她的脑海中闪过，印象最清晰的就是官任贵州防御使年满18岁的赵德芳。

赵德芳是赵匡胤的庶子，无论在年龄或是名分上都比赵匡胤原配夫人贺氏生的赵德昭差得远，但是在惶急时分，宋氏已丝毫顾不上仔细计较舍长立幼、舍嫡立庶的利害得失了。她只是感觉到与自己素来亲近的德芳才是最值得她信赖和依靠的。于是，宋氏火速派宦官武德使王继恩前去召德芳进宫。王继恩一走，宋氏的心头如撞一头小鹿，呼呼乱跳，她担心赵光义和赵德昭不会善罢甘休。还有就是元老大臣们会听她的主张吗？她越想越害怕，越想心越虚。

过了很久，王继恩终于回来了，宋氏赶忙颤声急问道："德芳来了吗？"王继恩低声回答："晋王来了。""啊！"王继恩这低低的话语不啻于一声晴天霹雳，吓得宋氏目瞪口呆，面无人色。一想到晋王赵光义那咄咄逼人的眼神，她更是不寒而栗。无奈事已至此，她只能定睛观望，果然赵光义真真切切地站在自己面前。宋氏惶恐地喊了一声"官家！"（唐宋时宫中称皇帝为"官家"），双膝一软便给赵光义跪了下去。

第二天，赵光义正式即位。宋氏得了个"开宝皇后"的称号。

公元995年，宋氏病逝，终年四十四岁。有司上谥号曰"孝章皇后"。她的遗体在普济佛舍中停放了将近三年之后，才被安葬于永昌陵的北面。

真宗之母——北宋太宗赵光义皇后李氏

李皇后，是乾州防御使李英之女，宋太宗赵光义第三位皇后，宋真宗赵恒生母。

李氏以贤淑、人品出众而闻名。时由太祖亲自做主，让弟弟光义纳李氏为妾。太祖开宝初年，封李氏为陇西郡君。后赵光义即位为太宗，晋封李氏为陇西郡夫人。

李氏先后生下四个子女，其中两个女儿相继夭折，两个儿子即长子赵元佐，后为楚王；次子赵恒（初名元侃），后即位为真宗。

李氏于公元977年，即宋太宗太平兴国二年病卒，终年三十四岁，暂殡于开封普安禅院。后赵恒即位为真宗，追封生母李氏为贤妃，后又追尊为皇太后，并上谥号为"元德"。之后，又追赠太后之父李英为检校太尉、安国军节度使及常山郡王，追赠太后之母为魏国太夫人。

真宗于公元1000年四月，重新将母亲棺椁迁葬于太宗"永熙陵"，位于今河南巩义市西村乡滹沱村。

功臣之女——北宋太宗赵光义皇后李氏

李氏，李处耘次女。在陈桥兵变时，李处耘协助赵匡胤成就帝业功不可没，并又攻取荆湖，立有殊功。后因遭同僚诋毁，李处耘贬为淄州刺史，抑郁而亡。

后来，赵匡胤总感到很对不起这位开国功臣，便于公元976年将李处耘的次女李氏聘为赵光义的夫人。可刚刚纳过聘礼，赵匡胤就死去了。赵光义即位两年之后（即公元979年），才把已经十七岁的李氏迎进宫中，封为德妃。公元984年又立为皇后。

李氏曾为赵光义生过一个儿子，可惜很快夭折，但她对待赵光义的儿子们及宫中嫔妃们都十分宽厚。

赵恒即位后，李氏被尊为皇太后，居于西宫嘉庆殿。

公元1004年，李氏病死于万安宫，终年四十五岁，谥号"明德"。葬于永熙陵。

连丧三子实可哀——北宋真宗赵恒皇后郭氏

郭氏，太原人，赵恒做襄王时郭氏就嫁给他做了王妃。后来做了皇后，她约束本家，从不干预朝政；依然平易近人，乐善好施，厌恶奢侈。对于其他得宠的妃子，她从不嫉恨。可不幸的是，她倾注所有感情的唯一的儿子又在九岁时病亡，令她悲痛万分，不久也逝去。

郭氏是宣徽南院使郭守义的次女。淳化四年（993年），嫁给襄王赵恒，封鲁国夫人，又晋升为秦国夫人。赵恒继位，立她为皇后。郭氏秉性谦约，生活简朴，亲戚们入宫拜谒，若有人穿戴光彩华贵，她总要严词训斥。有不少亲属想通过她的关系徇私情，也都被她婉辞拒绝。郭氏的侄女出嫁，因家境不十分宽裕，想依赖姑姑的地位得到朝廷一笔赏赐，郭氏当面拒绝了。后来她用自己的私房钱为侄女置办了一套嫁妆。

郭氏对人宽厚，平易近人，乐善好施，对金钱名利淡漠如水，颇得众人的好评。有一次，赵恒让她去收藏珍宝的宜圣殿仓库中看看，想赐给皇后一些珍宝，让她自己挑选。她推辞说："宜圣殿乃国家的宝库，不是妇人应去的地方。陛下如果想惠赐给六宫一些财物的话，请你自己酌量颁赏就是了。"郭氏嫁给赵恒前，赵恒就"金屋藏娇"与刘娥私下来往，做了皇帝后更是将刘氏接进宫里，专宠一人。面对这一切，郭氏从不计较。因此赵恒对她十分敬重。

郭氏曾生三子，有两个已经夭折了，她将所有的感情和希望都寄托在唯一活下来的儿子赵祐身上。然而天不遂人愿，赵祐九岁时暴病而亡。郭氏悲痛万分，因悲伤过度，竟也一病不起，于景德四年（1007年）四月十六日去世，终年31岁。后上谥号（庄穆），后改谥"章穆"，葬于永熙陵西北。

《狸猫换太子》的原型——北宋真宗赵恒皇后刘娥

刘娥生于北宋太祖开宝元年（968年），祖籍太原，祖父刘延庆在五代十国的后晋、后汉王国时任右骁卫大将军。后汉王国只有短短不到十年的寿命，便于公元951年"禅让"给了重臣郭威。郭威建立的后周所存在的时间比后汉王国还短几个月，后周大将赵匡胤便又"禅让"而建立了宋朝。进入宋王朝之后，刘延庆去世了，他的儿子刘通则做了禁军军官，并随后以军功升至虎捷都指挥使,领嘉州刺史。

据说当年刘通的妻子庞氏做了一个梦,梦见一轮明月入怀,不久便怀孕,生下了次女刘娥。然而这个梦月而生的女孩命运似乎并不好,出生不久刘通便奉命出征,谁料就此一去不还,阵亡了。刘通没有儿子继承家业,家道中落,庞氏只得带着襁褓中的幼女寄居娘家。

刘娥在外祖父家过得并不好,虽然读书识字却不曾享受过千金小姐的生活,倒是学会了一手击鞀的谋生技艺,善说鼓儿词。庞家对这个寄居的外孙女的态度,不过是吃碗饭养条命而已,刘娥刚刚长成,庞家便迫不及待地将年仅十三四岁的刘娥嫁给了一个名叫龚美的青年银匠。

《捣衣图卷》(局部)

龚美想要外出谋生,便带着刘娥来到了京城开封。可是生意不好,走投无路之时就想把刘娥卖掉。一天,时任开封府尹(相当于首都市长)的襄王赵恒让龚美到府中去打制首饰,赵恒早就想纳个女子做侍妾,一见到刘娥,十分钟情,就娶为姬侍。

刘娥不但天生丽质,而且聪明伶俐,颇得襄王赵恒的欢心,两人如胶似漆、形影不离。太宗知道此事后大怒,勒令赵恒把刘娥逐出襄王府。父命难违,但赵恒实在舍不得刘氏,便偷偷把刘娥寄养在幕僚张耆家。张耆安排家人悉心照顾刘娥,自己为了避嫌,每天睡在襄王府,以免招致不必要的怀疑,甚至是杀身之祸。

往后的日子里,赵恒的王爵以次升迁,所负担的事务也越来越多,然而只要有机会,他就想方设法地要去张耆家里和刘娥相聚,这样的偷偷摸摸的日子一共过了十五年。

后来赵恒当了皇帝(真宗),他没有忘记刘娥,把她接到了皇宫,封为"美人"。"刘美人"住在张府时,为了排遣内心孤寂忧愁,她博览群书、研习书画棋乐,成了一位才华出众的女子。

刘娥在宫中的地位不断上升,大中祥符五年(1012年)已经升为德妃。当时第二任皇后郭皇后已经去世,在后宫中,刘娥的地位最高,离皇后宝座只有一步之遥。刘娥不仅温柔美丽,且生性机敏,通晓书史,对国家大事也颇具见识。真宗批阅奏章,刘娥常陪伴左右。凡有疑难,刘娥总能提供恰当的建议,深得真宗信任。

真宗有意立刘娥为后，但他也知道刘娥的出身是最大障碍。他拿不定主意，就找参知政事赵安仁商量。正因刘娥出身卑微，赵安仁反对立她为后，应立德妃沈氏为后。第二天又找王钦若商量，并把赵安仁的意见告诉了他。王钦若说："陛下不说，我也知道他会这样说，赵安仁过去曾经做过沈义伦的门客！"真宗觉得赵安仁徇私，就罢免了他的官，决心立刘娥为皇后。但刘娥为人处世颇为谨慎，当真宗决定立她为皇后时，宰相王旦忽然请病假，刘娥担心王旦持反对意见，就劝说真宗推迟此事。后来王旦上疏表示同意立刘娥为皇后，这件事情才最终确定下来。大中祥符五年十二月二十四日，刘娥终于被册立为皇后。

天禧四年（1020年）以后，赵恒久病不愈，大臣的奏章多由刘皇后审阅批答。刘娥由银匠之妻成为一国的皇后，绝非单单因为美貌。此时的刘娥已经四十多岁，早已过了花样年华，吸引真宗的是她的智慧和能力。精明能干的刘娥把后宫事务处理得井井有条，同时在朝政方面也能对真宗有所帮助。真宗十分信任这个陪伴他多年的枕边人，甚至有一点依赖她。当真宗的身体状况日趋恶化时，刘娥便顺理成章地帮丈夫处理朝廷日常政务，裁定军国大事。

另外，刘娥的前夫龚美将自己的妻子献给真宗之后，也留在真宗身边为其效力。真宗即位后，龚美改姓刘，与刘氏以兄妹相称。

刘娥虽受真宗宠爱，但自己却没有生下一儿半女。正巧，真宗看上了刘娥宫里的一个侍女李氏，李氏就是李宸妃，杭州人，入宫时才十几岁，是刘皇后的侍女，为人庄重少言，后来成为真宗的司寝。受到真宗宠幸的李氏于大中祥符三年（1010年）产下一子（也就是后来的仁宗）。当时刘娥还没有被封为皇后，年近四旬的刘娥可能知道自己不会再有孩子，便接受了李氏的这个孩子，由她和另外一个嫔妃杨氏共同抚养，严禁宫人向孩子说明真相。真宗很宠爱刘娥，默许她抱养李氏之子。聪明的刘皇后十分明白儿子对她的重要性，不管是出于真心，还是假意，刘皇后充当了一个合格母亲的角色，细心地抚育赵受益，母子感情十分融洽。这位皇子从小就叫刘娥"大娘娘"，叫杨氏"小娘娘"，一直认为刘皇后就是自己的亲生母亲，直到刘娥去世后才知道真相。戏曲《狸猫换太子》即取材于这段历史。

乾兴元年（1022年）二月，真宗病情急剧恶化。二十日，真宗死于延庆殿，享年五十五岁。太子赵祯即位。遗诏规定：尊刘皇后为皇太后，在仁宗成年之前代为处理军国大事。

仁宗赵祯继位时才十三岁，大臣们请刘太后"临朝称制"。每当朝会之时，仁宗坐左边，刘太后坐右边，军国重事由刘太后一手裁决，她处事明敏、号令严正、恩威兼施，又颇能自我约制，因此，在她"垂帘听政"的十一年间，政事处理得井然有序。

刘娥治理国家号令严明、赏罚有度，虽然难免有些偏袒家人，但并不纵容他们插手朝政。在大是大非面前，她更尊重士大夫们的意见，王曾、张知白、吕夷简、鲁宗道都得到了她的重用，刘氏姻族也没有做出危害国家的祸事。

刘娥协助真宗理政多年，对朝臣结党、吏治不靖，深有感触，她知道自己年长而皇帝年少，这样的状况是很容易被有所图谋的大臣给利用，于是她用了一个计策。真宗下葬之后，刘娥挑了一个合适的时机，装出非常恳切的模样对大臣们说道："如今国事变动，我和皇帝多亏诸公匡助，才能有今日，实在感激。诸位可以将亲眷的姓名都呈报给我，也好一律推恩录用，共沐皇恩。"大臣听了都高兴不已，将自己能想到的亲戚名字一个不漏地汇报了上去。刘太后将这些名字都记录下来，此后凡遇到有推荐官员的时候，她都拿去核对一下，只有榜上无名者才能得到升迁的机会，从而避免了朝臣编织权力网的可能。

刘太后还听从丞相吕夷简的敦促，用厚礼殡葬仁宗赵祯的生母李宸妃。当年李宸妃生下赵祯后，被刘皇后抱去，据为己子，由杨妃恩养、抚育。面对如此打击，李氏不敢言语，只有暗中流泪，平时也不敢与帝后们同坐共语，只在妃妾宫女群中默默度日。真宗死后，刘太后一手遮天，李氏眼看着儿子登上皇帝宝座心中喜欢，但却不敢前去相认。不久，李氏由婉仪进位顺容，级别虽然晋升了，可是却命她前去巩县，伺候永定陵。这无异是打入冷宫，终日守着寂静的陵冢。公元1032年，陵区的凄风苦雨，送走了她四十六个年头的短暂生命，直到此时，皇帝赵祯仍然不知刚刚死去的那个宫人，就是他的生身之母。刘太后原本打算用一般宫人之礼埋葬李氏（她病危时晋封为宸妃），后在丞相吕夷简的劝谏下才改用皇后礼仪厚葬。殡葬李氏于东京（今开封市）西北郊的洪福寺，所以，李妃丧事办得极其隆重。

公元1033年，刘太后病死，这才有大臣向仁宗赵祯泄露了真情："刘太后不是陛下的亲母，陛下的亲生母亲是李宸妃，她死得可怜。"赵祯听后放声大哭，这时又有人进言："李宸妃之死，不明不白，死因可疑（意指为刘太后所害）。"于是赵祯亲临洪福寺开棺检看，见宸妃戴着凤冠，披着霞帔，穿着百子衣，完全是皇后的装束，在水银的养护下，尸体不腐，面色如生。这才释去了大家对刘太后的怀疑，这也多亏了当时吕夷简对刘太后提出的关于厚葬李宸妃的劝谏。赵祯感叹非常，又想及刘太后对自己抚养护持的恩德。从此，对于刘太后的一家更加优礼相待。为其母亲李宸妃上谥号"章懿皇后"，迁葬于永定陵。

生母虽然得到厚葬，但却未能冲淡仁宗对李氏的无限愧疚，他一定要让自己的母亲享受到生前未曾得到的名分。经过朝廷上下一番激烈争论，最终，将真宗的第一位皇后郭氏列于太庙之中，而另建一座奉慈庙分别供奉刘氏、李氏的牌位。刘氏被追谥为庄献明肃皇太后，李氏被追谥为庄懿皇太后。奉慈庙的建立，最终确立了仁宗生母的地位，同时也代表年轻的仁宗在政治上的日益成熟，逐渐摆脱了刘太后的阴影。

安排了生母后事，仁宗表面上并未过分追究刘太后及其亲属，这大概只是一时权宜之计。事实上，早在刘太后生前，仁宗与刘太后之间就已存在极大的冲突，尤其是在自己的婚姻大事上，仁宗明显地感到刘太后的专横。仁宗最初看上了并非官宦却富有钱财的王蒙正的女儿，但刘太后借口这个王姓女子"妖艳太甚，恐不利少主"，硬是将这个"姿色冠世"的少女许配给了刘美的儿子刘从德。刘美即是银匠龚美，只可惜在刘氏册封皇太后之前就去世了，留下了两个儿子，刘从德便是其长子，太后此举无疑有报答龚美的意味。然而，这一许配却极大地伤害了少年皇帝。

仁宗喜欢的女孩被许配给刘从德后，刘太后也准备尽快为十五岁的皇帝完婚，选了几个有身份的少女进宫，作为皇后候选人，其中有已故中书令郭崇的孙女郭氏，已故骁骑卫上将军张美的曾孙女张氏。当时仁宗一眼就相中了张姓女孩。本来皇帝选中谁就可以立为皇后，但却再次遭到刘太后的阻挠。太后审视后认为张姓女子不如郭姓女子，在未与仁宗商量的情况下，便自作主张以张氏为才人，而册立郭氏为皇后。这一决定又一次使少年仁宗遭受到了沉重的打击，进而造成此后长时间皇帝对正宫的冷漠，也直接导致了此后的废后风波。

公元1033年，刘太后六十五岁死于后宫。葬在永定陵西北约两华里处，一片地势略为低洼但却很平坦的地方。谥号："章宪明肃皇太后"。

郭皇后有刘太后作靠山，她既不懂得谦让和宽容，更是逐渐养成了骄横自恣的性格。刘太后死后，她依然旧习不改，垄断后宫。而仁宗亲政，却力图要摆脱刘太后的影响，其中一项重要变化，就是后宫嫔妃纷纷得宠。当时最受仁宗宠爱的两个美人是尚氏和杨氏。尚美人的父亲封官受赐，恩宠倾动京城，引起郭后的忌恨，几番与尚氏发生冲突，尚氏自然也少不了在仁宗面前诋毁皇后。一次，尚氏当着仁宗的面讥讽郭后，郭后怒不可遏，上前要抽尚氏耳光，仁宗跑过来劝架，偏巧一巴掌落在皇帝的脖颈上。仁宗大怒，令宦官阎文应传来宰相吕夷简，让他"验视"伤痕，其实是为其废后寻求支持。随后，仁宗下诏，称皇后无子，愿意当道姑，特封净妃、玉京冲妙仙师，易名净悟，别居长宁宫。此诏一出，朝廷大哗，甚至引发了台谏官员在皇帝寝宫门前集体进谏这一前所未有的事件。郭后被废，名义上是她未能生育皇子，实际上是仁宗发泄对已故刘太后的不满。

争风吃醋——北宋仁宗赵祯皇后郭氏

郭氏贵为皇后，与妃子争风吃醋，大打出手，竟然失手打了当朝天子一耳光，震怒龙颜，成了宋朝第一位被废的皇后。

天圣二年（1024年），在刘太后的主持下，年仅十四岁的郭氏成为赵祯的皇后。十六岁的仁宗皇帝赵祯当面顺从母命，内心里却十分的不情愿。按小皇帝的本意，他的皇后是要姿色冠世、妖艳动人的美女，他看中了骁骑卫上将军张美的孙女和四川富豪王蒙正的女儿。

刘太后可不像赵祯那样眼里只盯着美貌的姑娘，她甚至生怕过于妖冶的女子会把小皇帝拐带坏了。她首先从国家社稷的利益着眼，皇后既要有内助之贤，还需要母范之正。刘太后选择皇后的标准是"出身于衰旧之门，能以富贵自保，将来不至于挠扰朝政"。她看中了平卢军节度使郭崇的孙女郭氏。就赵祯而言，即使张、王二女不立为皇后，若能全都留在自己身边也行啊，可刘太后竟把这个王家小姐嫁给了自己前夫刘美的儿子刘从德。赵祯心里想："既然怕美女于我不利，就不怕她对你的儿子也不利？这不是夺人所爱、欺负寡人吗？"完婚之后，郭氏便开始咀嚼起了这颗强扭的苦瓜。

起先，赵祯对郭氏本人倒并不存多少直接的恶感，他只是把对刘太后的一股怒气转嫁到郭氏头上。郭氏一进宫便受到如此待遇，心中愤愤不平，加之刘太后教子甚严，禁止赵祯随意亲近后宫嫔妃，郭氏便仗着刘太后撑腰，成了把门锁户的母老虎，除了赵祯早先看中的那位张家姑娘偶尔能侍寝几宿之外，其他嫔妃赵祯根本沾不上边，赵祯很是不满。可事有凑巧，天圣六年（公元1028年）九月，张氏由才人晋封为美人不几天就因病而死，这无疑更使赵祯与郭氏的关系雪上加霜。

明道二年（1033年），刘太后去世。赵祯亲政，后宫生活便放纵起来。早死的张美人被追尊为皇后，那位早就嫁人的王家小姐旧情不忘，这时也经常出入宫闱。尚美人、杨美人更是争妍献媚，曲意奉承，引得赵祯神魂颠倒。二美得宠，郭氏被撇在一边，备受冷落，不由得妒性大发，动不动就端起皇后的架子对尚、杨二女严词训斥。

明道二年（1033年）十二月的一天，赵祯退朝回宫，与郭氏、尚氏、杨氏围炉取暖，尚、杨二女一边一个，搂着赵祯撒娇，三个人打情骂俏，亲热成了一团。郭氏晾在一边，气得坐立不安，醋意翻腾，低声骂了几句。尚氏顿时反唇相讥，杨氏也从旁助威，郭氏愤恨之极，不顾什么礼节，走上前去，给了尚氏一记耳光，尚氏就势倒向赵祯怀中，郭氏手已击出，正巧打中赵祯的脖子，划出两道血痕。看到赵祯脖子上的血痕，郭氏嘴巴愕然地张着，大气都不敢出，尚、杨二氏也都呆若木鸡，手足无措。赵祯恼怒不已，压抑多年的对郭氏的怨恨一股脑儿涌上了心头，愤然地对亲信宦官阎文应道："你去召吕宰相来！"

郭氏曾因说过一句话而得罪过宰相吕夷简。那还是刘太后死后，担任宰相的吕夷简揣摩时政，随机应变，手疏条陈八事，提出正朝纲、塞邪径、禁贿赂、辨佞臣等建议，赵祯见他言辞诚挚恳切，大受感动，便召他商议准备将昔日依附刘太后的张耆、夏竦、陈尧佐等人尽行罢职。计议已定，赵祯回宫偶然向郭氏谈起此事，并称赞吕夷简忠心可嘉，郭氏随口答道："吕夷简何尝不曾依附太后？只不过他机巧过人，善于随风打舵罢了。"赵祯点了点头。第二天吕夷简依旧上朝押班，黄门使宣读诏令，最先数语竟是"吕夷简罢为武胜节度使，同平章事，出判陈州"，以下才是张耆等人。吕夷简听来真像是晴天霹雳。回家之后，大觉意外，百思不得其故。几个月后，他再次入朝为相，暗托宦官阎文应打听，才知道是郭氏一句话的结果，从此便对郭氏怀恨在心。

赵祯盛怒之下产生了废黜郭氏的念头，只是不十分坚定。因为废后一事自大宋朝开国还从未发生过，事体重大。这时，假若宰相吕夷简能出于公心，好言调解，旗帜鲜明地反对赵祯的废后之举，或许能使赵祯打消这一念头，郭氏皇后的位子还能保住。然而，吕夷简却要落井下石了。

吕夷简一进宫，赵祯就把脖子上的伤痕露给他看，还气呼呼地把事情的经过讲述一遍，问他怎么处置。吕夷简说："皇后太属失礼，不足母仪天下，依臣愚见，只有废黜。"赵祯迟疑道："但废后一事，却有干清议。"吕夷简说："皇后长达九年没有孩子，而且妒忌成性，这在民间早就按七出的条款休回娘家啦！"赵祯遂下定了决心。

明道二年（1043年）十二月二十三日，废黜郭氏的诏令颁布出来。说是郭氏因长年无子，愿静心修道，特封净妃、玉宗冲妙仙师，赐名清悟，迁居长宁宫。降诏前还令有司不要接受台谏的章疏。郭后被废，距刘太后去世只有九个月。

消息传出，朝臣中众议哗然。御史中丞孔道辅、谏官范仲淹、孔祖德等人联名上书，有关部门不予受理。赵祯传旨，令宰相召台谏讲明事实真相。孔道辅等人连忙到中书，七嘴八舌地诘问吕夷简："大臣对待帝后，就像儿子对待父母一样，父母不和，理应劝谏，岂能顺着父亲把母亲赶走？"吕夷简说："废后自有先例。"孔道辅厉声说："你所说不过是光武帝之事，那是光武失德，何足效法？其他废后之事，都是历代昏君所为。皇上圣若尧、舜，你岂可劝他效法昏君？"吕夷简被问得张口结舌，起身拂袖走了。孔道辅、范仲淹等人只得退下，并约定明日集百官进行廷争。第二天黎明，孔道辅等刚走到早朝休息的地方待漏院，就听到诏：贬孔道辅知泰州，范仲淹出知睦州，孔祖德等罚款若干，群臣今后不得结伙请对。一场轩然大波被生硬地平息下去。

郭氏被废，群臣无人敢再有异议，尚、杨二位美人更加得宠，赵祯和二位美人的生活也更加荒淫无忌，三个人每天夜里都要寝于一处。结果乐极生悲，不出多时，就把赵祯累得形疲神乏。到次年的七八月间便卧床不起，甚至连日不能进食。宫廷内外群议激愤，皆归罪于尚、杨二氏。大臣们再三请求将两人驱逐出宫，赵祯不胜其烦，便恨恨道："叫她们去吧！"两位美人哭哭啼啼地赖着不走，阎文应凶神恶煞般地连推带搡地将她们弄上毡车，逐出宫门。翌日降诏：尚美人废为女道士，赐居洞真宫，杨美人别宅安置。后来杨氏也当了女道士，赐名宗妙，与郭氏并居于瑶华宫。

经过这一番周折之后，赵祯慢慢开始想念郭氏，经常派人前去慰问，还在景祐元年（1043年）十月赐号曰金庭教主冲净元师。赵祯还仿乐府诗体写成一首《庆金枝》，备述怀念之情，遣人赐予郭氏。郭氏也和诗相答，语调凄婉。赵祯读罢，更加感悔往事，准备召她回宫。郭氏闻知，说："皇上若要召我再入后宫，必须百官立班受册，我才有颜面见皇上！"当时赵祯已立曹氏为皇后，郭氏的要求让他感到为难。吕夷简、阎文应更怕郭氏还宫于己不利。正巧郭氏偶染小病，赵祯赐迁嘉庆院，派太医前往诊治，阎文应赶忙贿赂太医，误下药饵，加重郭氏的病情，郭氏不几天就一命呜呼。景祐三年（1036年）正月，郭氏追册为皇后，葬于奉先洪福院之侧。

将门之女——北宋仁宗赵祯皇后曹氏

宋仁宗赵祯在位的41年里，先后立过郭氏、曹氏和张氏三位皇后。其中，曹皇后是最不漂亮的一位，但是却是最幸运、在位最长的一位。

曹氏是北宋开国元勋曹彬次子曹玘的第四个女儿，生于真宗大中祥符九年（1016年）十月十六日，比仁宗皇帝小六岁。她虽然不算顶漂亮，却系出名门、又聪明多智，所以获得杨太后之垂青，被选立为皇后。

曹小姐入选为后，事前有许多奇异的征兆。先是在明道年间，汴京流行一首歌曲，名叫"曹门高"，果然不出一年，曹小姐选为后，大家都说"曹门高"这首歌应验了。曹小姐在景祐元年寒食节这天，在家里和姊妹们玩掷钱之戏，结果有一个铜钱掷出后旋转不已，停下时竟是直立的，大家都觉得很奇怪。没想到半年后，曹小姐竟入宫当了皇后。

另一件更神奇的事情，是曹小姐在六月间已许嫁担任汴京禁宫侍卫官的京兆人李植了，没想到花轿把曹小姐抬到李家时，上前迎接的新郎竟看见许多鬼神挡在轿前，对他怒目相斥。李植吓得掉头就走，跳墙逃命。媒人一看兆头不佳，只好吩咐抬轿的人把曹小姐再抬回娘家。不久就传来她被册立为后的消息。这真是冥冥中自有天意了。

曹氏入宫为后之后，还曾面临两次被废的危机。

第一次是发生在景祐二年十一月，也就是曹氏当了一年又两个月皇后之时。景祐二年十一月某日，仁宗皇帝在游后花园时，看到以前郭皇后坐的肩舆，不禁想念起郭后来，便感伤地作了一首"庆金枝"词，派小太监送到长乐宫给郭氏，并且要小太监对郭氏说："皇上还会召你入宫的，请耐心地等一等。"小太监把仁宗吩咐的事情办完后，立刻向大太监阎文应报告，阎文应又立刻通知了宰相吕夷简。阎、吕二人大惧，怕郭后复位后会对自己报复，便打算先下手为强。正好郭后幽居长乐宫心情郁闷，生了一点小病，阎文应就买通了御医，用药把小病医成大病，郭氏病重，躺在床上呻吟，还没断气，阎文应已把郭氏抬放到棺材里,用长钉把棺盖钉上,派人报告仁宗皇帝,说郭氏病死了。谏官王尧臣觉得事有蹊跷,上奏弹劾说郭氏还没死,内廷就先准备好棺材,请详细调查郭氏的病历表,是否有人蓄意谋害,仁宗不从,只以皇后之礼把郭氏葬于佛舍。

大臣范仲淹愤愤不平,再度上奏弹劾,结果查出郭后暴卒与内侍阎文应有关,结果刽子手阎文应被贬放岭南,死在半路上。

郭后如果被仁宗再度召幸,曹后的地位说不定就有变化了。

第二次废后危机,则与仁宗另一位嫔妃张氏有关。张氏是河南永安人,生于仁宗天圣元年(1023年),祖父张颖进士及第,在当建平令时去世;父亲张尧封也是进士及第,在当石州推官时去世。张氏从小就跟着伯父张尧佐,靠伯父养活,后来张尧佐要只身到四川做官,他的妻子钱氏请丈夫把年幼的张氏也带去,尧佐不肯。钱氏只好把张氏孤女送入宫,在杨太后宫里当侍女。仁宗景祐三年(公元1036)杨太后崩逝后,十四岁的张氏又转到真宗另一位贵妃沈氏的宫中当侍女。

张氏愈长愈漂亮,受到好色的仁宗皇帝注意,庆历元年(1041年),十九岁的张氏被封为才人,不久又迁升为修媛。她巧慧多智,又善于撒娇弄权,在后宫的势力很大。

有一回,张氏生了一点小病,仁宗来看她,她对仁宗撒娇说:"妾姿色平平、地位低微,却受皇上厚宠,使名实不副,才会生病,希望皇上封妾为美人。"仁宗随口就答应了。张氏善于利用机会晋升的手腕于此可见。

庆历八年(1048年)闰正月,仁宗在第二个元宵节又要赏灯,受曹后劝谏而止。过了三天,侍从官颜秀等人勾结太监、宫女作乱,打算行刺仁宗。他们抢了兵杖,登上延和殿,越屋进入寝宫外叩门。当时曹后正陪仁宗就寝,听到门外有异声,立刻

宋仁宗曹皇后

把阁门紧闭，通知都知王守忠引兵入卫，又叫身边服侍的太监出去杀贼。曹后亲自把每人的头发剪下一小绺，对他们说："明天行赏，以此为凭。"于是内侍都奋勇杀贼。

颜秀等人杀死若干宫嫔和太监，喊杀之声响彻寝殿，后来见无法攻入，便悄悄遁走。曹后又立刻命宫女拎水桶跟在贼兵后面，以防贼人纵火。结果贼人果然纵火焚帘，幸亏曹后有远见，把火灭了。张美人和都知王守忠适时赶来，把颜秀等人捕杀，平息了这场暴乱。曹后临危不乱、指挥若定，真有其祖曹彬大将之风。可是仁宗没赏有功的曹后，却把宠爱的张美人晋升为张贵妃，说她护驾有功。

事后有太监向仁宗报告说是奶妈打女娃，不是刺客行刺，曹后怒斥说："贼兵在跟前杀人，还敢睁眼说瞎话吗？"

有司调查，原来宫中有太监和宫女勾结侍从官颜秀打算刺杀皇帝，辩称不是刺杀事件的太监正是同谋之一。另外抓到了几个阴谋不轨的宫女，当诛之宫女太监托人向仁宗宠姬张贵妃求情，张贵妃替乱贼说好话，仁宗便答应免他们一死。曹后知道了，坚决表示不可，她说："乱贼不诛，无以肃清禁掖。"在曹后的坚持下，乱贼还是被杀了。

张贵妃恃宠而骄，有一回要借曹后的华盖出游。她对仁宗提出请求，仁宗说："你自己去问皇后娘娘吧。"

张贵妃便又跑去问曹皇后，曹皇后立刻毫不吝啬地答应了。

张贵妃欢喜地跑去把结果告诉仁宗。仁宗说："国家文物仪章，上下有秩，你张着皇后的华盖出游，廷臣知道了一定会上奏弹劾，何苦呢？"

张贵妃听了，很不高兴地作罢了。从这件小事，也可见曹后的宽宏大量和张贵妃的年幼无知。

张贵妃获仁宗盛宠的那段时间里，仁宗有次对宰相梁适说："朕居宫内，左右都是皇后的党徒耳目，让朕有备受监视之感，不知道可否把曹后废了？""党徒耳目"云云只是借口，仁宗皇帝实在是因偏爱张贵妃，想立她为后，先探探大臣们的意思。

梁适回答说："闾巷小人尚且不忍把妻子休了，陛下贵为万乘之尊，怎可一而再地废后呢？"

仁宗听了，只好打消了废后之念。

后来仁宗有次跟曹后闲聊，提起这段往事说："朕尝欲废汝，幸亏有梁适劝谏，汝才得免。"

曹后很感激梁适，后来便出五百万钱作醮为梁适祈福。此后曹后每年都作一次醮，一直到她去世才停。

张贵妃在皇祐五年（1053年）去世，年仅三十一岁。她虽然名位不及曹后，却备受仁宗宠爱，享受了十二年充实快乐的宫廷生活。仁宗哀悼张贵妃不已，还特追封她为温成皇后。

曹后入宫之前有郭后，入宫之后有张后，但是一废一死，都威胁不到曹后，也是曹氏命中注定要母仪天下，久享其位吧。

仁宗因为太好色了，一直没有子嗣。曹后劝仁宗另立他弟弟濮安懿王赵允让的儿子赵曙为皇太子。赵曙是仁宗的侄儿，也是曹后的侄女婿。原来曹后的姐姐嫁到勋臣高继勋家，做高遵甫的妻子，生下了高氏，高氏因姨母是皇后，四岁就住进宫里，与同年纪的宗室子赵曙玩在一起。长大以后，仁宗便做主将高氏许配给赵曙了。因为有这层关系，所以曹后中意赵曙为皇太子。

嘉祐八年（1063年）三月辛未夜晚，当了四十一年皇帝的宋仁宗在享尽艳福之后暴毙，活了五十四岁。他死后，曹后立刻把各宫门关闭起来，把钥匙放在面前。等天亮后，召皇太子赵曙和大臣进宫，当众拿出仁宗遗诏，要赵曙即帝位。

赵曙吃惊地说："我不敢。"转身要逃。大臣韩琦等人一同连拉带劝，才把赵曙留下来。

四月初一，三十二岁的赵曙即位为英宗，尊曹氏为皇太后。

赵曙一当皇帝就生病，生了四年的病以后终于一病不起。英宗在位期间，政事都由曹太后裁决，而她也能把朝政处理得井井有条。

英宗当皇帝前已生了四子四女，他驾崩后，由长子赵顼即位为神宗，曹氏成了太皇太后。神宗很亲近这位祖母，对曹后十分孝顺，也很听她的话。曹氏有次生病，稍稍复原之时，神宗预先派人制造了一顶用黄金珠玉装饰、极为精巧华丽的小辇，呈给曹太皇太后说："娘娘试乘此往凉殿散心。"

曹氏很高兴地坐上辇车，来到凉殿，曹氏下轿时，由曹氏的侄女儿高太后扶着曹氏的左手、神宗扶着曹氏的右手，引曹氏下轿。曹氏很开心地说："官家（皇上）、太后亲自扶辇，当时在曹家做女儿时，怎么会想到有这么风光的一天啊！"曹氏如此幸运有福，心中万分感慨。

神宗元丰二年（1079年）十月二十日，曹氏病逝，享年六十四岁。

死后哀荣——北宋仁宗赵祯皇后张氏

张氏，祖父张隶，进士出身，在建平县令任上去世。到父亲张尧封时，家境贫寒，难以自立，便寄居于南京应天府（今河南商丘）助教曹简家中，在名儒孙明复门下求学。张尧封英俊豪迈，学习也较为勤奋，颇得孙明复的赏识，曹简也把自己的女儿嫁给了他。曹氏与张尧封婚后连生一儿三女，其中最小的一个便是张贵妃。后来张尧封考中进士，补为石州军事推官，但还未走马上任就病死在了京师。这时，张尧封的本家哥哥张尧佐要去四川赴官，曹氏新寡，百无聊赖，便央求张尧佐带着她和孩子们一同前往。想不到张尧佐不念亲戚情分，以路途遥远为理由断然拒绝。曹氏走投无路，只好求婆婆钱氏的娘家帮忙，把三个女儿送入宫中。这时的张贵妃年方八岁。

张氏自幼失去双亲之爱，来到这举目无亲的后宫，处处看人脸色行事，环境迫使她练就了一套善解人意的功夫，再加上她模样俊俏，口齿伶俐，几年过去，越来越赢得了赵祯的宠爱。十八岁时，由清河郡君晋封才人，次年又连越五秩封为修媛。就连她的祖宗三代也跟着沾了大光，庆历二年（1042），追赠其曾祖张文渐为宁州刺史、祖父张隶为光禄少卿、外祖父曹简为秘书省著作佐郎。仅仅是个修媛就膺得封赠祖宗三代的殊荣，这在宋朝开国以来可是未曾有过的事情，足见张氏得宠到了何等程度。

但世人总免不了有些不尽如意之处。张氏生的两个女儿安寿公主和宝和公主先后生病夭折，都只活了三岁。张氏经不起这连丧二女的打击，也病倒了。她拉着赵祯的手说："妾之所以连遭灾殃，只怕是命薄福浅，难当宠名的缘故吧？请求把我降为美人，或许可以消灾避祸。"赵祯对张氏当然的言听计从，但张氏名分虽降，盛宠却丝毫未减。张氏特别喜欢吃金橘，赵祯就专门派人南下江西采购，使得这种汴京人原本不认识的小水果名重一时。张氏为笼络众嫔妃，经常指示染院赶制各种新样时装，遍赠宫女，竟使左藏库所积红罗一再告罄。张氏在宫中的势力几乎超过了曹皇后，甚至一度曾让赵祯产生过废曹立张的念头。

庆历八年（1048年）闰正月的一天夜里，几名禁卒发动变乱，杀入后宫，当时多亏曹皇后临危不惧，及时应变镇压下去，张氏只是在事后才跑到赵祯面前问安而已。照理说这功劳应首先记在曹皇后账上，张氏根本沾不上边。但赵祯在向大臣们宣谕此事时，却大谈张氏的功劳，对曹皇后的作为竟只字不提。枢密使夏竦当即迎合赵祯的旨意，提出应大大尊崇张氏的地位，起居舍人、同知谏院王贽也连声附和，而且特别指出那些叛卒是在皇后的寝殿附近作乱的，请予严加追究。他这言外之意是皇后可能与叛卒有什么联系，企图陷害曹皇后，为尊崇张氏扫清障碍。由于王贽在关键时刻说了这些话，所以张氏后来对他特别感激，曾秘赠给他数以万计的黄金。

既然赵祯咬定张氏有护驾之功，那她自然是非要尊崇不可的，尊到什么地步？难道要尊为皇后吗？赵祯心里何尝不希望这样。宰相陈执中生怕说错了话得罪皇上及其宠妃，只好装聋作哑，翰林学士张方平对陈执中说："汉代冯婕妤勇拦猛兽，舍身护驾，尚且没有特别尊崇，据说平叛之际，张美人实际并无什么了不起的表现，又能尊到哪里去？况且皇后健在，并未失德，而美人与之并驾齐驱，古无此礼，若果行之，只怕你就要成为天下人责骂的众矢之的了，这可是终身难以洗雪的大罪啊！"陈执中听了这话，才打起精神向赵祯请求只把张氏尊为贵妃。赵祯其实也知道曹皇后有功无过，毫无借口将她废掉，天下亦无二后并立之理，而贵妃已是嫔妃中最高的封号，也可以表示自己对张氏的一片深情了。于是,在当年十月十八日晋封张氏为贵妃。

当初那个将张氏母女拒之门外的本家叔叔张尧佐,这时也攀着侄女的裙带扶摇直上了,这倒不是因为张氏秉性厚道,心无芥蒂,而是为了使自己的地位更加巩固起见,有必要在朝廷中培植并借重这个叔叔的势力,于是张尧佐仅在五六年间,就从地方知州爬上了三司使的高位。张尧佐政绩平平,为人自私,在同僚中威信较低,他的骤然发迹,顿时引起了许多正直官员的不满,谏官包拯、余靖等人就交章论列、痛加弹劾。而张氏始终觉着叔叔地位太低,显得自己出身的阀阅不够显赫,所以再三向赵祯吹枕边风,求他给张尧佐加官晋爵。

公元1035年,即景祐二年闰十一月,张尧佐一天之中竟接受了宣徽南院使、维索节度使、景灵宫使、同郡牧制置使四个官职,诏令一下,朝议大哗,包拯骂张尧佐恬不知耻,实乃"清朝之秽污,白昼之魑魅也"!素来沉默寡言的新任御史中丞王峰正也率众官抗颜直谏。张尧佐迫于压力,辞掉宣徽使和景灵宫使,赵祯才把这场风波平息下去。

但张氏仍不死心,过了不久,又向赵祯提出封张尧佐为宣徽使。一天早晨,赵祯要去上朝,张氏特地送到殿门,娇态万种,摸弄着赵祯的脊背说:"官家今天可别忘了宣徽使。"赵祯通体酥麻,满口应承,一上朝就宣布任命。包拯请求陛对,力陈其不可,反复数百言,慷慨激昂,唾沫都溅到了赵祯脸上。退朝后,赵祯满面尴尬,对着前来迎接的张氏一边用袍袖擦脸,一面埋怨说:"包拯凑到我面前说话,喷了我一脸唾星。你只管要宣徽使、宣徽使,岂不知包拯当御史吗?"埋怨归埋怨,赵祯宁可自己遭唾溅,张氏的面子可是不能不给的,张尧佐最后还是当上了宣徽使。

文彦博因是张氏父亲的生前好友,这时也跟着她沾了大光,据说文彦博出任益州知州就是张氏帮忙促成的,文彦博到任后特地制作一幅"织金灯笼锦"进献给她。这是当时极其稀罕的高级蜀锦,张氏一穿,越发光采照人,连赵祯都被唬了一跳,忙问她从何得来。张氏故作严肃地说:"此乃文彦博所送,他虽是我父亲的旧交,我能穿上这等贵重的衣服,还不是因为他看在陛下的面子上?"赵祯自然很是喜欢,对文彦博也产生了好印象,很快把他召到朝中任参知政事。这时,贝州发生士兵王则起义,连败官军,赵祯寝食不安,对着张氏大发牢骚:"这些大臣平时养尊处优,到了关键时刻,却没有一个顶用的!"张氏忙偷偷派人授意文彦博。第二天,文彦博挺身而出,要求前往破贼,赵祯大喜,命他为河北宣抚使,残酷地将起义镇压下去,文彦博由此官拜宰相。显然文彦博若无张氏暗中帮忙是不会这么快就爬上宰相宝座的,御史唐介抓住这一点对他痛加弹劾,揭露他走了张贵妃的后门。唐介若单纯弹劾文彦博倒也罢了,居然把矛头指向了张氏,难怪赵祯会大发雷霆:"唐介说别的尚可,说文彦博巴结贵妃而升官,此何言也?!"当即贬唐介为环境恶劣的春州别驾,后经蔡襄等人求情才改为英州别驾。这件事一闹,文彦博也在朝中待不下去,出为许州知州。

内得皇帝专宠，外有朝臣相帮，张氏俨然成了不是皇后的皇后。转眼到了公元1054年，即至和元年的正月，汴京城内却流行起了可怕的瘟疫，连续死了不少人。此时的张氏不知是感染上瘟疫还是因为得了别的什么急症，竟一病不起，在正月初八这天香消玉殒了，年仅三十一岁。

一往情深的赵祯眼睁睁看着宠妃猝然归西，悲伤不已，涕泪纵横，特命用皇后之礼治丧于皇仪殿，辍朝七日（贵妃只能辍朝三日），京城禁止音乐一个月。追封张氏为皇后，谥号"温成"。

女中尧舜——北宋英宗赵曙皇后高氏

高氏（1032—1093年），亳州蒙城县漆园镇人，乳名滔滔。高氏的母亲曹氏，是仁宗慈圣光献皇后的姐姐，因此高氏从小就在宫中居住。宋英宗赵曙是宋太宗赵匡胤曾孙，濮安懿王赵允让之子。因仁宗一直无子，幼年的赵曙五岁时便被仁宗接入皇宫抚养，并赐名为宗实。高氏与赵曙同年，仁宗见高氏生得端庄秀丽，仪态万方，跟侄儿赵曙真是天生一对，便对曹皇后说道："等她长大一定要将她许配给赵曙"。

后来，由仁宗皇帝和慈圣太后曹氏做主，高氏便与赵曙订下婚约，并于仁宗庆历七年（1047年）在濮阳宫成婚。

公元1050年，赵曙被封为岳州团练使，后又为秦州防御使。

公元1055年，仁宗册立赵曙为太子。

公元1063年三月，仁宗因病驾崩，赵曙于同年四月继位，是为英宗，第二年改年号为"治平"。治平二年，英宗册立高氏为皇后。

高皇后和英宗的感情很好，先后生下了神宗皇帝赵顼、岐王赵颢、嘉王赵频以及寿康公主。

宋英宗和高皇后可以算得上是一对青梅竹马的夫妻，两人都是自幼在宫中长大，感情笃深。英宗专宠高皇后一人，甚至一直没有册立其他嫔妃，以致英宗的所有儿女都是皇后所生。治平年间，一向体弱多病的英宗病情好转，但皇后为了他的身体着想便一直没有让英宗临幸宫人。曹太后听说后觉得不妥，就暗中劝告皇后说："陛下继位很长时间了，如今病体也已痊愈，怎么可以没有一个妃子侍奉左右呢？"但英宗为了高皇后宁可违拗曹太后，仍然坚持没有册立嫔妃。

英宗对高后十分宠爱，对她的娘家人也十分照顾。高皇后的同胞兄弟高士林，文武双全，耿直中正，担任内殿崇班数年，一直尽忠职守。英宗见他官职低微便想提拔他的职务，谁知贤德的高皇后闻讯竟然进谏反对，高氏义正词严地说道："以士林的才学能够在朝中任职已经是荣宠之至了，怎么能再赐予更高的官职呢？陛下只有任人唯贤，才能得到天下贤臣的诚心辅佐。"英宗因此对皇后更加宠爱。

虽然英宗与高皇后夫妻情深，但英宗体弱多病，仅仅在位四年便驾崩了。公元1067年，年仅三十六岁的高皇后不得不强忍悲痛，辅佐年幼的儿子赵顼登基，是为宋神宗。

《女中尧舜》清 焦秉贞

神宗即位后，尊高氏为皇太后，居宝慈宫，垂帘听政。神宗曾经到外公家高府游玩，没想到高府的房舍已经破旧不堪。继位后，神宗就跟高太后提出要为外公家重新修造府第，高太后坚辞不许。后来神宗又反复提起几次，高太后盛情难却，终于同意皇帝下旨。于是神宗将汴京望春门外的一片空地赐给高家作为修建高府的场地，但高太后还提出建造府第的一切费用都由自己宝慈宫的俸禄里出，决不动用国库的一分一毫。高太后临朝不久，朝中官员根据前朝的先例，上书请求为高氏族人加官晋爵，高太后仍旧坚持不准奏。

高太后出身名门世家，自幼又在姨母曹太后的身边长大，受到了良好的教育，为人谦逊，遵循礼法。这一年举行殿试时，主管官员依照仁宗天圣年间的旧例，请高太后和年幼的神宗一同登殿监考，高太后没有准奏。这名官员又提议让高中的士人到文德宫由太后亲自册封，高太后还是严词拒绝，她认为自己作为太后事事出头，过于招摇，对国家不利。有一次上元灯节皇帝在后宫设宴，高太后的母亲曹夫人也应邀出席，但高太后派人拦住母亲说："夫人如果出席，依照家礼皇帝就需行礼，恐怕不利于皇帝树立威信。"于是下令赐给母亲一批花灯烛火，让她在自己的府中观赏，历年如此。太后的侄儿高公绘、高公纪到了任职年限理应提升为观察使,高太后也极力劝阻,最后只升了一级。高太后还下令将高家子弟中因身为后族而得到官职的人削减了四分之一,以身作则,消除了宫廷内部人浮于事、官员冗多的旧弊。在高太后垂帘听政的九年中,大宋朝廷政务清明,国家安定,出现了难得的稳定局面。

高太后生性节俭朴实,"恭勤俭度越前古"。她常常教导年幼的神宗说:"身为一国之君应该减少浪费,提倡俭朴,这样你下面的官员才会效仿,以致民间百姓也就不会竞逐奢靡了。一瓮酒只能享用一个晚上,一斗米可以救活十口人。陛下要切记啊。"高太后的衣饰也不是十分的华丽讲究,除了参加朝会和重大典礼,她平日在宫中都是穿着普通衣料缝制的衣物,而不用名贵的绫罗绸缎。为了节约耕牛,高太后又下令禁止食用牛肉,并以身作则,宫中的膳食只用羊肉。一次高太后大寿之日,御厨为了给她贺寿,特意别出心裁地用羊乳和羊羔肉做了两道美味佳肴献给太后,高太后看着着两道菜说道:"为了烹饪这道菜,杀母羊取其乳,那么羔羊便要断乳饿死;羔羊还没长成就烹而食之,实在有伤天理。"于是命人将菜撤去,并下旨今后不得屠宰羊羔做菜。高太后还经常到御膳房巡视,检查杯盘碗碟是否清洗干净,并告诫御厨一定要注意节俭,不可浪费粮食。

高太后对自己和家人约束甚严,对百姓的苦处却十分体恤。在高太后临朝听政期间,她大胆起用司马光、吕公著等老臣,下旨禁止随意征用劳力,停止京城内正在兴建和计划修造的一切宫殿、府衙和庙宇,将各州府县征调上来的精壮劳力遣返原籍,回乡务农;同时削减驻守皇宫的大批兵将;严令各级官员不得乱施苛政、以权谋私,聚敛财富,严厉打击贪赃枉法的贪官污吏;对遭受自然灾害的地区,实行减免田赋徭役的政策,还派出官员带着粮食衣物等去当地赈灾。高太后的懿旨一下,普天之下的百姓都喜出望外,无不对这位贤德英明的太后交口称赞。

元丰八年(1085年),神宗病重,宰相王珪等重臣进宫探视,一并询问立储之事,请求立延安郡王赵煦为皇太子,由高太后重新听政,虚弱的神宗点头同意。王珪看到太后带着赵煦正站在帘下,高太后搂着孙儿痛哭道:"延安郡王十分孝顺,自从皇帝患病以来,就一直守在病榻前不离左右,还抄写佛经为陛下祈福。他虽年纪尚幼,就酷爱读书,已经熟读了七卷《论语》,将来必定是个好皇帝。"说罢便让赵煦出来与王珪等朝臣相见。王珪一行纷纷施礼并向赵煦表示祝贺。事后,高太后便在当日降旨,立延安郡王为皇太子。

元丰八年三月,宋神宗赵顼驾崩。年仅十岁的幼子赵煦继位,史称宋哲宗,高氏以太皇太后的身分继续垂帘听政,处理国事,这时她已是五十九岁的老妇。

高太后重新临朝后开始整顿吏治。神宗年间,宋用臣善于阿谀逢迎,深得宠信,京城内兴建东西府、建造尚书省等重大工程都由他负责。宋用臣便利用自己的职权，趁机贪污国家银饷，搜刮百姓资财，搞得朝臣和百姓都怨声载道。高太后执政后立即下旨将宋用臣贬到滁州。宋用臣便买通神宗的乳母为自己在高太后面前求情，以期官复原职。不料乳母甫一入宫求见太后，高氏便洞察到她的意图，当即训斥道："你为何事而来？莫不是为宋用臣复职来做说客吧？如今神宗已经驾崩，你别再妄图替他开罪说情了，宋用臣这样的人理应严惩！如果你再来干预朝政，我便立即命人将你处斩！"乳母见高太后大发雷霆，吓得浑身颤抖，连忙告退逃出宫外。北宋宫廷里内降侥幸之事从此绝迹，这都有赖于高太后的公正严明。

高太后对于奸佞小人从来不留情面，但对于那些真正的忠臣贤士则十分爱护。神宗执政时施行新政，官员苏轼得罪了新党，被构陷入狱。高太后爱惜苏轼的才华，便向神宗求情。在高太后的保护下，苏轼这才得以保住性命。后来高太后再次执政，就将被神宗贬到边地的苏轼召回京城，并擢升为翰林学士兼知制诰，负责参决政事，起草诏书。后来苏轼一直对高太后的恩情念念不忘，在自己的诗文中极力赞扬太后的美德。

元祐八年九月，高太后病故，享年六十二岁，葬于河南巩县的宋氏皇陵。哲宗追谥她为"宣仁圣烈皇后"。

支持旧党，废除新法——北宋神宗赵顼皇后向氏

公元1066年春，真宗时任过宰相的向敏中的曾孙女向氏，在盛大的婚礼后，热热闹闹地嫁给了宋英宗赵曙的长子颖王赵顼，正式成了赵顼的发妻，封为安国夫人。时年赵顼十八岁，向氏比他年长三岁。

次年正月，赵曙去世，赵顼继位。二月，向氏被立为皇后。此后不久，她便生育了一生中唯一的孩子燕国公主。

赵顼年富力强，他所亲幸宠爱的嫔御之多，人所共知。而向氏大龄貌平，特别是年幼的燕国公主之死对她刺激很大，刚刚三十岁出头，就已显得老气横秋。但赵顼对向氏仍然照顾得十分周全，千方百计不使她感到冷落孤寂。而向氏也秉性谦冲，心地宽厚，对丈夫的私生活从不横加干涉。所以不只夫妇间从无拌嘴红脸，受其影响，宫中的嫔妃们也一团和气，从无争风吃醋闹纠葛的事情发生。

后神宗驾崩，哲宗赵煦即位，高太后垂帘听政，向氏被尊为皇太后，她的表现依然是谦冲自律。

高太后命人将曹太后原先居住的庆寿宫故宫修葺一下作为向氏的住所，向氏推辞说："哪有婆婆住在西边儿媳住在东边的？这是扰乱上下名分。"坚持着不肯搬迁。最后只是把庆寿宫的后殿改名为隆裕宫，后又改名为慈德宫供向氏居住。

公元1092年，赵煦要选皇后，其他亲王也到了纳妃的年龄，向氏告诫向家族人不得把女儿参入应选。亲族中有人想以皇亲国戚的身份谋求官职，向氏一概不准。

向氏的政治观点无疑是保守的，而她在政治活动上的表现比她的观点还要保守拘谨。这种拘谨和沉默，直到高太后的名誉受到伤害威胁时，才开始被她自己打破。高太后死后，赵煦改元绍圣，正式打出继承神宗变法事业的旗号，政局再次发生了翻天覆地的变化，变法派分子接踵回到朝廷，章惇被任命为宰相，曾布、蔡卞等分居要职，新法全部恢复实施，对元祐年间得势的旧党大臣们的清算也以更加无情的方式展开了。吕大防、刘挚、范纯仁、苏轼等人被贬到最荒僻的地区加以编管，已死的司马光、吕公著等人的官职被追夺干净，章惇甚至建议追废高太后。向氏已经熄灯就寝了，突然听到这一消息，大惊失色，连忙起床，找到赵煦哭诉说："我每天都侍候太皇太后，老天在上，哪里来的这种话？假若皇上执意这样做，日后还能有我吗？"赵煦的生母朱太妃也极力劝阻。赵煦自知理亏，拿过章惇的奏稿，在灯烛上烧掉。第二天，章惇、蔡卞又递上奏折，坚持己见，赵煦勃然怒道："你们不想让我入英宗庙了吗？"扯过奏折，撕成碎片扔到地上。这就是

反映宋代仕女生活的《捣衣图卷》

历史上被称为"宣仁之诬"的一桩公案。

神宗共生了十四个儿子，其中有八个早死，这时在世的只有申王赵佖，端王赵佶，成国公赵俣、蔡王赵似、祁国公赵偲五人。赵佶异常聪明，天赋极佳，蹴鞠骑射、笔砚丹青样样精通。由于他对向氏极其孝顺，每天都到向氏居住的慈德宫问安起居，虽说他轻佻浮浪的坏名声早已远扬，但在向氏的眼里却是个聪明好学、孝顺知礼的好孩子，对他的钟爱也远远超过了其他诸王。

赵煦去世的当天，因他无子，由谁即位这个问题就迫在眉睫。时宰相章惇，提出要让"眼有毛病，不便为君"的神宗第九子申王赵佖即位，反对立轻佻浮浪的赵佶。向氏看出一贯擅长弄权的章惇有篡权阴谋，于是果断地立自己最钟爱的神宗第11子端王赵佶为帝，是为宋徽宗。向氏执意立赵佶除自己

的感情好恶外，不能不说还有一种为国家打算的动机。然而她万万没有想到，20多年后正是这个她认为靠得住的好孩子断送了大宋朝江山。对此向氏难辞其咎。

章惇等人仍对赵佶不放心，就奏请向氏垂帘听政，权同处分军国事，向氏再三推辞。赵佶却对向氏立己于不可立之中感激涕零，哭拜在地，乞求不已，向氏见他如此仁孝，很是感动，只好答应下来。

向氏一上台，立即展开了摧新复旧的行动，提拔韩忠彦为宰相，恢复或追复范存仁、文彦博、司马光等三十余人的官职，苏轼等人也从荒僻之地移居内地。而章惇、蔡卞等人陆续遭到贬逐，一些被认为扰民害国的新法再度废除。朝廷上的政治气氛很快呈现出了元祐初年的样子，被称作"小元祐"。

七月初一，垂帘听政不满六个月，她便放心满意地回到了内宫。次年正月十三日，向氏病死，终年五十六岁。谥为"钦圣宪肃皇后"，附葬于永裕陵。

哲宗之母——北宋神宗赵顼皇后朱氏

朱氏，北宋神宗赵顼的妃子。出身寒门，家庭贫困，母亲改嫁后送人抚养。她以宫女身份进入皇宫，为神宗生了二子一女。儿子后来成为哲宗，母以子贵，死后尊为皇后。

朱氏，开封人，父亲崔杰，在她很小的时候就去世了，母亲带着她改嫁到一个叫朱士安的人家，她也就改姓朱了。继父朱士安很不喜欢这个累赘，李氏无奈，只好把她托付给一个姓任的亲戚抚养。她因此就有了三个父亲——生父、继父、养父。

熙宁初年（1068年），朱氏被选入宫，在神宗赵顼身边当一名御侍宫嫔。几年间为赵顼生下了两个儿子，一个女儿，即后来成为哲宗皇帝的赵煦、蔡王赵似和徐国公主。她也慢慢由才人、婕妤，进封为德妃。

元丰八年（1085年），赵煦即位，朱氏被尊为皇太妃。自幼寄人篱下的孤苦生活养成了她温恭柔顺的性格，朱氏没有因为是皇帝的生母而骄矜自得，她对待宫中嫔妃一直十分谦谨；在婆婆高太后面前，更是毕恭毕敬，极尽妇道。尽管如此，高高在上的高太后仍不大把她放在眼里，有时甚至还要训斥几声。

元丰八年十月，朱氏护送赵顼的灵柩前往巩县（今河南巩县西）陵墓区安葬，途中驻于永安（巩县西南）。当时，曾担任过宰相的韩绛知河南府，亲自从洛阳到永安迎驾，朱氏走在后面，韩绛亦往跪拜迎之，朱氏很受感动。高太后知道此事后，竟呵斥她不该受老臣的"望尘之礼！"，吓得朱氏淌着眼泪连连向她谢罪。看见高太后对朱氏产生了不满，几个佞臣还罗织了几条朱氏的所谓过失奏于高太后。

然而，另一些官员却对高太后的这种态度不以为然，他们或者出于公心，或者企图换个方式讨好高太后，提出应该进一步尊崇朱氏，为高家将来打算。承议郎、守起居舍人邢恕就对高太后的侄子高公绘说："太妃乃皇帝之母，母因子贵，理所应当，小人离间之风，决不可长。高后对太妃的这种态度如果被皇帝知道，你高家将来可就麻烦了。"高公绘吓了一跳，忙问如何是好。邢恕说："看在老朋友的面上，我替你起草一道奏疏，你出面向太皇太后请求尊礼太妃吧。"高公绘就把这封奏章誊抄一份秘报给高太后。高太后一看，既生气又奇怪，宣来高公绘，厉声问道："你平日奏章写的没有这么好，是谁教你写的？若不实说，打你板子！"高公绘战战兢兢，把前后经过统统招出来。高太后听了更为大怒，当即下令把邢恕贬到了随州（今湖北随县）。

高太后心平气和之后，冷静想想邢恕和高公绘的话无论从礼法名分还是从自己的长远利益来讲，都是有些道理的。于是在元祐三年（1088年）七月下了一道诏令，让有关部门稽考典故，讨论如何尊崇朱氏。从此之后，朱氏便在车舆、伞盖、冠服等方面，正式享受了与皇后完全一样的待遇，高后对她也随和了许多。

绍圣年间，向太后进一步提高朱氏的地位，命令在她的住处建殿，改乘车为舆，可以从宣德东门出入宫禁，百官所上笺奏称朱氏为"殿下"，住所定名"圣端宫"。封赠其崔、朱、任三个父亲。

朱氏于崇宁元年（1102年）二月病故，终年五十岁。被追尊为皇后，谥号"钦成"，陪葬在神宗的永裕陵。

因祸得福——北宋哲宗赵煦皇后孟氏

孟氏，祖籍河北省永年县，眉州防御使、马军都虞侯孟元的孙女儿，生于北宋神宗熙宁十年（1077年），十六岁时成为哲宗皇帝赵煦的妻子，当上了皇后。经过激烈竞争，从百余位世家女当中脱颖而出的孟氏，虽然美丽多娇、贤淑大方，虽经诸多坎坷，但终了因祸得福，得以善终。

入主后宫

宋哲宗是十岁即帝位的，因为年幼，由太皇太后高氏临朝听政。

高太皇太后在国事的处理上果断有力，在替皇孙物色媳妇时，也同样显示出她的魄力。哲宗元祐七年（公元1092年）四月，高太皇太后下诏替十七岁的哲宗皇帝选后，眉州的孟小姐能从百余位贵族世家女当中层层选拔，最后登上皇后宝座，全都是因为高太皇太后特别喜欢她，甚而连她瘦弱福薄的缺点都曲意包容了。因为高太皇太后认为凭孟氏贤淑，必可以历经事变，化险为夷，或许这也是她支持孟氏当皇后的原因之一。

决定由孟小姐当皇后之后，高太皇太后派宫中女官教导孟氏各种宫廷礼仪，并且按照古礼隆重举行迎娶仪式。先命翰林、台谏、给舍与礼官议定册后六礼进呈，分别任命了奉迎使、发策使、告期使、纳成使、纳吉使和纳采、问名使，每使均为正副二人。为了这桩婚事，朝廷有头有脸的大官几乎全动员了。

吉期订在五月十六日，这天，哲宗亲自在文德殿册孟小姐为后。高太皇太后嘱咐哲宗说，得到一位贤内助可不是件容易，要好好珍惜、疼爱这位新娘子。女儿当了皇后，典礼的过程又这样隆重盛大，一旁观礼的孟小姐的父亲荣州刺史孟在和母亲华原郡君王氏，显得特别开心。

哲宗别恋

新娘子孟后长得美丽、娇媚又贤惠，宋哲宗赵煦当然很疼爱她。日疼夜爱，不久孟氏就怀孕了。消息传来，举国振奋，哲宗特别加派御医仔细照料。十月怀胎，一朝分娩，落地的却是个女娃儿，令朝野内外好不失望。哲宗安慰孟后别灰心，并封爱女为福庆公主。

可是从此孟氏却再也没喜讯了。哲宗不甘心做虚功，再加上高太皇太后已在元祐八年九月间逝世，再没人管他了，他便开始另外找其他的女人替他生儿子。

当时后宫颇多既美又艳的佳丽，让哲宗目不暇接，分身乏术。他荒唐了一阵子之后，觉得头晕眼花，面黄肌瘦，最后决定把精力集中起来，放在一位姓刘的美人身上。

这位刘美人容颜冠绝后宫，更兼能歌善舞，多才多艺，很快就把哲宗迷惑住了。哲宗把她从美人升官到婕妤，又升官到贤妃，名分上只比皇后低一级，实际上却比皇后更实惠。

刘贤妃恃宠而骄，年轻又不懂事，渐渐不把孟皇后放在眼里。有一回，孟后带领众嫔妃到景灵宫朝见哲宗皇帝，礼毕之后，孟后就座，其他嫔妃都恭谨地立侍一旁，只有刘贤妃背对着皇后独自站立在帘下。孟后贴身侍婢陈迎儿见刘氏无礼，出声喝止，可是刘贤妃理也不理。

冬至这天，孟后带领众嫔妃赴隆祐宫朝见向太后（神宗之后）。在等候之时，孟后独自坐在朱髹金饰的凤椅上。刘贤妃则和其他妃嫔一起坐在别的座位上。这是宫中的惯例，只有皇后可以坐在凤椅上。刘贤妃却吃醋了，把不高兴写在脸上。随从见状，知道这位哲宗皇帝床头的大红人生气了，赶紧另找了一把同样是朱髹金饰的凤椅，让刘贤妃僭越地坐了上去。其他宫妃见状，都大感不平。正在此时，忽然听到宫里太监传唱"皇太后出"，孟后先站了起来，其他嫔妃也从椅子上起身迎接。

等向太后进来，孟后和众妃行礼毕，等太后赐坐，孟后和众妃才坐下。众人就座之时，忽然听到"咕咚"一声，大家侧头一看，竟然是刘贤妃坐了个空,向后仰跌个四脚朝天。大家见刘氏出丑,纷纷莞尔一笑;再仔细一瞧,才知刘氏为何会跌跤。原来不知哪个宫女看不惯刘贤妃跋扈,悄悄把刘氏身后的那张朱髹金饰的凤椅搬走了。刘贤妃没发现,一坐就坐了个空,仰跌在地。

刘贤妃受此奇耻大辱,又羞惭、又生气,回去后就向哲宗皇帝哭诉,并且说以后再也不参加各种典礼朝会了。内侍郝随一向巴结刘贤妃,在旁婉劝刘氏说:"别为一点小小的挫折就难过不停,奴才希望贤妃能早生贵子,那凤椅还怕将来不是给贤妃娘娘坐的吗?"刘贤妃一听有理,从此侍候哲宗更加热情了。

身陷党争

前面说过,高太皇太后在政治上是全力支持旧党的,她在世的八年里,旧党人士如吕大防、韩忠彦、苏颂、苏辙等人都十分风光。但是到了元祐八年九月间,高太皇太后一死,哲宗又召回了新党领袖章惇,让新党人士来主政。高太皇太后去世不到一年,在绍圣元年(公元 1094 年)七月,旧党的吕大防、苏辙、梁焘、刘奉世等人全被放逐到岭南,另外韩维、韩川、秦观等人也遭贬官,一时间朝廷上又充满了新党人士,新党中小人比君子多、坏人比好人多,北宋的政局开始走下坡路了。

政坛的演变关系着孟后的地位,因为孟皇后是由高太皇太后决定选立的,尽管孟皇后从来不过问政治,章惇等新党人士也直接地把她归入旧党,要把她斗倒,要皇帝把她废掉,改立他们所拥护的刘贤妃为皇后。这样可怕的阴谋正悄悄地在进行着,内侍郝随是宰相章惇的心腹,他派人日夜不停地监视着孟皇后,准备抓她的小辫子。

孟皇后对这种不利的局势,当然也敏锐地感觉到了,她没有力量来反抗,只能要自己行事更加谨慎,任何一举一动都不要出差错。孟皇后有这样的体认,她身边的人却不一定有,而这种"捕风捉影"的警觉,孟后又不能挑明了对左右的人说,怕引起旁人不必要的误会和过度的反弹。有这样一难办之处,果然不久就出了纰漏了。

孟后生了一个女儿福庆公主,此后再没子息,她虽然很失望,对女儿依旧疼爱有加。福庆公主三四岁时,生了一场重病,御医都束手无策。

孟后的姊姊医术很精,有一回孟后生病,还是她姊姊治好的,因此她得以不时出入禁宫。当做阿姨的知道外甥女生病的消息后,匆匆赶进宫里探视。她诊视之后,取出随身携带的道家符咒,准备作法烧符,以符灰泡水替小娃儿治病。

孟后见状大惊,一把抢下符咒说:"姊姊,你难道不知道宫里很多禁忌规矩,和外头民间不一样吗?"原来皇宫里都是贵人,贵人命值钱,最怕有人搞巫术禁咒,怕被这种莫测高深的法术害了性命。

孟后吩咐左右把符咒收好,她姐姐垂头丧气地独自出宫了。到了中午,哲宗回到后宫，孟后主动把事情向丈夫报告，哲宗倒是很明理地说："这也是人之常情，没什么关系的。"

孟后把事情交代过了，又当着皇帝的面把符咒烧掉，总算把事情摆平了。

废后风波

但是事情并没有完全摆平。不久，就有人在宫廷里造谣，说有人暗中以巫蛊厌魅之术在害人。谣言既然没说谁在搞巫蛊之术，孟后便也装着没听见，不知道有这回事儿。

可是孟后身边的人沉不住气了，孟后的养母听宣夫人燕氏，担心别人以妖法邪术谋害孟后，便联络了尼姑法端、供奉官王坚设坛作醮，为孟后祈福，并祈求孟后早生贵子，让她的后座更稳固，没有奸邪小人来拖板凳、扯后腿。

这件事被内侍郝随的党羽侦知，赶紧向郝随和章惇报告，章惇把事情扭曲了告诉哲宗皇帝，说失宠的皇后阴谋不轨。正好哲宗御体违和，常常莫名其妙地头晕，其实这是他和刘贤妃纵欲过度的结果，但是他却把账记到孟皇后的身上，以为孟后吃醋，用巫蛊邪术来害他。于是汉宫的巫蛊之祸，又在宋朝重演了。英明老成的汉武帝尚且受人欺弄，庸愚年幼如宋哲宗者，又岂能不上奸相章惇、奸宦郝随辈之当？

绍圣三年（1096年）冬，哲宗下诏由内押班梁从政与管当御药院苏珪在皇城司审理此案，被牵连的宫女婢妾多达三十人，酷刑备至，无非要把孟后牵连进去；有的断了十指，有的舌头被拔，有的体无完肤，最后拖到廷下招供时，只剩一丝气息，话也说不清楚。负责覆录（记下犯人口供）的侍御史董敦逸觉得事有蹊跷，不知如何记录。一旁的内侍郝随开口了，他说：

"董御史听不清犯人的口供吗？她们说这件事是皇后娘娘主使的，你就照实写吧！"

郝随见董敦逸迟迟不肯下笔，又开口威胁道：

"董御史不肯照实记录，恐怕过后想执笔，也没这个机会喽！"

董敦逸怕惹祸上身，只好昧着良心照郝随的意思做成口供。哲宗皇帝看了奏牍，犹豫着该不该废后。他问宰相章惇，章惇说孟后该废，他念及夫妻之情仍犹豫着。退朝之后，内侍郝随说：

"皇上当年和皇后大喜的日子是五月十六日，这天是个凶日，夫妇不宜同房，犯了忌的人会短命夭亡，所以皇上御体违和。不过还有补救的办法，如果把皇后废了，就不会有灾祸了。"

哲宗一听，私心陡起，便在绍圣四年下诏把孟后废了，因为孟后已跟皇帝睡过，当然不能废为平民，放她出宫去给皇帝戴绿帽子，就把孟氏封为华阳教主、玉清妙静仙师，法名冲真，让她住在宫廷外的瑶华宫里，有专人监视，形同坐牢。

孟后被废的消息传来，天下冤之，连老天爷也愤愤不平，在诏下之日变天变脸，好好的晴天忽然变得阴霾，随即大雨不止。

"孟皇后这样的好人被废了，老天也在哭呢！"大家都这样说。

殿中侍御史陈次升上疏说："这次的案子没有经过公开的司法审问，虽然有追验证佐，终难取信于人。事前事后极度保密，连朝廷之臣都不知道，难怪天下百姓要觉得疑惑了。自古以来，推鞠狱讼之事，都由外庭有司审理，从没有宫禁里私设法庭，由几个太监来问案的。虽然事后有口供具呈，怎知情罪之虚实？万一是冤狱，岂不为天下后世所讥笑？乞请陛下另选公正无私的台谏官重新审理此案，以求实情。"

但这封义正词严的奏疏被太监没收了，哲宗没有看到。

负责录口供的侍御史董敦逸也上奏说："中宫之废，事有所因，情有可察。诏下之日，天为之阴翳，是天不欲废后也；人为之流涕，是人不欲废后也。"

哲宗见了奏疏很生气，要免除董敦逸的谏官职位。大臣曾布说："陛下废了孟后，是赞同皇城司的鞠狱；如今又把这次鞠狱的录问官免职，岂不前后矛盾，如何取信于天下？"哲宗一听有理，这才打消免除董敦逸官职之意。

哲宗在下诏废后的诏书里，一再表明要另选贤族之女为后，以免天下人以为孟后被废，是刘贤妃设计陷害。但是等到元符二年（1099年）八月，刘贤妃给哲宗生下一个儿子（取名赵茂）之后，哲宗就不顾一切地立刘氏为皇后了。

刘氏被立为后，使刘、孟不和之事昭然若揭，天下人又开始为废居瑶华宫的孟氏打抱不平。右正言邹浩等人上疏力谏，认为哲宗不该立刘贤妃为后，即使她给皇帝生了一个儿子，她也没有资格坐上皇后的宝座。皇帝立刘贤妃为后，与废后诏书里信誓旦旦的话不符，何以取信于天下？刘氏当皇后，更让天下百姓觉得孟后被废是冤枉的，孟后是被刘氏和她的同党所诬陷的。

哲宗不听，元符二年九月，刘贤妃终于被立为后。但是刘后也没有风光多久，同年冬，刘后所生的太子赵茂夭折。次年元月，哲宗驾崩，享年25岁。刘氏才当四个月的皇后就做了寡妇。

哲宗在位十五年，头八年由高太皇太后执政，政坛一片清明之气；后七年自己亲政，短短的七年里，就把北宋政权搞得乌烟瘴气，不可收拾，直接种下了北宋灭亡的远因。再过二十六年，历经徽宗、钦宗，北宋就亡于金人之手。如此看来，废后的哲宗实在不配称哲。

因祸得福

哲宗驾崩后无子，在皇太后向氏（神宗之妻）的提议下，由哲宗的弟弟端王赵佶继位，史称宋徽宗。

宋徽宗没有平反孟氏当年的冤狱，事隔多年，案子也无从再审起。孟氏依旧住在瑶华宫，当她的女道士。

至于升格为皇后的刘氏，则因为蔡京等新党人士的掌权，把刘太后视为同党，所以刘太后颇受徽宗的礼遇。刘太后遗憾自己只当了四个月的皇后，没有好好掌权，便在当皇太后之时，频频干预朝政。后来还传出了她耐不住寂寞，跟宫外野男人苟合偷荤之事。结果纸包不住火，刘太后被迫上吊自尽，死时三十五岁。

孟氏一直被幽居在瑶华宫，后来到了钦宗靖康元年（1126年）瑶华宫失火，孟氏被徙居延宁宫。不多久延宁宫也失火，孟氏无宫可住，这才被放出宫来，住在汴京相国寺她父母家里，从此免除了幽禁之苦。

孟氏回娘家守寡，以为就这样过一辈子了，没想到好戏还在后头哩！

靖康二年春天，汴京被金人攻陷，徽、钦二帝、二帝之后和六宫有位号的嫔妃都被掳北去，只有孟氏既无位号，又住在自己家里，没有被俘。两把火把孟后烧出宫，莫非自有天意，也算因祸得福了。

金人临走时，扶持汉人张邦昌做中国的傀儡皇帝，称楚帝。楚帝张邦昌很尊敬孟后，不但恢复她元祐皇后的尊号，又把她迎到汴京延福宫，请她垂帘听政。

五十岁的孟后听说康王赵构在济州（山东济宁）安然无恙，便派特使到济州奉迎康王，准备归政。后来康王逃到南京，孟后又下诏令南京的康王赵构继位为帝，使赵构偏安的小朝廷合法化。建炎元年（1127年）五月，赵构在南京即位，孟后同时在汴京撤帘，以示归政于高宗。

当时金兵听说赵构在南京建立了南宋政权，立刻又挥兵南进，结果宋高宗先把孟太后及六宫、卫士家属送往扬州，不久自己也逃到扬州，等扬州吃紧时，又把孟太后等人一同带着逃到杭州。

建炎三年三月，扈从统制苗傅、刘正彦率同侍卫军搞政变，劫持了宋高宗，逼他退位，传位给三岁的太子赵旉，要孟后临朝。孟后不肯，苗傅以势逼人，结果仍由赵旉继位，孟后垂帘听政。高宗赵构被尊为"睿圣仁孝皇帝"，幽居在改名为睿圣宫的显宁寺。后来由张浚起兵勤王，平定苗、刘之乱，孟后下诏还政，赵构才在四月复位。不过太子赵旉在同年七月就死了，从此高宗再没有儿子。

建炎三年八月，金兵渡长江，高宗再往浙东舟山群岛、温州逃命。孟后则逃到洪州（江西南昌），后来洪州失守，她又逃到吉州（江西吉安），沿途宫人大半失散，侍卫纷纷逃走。孟后觉得不安全，再逃到虔州（江西龙南）。后来金人在战场上失利，退回北方，高宗才派人把孟后迎回越州（浙江绍兴）。

经过这一年多的流亡奔波后，孟后就不再吃苦了，高宗对孟后极为孝顺，情同母子，她在京城杭州过了五年多太平安稳的日子，于绍兴五年（1135年）

初夏去世，享年五十九岁，葬于会稽县上皇村。祔神主于哲宗室，位在刘后之上，也算因祸得福得以善终了。

恃宠成骄，失势受辱——北宋哲宗赵煦皇后刘氏

话说元祐初年，高太后为了便于管束赵煦，在他身边安排了十多名四五十岁以上的老宫女照料他的日常生活。小皇帝天天与这些婆婆们待在一起，难免索然寡味，十四岁那年，就秘密派人外出物色了所谓的"乳母"——刘氏。此事竟很快传到了宫外，礼部侍郎兼侍讲范祖禹上疏：皇上年仅十四岁，不该是亲近女色的时候，劝皇上进德爱身，又请高太后保护好皇帝，言辞十分激烈。左谏议大夫刘安世也上疏批评。高太后临朝时一再作了解释，声称并无此事。

退朝后，高太后把伺候赵煦的宫女轮番叫去审问训斥。赵煦见回来的宫女一个个红肿着眼睛，像曾经哭过一样，吓得要命。幸亏高太后没再追究，所谓的乳母依旧留在赵煦身边，这就是比赵煦小了三岁的刘氏。

刘氏姿色超群，容貌绝佳，并且能诗善文，颇具才气，曲媚逢迎，工于心计。最初几年，两人慑于高太后的威严还不敢过分亲热。等到高太后死去，刘氏的身份立刻由名义上的乳母变成了御侍，很快由美人晋升为婕妤。赵煦不仅在后宫和她如胶似漆，形影不离，就连外出也时常将她带在身边。刘氏如此得宠，就有不少的大臣溜须拍马，翰林学士蔡京曾专门写了四首诗来奉承她，其中有"三十六宫人第一，玉楼深处梦熊罴"之语。宦官郝随等也成了刘氏的心腹亲信。

刘氏恃宠成骄，神气起来，不要说普通嫔妃，就连孟皇后也不放在眼里。孟后性情和淑，从不与她争短长。宫里的内侍冷眼旁观，往往打抱不平。绍圣二年，孟氏率众嫔妃朝拜景灵宫，礼毕，孟氏就坐，其他嫔妃都恭恭敬敬侍立左右，只有刘氏故意背朝着她远远站立，十分傲慢无礼。这年冬至，孟氏又率众到隆裕宫拜谒向太后，向太后尚未升殿，大家就在旁边暂行就坐。皇后坐的是朱髹金饰的交椅，其他嫔妃只能坐普通的椅子。刘氏立在一旁不愿坐下，她的随从郝随知道主子的心思，连忙给她换了一个与皇后相同的椅子，她才坐下。众嫔妃怒视刘氏，愤愤不平起来。忽然有人传呼："皇太后驾到！"大家马上起立，刘氏也站了起来。伫立片刻，并不见向太后过来，孟氏等人只好再次坐下。这时只听"扑通"一声，众人扭头一看，只见刘氏结结实实摔倒在地，四脚朝天，原来有人趁她站起来时把她不该坐的椅子撤到了一边。人们见状齐声哄笑，总算出了一口恶气。刘氏平日趾高气扬，哪能忍受这种耍弄，顿时恼羞成怒，脸色气得煞白，太后也顾不上见，跌跌撞撞地找赵煦撒泼诉冤去了。郝随跟她出来安慰道："娘娘不必烦恼，只要能早给官家生个儿子，皇后的座位不愁不是娘娘的。"

但刘氏却没耐心等到生儿子的那一天,她把满腔怒火泼向了孟氏,处心积虑地要把孟氏整倒,自己好取而代之。她勾结郝随等人抓住孟氏为女儿治病用道符和做佛事祈福等事,搬弄是非,四处造谣,又添油加醋地告知赵煦大兴冤狱,终于促使赵煦把孟氏废掉。

刘氏挤掉了孟氏,得意至极,日夜祈望着正位中宫,宰相章惇和宦官郝随、刘友端等奸佞之徒也一再请求赵煦立刘氏为后。但赵煦对废掉孟氏有点儿后悔,生怕自己再次出错,不敢当即应允,便把皇后的位子虚悬着,几年未曾继立,刘氏只是晋升一级,升为贤妃而已。

元符二年(1099年)八月,刘氏生下来了赵煦唯一的儿子,赵煦大喜过望,即在九月诏立刘氏为皇后。刘氏满以为这下总是名正言顺了,不想又有臣僚抗疏谏阻。右正言邹浩上书劝谏,赵煦心中不快,但并未发火。刘氏却对邹浩恨入骨髓,晚间向赵煦猛吹枕边风。第二天章惇上朝,一个劲儿地骂邹浩狂妄,赵煦遂下令将邹浩除名,发配新州(今广东新兴)羁管。那些为邹浩说情的大臣,不是被贬就是被捕入狱。

九月二十七日,赵煦登文德殿举行册立皇后的典礼。刘氏费尽心机当了皇后,自然欢天喜地,岂料乐极生悲,当皇后刚过了二十九天,她的儿子(封越王)就生病夭折。赵煦遭此打击,悲痛万分,竟也一病不起,元符三年(1100年)正月初八,死于福宁殿。刘氏几个月间连失两个亲人,刚刚三十一岁就成了寡妇。

哲宗死后,徽宗赵佶即位,向太后垂帘,刘氏被称为元符皇后。向太后很反感她,把孟氏接回宫复立为皇后,多方压制于她,邹浩等人也官复原职。刘氏被迫老实了一段时间,等到向太后和朱太妃相继去世,刘氏就勾结当了宰相的蔡京再次向邹浩、孟氏进行攻击。

当初,邹浩因进谏被流放时,呈给赵煦的谏章留在了宫中,时间一久,不知封存到了什么地方,徽宗赵佶等人都没有见过。邹浩官复原职后,刘氏为了加罪邹浩,在崇宁元年(1102年)五六月间,授意蔡京找人伪造了一份邹浩的谏章。这份谏章伪造得极其拙劣荒谬,不要说邹浩身为大臣不可能说出狂悖的话,就连其中引用的典故也严重失实。号称学问渊博的蔡京拍马心切,整人性急,居然连这种明显的谬误都不顾了。同时,蔡京又根据刘氏的指使,伪造了一份刘氏在元符二年申辩自己的表章,连同伪造的邹浩谏章一起交给了赵佶。赵佶昏庸至极,是非不辨,竟信以为真,在崇宁元年(1102年)闰六月下达一道诏令贬邹浩为衡州别驾,押赴永州(今湖南零陵)安置。蔡京又安排其党羽替刘氏撰写了一份谢表献给赵佶,赵佶竟然诏令交付史馆,载入史册。

刘氏发泄完了对邹浩的仇恨,紧接着便把报复的矛头指向孟氏,三个月后,蔡京借昌州判官冯澥和一班谏官之口把孟氏再次废居瑶华宫,所有参与复立孟氏活动及与邹浩关系密切的臣僚都被贬官流放,冯懈则被提拔进京,当了鸿胪寺主簿。

崇宁二年(1103年)二月,刘氏被尊为皇太后,住处定名为崇恩宫,颇受徽宗尊敬。她既赶走了对手,又提高了地位,志得意满,便再次趾高气扬起来,仗着自己的身份,动不动干预朝政,对赵佶和朝廷大臣指手划脚,并且不甘椒房寂寞,竟做出伤风败俗的勾当,被人发觉,传得满城风雨。

过了一段时间,赵佶对她所作所为大生反感,就与大臣们商议,想将她废掉。刘氏身边的宦官内侍在她得势时,还能忍受她的跋扈撒泼,对她巴结奉承,现在一听说她自身难保,竟也一反常态,对她百般辱骂,刘氏羞愤不堪,无地自容,再加上丧子亡父之痛,于政和三年(1113年)二月,在卧室的帘钩上自缢身亡。终年三十四岁。

惨死在荒凉的北国——北宋徽宗赵佶皇后郑氏

郑氏,直省官郑绅之女。初入宫时,服侍向太后。因聪敏伶俐,喜爱读书,又颇善言辞,故在向太后所居的慈德宫成了押班侍女(即侍女领班)。端王赵佶每天到慈德宫问安起居时,郑氏曲意奉承,无微不至。风流倜傥的赵佶心生爱慕,频频暗送秋波,彼此都情意盎然。向太后也看出了些眉目,索性成人之美,将郑氏赐给了他。从此,郑氏大受宠爱,实际地位远远超过了皇后王氏。

郑氏不仅容貌美丽,举止优雅,秀外慧中,而且自入宫以后,很爱读书,以有才气著称,捉刀命笔字体隽秀、文辞藻丽。赵佶自命儒雅,对才貌双全的女子也格外欣赏,他还经常写些情词艳曲赐给郑氏,郑氏也每每和韵酬答,两人的这种作品传到宫外,人们竞相传唱。郑氏的地位很快提升,几个月间就从贤妃晋封为淑妃,又晋封为贵妃,公元1110年正位中宫,成了皇后。

郑氏之受宠,不仅仅在于她长得好有才气,还在于她善于揣摩逢迎赵佶的心思。在赵佶面前她刻意修饰,摆出谦虚端谨的姿态。册为皇后时,有司要给她制作一套新的冠服,她推辞说:如今国用不足,财政有困难,制作新冠,费用很多,请求把当贵妃时用的旧冠改制一下就行了。还请求罢除黄麾仗、小驾卤簿等仪仗。

起先她因出身卑微,很想在朝臣中找个依靠,抬高自己的地位。可巧有个叫郑居中的都官礼部员外郎,本来他与郑氏娘家没有丝毫血缘关系,只是同姓而已,但他基于与郑氏相同的目的,到处自称是郑氏的叔伯兄弟。郑氏默认,并且向赵佶竭力引荐,很快郑居中升为同知枢密院事。此时,郑氏已宠冠后宫,不再需要郑居中当靠山了,又生怕他在朝廷激烈的政治斗争中连累自己,就按照亲信宦官黄经臣的计策,向赵佶奏道:"外戚不应参与国政,陛下一定想用居中，那就降低妾的封号吧。"于是郑居中被罢为资政殿学士、中太一宫使兼侍读。到大观四年，郑居中因与蔡京勾心斗角，一度得到赵佶的赏识，晋升为知枢密院事。蔡京罢相后，郑居中巴望着当宰相，赵佶察觉其意有些不太高兴。这时郑氏刚刚当了皇后，便对赵佶说："妾回娘家省亲，见居中与父亲相往来，人们都说他在招权市贿，应该加以禁绝，并允许御史弹劾。"结果，郑居中宰相没当上，反而被罢为观文殿学士。由此可见，郑氏凭借皇上的宠爱，竟将朝臣的升降玩于股掌之上。

任何后妃，无论她怎样得宠，守着赵佶这样一个轻佻浮浪的君主，都不可能得到专宠的待遇。赵佶爱恋的女子无数，都各领风骚，擅一时之宠。对此，郑氏不仅不予干涉，还多方为赵佶提供方便，赵佶自然对她更加满意。至于赵佶在政治上的昏聩荒唐，郑氏更是听之任之。像这样一个善解人意的皇后，赵佶即使负心多宠，也不会冷落她的，所以郑氏的位子坐得稳稳当当，从来没有过半点动摇。

公元1125年冬，金兵南犯，北宋危在旦夕，赵佶禅位于太子赵桓，被尊为教主道君太上皇帝，退居龙德宫，郑氏被尊为道君太上皇后，迁居撷景西园。

公元1126年正月，金兵攻陷濮州（今河南滑县东北），渡过黄河。当年闰十一月二十五日，金兵攻破汴京。翌年二月六日，金兵废掉赵佶、赵桓两个皇帝，并凭借宦官邓述开列的名单，把皇子、皇孙、后妃、公主、外戚大臣等共三千多人全部扣押起来，解往金国。

郑氏在金国凄惨地生活了五年，公元1130年秋死于五国城（今黑龙江依兰县），终年五十二岁。直到公元1137年，南宋才闻知了她的死讯，上谥号"显肃"。

公元1142年，郑氏与赵佶的梓宫运回南宋，合葬于会稽永佑陵。

誓言灵验瞎一眼——北宋徽宗赵佶皇后韦氏

韦后是北宋徽宗赵佶册立的皇后之一，南宋高宗赵构的生母。她在靖康之难当中，被金人掳到冰冷酷寒的五国城，做了十五年零四个月的俘虏后，居然有幸被放归中土。在烟景如画的江南西湖汴京，又做了十七年零一个月的皇太后，才以八十高龄辞世，是北宋被掳的两千宗室里最幸运的一人。她的一生曲折多变，充满了传奇的色彩。

韦氏原是浙江会稽人，生于宋神宗元丰三年（1080年）；她出身贫寒之家，从小就和姐姐被卖到丞相苏颂家当丫环。当时苏丞相已退休致仕，离开汴京，定居于丹阳（今安徽省当涂县东）的老家。苏颂年纪虽大，可人老心不老，他先看上了韦氏年轻美丽的姐姐，把大韦收用了；继而又想收更年轻、更美丽的小韦。

当时韦氏姐妹不过是苏家丫环的身份,被又老又丑的男主人看上了,根本无权拒绝。小韦侍寝的初夜,也不知道是因为紧张、还是害怕,年轻美丽的小韦忽然溺床了。苏颂眼见床褥皆湿,只好大声叫来仆人,重新换一床干净的被褥。

等被褥换好,苏颂再搂着小韦上床,没想到韦小姐又溺床了。

苏颂不死心,又叫仆人来换过床褥,继续努力。可是折腾了老半天,韦小姐还是又把新换好的床褥给溺湿了。

最后,家里的被褥都被换光了,六十几岁的苏颂经过这一波三折,用尽各种方法忙碌到东方透出了曙光,依旧徒劳而无功。他对韦氏喟然兴叹道:"你这么会溺床,是大贵之相。看你一身细皮白肉,连一个斑点也没有,莫非另有贵人合适你?逆天者不祥,也罢。看来我们苏家容不下你,我送你进京好了。"苏颂说完,就放弃努力了。

宋哲宗元符二年(1099年)暮春,苏颂挑了一个黄道吉日动身,亲自把小韦送到汴京。

同年六月,宋哲宗下诏为宗室诸王选妃,一共要选二十位佳丽,分送给各王。苏颂替韦氏报了名,结果二十岁的韦氏入选,成为端王赵佶的侍御。当时被选为端王元配的是德州刺史王藻的女儿。王氏为河南开封人,不但是大家闺秀,而且贤淑节俭,修养和风度都很好,所以被封为端王元配顺国夫人。顺国夫人在元符三年为端王生下了赵桓,后来即位为钦宗。

在元符二年一同被选为端王侍御的,除了王氏和韦氏外,另外还有一位乔氏,她比韦氏更早受到端王赵佶的宠幸。

韦氏初进端王府时,和乔氏一同侍候郑贵妃。韦氏因出身低微,备觉势力孤单,便和乔氏结为异姓姊妹,两人私下约定有福同享、有难同当,谁先受端王之宠,就替对方援引。后来乔氏先受端王宠幸,乔氏便在端王面前大力夸赞韦氏的美丽,结果韦氏也蒙恩幸。

韦氏从苏家丫头晋升为端王侍御,真可谓时来运转,但这只不过是韦氏飞黄腾达的开始而已。因为论辈分、论排行怎么也没资格当皇帝的端王赵佶,不久竟鬼使神差地做了皇帝。

原来宋哲宗在元符三年正月驾崩,他没有儿子,只好从哲宗的兄弟当中挑选皇帝。哲宗有十三个兄弟,其中八个兄弟早夭,剩下的五个弟弟里面,论排行当由徐王赵佣当皇帝,论贤能当由楚王赵似当皇帝,怎样轮也轮不到只喜欢艺术和女人的风流纨绔子端王赵佶。但是向太后说徐王正害眼疾,两个眼睛肿得像烂桃子,便主张让排行次于徐王的端王当皇帝。结果赵佶万分侥幸地坐上了皇帝的龙椅,史称宋徽宗,元配王氏则被封为显恭皇后。

赵佶当皇帝了,韦氏也升格被封为平昌郡君。大观元年(1107年),韦氏生下一男，取名赵构，被封为康王，后来很侥幸地成为靖康之难的"漏网之鱼"，逃到江南成为南宋开国之皇帝。

韦氏生下赵构后，被封为婕妤，后来又迁升为婉容。但是韦氏受宠的程度并不及当初一同进宫的乔氏，更比不上徽宗从向太后那儿要来的郑氏和王氏，因为她们都早已被宋徽宗晋封为贵妃了。韦氏和乔氏初入端王府，就是在郑贵妃宫中担任侍女。除了郑、王二氏外，徽宗后宫还有大刘贵妃，小刘贵妃、崔妃……，排名都在韦氏前面。可是到后来，这些受徽宗宠爱的妃嫔，谁也不及韦氏福大命大。

王皇后贤淑过人，可惜福薄了一些，她在大观二年（1108年）就崩逝了，只当了不到十年的皇后，享年二十五岁。

王皇后去世后，郑贵妃在政和元年（1111年）被册立为皇后。她工于心计，善于顺承徽宗旨意。郑氏即位为后时，要求一切仪式从简，后冠也以"国用未足"为理由，请命工匠把她旧时戴的妃冠改一改，将就着用。可见郑皇后很会做人。

韦氏后来也晋升为贤妃，并替儿子赵构聘开封祥符人邢焕的女儿为媳妇，封邢氏为嘉国夫人。

宋徽宗当了二十五年的快活天子，把北宋祸害得快亡国了，才在宣和七年（1125年）冬天，把皇位让给二十六岁的太子赵桓，史称钦宗，次年改元靖康。而靖康元年十一月，汴京就被金人攻陷了。

靖康二年四月，金人掳走徽、钦二帝和后妃宗室三千人北归，徽宗的郑皇后、韦贤妃、乔贵妃，钦宗的朱皇后、康王赵构的元配邢氏全都在北迁的行列中。只钦宗的弟弟康王赵构当时驻守济州（今山东省济宁市），在去金营途中，伺机杀了金使，南逃过江，在杭州城建立了南宋政权。

郑皇后跟徽宗一同北迁，过了五年悲惨的生活，在宋高宗绍兴元年（1131年）崩逝于五国城，享年五十二岁。

宋徽宗抵达燕京时，被金主封为"昏德公"，曾屈辱地穿上奴仆穿的青衣，在筵席间为金主和王公大臣们执壶斟酒，后来又被流放到东北、漠北、跋涉了六七千里，过了九年非人的生活，最后在高宗绍兴五年（1135年）病逝于五国城，享年五十四岁。

高宗的元配邢氏崩逝于绍兴九年，享年三十四岁。

徽宗和郑后崩逝的消息在绍兴七年传到江南，高宗皇帝悲恸不已。后来邢后又崩逝的消息，金人则秘而不宣，所以高宗一直不知邢后已死。高宗念母情切，多次遣使和金人议和，说一切条件都好商量，只要求金人放韦太后南归，但金人都没有答应。后来宋军在岳飞、韩世忠、吴玠、吴磷等名将的率领下屡挫金人，金人才考虑谈和。

金国派萧毅、邢具瞻南下议和，高宗对来使说："朕有天下，而养不及亲。徽宗无及矣！今立誓信，当明言归我太后，朕不耻和。不然，朕不惮用兵。"

萧毅等人临走时，高宗又追着叮咛说："太后果还，自当谨守誓约；如其未也，虽有誓约，徒为虚文。"

绍兴十二年初，宋、金两国终于达成和议，宋国称臣纳贡、割地赔款，终于把高宗的生母韦太后迎接回国，一同南归的还有徽宗、郑后、邢后的棺尸。还活着的乔贵妃、钦宗、朱后以及其他的宗室，都没有能跟着韦氏一同南归。

金人答应放韦氏回江南的消息传来，在北为虏的宋室亲王都欣羡不已，和韦氏结拜姐妹的乔贵妃，还特地拿出五十两黄金送给负责护送的金使高居安，对他说："薄物不足为礼，愿好好护送姐姐还江南。"

大家设筵给韦氏饯行。席间，乔贵妃为韦氏斟满一杯酒，举起杯子递给韦氏说："姐姐回去，见了儿子就当皇太后了，一路上要好好保重。妹妹永远没有回去的机会了，只有死在这里。"韦氏听了放声大哭，众人也跟着哭了起来。

韦氏强忍住悲痛，擦了擦眼泪，伸手要接过酒杯。乔贵妃缩回举杯的手，用另外一只手按住韦后说："等一下，妹妹还有一句话要说。"

韦贤妃说："什么话？"

乔贵妃说："姐姐到了快活处，不要忘了这里不快活。"

韦氏说："不敢忘今日。"

乔贵妃这才把酒杯交给韦氏。韦氏一饮而尽，又大哭了起来，众人也全都放声痛哭。

第二天，韦氏坐上南行的马车，钦宗用手抓住车轮不放，对韦氏喊道："小娘娘，回去后对九弟（高宗）说，我回去只要做太乙宫的宫主就心满意足了，对九弟绝没有别的奢望。"

韦氏慨然允诺说："我先回去，回去以后一定想办法把你们也接回去，否则就让我变成瞎子。"

钦宗这才缩手，放马车南下而去。韦氏在金主派遣的近臣高居安和内使完颜宗贤等人的护送下，终于脱离苦海，朝别了十五年多的故乡奔去。

韦氏一行是在绍兴十二年春天动身的，走到燕山（今北京大兴）时，已经四月，天气渐渐热了，金人怕热，不想再走，口中迸出怨言。

韦氏在车中听到了，怕发生意外之灾祸，便对金使高居安等人说："我觉得天气太热，有点不舒服，可不可以找个地方休息一段时间，等秋凉后再走？"

金人一听大喜，便在附近找了座寺庙，暂时住下来避暑。

足智多谋的韦氏怕金人后悔，故意向金使高居安、完颜宗贤借钱，答应南返到边境时就加倍奉还。高居安等人一听利息这么高，便凑了三千两黄金借给韦氏。

韦氏拿了钱，除了拨一部分在庙里办佛事，为自己祈福之外，剩下的全都犒赏了金人。这样才缓和了金人躁怒的情绪，一路上小心翼翼地捧着债主，好到南边去取款还钱。

七月初，韦氏在宋金交界的淮水边，看到了高宗派来迎接的参知政事王庆曾、奉迎提举知事王瑛和韦氏的亲弟弟韦渊等人。她赶紧向弟弟借钱好还金朝副使。韦渊没那么多钱，要姐姐找参知政事王庆曾商量。

王庆曾此行是受了宰相秦桧的指示，一切可能发生的情况都事先经过沙盘推演，秦桧都做了详尽的指示。没想到韦太后一见面就要借钱，完全在秦桧意料之外。

王庆曾说："臣来之前没接到这样的指示，没法还金人六千两黄金。"

韦太后大怒说："六千两黄金还不出来，难道让金人再把本宫送回漠北去吗？"

王庆曾说："很抱歉，这笔钱秦太师没说还，臣万万不敢擅自做主替太后还给金人。"

双方在边境上相持了三天，王庆曾就是不肯出钱把韦太后赎回国。奉迎提举知事反复劝说王庆曾，王庆曾还是不听。最后王瑛只好掏出自己的私房钱，又向边军将领签字借款，总算把钱凑齐了，交给金人，韦氏这才平安地回到了故国。

韦太后在临平（浙江杭州）见到前来迎接的儿子高宗皇帝后，向高宗哭诉说："王庆曾在边境上，说不借钱就不借钱，一点也不顾娘的死活，娘差一点就回不来了。"

高宗听了，大为震怒，打算下诏杀了王庆曾，幸亏秦桧大力营救，才保住一条小命。

韦太后脱险南归的消息传来，举国狂欢，热烈庆祝，高宗特地请韦太后临朝，接受文武百官的道贺。

韦太后见将相大臣班列于道，问左右说："谁是韩世忠？我在北边，每个胡房都知道他的大名。"左右指了指韩世忠给太后看，太后嘉叹良久。

韦太后又问："怎么没看到大小眼将军呢？"大小眼将军指的是岳飞，因为他两眼大小不一。

左右说："岳飞已死于狱中了。"然后不敢再多说。

韦太后一听，顿时十分生气。她回宫后，对左右侍奉的宫女发脾气，吵着要出家。

高宗知道母亲在生自己的气，要宫人委婉地劝劝太后，还告诉她们说："太后已年过六十，只要能悠游无事，起居适意，自然可以长命百岁，健康到老。如果她使性子，闹脾气，千万要顺着她一点。遇到令你们为难的事，随时来向朕报告，朕自有处分。"

韦太后虽然已六十三四岁了，但是脑筋还清楚得很，她冷眼旁观，发现高宗的心病，请他设法迎回仍然陷身漠北的钦宗、乔贵妃的事变得无法启齿，她只好在宫中穿上女冠的道服，长年茹素，以减轻自己失信的内疚。

高宗知道邢皇后已死，特地罢朝致哀，又为她举行了隆重的丧礼。

过了好久，高宗都没有再立皇后，韦太后几次要儿子早点册立皇后，高宗便请母后替他做主挑选。

韦太后很有分寸地说："我但知家事，外庭非所当预。"后来高宗册立了自己心爱的宠妃吴氏为后，有关典礼细节向韦太后请示时，韦太后全都了如指掌，更令大家叹服。

绍兴十九年（1149 年），韦太后整七十岁，寿诞这天，宫中举行庆寿礼，所有亲属都升官一级。当时韦太后身体有些不舒服，已经一个多月没跨出慈宁宫殿门了，正好御花园牡丹盛开，高宗便亲自进去告诉母后。韦太后听了很高兴，兴致勃勃地走到花园里赏花，高宗特地留太后一同进筵，欢笑竟日。

但是没过多久，韦太后的眼睛忽然开始疼痛起来了。她很清楚，食言之报已经悄然降临到自己身上。果然没几天，韦太后的两眼全瞎了。御医们束手无策，高宗很着急，悬榜天下征求能为太后治病的眼科名医。但是没有人能医好太后的眼疾。

过了一段时间，有个名叫皇甫坦的道士来揭榜。有司引他见过高宗皇帝后，随即带他去替母后治病。

皇甫道士用金针一拨，韦太后的左眼就重见天日了。太后高兴地对道士说："我为两眼失明痛苦了好一段时间，如今总算有幸遇到了你，才能重见光明；现在左眼看得见了，右眼还要麻烦你治一治，我一定有重赏。"

道士笑着说："太后用一只眼睛看东西就够了，另一只瞎的可以用来作为当年誓言的见证。"

韦太后一听大惊，站起来揖拜说："吾师圣人也。"

左右献茶上来，道士只喝了一口就表示要走。韦太后问道："大恩大德，何以为报？"道士说："如果太后有心的话，请将四川灵泉县的朱仙观好好整修一下就行了。"说完后便起身而去。

韦太后下令整修灵泉县朱仙观。完工之日，画匠把观中的朱仙像临摹了一幅进呈韦太后，她见画中的朱仙竟然和替她治病的皇甫坦长得一模一样，才知冥冥中自有神仙相助。

韦太后生性节俭，老年人痰多，高宗派人进呈了一个金唾壶，韦太后把唾壶退了回去，要来人换一个镀金的唾壶就够了。每次高宗皇帝给太后的赏赐，韦太后都把它积存在仓库里。她什么钱都舍不得花，只除了用钱来做佛事，求菩萨原谅她的罪过。

韦太后崩逝于高宗绍兴二十九年，享寿八十岁。

客死金邦——北宋钦宗赵桓皇后朱氏

朱氏，开封祥符人，父亲朱伯材，官任武康军节度使。宣和六年（公元1124年）六月，赵桓当太子，徽宗赵佶亲自主婚，册封朱氏为皇太子妃。次年十月，朱氏生子名谌。在世皇帝生嫡皇孙，这是宋朝开国以来未曾有过的事情，徽宗大喜，隆重庆贺了一番。

宣和七年（1125年）底，赵桓即位，是为钦宗，册朱氏为皇后，追封朱伯材为恩平郡王。靖康元年（1126年）底，在金兵第二次包围汴京时，赵桓每天都驾临城墙视察战况。当时天气奇寒，大雪纷纷，朔风凛冽，经常可以看见冻死的兵卒被抬下城来。朱氏知道这件事后为鼓舞士气，就在宫中率众嫔妃亲手缝制棉围脖，赐给将士。士兵分到棉围脖哭笑不得地说："虽然脖子暖和了，可是浑身单寒又怎么办呢？"汴京终于失陷。朱氏、赵桓等全被金兵俘虏北去。不知何时死在了金国。南宋宁宗庆元三年（1197年），上谥号"仁怀"。

客死金邦——南宋高宗赵构皇后邢氏

邢氏十四岁时嫁给长她一岁的康王赵构为妻，后被封嘉国夫人。

公元1127年，幸免厄运的康王赵构在南京（今河南商丘）即位，南宋建立。遥立被金兵俘虏北去的元配夫人邢氏为皇后。

建炎元年七月，宋朝前武义大夫曹勋奉徽宗、钦宗二圣之命出逃，离开金营之前，邢皇后脱下随身佩戴的金环，派人交给曹勋，并请代向赵构致意，"转告大王，愿如此环，早日相见。"

其间，高宗赵构思念母亲与妻子，也曾几次派人到金邦打探，打算赎回，无奈金主知道邢氏是宋朝当今皇后，更认为她是一张好牌，非要等议和所许的金银、土地如数交清，才能放还。然而宋朝国内连遭战乱，百姓颠沛流离，田地荒芜，商业凋敝，到哪里去搜刮大笔的金银呢？况且，不管二圣，先赎发妻，于情于理都不合适。

公元1139年，年仅三十四岁的邢后终于客死金邦，金人一直秘不发丧。

公元1142年，高宗赵构杀掉岳飞，屈膝求和，金人放还赵构的生母韦太后归宋，才知道邢皇后已经死了三年。经高宗赵构与宰相秦桧再次屈膝向金主乞求，并付出巨大代价，才将徽宗、郑皇后及邢皇后的灵柩换回，并为邢皇后追赠谥号为"宪节皇后"，葬于"宋六陵"陵区孟太后陵的西北隅。

安分守己的贤后——南宋高宗赵构皇后吴氏

吴氏，高宗赵构的皇后。她秀外慧中，能文能武，操行过人，一步一步地升为皇后。她居于深宫，严守不干朝政的律条，但每到关键时刻又能出面主持大局，可称得上是一位贤后。

吴氏是开封人。相传吴氏的父亲吴近在女儿降生之前，曾经梦到一亭，亭子两旁遍种芍药，万绿丛中，一朵红花，艳丽无比，亭子的匾额上有"侍康"二字。吴近从梦中醒来，不明是何预兆。吴皇后十四岁时，康王赵构将她选入宫中。吴近因女升官，方才明白"侍康"的梦兆。

康王赵构即位后，金邦南侵，战事不断，康王东躲西藏，吴氏跟随左右，寸步不离。她极聪慧，又熟读史书，颇能随机应变。一次宫中卫士发动兵变，幸亏吴氏沉着应对，骗走叛军，高宗赵构才免遭大难。后来，金兵大举南来，连陷州郡，高宗逃奔江浙，万不得已，只好乘楼船入海。途中，高宗封吴氏为"和义郡夫人"。

吴氏渐渐得幸，金军北撤后被封为才人。待局势稍稳，回到宫中，吴氏更加用心博览书史，勤习翰墨，从此更受宠爱。高宗的原配夫人邢皇后被金人俘到北方，高宗虚置中宫十六年等她回来，在这十六年中吴氏悉心侍奉高宗，高宗十分感激，有意立她为后，可因生母韦太后远在金国，不能擅自行事。于是，高宗对吴氏说："极知你劳苦，却迟迟不能正名分，朕甚有愧。一俟娘娘（韦太后）归国，你理当正位。"吴氏连忙推辞道："大娘娘远在北方，臣妾不能及时问候已是万分不安。每当宫中开宴，念起娘娘便要落泪。至于正位与否，臣妾做梦也不敢想。"高宗听了，非常感动，更觉着吴氏贤惠。

韦太后南归后，吴氏亲自侍奉起居，体贴周到，往往能先意承志。太后是个严肃的人，但吴氏事必躬亲，使她心满意足，因而太后对吴氏称赞不已。有了太后的认可，高宗便在绍兴十三年（1143年）正式册立吴氏为皇后。

高宗唯一的儿子元懿太子夭折后，后宫再无生育，高宗便在"伯"字行内的太祖子孙中挑选了伯琮作为养子，接进宫中，由张贤妃抚养。那时吴后还是才人，因为自己没有孩子，她也想抚养一个。绍兴四年（1134年）夏，高宗便将伯璩交给她养育。后来张贤妃病逝，吴氏便将伯琮也一同抚养，对两个孩子一视同仁。伯琮性情恭俭，天资聪慧，又喜欢书史，很中高宗心意。不过高宗仍然希望自己能得生贵子，所以没有马上立皇储。但是，时光流逝，高宗仍然没有亲生儿子。伯琮、伯璩分别受封普安郡王、恩平郡王，当时号东西两府，都为养子，一样的官属礼制。

太子未立，朝中议论纷纷，人心不定。高宗事事受秦桧掣肘，他本有意立普安郡王为储，但因普安郡王深恶秦桧奸诈，为秦桧不容，立储之议迁延未决。加之高宗担心伯琮不是吴后从小抚养，立为皇子，皇后会有异议。吴后深明大义，处处为社稷考虑，她对高宗说："普安，其天日之表也。"高宗于是册立伯琮，伯璩出居绍兴。伯琮顺利地继承皇统。

绍兴三十二年（1162年），高宗禅位于孝宗，自居太上皇，吴后称太上皇后,与太上皇一起退居德寿宫。高宗禅位后,与吴后在德寿宫颐养,二十五年中,吴后悉心侍奉,不曾失礼。

吴后善于调解高宗父子关系,所以两宫一无隔阂。一次,孝宗陪上皇在宫中开宴,酒醉许下供奉二十万缗钱。孝宗醒后,早把这句醉话忘得干干净净。上皇在宫中等候多日,不见送钱来,愠怒地问及吴后,吴后忙打圆场说:"在此很久了,不知要银要钱,不敢贸然进献。"上皇生气地说:"要钱用。"吴后即代进20万缗,孝宗得知后很感动,加倍献给太后四十万。宋高宗对一切都心满意足,便不再过问朝政,宋孝宗得以有所作为,他肃清朝政,北伐中原,颇有一番振作的气象。高宗去世后,孝宗见吴后孑身一人,有意将她迎还大内,可是吴后与高宗是患难夫妻,流连故地,不忍心舍弃,孝宗才不再勉强。

高宗死后,孝宗悲恸之余,对朝政心灰意冷,守丧期满就禅位于光宗赵惇。

光宗即位的时候,吴后已近八十岁了。这时她身居太皇太后之位,但是因为孝宗的原因,她被尊为寿圣皇太后。光宗即位之初,想要有一番作为,可是皇后李凤娘既悍又妒,拨弄是非,致使光宗敌视上皇,极少去觐见。又因李后残酷处罚和杀死光宗宠爱的妃子,光宗精神有些失常,从此不大上朝,政事多由李后决策。绍熙五年(1194年),寿皇重病期间思念光宗,渴望一见,李后百般阻拦,孝宗于六月九日在重华宫含恨去世。

太上皇已经归天,光宗不上朝也不肯到重华宫主持丧仪。宰臣留正、赵汝愚等人决定请求寿圣太后出面,主持丧事。吴氏居于深宫,不理朝政,此次她见群情汹汹,人心骚动,为社稷考虑,只得垂帘代行祭奠之礼,丧礼这才如期举行。

治丧期间,光宗仍称病不出,只颁下诏书,尊寿圣皇太后为太皇太后。朝廷无主,一时人心惶惶。留正等人于是联名上疏光宗,请皇子嘉王赵扩早正储君之位,安定人心。光宗看后,只批"甚好"二字。宰相留正再奏,当晚即传出御批,上写"历事岁久,念欲退闲"八个字。留正见御批措辞含糊,遂与宗室赵汝愚商议。赵汝愚认为,还是请太皇太后下诏,让光宗禅位于嘉王。留正以为不妥当,他担心会连累自身,遂诈称有病,连夜逃出京城。京师人心更加不安,大臣徐谊劝赵汝愚早定大计:"嘉王即位,势在必行,国家安危,在此一举。此事关系重大,非太皇太后作主不可,韩促胄乃太皇太后妹妹之子,若由他禀明太皇太后,立刻让光宗禅位于嘉王,大事可成。"赵汝愚找来韩促胄,韩促胄并不推辞,当即面见吴太后。吴氏见形势严峻已无退避的余地,便答应在孝宗灵前垂帘,与执政面议国事。

第二天,是禫祭(除丧服)日,群臣入宫。吴太后在孝宗灵前听政,同意光宗内禅,并主持了内禅大典。南宋朝廷在吴太后的主持下,完成了政权交接,渡过了一场危机。

宁宗赵扩继位后，大臣之间的斗争纷起，几个重臣各立一派互相攻击，打击对方。一时朝中汹汹，群臣不安。太皇太后吴氏得知消息，走出深宫力劝宁宗不要搞党禁，宁宗只得下诏："不必更及往事，务在平正。"党禁暂停。

庆元三年（公元1197年）十月，太皇太后一病不起，拒服御医的汤药。问她原因，太后坦然地说："我寿已八十，死而无憾，难道还要因病连累他人吗？"原来是怕皇帝怪罪御医才这样做的。可见她的德操已经到了极高的境界。

十一月，吴太后病逝，终年八十三岁。谥号宪圣慈烈皇后。

吴氏一生历经高宗、孝宗、光宗、宁宗四朝。她有胆有识，虽从不想揽权干政，但在事关大局的关键时刻还得由她亲自出马，平稳局势，渡过危机。

出身寒家——南宋孝宗赵眘皇后夏氏

孝宗在未曾即位之前，就有妻郭氏已经为他生下三个儿子，长子庄文太子早死，次子被封为魏王，三子即是光宗赵惇。但郭氏未及封后，就故去了。

郭氏死后，吴太后将身边的宫女夏氏赐给孝宗。在孝宗即位的第二年，夏氏被正式册立为皇后。

夏氏十九岁时已出落成一个少见的美女，她的父亲夏协认定女儿大富大贵，便想将女儿送进宫中。但夏氏的祖上并非达官显爵，加上家中不济，连女儿的妆奁之资和盘缠也无着落，夏协无奈，索性典卖房产将女儿送入宫中。

夏协献女后，已囊中羞涩，身无分文，女儿的显达尚遥遥无期，只好惆怅地离开了京师。可返回故里，又已无家可归，只好客居袁州僧舍，号为"夏翁"，艰难度日。

等到夏氏显达，推恩亲属，其父夏协已经去世了，女儿的好运无缘得见。

公元1167年，夏皇后死，谥号"安恭"。宁宗即位后，又改谥"成恭"。

夫唱妇随——南宋孝宗赵眘皇后谢氏

谢氏，姿容秀美，性情善良。她贵为皇后母仪天下，却又极具谦抑节俭的美德，成为孝宗推行俭政的一面旗帜。

谢氏，丹阳人。自幼父母双亡，由翟家抚养成人，遂姓翟。长大后以品行端正、姿容秀美而被选入宫，给吴太后当侍女。后来吴太后将她赐给普安郡王赵眘，封为咸安郡夫人。赵眘继位后，翟氏晋为婉容，一年后，又晋为贵妃。夏皇后去世，翟贵妃于淳熙三年（1176年）十月被册立为皇后，同时，恢复了本姓谢。

谢皇后温柔体贴，性情善良，自奉甚俭。每次进膳，总让孝宗先用，自己所用的一些精美的菜肴她下令减撤。穿的衣服总是洗了又洗，穿用多年，舍不得扔掉。她的弟弟谢渊因其而得高官，谢后唯恐他失德，经常谆谆告诫他说："皇上力行恭俭，我也亲服浣濯之衣，你要自谦自抑，不可骄侈。"

谢皇后此举，深得太上皇高宗以及孝宗的欢心。立后之初，孝宗就曾沾沾自喜地对侍臣盛赞皇后谦抑节俭的美德。谢氏对太上皇和皇太后也极其孝顺，体贴周到。谢皇后还一再辞谢皇上的推恩，削减封赏亲属的名额，比宋朝有名的贤后削减得还多。大臣们对此非常感动，参知政事龚茂良上奏说："以中宫之贵而犹如此节俭，身为臣子应当怎么办呢？"皇后的美德在当时传诵一时，成为宋孝宗大行俭政之风的一面旗帜。

孝宗禅位于光宗后，谢氏被尊为皇太后。宁宗继位，封她为太皇太后。嘉泰三年（1203年），谢氏去世。

既悍且妒——南宋光宗赵惇皇后李凤娘

李凤娘，南宋光宗赵惇的皇后，性悍善妒。

李凤娘是河南安阳人，父亲李道是庆远军的节度使，南宋高宗绍兴十九年（1149年）十月十三日，李凤娘出生在他父亲的兵营里。乾道元年（1165年）冬天，十六岁的李凤娘被召入宫中，做了孝宗三子恭王赵惇的元配，并被封为荣国夫人，这年赵惇十八岁。

乾道三年春，荣国夫人诞生一子，可惜不久夭折。第二年，再举一男，封为嘉王，取名赵扩，李凤娘也晋封为定国夫人。

李凤娘虽然做了孝宗皇帝的儿媳妇，但是老公赵惇是孝宗的二子，上头还有皇太子大哥赵愭、二哥魏王赵恺，一般来说，将来怎么轮也轮不到老三恭王赵惇做皇帝。

但是事实不然，太子赵愭在二十几岁时却意外地病死了。逊位为太上皇的高宗和儿子孝宗商量的结果，决定让老三恭王继位为皇太子。

孝宗乾道七年（1171年），在册封二十五岁的恭王为太子的消息发布的前夕，高宗特地召次孙魏王赵恺留宿在禁宫里，陪他过夜。第二天，魏王回到自己的府邸，才知弟弟恭王已被封为太子。他很不高兴地进宫找太上皇（高宗）说：

"爷爷留恺，却叫三弟越次当了太子。"

高宗安慰孙子说：

"你以为皇帝好当啊？当皇帝的烦恼可多着呢？"

恭王被封为太子，恭王妃李凤娘也由定国夫人晋升为太子妃。

皇太子赵惇身边除了太子妃李凤娘之外，当然还有别的女人，像张氏、符氏，都是赵惇心爱的女人。李凤娘虽然生得五官端正，皮肤白皙，眉眼间自有风情，可在古代中国不兴"一夫一妻制"，王室贵族是可以同时合法拥有好几个女人的。赵惇当然不免常常跟别的女人谈情说爱而冷落了发妻李凤娘。

李凤娘见丈夫召幸别的女人,一气之下跑到宫里向公公孝宗皇帝和太上皇高宗告状,他俩都觉得孙媳妇太过跋扈,心里很不高兴。李凤娘见公公和爷爷都袒护风流成性的丈夫,便三天两头和丈夫吵架,还逼着丈夫把张氏和符氏休了,打算推行"一夫一妻制"。

皇太子赵惇当然不肯,两人互不相让,吵得宫里宫外、上上下下都知道了。太上皇高宗直摇头,说这个媳妇是犟种,生性彪悍,无理取闹。孝宗也很不高兴,好几次把儿媳妇找来,当面训斥说:"你要多学学大妈妈(吴太后),不然的话,小心我把你废了。"可是李凤娘依旧愤愤不平,我行我素。

南宋开国之君高宗二十岁当皇帝,做了三十六年的皇帝之后,在五十六岁时就把皇位让给孝宗,又做了二十五年的太上皇才去世。可孝宗当皇帝时三十六岁,做了二十七年的皇帝,到六十三岁时还舍不得把皇位让给皇太子赵惇,让年过四十头发已灰白的赵惇等得很心急。

有一天,赵惇故意对宋孝宗说:"我的胡须已经开始白了,有人特地给我送来了染胡须的药,不过我没有用。"这弦外之音就是你儿子都已经一把白胡子了,该过过当皇帝的瘾了。宋孝宗自然明白儿子的心意,却故作不明白,严肃地回答道:"白胡须有什么不好?刚好可以向天下显示你的老成。"

赵惇碰了一鼻子灰。

赵惇想托吴太后去劝说父皇。但他不便直说,只是三天两头就派人送鲜鱼鲜果孝敬吴太后。吴太后觉得很奇怪,问近侍说:"皇太孙最近老送礼物来,到底为了什么事?"

近侍说:"太子还不是想求娘娘劝皇帝早点把位子禅让出来。"

吴太后一听,不觉笑了出来。过了几天,孝宗到德寿宫,吴太后找个机会从容地说:"官家也好早点享享清福,把担子放下来交给儿子去扛了。"

孝宗说:"儿臣早就想这样做了,可是太子年纪还小,没什么经历,实在不放心把担子交给他,不然的话,儿臣早就想过清闲快活的日子了。"

吴太后一听,知道孝宗做皇帝还没做过瘾,也不好再劝什么。过了几天,她把太子找来,告诉他说:"我劝过你父皇了,可是他这样说,没办法。"

太子赵惇一听,气得大声说:"儿的头发都已白了,还说儿是小孩。父皇也不想想,他是几岁当皇帝的,爷爷又是几岁就把王位让给他的。"

发牢骚归发牢骚,太子赵惇也拿父皇没办法。直到孝宗淳熙十四年(1187年)太上皇高宗驾崩,孝宗才决定让太子参决军国庶务。又过了两年,才终于把王位禅让给四十三岁的太子赵惇,史称光宗。最讽刺的是,他一直迫不及待地要当皇帝,登上帝位后却无所作为。

太子妃李凤娘也终于坐上了皇后的宝座。

次年,光宗赵惇改元绍熙,绍熙元年就是公元1190年。

赵惇从乾道七年（1171年）二十五岁时被立为太子，到淳熙十六年（1189年）二月奉诏受禅，足足等了十八年，可见皇帝的宝座得来不易啊！这时的李凤娘也已经四十一岁了。

可是李凤娘并没有因为当了皇后而变得温柔、贤淑一些，她那悍妒的天性，反而发挥得更淋漓尽致了。

皇后按时朝觐太上皇和皇太后是宫廷里传统的礼仪之一。孝宗朝时，谢皇后朝觐太上皇高宗和吴太后极为恭谨有礼；到了李凤娘当皇后时，她朝觐太上皇孝宗和谢太后却极为草率。除了她那违背温柔贤淑的性格外，这当然是因为她当年当太子妃时，公婆袒护丈夫，放任丈夫任意玩女人，还不断批评、数落她，说她不贤惠，让她怀恨在心的关系。李皇后朝见退位的公婆，常乘坐肩舆一直坐到内殿，才下轿来。进了内殿拜见公婆，态度也很马虎无礼，看得出完全是应付差事。

谢太后纠正李后，告诉李后她自己当年做皇后时，是如何如何，为何李后却如何如何，听得李后火冒三丈地说："我是官家（皇上）的结发夫妻，情形不一样。"

这两句话像针一样直刺到谢太后的心里，因为她是由嫔妃升级册立为皇后的，并不是孝宗的结发夫妻（孝宗的结发妻子是郭皇后，光宗的生母）。李后的意思是说：你我出身不同，你怎么可以要求我跟你一样，像小媳妇般地去侍候公婆？

太上皇和谢太后听了大怒，打算把出言无状的李皇后废了。他们找太师史浩（史弥远之父）商量，但是史浩年纪已老，不想惹事，坚决反对，二老才打消此意。

李皇后既悍且妒，不孝顺公婆是其悍的表现，虐杀情敌则是她妒的表现。

有一天早上，光宗在寝宫洗手，他看端着金盆侍候自己洗手的宫女一双手很白，不禁赞美了两句。当天晚上，光宗回到寝宫，李皇后派人端食盒送给皇帝，皇帝打开一看，竟是那个宫人的一双手，吓得久久说不出话来，一连几个晚上都做噩梦。

光宗赵惇身边有几个女人，她们一直都是李凤娘的眼中钉，除了符氏、张氏外，还有一个黄氏，也是光宗在当皇太子时就进宫的，都受到赵惇的疼爱。符氏后来被李凤娘逼得离开赵惇，出宫另外改嫁到民家。张氏、黄氏两人，李凤娘撵不走，在赵惇即帝位后，她俩都被封为贵妃。

黄贵妃美丽温柔，颇受光宗之宠爱，她原是太上皇高宗身边的侍女，太上皇见皇太孙身边没什么侍姬，就把黄氏赐给他。赵惇得之，如获至宝，日夜疼爱，惹得李凤娘恨之入骨，必欲置之死地而后快。

绍熙二年秋天，传出了黄贵妃怀孕的消息。李皇后又气又急，便决定下手把"祸根"除掉。同年十一月冬至前夕，光宗因为次日要主持郊祀大典，独宿斋宫，李皇后见机不可失，立刻派人把黄贵妃杀死了。光宗站在祭坛上主持郊祀大典时，传来黄贵妃害急病暴卒的消息，他听到这个不幸的消息，差点当场昏倒，连郊祀大典也无法继续进行下去了。

光宗回宫之后，开始生病，变得言语不清、神志恍惚起来。

太上皇孝宗知道以后，赶到大内抚视，他见儿子张口呓言，疯疯癫癫，连亲人都认不得了，又担心，又生气。他把李皇后找来，大声斥责说：

"皇帝是宗庙社稷的重心，你不好好小心侍候，害他病到这种地步，万一有什么不测，我一定把你们李家全部族诛了。"

说完之后，又把宰相留正叫来，责备他说："你这个宰相是怎么当的，有问题为什么不早一点劝谏，竟把事情搞到这般地步？"

留正说："臣也不是没有说，可是皇上不听，有什么办法？"

太上皇孝宗说："以后你见到什么不对的事要苦谏力谏，如果皇上还是不听，你来告诉我，让我来劝皇上。"

后来光宗病情转轻时，李凤娘哭着对皇上大吐苦水，倾诉委屈说："我几回劝皇上少喝点酒，不听，前一阵子才会害病，惹得太上皇几乎要把我们李家族诛了，我们李家又犯了什么错嘛！"李皇后这一招可真高明，居然把光宗害病的原因推到他爱喝酒一事上头。

孝宗和光宗原本就因继位的问题有些不愉快，加上李后的不贤，父子之间的关系就更糟、更僵了，闹得光宗连父亲也不去探望了。

由于光宗长年不去探望太上皇，朝野上下都十分疑骇。到了绍熙四年九月重阳节这天，宰相、侍从、台谏联合上奏，坚请光宗去重华宫看父亲。给事中谢深甫说：

"父子至亲，天理昭然，太上皇之爱陛下，就像陛下之爱嘉王一样。太上皇年岁已高，万一千秋万岁之后，陛下如何面对天下人之议论？"

光宗感悟，立刻命起驾，要到重华宫去向父亲请安。文武百官闻讯，都列队殿外等光宗动身。光宗走到御屏外时，李后拉着光宗的手不让他去。李后说："天气那么冷，官家何不留在宫里喝酒暖暖身子？"

文武百官听了，面面相觑没有人敢吭气。只有中书舍人陈傅良上前拉住光宗的龙袍，请皇帝不要进去。双方拉拉扯扯了半天，李后怒叱道：

"这里是什么地方？你这个秀才想要砍了驴头是不是？"陈傅良听了，立刻在殿上号啕大哭。

李后问陈傅良大哭是什么意思？陈傅良引经据典地说："子谏父不听，则号泣随之。"

李后听了，更为光火。结果光宗十分尴尬，宣布罢朝，不去重华宫了。这皇家父子老死不相往来，也是历来未曾有过的事。

经过此事之后，光宗心灰意冷，再也不过问国事，结果政治多半由李后来决定。李后变得更加骄奢,她追封三代祖先,扩建家庙,规制比皇室太庙还壮丽。更推恩及亲戚朋友,不但让所有姓李的亲人做官,连李家的门客也都封官赐爵。

绍熙五年(1194年)六月太上皇孝宗驾崩,光宗并没有参加丧礼,只派儿子嘉王赵扩代表主祭。一个月后,光宗以"健康不佳"为由,把王位让给儿子嘉王,这年光宗四十八岁。光宗就只做了五年皇帝,这五年里,光宗有一大半的时间躺在病床上生气、喃喃自语,被人视为疯子。

光宗退位做太上皇,又过了六年抑郁不平的生活。有时候,光宗想起以前施政不当或怠惰倦勤之事,又不免自责,甚而痛哭失声。李凤娘无法,只好频频劝光宗喝酒,要他借酒消愁。

宁宗庆元六年(1200年)初夏,李凤娘太后听算命的预测她有灾厄,于是便临时抱佛脚,在大内僻室独居,穿上道袍,虔诚念佛。可是到了六月,她还是一病不起,呜呼哀哉了,享年五十二岁。又过了两个月,太上皇光宗赵惇驾崩,享年五十四岁。

当李凤娘太后死去的消息传开后,宫廷内外都有一种如释负重的感觉。做人做到这种地步,真是人生莫大的悲哀!

工于心计——南宋宁宗赵扩皇后杨氏

杨氏出身微贱,其母张氏擅长音乐、歌唱,她后来随母亲张氏加入了德寿宫乐部,做了宫中的杂剧孩儿。别看她年龄尚小,但秀外慧中,很有音乐天赋,又生性好学,闲暇则请人教书识字,浏览书史。她人长得机灵,善于迎合太后,尤其是一副袅袅婷婷的身材,更是冠绝后宫。后来被分派侍候吴太后,很得太后的怜爱。

那时宁宗常往太后宫中侍宴,见了杨氏,常常目不转睛,吴太后心中了然,宫中的宦官趁机进言说:"娘娘尚未见玄孙,观杨氏面相,命中合该有子。"吴太后便将她赐给宁宗。

杨后容颜过人,又善承意旨,所以大得宁宗宠爱,先封婕妤,又封贵妃。后韩皇后死去,后位的争夺就开始了。朝臣中要求立后的议论渐渐的多起来。那时宁宗身边以杨贵妃与曹美人最受宠爱。表面上看,二人各有立后的希望,不分高下,实则宁宗已有意将杨贵妃立为皇后。但当朝的权臣韩侂胄却力主册立曹美人为后。因韩侂胄在拥立宁宗时有功,宁宗不便一时否定他的意见,这样立后之事只好暂放。

立后的风声却已泄露出去。杨妃工于心计,与曹美人约定各设酒宴,邀请皇上临幸,以决胜负,并谦让曹美人在先,自愿居后。曹美人不知是计,假意推让一番,便依约行事。曹美人命御厨整备了宁宗最爱吃的肴馔,自己又精心梳妆打扮，请宁宗光临。杨妃掐算准，恰在宁宗饮到似醉非醉、正要上床说事之际，及时赶到，亲迎宁宗驾临自己的宫苑。宁宗便与杨妃登辇而去。到了杨妃宫中，她殷勤劝酒，刻意献媚。宁宗很快便喝得醉不能支。杨妃百般体贴，拥起宁宗，扶入寝室休息。借着和宁宗的亲热乘势提出立后，宁宗一口应允，旁边宫娥奉上早已准备好的文房四宝，宁宗随手写道："立贵妃杨氏为皇后。"就这样，杨妃如愿以偿地当上了皇后。

杨皇后既为中宫之主，非常感戴吴太后的栽培之恩，她的寝宫的墙壁上，贴有吴太后的同宗姓名，平日常问起：这人有否差遣，那人有否安排？以表现不忘太后的大恩，可见她多么工于心计。杨皇后争强好胜，但却出身微贱，常以此为耻，早在册为贵妃时，即与家人明里断绝来往，但在暗中常馈送家人财物。后来索性将朝臣中一个同乡同姓的名唤杨次山的人认做胞兄。宁宗召见时，杨次山声泪俱下，又举了许多例子加以证明。宁宗信以为真，马上将杨次山补官。知情人都知道这是杨后的安排。

杨次山的手下有一个叫王梦龙的，侦知韩侂胄曾有意劝立曹美人为后，报告了杨皇后，从此她对宰相韩侂胄反对册立自己为后之事耿耿于怀。

时机终于来了，公元1207年，韩侂胄首倡的北伐连连败北，与金军的求和谈判也因金人坚持要罪首谋而不果，韩侂胄于是再起用兵之心。杨皇后早就有心寻机诛杀韩侂胄，就指使荣王赵曮暗地弹劾韩侂胄。赵曮不是宁宗的亲子。庆元四年，宁宗因皇子兖王夭折，后宫又不生育，故听从宰相京镗的提议，挑选了太祖的十一世孙赵与愿，抚养在宫中，并赐名赵曮。此时赵曮已封为皇子，晋封为荣王，年方十六岁。杨氏身为母后，又擅于权术，少年荣王自然惟其命是听。

荣王曮奉了母后的命令，便候宁宗退朝时，向父皇进言说："韩侂胄身当国家大任，执迷不悟，再次燃起战火，势必危害国家，希父皇明鉴，速行罢免。"宁宗听了很不高兴，厉声斥责说："黄毛孺子，岂能与闻国事？"杨后见荣王进言没有奏效，只好亲自出马，极力陈情，宁宗虽然固执己见，口气却是软了许多。杨皇后说："韩侂胄的罪戾，宫廷内外，有谁不晓？不过惮于他的权势，不敢明言罢了，陛下怎么至今还被蒙在鼓里呢！"宁宗还是犹豫："事情尚未明了，不宜妄下结论，且待朕安排查明、再议不迟。"朝中尽是韩侂胄的走狗奸党，贸然行事，自会打草惊蛇，杨后自忖此着难以奏效，赶紧进言："陛下身居九重之内，怎能查清详情，我看此事非托付可靠的皇亲不可！"宁宗心中尚不以为然，事已至此，只得由着皇后安排。

杨皇后于是召来其兄杨次山，秘嘱他在朝臣中交结外援。荣王的师傅礼部侍郎史弥远与韩侂胄有宿怨，欣然奉命。杨次山又联合韩侂胄的仇敌参知政事钱象祖、礼部尚书卫泾，著作郎王居安、前右司郎官张镃等人积极准备发难。

公元1027年十一月三日，韩侂胄早朝路上，在六部桥侧，被史弥远的伏兵强行逮捕，押至玉津园。钱象祖立刻上奏宁宗，宁宗料知韩侂胄凶多吉少，有些于心不忍，急下手谕要殿前司追回太师，杨皇后手拿御旨痛哭失声，对说："韩侂胄无礼，竟要废黜我们母子，又枉杀两国百万生灵，陛下欲要追回他，我请先死！"宁宗只好改变主意。权势显赫的韩侂胄就这样不明不白地栽在一个妇人之手。

杨皇后计杀韩侂胄之后，皇子㬎也入主东宫，成为正式的储君，之后又改名为赵洵。史弥远更是一再擢升，渐渐执掌了朝廷大权。嘉定十三年（公元1220年）八月，皇太子赵洵夭亡。后宫仍无生育，宁宗只得再行挑选皇嗣，将宗室之子贵和养在宫中，立为皇子，并赐名赵竑。

史弥远出入后宫，宫廷内外议论纷纷。史弥远本是奸诈小人，靠着走杨皇后的门路，扶摇直上，一再越级升迁。从嘉定元年始，独擅相权多年。朝无正直之士，尽是狐朋狗党。皇子竑对杨皇后和史弥远深恶痛绝，史弥远对此有所觉察，便出重金选购一位善于鼓琴的美女安插在皇子竑的身边，作为眼线。赵竑很爱鼓琴，因此这位美人深得他宠爱，在她面前，也从不掩饰对杨皇后和史弥远的不满，曾将杨皇后与史弥远的丑事写在书案上，扬言一旦得志，即将史弥远流放八千里之外。消息传到史弥远耳中，他于是起了废立之心，想用另一个宗室子弟贵诚取而代之。

原来，皇子赵竑是宁宗为弟弟沂靖惠王挑选的继嗣。贵和成为皇子后，沂靖惠王一支又需另外择人了。史弥远与皇子竑关系不好，便假借替沂王觅嗣，在宗室中寻找和自己关系好的人，以备将来顶替皇子竑，便选中了贵诚。贵诚入宫的时候，年方十七岁，凝重寡言，洁身好学，深得朝野的好评。史弥远又派大臣郑清之悉心教导，贵诚学识渐长，连宁宗也对他刮目相看。史弥远更是天天在宁宗面前诉说皇子竑的坏话，称赵贵诚的优点，希望宁宗改立贵诚为皇子，但宁宗却不表态。

公元1223年八月二十七日，宁宗病重，史弥远于是假传诏旨，宣召贵诚入宫，并改名为昀，封为成国公。这件事做得极为秘密，连杨皇后也被蒙在鼓中。五天以后，宁宗驾崩，史弥远即派杨皇后的侄子杨谷、杨石告诉了杨后废立的事。杨后虽然不喜欢皇子竑，但他是宁宗册立，自己无权更动，摇头不应，说："皇子竑是先帝亲自册立，怎敢擅自变动？"杨氏兄弟反复劝说，一夜之间往返于杨皇后和史弥远之间七次，说得口干舌燥，杨皇后执意不肯。最后，杨谷哭劝说："朝廷内外，军民一心，拥戴成国公（赵昀），如不即行策立，定会生出事变，杨氏一族将无人能活下来。"杨后沉默了许久，才无可奈何地问道："赵昀在哪里？"看到皇后态度终于有了转变，杨谷即兴冲冲地通报史弥远去了。按照史弥远的刻意安排，当晚皇子赵昀被宣进宫中。杨后见了赵昀，扶着他的背说："从今往后，你就是我的儿子了。"随后才派人召来皇子竑。百官已静候朝堂之上，杨皇后于是假托宁宗的旨意废掉济王赵竑，立赵昀为新皇帝，是为理宗。杨皇后被尊为皇太后，与皇帝一起临朝听政。

理宗即位时，已年满二十岁，杨太后已年逾花甲了。杨后自垂帘听政后，太后侄子杨石却忧心忡忡，不久秘密上疏陈述真宗刘皇后、仁宗曹皇后、英宗高皇后临朝听政的缘由，同时兼及两汉、唐朝母后临朝称制的得失，言词恳切。杨后犹如醍醐灌顶，蓦然醒悟。下令朝臣选择吉日，撤帘归政。遂于公元1225年，杨太后撤帘还政。

公元1232年冬，杨太后病逝，终年七十一岁。谥为"恭圣仁烈皇太后"。

客死他乡——南宋理宗赵昀皇后谢道清

谢道清，浙江天台人，南宋理宗皇后。其祖父谢深甫曾经当过宰相；父亲谢渠伯，主管建昌府仙都观，是个闲散官。

谢道清年幼时的命运坎坷，她一生下来就有一只眼睛患先天性的角膜云翳，而且皮肤很黑，自然不能算眉清目秀。年幼的谢道清由于父母早逝，家境变得很差。后来谢道清能够入宫，是因为她的祖父谢深甫担任宰相时曾在先帝宁宗立后的问题上帮助过杨皇后。出于对谢氏一家的感激，在宁宗死后，已身为太后的杨氏，为理宗选择皇后时指定要从谢家诸女中挑选。而此时谢家只有谢道清没有出嫁，她的兄弟就打算把她送入宫中。谁知谢道清在进宫途中又不幸得了皮疹病，可是没想到等到她的病好之后，皮肤竟然全部脱落，原来的黑皮肤因而都变成了莹白如玉的好皮肤。谢家得到消息后十分高兴，又花重金聘请最好的医生，治好了她的先天性角膜云翳。从此以后，谢道清虽然称不上是绝色佳人，但也不再是原来那个丑陋不堪的女子了。

当时与谢道清一同入宫候选的是朝中重臣贾涉的女儿，这位贾小姐格外美丽，于是宋理宗很自然地一眼就相中了贾小姐。可是他的母亲杨太后却反对说："谢家的小姐生得端庄有福，适合做正宫皇后。"左右朝臣也都窃窃私语道："不立真皇后，难道要立假（贾）皇后吗？"理宗迫于多方的压力，没有办法，只好听从太后的主张，开始封谢道清为通义郡夫人，宝庆三年（1227年）九月，进封贵妃，十二月又册封为皇后。

谢道清虽然做了皇后，但是在皇帝面前还是敌不过娇媚美丽的贾贵妃。理宗是个好色之徒，一向专宠贾贵妃一人。后来，贾贵妃去世，他又迷恋上了年轻漂亮的阎贵妃。谢皇后是个安分守己的女子，从来不计较理宗皇帝宠爱谁，对于相貌平平的她来说，能一直稳坐皇后的宝座就已经知足了。杨太后见她自己挑选的皇后这样宽容大度，对她非常器重；理宗皇帝虽然不爱她，也因为谢道清很有自知之明，从不在自己面前抱怨牢骚而感到欣慰，因此对她也很敬重，礼遇有加。

这时，贾贵妃的弟弟贾似道因姐姐受到皇帝的恩宠而一步登天。他从端平元年（1234 年）开始，短短数年之中，相继被提拔为籍田令、太常丞、军器监、大宗正丞等京官。贾似道虽然无德无能，但因为他善于玩弄权术，官职越做越大，朝政大权也渐渐落入了他的手中。而理宗皇帝则一心沉迷在温柔乡中，不问国事，贾似道抓住这个机会，把持了大宋的朝政，一时权倾朝野。

自宋理宗端平元年（1234 年）南宋联合蒙古大军灭金之后，蒙古便开始得寸进尺，不久就公然背弃盟约，开始向南侵犯。他们越过国界，在南宋的地界内杀人抢劫，无恶不作，致使边城的百姓民不聊生，尸骨遍地。公元 1258 年，蒙古大汗蒙哥决定调动三路大军全面向南宋开战。公元 1259 年，蒙古军队会师后包围了合州（今重庆合川）。不久，元兵准备渡江，胆小的理宗一收到军报就连忙和朝臣们商议着往平江或庆元迁都。谢皇后听说皇帝要迁都，当即登殿，极力阻谏。她认为在这样的局势下一旦迁都，必定会造成人心动摇，将会使局势更加恶化，不可收拾。可见，谢皇后还是有一定胆识的。在谢道清的极力反对下，理宗终于没有迁都。

七月，大汗蒙哥重病。九月，蒙哥的弟弟忽必烈率军进围鄂州（今湖北武昌），并准备大举进攻南宋的都城临安。这时，得到前方战况的理宗才开始惊慌失措，他急忙命令各路将军派兵救驾，并加封贾似道右丞相兼枢密使的职务，命他屯兵汉阳（今湖北汉阳），以援助鄂州的军队抵挡蒙古大军。当年十一月，蒙古军激烈进攻鄂州城，宋军因贾似道丝毫不懂领兵统帅之道损兵折将，城中死伤达一万三千人。这时，宋将高达率领援兵赶到力敌蒙古军，加强了防守，暂时保住了鄂州。左丞相吴潜审时度势，根据战势的需要，命贾似道移守鄂州下游的军事要塞黄州（今湖北黄冈）。可是贾似道不但不会带兵，还是个十足的胆小鬼，在赶往黄州的途中，他忽然得到前军遭遇蒙古兵的禀报，当时就吓得手足无措。后来当他发现对方只是南宋的叛将储再兴所率的一部老弱残兵时，才又神气起来。

此时忽必烈一面急攻鄂州，一面扬言要向临安进军，贾似道得到消息后惊恐万分，他秘密派遣部下宋京去向蒙古人求和，还提出丧权辱国的条件，说如果蒙古同意退兵，他愿意以长江为界，退守江南，而且每年向蒙古供奉岁银、锦缎等财物各二十万。没想到蒙古军不满足这样的条件，拒绝了议和。这时，合州守将王坚派人来报，说蒙哥已死，在蒙古大军内部人心惶惶。在这个大好机会下，贾似道本应趁势反击，可是他却再次懦弱地派宋京求和，忽必烈本来就打算撤军回蒙古争夺汗位，这时贾似道竟然主动送上门，就乘机答应了议和条件，放心地率军回北方去了。贾似道见蒙古主力撤走，就出动大军截杀了殿后的一百多名蒙古兵，然后隐瞒向蒙古人求和之事，上表朝廷谎报说："诸路大捷，鄂围始解，江汉肃清，宗社危而复安，实万世无疆之休！"昏庸的理宗对前线的战况一无所知，接到捷报后，竟然以为贾似道为保卫宋室江山立下大功。于是景定元年（公元 1260 年）三月，理宗下诏嘉奖贾似道。四月，理宗又擢升贾似道为少师，封卫国公。

自从所谓的"鄂州大捷"之后，理宗很快就忘记了国难当头，又沉湎于纸醉金迷的荒淫生活中，他命人在宫中兴建芙蓉阁、香兰亭等奢华宫室，还引娼入宫，日夜淫乐。谢道清虽然不满于皇帝的荒淫无度，但为了不危及自己的后位，也只能装作视而不见。

景定五年（1264年）十月，理宗终因纵欲过度而病死，皇太子赵禥在贾似道扶持下继位，这就是历史上的度宗。咸淳三年（1267年），度宗尊谢道清为皇太后，号寿和圣福，进封三代：她的父亲谢渠伯封为魏王；祖父谢深甫、曾祖谢景之，也都追封了爵位。

度宗和他的父亲一样孱弱无能，而且爱好声色，他一切依靠贾似道，甚至尊贾似道为"帝师"。

度宗仅仅做了十年皇帝就也因酒色过度，于七月初八日突然驾崩，只活了三十三岁。在贾似道的操纵下，年仅四岁的赵显即位，称为恭帝，谢道清也随即被尊为太皇太后。谢太后此时已是年老多病，但因为皇帝年龄太小，大臣们屡次上书要求她垂帘听政。谢道清别无选择，也只得同意。

同年二月，元军攻占襄阳，又于十二月攻下鄂州。众多太学生和群臣联名上书，一致要求贾似道亲自督师抗元。贾似道虽然胆怯，但迫于形势，不得已只好在临安设立都督府，仍然迟迟不敢出兵。直到德祐元年（1275年）正月，他才调精兵十三万，从水路发兵。但是大军刚一开到芜湖（今安徽芜湖），他就向元朝江州知州吕师夔提出议和，又将芜湖的元朝俘虏放回，以示诚心，还送了很多荔枝、黄柑给元丞相伯颜，同时答应称臣纳贡。伯颜因为贾似道一向不守信用拒绝议和，并继续进军至安庆（今安徽安庆）、池州（今安徽贵池）。贾似道一时黔驴技穷，只得命孙虎臣率兵屯驻丁家洲，又命夏贵领战船二千五百艘横列江面，他自己则率军驻扎在鲁港（在今安徽芜湖南）。但孙虎臣、夏贵都是胆小鼠辈，随又弃战而走。贾似道见此更加惊慌，宋军随即失去指挥，顿时溃不成军，死伤无数。贾似道当晚即乘小舟逃到扬州。脱险之后，贾似道不但不思重整旗鼓，反而上书朝廷，建议迁都，要皇帝逃往海上避难。迁都的建议又一次遭到了太后和朝臣们的反对。

南宋王朝风雨飘摇，岌岌可危，不但屡战屡败，而且因军饷开支过大导致国库空虚，难以为继。谢太后面对即将崩溃的南宋政权，决定身体力行，紧缩自己的日常开支，并下令裁减了宫中的侍员。

贾似道因鲁港兵败，有辱大宋国威，导致朝中大臣群情激愤。曾经依附贾似道的枢密使陈宜中，见他失势，便上书要求治他的罪。谢太后碍于他是先王贾贵妃的胞弟，竭力庇护贾似道，只罢去了他的平章军国重事和都督诸路军马的官衔。贾似道罪大恶极，谢太后仍对他从轻处分，这引起了朝中大臣和广大民众的不满。七月，太学生和台谏、侍从官三方势力联合，上书请求杀掉贾似道,谢太后仍然不许。这时,贾似道见形势危急,也呈上奏表将责任全部推给夏贵和孙虎臣,乞求太后给予活命。为了避免贾似道一党的投降狂潮,谢道清便削降了贾似道三级官职,命他回绍兴为母守丧。贾似道没有办法只得回到绍兴,谁知绍兴的地方官却关起城门,不让这个卖国贼进城。最后,在众多朝臣的强烈要求下,谢道清只得将贾似道贬为高州(今广东高州东北)团练使,派人监押安置,并抄了他在临安和台州的府邸。

德祐元年(1275年)六月的一天突然发生了日食,国人议论纷纷,都以为这是大凶之兆,谢太后只好削"圣福"(即节约皇室开支)以求上天保佑大宋。当时朝中官员已经所剩无几,丞相老迈,不能理事,陈宜中、留梦炎等人昏聩无能,只会在朝堂互相指责。当将军张世杰兵败于焦山后,陈宜中也弃官逃跑。谢太后见朝中已无人可用,只得写信给陈宜中、夏贵等人前来勤王,但无一遵命而归。只有江西提刑文天祥、鄂州守将张世杰等少数将领率兵来到临安,还有一部分官逼民反的黄岩义民。

这一年年底,元兵全线渡过长江,谢道清知道大势已去,于是升吉王赵昰(音是)为益王,出守福州;信王赵昺(音丙)为广王,守泉州。她想为赵氏家族保留最后一点血脉。不久,元兵攻破常州,谢太后遣陆秀夫等请求议和被拒。元兵很快进驻皋亭山,离临安仅三十里。

文天祥、张世杰等人建议谢太后移宫出海,暂避一时,由他们组织京城军兵与元军决战。但谢道清此时已经心灰意冷,回天乏力,便打算向元军投降。她与陈宜中商量后竟献出了传国玉玺及降表。哪料到伯颜接到玉玺仍不满足,提出要右丞相陈宜中"出议降事"。陈宜中惧怕伯颜加害自己,当晚暗中弃城南逃。在万般无奈中,谢太后只好起用文天祥为右丞相,命他赴元军大营与伯颜商讨投降事宜。文天祥不卑不亢,大义凛然,指责元军的暴行,提出要先退兵再议和。伯颜当然不许,当即将文天祥扣押在元营。

为不致让都城临安生灵涂炭,太皇太后谢道清终于拜表请降。这年二月,元兵兵不血刃,进入临安,恭帝和谢太后都被俘虏。为了瓦解南宋民间抗元的残余势力,忽必烈十分善待谢太后和恭帝,先将她留在杭州养病,八月又把她接到都城,封为寿眷郡夫人。七年后,谢太后在元大都病故,后归葬于临海西郊,享年七十三岁。

国破家亡,晚年削发——南宋度宗赵禥皇后全氏

全氏,宋理宗之母慈宪夫人的侄孙女,幼时,其父全昭孙出任岳州知州,她随父亲生活在岳州。开庆初年,全昭孙任满进京,途经谭州,恰遇蒙古将领兀良哈台率部南侵,先后攻破全州、衡州、永州、桂州,所向无敌。全氏只好与父亲暂入城中避难。

第二年，战事平息，全氏回到临安。父亲全昭孙出调外任，病死治所。就在这一年，忠王赵禥正拟议纳妃，有的大臣便直接提名全氏，说她侍奉父亲昭孙，往返江湖之间，历尽艰险，如果处于富贵，定能常加儆戒，赞成帝德。理宗虽对全氏未加认可，但他眷念母族，倒是很想亲上加亲。又听说全氏之父昭孙早死，便召全氏入宫，抚慰她说："你的父亲昭孙，宝祐年间殁身王事，朕每念及此，总是哀怜不已！"爱已如掌上明珠的父亲早死，全氏自然伤心不已，但她自幼读书习字，深明大义，便随口答道："家父固然可念，但淮、湖一带百姓更是可念！"理宗听了这话，暗自诧异，心想她年纪轻轻，竟能出语惊人，颇识大体，于是主意已定。次日，理宗便告知大臣们说："全氏之女，言语伶俐，宜配太子，以承祭祀。"公元1261年年末，正式册封为太子妃。

　　公元1267年，度宗即位以后，全氏被正式册封为皇后。从册妃之日算起，到度宗去世为止，两人共度过了十四年的夫妻生活。度宗贪恋女色，公元1274年，刚过三十三岁的度宗即告驾崩。年幼的全皇后之子赵㬎奉遗诏之命即位，尊全皇后为皇太后。

　　度宗在位时，南宋已呈亡国之兆；度宗一死，形势急转直下，南宋朝廷度日维艰。全太后虽位居太后，却无意干政，朝中仍由年迈的婆婆太皇太后谢道清听政。谢太后又懦弱平庸，她倚为栋梁的陈宜中等人既不能建策，又不能齐心协力，终致一误再误，合朝被擒。

　　公元1276年年初，太皇太后谢道清宣布投降，元军统帅伯颜进入临安。不久接到降表的元世祖忽必烈指示宋朝母后、君臣前往大都觐见元主，全太后带着少帝与一班皇亲国戚凄凄惶惶地离开了京城。于五月二日，全后母子与侍从等人到达大都（今北京）。

　　元朝皇帝忽必烈见当时元朝的统一战争已近尾声，出于对统一战争的考虑，对赵㬎颇为宽容，封他为开府仪同三司、检校大司徒、瀛国公。当然这只是做样子罢了，实际上，全太后与小皇帝只能在高墙深院中苦熬岁月。许多随来的宫女不堪凌辱，自戕而死。全太后念及小儿伶仃孤苦，无人照看，忍辱含垢，不肯轻生，但远迁北方，不服水土，使她受尽折磨。后来，大局已定，方动了回南方定居的念头。忽必烈的皇后察必看她凄苦难耐，多次向皇帝求情，但忽必烈担心南宋遗民思念故国，引起事端，不肯通融。

　　公元1282年年底，忽必烈下诏命赵㬎和宗室以及前宋官员迁离大都，解往内地，并勒令赵㬎出家为僧。忽必烈命赵㬎赴西藏萨迦寺出家，法号和尊。

　　全太后也奉命削发为尼，出居大都正智寺，后死于此寺。

"断腕太后"——辽太祖耶律阿保机皇后述律平

述律平,辽太祖耶律阿保机皇后。她是北方游牧民族契丹贵族之后,在十八岁嫁给了比她大八岁的表兄耶律阿保机。

述律平与阿保机结婚后,先后生下了三个儿子——长子东丹王耶律倍(即图欲)、次子辽太宗耶律德光、三子皇太弟耶律李胡。

述律平堪称巾帼英雄,她英勇果敢,文治武功过人,在裁决军国大事中可以独当一面,使耶律阿保机无后顾之忧,是他的如意伴侣。一次,阿保机率兵出征,黄头室韦部乘虚而入,进军攻打。述律平皇后勇敢果断,率领留守将士英勇奋战,打败了入侵的敌人,保契丹政权安然无恙。从此,述律平威震北方,英名遍传南北。

述律平在帮助丈夫识人用人上也慧眼独具。有一年,割据幽州(今北京)的汉族军阀刘守光在与李克用之子李存勖的战争中连连失利,派手下观察度支使韩延徽来向阿保机求援,韩延徽见到阿保机不肯下拜,惹恼了阿保机,将他扣留并发配到野外当了牧马的奴隶。述律平观察后发现此人很有些智略,并有较高文化,便向阿保机推荐说:"延徽能守节不屈,正说明他是难得的贤士,这种人不能牧马当奴隶,应该礼而用之。"阿保机于是召来韩延徽,考察之后,当即任命他为参军事(国政外交参谋),倚为不可缺少的左膀右臂。韩延徽感激知遇之恩,尽心尽力为阿保机效劳,在他的建议下,采取的各项政策极大地增强了契丹的经济实力。阿保机认识到汉族知识分子的重要性,从此更加注重从汉人中选拔人才,像韩知古、康默记等人纷纷为他重用,对辽朝的创建出了大力。

公元916年年初,阿保机在龙化州(昭乌达盟八仙筒一带)以东的金铃冈,筑坛即皇帝位,国号"契丹"(辽太宗时改为辽)。并采用汉族王朝的体制,建元神册,自称"大圣大明天皇帝",册封述律平为"应天大明地皇后",在今昭乌达盟巴林左旗南波罗城营造皇都(辽太宗时定名上京)。契丹族奴隶制国家宣告诞生，我国北方历史也揭开新的一页。

辽朝建立后，由于契丹八部的统一，疆土的开拓，外来的俘虏，难民和降附部落的增多，以及农业和工商业的发展，契丹的经济力量、军事力量更加强大。这时的中原地区，正处在藩镇割据、军阀混战、烽火连天、横尸盈野的大动荡时期。以阿保机为首的契丹贵族更加积极地向南扩展。述律平则在这一系列战争中，或亲临战场，或参与决策，成了阿保机不可或缺的幕僚与干将。

公元922年，即天赞元年（后梁龙德二年），晋王李存勖围攻镇州（今河北真定）的张文礼，盘踞定州（今河北定县）的义武节度使王处直也与李存勖为敌，担心镇州一失，定州唇亡齿寒，就暗中差人令已投降了辽朝的儿子王郁设法贿赂契丹贵族，让辽朝发兵南下解镇州之围。王郁向阿保机游说道："镇州美女如云，金帛如山，皇帝若速速前去，都会成为自己的囊中之物，否则将会为晋王所有了。"阿保机被他说动了心，要乘机拿下镇州、真州这两大中原重镇，点集全国主力就要南下。述律平仍认为时机不成熟、不该冒这次风险，对阿保机说："我们有西楼羊马之富，其乐无穷，何苦劳师远出，乘人之危捞好处？我听说晋王用兵，天下无敌，与他交锋可要慎重，万一失利，后悔可就来不及了。"阿保机不听，说了句"张文礼有金五百万，待我取来送给你"。率军而去。攻克涿州（今河北涿县），包围了镇州。次年正月，李存勖亲率五千铁骑来攻，击退辽军，又在望都（今属河北）把阿保机杀了个落花流水。阿保机被迫撤退，正赶上大雪下了十几天，深达数尺之厚，辽兵人马冻饿而死不计其数，狼狈而回。

阿保机得此教训，见汉地未易轻取，即在述律平的策划下，先向西平定力量较弱的突厥、吐谷浑、党项诸部，述律平坐镇皇都，确保后方腹地的安全。西部平定后，述律平又随阿保机回头向东消灭了渤海国，占领了整个辽东地区，也为日后南进解除了后顾之忧。

公元926年七月，阿保机在征服渤海国后的回军途中，死于扶余城（今吉林农安）。由其次子耶律德光继位，是为辽太宗，尊号"嗣圣皇帝"。述律平被尊为"应天皇太后"，操控朝政。

述律平并没有像中原皇朝一样立即立一个新皇帝，而是在长达一年多的时间里，一直由她一个人面南临朝。为了把大权牢牢控制在自己手上和把自己喜爱的儿子耶律德光扶上台，她挥舞着白森森的屠刀向一切妨碍自己的人大开杀戒。

阿保机死去不久，述律平就露出了凶残横暴的一面。她借口捎信给先帝，把各族酋长一个个砍了脑袋。此后，只要哪一个人被她看不顺眼，她说一句"去给我捎信给先帝"，就会把那人送到阿保机墓前杀掉，就连她弟弟敌鲁的妻子，也稀里糊涂地成了她的刀下鬼，至死都不知道自己犯的到底是什么罪。

最后，述律平的屠刀挥到汉人赵思温头上。赵思温原是幽州军阀刘仁恭手下的将领，膂力超群，作战勇猛。投降辽朝后，屡建战功，极受阿保机赏识，授为汉军都团练使。这次不知怎的，得罪了述律平。述律平在上朝时突然命他捎信给阿保机，要杀掉他。赵思温到底在中原官场上混过多年，还有点智谋，不甘平白受死，就站在堂上不肯上路。

述律平问："你侍奉先帝极为亲近，为什么不去！"赵思温回答道："若说与先帝亲近，有谁能比得上太后您呢？太后若能先行，臣一定随后跟上。"这话一下子把述律平问住了。当着满朝文武的面，她愣了半晌，只好说："我不是不想从先帝于地下，只因儿子们还幼弱，国家无主，一时不能前去而已，但我也一定会有所表示的！"说罢，抽出腰刀，把好端端的右手砍了下来，派人送到了阿保机墓中。

赵思温竟奇迹般地幸免于难。述律平万万没有想到，她举起的屠刀竟落到了自己的手上。为了纪念那只右手，表彰自己义殉丈夫的节烈壮举，她专门在上京建了座义节寺，寺中建了座断腕楼，并且树碑纪颂。从此她便得了个"断腕太后"的绰号。不论她是出于政治目的还是真的丧心病狂，在她临朝的一年多时间里，她杀掉了权臣大将百余人，从而巩固了辽国政权。之后，她又知过必改，识才善用，团结任用了不少贤能之士，又从另一角度大大加强了辽国政权建设。

在述律平临朝称制的一年多里，她通过连杀带关，把自己认为的所谓异己全部清除之后，她又开始着手废长立次的计划。图欲深知述律平决心另立德光的意图，就主动提出了让位请求，但述律平仍要摆出一副公正无私的姿态，利用传统选汗的习惯，通过民主推举的形式立耶律德光为皇帝，尊号"嗣圣皇帝"，是为辽太宗，述律平尊号"应天皇太后"。

图欲回到东丹国，仍当人皇王，他刻意装出超脱逍遥的模样，在宫中建起书楼。整日埋头钻研，还作了一首《乐田园》诗，表述自己甘心林泉、无意政治的情怀。虽然述律平和德光表面上也摆出对图欲关心爱护的架势，在图欲之妃萧氏病重时，几次亲临探视；在萧氏死后，还令东丹国举国服丧，但实际上，述律平和德光一时一刻也没有放松过对图欲的防范和迫害。为了削弱东丹国的力量，天显三年（928年）他们乘图欲居留上京之机，令其宰相耶律羽之把东丹百姓迁到东平（今辽宁辽阳），加强辽朝朝廷对他们的控制。同时给图欲增设仪卫，名曰保护，实为监视。德光还多次到东丹王府，伺察图欲的动静。图欲更加郁郁不得志，情绪极度低落。后唐明宗李嗣源闻知，派人从海路持密信加以招诱，天显五年（930年）十一月，图欲满怀抑郁悲愤的心情，借同夫人高氏和部分儿女随从，载着万卷图书浮海南下，到中原寻求避难去了。图欲南逃时，他的长子耶律阮，又名兀欲留在了辽朝。图欲身在中原，心里却时时怀念故国亲人，经常派人回去探视问候。公元936年，他被后唐末帝李从珂杀害，年仅三十八岁。图欲的不幸遭遇，激起了辽朝臣民的极大同情，后来人们纷纷拥立耶律阮当皇帝,就在很大程度上受了这种感情的驱使。

耶律德光即位后,对述律平尊奉备至。在述律平的诞生地坤仪州建起"应天皇太后诞圣碑",纪颂其功德。将述律平的生日十月一日定为永宁节,年年庆祝。有时述律平身体不好,食量减少,德光也不肯吃饭。应对答话稍不如意,述律平就扬眉怒视,吓得德光慌忙退避,述律平不召,他不敢再见。军国大权也仍旧控制在述律平手中,在她的直接干预下,耶律德光本着"因俗而治"的原则对辽朝的官制、军制等进行了全面建设,形成了南面官和北面官两个官僚系统。北面官管辖契丹和其他游牧民族,官吏一律只用契丹贵族担任,是辽朝最高权力机关;南面官仿照唐朝封建制度,管辖汉族等农耕百姓,官吏主要由汉人担任。这些制度的建立,使辽朝奴隶制统治制度逐渐完备起来了,为契丹社会的封建化铺平了道路,是具有历史进步意义的。制度的完善,也使辽朝内部统治秩序暂时安定下来,为进一步向外扩张创造了条件。

可巧,一个天赐良机落到了契丹贵族的面前。公元936年,担任后唐河东节度使的石敬瑭,在晋阳(今山西太原)发动叛乱,要夺取后唐的天下,因兵力不足,上表向辽朝求援,条件是割让卢龙一道和雁门关以北地区给辽,称比自己小九岁的耶律德光为"父皇帝"。觊觎中原为时已久的述律平和德光对石敬瑭的卑鄙计划喜出望外,忙点集起五万兵马,由德光亲自率领,逾雁门关南下,支援石敬瑭,大败唐将杨光远、张敬达,册封石敬瑭为"大晋皇帝"。之后石敬瑭攻陷洛阳,建立后晋,后唐末帝李从珂杀死图欲,也自焚身亡。从八月出兵,到十二月班师,辽朝轻而易举地从石敬瑭手上得到了位于今河北、山西北部以幽州和云州(今山西大同)为首的十六州之地。这十六州山岳襟连,关险错列,向来是中原王朝防御北方少数民族骑兵的天然屏障。此地一失,整个华北门户洞开,直到黄河再也遇不到什么天险。此后,辽朝不但雄踞燕山,虎视平野,掌握了随时可以纵马南攻的战略优势,而且把后晋变成了它的附庸,每年可以从中原坐得三十万匹布帛的财富。儿皇帝石敬瑭为报答辽朝的扶立之恩,给述律平、李胡等人送礼行贿的进贡车马也不绝于途。这真是辽朝开国以来空前绝后的大收获,契丹贵族踌躇满志,更不把中原王朝放在眼里了。

石敬瑭叛乱时,担任后唐卢龙节度使的赵德钧也想学石敬瑭的样子向辽朝称臣称儿,捞个儿皇帝当当,被拒绝。李从珂命他带兵援救张敬达,他又磨磨蹭蹭不肯进军,结果被耶律德光杀了个大败,率部投降被带回辽朝。这时,他向述律平献上大量财宝以及自己所属的田宅,企图买好求宠。述律平表现出对见异思迁、忘恩负义的软骨头极其痛恨,对赵德钧大加冷嘲热讽,令赵德钧羞愧不堪,很快抑郁而死。

石敬瑭靠出卖民族利益当了七年儿皇帝,会同五年(942年)死,他的侄子石重贵即位,中原人民痛恨辽朝的残酷盘剥,掀起了日益浩大的反辽热潮。

石重贵也不甘心受辽朝的凌辱，要求向辽朝只称孙不称臣。耶律德光大怒，连续几年兴兵讨晋，发誓不但要灭掉后晋，还要由自己当中原的皇帝，结果好几次都被晋兵杀败，有一回还差点成了俘虏，多亏胯下骆驼跑得快，才没被晋兵捉住。述律平虽然知道这样讨晋不妥，但也并没有制止，可能是掠夺中原财宝和广袤疆域的贪欲把她原本清醒的头脑冲昏了。于是德光经过充分准备，于会同九年（946年）八月，再次领兵南侵。中原在连年战乱之后，更加凋敝不堪，后晋的统治也早已不得人心。结果辽兵连战皆捷，后晋将官纷纷迎降，十二月，石重贵奉表投降，后晋灭亡。次年（947年）正月，德光开进后晋都城大梁（今开封），洋洋得意地穿起汉族天子服装接受百官朝贺，改国号"大辽"，年号"大同"，表示天下已实现大同，自己要在中原长期居住下去，做天下独尊的蕃汉共主了。

述律平听到这个消息，大喜过望，原有的顾虑和担心一扫而光，立即派出专使，带上酒、果、食物千里迢迢赶到大梁贺赏德光。德光更加得意。

然而，他们的得意和欢欣并没有持续多久。契丹贵族占领大梁后，充分暴露了他们那种落后的野蛮性和掠夺性，他们不仅掠夺了后晋宫廷内所有的嫔妃、宦官、工匠、金帛、珍宝、图书、卤簿仪仗，全部送往上京。而且对华北和中原人民进行了残酷的统治和洗劫。契丹军队的粮秣，一向是由士兵自筹，他们在各地以牧马为名，四处剽掠，称作"打草谷"，中原百姓，无数丁壮毙于锋刃，几多老幼委于沟壑，民不堪命。契丹贵族的这种野蛮、残暴的掠夺行径激起了中原人民的同仇敌忾，聚众抗辽者蜂起并作，到处攻打州县，杀死辽朝派来的官吏，围歼大肆掠夺的契丹兵卒。尤其是大梁以东的起义军来势猛烈，连克宋、亳、密三州，威胁着大梁；澶州王琼起义也使耶律德光感到有归路断绝之忧。他在大梁，仿佛置身于熊熊烈火之中，惊惶失措，谎称天气炎热，归国省母，仓皇北撤。可是，这个双手沾满了中原人民鲜血的刽子手还没有走到辽境，就因惊悸忧郁，患上了重病，终于在大同元年（947年）四月死在了河北滦县境内的杀胡林。随从们把他的尸体解剖，摘去肠胃，塞进食盐，用车载着北去。

耶律德光一死，一度潜伏下来的辽朝统治集团内部的矛盾再次在皇位继承问题上暴露出来，各种政治势力蠢蠢欲动，争相乘机捞权。述律平虽然充分意识到了事情的严重性，但她仍然认为自己拥有无边的权势和强大的威慑，自信自己只要仍像阿保机死时那样，凭借太后的身份，挥舞起白森森的屠刀，要不了多久，就会把不安定因素压制下去，让人们重新战战兢兢匍匐在她的脚下，把自己心爱的三子李胡扶上台。然而，述律平做梦也没有想到，正是由于她临朝称制时的凶残嗜杀，早已激起了一大批贵族勋臣的不满和恐惧，这次耶律德光暴死境外，人们更担心述律平迁怒于众，使阿保机死后的那幕惨剧在自己身上重演。纷纷站到了她的对立面，要坚决与她为敌了。

东丹人皇王图欲投奔后唐之后,他留在辽朝的长子耶律阮被封为永康王。耶律德光南灭后晋时,耶律阮也随军从征,为的是起回埋葬中原的父亲的遗骸。德光猝死滦县,辽军士马困乏,陷入群龙无首的局面。从行诸将耶律安端、耶律察割、耶律刘哥、耶律盆都和萧翰等人众口一词地提出在军中立耶律阮继承皇位。于是行至镇阳(今河北正定),耶律阮正式即皇帝位,是为辽世宗。

述律平得知已经为时已晚,只能承认耶律阮即位了。但述律平和李胡并不真正甘心失败,又在策划发动政变。被耶律阮发觉,为了防止他们作乱,耶律阮索性把他们强行迁到祖州(昭乌达盟林东镇西南)软禁起来,并杀死了参与策划的司徒划设和楚补里。同时,又解散述律平拥有的官户奴隶,分赐大臣,大大削弱了述律平的势力。

公元953年,述律平默默无闻地结束了余生,终年七十五岁,葬于祖陵,谥号"贞烈"。公元1052年,改谥为"淳钦皇后"。

夫妻死于政变——辽世宗耶律阮皇后甄氏

甄氏是辽朝历代皇后中唯一的汉族人,她原是后唐的宫女。

公元946年,辽太宗耶律德光攻克大梁(今河南开封),灭了后晋,这时甄氏已四十一岁,但却风韵犹存。人皇王图欲之长子耶律阮,在随耶律德光进入大梁的时候,见到了甄氏。耶律阮虽比甄氏年轻十岁,但却对她一见钟情,当即迫不及待地抢到身边,宠爱备至。次年,耶律德光死于撤军途中,耶律阮在诸将拥戴下即帝位,是为辽世宗,随即将甄氏册封为皇后。后来她生下了耶律阮的第三个儿子,取名只没,字和鲁堇。

由于耶律阮受他父亲图欲影响很大,对汉族封建文化极其钦慕,甄氏气质儒雅,具有与契丹游牧民族女子截然不同的风范,举止端庄,丰姿娴淑,并且处事谨严,内治有法,虽为皇后,却不借机谋取私利。这一切,自然深深打动了耶律阮的情怀,敬重爱恋,宠遇甚厚。尽管甄氏出身微贱,却有远见卓识,耶律阮每逢大事,总爱与她商量。

耶律阮即位后,又通过打击述律平、李胡一伙的势力,封赏有功之臣,设置北枢密院强化辽朝中央的权力机构等措施,巩固了自己的地位,且深得人心。但是,辽朝社会内部矛盾重重。比如,关于谁来掌握最高权力、是原封不动地在各个领域保持奴隶制还是加速封建化进程、对归附大辽的汉族上层人物是否加以重用,以及关于是否继续进行争夺中原的斗争等等,矛盾分歧十分激烈。受其已去世的父亲图欲主张全盘汉化的影响,耶律阮大体上代表了那种要极力争夺中原、重用汉族上层人物和尽量多采取一些封建成分的倾向。基于此,释放了一批奴隶,把许多从后晋带回的汉族官员委以要职,而对诸部酋长则加以压制，并且几次发动对后汉、后周的攻伐，这些都引起了相当一部分契丹贵族的反对。从他即位的第二年开始，周边部族叛乱朝廷、贵族的谋反就此起彼伏，接连不断。

不言而喻，辽世宗耶律阮封汉族宫女甄氏为后，必定受到一些贵族的非议。他们对于耶律阮破坏了契丹社会氏族间通婚的传统习俗表示不满，纷纷要求他另立契丹本族女子为后。耶律阮迫于压力，虽仍然保留了甄氏皇后的地位，但在天禄四年（950年）还是把自己原先的妃子萧撒葛只册立为皇后，因此便出现了两位皇后同时并存的奇怪现象。

天禄二年（949年），原先参与拥戴耶律阮的萧翰、耶律安端等人企图谋反，被耶律阮镇压。安端的儿子察割以揭发父亲的罪恶为名，骗取了耶律阮的信任。察割表面上恭顺老实，背地里却在积极策划夺取皇位的叛乱活动。大臣耶律屋质几次提醒耶律阮警惕察割的阴谋，耶律阮都不以为然，说："察割舍父事我，岂有异心？"他置内部日益加剧的矛盾危机于不顾，反而轻率地要再次南攻中原，终于招致了一场杀身之祸。

遗憾的是，甄氏的一些正确的见解，如反对攻掠中原等，耶律阮并没有认真采纳。天禄五年（951年），刚刚建立后汉的刘崇向辽朝称侄，要求派兵支持，合攻后周。耶律阮以为有机可乘，不顾甄氏的劝阻和诸将的反对，强行亲自领兵南下，他的生母萧氏以及甄氏、萧撒葛只等后妃也都从军随行。当抵达归化州（今河北宣化）的祥古山时，耶律阮在行宫大摆宴席，祭奠生父图欲，他与群臣都喝得酩酊大醉，沉睡过去。当天傍晚，密谋已久的察割纠合耶律盆都、耶律郎五等人发动了叛乱。他们率兵杀入宫帐，把耶律阮和甄氏杀死在梦乡之中。随后，萧撒葛只亦遭残杀。

公元969年，耶律阮的次子辽景宗耶律贤即位后，将甄氏和萧撒葛只合葬于医巫闾山，建庙祭祀。但甄氏始终没得到谥号。

死于政变——辽世宗耶律阮皇后萧撒葛只

东丹王耶律倍（即图欲）逃往后唐时，他的长子耶律阮（又名兀欲）留在了辽朝。辽太祖皇后述律平把他封为永康王，还把弟弟阿古只的女儿撒葛只嫁给了他。

但耶律阮并不喜欢撒葛只，他被拥立为皇帝时，册封的皇后是他从中原带回的汉族人甄氏，撒葛只仍然只是一个普通的妃子而已。直到公元948年夏她才生下了耶律阮的次子耶律贤，又名明记，即为辽景宗。

这时，契丹贵族接连策动反对耶律阮加速汉化重用汉臣的叛乱，皇后甄氏因为是汉族人，也受到了贵族们的反对。耶律阮迫于压力，只好在公元950年把撒葛只正位中宫，与仍当皇后的甄氏比肩并立。次年八月底，撒葛只生下女儿萌古公主。九月初一,耶律阮带兵南攻后周,撒葛只还在月子里也随军从征。行至归化州(今河北宣化)祥古山,耶律察割伙同耶律盆都、耶律郎五等人发动了蓄谋已久的政变,闯进宫帐把睡在一起的耶律阮和甄氏杀死,撒葛只因宿在别帐,没有当场被杀。当她听到叛乱的消息,不顾自身安危,乘步辇找到察割,请求为耶律阮和甄氏收尸。察割不由分说将她也扣押起来。

政变发生时,官任皮室军详隐的耶律屋质统率着皇室精锐皮室军。屋质逃出后,和辽太宗长子寿安王耶律璟整军包围了察割。察割见势不妙,派人把撒葛只杀死。后察割被擒杀,政变平息。

耶律璟即位,改元应历,是为辽穆宗,追谥撒葛只为"孝烈皇后"。公元1052年,改谥为"怀节皇后"。

跟着残暴的丈夫一同遭殃——辽穆宗耶律璟皇后萧氏

萧氏,辽穆宗耶律璟皇后,她是幽州厌次(今河北安次西)人,父亲萧知璠,官任内供奉翰林承旨。

萧氏自幼受到汉族文化的熏陶,养成举止端庄、温文尔雅的习性。辽太宗长子耶律璟任寿安王时,将她聘纳为妃。天禄五年(951年)九月,耶律璟平定察割之乱后,继立帝位,即辽穆宗,册萧氏为皇后。

但萧氏自幼秉性柔弱、一味顺从的一面,却给十九年后她和耶律璟的悲惨结局埋下了祸端。耶律璟有勇有谋,他是在从兄辽世宗耶律阮遭叛臣暗杀,辽国江山危在旦夕之际,在忠贞不二的大臣及诸王的襄助下,将计就计,平息政变并即帝位的。即位后,贵族们的谋反事件便接连不断,耶律璟采取强硬手段一一镇压下去之后,他以为其统治已经稳固,开始疯狂地饮宴游猎。他每天夜里都要奢食狂饮,而且一定要喝个通宵。整个白天或者昏睡不起,或者纵情游猎,即使隆冬盛夏也不废驰骋。他喜怒无常,动辄因小事杀人,视人命如草芥。虽然耶律璟在位不到二十年时间,也曾挫败了后周世宗柴荣试图收复幽云十六州的进攻,基本保住了辽朝已有的疆域,但由于契丹贵族内部长期的自相残杀,辽朝的国力却大大衰退了,这是与耶律璟的骄奢淫逸、残暴凶狠是分不开的。

耶律璟即位不久,他就听信女巫萧古的话,说是取活人之胆可以合成长生不老之药,于是不知有多少壮年男子活活被杀。到后来,耶律璟暴虐更甚,百官奴仆,稍不如他的意,要么当场砍头,要么施以酷刑:截断手足,燎烂肩股,打折腰肢,裂唇割舌,抽筋剥皮,炮烙铁梳,马踏车裂等等,无所不用其极。吃酒时,近侍给他递杯箸稍迟一点,杀;围猎时,奴隶们驱赶的野兽稍少一点,斩。他不理政事,不振朝纲。要么一年到头不问一事,要么乘着酒兴滥赏滥罚。弄得从大臣到奴仆,在他面前战战兢兢,如履薄冰,生怕稍有触犯,大难临头。总之,耶律璟恣意妄为,暴戾恣睢,而身为皇后的萧氏因过于柔顺,从不敢稍加规劝。

耶律璟四时游猎多在怀州(今内蒙古巴林右旗岗根苏木境),萧氏每每同往。这里山峦起伏,群峰叠翠,有黑山、赤山、太保山,泉水涓涓、麋鹿成群。应历十九年(969年)二月,耶律璟又携萧氏到黑山打猎,同时纵饮狂欢。某夜,耶律璟酩酊大醉,呼索食物时声色俱厉,近侍小哥、花哥、厨子辛古等六人,久已不堪虐待,乘进献佳肴之机,将耶律璟刺死,萧氏也同时被杀。

耶律璟的残暴统治终告结束,萧氏也随着他落了个身首异处的下场。

辽国女主,青史留名——辽景宗耶律贤皇后萧绰

在辽国九帝二百零八年的历史中,萧绰(又名萧燕燕)在其政治、经济舞台上,整整活跃了四十个春秋。在这四十年里,萧绰为辽国的发展作出了重大贡献。她是一位杰出的女政治家,堪称契丹女皇。

总摄军国大政

萧太后,名绰,又名萧燕燕,是辽景宗耶律贤的皇后。

萧燕燕出生于辽穆宗应历三年(953年)五月,其父萧思温是辽太宗耶律德光的驸马都尉,其母是长公主吕不古。萧燕燕自幼聪明过人,天慧早开,喜爱读书,且性格坚强。由于萧思温没有儿子,将这个女儿视为掌上明珠,加上她出众的容貌与过人的智慧,因此萧思温对萧燕燕寄予厚望。

据说,父亲萧思温一心一意要给她找一个好婆家,嫁一个如意郎君。在反复斟酌下,他准备把这位宝贝女儿嫁与韩德让为妻。韩德让出生于玉田韩氏家族,父亲韩匡嗣深得耶律阿保机和他的皇后述律氏的器重,被当成亲生儿子一样看待,荣宠可见一斑。韩德让本人自幼喜读汉文典籍,文韬武略名冠一时,志向远大,仪表不凡。对于这门亲事,萧燕燕也是充满期待的。她曾写藏头诗给韩德让:"愿作冰轮月一盘,结伴乘风环宇间,良辰美景早当现,缘何不见彩云缠。"表达了愿结良缘的期望。

辽穆宗嗜酒如命、性格残暴,常常为一些小事将大臣、近侍随意砍杀。辽应历十九年(公元969年)二月,辽穆宗带着萧思温等亲信大臣前往黑山(今内蒙古巴林右旗岗根苏木境)打猎。就在当时的一个夜晚,喝醉酒的辽穆宗遭到不堪虐待的侍役们报复,被近侍等六人刺杀。事情发生后,随同前往狩猎的侍中萧思温当机立断,立即伙同南院枢密使高勋和飞龙使女里等率精锐甲骑千余,拥立辽世宗的次子耶律贤为帝,是为辽景宗。

辽景宗登基后,拜萧思温为北院枢密使兼北府宰相,委以军政大权;同

时，为了报答他的拥立之功，辽景宗特别提出要选他的爱女萧燕燕为贵妃。这时的萧燕燕只有十六岁，但早慧聪明，美丽动人。就这样，萧燕燕没有成为韩德让的妻室，反倒入宫成了辽景宗的妃子。不久，萧燕燕就被册封为皇后，尊号承天皇后。

南院枢密使高勋和飞龙使女里，都是景宗称帝前的亲信，他们对萧思温女儿封后，并因为女儿而执掌朝政妒恨交加。保宁二年（970年）五月，景宗前往闾山（辽宁阜新）行猎，萧思温随行。高勋和女里认为这是一个好机会，合谋命人前去行刺。萧思温猝不及防，一命归西。父亲的死，使年仅17岁的小皇后萧燕燕受到了极大的刺激，如此残酷的权力斗争，使她的政治阅历迅速成熟。没有了父亲的帮助，却有丈夫的支持，她开始发挥自己的才干，协助景宗治理国家。

当时的辽国，经过了穆宗十九年的残暴治理后，国势已日渐衰微。朝野上下人人思治，对世宗、穆宗时内乱不断、政务不修的政治局面十分厌倦。面对混乱的局面，景宗也想励精图治，将国家扶上中兴之路，于是，景宗和萧燕燕一道，兢兢业业治理朝政。他俩选贤任能，使辽朝的政治、经济开始好转。然而景宗的身体使他力不从心。于是他将希望寄托在了聪慧过人的皇后身上。在景宗的支持下，萧燕燕得到了尽显才能的机会，开始推行全面的改革，也由此得到了群臣由衷的钦佩和效忠。

保宁四年（972年）十二月，十九岁的萧燕燕为辽景宗生下了长子耶律隆绪。景宗后继有人，对萧燕燕更是宠爱无比。随着时间的推移，年轻的皇后萧燕燕已经被锻炼成一个成熟的政治家，在景宗的默许下，辽国的一切日常政务，都由她独立裁决；如果有什么重要的军国大事，她便召集各族大臣共商，最后综合各方意见再做出决定。她所做的决定，景宗也只是听听通报，表示"知道"了就算数，不做任何干预。在萧燕燕的努力下，辽国对外的军事日渐强盛，对内的政局经济也步入正轨。

保宁八年（976年）二月，辽景宗传谕史馆学士：此后凡是记录皇后的话也要称"朕"或"予"，并写进法令。这就是说，景宗将妻子的地位提升到与自己同等的程度，他将一个皇帝所能给予的最高嘉许给了自己的皇后，使得萧燕燕实际上成为大辽国的女皇。

乾亨四年（982年）九月，三十五岁的辽景宗在出猎途中，病卒于云州（山西大同）焦山行宫。临终之时他留下遗诏："梁王隆绪嗣位，军国大事听皇后命。"这道遗诏无可争辩地将辽国交到了时年仅二十九岁的皇太后萧燕燕手里。这时的萧太后虽然已经真正治理辽国十三年了，但是饱读史书的她非常了解辽国从前历次改朝换代的惊险过程，面对自己年仅十二岁的长子隆绪，摄理国政的她，首先想到的是主少国疑，宗室亲王势力雄厚，局势易变。这位新寡的太后在大臣耶律斜轸和韩德让面前流着眼泪说："母寡子弱，族属雄强，边防未靖，我们该怎么办呢？"看见萧燕燕孤立无援的小女人模样，几位重臣一时都似乎忘了面前是一位执掌国事十余年的太后，一个个英雄气壮，都上前安慰并发下重誓："有臣等在，太后不必忧虑。"于是，萧太后开始筹划景宗去世后的朝政。

萧太后十分重视任用贤能之人。拜耶律休哥为契丹最尊之职——于越，让他坐镇南京，总理南面军务。耶律休哥在南京施行"更休法"，让各地的将士转换戍边，保持锐气。他又奖励农桑，修治要隘，加紧练兵，只两三年工夫，耶律休哥就使边境的军力、经济得到很大发展。萧太后把侄女嫁给耶律斜轸，并任命他为北院枢密使，管理内政事务，尤其是严管贵族。与此同时，采纳南院枢密使韩德让的建议，对宗室亲王颁布命令："诸王归第，不得私相燕会。"分隔开后再各个击破，使他们失去兵权，解决了内部夺位的一大隐忧。

统和元年（983 年）六月，辽圣宗率群臣给萧燕燕上尊号为"承天皇太后"。萧燕燕以承天皇太后的身份总摄军国大政，就此开始了辽代历史上著名的"承天后摄政"时期。萧太后对辽国的制度和风俗，进行了一系列大刀阔斧的改革。这些改革包括奖励农耕、宣导廉洁、治理冤狱、释放部分奴隶、重组部族。这些措施，不但将辽国从奴隶制国家进一步向封建制转化，更重要的是，改善了契丹族与汉族之间的关系。

辽国原叫"契丹"国，是一个以契丹族为主体的国家，在陈旧的法律条文中，契丹人与汉人等其他民族的地位是完全不对等的，契丹人比汉人具有更多的权利，族群之间的对立积累日久。萧太后对这些不利国家发展的法律进行了改革，规定只要是辽国子民，无论是契丹族还是汉族，都一律平等对待，负有相同的责任。萧太后还严格执行了"王子犯法，与庶民同罪"的政策，保护了百姓的利益。为了检讨从前执法的缺陷，萧太后制定了"上诉"制度，允许自觉冤屈或量刑过重的百姓直接到御史台告状；她派专人巡察各地，清理陈年旧案，洗雪冤屈，如有需要，她甚至还亲自决狱。萧太后对罪犯也给予相当人性化的处理方法。例如，犯人的尸体由示众三日，改为执行后的次日就可以收葬。再有，主人不可以擅杀奴婢，奴婢犯下过失必须交由公堂审决等等。萧太后在修订法律时，所做的最令人称道的决定莫过于废除"连坐"之条。该法过于残忍，害及无辜，经常是一人犯谋逆之事，兄弟不知情者都难逃一死。萧太后在执行法律时，最难能可贵的是不因私废公。辽景宗死后三个月，有个叫乃万十的人，醉酒后对人大说宫掖隐事，炫耀自己是个万事通。按照从前的规矩，乃万十是死定了，但是萧太后只是将他打了一顿板子而已。一些部民失火，不慎烧到了辽国圣地木叶山，本来也是死罪，但萧太后也仅给一顿板子，并不认为一点闲言闲语或无心之失就该夺人性命。

统和六年（988 年），萧太后还在辽国实行科举制度，为平民能够发挥才能、跻身上层社会开了一条道路。萧太后闻善必从，励精图治，所有的这一切，都使辽国吏治逐渐清明、社会稳定，国家建设日新月异，日益强盛。无疑，萧太后的所作所为使辽国上下都心服口服。

辽宋"澶渊之盟"

辽景宗即位时，一度东西横行、声威万里的强大辽国，由于皇族内部争权夺利的倾轧，已走上了败落。国内百姓贫困，积怨甚重，隐忧不断。在中原地区建国已有数年的北宋，已完成了中原的统一，并屡屡向辽的附庸——太原的北汉政权用兵。基本上，辽国已经处于内外交困的状态。

萧燕燕不仅治国有道，而且用兵有方。乾亨元年（979年），宋军攻北汉。萧燕燕对景宗说："北汉与我相好，宋既攻北汉，难道就不想攻我幽、云十六州，我们应该备战。"二月，宋太宗赵光义亲率大军，直逼太原。萧皇后下令南府宰相耶律沙为元帅带兵救援北汉，又命耶律斜轸率部为后援。耶律沙部同宋军在白马岭相遇。辽、宋两军隔涧相峙，耶律沙本想等耶律斜轸的后援部队到来后合兵一处，再发起攻击，不料辽国监军、冀王耶律敌烈却坚持立即攻打宋军，辽军在白马岭被宋军打得大败。景宗大怒，要治耶律沙的罪。皇后萧燕燕说："罪不全在耶律沙。冀王只求急进，没有考虑到地形是否有利于作战，强行开战，才是致败之因。"景宗听了皇后的话让他戴罪立功，以将功抵罪。

宋灭了北汉，宋太宗赵光义志骄气满，挥军直指南京。消息传到朝廷，萧燕燕对景宗说："不出我所料，宋主果然来攻幽燕了。"没过几天，北院大王耶律奚底和统军使萧讨古在南京东北面的沙河，与宋军交战，战败，宋军围困南京的急报又传来了。景宗吃惊不小，萧燕燕镇定地说："皇上不必担忧，我已令耶律沙赶赴南京，并令耶律休哥和斜轸增援了。南京城池坚固，韩德让等人颇有智谋。宋军孤军深入，后续无援，南京一定能守住！"果然，不出所料，乾亨元年七月，宋、辽两军战于南京北的高梁河，大破宋军，宋朝皇帝赵光义险些被俘。

宋雍熙三年（986年），宋太宗闻知萧太后临朝以后，与韩德让私通，引起内部贵族的不满，认为有机可乘，经过一番准备，于这年三月开始了大规模的北伐。宋军兵分三路：东路以大将曹彬为帅，出瓦桥关（今河北雄县西南），进攻辽南京；中路以田重进为帅，出飞狐口（今河北涞源北），谋攻蔚州（今河北蔚县）；西路以潘美、杨业为帅，出雁门关（今山西代县），谋取辽西京。宋军意在以东、中两路大军将辽军牵制于幽州，使其无暇西顾，西路军乘机攻取大同，然后东进，会师幽州。

战报传来，萧太后临危不乱，沉着应战，她冷静分析，从容布置。命令驻扎南京的耶律休哥抵挡东路曹彬一部，并派兵增援；命令耶律斜轸抵挡西路潘杨一部。然后自己亲临前线，指挥作战。她纵观全局，指挥若定，毅然决定以主力对付宋东路大军。不久，她便率兵在涿州迎住曹彬，与宋军对峙，摆出进攻的姿态却不出兵，只在夜间派小股骑兵骚扰曹彬的大营，这样虚虚实实、真真假假，牵制着曹彬。萧太后此时已派耶律休哥深入曹彬背后，截断其粮道和军需供应，形成了前后夹击之势。曹彬被围，水源被断，人马皆渴，不久就打败曹彬。接着，又乘胜追击至易州之东的沙河，惊魂未定的宋军见辽军追来，不顾一切地抢渡逃窜，踩踏溺死者大半。

东路主力部队一败，中路军也难以支持，很快溃退。宋太宗见状，急令西路军负责掩护军民撤退。这时，萧太后已抽出身来，全力对付西路军。七月，西路宋军退至代县一带。宋朝名将杨业审时度势，认为辽军气势正旺，不能硬拼；再者，皇帝已下令撤退，也应该暂避其锋芒。然而，一同率领西路军的潘美却欲争功，斥责他胆小怕死。身经百战的杨业不堪受辱，负气进攻朔州。结果正中了萧太后所设的圈套，陷入了辽军的埋伏之中。主将潘美原本是带了主力来接应的，他怕杨业抢了头功，带伏兵出谷口想要赶到前线去争功，在半路上得知杨业战败的消息后，真正胆小怕死的潘美却又立刻带着兵士逃之夭夭了。杨业突围不成，便命部下各寻生路。然而部属无一人愿做逃兵，都誓死相随，最终全数殉国。杨业本人也被活捉绝食殉国。萧太后对杨业视死如归的军人气质非常赞叹，但是为了鼓舞士气，她只好下令将杨业的头颅传送边关各地。杨业头颅的四处传送使辽军士气大振，而宋朝守军则大受打击，未曾对敌，便已失信心。辽国顺利地收回了所有的疆土。

在萧太后的从容指挥下，辽军全线告捷，迫使北宋王朝放弃了攻打幽、云十六州的打算，对辽国也由战略进攻转为战略防御，并以保、定（今属河北）为中心，西到太行山，东到海滨的塘沽一带，修筑界河，广种榆柳，设镇驻守，以做屏障。雁云大捷后，萧太后更进一步经略军事，开始主动地向宋朝挑战，甚至多次亲自披挂上阵、跃马疆场，成为中国历史上少有的以武功卓绝著称的皇后。在所有战事中，她几乎都能取得胜利，成为威名远扬的一员女将。

辽国的声势也在她一次次旗开得胜中扶摇直上，党项、女真等等周边部族国家都纷纷向辽国称臣纳贡。

宋真宗景德元年九月，萧太后身着戎装，亲御三军，倾全国之兵南征。大辽兵马在萧太后的率领下，声势浩大，一路上她绕过宋军坚守的保、定等地，直抵黄河北岸的澶州（今河南濮阳）。对岸就是北宋的都城开封汴梁。战报传到宋廷，朝野上下一片惊慌，有的主战，有的主和，有的主张弃汴京迁都。参知政事王钦若主张迁都金陵，枢密院官员陈尧叟主张迁都成都，都是属于畏避逃跑一路。朝中宰相（平章政事）寇准却建议皇帝御驾亲征。

消息传来，宋军士气大盛。当宋真宗出现在澶州前线时，士兵高呼"万岁"之声传出数十里。宋朝军民顽强的抵抗，使萧太后不得不冷静地分析前线战场的态势。事不凑巧，辽军大统帅萧挞凛前往城下察看地形时，被宋军伏弩射死，大军深入，背后宋朝州城坚守，仍有后顾之忧。经过谈判，双方握手言和，签订了"澶渊之盟"。它是萧太后以军事讹诈手段在政治、经济上取得的重大胜利；也是她审时度势、闻善必从的政治风范的体现。"澶渊之盟"明确规定了辽、宋兄弟之国的政治地位，划定了双方的边界。然而，对于萧太后来说，沿边州、军各守旧疆之谓，实际上就是从法律上获得了幽、云十六州的所有权，这一点对于契丹的发展（尤其是汉化、封建化进程）产生了重要作用。

南方边境保持相对安定，萧太后又集中力量经营内部，统和二十五年（公元1007年），萧太后在原来奚王牙帐之居建成中京大定府，建节度使，都省统领，加强契丹对奚故地的控制。

南北通和以后，萧太后与圣宗君臣多居于此。中京武功殿，是圣宗皇帝的居处；而文化殿，则为萧太后所居。萧太后晚年的时光，大半都在辽中京度过。

"澶渊之盟"使得辽国与宋朝关系进入新的阶段。从此，宋、辽双方进入了百余年相对稳定的和平发展时期。第二年，萧太后还下令在双方边境开设市场进行贸易，加强了经济、文化交流。在11世纪中国逐步走上统一的历史进程中，萧太后看到双方势力均衡，能够相结盟好，化干戈为玉帛，对于宋、辽双方社会经济的稳定发展，和人民生活的改善，乃至民族融合都有积极意义。正是这样一个和平安定的环境，才使萧太后真正开创了一代"中兴"大业。

嬖幸韩德让

萧燕燕以"皇太后"的身份治理国家，虽然这时的皇帝是辽圣宗耶律隆绪，但是萧太后才是真正的最高统治者。多年的历练，早已使她对驾驭臣下的帝王之术操控自如。虽然宗室们仍然有些不轨之心，但朝中臣工对这位年轻太后"明达治道，闻善必从，习知军政"的才能钦佩得五体投地，萧太后因此而达到治下臣工"多得其死力"的忠心。

在萧太后的亲信重臣里，有一个特殊的人物，他就是前面提到的韩德让。他本来自幼与萧燕燕订有婚约，只是由于景宗即位为帝召萧燕燕入宫为妃，姻缘才中途中止。辽景宗死时，韩德让的忠心和才能得到了进一步的展现，他不但为萧太后出了一个辖治宗室的绝妙计策，还"领宿卫事"，直接负责他们的安全。这时的太后萧燕燕还不到三十岁，治国时下手无情的她，对于韩德让这位身份特殊的股肱之臣，却表现出了与众不同的儿女情意。据说，景宗去世后不久，萧太后就对韩德让吐露了多年的情意："我从前曾与你有过婚约，现在皇上去世，愿与你再续前缘。现在我儿子当了皇帝，他也就等于是你的儿子，愿你好生照看！"韩德让想不到当年的那个小女孩经过这许多年，已当上了太后，却仍然对自己旧情缱绻，实在是感动莫名。从此他更对萧太后忠心耿耿。他们出则同车，入则共帐，就连接见外国使臣的时候都不避忌。

当然，对于萧太后的私生活，契丹贵族内部也不是没有意见。韩德让毕竟是一个汉人，如今不但位高权重，还俨然成了太后的后夫、皇帝的继父，契丹贵族议论纷纷，有些人更以韩德让"非我族类"为由，坚决反对太后对他的宠信，甚至散布一些韩德让不忠于太后和辽国的流言蜚语。他们并不反对太后再嫁，只是无法接受太后所爱的居然是一个汉人。

萧燕燕一向对韩德让另眼相看，这在契丹贵族和辽国宋国之间早已不是什么秘密。早在统和初年，韩德让大怒之下砸死了与父亲韩匡嗣有宿怨的涿州刺史耶律虎古，萧燕燕就没有加罪；统和六年（988年）四月，在南京的一场马球赛上，大臣胡里室将韩德让撞落马下，可能由于此举明显是有意为之的缘故，萧燕燕勃然大怒，立即就将胡里室斩首示众。

虽然世人都知道萧太后与韩德让之间的私情，但是这毕竟是没有名分的事情，后来萧燕燕派人将韩德让妻子缢死，"遂入居帐中，同卧如夫妻，共案而食。隆绪所居，与帐相去百许步，卫兵千人，膳夫三百人，杂以蕃汉女奴，国事皆萧氏与韩参决"（事见《宋会要辑稿·蕃夷部》）。

自从萧太后正式表示下嫁韩德让之后，对于韩德让的"继父"身份，辽圣宗耶律隆绪不但毫无反感，而且还对韩德让有着发自内心的尊敬和父子般的感情。生活上，萧太后对韩德让也是格外关心，嘘寒问暖。宫内起居，连辽圣宗也与他行家人之礼，恭恭敬敬，如待生父一般。圣宗要自己的两个弟弟每天都去向韩德让问候起居，而且让他们在离韩德让寝帐二里以外的地方就必须下车步行；韩德让如果离京外出返回，两位亲王也要站立迎候，问安拜见。

身为辽国皇帝，耶律隆绪去见韩德让时，礼节更是一点都不含糊：他会在五十步以外的地方下车步行，韩德让出接，圣宗也一定会恭敬地先向他执父子家礼。

统和十八年（1000年），韩德让成为辽国权力最大的实权人物。统和二十二年十二月，韩德让被赐姓耶律氏，改名为耶律隆运，出宫籍，录横帐季父房，封晋王。除了这些头衔，他还得到了一座规制与皇宫不相上下的文忠王府，享有帝王级别的随从队伍。从此，以述律平皇后奴隶身份出现在辽国历史上的韩氏家族，正式成为皇族。

韩德让没有辜负萧太后的信任和爱慕，终其一生，他都对萧太后忠心不二，从不曾利用她给予自己的特权做任何危害辽国朝政的事情，殚精竭虑地为辽国的振兴发展尽力。萧太后死后，韩德让抑郁寡欢，一年后也重病不起。辽圣宗和皇后每天执子媳礼为他侍奉汤药，却仍然回天乏术。统和二十九年（1011年）三月初，韩德让与世长辞，享年七十一岁。辽圣宗为继父举行了隆重的葬礼，一切规制都与母亲一样。他亲自拉着韩德让的灵车送出百步之远，并且为他服丧，随后将他安葬在母亲的身边。韩德让备受生荣死哀，这在历史上皇太后以私情见宠的人当中是少见的。其中的奥妙就在于，韩德让在政治上的确是位颇有才干,并且对大辽忠心耿耿的人物。

中国历史上的后妃数不胜数,然而通观下来,只有萧燕燕,不但建功立业、彪炳史册,而且还作为一个女人,真正享有完整的人生。

萧太后终年五十七岁。死后葬于辽乾陵,谥号"圣神宣献皇后"。

死于陷害——辽圣宗耶律隆绪皇后萧菩萨哥

菩萨哥的父亲萧隗因是隆绪之母承天太后萧绰的弟弟,母亲是与萧绰情如夫妻的大丞相韩德让之妹。菩萨哥姿色艳丽,聪颖贤惠,萧绰、韩德让都很喜欢她,隆绪对她更是爱宠备至。统和十九年(1001年)五月,辽圣宗耶律隆绪将妃子萧菩萨哥被册立为皇后,尊号"齐天"。

菩萨哥早在十二岁时,也就是隆绪即位的那一年,就入宫为妃了;册封为后,却年已三十岁。隆绪精通音律,菩萨哥善弹琵琶,经常是菩萨哥伴奏,隆绪歌舞,夫唱妇随。菩萨哥心灵手巧,尤喜工艺制造,耶律隆绪之母、承天皇太后下令在今内蒙古宁城县南营建中京时,清风、天祥、八方三殿就是比照她用草秸扎制的模型建成的。她还设计制造了九龙辂、诸子车,用白金装修宝塔,各具巧思。菩萨哥自己乘坐的车舆,被她安装上龙首鸱尾,表面饰以黄金。菩萨哥乘此车随隆绪游玩于山谷之间,与花红草绿、绚丽斑斓的服饰交相辉映,宛若仙境。

统和二十七年(1010年)十二月,太后萧绰还政于耶律隆绪,未几即逝。由此隆绪亲政,菩萨哥也得以与闻国事,她专门设立了一处官署,称作宫闱司,设官置吏,发号施令。她的生日定为顺天节,每逢此节,宋朝都要遣专使祝贺。

菩萨哥很贤惠,且又多才多艺,隆绪对她情有独钟,可谓恩宠不衰。美中不足的是萧菩萨哥没有为耶律隆绪留下子嗣,她虽曾生过两个儿子,都不幸夭折,开泰五年(1016年)二月,皇妃萧耨斤生子名唤木不孤,虽不是菩萨哥的骨肉,但她名义上却是他的嫡母,遂把一腔母爱倾注到木不孤身上,她将其养在身边,待若亲子,却不料因此而种下了晚年悲剧的祸根。

原来,菩萨哥以其慈母的情怀抚育着木不孤,反倒招致耨斤嫉恨,以致为达到打击菩萨哥,取得耶律隆绪信任,将来飞黄腾达的目的,不惜造谣中伤,竟向隆绪诬称菩萨哥与琵琶工燕文显、李有文关系暧昧,行为不轨,怎奈隆绪根本不信。耨斤一计不成又生一计,用契丹文写了封匿名信投到隆绪的卧帐中,隆绪看后说:"这肯定又是耨斤所为。"随即烧毁。耨斤枉费心机不得逞,她还得等待时机,以求一逞。

太平十一年(1031年)三月,隆绪在长春河行宫身患重病,眼看不久于人世,耨斤乘机撒泼起来,她把菩萨哥拖出行宫,大骂:"老物,你得宠也有完的时候!"隆绪闻知,又气又急,把木不孤唤到病榻前,嘱咐道:"皇后伺候我四十年,只因膝下无子,才命你为嗣的,我死后,你母子俩千万别杀她。"还立下遗诏,册封菩萨哥为皇太后、耨斤为皇太妃。六月三日,隆绪终因沉疴不起,与世长辞。菩萨哥悲痛欲绝,耨斤却欣喜若狂,她蓄谋已久的计划总算得以实现,遂扣下遗诏自立为太后;木不孤即皇帝位,改名耶律宗真,是为辽兴宗。随之,萧耨斤将军政大权全部揽到了自己手中。

耨斤要做的第一件事就是向菩萨哥开刀。经与亲信萧孝先密谋策划,授意护卫官冯家奴、耶律喜孙诬告菩萨哥的弟弟萧鉏不里、兰陵郡王萧匹敌企图谋反,把菩萨哥推上台,然后另立皇帝。耨斤下令拘审,很快铸成冤狱,萧鉏不里、萧匹敌被赐死,与菩萨哥关系密切的围场都太师女真人苫骨里、右祗侯郎君祥隐萧延留等七人被斩,家产全部籍没。接着便阴谋策划把菩萨哥置于死地。(宗真)木不孤虽为耨斤所生,却自幼被菩萨哥待如己出,将其抚养成人,加以木不孤秉性善良,对养母毕竟有些感情,他劝阻说:"齐天后和先帝四十年夫妻,对我恩重如山,本该尊为太后的,我们却恩将仇报,反而要害她,行吗?"耨斤咬牙切齿地说:"此人若在,必为后患。"宗真说:"她没有儿子,年纪也大了,即使留在宫中又能怎样呢?"中书令萧朴也因奋身为菩萨哥鸣冤,急得吐血。耨斤心毒手狠,竟派人用小车把菩萨哥拉到上京(今内蒙古巴林左旗)囚禁起来。

次年,即重熙元年(1032年)春,宗真照例去雪林游猎,耨斤担心宗真见到菩萨哥,于己不利,索性派人去杀害菩萨哥。菩萨哥自知不免一死,镇静地对来人说:"我实在是无辜的,这天下人都知道,如果一定要我死,望能允许我沐浴完后再死,好洁洁净净地去见先帝。"来人退去,菩萨哥即自缢身亡。此后,将菩萨哥遗体葬在祖州白马山(今内蒙古巴林左旗郊外)。如此贤淑、仁慈的菩萨哥,就这样被迫自尽,她这年只有五十岁。

重熙三年(1034年)五月,萧耨斤见兴宗耶律宗真难以驾驭,欲废之而立其弟,被宗真将其党羽一网打尽,耨斤则被软禁。重熙四年(1035年)秋,宗真到了黑山岭打猎,途经白马山,见菩萨哥的坟冢孤零零地淹没于荒草荆棘之中,不由得心中恻然,流下了眼泪,说:"我早有今天,母后就不至于此了。"左右随从也跟着涕泪纵横,泣不成声。

后来,宗真遂追尊菩萨哥为"仁德皇后",诏令上京留守耶律赞宁等人在祖州陵园内仿照耶律隆绪之母后萧绰在乾陵的陵墓择吉地改葬菩萨哥,定期祭扫。

母子失和——辽圣宗耶律隆绪皇太后萧耨斤

萧耨斤是辽太祖皇后述律平的弟弟阿古只的五世孙。耨斤原来肤色黝黑,长相十分丑陋,目光也像饿狼一样凶狠。但由于出身后族,辽圣宗耶律隆绪还是按传统把她娶进宫当了妃子。她这副尊容人们瞧一眼或许都会恶心害怕,更不用说伴宿司寝了,所以多少年过去隆绪根本不理睬她,只是把她派到母亲承天皇太后萧绰帐中当侍女使唤。传说耨斤因为吞下了她自己在萧太后房里捡到的一只金鸡后,过了几天不但没有坠死,反而浑身上下蜕了一层皮,脱胎换骨一般变得肤色白皙,光彩照人了。萧绰非常惊异,说:"你肯定能生个奇子。"就令她为隆绪侍寝。

公元1016年,即开泰五年二月,耨斤不负众望果真为隆绪生下了一个儿子,取名木不孤,这是已届不惑的隆绪得到的第一个儿子,自然欣喜若狂,皇后萧菩萨哥也十分高兴,把木不孤取来养在身边,比自己的骨肉还亲。

耨斤自以为诞育皇嗣,功在社稷,顿时神气起来,野心越来越大,得了个顺圣元妃的封号还不知足,巴望着非要当皇后不可。她见菩萨哥才貌双绝,深得隆绪的眷宠,木不孤对菩萨哥也很有感情,便妒火中烧,视菩萨哥为眼中钉、肉中刺,挖空心思想把她扳倒,自己好取而代之。她在多次诬告菩萨哥碰了钉子之后,不甘心失败,就暗中收罗亲信,培植势力。宦官赵安仁本是宋朝深州乐寿(今河北献县)人,因思念故乡,有次偷偷离宫南逃,被捉了回来,菩萨哥要杀他,耨斤却心怀叵测地讲情把他救了下来,让他窥察菩萨哥的动静。赵安仁感激涕零,菩萨哥的一举一动都跑来报告耨斤。耨斤的兄弟们也都布列朝廷,身居要职,她的弟弟萧孝穆任南京留守、兵马都总管,萧孝先官任上京留守、国舅详隐,萧孝友任左武卫大将军、检校太保,后来耨斤又保荐萧孝先总领禁卫事,控制了军队。终于以她为首形成了一股强大的政治势力,为日后专权奠定了基础。

公元1031年六月,隆绪病死,木不孤继位,改名耶律宗真,即辽兴宗。隆绪死前曾立下遗诏,册菩萨哥为皇太后,耨斤为皇太妃。耨斤指使赵安仁把遗诏偷到手,藏起来,这时便自立为太后,称"法天皇太后",就势把军政大权全揽了过来。从此她独揽朝纲,滥施淫威,进行了四年之久的残暴统治。

耨斤首先给菩萨哥扣上谋反的罪名,囚禁于上京杀掉,牵连在案的有四十多名贵族大臣,也都被杀,家产籍没。眼中钉一除,耨斤更加大胆放手,中书令萧朴上书为菩萨哥诉冤,她一声令下,把他赶出朝廷。隆绪的丧期未满,她就令宗真给她上尊号称:"仁慈圣善钦孝广德安靖贞纯宽厚崇觉仪天皇太后",生日定为应圣节。她追封其曾祖为兰陵郡王,父亲为齐国王,弟弟们也都封了王,分任北、南面长官,凡有政事都与兄弟们聚首商议,合伙谋私弄权,她家亲戚鸡犬升天,就连毛克和等四十多位奴仆也当上了团练、防御、观察、节度使之类的高官,惹得南京(今北京)一带的地痞无赖纷纷投身到她家当奴隶,想乘机捡点便宜。一时之间,朝廷内外布满了她的党羽,这帮暴发户全都趾高气扬,权势灼人,出入宫禁,诋谩朝臣,卖官鬻爵,为所欲为。耨斤的姐姐秦国夫人,早年丧夫守寡,耐不住寂寞,常干些偷鸡摸狗的勾当,耨斤见长沙王谢家奴长得魁伟俊俏,就杀死其妃把姐姐嫁给了他。耨斤的妹妹晋国夫人看中了一表人才的户部使耿元吉,耨斤就杀死耿的妻子,强迫他娶自己的妹妹;在不到一年的时间里,萧绰、隆绪时长期推行的封建化改革措施,被耨斤废除殆尽。原来比较缓和的统治集团内部矛盾,也被耨斤搞得再度紧张起来。

契丹族有尊崇女性的习俗,母权在社会生活中拥有相当的影响,这是从母系氏族留下来的遗风,皇后、皇太后向来都参与军国要事的决策和执行,像述律平、萧绰都能居内临朝,出征挂帅,菩萨哥得势时也曾参决朝政,置官属、出教令的,所以宗真对耨斤的专权开始时没有产生多少反感、抵触情绪。然而,当耨斤的权力欲无限制地膨胀,甚至把宗真的一举一动都置于自己控制之下的时候,母子间的矛盾就逐渐变得尖锐了;宗真把自己用的酒樽赠给琵琶工孟五哥,耨斤知道后很不高兴,下令鞭打孟五哥;宗真怀疑是内品官高庆郎告的密,就派人杀了高庆郎,耨斤更恼火了,把宗真派的人捉住交付司法官审问,还要宗真前去对证。宗真生气地说:"我贵为天子,难道还要和囚犯一同受审吗?"耨斤连宗真赐手下人酒杯这么一桩小事都抓住不放,大发雷霆,说明她怕宗真广施恩惠十满羽翼,变得难以驾驭,这种出发点与萧绰管束隆绪为的是将他向明达治道、戒奢节俭、赏罚分明的正路上引导是根本不同的;但宗真毕竟是皇帝,年龄又一年大过一年,总有一天要临朝亲政的,耨斤不愿意看到这一局面,就与萧孝先兄弟合计,废掉宗真,另立自己的小儿子耶律重元。为了证明这一举动的正确,耨斤有次故意与宋朝使者王拱辰谈起了宋太祖和宋太宗的关系,她问:"南朝太祖、太宗是什么亲属?"王拱辰答:"是兄弟。"耨斤得意地高声赞叹:"善哉,何其义啊!"宗真坐在旁边,明白母亲的意图,也问:"太宗和真宗是什么亲属?"王拱辰说:"是父子。"宗真立刻高声赞叹:"善哉,何其礼啊!"随后宗真又私下对王拱辰说:"我有个弟弟很不是东西,将来若他真的当国,南朝只怕不会高枕而卧啦。"从此母子间的裂痕愈益明显。

宗真不甘心被废,断然把母子情分抛在一边,暗中策划先发制人,夺回权力,一批遭受耨斤集团压制欺辱的皇族大臣都支持他,就连耨斤的亲信赵安仁、耶律喜孙也被他设计拉拢过来。这两人为了洗刷自己,将功折罪,积极为宗真出谋划策,充当政变的急先锋。重熙三年五月,耨斤和宗真到沿柳湖行宫消暑度夏,耨斤的亲信多半留在中京,宗真见时机成熟,率卫兵出宫,先找借口扣押萧孝先,逼他招供废立的阴谋,吓得萧孝先抖成一团。接着派五百名亲兵包围了行宫。宗真策马立于行宫东二里的小山上督战,耶律喜孙带人直接闯入耨斤的卧帐,杀死她身边的数十名内侍,把她连推带搡弄上了一辆黄布小车,押到庆州七括宫(巴林左旗西北)软禁起来。宗真收回被耨斤掌握的符玺,然后回师中京,分兵捕获耨斤的兄弟亲信,或处死,或流放,耨斤集团就这样被一网打尽。

耨斤当朝时，宋朝每年都派使节分别向辽朝皇帝、太后祝贺生辰、新年，礼物丰厚。耨斤被囚后，宋朝遣使就没有太后的礼物。有人劝宗真迎回耨斤，以便重新得到宋朝贺礼，宗真对耨斤怒气未消，不予采纳。五年过去，宗真在请人讲解佛经时，听到了《报恩经》，很受感动，想想耨斤虽然可恶，但毕竟是自己的生母，就在中京门外单独修建了一处住所，重熙八年（1039年）七月将耨斤迎回奉养在里边。耨斤铁石心肠，并没有因此消除对宗真的怨恨，双方都心存芥蒂，互相提防，平时根本不见面，偶尔一起出行，也要隔着十几里远。

公元1055年，即重熙二十四年，宗真死的时候，耨斤依然健在，一点心痛的样子都没有，相反见宗真的皇后萧挞里悲泣不已，她还很不以为然，说："你年纪轻轻，如此悲伤有何必要呢？"

宗真的儿子耶律洪基即位，是为辽道宗，因耨斤是祖母，格外敬重她，尊她为太皇太后，照例欢庆应圣节，向耨斤祝寿，大宴群臣。

公元1057年冬，耨斤病死，谥号"钦哀皇后"。

临危不惧，平息叛乱——辽兴宗耶律宗真皇后萧挞里

辽兴宗耶律宗真即位后，其母萧耨斤把自己的外甥女萧挞里聘纳进宫，当了宗真的妃子。

挞里不但不像其姑母萧耨斤那样阴狠险恶，反倒还性情温婉，待人宽容，姿貌端丽，不仅能歌善舞，且精于骑射，也是辽朝历史上的一位贤后。

宗真虽放荡不羁，惯于拈花惹草，但对挞里却分外爱恋，即使后来，与母后耨斤反目为仇，势不两立，也丝毫没有影响他对挞里的感情。挞里入宫一年多，就在重熙元年（1032年）八月，生下了宗真的长子查刺，即后来的辽道宗耶律洪基。重熙四年（1035年）三月初一，兴宗将挞里册立为后。群臣每每给宗真加上尊号，挞里也随着加封，先是封为"贞懿宣兹崇圣皇后"，后又加封"贞懿慈和文惠孝敬广爱崇圣皇后"表明她是一位母仪天下的皇后。

辽朝宫廷非常重视歌舞、散乐、杂剧的演出，凡遇佳节或喜庆大典，演出活动更是必不可少。辽之皇帝、后妃大多音乐艺术修养较高，他们已不满足于欣赏别人的表演，而是要充当角色，与伶人舞伎联袂同台了。到了宗真时，便干脆走出内宫，搬到比较正式的宴会上来了。自"澶渊之盟"以后，每逢宋朝使者到来，辽廷非要为他们演出歌舞杂剧不可，否则就违反礼节，成了不友好的举动。宗真精通音律，演技高超的挞里在这些场合自然成了他的好搭档。有一次，宗真举办盛大宴会款待宋朝来使，贵族大臣庶民都在场，酒酣耳热之际，宗真与刘四端、王刚等官员加入到乐队中充当乐手，还命挞里率嫔妃换上女道士的服装扮演杂剧中的角色。

后来，挞里又相继生下了和鲁斡、阿琏二子及跋芹、斡里二女。重熙二十四年（1055年）八月，宗真病死，长子耶律洪基即位，尊挞里为皇太后。

挞里生活俭朴，当了太后之后仍能自奉菲薄，每年宋朝和其他诸部向她祝贺元旦、生辰的贺礼，她很少留用，几乎全都赏赐给了贫困之家。

挞里是非分明，憎奸爱贤。还在宗真时，她就保护过忠臣耶律义先。当时有奸臣萧革，小名滑哥，圆滑狡诈。他蝇营狗苟，趋炎附势，阿谀奉承，欺上瞒下，大受宗真宠信，官拜北府宰相，从此恃宠擅权，恣意妄为。南院宣徽使耶律义先刚直不阿，仗义执言，常对宗真说："萧革狡佞喜乱，一朝大用，必误国家。"宗真却充耳不闻。有次宗真召群臣欢宴，席间令他们掷骰子赌酒，输者罚一巨觥。冤家路窄，正巧耶律义先应当与萧革对赌，义先乘着酒劲愤然嚷道："我各位大臣，纵然不能进贤退不肖，又岂能与国贼对赌！"萧革尴尬以对，怀恨在心。宗真起初也不愿坏了兴致，只是对义先说："卿醉矣。"哪知义先却义愤填膺破口大骂起来，宗真怒不可遏，下令将义先推出斩首。挞里慌忙劝道："义先酒后发狂，醒来自然会好的。"宗真才没杀义先。洪基即位后，萧革依旧得宠，封为魏王，任北院枢密使，更加肆无忌惮，横行不法。东京留守萧阿剌忠贞不屈，因多次向洪基极陈利弊，犯颜进谏，揭露萧革罪行，遭到萧革陷害，被洪基下令用绳勒死。挞里营救不及，悲痛万分，哭着斥责洪基："阿剌何罪之有，遭此残害！"迫使洪基将萧阿剌的遗体厚礼殓葬。

挞里还能积极进贤。后来与大奸臣耶律乙辛进行坚决斗争的北面林牙萧岩寿，就是首先被其赏识得以进用的。"重元之乱"时，也多亏挞里洞若观火，且亲自率部深入敌阵，临危不惧，指挥有方，才得以平息叛乱，稳定局面。

耶律重元是兴宗宗真的胞弟，残忍毒辣，是个典型的虐待狂，经常在吃酒的时候，命人把罪犯拉到席前，轻则乱箭射死，重则用刀脔割，剥皮抽筋，被害者惨叫之声撕肝裂肺，重元却高坐席上，边吃喝，边欣赏，谈笑风生，赞不绝口。宗真生母萧耨斤专权时，曾阴谋废黜亲子宗真，另立重元。洪基即位后，封重元为皇太叔，并对其关怀备至。重元因没有当成皇帝，怀恨在心，四处网罗党羽，图谋不轨。

清宁九年（1063年）七月，洪基到滦河太子山打猎，除萧挞里、南院枢密使耶律仁先等人外，扈从诸官多数是重元的爪牙。重元见有机可乘，决定策动叛乱，雍睦宫使耶律良察知其谋，连夜报告了挞里。挞里审时度势，知道自己和洪基的一举一动都处于重元的监视之下，便假称有病，召洪基来到卧帐，郑重地说："局势危急，此乃关乎社稷存亡的关键时刻，应早做准备。"洪基却不以为然。

在这千钧一发之际，挞里当机立断，沉着冷静地做好应变部署。她迅即命耶律仁先用车辆在行宫外围成一道防线，率官属近侍三十余人骑马在圈外摆成阵势，刚安排停当，重元就与儿子涅鲁古率叛党冲杀过来。叛党人多势众，攻势凶猛，眼看仁先的三十余人纷纷落马，就要支撑不住。蓦地，早已披挂整齐的挞里率自己的卫兵旋风般从侧面插入阵中，指挥南府宰相萧德左冲右杀，所向披靡。待涅鲁古再次组织冲锋，被近侍详隐阿厮看得真切，一箭射去，正中涅鲁古前胸，当场毙命。重元无心恋战，率从退走。挞里命仁先一面派人疾召离行宫最近的五院部萧塔剌来援，一面分派现有人马，四下巡逻，加强警戒。第二天，蓄谋已久、不甘灭亡的重元再次来攻，又被击溃。重元见大势已去，自刎身亡，其帮凶全部被杀。

大康二年（1076年）三月，挞里病死，葬于庆陵，谥号"仁懿皇后"。

千古奇冤——辽道宗耶律洪基皇后萧观音

萧观音出身名门，辽兴宗的生母萧耨斤是她的姑母，耨斤的弟弟萧惠是她的父亲。萧惠宽厚勤俭，又没与一度专权的耨斤集团过多纠缠，所以在其倒台后没有受到牵连。可惜她嫁给一个好坏不分、喜媚恶直的糊涂皇帝，使得她遭遇诬陷而赐自缢的悲剧。

公元1055年，洪基即位，册立萧观音为皇后，尊号"懿德"。萧观音不仅美貌绝伦，还写得一手好诗，饱览史籍，熟知掌故，并且精通音律，能自制歌词。洪基本人也喜好儒术，经常吟诗作赋。洪基每有诗作也总令萧观音相和，夫妇俩趣味相投，其乐融融。

公元1058年，萧观音为洪基生下了长子耶律濬，洪基和她的感情更加深厚了。后来萧观音又接连生了撒葛只、儿里、特里三个公主。

洪基嗜好游猎，有骏马名为"飞电"，驰骋起来，瞬息百里。洪基经常跨着"飞电"随意乱跑，时常只身闯入深山幽谷之中，让扈从卫士找上半天。萧观音对洪基的这种疯狂举动深为忧虑，遂上疏谏。对洪基纲纪紊乱、昧于用人等事，她也多次提出了忠告。无奈洪基性格乖戾、喜谀恶直，他不仅不采纳萧观音的劝谏，反而对她产生了强烈的反感。到后来，洪基除了对儿子耶律濬还比较钟爱外，对萧观音就日渐疏远了。

公元1075年六月，洪基命皇太子耶律濬兼领北南枢密院事，总揽朝政。耶律濬小名耶鲁斡，自幼聪明好学，小小年纪就显示出了非凡文武才干。耶律濬六岁封梁王，八岁立为皇太子，他开始总揽朝政时还不到18岁。耶律濬法度修明，从善如流，使大奸臣耶律乙辛觉察到了严重威胁。

耶律乙辛专权十几年。他靠钻营谄谀得到了洪基的极度宠信，洪基把军政大权全部托付于他，允许他处理四方军事，可先斩后奏，使得乙辛的威权实际上超过了皇帝，当时有句谚语就说："宁可违犯皇上的敕旨，也不敢不遵行魏王的白帖子。"乙辛担心耶律濬妨碍自己专权，为了搞倒耶律濬，便利用洪基与萧观音的感情裂痕，阴谋首先把萧观音除掉。

洪基的疏远，使萧观音感到十分痛苦。她就以唐朝杨贵妃与梅妃江采苹争宠，江采苹失宠后把自己的住所称作"回心院"，希冀玄宗回心转意的典故，以《回心院》为题，写了十首歌词。写得缠绵悱恻，柔肠寸断，倾诉了失宠后的凄凉之苦，抒发了对重新得到丈夫爱恋的渴盼之情。

萧观音好音乐，尤善琵琶，孤寂之时，便经常与伶官赵惟一等人演奏，以排遣抑郁之情。特别是这十首《同心院》词，只有赵惟一能弹唱得令她满意，不料就此种下了悲剧的根苗。原来萧观音有个婢女，名叫单登，本是耶律重元的家奴，也会弹筝、弹琵琶，但技巧比起赵惟一差得远，于是她对赵惟一妒嫉得要命。洪基曾召单登弹筝，萧观音进谏说不能让此叛臣家的婢女亲近御前，就把单登赶出宫去，单登对萧观音更加怀恨。她的妹夫教坊艺人朱顶鹤是耶律乙辛的走狗，在乙辛指使下，单登与朱顶鹤诬告萧观音与赵惟一私通，乙辛又模仿萧观音感怀西汉赵飞燕的情调，伪造了一首《怀古》诗，巧妙地隐括进"赵惟一"三个字，谎称是萧观音写的情诗。洪基勃然大怒，下令将赵惟一灭族，勒令萧观音自尽。耶律濬与三个妹妹痛哭流涕地乞求代母受死，洪基不许。萧观音悲愤交加，自缢而死，尸体送还她娘家安葬。耶律濬痛不欲生，在地上打着滚哭喊："杀我母亲者，耶律乙辛也！"旁观者吓得咋舌。

接着乙辛就把谋害的矛头指向了耶律濬。他勾结党羽，捕风捉影地诬告耶律濬阴谋废除皇帝篡夺帝位。道宗偏听偏信，就将耶律濬囚禁起来。乙辛对他百般凌辱，仍不肯放过他。公元1077年，耶律濬被乙辛派来的刺客暗杀，年仅二十岁。

公元1101年，洪基病死，因无子，遗命长孙耶律延禧继位，延禧即耶律濬之子，追封萧观音为"宣懿皇后"，与洪基合葬庆陵。追尊耶律濬为"顺圣皇帝"，庙号"顺宗"。

国运衰败，人事荒唐——辽道宗耶律洪基皇后萧坦思

耶律洪基完全是个糊涂的皇帝，他屡次被奸臣耶律乙辛利用，害死了自己的皇后和儿子，说他是个昏君一点也不冤枉他。

在耶律乙辛害死皇后萧观音之后，便说没有皇后是不行的，然后极力称赞他的走狗萧霞抹之妹萧坦思，是如何美貌贤德。道宗召见后很中意，遂于公元1076年，册立萧坦思为皇后。

不久，耶律乙辛又害死了太子耶律濬，道宗也就没有儿子了。萧坦思入宫两年多，仍未怀孕，道宗非常着急，萧坦思就说自己的妹妹萧斡特懒会生孩子。当时斡特懒已嫁给乙辛之子耶律绥也，洪基就命他们离婚，把斡特懒纳入宫中。岂料几年过去，萧坦思姊妹还是没有孩子，洪基只得死心，把寄养在大臣萧怀忠家的长孙耶律延禧接回宫，册封梁王，立为皇储。把萧坦思降为惠

妃，迁居到乾陵，斡特懒赶回娘家。她们的母亲燕国夫人削古怀恨在心，便以巫蛊之术厌魅诅咒延禧，事发被杀。萧坦思被贬为庶人，囚禁于宜州（今辽宁义县）。

公元1116年，耶律延禧即位后，他将萧坦思召回宫，封为太皇太妃。此时辽朝已被金打得一败涂地，即将灭亡。两年以后，萧坦思私自逃到黑顶山，很快死去，葬于太子山。

女中豪杰——西辽德宗耶律大石皇后萧塔不烟

耶律大石是辽太祖耶律阿保机的第八代孙，中过进士，官拜翰林承旨，因契丹语称翰林为林牙，所以人们习惯地称他为"大石林牙"。塔不烟与大石可算是同甘共苦，患难夫妻。

后来大石离开朝廷，担任了泰、祥二州刺史和辽兴军（今河北卢龙）节度使。耶律淳建立北辽时，辽兴军正在其辖下，大石就成了北辽的官员。北辽灭亡后，大石随皇后萧普贤女投奔天祚帝。天祚帝杀死普贤女，虽然赦免了大石，但并不信任他，不仅不采纳他的意见，还派人监视他。公元1124年夏，大石被迫出奔，另觅出路。

后来，大石一行得到了北地镇州十八个部族的支持。大石遂自立为王，册封妻子萧塔不烟为元妃。此后继续西进，历经千难万险，抵达原喀剌汗国的领地。公元1131年，大石在文武百官拥戴下登上皇帝宝座，号称"葛尔罕"（意为众汗之汗），又上汉文尊号曰"天祐皇帝"，改元延庆，册塔不烟为皇后，尊号"昭德"。定都巴喇沙衮（今新疆伊犁河西，后改名虎思斡尔朵），统辖今我国新疆和苏联中亚地区，正式建立起了与南宋、金、西夏等政权并立的西辽王朝。

公元1143年，大石病死，因儿子耶律夷烈年幼，遗命塔不烟权理国事，塔不烟改尊号"感天皇后"，南面称制，次年改元咸清。

塔不烟办事果敢，性格百折不挠，并与契丹妇女一样精于骑射。公元1144年年初，金朝得知大石的死讯，派武义大夫粘割韩奴前来窥察西辽的虚实。粘割韩奴进入西辽境内不久，恰好遇上了正浑身披挂在旷野打猎的塔不烟。虽已过去了二十多年，但金兵在辽朝故土的横暴行径使塔不烟永远难忘，眼下见到这个女真装束的不速之客，埋藏心底的仇恨蓦然而起，厉声喝问："你是何人，敢不下马？"粘割韩奴趾高气扬地说："我乃上国钦差，奉天子之命来招降你，你该下马听诏。"塔不烟说："你单骑而来，难道是想费什么口舌吗？"命人上前，将粘割韩奴拉下马来，逼他跪下。粘割韩奴还硬耍威风，挣扎着破口大骂。塔不烟怒不可遏，张弓射杀了他。

塔不烟于公元1150年去世，共称制八年。

夫妻争权——金熙宗完颜亶皇后裴满氏

裴满氏，婆卢火部人，出身于女真贵族家庭。金太祖完颜阿骨打起兵后，他的父亲裴满达积极投入，因在天辅六年（1122年）铁吕川战役中立下战功，受到金太祖的赏赐。

金熙宗完颜亶即位后，为充实后宫，裴满氏奉召入宫。由于她聪明伶俐，颇有姿色，且善于察言观色，深受熙宗宠爱。天眷元年（1138年）四月，受封为贵妃，同年十二月，又被立为皇后。裴满氏的父亲裴满达也被拜为太尉，受封徐国公。

皇统元年（1141年），金熙宗册封裴满氏为慈明恭孝顺德皇后。

金熙宗是金朝历史上颇有作为的皇帝，在即位之初，他任用宗干、宗弼等忠臣良将，铲除了以宗翰为首的奴隶主贵族的顽固守旧势力，提倡文治，积极进行社会改革，加速了女真族的汉化。

然而，完颜亶虽后宫嫔妃如云，却独子仅存，这不能不使他苦恼，就在他册封裴满氏为后的第二年（1142年），裴满氏竟产子济安，熙宗大喜过望，下令在全国大赦，宴请文武百官，告祭天地宗庙，济安还没满月就册为皇太子，视若掌上明珠，一时间，裴满氏身价百倍。殊不知好景不长，济安还不满周岁，便不幸夭折，金熙宗悲痛万分，诏谥济安为英悼太子，将尸体葬在兴陵一侧，又令工匠塑其像，放置储庆寺内，不时与裴满氏前去探视。皇统四年（公元1144年），熙宗的另一个儿子魏王道济，因冒犯圣威又被其父杀死，金熙宗失去了自己仅有的两个儿子，无嗣的痛苦久久地缠绕着他。

皇统八年（1148年）十月，重臣宗弼病死，熙宗因失去了政治上的臂膀，开始亲自过问政事，朝廷中的守旧势力又逐渐猖獗起来。熙宗夙夜忧叹，数年之内的两次沉重打击，使得他难以振作起来，终于万念俱灰，不理朝政，而沉湎于声色犬马。他无视祖宗立下的不娶庶族的规矩，下令在全国范围内选美，凡是十三岁以上、二十岁以下的美貌女子，无论门第、身份的高低，一律可入侍，并设立内宫制度，给妃嫔册封宫号。他还嗜酒如命，整日与近臣宠嬖饮于宫中，且每饮必醉，醉后就杀人取乐。有一次宴请群臣，熙宗喝醉了酒，竟当场诛杀户部尚书宗礼，并亲手杀死了十几个侍臣。群臣人人自危，如履薄冰。

熙宗完颜亶的所作所为激起了裴满氏的嫉妒、不满，她不再独守空房，积极参与政权争斗，大胆地干预政事。当时，许多大臣都依附在她的周围，形成了与皇权对立之势。左丞相、都元帅海陵是她的最得力的支持者，海陵是宗干的次子，自认为是太祖嫡孙，对熙宗嗣位早已心怀不满，准备取而代之，裴满氏于是把他收买过来，互相勾结，把持朝政。

裴满氏的弟弟忽睹自幼游手好闲，不学无术，依恃国舅身份，骄横不法，在出任横海节度使和崇义军节度使期间，勾结当地富豪，贪污受贿。以后调任中京留守，更勾结诸猛安谋克富家子弟，敲诈勒索，无恶不作，一时号称"闲郎君"，成为地方一霸。金熙宗对裴满氏培植后党、图谋不轨，早已心照不宣，伺机报复。皇统九年（1149年）正月，裴满氏死党海陵生日，熙宗派近侍大兴国前去祝寿，赐给他宋司马光画像、玉吐鹘、厩马等，裴满氏也让大兴国附带赐给海陵生日礼物。熙宗闻听大怒，严令追回裴满氏的礼品，并把大兴国杖打一百。不久，金熙宗就寻找借口，处死了裴满氏。

皇统九年（1149年）十二月，海陵发动政变，杀死金熙宗，篡夺了政权。为了争取民心，海陵下令降封熙宗为"东昏王"，封裴满氏为"悼皇后"。大定年间，金世宗恢复了熙宗帝号，并加谥裴满氏为"悼平皇后"，附葬于峨嵋谷的思陵。

丈夫死于政变——金海陵王完颜亮皇后徒单氏

徒单氏是海陵发妻，初入宫就封为岐国妃。海陵篡立后，于公元1150年，封徒单氏为皇后。徒单氏生有一子光英，于公元1152年初被海陵立为皇太子，居东宫。公元1161年，海陵迁都汴京，徒单皇后与太子光英一同入京。

后来海陵率兵南伐，徒单后与光英奉命居守汴京，尚书令张浩、左丞相萧玉、参知政事敬嗣晖留治省事，作为辅弼。海陵被杀后，太子光英也在汴京被杀死，徒单皇后被遣回中都。

此后，金世宗见她无依无靠，很是可怜，下令将她送回上京（今黑龙江省阿城县）的父母家中，并每年赐给钱二千贯。

公元1170年，徒单后病死。

乱世难安——金宣宗完颜珣皇后王氏

公元1196年，世宗孙乌达布受封为翼王，当政的章宗皇帝下令诸王广求民间美女。王氏与庞氏入翼王府,成为乌达布的妃子。后来王氏之姐来王府探望她,乌达布见其姐长得颇有姿色,又将其姐纳为妃子。

公元1213年,乌达布即皇帝位,是为金宣宗。下诏封王氏为元妃,她的姐姐被封为淑妃,庞氏受封为真妃。淑妃生完颜守绪,真妃生完颜守纯,元妃一直没生养儿子,自小抱养了完颜守绪。

公元1214年,宣宗赐王氏姐妹姓温敦氏,并封王氏为皇后,其姐淑妃晋封为元妃。

公元1224年,完颜守绪继承皇位,是为金哀宗,哀宗下诏尊王氏为仁圣皇太后,生母为慈圣皇太后。

公元1231年,王氏姐慈圣皇太后先去世,哀宗改谥为"明惠皇后"。

公元1232年冬,蒙古军南下。哀宗逃至归德(今河南商丘),王氏留居汴京。蒙古兵攻下汴京后,王氏被掳。此后史书再无记载。

宫廷喋血，母子罹难——西夏景宗李元昊皇后野利氏

野利氏，原来是夏景宗李元昊的宠妃。到了天授礼法延祚元年（公元1038年），元昊正式称帝建国时，野利氏也被册立为宪成皇后。

元昊为党项族人，本姓拓跋，唐朝曾赐姓李，宋朝又赐姓赵，西夏通称李姓。李元昊小字嵬理，又名曩霄。其父李德明，辽封其为大夏国王，宋仁宗封夏国王，他奉行联辽睦宋之策，使夏这一以党项为主、以游牧为生的国家得以休养生息。其版图囊括了从河套到祁连山的广阔地域。

元昊自幼颇有见地，却又桀骜不驯。德明对他既非常器重，又十分担心。因为他知道，元昊对其向宋、辽俯首称臣持有异议。其实，当时的大夏，几乎可以说已经和宋、辽形成三足鼎立之势，这是李德明苦心经营三十多年的业绩，并且引以为荣的。

就在公元1032年十月，在地处塞外的兴州城（今宁夏银川），当德明生命垂危之际，他俩还进行过一场激烈争论。当时，李德明一再叮嘱，要元昊不可轻易动兵，说："我大夏自你祖父起，连年与宋征战，已疲惫不堪。以后才得化干戈为玉帛，近三十年，不仅扩展了国土的疆界，百姓得以安居乐业，部属们还能穿锦缎布匹，住宫殿楼阁，和南朝（指宋）、北朝（指辽）鼎足而立。这样的形势来之不易，不可轻易出兵打仗，这会因小失大。"元昊本是来省视父亲的病情，并为其调理的，这时，却置此于不顾，与德明争论开来，说道："父王是夏国国主，却连姓都受赐于唐、宋，此乃我拓跋家、党项人，乃至大夏国之奇耻大辱。"并声言党项、拓跋是神州大地的最强者；他将不惜一切，争得天下，主宰这大好河山。德明虽一再挣扎，劝诫元昊，其子却仍执迷不悟，一气之下，终于撒手归西。于是，元昊继承了王位。

此后，元昊治服了吐蕃，攻取了回鹘的瓜（今甘肃安西）、沙（今甘肃敦煌）、肃（今甘肃酒泉）三州，从而河西走廊均在其控制之中。同时，他以退为进，仍对宋、辽称臣，而这南、北两朝仍给予莫大的礼遇和极丰的赐予。随着元昊自身地位的稳固，其建国称帝欲望日强，并得到党项贵族统治集团的拥护。

元昊热衷于保存和发扬党项民族的文化。曾下"秃发令"，限三日内秃发，逾期处死；他更改服饰，使其既符合游牧生活；他命人参照汉字，创制党项文字（后称西夏文）；他还改兴州为兴庆府，加以扩建，作为首都，并参照宋制，定官制，设朝廷机构，且无论党项、汉人均可担任所有官职，还建立了军队。

自从德明辞世，母后卫慕氏和元昊的关系日益紧张，她焦虑万分，担心他毁掉祖、父打下的江山。而深受德明垂青的国舅，即国相卫慕山喜，又遭元昊冷落，他心怀叵测，常在其妹即太后面前袒露他的心愿。恰好，国舅的公子违抗"秃发令"，竟然在令下的第四天还不秃发，被巡查队抓走前还支使爪牙大打出手。元昊不仅不听太后的劝告央求，将国舅的公子处斩，还将卫慕山喜全家溺死！最后，连元昊的母亲、皇太后卫慕氏也毒酒药死！

对于元昊弑母，野利氏超然物外，既不赞成，也不反对。她是事后方知的，并没有参与，也从未过问。

元昊于六年后（1038年）称帝，过着骄奢淫逸的生活，然而，后宫佳丽虽众，野利氏仍集宠爱于一身，这就足以令她自己满意了。

野利氏生得体态颀长，美貌多姿，而且妖艳绝伦。元昊对她又宠又怕。她喜欢戴一种用金丝编织的"起云冠"，元昊就下令其他人不准再戴，受宠可见一斑。

野利氏生有三个儿子，只是三子锡哩早逝。长子宁明，元昊建国时被立为太子。宁明天资聪颖，深明大义，他生性仁慈，不喜富贵。当时他曾拜一个叫路修篁的道士为师，练"辟谷法"。元昊对此不以为然。一天，元昊问宁明什么是养生之道，宁明回答说："不嗜杀人。"元昊又问："什么是治国之术？"宁明说："善于寡欲。"元昊十分生气地呵斥道："此子言语不肖，全然无霸王之器！"下令不准宁明去见他。宁明索性不问国事，潜心道术。后来练得走火入魔，不能饮食而终。临死前宁明向元昊进言，望父以关怀百姓疾苦为根本。宁明死后，元昊追悔莫及，十分哀痛。

于是，由次子宁令哥继太子位。宁令哥不仅相貌酷肖元昊，就连乖张残暴的性格，也酷似其父，元昊十分宠爱，恣其所为，宁令哥做了皇太子后，更加飞扬跋扈。

元昊之妃没藏氏，乃党项大族没藏皆山之女，长得亭亭玉立，娇艳万分。元昊本拟配给太子宁令哥，见她婀娜多姿，顾盼情深，索性自纳为妃，号为"新皇后"。元昊还在天都山（今宁夏固原西北）营造行宫，内有七殿，极为壮观，供他同没藏氏吃喝玩乐，逍遥其中。野利氏的叔父天都山守将野利遇乞大为不满，扬言："我女出嫁二十年，却只能住在故居，今新得没藏氏，便为其营建行宫，奈何如此重视？"元昊本来就猜忌好杀，听到这些话，就担心野利兄弟尾大不掉，加之宋也乘机实施反间计，元昊于是除掉了野利兄弟及其亲眷。原来元昊建国称帝，后族野利族是主要的支持者。野利旺荣和野利遇乞兄弟都是元昊的心腹重臣，分统西夏左右两厢兵众，在对宋作战当中屡立战功。这也就不难理解宋会对元昊与野利族施离间之计，而元昊刚愎自用，残暴成性，也注定了他的失策。

元昊除了野利兄弟后，渐渐醒悟，追悔莫及。野利后又不断在元昊面前痛哭流涕，诉说二位叔父死得冤屈。开始，元昊也曾捶胸顿足，呼天抢地；没料到因此失策，却又带来了一段姻缘。这不仅改变了野利后的命运，还给初建的西夏国的命运带来了莫大的影响。

原来，在野利遇乞被诛时，其妻没藏氏听到风声流亡在外，藏匿起来。在野利氏的通融下，元昊令人将她接到兴州府宫中。没藏氏已年过三十，要不是野利氏一再坚持，元昊恐怕永远也无缘与她照面。就在没藏氏跪拜谢恩、起身欲走时，元昊两眼一亮，怔住了，没藏氏竟然正对他暗送秋波。这时，元昊才发现她体态丰满而又轻盈，肤色白皙而又透红，迅即，他俩眉目传情，彼此已心照不宣了。

很快，没藏氏就受到元昊的宠幸，并将后宫佳丽全都忘到脑后，至于皇后野利氏，自然更是不在话下。事后被野利发觉，元昊只得让没藏氏出家为尼，赐号没藏大师，居住在首都兴庆府的戒坊寺中。元昊眷恋没藏氏，经常到寺中与她幽会，甚至出猎也带她同行。

天授礼法延祚十年（1047年），没藏氏为元昊生下一子，即后来的毅宗谅祚，没藏氏也因此被封为皇后，而把年长色衰的野利氏废掉，打入冷宫，不准相见。接着，元昊还封没藏氏之兄没藏讹庞为国相，主持军国大事之裁处，自己则与没藏氏在贺兰山离宫中恣意享乐。

太子宁令哥因父亲废母，深感不满，屡出怨言。没藏讹庞趁机教唆宁令哥作乱，企图借刀杀人，除去宁令哥，另立谅祚为太子。这时的宁令哥早已成年，出落得虎背熊腰，像他父亲一样，也是个善骑射的彪形大汉。在此之前，元昊曾一再声言要为他选妃，其后也曾选中一位小巧玲珑的娇俏可人。谁知，自从这个小可人被皇上召见，说是要为他俩订完婚期之后，就再无下文了。宁令哥哪里想到，元昊早已在没藏讹庞怂恿下，与她苟合。

宁令哥轻信讹庞的花言巧语，暗中联络族人，待机下手。天授礼法延祚十一年（1048年）元宵佳节，元昊在宫中与诸妃喝得烂醉如泥。宁令哥潜入宫中行刺，当他满腔怒火、暗藏腰刀进入元昊的寝宫、踱近卧床时，却见其父正与本应成为自己妃子的少女交颈而眠。宁令哥不啻五雷轰顶，险些晕了过去。一时间，他怒火中烧，几至疯狂。急忙取出腰刀，用足力气，向其父砍去。元昊闻听响动惊醒过来，慌乱之中，一刀削掉了元昊的鼻子，这时，早已奉没藏讹庞之命埋伏在宫门左右的军士涌出救驾。宁令哥仓皇逃窜，无处藏身，便投奔讹宠家中，暂避风头。这分明是自投罗网，讹庞当即声色俱厉，着人将其逮捕。

元昊被儿子削去了鼻子，又羞又恼，遂将宁令哥和早已打入冷宫的野利氏一起以弑君之罪处死。

生活不检，死于情杀——西夏景宗李元昊皇后没藏氏

没藏氏在丈夫野利遇乞被元昊杀死后，逃亡在外，后来在野利皇后的请求下将她接回宫中。元昊见她姿色出众，便与之私通，并且大加宠幸。

元昊与没藏氏私通的事情被野利皇后发觉，元昊让没藏氏出家当了尼姑，号没藏大师，但元昊仍不断与她相会。公元1047年年初，没藏氏生下一个儿子，取名谅祚。元昊十分高兴，同年废野利皇后，改立没藏氏为皇后。

没藏氏的哥哥没藏讹庞也因此受到重用，被任为国相。元昊将国事全都交给讹庞处理，自己每日与诸妃在新建于贺兰山东的离宫游宴取乐。

没藏氏兄妹乘机策划陷害太子宁令哥，另立谅祚为太子。宁令哥乃野利皇后所生，早就对元昊不满，没藏讹庞唆使他作乱，宁令哥果然中计，于公元1048年的元宵节入宫行刺元昊，结果被杀，野利皇后也一同被杀。

第二天，元昊也随之而死，临终前，元昊担心幼子谅祚不能继承父业，遗命由他的从弟委哥宁令继承帝位。

元昊死后，群臣正准备遵嘱奉立委哥宁令，却遭到国相没藏讹庞的坚决反对，他说："夏自先王祖、父以来，父死子继，国人才心悦诚服。今没藏后生有一子，是先王的嫡亲骨肉，立为国主，谁敢不服。"众大臣面面相觑，只得点头称是。于是讹庞拥立刚满周岁的谅祚为帝，没藏氏被尊为皇太后。

在没藏皇太后的支持下，讹庞权倾一时，"出入仪卫拟于王者"。

曾经一度出家为尼的没藏皇太后十分好佛。就在她执政的第三年，即公元1050年，开始兴建承天寺，当时役使士兵和民工多达数万人，历时六年方告完工。没藏氏不惜耗费巨额资财，动用大批人力，修盖如此规模的大型寺庙，这对于战乱不已的西夏来说，是十分沉重的负担。

没藏氏容貌妖艳，生性放荡，立后之前，她常在夜间出行，仪仗威严。元昊死后，她不耐寂寞，很快便与汉臣李守贵私通。又有一个叫补细吃多已的党项人，曾在戒坛院中侍奉没藏氏和元昊，因此得以频入后宫。补细吃多已与没藏氏私通的事情，令李守贵醋性大发。公元1056年，在陪没藏氏行猎途中，李守贵便将没藏氏和情敌补细吃多已一起杀死。

母家招祸——西夏毅宗李谅祚皇后没藏氏

公元1048年景宗元昊及其原配、已废皇后野利氏、皇太子宁令哥，均死在没藏讹庞策划的一次弑父弑君阴谋之中。被其拥立为帝的宁令谅祚时仅周岁，还在牙牙学语。没藏讹庞于是替妹没藏氏执掌西夏生杀予夺之权。可是，福圣承道四年（1056年），没藏太后骤然被情夫、汉臣李守贵杀死，没藏讹庞顿时感到其煞费苦心经营九年的地位摇摇欲坠，岌岌可危。他担心由于失去了可靠支柱，不能长期稳固地把持政权，便急忙将女儿嫁给谅祚，当时谅祚刚刚九岁，未谙人事。而讹庞由国舅而兼国丈，愈益作威作福，臣民均敢怒而不敢言。

公元1059年，谅祚十二岁，开始参与国事，对讹庞构成莫大威胁。六宅使高怀正和毛惟昌是谅祚幼时乳母的丈夫，谅祚对其特别宠信，他们时常对谅祚反映大臣们对讹庞的议论。八月，没藏讹庞借故将二人诛死，于是，讹庞与谅祚的矛盾更趋激化，达到不共戴天之势。

谅祚从小即受争权逐势、男女之欢的熏陶，先天给了他宫廷生活的感染。他仇恨国相没藏讹庞，自然就冷落他的女儿没藏皇后，反倒喜欢上了没藏讹庞的儿媳梁氏。

公元1061年四月，十四岁的毅宗谅祚与梁氏私通之事被讹庞儿子发觉，父子密谋在梁氏屋中埋伏甲士，待谅祚前往幽会时袭杀他。梁氏探知内情，忙向谅祚告发，在大将漫咩的支持下，谅祚抢先下手杀了没藏讹庞父子。皇后没藏氏也被谅祚处死，其子弟、族人八十余人都被杀掉。

以太后身份临朝——西夏毅宗李谅祚皇后梁氏

梁氏为汉人，是权臣没藏讹庞的儿媳。谅祚之母没藏太后被杀后，讹庞将女没藏氏嫁给谅祚，以利继续独揽朝政。谅祚年龄稍大，对讹庞专权恨之入骨，因此，不爱自己的发妻没藏氏，反而喜欢上了讹庞的儿媳梁氏。他白天上朝，夜里便与梁氏幽会。讹庞父子暗中策划诱杀梁氏和谅祚。梁氏得悉告密，谅祚于是抢先除掉了讹庞父子及其全家。谅祚亲政，梁氏被立为皇后。

宋英宗治平四年（1607年）十二月，谅祚兴兵进犯宋境，宋将以强弩射中之，不治而死。儿子秉常继位，是为惠宗。他只有七岁，梁氏以太后身份摄政，任命弟梁乙埋为国相，西夏再次出现外戚专权的局面。

梁太后为了巩固自己的地位，凡近臣要职，均选用自己的亲属，在朝廷内部形成了以梁太后和梁乙埋为首的外戚集团。元昊的弟弟浪遇谙熟军事，曾任都统军，参与国政，却被梁氏免职，郁悒而终。为了赢得支持，梁太后在提出

西 夏

国内恢复党项礼仪的同时，又频频在宋朝边境燃起战火。

谅祚去世后，宋神宗册封秉常为夏国王，后又颁赐诏书。梁太后虽然得到宋朝赐诏，但她执意要用手中的塞门、安远二砦交换被宋朝夺走的绥州，被宋朝断然拒绝。乾道二年（1069年）三月，梁太后派人攻入秦州，攻陷刘沟堡，杀死宋将与士卒数千人。

宋神宗刚刚即位，年轻气盛，为了报复夏国的进攻，下令禁止宋朝边民与夏民私市贸易。不过几月，夏国便货用缺乏，梁太后又发兵攻庆州，大掠宋朝的户口。梁乙埋率领亲兵进攻顺安、绥平、黑水等砦（均在今陕西绥德境内），接着又围攻绥德城十余天，多亏宋朝绥州镇抚使郭逵在定仙山点放烟火，虚张声势，夏兵才惊惧走散。

天赐礼盛国庆元年（1069年）八月，梁氏集中西夏的全部兵力，几路大军齐出，进攻环、庆等州，多者号称三十万，少者二十万，一直攻至庆州城下。宋庆州守将被杀。

天赐礼盛国庆二年一月，梁乙埋下令在绥德北筑罗兀城（今陕西米脂县北）以拒守横山要冲，宋部二万人马出无定河，由绥德进兵攻罗兀城，被梁氏埋伏截击，宋军败走。以后宋军增兵攻下罗兀城、筑城拒守之后，梁太后向辽借兵三十万，夏兵士气大振。二月，攻下了宋军新筑各堡。宋神宗赶紧下诏撤兵，夏兵不战而胜，重新夺回罗兀城。五月，与宋朝谈和。九月，梁太后再次派员索取绥州，宋不许，直至两国议定以绥德城外二十里为界，宋夏战争才暂告一段，但新一轮的较量又在紧锣密鼓的准备之中了。

绥州定界后，梁氏采用汉人学士景洵的建策，企图夺取吐蕃占据的西夏向西发展的要路武胜城。这时，宋朝也争夺武胜用以扼制西夏。天赐礼盛国庆四年（公元1072年），梁乙埋派兵进攻武胜，武胜城被攻破。这时宋朝大军到来，夏兵仓促应战，被宋军击败，宋军占据武胜城。次年，宋军又攻下河州。河州是吐蕃首领木征的居地，木征早已降附西夏，被击败后疾驰兴庆府，请求梁太后派兵收复河州。梁乙埋派兵七千人出援，亦被击败。至此，西夏的西边屏藩尽失，国内一片哗然。

大安二年（1075年），惠宗李秉常年满十六岁，亲自临朝执政，但实权仍然掌握在梁太后手中。大安六年一月，惠宗在皇族支持下又下令恢复汉礼。但权力不在惠宗手中，所以未曾实行。他羡慕毅宗时推行汉礼，与宋交好，虽处于梁太后的高压之下，心中郁闷，但初衷不改。惠宗秉常身边有一将军李清，本是秦（今陕西）人，逃亡西夏。秉常渴慕中国的礼仪文化，与李清相交甚密。李清劝说秉常将黄河以南的不毛之地归还宋朝，以河为界，两国睦邻相处，以便借助宋朝削弱梁氏势力。秉常接受建议，并准备派李清出使宋朝。这激起了梁太后不满，设计将李清逮捕处死。随后又把惠宗囚禁到离故宫五里左右的木寨，斩断河梁，使之与世隔绝。

秉常被囚的消息传出后，激起朝野公愤。酋长们各领所部，固守堡寨，与梁氏对抗。国相梁乙埋用银牌诏谕，也无人听从，国内大乱一触即发。五月，保泰统军藏花麻向宋表示举族愿为内应，请求朝廷出兵征讨。宋神宗认为兴师问罪的大好时机已到，下诏出征。

六月，神宗以五路大军共合兵五十万，分兵齐出，企图一举荡平西夏。梁太后听说宋朝发起大规模进攻，慌忙调遣各监军司兵委大帅梁永能领兵抵御。

宋朝五路大军远征西夏，捷报频传，夏军节节败退，梁太后束手无策，紧急召开御前会议，商议对策。少壮将领请求整军再战，只一老将反对主动迎战，提出坚壁清野，诱敌深入，然后在兴灵一带聚集重兵，另以轻兵抄敌军后路，断其粮运，宋军无粮就会不战自困。梁太后采纳了老将的意见，调集十万精兵，重点防守在西夏核心地区兴州、灵州一带。不久，战局就发生了逆转。十一月，宋军直逼灵州（今宁夏灵武）城下，几乎攻破城门。夏军一面坚守，一面派出轻骑断绝粮道。宋军粮饷不继，又饥又饿。梁太后又令掘开黄河七级渠，水淹宋营，宋军无备，淹死无数。时值隆冬，侥幸凫水逃走者不耐饥寒，丧亡大半，陆续败走。夏军衔尾疾追，宋军一败涂地，十万大军只剩下三万人。其他各路大军也因沿途大雪漫天，士兵乏食，死丧均以万计。于是不敢再进，班师回朝。宋朝五路伐夏，损失惨重，仅兵员损失即达四十余万，夏军大获全胜。

西夏经历这次激烈的战争，也元气大伤。梁太后实行坚壁清野，前方空虚，宋军得以顺利地占据许多城池和不少地盘，经济上也受到了空前的破坏，沿边的肥沃土地也因战线内移而无法耕种。百姓辗转迁徙，牛羊财产大量丢失。

宋神宗对五路攻夏失败，一直耿耿于怀。来年四月，熙河统帅李宪奏再次西征，朝臣争议不已。此时恰巧沈括建议在横山筑城，取建瓴而下的形势，俯瞰西夏，使西夏不敢正视朝廷。宋神宗采纳沈括建议，决定趁机兴兵，派给事中徐禧考察建城地点，选定了永乐。

永乐是西夏的必争之地。城池刚刚修好，梁太后即点集三十万大军进攻永乐城。两军相遇在永乐城下，夏军兵临城下，耀武扬威。宋军隔河对阵，士兵面有惧色。永乐城下，一片沃野，夏军纵铁骑渡河左冲右突，如入无人之境。宋军见势不好，掉头便跑，七万大军一触即溃，退入城中。西夏军把永乐城包围数重，又断绝水源，卡断粮运，奋力攻打。城中宋军无水，渴死大半，不久城被攻下。主将尽皆战死，将校死数百人，士卒、役夫死者达20万。惠宗秉常即位以来，夏宋连连交兵，宋朝只得到葭芦、吴堡、义合、米脂、浮图、塞门六城，兵士伤亡仅灵州、永乐之战即达六十多万，钱谷银绢，更不可胜计。

夏军两次大胜，大大挫折了宋朝君臣的锐气。尽管如此，梁太后尚不甘心，又令夏军五十万将兰州城重重包围，守将王文郁率七百名军士缒城夜袭，才将夏军吓走。梁太后自囚禁秉常以来，与宋朝战争不断，宋之"岁赐"自然没有了，因为战乱，边境贸易"和市"也无法进行，国内财用困乏，物价暴涨。连年的征战，无数良田成为旷野，百姓处境艰难，怨声载道。大安十年（1083年）夏，梁太后与梁乙埋商议，重把秉常扶到前台。

秉常虽然复位，国政仍然掌握在梁太后和其弟梁乙埋手中。她一面派人向宋上表请称臣纳贡，要求"欢好如初"，以便重新得到宋朝的"岁赐"，一面又以索要夏国被占领土为理由，不断指使前方将领对宋进行攻掠骚扰。梁太后将其弟梁乙埋之女娶为儿媳，成了惠宗李秉常的皇后，以继续梁氏家族对西夏王朝的统治。在大安十一年（1084年）二月国舅梁乙埋死后，梁太后又扶持了梁乙埋之子梁乞逋做了国相。

八个月后，梁太后辞世，从而结束了她长达近十八年的干政。

不肯放权遭毒杀——西夏惠宗李秉常皇后梁氏

公元1084年梁太后死去，第二年惠宗也去世了。惠宗之子李乾顺即位，是为崇宗，他的母亲梁氏被尊为太后。崇宗只有三岁，梁太后便和她的兄长、国相梁乞逋把持了朝政。

梁太后继续实行联辽抗宋政策，连续发动侵宋战争，企图借此来掠夺财富，缓和皇族和大臣对梁氏家族专权的不满。受党项风俗的影响，梁太后也长于骑射，经常亲自督战。

1088年，因国内大旱，民不聊生，西夏国力空虚，乃休战，遣使与宋议和。双方商定：宋朝将神宗时占领的米脂、葭芦、安疆、浮图等四寨地退给夏国，夏国把永乐城俘获的宋朝吏卒退还。夏宋战争暂告平息。

公元1090年，夏国派人送来永乐城俘获的宋朝吏卒一百四十九人，趁机索要横山、兰州以南的砦堡。宋哲宗听信保守派宰相司马光之言，归还了四砦。梁乞逋见状，更不把宋朝放在眼里。他外依强辽为援，秣马厉兵，再度对宋朝用兵。宋朝边境又陷入战争泥潭。

公元1092年春，梁乞逋屯兵三万在韦州，准备进攻宋朝环、庆等州（今甘肃庆阳一带）。宋朝守将侦知夏国的企图，先发制人，派兵掩袭韦州，夏军出其不意，被打得大败。

为了挽回败局，十月，梁太后亲自统率十万大军攻环州。围城七日不下，只好惨败而退。环州战败后，西夏不得不再次向宋请和。

国舅梁乞逋对梁太后亲自领兵出战极为不满，认为这是剥夺他的兵权。环州之役使他感到了权力危机，竟然铤而走险，阴谋窃取最高权力。

公元1094年，梁乞逋阴谋叛乱，被政敌大首领嵬名阿吴、仁多保忠等发觉。仁多保忠等人率领部众将梁乞逋及其全家杀死。梁太后亲掌军政大权，继续进犯宋朝边境。当时，宋朝章惇宰相，劝说宋哲宗停止与西夏划分地界，继续保持强硬态度，断绝对西夏的岁赐，实行强硬政策，西夏受到很大的削弱。

西夏自从宋朝归还四砦以后，连年以划界未定为由，侵扰北宋边境。但是输多胜少，几乎连遭败绩，西夏国力大为下降。

公元1097年，从正月开始，梁太后连续出兵攻击宋沿边城砦，都被宋将击退。从公元1097—1099年，宋朝边将不断向外推进，沿边各路相继在要害地区筑城，陆续有五十多所城砦筑成，西夏的膏腴之地被蚕食殆尽。其间，宋军一度攻入宥州城，在两国交战史上，宋军还很少这样神气过。宋朝步步进逼，西夏逐渐后退。此后，西夏多次力图反击，但均未见功，梁太后统治后期，西夏国力降至最低点。

公元1099年正月，李乾顺年满十六岁，但梁太后仍不还政。辽道宗对梁氏一向厌恶，借梁太后向辽上表之机，派使臣用毒酒毒杀了梁太后，乾顺实现了亲政的愿望。

母国灭亡，绝食而死——西夏崇宗李乾顺皇后耶律南仙

永安三年（1100年），西夏经连年与宋征战国力日衰，败局已定，朝廷内外怨声载道，主理朝政的梁太后见只得向辽上表，却又出言不逊，被辽道宗洪基遣以毒酒将梁氏药死。

自此，年已十六的崇宗李乾顺，才得以亲主西夏朝政。因此，他不仅不怒辽国杀母之仇，反谢道宗结束西夏外戚专政之恩，把久盼到手的亲理朝政之功，全记在辽道宗身上。

次年，为了巩固西夏和大辽的关系，以进一步依附于辽，崇宗李乾顺向辽朝请婚。公元1101年，辽天祚帝继位，第二年，李乾顺又派专使赴辽纳贡请婚。几经周折，待天祚耶律延禧确信乾顺的为人后，才答应了李乾顺求婚的请求。贞观五年（1105年）三月，天祚帝封宗室女子耶律南仙为成安公主，嫁给李乾顺为后。从此夏辽两国结为秦晋之好，夏国更依托大辽，两国关系亲密无间。

耶律南仙曾于贞观八年为李乾顺生下一子（其子下落无可考证）。其后，金国崛起，对西夏恩威并举。元德二年（1120年），金军向辽发起猛攻。辽朝将亡，天祚帝仓皇逃至夏国境内，李乾顺派人前去迎接。时金太祖也派人进入夏国，向崇宗李乾顺帝提出，如果辽天祚入夏，即将他擒获解金，以后若能像对待辽国那样对待金国，金会割辽的部分土地给夏作为酬赏。乾顺见辽大势已去，权衡利弊，决定奉表金朝，答应了他们的要求。元德七年（1125年），辽天祚帝延禧被俘，辽朝灭亡。

辽天祚帝延禧被夏国交给了辽国，辽朝灭亡，耶律南仙悲哀于祖国灭亡，

更恨崇宗李乾顺无情，遂悲痛过度，最后绝食身亡。

外戚之祸——西夏崇宗李乾顺皇后任氏

在夏崇宗攻下宋朝西安城，西安州的通判任得敬投降后，公元1137年，任得敬把十七岁的女儿任氏献给乾顺，得到奖赏，晋升为静州防御使。

任氏立为皇后之后，其父任得敬逐渐受到重用，任命为夏州都统军。

公元1139年，乾顺死去，其子仁孝继立，任氏被尊为皇太后。

仁孝即位初期，任得敬立下赫赫战功，权势逾大，威福任意，后来竟发展到想和仁孝平分夏国的地步。后来仁孝取得金朝的支持，斩杀了任得敬，消灭了任氏族党，巩固了自己的统治地位。而任太后由于其贤德未参与谋反叛夏之事，至公元1170年去世，享年五十岁。

贤德多才——西夏仁宗李仁孝皇后罔氏

罔氏，于公元1140年被仁宗立为皇后。罔氏自幼受其出身的党项大族熏陶，聪颖贤能，喜欢汉学汉礼。仁宗在位五十五年，不仅政绩卓著，并确立了疆域，即包括今宁夏、甘肃的大部、青海东北部、陕西北部、内蒙古西南部，以及新疆和蒙古国的部分地区，还以汉制取代夏制，完成了中央和地方两级官制及品第改革。

仁宗还下令全国各州、县均办学校，这对于提倡儒学、培养人才，都可谓远见卓识。仁宗还在宫内设小学，凡宗室子孙七岁至十五岁都可入学，专门请教授讲课，仁宗和罔氏也常前往教导。使皇室子孙自幼得到儒学的教养。

一次，仁孝去贺兰山狩猎，路上因马失前蹄受伤，下令杀修路人。一旁的尚食官阿华谏道："为一匹马而杀人，贵畜贱人，岂能服国人？"仁宗回宫后便特此告诉罔氏，罔氏迅即重赏阿华，以鼓励大臣直谏。仁孝"上无勿知之隐，下无不达之情"，罔氏功不可没。

仁宗在位半个多世纪，是西夏历史上的全盛时期。如果没有罔氏这样贤德多才的皇后，是不可想象的。

公元1165年，罔氏病故。

被迫为政敌说话——西夏仁宗李仁孝皇后罗氏

罗氏，汉人。公元1167年，即罔皇后病死两年后，仁宗册立汉人罗氏为后，号章献钦慈。

公元1193年，仁宗病死，其子纯祐即位为桓宗，时年十七岁。纯祐为罗氏所生，遂尊罗氏为皇太后。

公元1206年年初，仁孝弟仁友之子、镇夷郡王李安全，发动宫廷政变，废黜纯祐，做了西夏第七代皇帝。政变后不久，桓宗在牢狱中突然死去。

六月，李安全命罗氏上表金朝，说："纯祐不能自守，与大臣议立安全。"金朝一开始不肯承认，还专门派使臣到夏国询问废立的原因。在李安全的逼迫下，罗太后再次上表请求册封，金人才勉强同意。罗太后后来的情况不详。

受人尊敬的母亲——元太祖铁木真皇后孛儿帖

孛儿帖,姓孛思忽儿翁吉剌氏,成吉思汗正室,父亲德薛禅,母亲名叫速坛。成吉思汗有数十位妻妾,分居在四个斡儿朵(宫帐),其中每个斡儿朵又有数个皇后与妃子,孛儿帖居于第一斡儿朵,并且排行第一,地位最高。

根据《蒙古秘史》的记载,孛儿帖的年纪比成吉思汗长一岁。她为人贤明,帮助成吉思汗创立大业。她与成吉思汗刚结婚的时候,便被蔑儿乞人掳走,成吉思汗便请求克烈与札答剌两部落的援军进攻敌人,最后终于救回孛儿帖。

原本成吉思汗与札答剌的部长札木合有结拜之谊,但孛儿帖深知札木合有要与成吉思汗兼并的意思,便劝成吉思汗与札木合分离。成吉思汗与札木合分离后,果然独霸一方。

蒙力克的第四个儿子阔阔出,假巫术之名挑拨成吉思汗与其弟合撒儿的感情,又羞辱斡赤斤,于是孛儿帖进言,请成吉思汗杀阔阔出,从此安定了族人。此事反映了孛儿帖的见识。

孛儿帖生有四个儿子与五个女儿,儿子分别是术赤、察合台、窝阔台、拖雷,其中窝阔台后来是元朝的太宗皇帝,拖雷是睿宗皇帝;女儿分别是豁真别乞、扯扯亦坚、阿剌合别乞、秃满伦、阿儿答鲁黑。当初孛儿帖被蔑儿乞族掳走,等救回时已有身孕,于是传说这时生下的术赤可能是蔑儿乞人的孩子,而"术赤"二字是"客人"的意思。

孛儿帖生于1161年,卒年不详,但可以确知的是当成吉思汗过世时,她尚在人间。到了元世祖忽必烈至元三年时,追谥她为光献皇后;到了元武宗至大二年时,加谥为光献翼圣皇后。终元朝之世,翁吉剌氏的女子作为正宫皇后者有十一人,被称为皇后与追尊为皇后者有九人,娶公主为妻者有六人,娶公主又被封王爵者十三人,这些福荫都是由孛儿帖所开始。

"孛儿帖"的蒙古语意是"苍白色"。《元史》里将其名后加上"旭真"

二字，其实并非名字，而是"夫人"的意思，就像满语中的"福晋"一样。

给帝国的分裂埋下种子——元太宗窝阔台皇后乃马真

脱列哥那乃马真（姓"乃马真"），成长在蒙古诸部相互征战的动荡时期，她最初嫁给了篾儿乞人忽秃。忽秃是篾儿乞部首领脱黑脱阿的儿子，他们与成吉思汗为首的蒙古部结怨已久，曾多次交战。公元1204年秋天，铁木真率兵在合刺答勒忽札兀儿地方，打败了篾儿乞部首领脱黑脱阿。脱黑脱阿的儿子忽秃在仓促逃跑时，丢下了两个妃子——秃该和脱列哥那。铁木真为奖赏在战斗中勇猛冲杀的三儿子窝阔台，便将脱列哥那赐给了他。脱列哥那成为窝阔台的第六个妻子，从此开始了新的生活。

公元1219年，成吉思汗准备亲自率军西征。在他此次西征前，将四个儿子召集身边，郑重其事地交代自己早已盘算好的汗位承继之事："汗位和国家的事，让窝阔台去治理吧。至于我的家室，以及我征集的军队、珍宝财物等，就交给拖雷管。你们要好自为之，对于我的旨意要秉遵奉行。"

公元1227年，成吉思汗在征服西夏的战争中病逝。两年后，公元1229年八月，窝阔台继承汗位。这就为脱列哥那亲身参与皇权之争提供了契机。

窝阔台对自己的诸位后妃，并非一视同仁。依照蒙古婚俗，蒙元王室的后妃之选，基本上保留了部族通婚的原始习俗，多有美女出现的弘吉刺部成为成吉思汗及其子孙择选配偶的主要对象，来自其他部族的女子也有少数因某些缘由入主后宫，脱列哥那乃马真氏便是其中较有影响的一位。像脱列哥那这样的再嫁之妇并未因此而受人歧视。相反，由于脱列哥那的才艺和美貌，窝阔台对她却大加宠幸，从而使这位排行第六的皇后的地位大大胜过了窝阔台的长妻木格哈敦。窝阔台共有七个儿子，即贵由、阔端、阔出、哈刺察儿、合失、合丹、灭里。其中，前五个儿子的生母是脱列哥那。合丹和灭里的生母是业里讫纳妃子。

蒙古人爱喝酒，而窝阔台更是嗜酒如命。每次饮酒，必定彻夜不休。公元1241年（也就是窝阔台即位的第十三年）二月的一天，窝阔台围猎回来，兴致甚高，便酒兴大发，痛饮了几口，不料却卧病不起。脱列哥那皇后一时慌了手脚，急忙找耶律楚材商议。耶律楚材看了看皇上气色，按了按脉，便知是沉湎酒色之故，服药后即可还原。但他毕竟深谙世故，闻知乃马真氏迷信占卜星相之术，不免借机施展一番手脚，推演了"太乙数"，说："皇后放心，大汗命数未尽，只因任人不贤，囚系无辜，受到长生天的谴责。只要颁诏大赦，长生天便会庇佑大汗。"忠臣耶律楚材为何要导演如此的一出剧？这还要从窝阔台选汗说起。

窝阔台最初选择的继承人是第三子阔出。不幸的是，公元1236年，阔出死于征宋的战争中。窝阔台就把阔出的长子失烈门抱养在自己的大帐，并指定失烈门为汗位继承人。所不同的是，窝阔台预定失烈门为继承人，虽然诸王百官都已知晓，但并没有像成吉思汗指定窝阔台那样在宗王贵族聚会上正式宣布。这就为日后脱列哥那从中做手脚提供了机会。话又说回来，脱列哥那听耶律楚材这么一说，便急不可待地说："事不宜迟，就请快写赦文。"耶律楚材此时却不慌不忙地慢条斯理地说道："不可，大汗亲下赦旨，才有效验。"说话间正巧窝阔台醒来，听皇后如此一说，便降旨大赦，不久果然病愈。

同年年底，公元1241年夏历十一月八日，窝阔台再次外出围猎，在行帐中纵情豪饮，结果头晕脚麻，有气无力。不久便离开人世，享年五十六岁。

按照蒙古习俗，部落首领死后，由其遗孀长妻主政，直到新的首领即位为止。由于窝阔台的长妻无子，且因窝阔台的死悲哀过度不久也死去。公元1242年身为诸长子之母的脱列哥那在察合台等宗王的支持下，宣布称制，主持朝政。脱列哥那掌握了最高权力之后，更加野心勃勃，一心想改变窝阔台的遗愿，废黜失烈门，改立自己的儿子为汗。贵由作为嫡长子，自然首当其冲地成为第一大汗人选。

为此窝阔台驾崩后，脱列哥那便迫不及待地找耶律楚材商议嗣位大事。聪明的耶律楚材婉转地推辞说："此事非外姓臣子所敢与闻。"脱列哥那一听此话，便紧接着又说："先帝在时，曾立皇孙失烈门为嗣，但失烈门年幼，宜由长子贵由嗣位。"耶律楚材见此事非同小可，斗胆直言道："先帝既有遗命，应即遵行。"此时奥都剌合蛮却极力赞成脱列哥那意见，并主张先由皇后称制。

奥都剌合蛮善于阿谀逢迎，曾备受窝阔台宠信，被视为心腹。在此之前，窝阔台曾建议增加中原课税，耶律楚材曾当着窝阔台的面与他争辩，却没能取得支持。这次奥都剌合蛮迎合脱列哥那皇后，耶律楚材明白与其争执下去，不会有什么结果的，于是只得叹气而退。

脱列哥那称制后，奥都剌合蛮更加得势。为报复反对过她的大臣竟派人密谋杀害镇海和牙老瓦赤。由于二人早悉脱列哥那心狠手毒，闻讯后藏到了她的儿子阔端的住处，才免遭迫害。脱列哥那得知后，向儿子要人，阔端是一个颇晓是非、又有正义感的人，他回答说："他们都是大臣，如果有罪就让忽里台大会来惩处他们吧。"脱列哥那听后，气得咬牙切齿，便叫另一大臣亦马都木勒克罗织二人罪名，拟在忽里台上定罪。亦马都木勒克为人正直，不肯从命，竟被她关进监狱。脱列哥那还任命自己宠信的女人法蒂玛主持朝政，取代镇海。奥都剌合蛮则被派往契丹，取代了牙老瓦赤。脱列哥那安插妥当，便把御宝空纸交给奥都剌合蛮，由他随意书写，甚而变本加厉下旨道："凡奥都剌合蛮所议令史如果不予书写颁布，斩断他的手！"耶律楚材对此忍耐不住，又入朝争谏说："天下是先帝之天下，朝廷诏敕，自有宪章，怎能以御宝空纸付与权臣？"并且大义凛然地说道："国家典故，先帝全都委托老臣，跟令史何干？事情合理，自然奉行。如果是不能做的事，决不相从。我死都不回避，何况截去手呢！"脱列哥那大怒，喝退耶律楚材。从此以后，耶律楚材再也未能施展才志，他心灰意冷，称疾不朝，至公元1244年，忧愤而死。

公元1241年初，窝阔台下令贵由班师。当窝阔台的死讯传到贵由军中时，贵由还没有回到他的封地叶密立。

在这汗位虚悬，大军西征未返，蒙古汗廷周围兵力空虚，脱列哥那搅乱朝政的时候，左翼宗王之首斡赤斤萌发了武力夺取汗位的野心。公元1243年夏，斡赤斤率大军迫近和林城下。蒙古汗廷顿时一片骚乱，百姓和军队终日惶惶不安，脱列哥那见此形势也想听从奥都剌合蛮的建议，西迁避难。值此危难之际，传来了贵由的大军已返抵叶密立的消息。斡赤斤见图谋难以实现，便见机行事，诡称为奔丧而来，退兵东返了，一场内战的危机有惊无险始告解除。

但是，斡赤斤称兵和林事件的发生，却加重了汗位虚悬带来的危机感。加上有宗室尊长身份的拔都借口有病，拒不应召来会，又使选立新汗的忽邻勒塔迟迟不能召开。贵由抵达汗廷之后，脱列哥那见此时的形势对自己不利，于是不等宗王们会集，便召集身边的大臣，做出了要选立贵由为汗的决定。然后，脱列哥那将自己的意图通知了所有宗亲贵族，召请他们尽快前来举行忽邻勒塔。

公元1246年春，各地的宗亲贵族陆续应召动身参加忽邻勒塔。公历七月，忽邻勒塔在脱列哥那的部居昔剌斡耳朵召开。会上，有人提出失烈门曾是窝阔台生前指定的继承人，应当即位。但是，大会在称制者脱列哥那的主持和操纵下，以失烈门尚处幼年为由，被否定了。而在脱列哥那提议和坚持下，大会却以窝阔台长子贵由"英武、勇敢、刚毅和驭下而最知名"为由，在当年八月，在月儿灭怯土之地的金斡儿朵正式即位，是为定宗。

脱列哥那将贵由汗扶上宝座之后，仍然死死地抓住汗廷大权不放。贵由因不能名符其实为汗，而对此极为不满，母子间开始失和。贵由为了夺回汗廷大权，决心先除掉母后的宠臣法蒂玛。法蒂玛原是波斯女巫，被蒙古兵掠到和林，渐渐得宠，参理朝政。贵由让自己的师傅合答的侍从失剌出面揭发法蒂玛。指责法蒂玛用巫术蛊害贵由的弟弟阔端，使阔端体弱多病。正巧阔端的病势日益加重，接着便传来阔端的死讯。贵由以为弟弟报仇为借口，不顾脱列哥那的极力庇护，强行命人杀了法蒂玛。并且重新起用镇海、牙老瓦赤等人，后来他又设法处死了奥都剌合蛮。脱列哥那做梦也没想到，儿子竟然如此地背叛了自己。此时的她，已是两手空空，大权被贵由夺去，自己的宠臣也接连被杀，不由得悔恨交加，备感痛心。加之年事已高，不久便悲凉地死去了。

自窝阔台继承汗位后，脱列哥那便充分地利用自己的地位，争权夺利。她为坚固后位，不择手段，改先帝遗嘱，立其子为汗。虽然立其子的阴谋得逞，到头来反而成为自己的掘墓人，真是悲哀至极！

难挽家族颓势——元定宗贵由皇后斡兀立海迷失

公元1241年,窝阔台驾崩后,脱列哥那皇后临朝称制,她篡改窝阔台的遗诏,没有让阔出的长子失烈门登基,最终立自己亲生的儿子贵由为汗。

贵由登位后,很快便从母后脱列哥那手中夺回了大权。他杀死了母后的宠臣法蒂玛和奥都剌合蛮,并且重新起用镇海、牙老瓦赤等人。对于一度阴谋用武力夺取汗位的斡赤斤,贵由借宗王法庭的名义将他处死。对于潜在的敌对势力,则采用拉拢手段加以安抚。为了在宗王中建立紧密的实力同盟,贵由还利用大汗的职权,以有子不能立孙为借口,废黜了察合台的孙子、继承人哈剌旭烈兀,改立同他关系密切的也速蒙哥为察合台兀鲁思之主。

贵由稳固了最高统治地位,处理了一些宗亲矛盾,但他内心最怨恨的敌人就是敢于公然无视他大汗权威的拔都。所以,贵由即位后不久,便聚集兵马,准备远征钦察草原。唆鲁和帖尼得知贵由的意图之后,及时通知了拔都。拔都闻讯后,寻思再三,决定以朝觐大汗的旗号,率军东迎。夏历三月,正当战争一触即发之际,贵由汗突然死去,或言被用毒酒暗杀,或因饮酒斗殴而死,具体死因至今仍是个谜。

贵由汗的猝死,使随驾而来的斡兀立海迷失皇后极度悲痛,为了防止朝权旁落,她立即返回汗廷,自抱失烈门,临朝视事。

为了争取宗亲贵族中最有势力的人对窝阔台系的孤儿寡妇的支持,斡兀立海迷失派使臣去见唆鲁和帖尼与拔都,向他们通报了贵由汗驾崩的消息。唆鲁和帖尼颇善于收揽人心,都派人送去了悼言以及衣服等物。拔都也以类似的方式表示悼念,本人则借口年事已高,且又患有足疾,留驻在阿剌豁马黑(今伊塞克湖与伊犁河之间的阿拉套山地区)。

斡兀立海迷失缺乏政治头脑。她在治国方面的无能与失策使窝阔台系的声誉一落千丈。贵由死时,适逢大旱,河水尽涸,饿殍遍地。城乡上下,经济崩坏,民怨沸腾。斡兀立海迷失无力治理混乱的政局,只用心于巫术,于朝政一无所为。她的两个儿子忽察和脑忽年轻任性,互不相服,并与母后相对抗。于是竟出现了一个地方有三个统治者的混乱局面,国家机构陷于瘫痪。由于法度不一,内外离心,蒙古帝国陷入了危机。

术赤、拖雷一系却蒸蒸日上。术赤系自拔都继位后,兄弟垂手听命,内部稳定。他建立钦察汗国,驻军伏尔加河畔,兵强马壮,伺机而动。拖雷系内,唆鲁和帖尼苦心经营,抚育儿子蒙哥、忽必烈、阿里不哥长大成人,个个能征惯战。而拔都和唆鲁与帖尼在斗争中结成同盟,势力极为强大。

贵由死后,拔都停驻在阿剌豁马黑,并以长兄的名义召诸王去见他。蒙哥的智慧与风采赢得了拔都的信赖。紧接着,拔都向各路宗亲派去了紧急使者,说明要重振蒙古帝国的声威，大汗之位非蒙哥莫属。

由于窝阔台系宗王和察合台的后裔也速蒙哥和不里等人拒绝出席，忽邻勒塔大会一直未能召开。拔都自恃握有重兵，先让诸位拥护蒙哥的宗王在怯绿连河一带集结。贵由之子脑忽、忽察虽然前往，却迟迟不愿到会。察合台系的也速蒙哥也拖延过了会期。于是在他们缺席的情况下，参加忽邻勒塔的宗王们于公元1251年年初在合剌和林拥立蒙哥为大汗，顺利地举行了登基大典。

正当蒙哥为登上汗位而高兴时，一场叛乱也在悄悄酝酿着。

在斡兀立海迷失的唆使下，她的儿子脑忽联合窝阔台的两个孙子失烈门、忽秃黑，以庆贺新汗登基为名，带着装满兵器的大车，悄悄逼近，准备包围宗王大会，废掉蒙哥，篡取汗位。

不料，走漏了风声，被蒙哥得知。蒙哥派兵把脑忽、失烈门连同部属一起拘捕。然后命尚未到来的诸王忽察及斡兀立海迷失皇后、不里、也速蒙哥及其妻脱合失等自行投案。

诸王迫于形势前来，全被拘留。不里当场即被处死，也速蒙哥的妻子脱合失被当着其夫的面活活踢死。也速蒙哥后来则被哈剌旭烈兀的寡妻斡儿吉纳奉蒙哥之命杀死。其余的诸王都遭流放。失烈门后随忽必烈南征，被投入河中淹死。

蒙哥下令逮捕斡兀立海迷失，并把她的双手缝在皮囊中，一直押到他的大帐。蒙哥命忙哥撒儿进行审讯。忙哥撒儿命人剥光了她的衣服，让她赤身裸体地受审，并用严刑拷问，最后斡兀立海迷失被迫承认了策动叛乱的事实。忙哥撒儿按照蒙古习俗，将她与失烈门的母亲合答合赤一起沉河淹死。

有胆有识——元宪宗蒙哥皇后忽都台

忽都台是蒙哥的第二个妻子。忽都台出身于蒙古族的豪门世家，是德薛禅的曾孙女，而德薛禅是成吉思汗的老丈人，原名特弘吉剌氏。

成吉思汗年幼时在德薛禅家长大，两家世代关系友善。特弘吉剌氏因为跟随太祖成吉思汗起兵征战有功，被成吉思汗赐名德薛禅。德薛禅和他的儿子按陈追随成吉思汗建国立业，所以成吉思汗又赐予按陈国舅封号，加封王侯爵位，赐银几十万两，遂统领蒙古各部。德薛禅把女儿（旭真）孛儿帖嫁给成吉思汗，成吉思汗谢恩并有旨："生女为后，生男尚公主，世世不绝。"

忽都台自幼勇敢机敏，酷爱骑马射箭，为人有胆有识，善于思谋。她十分了解大蒙古国那种"王室分裂，汗祚移人，今日贵为汗，明日楚囚相向，求为匹夫亦不可得"的严酷现实，严密思索蒙哥夺取汗位的问题。她常对蒙哥进言，只要贵由一死，夺汗机会就会到来。因为窝阔台系家族所剩净是孤儿寡妇，且贵由妻斡兀立海迷失平庸无能又好巫术；她的两个儿子忽察和脑忽年轻任性，互不相服。这样他们不可能团结一致对外，我们可以从中取得机会。

忽都台对丈夫温柔体贴，侍奉周到。每当蒙哥从外面回来时，她都穿戴整齐候在帐外迎接；蒙哥吃饭时，她总是陪伴，二人相敬如宾，感情甚佳。一天他们正在帐内吃饭，突然帐外传来几声雕叫，忽都台连忙取下弓箭出帐，蒙哥也取下弓箭，饶有兴致地随后跟出。这时只见数只大雕在蓝天飞翔盘旋。蒙哥半开玩笑似地对妻子说："你如果能射中大雕，汗位是可争得的；如果射不中，恐怕就很难。"忽都台听后，顿时来了精神，她深深吸了一口气，顿时张弓持箭，一箭射出，只见空中两雕直落地下，可谓一箭双雕。蒙哥大喜，这是预示着蒙哥夺得汗位的吉祥兆头。

一方面，蒙哥为准备夺取汗位积极活动，声望俱增；另一方面，忽都台和唆鲁禾贴尼犒赏三军民众，赢得了人心。淳祐八年（1248年）三月，窝阔台的长子贵由大汗在征战途中死去。贵由死后，朝廷无君。在忽里台（部落议事会制度）上，蒙哥依靠他在军民中的威望以及强大的军事力量，实现了多年的愿望，终于把汗位从窝阔台系家族手中夺了回来。淳祐十一年（1251年）夏，蒙哥即汗位。

蒙哥继位后，面对的是"大蒙分裂"、"久而不治"的局面，各个部族、各个王爷都有兵权，很难集中。这种情况对他说来很是棘手，为此，他昼夜思谋，难以平静。皇后忽都台自然要为大汗分忧解愁，她也正在思考这个问题。一天，她考虑了一条措施，利用庶出之子失烈门与贵由之子脑忽、察合台之孙也孙脱企图推翻蒙哥汗位的事件，将三王分别遣发到汉地军前从征，这便可以把他们的领地瓜分数块，分授其他后人。这样，既分散了他们的权力，又奖励了于自己有利的人员，增加汗廷的实力。蒙哥采纳了皇后的建议，用分而治之的方法，使他们任何人都无力对抗汗廷。皇后还对蒙哥说，应对诸王加强限制。如诸王驰驿只允许乘马三匹，远行也不准过四匹；诸王不得擅自招募良民百姓等等。由于这些措施得力，蒙哥的统治地位日益巩固。

宝祐四年（1256年），皇后忽都台病倒，临终前她想到的仍是蒙哥未完成的大业。她把自己的亲妹妹也速儿叫到床前，嘱托她要继承姐姐的遗愿，辅佐蒙哥建国立业。皇后去世后，也速儿遵照姐姐嘱托继为蒙哥皇妃。至元二年（1265年），元世祖忽必烈追谥弘吉剌氏忽都台为"贞节皇后"，并在宪宗庙里立了牌位。

助夫兴国——元世祖忽必烈皇后察必

弘吉剌氏察必从小便养成了遇事镇静、外柔内刚的性格。长大后，察必识理知义，贤淑美丽，极具大家风范，被太祖铁木真的孙子、时为藩王的忽必烈纳娶为妃子。

公元1251年，元宪宗蒙哥即位后，派忽必烈处理漠南汉地的军国庶事，因而使得忽必烈深受汉族文化的影响，其思想观念和行为活动慢慢地开始脱离蒙古旧贵族的模式。忽必烈经常邀请一些汉族知识分子，向他们请教治国安邦之道。作为忽必烈的妃子的察必也对汉族文化历史及政治制度产生了浓厚的兴趣，并深受影响。

在汉族文化的影响下，忽必烈认识到：要想在封建文化高度发达的中原地区站稳脚跟，除了施行汉族原来的典章制度和基本政策外，别无他法。因此，忽必烈负责漠南汉地后，便开始积极地采用汉法治理汉地，巩固了蒙古族在汉族地区的统治。忽必烈的一系列努力得到了中原地区汉族地主阶级的支持，赢得了"爱民之誉，好贤之名"，汉族地主阶级把他看成能够维护他们利益和传统的新主子，从而积极地帮助忽必烈巩固统治地位，使忽必烈的势力得到了较快的发展。

对此，一些坚持遵循蒙古传统方式的旧贵族十分不满。蒙哥死后，蒙古贵族内部新旧两派的矛盾便发展到非用武力不能解决的地步了。

公元1259年，忽必烈随蒙哥南攻宋朝。此时，忽必烈与蒙古旧贵族的矛盾已十分激化。因而，忽必烈便把察必和十七岁的真金留在北方，及时关注漠北势态的发展，以便迅速采取对策。

公元1259年，蒙哥在合州战死。留守和林的忽必烈的弟弟、旧贵族的代表阿里不哥，企图借留守和林守产的政治优势，迅速继承汗位，逼使忽必烈就范。

此时，留在北方的察必也早已有所觉察，在得知阿里不哥正派其心腹阿兰答儿四处扩兵后，便感到战争正在迫近。于是，老练的察必一面派人公开指责阿兰答儿，"发兵征战是军国大事，太祖皇帝的曾孙真金在这里，难道他不应该知道吗？你们是何居心，为什么不让他知道呢？"另一方面，察必秘密地派遣她的心腹火速赶到了忽必烈的军营，报告了阿里不哥的图谋，并建议火速班师。

忽必烈在接到了察必的确切消息后，终于下定了北返争夺汗位的决心，迅速班师，展开了同阿里不哥的汗位争夺战。

公元1260年，取得了对阿里不哥首次大战的胜利。公元1261年，再胜阿里不哥于昔木土脑儿。公元1264年，阿里不哥被迫率众归降，忽必烈取得了汗位争夺战的胜利。

中统初年，察必被立为皇后。公元1273年，真金被立为太子的同时，察必被尊为"贞懿昭圣顺天睿文光应皇后"。

出于蒙古族的传统，蒙古族初入中原便大肆掠夺土地，用于畜牧业，严重地破坏了中原地区发达的封建经济。忽必烈在掌管漠南汉地时，曾下令禁止随便圈占农田，取得了极大的效果。但后来情况出现了反复，皇后察必深感不安。一次，四怯薛奏请忽必烈，要求圈占京城附近的农田作为牧场，忽必烈未做过多考虑竟批准了。察必知道后，认为这件事极为不妥，燕京（北京）是元朝的心脏地带，牵一而动百，如果大规模地圈占农田，必然引起汉人的反抗。于是，察必急忙赶到殿前，极为严肃地批评官至太保的汉人刘秉忠，借指责刘秉忠把圈地之弊一一陈诉，实则是在变相地劝谏忽必烈。她的话，使得忽必烈幡然醒悟，遂下令停止圈占农田，从而避免了由此而引起动乱。

公元 1276 年，忽必烈灭亡南宋，整个蒙古族都沉醉于胜利的喜悦中。就在此时，皇后察必却及时提醒忽必烈别忘了"创业难，守业更难"的道理。忽必烈听后不免喟然长叹，颇有感触，遂立誓要励精图治。

察必一生共有子女十二人，次子真金被立为太子，嫡孙铁穆耳又在忽必烈死后继承皇位。察必虽身居如此显赫的地位，却一直保持着俭朴勤作的习惯。一次，察必派人从太府监支取了缯帛表里各一匹，忽必烈知道后责备她说："这些东西是军国必需品，不是咱们私家的东西，你怎么可以随便支取呢？"此后，察必便经常率领宫中嫔妃宫女亲执女工，搜集一些用旧的和作废的弓弦，煮炼之后编织成绸，用来制作衣服，其坚韧稠密程度可以同任何绫绮相媲美。

又一次，察必看到宣徽院的一些羊前腿皮闲置不用，觉得十分可惜，便率领宫女们搜集起来，缝制成地毯。在生活中，察必正是这样处处注意节俭。

由于长期参加劳动，察必不但了解下情，且心灵手巧。原来的蒙古人的帽子是没有前詹的，一次忽必烈猎射归来后，对察必抱怨说："今日打猎时，因阳光耀眼，竟让一只大雁从眼皮底下飞跑了。"察必听后，灵机一动，给帽子加上了一个前詹。忽必烈戴后甚觉方便，便下令以此为式，广为流传。其后，察必还对蒙古族的骑服作了改进，制作了一种叫比甲的骑服，特别适用于骑马射箭，为当时人所喜爱仿效。

公元 1281 年，察必病逝。后来忽必烈死后，二人合葬于起辇谷中。成宗即位后追谥她为"昭睿顺圣皇后"。

老夫少妻——元世祖忽必烈皇后弘吉剌氏南必

南必皇后，出生于蒙古贵族弘吉剌氏族系，其父仙童是元代名臣济宁郡王纳陈万户的孙子。至元十八年（1281 年），同是出于弘吉剌族的察必皇后病逝。至元二十年（1283 年），容貌俏丽、正值青春年华的南必被元世祖忽必烈立为皇后，接替了其曾姑祖母察必正宫娘娘的职位。

世祖忽必烈纳南必为皇后这年，他已是六十八岁高龄，而南必却正是青春旺盛，美妙年华。这时世祖后宫充盈，又与南必年龄相距甚大，因此免不了常常冷落南必。

但南必皇后精力充沛,耐不住寂寞。为此,她总想找些事来干,便时时利用皇后的威权干预朝政,对朝中大臣指手划脚,横施指令。由于元朝对后宫的限制不太严密,竟连一代英主忽必烈健时时,对后宫干政之势亦未予以制止。忽必烈自感年迈,诸事力不从心,因此,对南必皇后参与朝政的做法听之任之,使朝臣误认为是皇帝支持皇后这样做的。以致发展到后来,南必皇后竟常以皇帝春秋已高应多保重龙体为理由,阻挡大臣面见皇帝奏事,甚至宰相这样的国家重臣也常常不能面见皇帝。朝廷有事,总是由南必皇后转奏。朝廷内外皆有微词,无奈大臣们不能直接和皇帝对话,中间总隔着南必皇后,谁也无良策解决。其实年事已高的忽必烈对南必皇后的眷爱,远远不如对察必皇后的爱怜。

老而风流的忽必烈经常找借口外出避暑游幸上都开平府,他绝不带南必皇后随行,因为他不会自己给自己找麻烦。他其实是去纵情声色。原来上都内旧有妃嫔大多都未跟随朝廷南迁,蒙俗又与汉俗不同,对于前代守寡的年轻女子,元世祖经常找来寻欢作乐,别有一番情趣。

就这样,南必皇后在不冷不热中伴随忽必烈度过了十二个春秋,并为他生下一个儿子,名为铁蔑赤。

至元三十一年(1294年)正月,八十岁高龄的元世祖忽必烈去世,皇位由其孙子奇渥温铁穆耳继承,是谓元成宗。

元世祖撒手而去,遗下还不到三十岁的南必皇后,她在宫中苦苦熬过了后半生。

儿子是她的一切——元成宗铁穆耳皇后弘吉剌氏失怜答里

公元1293年,忽必烈决定立真金太子之第三子怀宁王铁穆耳为继承人。公元1294年,元世祖忽必烈驾崩。铁穆耳即皇帝位,是为元成宗。

公元1299年,成宗册立弘吉剌氏失怜答里为皇后,按照蒙古族习俗,所立皇后不止一人,但她们之间并非平起平坐的,而有着嫡次之分、主从之别。卜鲁罕皇后身居其前,失怜答里是为次后。

立后当年,她生下了成宗唯一的儿子德寿。母以子贵,失怜答里皇后因而身价倍增。这引起了卜鲁罕皇后的嫉妒和不安,她担心有朝一日失怜答里皇后会取代自己的位置,因而处处打击她。

成宗对待两后的态度飘忽难定。他既喜欢为自己生子且温柔的失怜答里皇后,同时又很敬重有才华有谋略的卜鲁罕皇后,而且其中还夹杂着几分胆怯。这样,柔弱善良的失怜答里皇后渐渐地失宠了,她心中十分忧虑,唯一使她觉得安慰和可寄托的便是自己的儿子德寿。

公元1305年,成宗重疾难愈,便立德寿为太子。失怜答里皇后看到了一线希望。然而，数月后太子德寿便死去了。这对失怜答里皇后无疑是致命一击。她难以承受如此的打击，很快在悲伤中离开了人世。

元武宗即位后至大三年（1310年）十月，亲率众臣祭奠失怜答里皇后亡灵，追尊谥"贞慈静懿皇后"，并合葬于成宗皇帝殿室。

一度把持朝政——元成宗铁穆耳皇后伯岳吾氏卜鲁罕

元贞初年，在册立驸马脱里思之女卜鲁罕为皇后之后，成宗即不思朝政，享乐宫闱，晚年又多病。后来，他基本上不再理政，而由卜鲁罕皇后和右丞相哈剌哈孙分别掌握朝廷大权。这样，卜鲁罕皇后和左丞相阿忽台为一方，右丞相哈剌哈孙为一方，形成了朝内两大对立的派别。他们明争暗斗，使矛盾日益激化。卜鲁罕皇后依仗成宗嫡后的身份，凭借不凡的胆识，得以在成宗晚年把持朝政。一切政务，俱由卜鲁罕皇后主持。

大德九年，被立为太子不久的德寿猝死。公元1306年，卜鲁罕皇后又将成宗的嫂子答己及其次子爱育黎拔力八达贬往怀州。答己是成宗次兄答剌麻八剌之妃。不料答剌麻八剌早死。按照蒙古婚俗，成宗欲纳嫂子答己为妃。卜鲁罕皇后出于妒忌，阻止了此事。由此卜鲁罕皇后与答己不睦。现在卜鲁罕皇后索性将答己母子贬于外。答己长子海山此时正奉诏镇戍漠北，闻知此事，颇为不悦。

公元1307年正月，成宗驾崩。因太子德寿早死，根据元朝旧制，在皇位空虚之际暂由嫡后摄政。

卜鲁罕皇后密召安西王阿难答来京师。阿难答是世祖诸孙之中最年长者，为元成宗的堂弟。在左丞相阿忽台等的怂恿下，卜鲁罕皇后准备议立阿难答为汗。可是世祖生前有日后帝位必传真金太子之后的成约。这样正统的继承人应是成宗长兄甘麻剌之长子也孙帖木儿（后为泰定帝）。可卜鲁罕皇后称制心切无暇顾及。但她却没有料到，右丞相哈剌哈孙虽表面上没反对，暗中却私通答己的两个儿子海山和爱育黎拔力八达。等卜鲁罕皇后醒悟过来、想除掉哈剌哈孙时，事态已难以挽回。

成宗的讣告传至怀州，爱育黎拔力八达与其母答己便以奔丧为名来到上都。经过一番秘密谋划，爱育黎拔力八达在右丞相哈剌哈孙的支持下发动了宫廷政变。安西王阿难答、左丞相阿忽台及诸追随王臣，被全部处死。卜鲁罕皇后也被禁在宫中。

这时元朝政权暂时落入爱育黎拔力八达手中。但因其兄海山拥兵朔方，且能征善战，母亲答己亦无可奈何。爱育黎拔力八达不敢造次，只以监国的名义执掌朝政。

大德十一年五月，海山率部入京师即位，号武宗，尊母答己为皇太后，立同母弟弟爱育黎拔力八达为皇太子。

元武宗即位后,废卜鲁罕皇后,将她贬往东安州。又颁诏说卜鲁罕皇后与皇叔阿难答私通,应予赐死。最后,卜鲁罕皇后饮药而死。

争权祸国——元成宗次兄答剌麻八剌皇太后答己

答剌麻八剌,元世祖忽必烈的长子真金(裕宗)的次子,母亲是徽仁裕圣皇后弘吉剌氏。弘吉剌氏答已,按陈的孙子浑都帖木儿的女儿,她自幼受到贵族思想的熏陶,聪慧貌美,颇有心计。在纳弘吉剌氏答己为妃之前,答剌麻八剌已立元世祖侍女郭氏为妃,郭氏还为他生了个儿子,名字叫阿木哥。

答己很受答剌麻八剌宠爱,为答剌麻八剌生了两个儿子——海山,后来的武宗;爱育黎拔力八达,后来的仁宗。

公元1285年,主张倡行汉法的真金太子先忽必烈而死。他所遗留下来的三个儿子——甘麻剌、答剌麻八剌、铁穆耳,他们都很受世祖的钟爱,究竟由谁继嗣为"皇太孙",一直没有明确的结果。

至元二十八年(1291年),答剌麻八剌奉诏同侍卫都指挥使梭都、尚书王琦一起出镇怀州(今河南沁阳)。行至赵州,有百姓拦道哭诉说有兵卒砍伐他的桑枣,答剌麻八剌大怒,下令杖罚违纪的兵卒,并派王琦入奏世祖,元世祖非常高兴。殊料答剌麻八剌却在中途染病,未到怀州就被召回京师调养,从此他便一卧不起。第二年春天,年仅二十九岁的答剌麻八剌竟留下孤儿娇妻而去。

答剌麻八剌病逝后,皇太孙由谁充任,仅剩下甘麻剌与铁穆耳二人竞争了。公元1293年,年逾古稀的忽必烈在臣僚的再三请求下,决定立仁孝恭俭的铁穆耳为继承人,并将"皇太子宝"授给了他。次年,忽必烈驾崩,宗室诸王会集上都,议立新君。身为真金太子长子的晋王甘麻剌迫于形势,也表示支持。铁穆耳顺利地继承了帝位,是为元成宗。

按照蒙古婚俗,弟有收兄寡妻的陋习。答剌麻八剌死后,铁穆耳想纳其嫂答己为妃,结果被生性好妒的卜鲁罕皇后阻止。从此,答己与卜鲁罕结下怨恨。

成宗是个无多大作为的皇帝,加之晚年多病,他不再亲理政务,皇后卜鲁罕和中书右丞相哈剌哈孙分别掌握了朝廷大权。

公元1306年,卜鲁罕为泄私愤,将答己与其子爱育黎拔力八达贬往怀州。答己一腔愁怨无处倾诉,只得打点行装,离开大都(今北京),踏上了赴怀州的行程。弘吉剌氏答己是个很有心计的人。一路上,她与儿子十分注意收买人心。他们途经的郡县无不设下华丽的营帐,摆出丰盛的酒席迎接亲王母子。可母子二人一律命令地方官吏把那些浮华的摆设和供奉统统撤下去,所有消费,一应从简。他们还命令随从人员绝对不许搅扰沿途居民,如有违犯,严惩不贷。这一招果然灵验,沿途官民,无不称颂王爷清正爱民。

公元 1306 年十二月,将答己与爱育黎拔力八达到达怀州。答己十分懂得团结臣民的重要,平日里,她不但对大臣们和颜悦色,十分尊重,有事就推心置腹地与他们商量,就是对侍候她的宫女仆役,也都十分宽厚仁慈。每逢外出,她总是令鹰坊卫士们在前面寻找僻静的路线,尽量少打扰百姓,并严令禁止践踏庄稼。尽管远离大都,但有心计的答己随时注意探听京师方面的消息,洞察着元朝宫廷内部的每一变化,并积蓄力量准备寻找机会发难。不久,元成宗病死,遂使答己的谋划有了实现的机会。

公元 1307 年正月初八,成宗驾崩。他仅有的一个儿子德寿已于公元 1305 年十二月早夭,帝位的继承遂成了问题。依元朝旧制,在皇位空虚之际暂由中宫卜鲁罕皇后摄政,由她负责召集宗亲大臣举行库里尔台大会另选新君。卜鲁罕和左丞相阿忽台等准备拥立成宗的堂弟安西王阿难答。之所以选立阿难答,理由是当时世祖忽必烈诸孙中年纪最长者,如果将帝位传给世祖诸孙,阿难答是合法的继承人。但是,世祖生前有日后帝位必须传给真金太子之后的成约,依此约应是成宗长兄甘麻剌的长子也孙帖木儿(后为泰定帝)。因此,尽管卜鲁罕的计划相当周密,且有一些亲信支持她,但却受到了一些谨守礼法的朝臣的阻碍,不能尽快成事。

成宗的死讯传至怀州,答己和儿子爱育黎拔力八达决定以奔丧的名义立即起程进京。路过漳河时,刮起了北风,下起了大雪。当地官民听说答己母子路过此地,纷纷冒雪前来送行。一个老农捧着满满一瓦盆热粥,挤上前来,要献给爱育黎拔力八达。侍从人员刚要把他喝退,答己说道:"昔晋文公亡命在外,老农献土团与之食,文公尚唯唯领受。今日之献粥,定为成事之兆,何不速受?"于是命人取粥,分而食之,并赐给老农一匹绫缎。二月,答己母子进入大都。先为成宗哭丧,然后住进城中的旧宅邸。

当时元朝宫廷之中,卜鲁罕正准备垂帘听政,由阿难答辅政。右丞相哈剌哈孙表面上并不反对,暗中却派人到漠北去迎海山,到怀州去迎答己和爱育黎拔力八达。他将京城百司的符印全部收起,封闭府库,把守掖门,控制机要,对于来自内廷的旨意,他伴装有病,不予署理。答己到京后,哈剌哈孙连夜派人鼓动说:"怀宁王海山路途遥远,不能马上到达,怕夜长梦多,生出不测,应先发制人抢得皇位才是。"答己立即决定由爱育黎拔力八达率兵发难。

卜鲁罕召安西王阿难答进京的目的之一就是为了稳固京师,防止镇戍北边的海山前来报复前怨。当她发现右丞相哈剌哈孙私通答剌麻八剌的两个儿子时,便有意杀死哈剌哈孙与答己等人。谁知道爱育黎拔力八达提前一步,他在阿难答等人预谋发难的前一天以迅雷不及掩耳之势抢先率卫士闯入内廷,收捕了左丞相阿忽台和安西王阿难答等人,并以"乱祖宗家法"的罪名,将其全部杀死。

先时，答己曾让阴阳家推算两个爱子的星命，看谁应立为皇帝。阴阳家推算的结果是立海山不利，立爱育黎拔力八达有利。据此，答己有意让次子继位。诸王阔阔出、牙忽都等也都劝爱育黎拔力八达即皇帝位。爱育黎拔力八达考虑到其兄海山拥有重兵且能征善战，不敢造次，于是先以监国的名义掌握政权，与哈剌哈孙一起日夜居守禁中，防备事变。

公元1307年三月，海山率三万精兵到达和林（今额尔德尼召南），得悉弟弟政变已告成功，他忙召集诸王驸王等商议南下夺取帝位。这时，答己遣派的近臣朵耳到了和林，他传话给海山说："你们兄弟二人，皆答己所生，本无亲疏之别，但阴阳家说你即位运祚不长，敬请三思。"海山听罢，极为不满，他对亲信康里脱脱说："我捍卫边陲，勤劳十年，又是长子，祖先的基业传给我是理所当然的事。如今母亲以星命好坏反对由我继立。将来的事谁都难以预知。假如我即位之后，所行措施上合天心，下符民望，即使当政一天，也足以垂名万年。怎么可以凭阴阳家的话改变祖制呢？京城肯定有人捣鬼，你为我侦察此事，急速报我。"说罢，他便派脱脱将他的想法告知答己，并率精兵分三路南下。

答己听了康里脱脱的禀报，大吃一惊，她唯恐自己的儿子因皇位一事反目，忙说："修短之说虽是术家所言，我也是替海山周思远虑，他既然这样说，那就叫他前来吧。"左右的宗王大臣都表示拥戴，决无二心。此后答己让左右退下，单独对康里脱脱说道："海山天性孝顺友爱，中外属望。今天你所讲的，怕是有人从中进谗。你快快回去为我们弥缝阙失，使我们骨肉无间，能够欢愉地相聚。倘真能如愿，你的功劳可不小啊。"脱脱顿首谢道："太母不必多虑，臣侍藩邸多年，深受信任，回去后一定推诚竭忠地开释海山。"

在此之前，答己见海山迟迟不至，已派康里脱脱之兄阿沙不花前去对海山讲了诸王群臣拥戴之意。康里脱脱见到海山后转达了答己的话，海山顿时感悟，释然无疑。

公元1307年五月，海山到达上都。母子三人相合一处，大会诸王。废掉成宗皇后卜鲁罕，将她贬谪东安州，后又赐死。经库里尔台大会议定，海山即皇帝位，是为武宗。

武宗即位后，追尊先考答剌麻八剌为顺宗皇帝，母亲弘吉剌氏答己为皇太后，他还将平定内难有功的母弟爱育黎拔力八达立为皇太子，确定他为法定继承人，并由他担任中书兼领枢密院，总领全国的民政与军政。至大元年（1308年）三月，武宗为太后建立兴圣宫，给纱五万绽，丝二万斤。四月，又立兴圣宫江淮财赋总管府，以供太后钱粮。武宗对太后的要求，无不曲意奉承，甚至诏命高丽王充当太后侍从卫队的长官。他还为兴圣宫鹰坊拨了四千户的租税。十月，武宗又率皇太子、诸王、群臣朝拜太后，为她上尊号"仪天兴圣慈仁昭懿寿元皇太后"，同时，大赦天下。答己从此便以皇太后的身份过上了养尊处优的奢侈生活。

自世祖忽必烈之后，元朝后妃多数崇尚佛教，答己也不例外。她被立为皇太后以后的第一件事就是西幸五台山拜佛。自兴圣宫建起之后，答己便派人请西僧亲到宫中讲佛。原来只在民间活动的西僧一到规模宏大的兴圣宫，表现得特别殷勤，他们诵经建醮，祷佛祈福，不但白天在宫中承值，连夜间也在宫中住宿。宫中的妃嫔公主及大臣妻子常到兴圣宫拜佛，与那些好色的西僧厮混，天长日久，便做出一些越轨之事。元武宗整日灯红酒绿，纸醉金迷，只爱听西僧的献媚之辞，对此并不过问。

颐养兴圣宫的答己除了念经拜佛外，整日安闲无事。当她看到嫔妃公主多与西僧寻欢作乐，心中深感寂寞，便想念过去的老情人铁木迭儿。原来，自顺宗29岁去世，答己便年轻守寡，当时两个儿子都还小，多亏了同族的亲戚铁木迭儿照料。为了驱除心中难耐的孤寂，答己暗中派人前往云南，召回了铁木迭儿。向来巧佞的铁木迭儿见到答己，便沉迷在宫中不出门。后来云南行省告发他擅离职守，武宗不知其中缘由，下诏查办。几天后皇太后答己下令赦免铁木迭儿，尚书省官员只得照令行事。从此，铁木迭儿在答己的庇护下，日渐飞黄腾达起来。

武宗初年很想崇儒尊道，有所作为。可不久他就坐宫承平，在宫中招集一班妃嫔，恒歌酣舞，彻夜纵饮；有时还与左右近臣蹴鞠击球，角觝取乐。因武宗沉湎酒色，重用佞幸，不问朝政，元朝统治集团愈加腐败。武宗本人也因纵欲过度，身染重病。至大四年（1311年）正月初八，武宗驾崩于玉德殿，年仅三十一岁。

尽管海山的儿子和世㻋（后来的元明宗）、图帖睦尔（后为元文宗）都已长大，她还是支持已是皇太子的爱育黎拔力八达继承皇位。武宗死后，爱育黎拔力八达立即以"变乱旧章，流毒百姓"的罪名诛杀了武宗宠幸的一批奸佞。他废掉尚书省，选任素有声望的老臣重组中书省，更换了朝中要员，尔后于至大四年（1311年）三月正式即皇帝位，是为仁宗。

仁宗即位后，深知"修身治国，儒道为权"，所以大胆推行科举制度，重视人才的选拔，并着手整顿田赋。他还命"营旧之贤，明练之士"将元朝开创以来的政制法程分类编集，辑成《风宪宏纲》。但仁宗爱育黎拔力八达为人仁厚孝道，再加上常年与母后答己生活在一起，所以对答己言听计从，仁宗一朝的政事，受到答己太后和铁木迭儿的严重干扰。

"通贯经史，善论古今治乱"的汉族名儒李孟，曾是仁宗的师傅，仁宗当了皇帝之后，想立李孟为中书右丞相，而太后早已降旨，将中书右丞相的职务给了铁木迭儿。铁木迭儿却在答己的庇护之下，气焰愈来愈嚣张。

铁木迭儿窃居相位之后，起初还算规矩，未敢轻举妄动。后来为了讨好皇上，沽名钓誉，他想出一条理财政策，上奏仁宗。身居九重的仁宗哪里知道其中的弊端，见其说得情真语切，立准施行。铁木迭儿遂分遣属吏，巡行各省，扩田增税，苛急烦扰。庶民百姓惨遭横祸。地方的贪官污吏为增报田亩，竟拆毁民房，挖掘坟墓，致使人们流离失所，无处安身。他们却乘机大发横财。江漳诸路却因此叛乱四起。大臣纷纷上奏认为叛乱乃扩田增税所致，应暂停推行，仁宗准奏。铁木迭儿却依然如故，而且贪虐更甚。文武百官虽然各怀不满，却不敢贸然弹劾。

不久，答己又下旨，令铁木迭儿为太师。中书平章政事张珪，向来嫉恶如仇，至此不禁进言道："太师论道经邦，须有才德兼全的宰辅才能当此重任。像铁木迭儿这样的人怕不称职！"仁宗素来器重张珪，无奈迫于母命，不好违抗，只得加铁木迭儿为太师，兼总宣政院事。太后答己虽然达到了目的，但对张珪却怀恨在心，伺机进行报复。适逢仁宗驾临上都，答己便令徽政院使失烈门传旨，召张珪上殿诘责。张珪据理力争，失烈门大发雷霆，下令左右杖答。可怜这位尽心为国的老臣在太后的指使下，平白无故地受了一顿责罚，被打得皮开肉绽，奄奄一息。第二天，太后答己又派人收缴了张珪的印绶，连同家眷一起赶出城门。仁宗得悉后，慑于太后的淫威，并未敢追究失烈门。这时，上都富豪张弼杀人入狱，他派人贿赂铁木迭儿。铁木迭儿受贿后密遣家奴胁迫上都留守贺巴延，要他释放张弼。贺巴延不肯从命，据实陈奏。

根据铁木迭儿的斑斑劣迹，御史中丞杨朵儿只与平章政事萧拜住决心除掉奸臣。他们联合监察御史四十余人，上奏仁宗。仁宗看罢奏折，非常气愤，立即下诏逮问铁木迭儿。铁木迭儿闻讯后，灰溜溜地躲进了兴圣宫，乞求太后保护。太后答己问明情由后，将跪伏在脚前的铁木迭儿扶起，安慰他说："你且起来，无论什么大事有我做主，皇上那边有我呢，你不必害怕。"接着，答己命贴身侍女准备酒菜，替铁木迭儿压惊。晚上也命令铁木迭儿匿宿于兴圣宫中。

御史中丞杨朵儿只得知铁木迭儿逃到兴圣宫，不敢擅闯禁掖抓人，只得入朝面奏仁宗："除非皇上亲自缉拿，否则臣下无从下手。"仁宗早已对铁木迭儿深恶痛绝，听说他躲藏到了太后住处，便直接闯进兴圣宫，要求面见太后答己。侍女忙进去通报，答己将铁木迭儿另藏别屋，待仁宗进来时，她还佯装若无其事的样子，仁宗行礼毕，由太后赐坐。母子二人在谈话中渐渐提到铁木迭儿。仁宗遂启奏道："铁木迭儿擅纳贿赂，刻剥百姓。御史中丞杨朵儿只等联衔奏劾，臣儿令刑部逮问，据说至今仍杳无下落，不知他藏在何处？"答己听罢，不以为然地说："铁木迭儿是先朝旧臣，现在身居相位，不辞劳怨。所以我想命你优待，加任太师。自古忠贤治国，易遭嫉妒，你也应调查确实，方可逮问，难道凭着片言，就可加罪么？"仁宗道："台臣联衔上奏者多达四十余人，他们历数铁木迭儿的罪名，想必总有所依据，不能凭空捏造。"答己没料到仁宗竟会当面顶撞她，怒冲冲地说道："我说的话，你居然不信，却将台臣的奏请作为实据，背母忘兄，不孝不义，恐怕祖宗的江山要被你断送了。"说着便扑簌簌地流下泪来。素来孝顺的仁宗见母后悲伤动怒，心中大为不忍，不由得跪下谢罪，然后退出了兴圣宫。

由于答己太后从中作梗，使得仁宗无可奈何，仅是夺了铁木迭儿的印绶，罢其相任而已。到了延祐六年四月，铁木迭儿又改头换面，以太子太师的身份重新登台。

于是又引起了内外监察御史四十余人对他的联名弹劾，认为他"逞私蠹政，难居师保之任"，但结果仍因答己太后的袒护，仁宗为了不伤太后的面子，未能将其治罪。奸贪专横的铁木迭儿与答己相勾结，将朝廷上下搞得乌烟瘴气。屡遭母后责骂的仁宗皇帝开始厌弃朝政，一心迷恋佛教，甚至想让位给太子，自己做太上皇，因朝臣力谏才算罢休。答己太后却乘机揽权，愈来愈强化了对朝政的控制。

公元1320年正月，仁宗忧病而死，享年三十六岁。仁宗驾崩后，答己便同铁木迭儿等人将早已策划好的继承人硕德八剌推上了皇位，是为英宗。

早在元武宗立其母弟仁宗为皇太子时，曾经约定"兄终弟及，叔位相承"，就是说，仁宗之后，仍当依次传位于武宗的儿子和世㻋。可是等到武宗死后，答己太后见和世㻋相貌堂堂，机智果断，英气勃发，恐怕将来难以制服，便和铁木儿迭儿密谋胁迫仁宗违背诺言，立性情柔懦的仁宗之子硕德八剌为太子。

公元1316年春，年仅十三岁的硕德八剌被立为皇太子，兼任中书令和枢密使。为防止武宗后代起来争夺皇位，答己在此之前即将武宗长子和世㻋封为周王，并让其出镇云南。朝中臣僚多半是些钻营势利之徒，都怕拥立了一个明主，将来不好做手脚，对己不利，于是一致同意拥立硕德八剌。

仁宗刚死，太子硕德八剌哀毁过礼，素服寝地，每日只喝一碗粥。太后答己乘机宣布，令太子太师铁木迭儿为右丞相。几天后，又命江浙行省黑驴为中书平章政事。黑驴平时没有什么功绩，只是因族母亦列失八在兴圣宫侍候太后，颇得宠信，因此屡得重用。

从此铁木迭儿等一班爪牙在答己太后的支持下，再度得势。

参议中书省事乞失监，常在铁木迭儿面前搬弄是非，竟私自仗势鬻官，被台臣劾奏，罪当受杖责。他忙密求铁木迭儿到太后面前说情。答己太后召太子入见，要他赦免乞失监杖刑。太子不许。太后又命改杖刑为笞刑。太子说道："法律为天下公器，若自徇其私，改重从轻，如何能正天下！"最终也不听答己的话，将乞失监杖打了一通，结案了事。不久，徽政院使失烈门，以太后的旨命，要求迁转朝官。太子硕德八剌拒绝道："大丧未毕，怎能更换朝官！况且先帝旧臣也不便随意更动。待即位后，召集宗亲元老会议，方司任贤黜邪。"失烈门惭沮地退了下去。通过这几件事，朝野上下深感太子英明果断，答己太后更是忧心忡忡。

公元1320年三月，硕德八剌正式即位，是为英宗，他尊祖母答己为太皇太后。这位少年皇帝生于洛阳附近的怀州王府，深受汉族封建地主文化的影响。他与崇信喇嘛教、游牧贵族思想意识浓厚的答己在政见上有很明显的差异。他在即位大典上的沉稳与果断及此前的刚断之举，使答己深深感觉到了他的坚毅与严厉，远非像她原来认为的那般柔懦。至此答己才发现英宗也是一个刚毅果断、独断专行的人。答己回到兴圣宫后，暗自悔恨道："我不该立此小儿。"她深感自己的地位和权势正在受到威胁。尽管她已威临三朝，可她要做的事，皇孙多半不从，这好似给了她当头一棒。答己终因心情压抑，忧愤成疾，病卧床榻。这时铁木迭儿也因弹劾赵世延遭英宗否决气冲冲地来找太皇太后答己。答己深感力不从心，身不由己。她对铁木迭儿说道："我老了，你也该见机而退，一朝天子一朝臣，千万别自织罗网自己投啊！"铁木迭儿听完这番话，好似冷水浇头，顿时瞪目无言。他只得与亦列失八等人谋议，准备趁英宗出宿斋宫之时行刺，以替太皇太后出气。

亦列失八同平章政事黑驴、徽政院使失烈门等多次密商，专等机会到来时行刺英宗。不料他们的阴谋被平章政事拜住暗中查实，将其迅速捕拿归案。英宗猜度到他们幕后的指使者就是太皇太后答己，因而也不敢进一步追查，匆匆把他们诛杀了事。答己的势力受到了沉重的打击。

英宗为牵制铁木迭儿的权力，巩固自己的地位，乃任拜住为左丞相，并引为心腹。铁木迭儿渐遭疏远。后来，铁木迭儿听说拜住到范阳为其先祖木华黎立碑，便不再装病，登朝求见。英宗冷淡地派人赐酒，并对他说："爱卿年纪大了，应以身体为重，等新年时入朝也不晚。"铁木迭儿碰了一鼻子灰，回去不久便抑郁得病而死。

太皇太后答己见自己的党羽多数被杀，又听说铁木迭儿病逝，万般无奈，心中的无限苦楚无从诉说，遂于公元1322年九月病死于兴圣宫。

品行仁德——元仁宗拔力八达皇后阿纳失失里

阿纳失失里出身元王朝一个显赫的大家族。天资聪颖，品行仁德，仪态端庄。她和仁宗结婚后，夫妻恩爱有加，相敬如宾，她夙夜忧虑，尽心辅佐，和仁宗同甘共苦，对仁宗帮助很大。她为仁宗生了一个儿子：孛儿只斤硕德八剌。她以自己贤良的美德、丰实的学识教育了自己的儿子，为英宗成为一个颇有作为的皇帝打下了基础。

阿纳失失里，是蒙古族人，出身于弘吉剌氏部族，系名门望族，从小天资聪颖，美丽可爱。良好的家庭环境使她不但相貌姣好，而且仪态不凡，举止端庄，谈吐文雅，琴棋书画样样精通，是一个很有教养的才女。她待字闺中，日日观书习礼，周围充满溢美之词。当时，身为元世祖忽必烈曾孙的爱育黎拔力八达与阿纳失失里年龄相仿，正值风华正茂，英俊潇洒。二人于十六七岁时缔结良缘，在当时被人们视为天作之合。

大德七年（1303 年）七月的一天，在洛阳附近怀州王府，阿纳失失里为王爷生了一个胖胖的男孩。她望着哭闹不止的儿子，脸上露出了幸福的笑容，但这时的她怎么也不会想到，她竟为元王朝生育了一位颇有作为的皇帝——孛儿只斤硕德八剌，即后来的英宗。

硕德八剌秉承了父母的天资，聪明伶俐，十分懂事。阿纳失失里倍加疼爱，把一腔母爱全部倾注在幼小的硕德八剌身上，使儿子从小受到良好的启蒙教育。洛阳怀州一带，是宋代理学的奠基人二程的故乡。这里的汉族文化十分浓厚。聪慧贤淑的阿纳失失里由于长期受到这种文化氛围的影响，因此在她对儿子所进行的启蒙教育中，自然蒙上浓厚的汉文化色彩。加上同样对汉文化推崇备至的父亲的影响，硕德八剌的成长自然不同于蒙古草原马背上长大的贵族子弟。他外柔内刚，有胆有识，颇具政治家的谋略与改革家的气魄，这为他后来成为元朝中期一位杰出的政治家、改革家打下了坚实的基础。应该说在硕德八剌的成长过程中，母亲阿纳失失里功不可没。她不仅以其贤良的美德、端庄的品行，为孩子作出了表率，而且尽全力抚育提携，把自己的思想、学识灌输给他，使硕德八剌这棵幼苗茁壮成长，日后大有作为。

仁宗即位后的第二年，皇庆二年（1312 年）三月，阿纳失失里被册封为皇后。仁宗爱育黎拔力八达是元朝第四代皇帝，至元二十二年（1285 年）三月生于儒州。幼年的他，拜汉族儒学名士"通贯经史，善论古今治乱"的李孟为师，悉心苦读，博闻强记，从而对他登基后十年的执政产生了重大影响。至大四年（1311 年）正月，年仅三十一岁的武宗因沉溺于美色，纵欲过度，又加之大量饮酒，终于染病身亡。因为海山即位时为报拥戴之恩，下诏立爱育黎拔力八达为"皇太子"，所以，依照旧例，皇位自当落在爱育黎拔力八达身上，并应立即继位。但他和阿纳失失里商议后做出了出人意料的决定，即暂缓登位，先以"皇太子"身份执政，罢黜污吏，整饬纪纲，以期大展宏图。在他大刀阔斧、雷厉风行地采取了一些重大决策后，才于至大四年三月十八日正式登上皇位，帝号仁宗。仁宗即位，当然不会忘了十年耳鬓厮磨、温文娴雅、恭俭节用、秀外慧中的爱妻阿纳失失里。遂于皇庆二年（1312 年）三月，册封阿纳失失里为皇后，授予玉册宝章，并派遣官员到南郊及太庙祭告天地，改典内院为中政院，秩正二品。

阿纳失失里对仁宗的帮助是很大的，无论是立为皇后之前，还是立为皇后之后，她始终竭尽自己的微薄之力，给予仁宗以关心和帮助。她对皇上的辅佐有自己的独到之处，那就是既非置身于朝野大事之外，又非横加干涉，而是学唐太宗的皇后长孙氏，做丈夫的"贤内助"，以自己的识见协助丈夫秉政治国。她时常将国家大事小事记挂心上，竭诚尽智，一有机会，就把自己的意见和建议禀告圣上，以备仁宗察纳。她用自己的聪明才智，毕生尽心辅佐仁宗，故而深得仁宗宠爱。

像无数的皇后一样，仁宗皇后也有寂寞惆怅的时候。她总是认真地检点自己，使自己的言行循规蹈矩，一点也不放纵自己，更不以自己皇后的身份欺凌弱小，飞扬跋扈。

仁宗即位后，在政治、经济、文化诸方面进行了一系列大胆的改革尝试，有的取得了一定的成效，也有的因措施不力，最终归于失败。这期间，皇后与仁宗同甘共苦，给仁宗以精神上的安慰与鼓励。尤其是当仁宗举步艰难，受到母亲答己和权臣铁木迭儿的牵制，身陷重轭之际，面对紧张的政治局势，皇后能以其贤淑的美德，温暖仁宗受伤的心灵。

但是，在皇太子的人选问题上，仁宗和皇后一反常态，显得毫不手软。当初，元武宗海山在立爱育黎拔力八达为皇太子时曾约定，爱育黎拔力八达之后，皇位再传给海山的长子和世㻋。仁宗和皇后违背前约，决定立自己的儿子硕德八剌为皇太子。当然，这和母后答己的利益是一致的。母后答己觉得硕德八剌生性柔懦，便于控制，将来即位，亦在他们的股掌之中，可任其摆布，成为傀儡，因此，也十分赞同立硕德八剌为皇太子。就这样，在延祐三年（1316年）十二月，仁宗和皇后将年仅十三岁的硕德八剌立为皇太子，兼领中书令。而对哥哥的长子和世㻋则软硬兼施，给予不公平待遇，先是封为周王，后又命离开宫廷镇守云南。这种做法招致蒙古诸王和武宗旧臣的不满，为以后的皇位斗争埋下了伏线。当和世㻋奔赴云南，途经延安附近时，武宗时的一些旧臣都纷纷前来汇合，并向北逃窜，集结于阿尔泰山一带，等待时机。延祐七年（1320年）仁宗忧病而死。两年后，至治二年（1322年），仁宗皇后驾崩。

对于太后的仙逝，英宗硕德八剌悲怆万分，他没有忘记母后对自己的抚育之恩以及她仁及九族的德泽；也没有忘记母后悉心辅佐先朝、日夜忧思的风骨。于是，他为皇太后赐谥号曰："庄懿慈圣皇后"，并在册文中表达了他对母后功绩的缅怀，以及对母后"圣擅长违"的悲痛之情。

虽然阿纳失失里活了不到四十岁，但她既有有和她相敬如宾的丈夫仁宗，又有孝顺备至、大展宏图的儿子——英宗，还留下了世人的那么多的称颂，她还有什么值得遗憾的哩！

秀外慧中——元英宗硕德八剌皇后速哥八剌

大德五年（1301年），速哥八剌出生于名门望族，母亲是亦户烈氏公主益里海涯。速哥八剌生得美丽聪慧，自幼勤勉好学，到十一二岁时就能写诗文，颇有才气，秀外慧中。

延祐四年（1317年）正月，十七岁的速哥八剌嫁给皇太子硕德八剌为妻。

延祐七年三月，硕德八剌正式即位，是为英宗。

至治元年（1321年）速哥八剌被册封为皇后。

英宗与妻子速哥八剌都正当妙龄，且才貌出众，组成了一个幸福的家庭。皇后虽然年少，却端庄老成，柔顺好礼，为人凝重热情。英宗虽有朵而只班、牙八忽都鲁等妃子，但对速哥八剌却情有独钟，相爱甚深。

速哥八剌对宫廷礼节非常重视，并模范遵守。每当英宗退朝，她都戴冠具被、穿戴整齐地等待在门口迎接。这样，有些朝政大事，英宗也就免不了向皇后述及一二，甚至可能征求她的意见。

速哥八剌是个爱护人民的皇后。她告诫英宗要习知民事，体恤民情，时时观之；外出巡视，一律不得践踏民田。一次英宗和皇后巡视，车驾驻在农庄。当时天气寒冷，天低云暗，寒风呼啸。左右担心把帝后冻病了，建议立即返回京都，皇后却说："民众之事非一目透之，汝不与民交谈，虽巡仍无所知也。"在皇后的感动之下英宗也说："兵以牛马为重，民以稼穑为本。我们在此逗留，是想让马得放牧，民得收获，一举两得，还在乎什么寒冷呢？"由此可以看出，皇后和英宗是非常重农爱民的。

速哥八剌皇后还辅佐英宗重视民族文化。延祐七年十二月，翰林学士忽都鲁都儿迷失把他翻译的宋朝儒学家真德秀撰写的《大学衍义》进献英宗和皇后。英宗和皇后非常高兴，认为这是给本民族做了一件大好事。赞赏之余，并赐钱五万贯。随后《大学衍义》印本颁发群臣。根据皇后的建议，英宗曾两度诏命翰林国史院纂修《仁宗实录》、《后妃功臣传》等。至治三年（1323年）二月《仁宗实录》修成。这为发展本民族文化起到了良好的作用。

英宗即位之初，雄姿英发，锐意进取，自恃储位早正，得位当然，一改蒙古选汗制度。蒙古贵族对废"国礼"的做法极为不满，于是他们上下勾结，使英宗陷于孤立之中。更为严重的是，守旧派的后台是威临三朝的太皇太后答己。当初，太皇太后立硕德八剌的初衷是看他年纪小，性格懦弱，便于控制，便于摆弄。谁知英宗即位之始，就顽强地表现出自己的意志。答己太皇太后开始发现这位少年皇帝"毅然见于颜色"，远远不是以前认为的那么怯懦，不由发出了"吾不该立此小儿"的悔恨之声。仁宗驾崩，答己监摄国政时就倒向保守势力，她趁英宗还没有即位，就把当时的中书右丞相伯答沙撤掉了，更换了她的一党之人铁木迭儿为右丞相，还提拔了一批奸佞之徒至中书，形成了瓜分英宗君权的强大势力。

面对朝中分裂，英宗郁郁不快。一天，皓月当空，英宗趁着月色饮酒消愁，并把皇后速哥八剌召入宫中，命令左右回避，只有皇后陪坐。英宗向皇后提起祖母答己和铁木迭儿相互串通威慑朝政的事情，感到压力很大，许多想法无法实施。皇后劝说英宗，对保守势力应主动采取拆散、瓦解的方法，不要莽撞从事。她接着建议推举侦破黑驴等阴谋暗杀皇帝一案的平章政事萧拜住为丞相，英宗听后连连点头。

英宗为了牵制答己与铁木迭儿等保守势力，进而巩固自己的统治地位，在皇后的建议下毅然决然地把与铁木迭儿一党的左丞相合散免职，把世祖时丞相安童的孙子萧拜住立为左丞相。这样一来，极大地削弱了太皇太后答己的政治势力。英宗的地位和权势有所加强了。

至治二年（1322年），英宗决心"一新政治"，进行了一系列改革。这触犯了大多数保守的蒙古色目贵族的利益，引起他们的反对。第二年，御史大夫铁木发动"南坡之变"，弑英宗，可怜英宗只活了二十一岁。

泰定四年（1327年）六月，英宗皇后速哥八剌去世，泰定帝谥曰庄静懿圣皇后。

英宗在位时，速哥八剌皇后经常告诫他要善于纳谏。英宗虽在位仅三年多的时间，却以善于纳谏永垂史册。其中，少年不了速哥八剌这位贤德皇后的功绩。

投入仇人的怀抱
——元泰定帝也孙铁木儿皇后弘吉剌氏八不罕

在"南坡之变"中，刚刚二十一岁只当了三年皇帝的英宗死于非命。在经过一系列的角逐较量之后，裕宗真金的长孙、晋王甘麻剌的嫡子泰定帝也孙铁木儿于公元1324年临朝执政。弘吉剌氏纳陈孙子留察儿的女儿八不罕被封为皇后。弘吉剌氏八不罕容颜出众，却是个善妒、泼辣而权势欲极强的女人。

八不罕嫉恨宫内所有漂亮的妃嫔，不许泰定帝接近她们，她也知道皇帝怯懦无能，皇位不会持久。而此时她的儿子阿剌吉八已被立为太子，只是年龄尚小。也先铁穆耳自恃拥立皇帝有功，开始结党营私，为所欲为，在朝中专断一切大权。八不罕于是极力拉拢也先铁穆耳奸党中人，她压下弹劾他们的奏章，在泰定帝耳边时常替他们开脱和美言。为了投其所好，八不罕把宫中美貌的侍女们赐给也先铁穆耳。在她的周围已经形成了一股强大的力量。泰定帝虽然不满皇后的举动，但自己却又无力抗争，便日渐消沉下去，终日纵情于佛事和声乐，消磨着时光。

此时，兖王买住罕为了取宠皇帝，把自己一对双胞女儿进献给泰定帝，这便是必罕与速哥答里。姐姐必罕花容月貌，美艳丰满，艳丽之中又不乏端庄；妹妹速哥答里小巧玲珑，妩媚动人，纤细娇柔，风流妖冶。姐妹俩自入宫后，轮流伴宿泰定帝。泰定帝把全部心思，都用在了她们身上。

依八不罕的性格哪能忍受。有一次泰定帝未去早朝，她便怒冲冲直入二妃居住的翠华西阁。二妃连忙从侧门逃走，她便声泪俱下，历数泰定帝贪花好色贻误朝政。泰定帝被吓得发誓永不再宠幸这两个妃子。

内外交困的泰定帝无力回天,他就将全部的心思转投到出外游猎中。一日,泰定帝外出去猎。突然,一场暴风雨即将来临,泰定帝即被罩在风雨之中,羸弱的泰定帝病倒了。公元1328年,泰定帝驾崩,享年仅三十六岁。

泰定帝死后,皇位之争拉开序幕。被称为曹阿瞒的燕铁木儿开始施展手腕,他因受武宗的特别宠爱,总想辅助武宗的二子怀王图帖睦尔为帝。他暗中拉拢朝臣,集结军粮人马,也在等待时机。

对于当前的局面,八不罕没有绝望,她相信依靠自己的势力也能支撑起这即将倒塌的天。此时,她一面在上都为泰定帝操办丧事,一面迅速派使节到京都,命令平章政事乌伯都剌收掌百司印章,并安抚好京城官员和百姓,而她自己也带着儿子阿剌吉八启程赴京。

然而,燕铁木儿得知消息后,决定将计就计。

第二日,当满朝文武百官都聚集在兴圣宫准备听乌伯都剌宣读皇后敕书时,燕铁木儿带领阿剌帖木儿、索伦赤等十七人持刀闯入,将乌伯都剌捆起来,然后派兵封路以防走漏风声。

当燕铁木儿基本平定各部叛兵之时,上都内已是一片混乱,原来拥护皇后的各诸王纷纷自找出路,八不罕终于无力扭转大局。可怜还未懂事的小皇帝在这场混战中丧命了。皇宫内泰定皇后和皇妃们都聚集在一起,生死未卜,她们都吓得面无人色。

燕铁木儿原也是个好色之徒,如今他见了风韵不减的泰定后和二位如花似玉的妃子,不禁又产生了歪念。

后来燕铁木儿纳她们为妻,还举行了盛大的婚礼。泰定后妃后来的情况如何,不得而知。

悔不当初——元文宗图帖睦尔皇后卜答失里

弘吉剌氏卜答失里,大德十一年(1307)十月生于显赫的家庭。她的父亲是鲁王琱阿不剌,母亲是顺宗的女儿、鲁国大长公主桑哥剌吉。

帝位之争

泰定元年(1324年),卜答失里已经长到十七八岁,不仅风姿绰约,美貌非凡,而且举止得体,工于心计,显得比较成熟。这年九月,泰定帝也孙铁木耳将出居海南的武宗次子图帖睦尔召还京师,十月,封图帖睦尔为怀王。根据皇上旨意,卜答失里嫁与怀王,成为王妃。泰定皇帝对于武宗皇帝的后代很不放心,生怕他们起来夺取帝位,便命图贴睦尔出居建康(今江苏南京)。致和元年(1328年)三月,泰定帝病况日益严重,又免后患,又将图帖睦尔迁居江陵（今湖北省江陵）。

怀王虽居外地，但一直密切注视着宫廷内事态的发展，时刻准备北上大都，夺取帝位。而卜答失里作为王妃，始终相随，与图帖睦尔同甘苦，共患难，相互慰勉，深得图帖睦尔的信任与宠爱。

致和元年（1328年）七月，泰定帝死于上都（今内蒙古正蓝旗）。在武宗旧臣、河南行省平章政事伯颜的支持下，图帖睦尔于八月平安抵达大都（今北京），入居大内。

与此同时，在上都的倒剌沙和梁王王禅等人也拥立泰定帝皇太子阿剌吉八为帝，并加紧进攻大都。争夺帝位由宫廷政变发展到武装冲突。

九月，燕铁木儿率诸王、大臣请图帖睦尔早日即位，以安天下。图帖睦尔因长兄周王和世㻋尚在漠北，不敢贸然接受。老谋深算的燕铁木儿非常严肃地对他说："人心向背之机，间不容发，一或失之，噬脐不及。"图帖睦尔心中早想即位，只是碍于长兄和世㻋的存在，听燕铁木儿这么一说，自然正中下怀。于是，在虚情假意地表白了一番"固让之心"后，于九月十三日即皇帝位于大都大明殿，此即文宗皇帝。不久，立卜答失里为皇后。

面对倒剌沙的进攻，文宗令燕铁木儿与其弟撒敦、儿子唐其势等人，率军迎战。他们屡败上都兵，最后将上都兵全面击溃。倒剌沙等经过两个多月的武装较量后，于十月十四日彻底认输，奉皇帝玉玺投降，文宗将他投入监狱。十一月，倒剌沙、王禅及其党羽被处死。

公开武装反抗势力倒剌沙集团被消灭之后，文宗争夺帝位道路上的惟一障碍，便是自己的长兄周王和世㻋。要当皇帝，先得要让皇位。天历元年（公元1328年）十一月，文宗遣使奉迎和世㻋于漠北。天历二年（公元1329年）正月，文宗又数次遣使迎和世㻋。和世㻋为人宽厚，勇而寡谋，见弟弟再三遣使相迎，以为弟弟诚心相让，遂于当月即皇帝位于和宁之北（今蒙古国库伦西南），是为明宗。明宗接受皇帝大印后，依据前朝旧例，立弟图帖睦尔为皇太子。

但没几个月，明宗即暴崩，这分明是一场阴谋。八月十五，图帖睦尔再即皇帝位于上都。

历经多少风风雨雨之后，随着文宗帝位的巩固，卜答失里的皇后地位也最终确立下来。

害死明宗皇后

至顺元年（1330年），明宗皇后八不沙自漠北返大都。文宗为遮人耳目，将其迎居宫中，命供给钞万锭、布帛两千匹，并封明宗嫡子懿璘质班为鄜王。懿璘质班年仅五岁，系八不沙所生。

八不沙作为明宗遗孀，寄居皇宫，虽然靠着文宗的供奉，过着较为优越的生活，但一想起明宗被害，时时暗自垂泪，心中禁不住悲愤交加，不时流露出不满情绪。文宗虽略有所闻，量她也不会有什么作为，遂不加理会。可是皇后卜答失里却不以为然。所以，与八不沙同处宫中，表面上好像很融洽，但心中不无介蒂。天长日久，彼此相见，免不得冷嘲热讽，恶语相攻。

恰在这时，一位深受卜答失里皇后宠幸的太监拜住，因为冒犯了八不沙，被八不沙痛骂一顿。八不沙在盛怒之余不知不觉竟将文宗和燕铁木儿暗算明宗的事情，也一起抖了出来。

拜住平日仗着卜答失里皇后的威势，从未受过这般冤气。挨了骂便急匆匆跑到中宫，添油加醋地将八不沙所言转述了一遍。卜答失里闻听，咬牙切齿地说道："贱妇竟敢指桑骂槐，诬蔑当朝皇上，我与她势不两立，非让她死在我手里不可！"拜住眼睛一转，计上心来，他开导皇后说："这好办，可以从太子入手。皇子虽然年幼，但将来总是储君。现在鄜王已立，住在宫中，必然从旁窥伺太子之位。倘若皇上舍子立侄，那对您和皇子可是不利！咱们一不做二不休，不如禀明皇上，就说八不沙潜结内外，谋立鄜王为太子。"卜答失里听后连连摇头，说："不妥，不妥！皇上曾有立侄的意思，这样一来更提醒了他，倘若弄假成真，岂不聪明反被聪明误？"拜住沉思半天，狠狠地说："我们不妨采取激将法，就说八不沙对燕铁木儿与皇上合谋暗算明宗深信不疑，将图谋不轨。皇上定会龙威大怒，下决心斩草除根！"

听到这里，卜答失里方点头称赞。等文宗入宫，卜答失里便一层一层地细细说来。文宗虽然非常生气，但不肯马上就下毒手。经卜答失里婉劝硬逼，文宗终于说了真话："凡事不要做得过甚，我已经为燕铁木儿所惑，做了不仁不义的事，现在，再要对明宗皇后下手，不是有点太过了吗？退一步讲，即使要除掉八不沙，我也不便颁诏赐死。"

第二天，卜答失里召来拜住，先将文宗的话复述一遍，问他该怎么办？狠毒的拜住一听，立即高兴地说："皇后啊，皇上并没说不同意，只说了要除掉八不沙皇后，我也不便颁诏赐死。依奴才看，此事只好由皇后做主。请皇后传一密旨，宣称皇上有命，赐她自尽。"卜答失里即刻拟写密旨，速命拜住携带密旨、毒酒，前去谋害八不沙。可怜年轻的八不沙叫天天不应，叫地地不灵，饮下毒酒，含恨而死。

立储之争

此时，卜答失里皇后已生有三子，长子阿剌忒纳答剌，次子古纳答剌（后改名燕帖古思），三子太平纳。至顺元年（1330年）三月，诏封阿剌忒纳答剌为燕王。

卜答失里心中盘算，鄜王懿璘质班和妥懽帖睦尔尚处宫中，对于确立己子阿剌忒纳答剌的太子地位来说，是一个潜在的威胁。于是，卜答失里遂将矛头指向了明宗两个年幼的儿子，她经常向文宗陈说祸福利害关系。文宗觉得两人年幼体弱，不宜遣发外地，答应从缓商量。

卜答失里岂肯就此罢手，她说："妥懽帖睦尔生母迈来迪，出身低下，入王府又仅为侍妾。鉴于嫡庶名分，皇上已经立了懿璘质班为鄘王。可是，妥懽帖睦尔毕竟年长，如果几年之后，向皇上提出要求封王，甚至以明宗长子身份觊觎皇太子之位，恐怕会带来很多后患。不如现在趁其年幼，远遣边地，以明嫡庶之分。"文宗本是一位受汉族儒家正统思想影响较深的皇帝，经卜答失里一说，觉得十分有理，便立即下令将年仅十岁的妥懽帖睦尔逐出宫，流放于高丽（今朝鲜）一海岛中，不准与外人接触。

妥懽帖睦尔被流放之后，只剩下幼小的鄘王懿璘质班，孤苦一人，非常可怜。卜答失里皇后为消除后患，也想将他流放外地，幸亏文宗还有点恻隐之心，觉得懿璘质班实在是太小，始终没有同意遣发外地。

这年八月，御史台臣请立燕王为皇太子，文宗表示推辞："皇子年龄还小，待以后再议吧！"可卜答失里策立皇太子心切，暗中召见诸王、大臣，怂恿他们继续请求速立皇太子，自己也趁机劝文宗尽快接受大家建议，以满足大家意愿。至此，文宗顺水推舟，乃先令太保伯颜祭告宗庙，然后立燕王阿剌忒纳答剌为皇太子。卜答失里终于实现了谋立己子为储君的目的。

舍子立侄

至顺二年（1331年）正月，刚被立为皇太子的燕王因病而死。文宗及卜答失里皇后双双陷入深深的悲痛之中。恰在此时，次子古纳答剌也染病卧床。文宗及卜答失里皇后犹如雪上加霜，忧心如焚。为禳除灾异，文宗下令西番僧为皇子古纳答剌作佛事一年。同年九月，文宗又将诸王阿鲁浑撒里的住宅买下，命大臣燕铁木儿侍奉古纳答剌居住。在燕铁木儿等人的精心护理下，古纳答剌病情逐渐好转。文宗及卜答失里稍感宽慰。

皇子古纳答剌病愈不久，文宗由于悲伤过度，终于病倒了。文宗料到自己将不久于人世，追忆夺取帝位往事，感到十分愧疚。本想传位于阿剌忒纳答剌，又不幸早夭，其余两子幼弱，也不堪国家大任。为了在历史上留下一个好的名声，文宗决意舍子立侄，使帝位复归正统。主意既定，遂召皇后卜答失里近前，嘱以后事。卜答失里听后，愣了一愣，流着眼泪说道："皇侄登基，皇子可怎么办？"文宗勉强笑了笑，说："常言说，人之将死，其言也善，我靠权谋夺得帝位，在位五年来，夙兴夜寐，不辞辛劳，取得了一些文治武功。但是，朝廷内外是不会忘记明宗大统的。目前，若要逆众意强立皇子燕帖古思为帝，后果会不堪设想。看来，欲想天下太平，还须立兄长之子。"卜答失里唯唯而退，令近侍密召太师、右丞相燕铁木儿商议。但因燕铁木儿每日与妻妾寻欢作乐，荒淫过度，也已抱病卧床，乃改召太保伯颜入宫。卜答失里将方才文宗关于拥立郦王的旨意述说一遍，伯颜道："皇子年龄，与郦王差不多，何必别立皇侄？"文宗听后说道："朕意已定。太师年迈体弱，将来的国事，还要靠卿做主。卿和皇后等，要勉力行善，竭诚翊戴郦王，莫要辜负朕意。"伯颜深感皇上知遇之恩，眼中含泪，连声答应："一定不负顾命。"

至顺三年（1332年）八月，文宗崩，年仅二十九岁。

文宗驾崩，燕铁木儿勉强起床，踉踉跄跄来到宫中。见卜答失里等正在放声恸哭，燕铁木儿忙走上前，先劝慰了几句，然后果断地说："皇上驾崩，应由皇子嗣位。请皇后立即颁布遗诏。"卜答失里止住痛哭，回答道："皇上已有遗嘱，命郦王继承大统。"燕铁木儿听后大为惊讶，失声叫道："传位郦王，臣不敢遵命。"卜答失里慌忙劝说："此事不便改议，太保伯颜曾与先皇面议，太师可去问明。"燕铁木儿不便再问，忙退出宫，直奔伯颜处。听伯颜将文宗临终一节说完，一个劲儿地摇头叹息。

郦王懿璘质班年仅七岁，不能亲政，由燕铁木儿召集诸王、大臣宣布文宗遗诏。十月四日，燕铁木儿、伯颜奉懿璘质班即帝位于大明殿，是为宁宗。即位之后，立即下诏尊皇后卜答失里为皇太后。太后于兴圣殿接受朝贺，遂临朝听政。

宁宗仅做了四十三天皇帝，便因病而死。燕铁木儿当初主谋害死明宗，总觉得如果立了明宗之子，将来定遭报复无疑，眼下天赐良机，遂与群臣议立文宗次子燕帖古思。燕铁木儿急忙入宫谒见太后，提起即位问题。卜答失里面对几个月来帝位的变故，感慨万千。燕铁木儿说："过去之事，提它亦无补于事。国家不可一日无君，就当及时确立新君。依臣之见，应立皇弟燕帖古思。"卜答失里说："我儿燕帖古思年幼，不应嗣位，还应另立为是。"燕铁木儿极力争辩说："拥立郦王，已经履行了文宗遗命。现在郦王已崩，自然非燕帖古思莫属。"卜答失里从容道："明宗长子妥懽帖睦尔，前居高丽，现在广西静江（今桂林），今年已经十三岁，可以迎立。"燕铁木儿大吃一惊，心想，当初谋害八不沙皇后、流放妥懽帖睦尔，她是那样斩钉截铁，如今，又要回过头来立妥懽帖睦尔为帝，真是不可思议。于是连提醒带威吓说："先帝文宗在时，曾经明确宣布，妥懽帖睦尔非明宗亲子，所以先徙高丽，又徙广西静江。况且流放他亦是您的主意，如今又要立他为帝，恐怕不妥吧？"卜答失里说："无论妥懽帖睦尔是不是明宗亲生，明宗总还视他为子。我与先帝文宗，均深悔平生所为，现在通过确立帝位作些许补救，或可对得住良心。我意已决，先立了他，待他百年之后，再立我子不迟。"太后遂命中书右丞阔里吉思前往静江迎妥懽帖睦尔。

妥懽帖睦尔将至京师时，太后卜答失里命太常礼仪使整具扈从仪仗队伍，出京迎接。燕铁木儿此时病已痊愈，也打起精神，与文武百官一起至良乡（今北京房山区）迎接。路上，扬着马鞭，历述确定迎立妥懽帖睦尔的经过，借机矜夸自己功勋，妥懽帖睦尔对燕铁木儿所言一无所答。燕铁木儿想起当年谋害明宗之事，深恐妥懽帖睦尔即位之后追举前事，遂一拖再拖，使妥懽帖睦尔一直不得即位。后来，燕铁木儿病死，卜答失里乃与大臣议定，由妥懽帖睦尔于至顺四年（公元1333年）六月即皇帝位于上都，这就是元朝最后一位皇帝——顺帝。当时卜答失里太后规定，妥懽帖睦尔之后，传位于燕帖古思。

恶有恶报

　　顺帝即位之后，听信明宗旧臣阿鲁辉帖木儿之言，正事全部听由太师、右丞相伯颜及燕铁木儿弟、左丞相撒敦等处理。卜答失里以太后身份参与朝政，宠贵一时。至顺四年（1333年）八月，卜答失里因燕铁木儿平生功勋卓著，遂将其女答纳失里纳入后宫，命顺帝册立为后。顺帝只好遵命行事。十二月，顺帝为皇太后卜答失里置徽政院，设官属三百六十六员，专门管理皇太后日常生活事宜。元统二年（1334年）十月，奉玉册、玉宝，上卜答失里尊号为"赞天开圣仁寿徽懿昭宣皇太后"。至元元年（1335年）十二月，顺帝为表示对卜答失里礼遇之隆，竟不顾部分朝臣的激烈反对，违背常理，下诏尊婶母卜答失里为太皇太后，并在诏书中盛赞卜答失里"承九庙之托，启两朝之业"的功绩。卜答失里闻诏喜出望外，即日御兴圣殿，接受诸王百官朝贺。此时此刻，她完全被眼前显赫的威势和隆重的场面陶醉了。

　　然而，尽管顺帝表面上对卜答失里尊宠有加，可是实际上，他一刻也没有忘记父王母后被害以及自己流放边地、颠沛流离的往事。至元六年（1340年）二月，顺帝在脱脱辅佐下，已基本将朝廷大权握于己手，开始对卜答失里进行无情的报复。同年六月，顺帝颁布诏书，撤销文宗庙主，徙卜答失里东安州（今河北安次）安置，流放太子燕帖古思于高丽。诏书中历数文宗、卜答失里谋害明宗及八不沙皇后的罪行。卜答失里正在得意之际，对顺帝毫无戒备，突遭变故，一时束手无策，只能与太子燕帖古思相对痛哭。在监押官的严厉督责下，卜答失里母子草草收拾行装，负气出宫。刚出京城，母子即被强行分开，不准同行。卜答失里面对生离死别，大声责骂顺帝不该如此对待她母子。监察御史崔敬见状不忍，奏请顺帝不要流放年幼无知的燕帖古思。顺帝坚决不允。

　　太后到了东安州，人地两生，满目凄凉，联想昔日煊赫之势，禁不住悲愤交加，不久，便忧愤成疾，郁郁而死，年仅三十余岁。临终时含泪说道："我悔不该不听燕铁木儿的话，不然怎么会落得这种下场？"

　　太子燕帖古思在流放途中也被监押官月阔察儿杀害。

寄人篱下——元明宗和世㻋皇后八不沙

　　八不沙，是成宗的外甥女寿宁公主的女儿，自幼许配给和世㻋。八不沙因姿色平庸，性情懦弱，不受成宗宠爱。但她心地善良，待人谦和，受到王府上下的尊重。

公元1328年，泰定帝驾崩。被称作曹阿瞒的燕铁木儿曾深受武帝的赏识和宠爱，因此他很想辅助武宗二子怀王图帖睦尔入承帝位。

怀王图帖睦尔虽然垂涎皇位时日已久，但因哥哥周王在漠北拥兵自重，始终不敢越次。在燕铁木儿的一再劝说下，于九月十三日在大明殿即帝位，并颁发诏书，说他本无意与哥哥争位，只因哥哥远在漠北。并一再派使者到漠北奉迎皇兄，以示他让德让位的急切心情。

公元1329年正月，周王来到和宁之北（今蒙古人民共和国库伦西南），即帝位，是为明宗。宣布立怀王图帖睦尔为皇太子。怀王心中颇不高兴。于是，燕铁木儿与怀王再一次密谋……

八月，明宗途经五忽察都地方，皇太子图帖睦尔率群臣前来迎接。久别多年的兄弟二人相见，分外亲热，明宗设宴款待皇太子及诸王大臣。不料第四天早晨，明宗就七窍流血地死在了床上。消息传出，图帖睦尔假意临哭尽哀，燕铁木儿立刻以八不沙的名义将皇帝御宝交给了他。图帖睦尔遂即返回京城，重新即了皇位。

为了掩人耳目，文宗皇帝把八不沙接入宫中居住，专门设立宁徽寺，并以钞万锭，布帛两千匹，供八不沙使用。而悲哀的八不沙寄居在已属于他人的宫中，她愤恨，她忘不了丈夫惨死时的那副可怖的面孔；她疑虑，也更伤心，终日眼含着泪水，跪在香案前，超度惨死的丈夫的灵魂。

图帖睦尔的心中也未得到宽恕，他想册立明宗的儿子懿璘质班为皇太子，以稍加弥补，而皇后卜答失里坚决不答应，并迁怒于八不沙母子。

八不沙原来就与卜答失里不和，现在同住在宫中，二人更是水火不容。

卜答失里身为国母，声威俨然，而八不沙却无异于一个寄生虫。妥罐帖睦尔和懿璘质班，有时在外面贪玩惹祸，常遭到卜答失里的责骂。有时八不沙忍不住怨恨，迁怒于身旁的侍女。侍女们便跑到卜答失里跟前去添油加醋地学说一番，卜答失里自然更不高兴。

一日，八不沙在宫中遇到太监拜住，她原想这太监会过来请安，谁知他只顾跟小太监们说笑打闹。八不沙忍耐不住心中的怒火，厉声叱责："你不过是一个小小的太监，也叫你们的主子调教得狂妄无礼，你要知道我也曾经是个皇后，只不过因为先帝忠厚老实，反被那对狗男女暗算了。我相信泰山也终有坍塌的一天，你们还是留有余地的好，不要做得太绝了。"这拜住原是燕铁木儿的爪牙，是专门奉命监视八不沙的。他径直入宫去报告卜答失里皇后。卜答失里原来心中有鬼，她让拜住不要张扬，下决心要斩草除根。

她和燕铁木儿密谋，以八不沙在宫中口出怨言，暗中勾结内外，妄图立懿璘质班为太子做借口，请求文宗下诏处死八不沙。公元1330年，八不沙被以毒酒赐死。

权臣之女，飞扬跋扈——元顺帝妥懽帖睦尔皇后答纳失里

答纳失里皇后，姓钦察，是太师太平王燕铁木儿的女儿。至顺四年（1333年）被立为皇后。

答纳失里能做皇后，与其父燕铁木儿在朝中的地位是分不开的。燕铁木儿在元朝后期，可谓是一个至高无上、权倾朝野的人物。元武宗孛儿只斤海山镇守朔方时，已提拔燕铁木儿列为宫禁值宿警卫，深得皇帝宠幸。泰定二年，加授太仆卿；致和元年，进签书枢密院事，留守京都，实际掌管枢密院大权。泰定帝也孙铁木耳重病时，他就算计着自己深受武宗厚恩，应当报答，扶立武宗的儿子即皇帝位。泰定帝一死，燕铁木儿立即秘密行动，首先召集心腹，周密部署，以武力控制住朝廷，然后选派官员在重兵保护下去江陵迎接泰定帝之二子怀王图帖睦尔来大都即位。后来燕铁木儿又与怀王通谋，害死怀王亲兄明宗和世㻋，使怀王真正当上了皇帝，是为文宗。由于燕铁木儿立下如此大功，文宗追封其上三代皆为王，并封其为"开府仪同三司、上柱国、太师、太平王答剌罕、中书右丞相"等职，一时声名显赫。

文宗短命夭折，燕铁木儿带病入宫，料理后事，并提议由皇子燕帖古思即位，但却遭到皇后卜答失里拒绝。至顺四年（1333年）二月，燕铁木儿体亏尿血而死。六月，妥懽帖睦尔得立，是为元顺帝。

太皇太后卜答失里此时专擅朝政，在顺帝十三岁时为顺帝选了一名皇后，就是答纳失里。答纳失里入宫后，倚仗着父亲的余威，哥哥的权势，依然保持在家中的那种骄贵任性、傲慢无礼，根本不把顺帝放在眼里。工于心计的顺帝并不与她计较，处处忍气吞声。第二年，仍乖乖地把册文宝玺授予答纳失里，正式册封她为皇后。接着推恩于皇后一族，封撒敦（皇后叔父）为荣王，官拜左丞相，食邑庐州，皇后哥哥唐其势继承其父王位为太平王，晋阶金紫光禄大夫。

答纳失里受册宝后，更加趾高气扬，她擅自传下懿旨，直接将应收归国库的十万两白银的盐利取来，作为皇后个人的私房。她甚至还对顺帝接近的嫔妃横加责打。顺帝无可奈何，只得装聋作哑，不仅不予追究，相反又追赠已死的燕铁木儿为"公忠开济弘谟同得翊运佐命功臣，仪同三司太师中书右丞相"，并加封为"德王"，上谥号曰"忠武"，使皇后家的门庭更加荣耀，致使答纳失里气焰愈益嚣张。

不久，皇后叔叔左丞相撒敦病亡，由右丞相浚宁王伯颜独秉朝政。国舅唐其势心甚不平，曾对密友说："天下本是我们家的天下，他伯颜算什么，但官位却偏偏居我之上，真是可恨。"这话不久传入伯颜耳中，他非常恼火。唐其

势密谋联合另一被封为句容郡王的叔父答里等人，准备领兵入朝，发动政变，废顺帝妥帖欢睦尔，立燕帖古思为帝。不想行事不密，走漏了风声，被伯颜得知，预先做了防备。

元统三年（1335年）六月，唐其势伏兵东郊，亲自率领勇士冲进宫阙，刚杀入禁城，正好中了早有准备的宫城卫队的埋伏。伯颜亲自督军迎战，以十抵一，唐其势寡不敌众，手下士卒先后战死，伯颜挥剑高呼："生擒唐其势者赏万金，立即升官。"重赏之下，卫兵个个奋勇，人人争先，把唐其势围在中间，唐其势冲杀不出，最后终于被扯落马下，活捉入宫。伯颜消灭了进入宫城内的叛军，立即领兵乘胜杀往东郊，答纳失里之弟塔剌海不知兄长已被擒，竟领伏兵应仗，但伏兵人数有限，经伯颜挥军一阵猛杀，已死伤过半，余者溃逃，塔剌海也被生擒。

伯颜将唐其势兄弟押进宫来，请顺帝登殿审讯，答纳失里皇后哪见过这种情景，她一扫平时傲慢性格，心惊胆战地坐在殿上。元顺帝此时也一反平时懦弱无能的样子，非常果断威严地说："唐其势兄弟反叛的逆谋已然昭著，朕何须再问，伯颜爱卿尽可按国家法律严加惩办就是了。"于是伯颜就命令宫廷卫士，将唐其势兄弟推出斩首。吓得皇后答纳失里面无人色，战战兢兢缩成一团。

伯颜一不做二不休，趁势上奏说："皇后兄弟谋逆反叛，皇后本人也应连坐其罪，何况她又袒护藏匿弟弟塔剌海，定是其兄弟的同党，请皇上割舍亲情，追究其罪责，以为后来者戒。"顺帝沉默不语，伯颜竟亲自走到答纳失里皇后面前，揪住皇后发髻，将皇后从坐椅上拖下来，摔在地上。他们把皇后押解出宫，关押在开平府民间小房里，她面对着四壁呼天不应，叫地不灵。最后伯颜派人赐酒让其自裁，答纳失里入宫不到两年，死时还不到二十岁。

温良恭俭——元顺帝妥懽帖睦尔皇后弘吉剌氏伯颜忽都

至元三年（1337年）三月，毓德王孛罗帖睦尔之女弘吉剌氏伯颜忽都，被顺帝立为皇后。

大婚之后伯颜忽都皇后谨守妇道之礼，对皇帝格外温存体贴，因此使顺帝一时宠爱至极。不久，伯颜忽都皇后便生下一位小皇子。顺帝大喜过望，起名曰"真金"。但不幸真金两岁时生病夭折，使伯颜忽都皇后极为痛苦。

伯颜忽都皇后生性节俭，性情柔和，心胸宽阔。被立为第二皇后的完者忽都邀宠有方，深得顺帝宠爱，顺帝经常去她那里过夜，伯颜忽都皇后却经常被冷落。尤其是完者忽都生子爱猷识理达腊并被立为皇太子之后，更是如此。对此连太监宫女都常有不平之言，而伯颜忽都皇后本人竟毫无怨言。

伯颜忽都皇后曾跟随顺帝巡游上京，夜晚在途中歇息，皇帝派太监向皇后传旨,准备到她房内安歇。伯颜忽都皇后婉言拒绝说:"深夜并不是皇帝至尊之体往来的时候。"太监往返了几次,但皇后却坚持己意。由此,顺帝更感到皇后贤惠可敬。

有一次,顺帝问皇后:"宫内中政院开支的所有钱粮帛物,都是按你的旨意领取的,你是否还记得共用了多少呢?"伯颜忽都皇后回答说:"当我使用的时候,就派人去领取,凭有关证件和官印出入库房,管库者和领取人我都选合适的人专门负责,他们手中有详细账目,我怎么能全部记住呢?"

后来,元顺帝却逐渐怠于政事,越来越荒淫。他曾向喇嘛僧人学习房中秘术,每日习事其法。为此,专门设立"百花宫",收罗妇女,供其玩乐,并从中选出16名格外出众的,头饰红缨,装扮成菩萨模样,取名曰"十六天魔舞女"。天魔舞女个个花容玉貌,又带有几分圣洁之态,直迷得顺帝神魂颠倒,他更将独守深宫的伯颜忽都皇后弃置脑后了。而皇后就这样整日谨守妇道之礼,在深宫平淡地度过了二十多年。

公元1365年,寂寞半生的伯颜忽都皇后去世,享年四十二岁。所留衣物都较破旧,可见其节俭朴素之美德。

贪权的末代皇后——元顺帝妥懽帖睦尔皇后完者忽都

完者忽都皇后姓奇氏,出身于高丽一个贫穷寒微的家庭。当时高丽是元朝的属国,每年要向皇廷贡献许多美貌的女子充当宫女、侍婢。元朝最后一个皇帝顺帝即位时,皇宫内有许多高丽侍婢,完者忽都便是其中的一位。

完者忽都进宫之初,她只是为顺帝沏茶端饭。由于她长得漂亮,聪明伶俐,善承人意,很快赢得了顺帝的心,成了宫掖中最受宠幸的侍婢,终日与顺帝耳鬓厮磨、如胶似漆。结果,完者忽都渐渐有了身孕,竟然为皇帝生下一个男孩。顺帝非常喜爱这个孩子,取名为爱猷识理达腊。母以子贵,完者忽都身价百倍,随着地位的变化,她的野心陡然膨胀,居然开始觊觎皇后的宝座了。

元顺帝即位之初,为巩固自己的地位,对威临三朝的皇太后卜答失里和独霸朝纲的重臣燕铁木儿百依百顺。在皇太后安排下娶了燕铁木儿的女儿答纳失里为皇后。答纳失里自恃家族权势,不把小皇帝放在眼里,骄横之至。所以顺帝对皇后并不喜欢,他仍专心宠爱着完者忽都。答纳失里经常以皇后的身份压制完者忽都,甚至找碴将完者忽都毒打一番。完者忽都虽有满肚子委屈,但却工于心计,她将万般怨仇深藏心底,准备伺机而动,借顺帝之爱取而代之。

顺帝即位后,很想改革朝政,有所作为。燕铁木儿死后,他很快选中了自己满意的伯颜,命他为太师、中书右丞相,监修国史,不久又晋封为秦王。伯颜的权势,超过了燕铁木儿的后裔。为此,燕铁木儿长子唐其势联合其弟答剌海、叔叔答里密谋发动政变,欲废顺帝妥欢帖睦尔,立燕帖古思为帝。谁知走漏了风声，政变失败。伯颜不仅当着皇帝的面杀了唐其势兄弟，而且废了答纳失里皇后，并逼其饮毒酒自裁。

答纳失里死后，顺帝想立完者忽都为皇后，遭到伯颜的坚决反对，他认为完者忽都系高丽女子，且出身微贱，不配正位中宫。顺帝没有办法，只得立伯颜忽都为正宫皇后。完者忽都因此对伯颜恨之入骨，为早日除去这块绊脚石，常向顺帝进谗。

伯颜诛杀唐其势后，权势熏天，胆大妄为，肆无忌惮，引起了顺帝本人的不满。至元六年（1340年），元顺帝将伯颜罢免流放，伯颜病死于龙兴路驿舍。权相伯颜之死，为完者忽都夺取皇后之位扫清了道路。

伯颜忽都皇后性本节俭，循规蹈矩，宽容大度，她并不与完者忽都争宠。伯颜罢相后，完者忽都与佞臣世杰班秘密商议，欲乘机升为皇后。世杰班想了个法子，上奏顺帝，要求将完者忽都并列为皇后。此举正中顺帝下怀，立即册立完者忽都为第二皇后，居兴圣宫，号兴圣宫皇后。

完者忽都被立为皇后之后，她的家族也随之飞黄腾达起来。奇氏的宗戚子弟个个高官厚禄，平步青云，作恶多端，他们在高丽横行无忌，恃势骄横，唆使家奴夺人之妻，仗势夺人土地，弄得万民嗟怨，朝野不安。更有甚者，奇氏族人还结党营私，图谋取高丽王而代之。高丽国王伯颜帖木儿因碍着奇皇后的面子一直忍气吞声，这时实在忍无可忍，抢在奇氏兄弟之前发难，派兵将奇后家族的人全部杀死。奇皇后闻知噩耗后，要求顺帝下诏废除伯颜帖木儿的王位，立在京师的伯颜帖木儿的弟弟塔思帖木儿为王，以奇族之子三宝奴为太子，以便将来承继高丽王位。随后派遣同知枢密院事崔帖木儿为丞相，带领一万多人的军队护送他们归国。但是高丽王对此早有防备，已派一支精兵埋伏在鸭绿江边，当元军进入包围圈时，高丽军队从四面猛烈冲杀，元军猝不及防，溃不成军，仅有十七骑士生还。这件事给完者忽都皇后的打击很大，总算杀了一下她的嚣张气焰。

受元顺帝重用的脱脱，废伯颜旧政，实施"更化"，恢复了科举取士制：大兴国子监，遴选儒臣劝讲；开马禁，减盐额，蠲负逋；修三史和《至正新格》一系列挽救社会危机的措施。但后来脱脱遭别儿怯不花诬陷被贬往甘州（今甘肃张掖）。奇皇后上奏顺帝道："脱脱是位贤臣，不宜黜居在外。"顺帝当即下令召回脱脱，再次任命他为右丞相。脱脱复任后扶正祛邪，匡补时弊，但由于顺帝任用佞臣哈麻和雪雪兄弟，使得脱脱难展抱负。

顺帝末年，天灾人祸接踵而至，农民起义此起彼伏。韩山童、刘福通等在颍州（今安徽阜阳）起义，徐寿辉、彭莹玉在蕲州（今湖北蕲春）起义，郭子兴、朱元璋在濠州（今凤阳东钟离）起义。势力最大的张士诚，在江苏高邮建立政权，自称诚王，国号大周，成为元朝的心腹大患。

至正十三年（1353年）六月，顺帝立爱猷识理达腊为皇太子。脱脱统兵出征高邮时，奇后和太子与哈麻指使监察御史弹劾脱脱"劳师费财"。

至正十四年（1354年）九月，脱脱率诸路兵马，亲自攻打高邮。他受诏指挥诸王诸省的军队，并调来西域、西番各族军助战，号称百万大军，元军将高邮城紧紧围困了三个多月，张士诚军中已开始议论出降事宜。就在这时，顺帝却突然降旨罢免了脱脱，从而使整个战局发生了急剧的转化。这是什么原因呢？原来脱脱与中书左丞相哈麻不和。奇氏与哈麻合谋立她所生的爱猷识理达腊为太子，但却遭到脱脱的反对。原本对脱脱存在好感的奇氏因此十分恼火，罢免脱脱是完者忽都皇后与哈麻捣的鬼。而昏庸的顺帝本已对多次直谏自己骄奢淫逸的脱脱怀有不满，这回顺水推舟，下令削夺脱脱的兵权和官爵，并将脱脱流徙于云南大理镇西路。后来，哈麻派人用药酒害死了脱脱。顺帝改以河南行省左丞相太不花、中书平章政事月阔察儿、知枢密院事雪雪代替脱脱领兵。由于临阵易帅，元军哗然，"大军百万，一时四散"。张士诚则乘机出击，大败元军。从此元朝军队丧失了对农民起义军的优势，而只能靠地主武装来镇压农民起义军，元末农民战争进入了一个新时期。

皇太子见各路变乱迭起，时局越来越困难，而父亲元顺帝耽于酒色，不理朝政，十分着急。哈麻因倡议内禅已被顺帝杀掉，但完者忽都皇后仍不甘心，支持皇太子迫使顺帝禅让出皇位。

完者忽都指使自己的心腹宦官朴不花同太平商议内禅之事，太平置而不答。完者忽都皇后与皇太子对太平怀恨在心，设法将其害死。

太平死后，搠思监独揽大权，他同宦官朴不花内外勾结，仰承完者忽都皇后旨意，把持朝政，排斥异己，残害大臣，遂将摇摇欲坠的元朝迅速推向绝境。

伯颜忽都皇后去世后，中书省请求完者忽都皇后居正宫皇后位。但顺帝因她两次逼宫，心中憋了怨气，以完者忽都是高丽人，立为正后有违祖制为由不予答应。经大臣们一再恳请，才于至正二十五年（1365年）十二月册封奇皇后为正宫皇后，同时封奇氏父以上三世为王。并改奇氏为肃良合氏，算是蒙古族的后裔。

完者忽都既立为正后，其母子权势更盛。此时，能够同农民起义军作战的劲旅只有扩廓帖木儿一支。顺帝任命他为左丞相，加封太傅，总制关、陕、晋、冀、山东等各地军事。由于扩廓帖木儿与完者忽都有隙，后者向顺帝进谗，顺帝便撤销了扩廓帖木儿的兵权。总之，元朝内部被她搅得乱七八糟，能干的大臣纷纷倒下。

鹬蚌相争，渔翁得利。占据江、浙一带的吴王朱元璋趁机扩大自己的势力。至正二十八年（1368年）春天，朱元璋命徐达为征虏大将军，率军北伐，一路势如破竹，连连攻下德州、通州，直指大都。七月底，元顺帝率领完者忽都皇后与皇太子匆匆逃往上都开平。

不久，元顺帝病死，完者忽都皇后不知所终。

一生不改平民本色——明太祖朱元璋皇后马秀英

马秀英,明太祖朱元璋皇后。她作为一个平凡的女子,生在乱世,颇具胆识,在艰难逆境中帮助朱元璋成就大业;在大富大贵时,她不奢不骄,始终不忘民间疾苦,不改平民本色。

马皇后生于公元1332年,安徽宿州人。她的父亲生性豪爽,仗义疏财,结交了许多生死兄弟,母亲郑氏生下她这个独生女儿后就病逝了。马皇后的父亲后来因为杀人避仇,逃往外地,临行时把爱女托付给生死之交郭子兴。郭子兴也是一方义士,妻子张氏把小女孩视为己出,收为义女,起名秀英,悉心抚养。稍大时,郭子兴亲自教她读书写字,张氏则授以女工。马秀英聪慧过人,虽然长得不十分漂亮,却也端庄温柔,加上她"善承人意,而知书,精女红",举止从容,深得郭子兴夫妇的钟爱。

元末顺帝执政,政治腐败,又遇上黄河决口,水患严重,人民生活极为痛苦。至正十一年(公元1351年)江淮流域爆发大规模的红巾起义。素有大志,又颇具一定声望的郭子兴,于元顺帝至正十二年初春,率几千人在濠州聚众起义,对抗元朝廷。

朱元璋小名朱重八。幼年时靠给地主放牛为生,勉强混口饭吃,可他为了让小伙伴们解馋,竟然宰了东家的一头牛,把自己的饭碗给丢了,只好出家当和尚。后来方丈见他胸怀大志,不再让他担水打杂,认真地教他练武,老方丈把自己全部武功都教给了朱重八,并为他取名朱元璋,让他下山去闯天下。朱元璋下得山来,两手空空,无以为生,只好四处流浪。郭子兴起兵不久,年方二十五岁的朱元璋投奔到他的旗下,任"十夫长"。朱元璋作战十分勇猛,而且颇有智略,数次出战,都立下了大功,深受郭子兴的赏识。

一次打了胜仗,郭子兴设酒宴犒劳众将士,高级将领的席位设在郭子兴的帅帐中,朱元璋官职虽低,也因有功被请在其中。这次盛会,除庆功外,郭子兴夫妇还有一个目的,就是趁此机会,在将领中为马秀英选择乘龙快婿。酒宴

平民本色的马皇后

开始,郭夫人拉着马秀英躲在幕帐后暗暗观察。这时,马秀英便将目光一一扫过,最后落在最外一席的一个年轻军官身上,他身材魁梧,面容黑粗,脸长嘴阔,长相虽嫌粗陋,但眉目轩昂,英气逼人;他不随众人笑嚷,端着酒杯安坐如塔,略显沉思状,这一点深深吸引了马秀英的目光。马秀英将自己的选择告诉了养母张氏,张氏早听丈夫说起过这位年轻军官的事迹,也感觉这人将来必有腾达之日,对养女的选择也赞赏不已。而这位年轻军官就是朱元璋。不久后,由郭子兴夫妇做主,马秀英与朱元璋在军营中举办了热热闹闹的婚礼。从此,在军中朱元璋与元帅郭子兴以翁婿相称。做了主帅的女婿后,朱元璋职位不断提升,军中都另眼相看,称他为朱公子。

朱元璋因屡立战功,不断地得到提拔荣升,成为郭子兴的副帅,总管兵符,节制诸将,有着很高的威望。不久,郭子兴病死,朱元璋顺理成章地顶替其位,成了义军元帅,继续抗元兴汉的大业。

1368年,朱元璋定都应天府(今南京),建立明朝,做了开国皇帝。马秀英遂被册立为皇后。马皇后有贤德,识大体,不为自家人谋私利。她虽读书不多,但敬仰唐代的长孙皇后。

明太祖出身农家,即位以后,很注意实行休养生息的政策。他要官员们廉洁守法,不能加重人民负担;又召集流亡农民,开垦荒地,免除三年的劳役和赋税;要各地驻军屯田垦荒,做到粮食自给;还兴修水利,奖励植棉种麻。所以,明朝初年的农业生产有了很显著的发展,新建立的明王朝统治也逐渐稳固。

但是明太祖总不放心那些帮助他开国的功臣。他设立一个叫做"锦衣卫"的特务机构,专门监视、侦察大臣的活动。发现谁有嫌疑,就打进牢狱,甚至杀头。大臣上朝时惹他生气,就在朝廷上廷杖,也有被当场打死的。这种做法弄得一些大臣们个个提心吊胆,每天上朝时,都愁眉苦脸地向家人告别。如果这一天平安无事,回到家,家人就庆幸他又活了一天。马皇后对此很是担心,对丈夫的这种做法很不满意,她一向主张对下属不应过于苛刻,求全责备。

朱元璋起于贫贱,身世坎坷,因而表面上虽然睿智英明、豁达神武,但骨子里却藏着猜忌和苛刻。幸而身旁有一个仁慈宽厚的马皇后,常常遇事劝谏,减少了不少刑戮，挽救了无数的无辜受疑者。宋濂是元末明初的大学士，明代开国时的许多典章制度、礼乐刑政文典都是出自他的手笔，被明太祖尊称为"开国文臣之首"。他六十八岁时告老还乡，回到青萝山中隐居。洪武十三年，宰相胡惟庸联络四方武将，密谋造反，被人告发，引起朱元璋震怒。严查结果，获知许多胡惟庸的不法欺蒙行为，尤其是刘基在洪武八年病死，实际是被胡惟庸买通御医下药害死的。而胡惟庸的党羽，有不少都是朝中的功臣宿将，连开国功勋李善长，也是胡惟庸的儿女亲家。这件事带给朱元璋莫大刺激，认为一些功臣都不可靠，于是开始大杀功臣。凡同胡党交结往来者，一律杀头。太子朱标的师傅——大学士宋濂的孙子宋慎，也被牵连在胡党之内。朱元璋命人去杀宋濂，太子知道后，赶快哀求父皇饶过宋濂一命。当时朱元璋正在气头上，哪里肯听，反而把太子斥骂了一顿。马皇后闻讯后，向太祖进言道："宋先生隐居青萝山中，能有什么施展呢。"太祖自负地说："这个你不知道，此老儿不甘寂寞，虽隐居青萝山，但四方前去求教者络绎不绝，受业者遍及天下，倘有异志，如何得了！"他拒绝了马皇后的说情，马皇后沉默不语。为了改变朱元璋的牛脾气，想了一个办法。当天进膳，她令全摆上素斋。太祖用膳时觉得奇怪，问道："今天为什么要吃素？"马皇后说："宋先生教太子以下诸皇子这么多年，如今得罪将要处死，我为他吃素祈福。"朱元璋一听马皇后还是在为宋濂求情，很想发脾气，但想想皇后的话并非没有道理，最终免去宋濂一死，将他发往四川安置。

　　自幼没有受过教育的朱元璋，统治天下后显得学问不足，连对文字的理解也很吃力，因此在即位初期，常因误解文义而杀人。如杭州知府徐一夔，在朱元璋生日那天上表贺寿，文内有"光天之下，天生圣人，为世作则"的贺词。朱元璋听了，大为震怒，说徐一夔有意骂他。原来他把"光天之下"理解为"头顶光光"，把"圣人"当作"僧人"，"作则"误为"作贼"。徐知府因此被杀了头。其他凡在文书中写了"作则垂宪"、"垂子孙而作则"等句子，都因此而丧命。文字中有"殊"字的，朱元璋认为是骂他"歹朱"，一律抓起来杀头。马皇后知道后，忙向皇帝解释文字之义。朱元璋这才明白，以后不再因此杀人。从此后，他极力增加自己的学识。每天在进膳时，命儒学文士讲解经史，边听边同大臣们讨论治国之道。朱元璋纵然英明有远见，但处理许多政事不免有所偏颇，马皇后常能直言进谏，帮他纠正过失。

　　马氏还在一些人所不注意的小事上向朱元璋提意见。定都南京后，朱元璋嫌旧城太小，想加以扩大，建成一座铜墙铁壁的宏伟城池。他规定，城墙上面要容四辆马车并肩而驰，周围共长九十六里。因此造城的砖石材料，需求量很大。朱元璋便下令，规定城砖一律烧成长三尺、宽二尺、厚一尺的大小，全国各州县都按此式样烧制，然后送到南京。整个工程，足足用了四年时间。在这过程中，南京城里有个大富翁沈万三，性情豪爽浮躁，很喜欢显示自家的财力，家中金银堆积如山。为了讨好朱元璋，请求出钱相助。因当时朝廷财力不足，朱元璋批准了他的请求。谁知，沈万三仗着财物富足，不仅比朝廷承办的工程还先完工，让明太祖深感脸上无光，而且又提出请求，说愿意贡献一笔金钱，作为犒赏朝廷军队之用。这就惹恼了朱元璋，说："小小百姓，怎么有资格犒赏天子的军队。"盛怒之下，朱元璋下令逮捕了沈万三，要治以重罪。马皇后知道这事后，劝朱元璋说："沈万三献金，不算什么坏事，只不过他献金的名目不对。你又何必生这么大的气呢？"朱元璋不答应，并恨恨地说："百姓比国家还高，是不祥之兆。"马皇后劝道："刑罚是诛不法之徒，而不是诛不祥之兆。沈万三并未犯法，皇帝杀他，于法不合。"朱元璋听马皇后的话，便将他免去死罪，流戍云南。

再说，明太祖见南京城建得壮阔雄伟，城周围开了十一座城门，非常得意，他亲自给每座城门命名，还对马皇后说："南京城东倚钟山，北临长江，虎踞龙盘，金城汤池，可保子孙万年。"马皇后则不以为然，她说："子孙之事，将来谁能预料。天下没有不破的城池，唯有有德者居之，以德化民，才是万里不破的长城。"

马皇后是贤妻良母的典范，是"母仪天下"的佼佼者。她帮助丈夫成就帝业，劝谏丈夫的败政，料理好家中、宫中事务，维护家庭的和睦，对于大明王朝、对于朱元璋的皇族，都作出了很大贡献。她生活的一切，就是为着丈夫，为了大明江山。马皇后共生了五个儿子，她对孩子管教很严。一次，因小王子顽皮不听话，老师李希颜一不小心用笔管戳伤了他的额角。小王子哭着到父亲处告状，朱元璋大怒，正要发作，马皇后急忙从旁劝解："是小孩子顽皮，怎么是老师的罪过呢？又怎么能责备老师呢。"朱元璋觉得有理，不但没有惩办教师，反而提升他。马皇后对朱元璋的生活十分体贴关心，直到做了皇后，还亲自操劳丈夫的膳食。她虽贵为"国母"，却依然保持过去那种俭朴生活。

洪武十五年八月，历尽磨难、殚尽心力的马皇后染上了重病，医治无效后，她坚持不肯再服药，朱元璋强迫她吃药，她说："如果我吃药无效，你就会杀死那些御医，那不等于我害了他们吗？我不忍心。"朱元璋就说："不要紧，你吃药，就是治不好，我因为你，不会惩治御医。"但是马皇后还是不肯用药，明太祖苦苦劝求，她则说："生死有命，我病已不治，服药何用！"躺在病榻上，她念念不忘地反复叮嘱丈夫："愿陛下求贤纳谏，慎终如始，子孙宜贤，臣民得所！"然后，又把诸位王子、公主叫到身边，嘱咐说："生长富贵之中，当知蚕桑耕作之不易，当为天地惜物，且为生民惜福！"走到了生命的最后一刻，她仍然不忘以她的贤德影响丈夫和子女，为着国家操心不已。洪武十五年（公元1382年），她因替御医着想，竟不顾自身的病情，以致病亡，享年五十一岁，匆匆走完了她从孤女到母仪天下的沧桑一生。

明太祖失去了同甘共苦的结发妻子，也失去了最得力的助手，悲痛之情，无以言表。为了永远追念敬重的马皇后，明太祖此后再也没有立后。

洪武三十一年（公元1398年）朱元璋去世后，与马皇后合葬在南京孝陵。

朱元璋阴狠刻薄，马皇后朴实仁厚，这倒是一对互补型夫妻。或许，马皇后也深知丈夫的为人，因此一直在默默地为丈夫弥补罪过，为大明王朝积德行善？但这种善行，不过是中国人治传统之下的一些温馨的小花小草罢了，对历史又能有多大的影响呢？

靖难之乱，生死不明——明惠帝朱允炆皇后马氏

公元1368年朱元璋按照立嫡的传统，立嫡长子朱标为皇太子。

为了确保朱氏王朝的统治，他又开始大肆屠戮功臣而封自己的儿子为王，予以厚禄，分驻在全国各战略要地。朱元璋的用意是"立太子为天下本"，"用宗室以为天下屏藩"。既可以不虞反侧，又可镇压一切异己力量。然而他犯了个致命的错误：在立太子的同时，又大力培植、加强诸王的军事政治力量，为这些朱家皇室子弟窝里斗埋下了祸根，反而对皇位继承和行使皇权造成了极大威胁。

公元1392年，皇太子朱标去世。朱标有五子，长子早夭，第二子朱允炆便居长了。朱元璋乃按照传统，册立十岁的朱允炆为皇太孙。朱允炆的性格仁柔寡断。而当时，诸王都是他的叔父，且多久经沙场，屡建战功，手里又握有重兵，自然没把年轻懦弱的朱允炆看重。但是朱元璋健在，诸王畏其威势，不敢犯上。

转眼三年过去了，朱允炆已满十六岁，到了成婚的年龄。皇太孙既是未来的皇帝，皇太孙妃即是将来的皇后，故选婚更得精益求精。经过严格的筛选，光禄少卿马全女，力挫群芳，雀屏中选。

公元1395年，朱允炆大婚，册封马氏为皇太妃，婚礼按照"六礼"顺序进行，场面几乎同于皇帝册后一般隆重。朱元璋看到皇太孙长大成人，成家即立业，心里多了几分宽慰。是年，马妃怀龙胎，生龙子，取名文奎。六十八岁的朱元璋真是乐不可支。

公元1398年，七十一岁高龄的朱元璋与世长辞，遗诏让皇太孙继承皇位。朱允炆做了皇帝，改年号"建文"，人称"建文帝"。第二年即公元1399年，册封马妃为皇后，长子朱文奎为皇太子。

朝野庆贺，歌舞升平，仿佛太平无事，暗地里却危机四伏。各王府不断出现谋反的迹象，觊觎皇位。特别是朱元璋的第四子、朱允炆的四叔父燕王朱棣，早已蓄谋夺权，在王宫中私制兵器，偷印宝钞，招兵买马，搜罗党羽，对

朝廷造成严重威胁。建文帝和兵部尚书齐泰、太常寺卿黄子澄,深知朝廷权力处境之危殆。但是,燕王蓄谋已久,仓猝难图,决定先削废周、齐等王,剪除燕王的手足,然后再剿燕王不迟。于是,建文帝上台之后,便全力废黜诸王,实行坚决的"削藩"政策,数月之间,撤免周、湘、齐、代、岷五个亲王的藩王爵位,废为庶人。"智勇有大略"的燕王朱棣不甘示弱,他统率十万大军先发制人,于同年七月起兵。为了以示行为正义,他打出了"清君侧"、"靖难"的旗号。

朱家王朝内部争夺最高统治权的斗争就这样全面爆发了。朱元璋尸骨未寒,他的子孙们就兵戎相见,交相声讨厮杀。史称此次皇室斗争为"靖难之役"。

经过三年恶战,朱棣终于攻陷南京。朱棣命臣下搜捕建文帝,臣下答说想必建文帝已自焚了。朱棣遂令撰写祭文以祭建文帝。并在众多尸骸中随便寻出两具遗骨当作建文帝与马皇后的尸骨,以帝、后的礼节安葬,然葬地所在,无人知晓,也没有追赠庙号谥号。由于活不见人、死不见尸,帝、后到底死还是没有死?若没有死又在何处?谁都无法弄清楚。

在明朝帝后世系中,建文帝和马皇后一直没有正式的地位。直到清乾隆元年才上了谥号"恭闵惠皇帝",而马皇后始终没有谥号,也就无正式地位。

而最可怜的还是马皇后的两个儿子。当年燕王攻入南京,皇太子朱文奎在皇宫起火的一片混乱之中,不知去向,当时他仅是七岁的孩童。仅有两岁的幼子广王朱文圭,被朱棣幽禁于中都广安宫,称为"建庶人"。

公元1457年,复辟后的英宗动了恻隐之心,下令释放"建庶人",拨给宦官二十人,婢妾十余人,婚娶出入自便,妥善安置于凤阳。

将门贤后——明成祖朱棣皇后徐氏

明成祖朱棣皇后徐氏,在明朝史册上,被人誉为"女诸生"的人杰。她德才兼备,贞静聪明,对外助成祖治理朝政,定国安邦;对内为朱棣安抚宫廷,上下齐心。明成祖时期之所以能成为"永乐盛世",与这位卓有见识的徐皇后是分不开的,她的事迹为后人传诵。

出身名门,魏国公徐达之女

徐氏,是明朝开国元勋徐达的长女。父亲徐达出身贫苦,元末参加郭子兴的军队,郭子兴死后,徐达成为朱元璋手下有名的战将。朱元璋称吴王的时候,任为左相国,后任征虏大将军,为朱元璋夺取政权南征北战,立下了赫赫战功。朱元璋1368年在南京称帝后,徐达因战功卓著,被任命为右丞相,后又封为魏国公。徐氏的母亲谢氏,知书懂理,温柔贤惠。

徐氏生于元顺帝至正二十二年（公元1362年），自幼非常聪明伶俐，她记忆力很好，能够过目不忘，父亲给她讲历史人物事迹，她都能一一复述，丝毫无误。虽然当时女子读书者甚少，夫妇俩仍然专门为女儿聘请了一位教师。随着年龄的增长，她读的书越来越多，包括四书、五经、史书和文学之类的书籍。她从书本上学到了许多文化知识，逐渐会写诗做文章，也学到了不少做人的道理和方法。她往往为书中所叙英雄俊杰的事迹所感动，曾说："书上所说的古人的嘉言善行，都是要让后人仿照实行的。"

由于徐达桌案上经常摆放一些兵书战册，徐小姐也经常浏览，故而颇懂一些排兵布阵的作战之法，这为后来她能镇定自若地指挥兵马守卫北平城奠定了基础。徐达家里有个才女，这个消息一传十、十传百，不胫而走，徐小姐因而获得了一个"女诸生"的称号。

朱元璋的四子朱棣比她大两岁，生于元顺帝至正二十年，母硕妃。洪武三年，封为燕王。他"姿貌秀杰，目重瞳子，龙行虎步，声若洪钟"，深得父皇和马皇后的喜爱。他长到十五六岁时，还没有定亲。

洪武八年冬天，"女诸生"的传说传到皇帝朱元璋的耳朵里，想将徐氏许给四子。于是，传命徐达入见。朱元璋对徐达说："朕与卿同起布衣，患难与共二十余年，始终无间。自古以来，君臣契合，往往结为婚姻。朕四子气质不凡，卿令媛聪明贤淑，二人年龄也相当。望卿能将令媛许给四子。佳儿佳妇结拜成亲，可使我们做父的聊以自慰。"本来徐达对于太祖突然召见，心里正七上八下，不知吉凶祸福，听是这么回事，自然笑逐颜开，赶紧撩衣下拜，对朱元璋说："能够嫁给殿下，是小女的福分，微臣岂有不同意之理呢？"这桩亲事就这么定了下来。洪武九年（公元1376年）正月二十七日，由宫中宣制官在宫中正式宣布：册徐氏为燕王妃。这一年朱棣十七岁，徐氏十五岁。从此，徐氏正式做了燕王妃。

婚后，夫妻恩爱。徐氏对燕王关怀备至，燕王对徐氏也体贴入微。另外，徐氏对于父皇及母后亦十分敬重，谨慎侍奉，因而颇得马皇后的宠爱。马皇后曾经称赞徐氏说："你可真是我的好媳妇。"在以后四年时间里，她直接聆听马皇后的教诲。马皇后的言传身教，给了她深刻的影响。

洪武十三年三月，根据父皇的安排，朱棣要到他的封地北平（今北京）就藩，徐妃也一道同行。到了北平后，徐氏把从马氏那学到的东西用到燕王府中，将燕王府一整套机构，安排得井井有条，为燕王解除了后顾之忧，成为燕王的贤内助。

坚守北平，助丈夫一臂之力

洪武三十一年（公元1398年）朱元璋与世长辞，临终留下遗诏，告诫子孙及大臣们"同心辅政，以安吾民。……诸王临国中，毋至京师，"根据遗诏，朱允炆（系朱元璋长子朱标的儿子，继位前为皇太孙）做了皇帝，改年号建文，即建文帝。

朱允炆，颇像他的父亲朱标，忠厚仁柔，优柔寡断。而当时被封的二十六个藩王，都是他的叔叔。

这些为明朝江山屡立战功的王爷们，拥有重兵，独霸一方，以燕王朱棣为代表，早就对皇位窥伺已久。他和徐氏商量怎样加强自己的力量。徐氏认为，宁王朱权，占据大宁，拥有骁勇善战的突厥族骑兵，按燕王现有军力，完全可以先攻大宁（今内蒙古宁城县西）收编宁王军队，然后合力迎击李军更有把握。燕王决定留下徐氏及世子朱高炽守北平，自己率主力奔袭大宁。燕王临行之前，再三叮嘱他们母子说："李景隆来，只能坚守，千万不能出城迎击。"还特意下令撤去卢沟桥的守兵，装成毫不设防的样子，以诱使南军长驱直入。这个计划，是周密的，也是冒险的。

李景隆是一个"寡谋骄横，不知用兵"的将军，当他率领五十万军队开到北平城下时，发现卢沟桥上没有守兵，更加得意，好像北平城不用攻打就唾手可得了。他把所部兵马分成三路：一路东去攻打通州，以防止通州宁军与北平相呼应；一路主力在北平与通州之间的郑村坝，准备阻击朱棣的回援之师；一路攻打北平北门。李景隆把主要兵力放在对付朱棣的回援之师上，并且亲自坐镇指挥。这虽然减轻了北平城的压力，但北平九个城门前的战斗，仍然十分激烈。南军仗着人多势重，轮番攻击，日夜不停。就在这紧要关头，平素端庄文静的徐妃挺身而出，面对危急局势，不慌不乱，镇定自若。她一面鼓励将士英勇杀敌，誓死守城；一面组织城中健壮妇女，发给铠甲、长矛，上城杀敌，她也亲自登上城墙督战。在她的影响下，守兵士气大振，登城妇女有枪的用枪，没枪的掷瓦、抛石，拼命厮杀。为了使李军不易破城，徐氏让妇女们端来水，泼向城墙，冰天雪地，很快结冰，这样更加增加了攻城的难度。一时间，李景隆军队再无良策。在徐氏的带领下，燕军终于守住了北平这座孤城，为燕王回师消灭李景隆的军队赢得了宝贵的时间。十月十六日，朱棣在大宁得知了北平的战况，对自己这位贤妻大加称赞。

燕王在夺取了大宁，收编了宁王朱权的八万军队后，火速回师增援，对南军实行南北夹击。李景隆闻风丧胆，生怕祸出不测，率先遁逃，连夜奔赴德州。第二年的四月初一，朱棣又率军南进，到建文四年（公元1402年）六月十三日，攻陷南京城，朱棣在这场叔侄争皇位的"靖难之役"中取得了胜利。

立为皇后，更加忧国恤民

建文四年（公元1402年）六月十七日，朱棣登上了皇帝宝座，改元永乐，故称永乐大帝。十一月，册封徐妃为皇后。

新帝初登基，百废待兴，徐氏除关心成祖的饮食起居外，还非常关心朝廷政事。她非常体察民情，关心老百姓疾苦，她对皇帝说："南北之间，连年发生战争，人民饱受战争之苦，现在你当了皇帝，应该要体恤百姓，使老百姓能够得以休养生息。"另外，朱棣即位后，首先就要清除旧朝廷中反对自己的人，齐泰、黄子澄首当其冲。看到朱棣乱杀老臣，徐皇后就直言不讳地对成祖讲："当代朝廷中的一些贤才，都是高皇帝所遗留下的，望陛下在选拔任用时，千万不要有新旧之分，要对他们一视同仁，让他们的才能为你所用。"朱棣对徐后的话深为赞同，不久就发布诏谕，安定人心："帝王图治，必审于用人。或取诸亡国，或举于仇怨，惟其贤而已。"徐后知道后也非常高兴，她兴奋地对丈夫道："治国理民，要抓住任用贤才这个根本。夫妻之间相保容易，君臣之间和睦就要难得多了。陛下能知人善任，我就放心了。"

一个地方的治乱，与这里地方长官关系很大。这天，成祖上朝破格选用了一批知府。退朝回宫，兴致勃勃地对徐后说："吏部选任地方长官，往往论资排辈。朕今日亲自破格选拔二十余人为郡守。"徐后听了，非常赞同成祖的做法，并称赞说："国家之治乱与百姓能否安居乐业，关键在于地方长官是贤还是不肖。凭资格选官，真正有才能的人，就会受到压抑。"她接着又说："古往今来，贤德之君对于那些才能出众的人，都不论资使用，而是破格提拔。对于那些才能一般、历事多年的人，则应视其资格，依次叙升。二者并行，相互补充，就不会埋没人才。一旦官得其人，即可收到显著的成效。"

在徐后的辅佐下，朱棣在很多方面进行了改革，故而成祖时期，"为政之道，宽猛适中；礼乐刑政，施有其序"。徐后始终不忘马皇后的教诲，她和成祖一起大胆地对宫廷官员的设置进行了改革，选用那些品行端正、颇有名望的大臣入主宫廷，为明朝宫廷设置开了先河。朱棣与他的父皇朱元璋一样，是一个励精图治的帝王。自从朱元璋废除丞相及中书省后，政务都由皇帝亲自审批处理。朱棣即位后，繁忙的政事迫使他日以继夜地操劳。徐后看到明成祖操劳国务很是辛苦，便想尽一切办法为他分忧。一次，明成祖临朝回到宫里，徐后关心地问他："陛下经常和谁一起商讨治国大事呢？"成祖答道："六卿处理政务，翰林草拟文告，朝夕在朕身旁，以备顾问。"徐后于是请求让召见一下六卿的妻子，成祖答应了她的请求。徐后和六卿的妻子一一相见，亲切地说："作为妻子，不要以为给他们准备好衣食就什么事都没有了，关键是要他无后顾之忧，事事都为他们多分担一点。朋友之间有些话可以不听，可是妻子的话，丈夫就比较容易接受。我朝夕侍奉皇上，我们之间就经常谈论如何使百姓安居乐业，我的很多建议，皇上都采纳了。"接着她诚恳地说："你们的丈夫都是国家的栋梁之臣，成祖对他们都很信任，希望你们要积极地支持他们的工作，让他们一心一意，精忠报国。这是我对你们的希望。"最后徐后赐给她们很多礼物。这些大臣的妻子，看到徐后对她们这么好，都非常感动，事后好好地服侍体贴丈夫为丈夫排除后顾之忧。徐后的召见，为提高朝廷内外办事效率，起到了很大的作用。

教子有方，严禁骄宠外戚

成祖共有四个儿子、五个女儿。四个儿子中，长子朱高炽、次子朱高煦、三子朱高燧，都为徐后所生。四子朱高燨早夭，生母不详。五个女儿，即永安、永平、安成、咸宁、常宁公主。

徐后不但是位贤妻，而且是位良母。在对待子女的教育上，她因人施教，为后来明室江山的稳定发挥了重要的作用。长子高炽，生于洪武十一年（公元1378年）。他从小体弱多病，性格柔弱，沉静好文，为人仁厚、豁达。对长子的性格，徐后深为了解。为了让他将来担当起治理国家的重任，徐皇后注意从小就培养他遇事果断、大智大勇的能力，并且经常教育他要体恤百姓，待人宽厚。成祖本性刚毅，不喜欢拘守礼法，他与朱高炽的性格截然相反，他并不喜欢这个儿子。而偏爱二子朱高煦，朱高煦凶悍善战，在靖难之役中，随父亲征伐白沟河、东昌之战，皆勇以为战，使父王获安于危急之中。因此，成祖多次在高炽与高煦之间权衡，拿不定主意。徐皇后认识到高煦即位，必是暴君，因而主张立高炽为太子。

洪武二十八年（公元1395年），高炽被册为燕世子。徐皇后为了进一步帮助儿子成就大业，决定给儿子找一位贤德的王妃。她不顾门第观念，竟选中了出身农民家庭的张氏。张氏聪颖贤惠，待人和蔼，举止端重大方，无论做什么事，都非常细心。张氏入宫后，徐皇后教导她怎样正确处理宫中诸人的关系，怎样支持丈夫成就大业。徐皇后的言传身教对张氏影响很大，事实证明，正是由于张氏的功劳，仁宗的帝位方始保住。徐皇后还教育高炽懂得爱民的道理。早在太祖朱元璋健在之时，曾命他与秦王、晋王、周王等四世子分别检阅皇城卫卒，其他三个世子，很快检阅完回来交令，唯独迟迟不见高炽回来。待他回来后，朱元璋不太高兴地问他："你为什么这么晚才回来？"朱高炽认真地回答："早晨天气寒冷，卫卒们正在吃饭，我等他们吃完饭才检阅"。朱元璋对他的回答很满意，满肚子的不高兴顿时就消了，便进一步问他："古代尧、汤时候，如果发生水旱灾害，百姓们靠什么生活呢？"朱高炽毫不犹豫地说："靠的是圣人恤民之政。"由此朱元璋尤对高炽另眼相看，暗赞此孙今后必有大用。另外，朱高炽跟徐后也学了一些带兵打仗之道，北平保卫战也有他的功劳。鉴于以上这些因素的影响，加之徐后力主，永乐二年（公元1404年），朱高炽被正式立为皇太子，他就是以后的仁宗。对另外两个儿子，徐皇后也极是关心。因为他们性格比较暴躁，恃功骄横，徐皇后就经常教育他们要顾全大局，兄弟之间要互相关心，团结友善，不可任意胡为。由于徐皇后的努力，高煦、高燧虽然早有夺位之心，但在母后在世之时，终未敢胡作非为。

历史上外戚弄权祸乱朝政，结果身败名裂、被抄家灭族者不乏其人。身为皇后的徐氏，牢记这一血的教训，说服引导亲眷自尊自爱，遵守朝廷法度。每当听说她的亲眷中有谁不守法度、扰害百姓时，立即传命召之入见，进行教训，促使改正。如听到她的亲眷中有谁奉法循礼有突出表现者，也召其入宫，给予赏赐，以资鼓励。

徐皇后建议明成祖朱棣广纳贤才，可她始终牢记太祖马皇后"亲属未必有可用之才，且骄淫、不守法度，前代外戚覆败，皆由于此"的训示，严格约束外戚做官。

徐增寿是徐后最喜爱的弟弟，官至右军都督，曾随同朱棣出塞征战，素相友好。在朱棣起兵发动"靖难之役"前，徐增寿驻守南京城，建文帝对燕王谋求篡位早就有所察觉，于是想扣留朱棣在南京家中的三个儿子：长子朱高炽、次子朱高煦、三子朱高燧。徐增寿知道后非常着急，他就跑到建文帝那儿，装成一副忠心耿耿为皇帝分忧解愁的样子，对皇帝进谏："你要扣留他的三个儿子，不是逼他造反吗？"建文帝一听也有道理，就放弃了扣留朱棣的三个儿子做人质的想法。随后，他设法把三个孩子从南京转送至北平，燕王朱棣起事就再无后顾之忧了。另外，徐增寿在建文帝京城内部还经常为朱棣通风报信。建文帝知道后，很是恼怒，派人杀了徐增寿。可以说徐增寿对朱棣成就霸业是有功的。所以朱棣做了皇帝后，决定追赠他为阳武侯，谥号忠愍，并追加功爵。他把这个想法告知了徐后，满以为她会高兴，谁知徐氏听后不同意赠爵。她非常中肯地对成祖说："我和增寿是一母同胞，情同骨肉，给他封官晋爵，我当然高兴。可是就是因为他是我的弟弟，我不同意给他任何称号。"成祖自有他的见地，他认真地对徐后讲："之所以给增寿晋爵，正是因为他有功，绝不是因为你是他姐姐的缘故。如果奖罚不明，立功不能受奖，我这个皇帝可怎么当呢？"成祖自己决定加封徐增寿定国公，由增寿的儿子景昌世袭。事后告知徐皇后时，徐皇后只是淡淡地说："我只是希望陛下能将景昌培养成人，让他长大后成为国家有用之才。"不为亲戚谋取官位，是徐皇后的可贵之处。

徐皇后还热心编著一些教育子女的读物。著有《内训》二十篇，书中把德作为首篇，次及修身、谨言、慎行等方面。该书开宗明义地提出了对待子孙的教育要宽严适度的原则，指出"本之以慈爱，临之以严格。慈爱不至于姑息，严格不至于伤恩"，她把自己对子孙教育的经验也写在了书里。

另外，她还派人广泛搜集古人的佳言善行，集成一个集子，命名为《劝录书》。明成祖看了这本书后，深为满意，下令将此书颁行天下。

在古代，一个女人的事业天地是有限的。徐皇后能做到这些，也算不易。

徐皇后年寿并不长，只活了四十六岁。按照徐皇后的遗嘱，丧事从简。朱棣对于徐皇后的死，十分伤心，为她在灵谷寺、天禧寺举行了隆重的大斋仪式。朱棣追赠徐氏谥号为"仁孝文皇后"。

徐皇后死后，成祖朱棣再也没有册立皇后，以示对她的怀念。

永乐七年（1409年）朱棣在北京天寿山营建了陵墓长陵，工程很宏伟壮观，历时四年才完工，然后把徐皇后安葬在里面。

仁宗即位后，追尊徐氏为"仁孝慈懿诚明庄献配天齐圣文皇后"，后人简称她为仁孝皇后。

青史留名——明仁宗朱高炽皇后张氏

张氏，兵马副指挥张麟之女。公元1387年，燕王朱棣的长子朱高炽被封为燕王世子，其妻张氏被封为世子妃。时朱高炽十八岁，张氏年龄相当。

公元1398年，张氏生儿子朱瞻基，即后来的明宣宗。据说，瞻基出生前夕，皇祖父成祖夜间梦见太祖朱元璋，太祖亲授之大圭一个，上面镌刻着"传之子孙，永世其昌"八个字。成祖醒来，听说张妃为他生了一个嫡长孙，联想夜间做的梦，认为这是一个吉祥的征兆，颇为高兴，等到小孙儿满月，成祖争先恐后地抢着先睹小孙儿的真面目。这一看不觉喜出望外："孙儿英气溢面，正符我梦中所见。"遂视孙儿为掌上明珠，爱护备至。后决定立朱瞻基的父亲朱高炽为皇太子，封朱高煦为汉王、朱高燧为赵王。

公元1404年，朱高炽被立为太子，张氏被封为太子妃。太子虽立地位却并不巩固，"靖难"之时，成祖曾令世子朱高炽与朱高燧协守北京，朱高煦随己征战，高炽有守城之功，曾以万人拒李景隆五十万大军于坚城之下，为成祖解除后顾之忧。但是，居守不如从征功显，高煦凶悍善战几次救成祖于危急之中，成祖平日就有宠于他，曾对高煦说："吾病矣，汝努力，世子多疾。"此时以权位相诈，高煦认为自己将被立为皇位的继承人是确定无疑的了。没想到却因一个女人和小儿就立朱高炽为太子，封他为汉王，而且封国远在云南，后成祖也感到自己食言有负于高煦，故改封于青州（今山东益都），高煦又托故不肯离去。且不惜设构离间加害太子，阴谋夺嫡。

永乐三年之后，成祖多次巡幸北京、亲征漠北，几次命皇太子朱高炽监国，裁决政务。监国期间，他注意爱护臣下，关心黎民百姓的疾苦，树立了一个仁厚君主形象。其间虽历尽艰阻，但朝无废事。特别是当高煦、高燧与其同党伺隙逸构觊觎皇位时，有人问皇太子是否知道有逸人相间，朱高炽严词道："不知也，吾知尽子职而已。"可是，高煦图谋不轨，联结宦官、酷吏谗言太子，加深了成祖对太子的猜疑，几欲废皇太子之位。他召集朝臣商议此事，朝臣以为：朱高炽为世子是太祖朱元璋所立，今为皇太子又是按"祖训"嫡长之议按序而立，如果废除就等于破坏祖宗之法，也必然引发皇权再纷争。于是，朝臣纷纷奏请皇上保留原议，勿轻信谗言。成祖勃然大怒，遂将这些竟敢违忤其本意的大臣一个个下狱治罪。原为宠臣的解缙因上谏汉王"礼制逾嫡"

而成罪囚，不久致死，受牵连的大臣多人也死于狱中；以敢言著称的大理寺丞耿通也因屡谏成祖"太子事无大过误，可无更改"而被置于极刑。阁臣黄淮、杨溥皆因亲近太子，设由获罪下狱。一时谁也不敢再为太子求情了，太子的地位岌岌可危。

成祖惩治了这么多亲近太子的大臣，为高煦、高燧夺嫡阴谋敞开方便之门，他们的活动更加频繁。这又引起成祖的警觉，他联想到最近围绕着太子发生的一系列事情，总觉得有些蹊跷，为万无一失，他先命侍郎胡濙暗中调查清楚，再来决断皇位继承人的归属还为时不晚。胡濙奉命明察暗访之后，密奏成祖说："太子诚敬孝谨"。正好此时高煦、高燧的阴谋先后被揭穿败露，成祖方幡然醒悟，太子之地位始安。

公元1411年，即永乐九年，成祖又立"圣孙"朱瞻基为皇太孙，也就是皇位的第二位继承人。自此之后，成祖有心专门培养瞻基，每当巡幸征讨之时，也皆令瞻基相从，还特命学士在军中为皇太孙讲经论史。如果有谁一提起这位皇太孙，成祖总是情不自禁夸道："这个孙儿，他日必定是个太平盛世天子！"所以说，朱高炽太子地位的保全，除靠他的努力及诚敬获全外，也有赖于其妃张氏和长子朱瞻基。《明史·宣宗纪》上说："仁宗为太子，失爱于成祖，其危而复安，太孙盖有力焉！"这太孙就是朱瞻基。

公元1424年，成祖驾崩。太子朱高炽即位，即仁宗。册立张氏为皇后，立长子朱瞻基为太子。

仁宗审时度势，勤于国政，信任内阁，重用能臣"三杨"（仁宗老师杨溥、多谋善断的杨荣、刚正不阿的杨士奇）辅政，大有开创"太平盛世"之势。可惜他仅仅做了十个月的皇帝，就溘然长逝了。终年四十八岁。

仁宗死，由太子朱瞻基即位为宣宗，尊张氏为皇太后。宣宗年轻，张太后为皇儿理政十分担忧。她仿效太祖帝马皇后，恪守马皇后所制诫谕，参政而不乱政，有权绝不弄权，整顿机构，裁减冗员，重才纳贤，同心辅政。宣宗对母亲十分钦敬，军国大事皆禀太后裁决。

在张太后的辅佐之下，阶级矛盾有所缓解，社会大有进步，史称此时为"吏称其职，政得其平，纲纪修明，仓廪充羡"。又与仁宗并称为"宣仁之治"。

公元1435年，也就是宣宗在位统治的第十个年头，因遭疾病袭击，不幸英年早逝。朝臣们悲憾之中，一边料理他的后事，一边又期待着新君临位。五六天过去了，仍不见太子登基，朝廷内外不由得纷纷攘攘，谣言四起。甚至有人说：太子年幼，张太后将召立远在长沙的襄王进京为新皇帝。襄王是张太后生育的第三子朱瞻墡，诸王中除早逝的数他最年长，且为人庄重，贤德有礼，众望颇属。但是，张太后不愿看到历史上惊心动魄的骨肉相残之事再发生。按照传统宣宗有子即应是法定的继承者，她立即召请大臣到乾清宫，指着太子哭

《亲掖銮舆》清 焦秉贞

着说："这就是当今的新天子呀！"众朝臣慌忙叩头高呼：万岁！人心安定下来，谣言随之平息。

新皇帝朱祁镇即英宗，嗣位一个月后尊张太后为太皇太后。鉴于皇帝只有九岁，宣宗弥留之际，遗诏国家重务必须禀报张太后。朝臣们也因为张氏自仁宗、宣宗两朝参政以来的政治威望及高尚的美德，联合奏请太皇太后"垂帘听政"。张太皇太后义正词严拒绝说："我不能坏了祖宗的法规。"朝臣更加敬重太皇太后的人品，尽管没有垂帘之形式，众臣仍将军国大政一一启奏于太皇太后，太皇太后也不让众臣失望，下令将奏疏悉交内阁，由"三杨"议决，然后施行。

张太后成功地避免了一次宫廷喋血事件，又继续保持与"三杨"之间默契配合，使仁、宣之治在英宗初年还能闪其余辉。

张太后在参决国家大事时，始终不忘"治天下者，治家为先"的古训，她把入宫以来所遵从的妇德、妇言、妇容、妇功等一系列告诫妇女的谕条，用以治理好皇家诸事上。

仁宗除立张皇后外，按照帝王生活的惯制，他还可以有成群的嫔妃。据《明会典》记载，册封为妃的就有七位，仁宗死时有五人为之殉葬。这些后妃为仁宗生养了十个儿子、七个女儿。其中生有三子的皇庶母恭肃淑妃郭氏，也在殉葬之列。仁宗皇帝在位不及一年，统治地位还未巩固就匆匆而去，又留下这十几个年幼子女，对张太后说来，既有国家这个大"家"待她裁决政务，又有皇室小"家"等待她来主持。她默默地承受着，以其贤德表率两宫，治平家事。她对仁宗的子女一视同仁，教养得法。当政的宣宗皇帝就是一例，另外史书颇有称道的还有贤妃李氏所生朱瞻埈，即郑王。张太后所生另一子朱瞻墡，即襄王。仁宗死后，张太后曾命兄弟二人同时监国，以待宣宗从南京返回就位。

公元1426年，即宣德元年，郑王亲征乐安，仍受命与襄王居守，兄弟二人协同努力，立下了赫赫战功，而从不居功自傲。郑王死后，襄王在诸王中居长，宣宗去世，曾有谣传欲立为皇帝，被母后张太后制止。尤其是侄儿英宗亲征瓦剌时，国内无主，宣宗的皇后孙氏见襄王贤德想让他入宫暂时代理，襄王仍洁身自爱，他写信让孙太后请立皇长子朱见深，让英宗的弟弟郕王监国。郕王即位后，英宗又回京了，他又写信给皇上，提醒要尊敬英宗，早晚问安。英宗复辟成功后，有感于襄王的人品，把他比为周公，特意在宫内设宴招待，为他设襄阳护卫，预筑茔墓（一般只有皇帝才可预建墓地），特准他过年时也可以带儿孙出城猎狩，给他的待遇超过任何一个封王。襄王曾有两次做皇帝的机会都主动让贤，毫无怨言，传为一代佳话。

张太后把皇室这个特殊的家庭治理的井井有条，只有一件事张太后深为遗憾。

宣宗为皇太孙时已完婚，由张太后亲自指婚，选锦衣卫胡荣的女儿胡氏为正妃，选孙主簿之女为嫔，及即位，册立胡妃为后，孙嫔为贵妃。胡皇后静穆端庄，但体弱多病，不受恩宠；孙贵妃姿色俊俏，且工于心计，一向深受宠爱。可惜，两人都没能给宣宗生下龙子，这在帝王之家是最不幸的了。孙贵妃谋取宫女之子为自己的儿子，即英宗朱祁镇，之后孙贵妃更得幸眷宠，宣宗遂于宣德三年（1428年）废胡皇后，册孙贵妃为后。

孙贵妃父亲孙主簿，名孙忠，为邹平人（今山东邹平），在永城县任主簿时，与张太后的母亲彭城伯夫人相识，见孙忠的女儿长相不同凡响，让张太后召之进宫，时年尚幼，则由张太后亲自抚养。宣宗完婚时，也由张太后做主选为嫔位，又封为贵妃。按情理说，张太后与孙贵妃之间的关系要亲于胡皇后，可宣宗之前，明代尚无废后之事，这等于违了祖例。张太后知道后，非常气愤，责问宣宗："胡皇后是当年懿旨指名册立，既未失德，何以妄行废立？"宣宗早命辅臣商议举过失废之，实在是无什么失德之处，但宣宗决心已定，故答称："皇后身有奇疾，不能生育。"如照此布告天下，岂不有损于一代有德圣君的形象，后杨士奇不得已，建议让胡皇后辞让。胡皇后被废，退居长安宫，赐号"静慈仙师"。张太后看已成事实，只能自责教子无方，她很同情胡氏无过被废，时常召胡氏到自己住处清宁宫居留，内廷朝宴时的规格仍以皇后等级奉侍，且居孙皇后之上。胡氏无比感激太后的恩德，张太后去世，她悲恸欲绝，第二年就随太后而去。

公元1435年正月初十，新天子朱祁镇就是明代第六位皇帝英宗即位，改明年为正统元年。

英宗是明代第一个少年天子，当务之急是培养教育问题。张太皇太后为使小皇帝不忘祖辈立业之艰辛，请出祖训来，让英宗每天五鼓时，就披衣起身，由司礼监顶着祖训来宫门前跪诵，英宗在床上跪听，完毕再离床梳洗，然后乘辇临朝。实际上这个规例在宣宗时已经废除。英宗年小嗣位，让他自幼培养勤政之良风是大有必要的。

明代初期的几任皇帝，即位后接受正式教育的形式是开"经筵"。那时，没有固定场所和明确日期，不十分认真对待。英宗的教育则不同，它包括最起码的启蒙教化，稍一疏忽，将误其终生。正统元年，"三杨"上疏，请求太皇太后早开"经筵"择老成重厚、识大体之人供侍讲之职，太皇太后欣然赞同，令礼部尚书胡淡议定经筵注仪。二月，在英国公张辅和三杨主持下，经筵正式开始。按照注仪，每隔十天以每月之初二、十二、二十二这三日为讲期，皇帝要在早朝之后前往文华殿，听翰林讲官授四书五经及历史，一些重要朝臣也前去参加。经筵之外，还有日讲，日讲不像经筵那样礼仪繁琐，但要求皇帝反复诵读规定的功课十数遍之多，故英宗登基后的最初几年里，他的主要任务是接受教育，履行皇帝必须躬行的各项礼仪。至于朝廷大事，则由太皇太后抚帝听政，三杨、胡淡等辅政。他们继承仁、宣之业，尚保海内之富庶，朝野之清明。可岁月不饶人，转眼张太皇太后与三杨步入古稀之龄，体衰力竭，已无太多的精力参与朝政了，随之危机也逐步来临。

英宗当太子时，有个名叫王振的太监在东宫伴他读书，即位后，他便把王振提为司礼监太监。

本来，太祖初年曾制法度，严禁宦官预政。不许内臣读书识字。成祖时，"靖难之役"得宦官协助，即位后授以军权，宣宗时又设内书室，选小宦官读书其中，从此宦官通文墨，司礼监成为二十四衙门之首，司礼监秉笔太监则享有"批红"的权力，代替皇帝批答数量繁多的奏章。不过，成祖和宣宗对太监的管制还是很严厉的，若有犯法，则置之重典。英宗幼年即位，宦官恃宠，王振又掌握了这样重要的机构，便利了他逞奸窃权。

王振原为一名儒士，后净身入宫，为英宗启蒙老师，王振为人狡黠，善于观颜察色，迎合皇帝的旨意。他小心翼翼、谦恭自守，以圣贤之道教导约束太子，蒙骗了许多朝内大臣，得到宣宗与三杨的赏识，皆认为王振忠诚可倚。英宗年幼，不辨忠奸，竟视王振为"忠臣"，宠信有加，称他为"先生"，而不直呼姓名。只有张太皇太后察觉到此人掩藏着不可告人之权谋野心。

一天，太皇太后命王振偕文武大臣在朝阳门外阅兵，隆庆右卫指挥佥事纪广与王振私交甚密，王振竟欺上瞒下，谎报纪广为骑射第一，并越级提拔他为指挥佥事。有第一次，就有再二、再三……渐渐地，王振有些放肆了，太皇太后命他到内阁问事,有几次杨士奇尚未决断,王振便自作主张,杨士奇忍无可忍,一连三日不上朝。太皇太后知道后甚为恼怒,立即命皇帝、五大臣便殿见太皇太后。

太皇太后于便殿正面坐下,英宗立其旁,"三杨"、张辅、胡淡五大臣稍立下,太皇太后谕言:"卿等老臣,嗣君幼,感谢你们同心协力,共安社稷。"五大臣诚惶诚恐连谢太皇太后恩典,转过来再对英宗说:"此五大臣都是先帝重用俾辅后君之人,是历经几朝的重臣,希望皇帝以后所有政策法度必须与他们商议,若非五人赞同便不可实行。"顷刻,又厉声令召宦官王振,怒责:"你侍奉皇帝饮食起居,不按规矩,应当赐死。"话音刚落,只见几个武装的女官应声而出,遂把刀架在王振的脖子上,王振一惊,吓得直打哆嗦,连呼:饶命,饶命!这时,英宗和五大臣皆跪下为他求情。太皇太后才改变颜色说:"皇帝年少,岂不知此辈自古祸人国家,今天我看在皇帝和诸大臣的面上就饶他一命。但是,要记住以后不许再干预国事。"此后,每隔几天,太皇太后都要派人到内阁查问,了解王振有没有不通过内阁擅自作主张的事,一旦发现即加痛责。王振畏惧太皇太后的威势,自此稍收敛了一些。有言道:江山易改,本性难易。王振位居高职,大权在握,日益坐大。正统七年,张太后病故,"三杨"中,杨士奇也于次年病逝,杨荣更早已亡故,仅杨溥在朝,还年老多病,少闻朝事,王振便肆无忌惮,为所欲为,他明目张胆摘去宫门上的那块"禁止宦官干预政事"的铁牌,排斥异己,陷害忠良。英宗对此仍执迷不悟,宠眷如初,形成明代历史上第一次宦官专权局面,使明朝继仁宣开明盛世之后,陡然转向衰败。

公元1442年张太后去世,终年约六十五岁。谥为"诚孝昭皇后",葬于仁宗朱高炽和张皇后的献陵(今北京市昌平天寿山西峰下)。

恬退隐忍的一生——明宣宗朱瞻基皇后胡善祥

胡善祥被选为王妃,继而被立为皇后,是她一生的不幸,落得了抑郁悲愤而死的命运。

明永乐十五年(1417年),皇太孙朱瞻基已十九岁,成祖下令为他选妃。司天官经过占卜,说是应在济河一带求佳女。于是,济宁人锦衣卫百户胡荣的三女儿胡善祥便被选中。成祖见胡氏文静、端庄、贤淑,便册立她为太孙妃。

永乐二十二年(1424年),成祖驾崩,皇太子朱高炽继位,为明仁宗,立朱瞻基为皇太子,胡氏为太子妃。

宣德元年(1426年),仁宗病死,朱瞻基即位,史称宣宗。胡氏被册封为皇后。胡氏和朱瞻基婚后九年竟未生子,因此宣宗不喜欢她而宠幸贵妃孙氏。亏得胡氏大度,后妃之间尚能相安。但孙贵妃却是个心地狡诈、权欲熏心的人。宣德三年，孙贵妃要了一个宫人所生之子，伪称她自己亲生，以此骗取宣宗的宠爱。糊涂的宣宗让大臣杨士奇去劝胡皇后自动让位。胡氏无奈，只得强作笑容，表示接受。宣宗迅即下诏立孙贵妃为皇后。

胡皇后退位后，移居长安宫。胡氏生性喜欢清静，不好华饰，外表虽似甘愿恬退，内心却十分痛苦。张太后一向喜欢她的品德，对她无故被废，深怀怜悯，所以常把她接到清宁宫，每逢内廷朝会或宴饮，也总是把胡氏安排在孙皇后之上。孙皇后已得了实惠，对此亦不介意。宣宗内心有愧，为了表示对她主动退让的敬意，还特地赐给了她一个"静慈大师"的尊号。

胡善祥就这样在后宫平静而孤寂地生活了七年。宣德九年（1434年），宣宗去世，太子朱祁镇即位为英宗。英宗正统七年（1442年），太皇太后张氏去世。胡氏对于这位惟一关怀体贴、保护自己的人去世了，十分悲伤，哭得死去活来。由于伤心过度，胡氏在第二年也郁闷死去，只以嫔妃礼安葬。

天顺六年（1462年），孙太后死去后，英宗才得知自己非孙氏所生，胡皇后被废亦属委屈，于是在天顺七年（1463年）七月追谥胡氏为"恭让诚顺康穆静慈章皇后"，并下诏为她专修陵寝。胡善祥在生前哪能想到，在她故去十八年之后，竟又被追谥为皇后。

处心积虑当皇后——明宣宗朱瞻基皇后孙氏

孙氏，永城县主簿孙忠之女，美貌如花，机巧伶俐。

公元1404年，明成祖朱棣册立长子朱高炽为太子。公元1411年，朱高炽的长子、十三岁的朱瞻基被立为皇太孙。成祖打算为其选妃。

皇太子妃张氏的母亲、朱瞻基的外祖母彭城夫人推荐孙氏为太孙妃。孙氏虽出身低微，但貌美如花，且非常聪慧。彭城夫人偶然见到孙氏，大为称羡。成祖传旨选孙氏进宫，见她年仅十岁，便令在宫中抚养，册立太孙妃之事暂缓。六年后，即公元1417年，皇太孙已十九岁，成祖下令由司天官为其选妃。司天官经占卜说应在济河一带求佳女，济宁人锦衣卫百户胡荣的第三个女儿胡善祥便被选中。成祖见胡氏文静端庄贤淑，便册为太孙妃。立孙氏为太孙嫔。

公元1424年，成祖驾崩，皇太子朱高炽登上帝位，史称明仁宗。仁宗册立张氏为皇后，长子朱瞻基为皇太子，册立胡氏为太子妃，孙氏为太子嫔。

公元1426年，明仁宗病死，皇太子朱瞻基即位，史称明宣宗，尊张皇后为张太后。在妻、妾之间，朱瞻基宠爱的是太子嫔孙氏。孙氏不但妖娆聪慧，且善于揣摩圣意，善于博取欢心。所以当他登上大宝，按成例册太子妃胡氏为皇后时，立即又册孙氏为贵妃。在宫中，孙贵妃的地位同皇后不相上下，尊贵无比。宣宗对她几乎是百依百顺。

公元1428年，宣宗朱瞻基想到自己年已三十岁，尚无子嗣，不免忧心。

一天，他同宠妃孙贵妃说起这事，愁容满面。孙贵妃忙下跪，骗朱瞻基说自己怀孕了。宣宗大喜过望，亲手把她扶起，激动之余，他对孙贵妃许诺道："如若爱卿生下男儿，朕当改立爱卿为皇后！"

八个多月后，孙贵妃居然生下了一个皇子。宣宗听到喜讯，不由更加喜欢，当下亲为取名叫祁镇。宣宗从贵妃宫中出来后，当即传旨大赦，以庆贺他有了皇子。

其实，皇子祁镇并非孙贵妃所生，而是偶然被宣宗召幸的一个宫人所生。孙氏不甘心屈居妃嫔之位，她觊觎皇后的宝座，便暗中与怀孕的宫人订了密约。孙贵妃取宫人子为己子，诳骗宣宗。

几天之后，宣宗决定履行自己在贵妃面前许下的诺言。以胡皇后无子、有疾为由，逼劝胡皇后让位。软弱的胡皇后无力抗争，只得强作笑脸地接受了。

宣宗迅即布置，先立祁镇为皇太子，后又起草中宫让位诏书，颁行天下。孙贵妃实现了多年的皇后梦，欣然接过皇后册宝。

公元1435年，宣宗病逝，皇太子朱祁镇即位，史称明英宗。英宗尊张太后为太皇太后，孙皇后为皇太后。

公元1462年，孙太后病死。谥为"孝恭章皇后"。附葬于景陵。

大臣为她打抱不平——明英宗朱祁镇皇后钱氏

钱氏虽然出身低微，但却异常贤德忠厚。入宫后遭受了英宗被虏的大难，钱氏流泪不止而致一目失明；英宗复辟后，因土木堡之役中钱皇后之弟为国殉难，英宗欲封其子爵位，钱皇后却坚决推辞；皇后位恢复后，她又特为胡皇后冤狱平反。凡此种种，钱氏得到了英宗的敬重和宠爱。最终，为了她，英宗在驾崩前曾留下遗诏——废除宫妃殉葬。至此，明朝结束了极为残酷的宫妃殉葬制度，这却也是钱氏的美德所带来的一大进步。

钱氏是海洲（今辽宁海宁）人，父亲钱贵，官至都指挥佥事。正统七年（1442年），英宗册立钱氏为皇后。钱氏被立为皇后以后，钱贵升为中府都督同知。英宗见钱后的娘家门第低微，有意封钱家为侯，但是钱皇后谦逊谢绝，再三推辞，故一直未予封赏。自此显出她贤德的品格，开始得到英宗的敬重。

正统十四年（1449年）七月，北方蒙古族瓦剌部首领也先率领大军南犯，大同告急。当时的军政大权旁落于司礼监王振一人手中，大敌当前，他既不了解敌情，也未做切实准备，却盲目怂恿英宗亲征，幻想以皇帝御驾亲征来镇住也先，吓退敌兵。英宗在"三杨"死后，事事依赖王振，对他百依百顺，竟然不顾大臣的反对，下诏亲征。七月十六日，英宗命弟弟郕王朱祁钰留京居守，自己和王振带领文武大臣一百余人和五十万大军浩浩荡荡北去。

王振作为内廷太监，毫无军事常识，视行军打仗如同儿戏。五十万大军到达大同后，安营扎寨还没弄好，还没同瓦剌作战，便惊慌失措撤出。退出大同后，王振异想天开，命大军绕道向他的家乡蔚州（今河北蔚县）进发，想借此机会炫耀他的权势。但不久，又看到撤出的士兵、马匹缺粮少草，数十万大军进入家乡，必定会毁坏庄稼，于是改变主意，下令军队改道向宣府（今河北宣化）进发。队伍走至土木堡（今河北怀来县附近），遇瓦剌大兵突袭。明军主帅心无主见，士兵又被折腾得疲惫不堪，已无斗志，一触即溃，英宗竟被也先俘去，大臣也多中箭身亡，王振被倒戈的明军杀死。结果五十万大军全军覆没。

八月十五日，英宗被虏的噩耗传到京师，留守在京的郕王朱祁钰急忙入宫禀告孙太后和钱皇后，婆媳俩一听如晴天霹雳，顿时泪如雨下。她们决定"以物易人"，赎回英宗。孙太后把宫中珍宝搜集起来，载以八骏名马，皇后钱氏，倾己私有，将金银、珠宝尽数献出，派遣使者送到也先营中。也先得到英宗如获至宝，想挟英宗在政治上向明朝讨价还价，所以金银珠玉照单全收，就是不肯放还。

与英宗恩爱异常的钱皇后，不见英宗归还，急得寝食难安，日夜啼哭。一天夜里，钱皇后在宫中设香案祷告，祈求上天保佑英宗早日回朝，夫妻母子早日团圆。由于连续几个昼夜不曾安睡，祷告完毕，竟伏在香案上睡去。不料朦胧中人未坐稳，从椅子上跌倒在地，一侧股骨折断，遂成残肢。又因思夫心切，啼哭流泪过多，不久一目失明。

国不可一日无君。见英宗一时不能回朝，孙太后便召集廷臣，商议对策。八月十七日，孙太后下诏立英宗的长子朱见深为皇太子。朱见深是英宗的周贵妃生的，当时只有两岁。孙太后命郕王朱祁钰监国，辅助皇太子统理国政。郕王朱祁钰监国后，于谦等大臣认为，英宗被俘，回归无期，太子年幼，国家无主难以安定。遂联名上奏请太后立郕王为帝。太后从国家利益出发，答应百官所请。正统十四年（1449年）九月初六，郕王登基继位，是为代宗，改年号为景泰。朱祁钰继位后，遥尊英宗为太上皇，英宗的皇后钱氏失去了皇后宝座，代宗的正妃被立为皇后。

十月初，也先挟持英宗南下进攻北京。北京军民在兵部尚书于谦的指挥下，齐心协力打退了瓦剌兵，保卫了北京城。也先见明朝已立新帝，而且重整武备，英宗毫无利用价值，便有了送归英宗的想法。代宗朱祁钰却不希望他的兄长归来，对此事一拖再拖。景泰元年（公元1450年）八月十五日，做了一年塞外俘虏的英宗才回到北京。在东安门前，英宗与自己的弟弟代宗相见，随后英宗这位太上皇便被送入南宫。见过群臣后，宫门紧紧闭上。

实际上，英宗回到北京，眼见皇位丢掉，年纪轻轻，才二十出头就被尊为太上皇，表面不缺荣华富贵，实际声望已一落千丈，关在南宫，形同软禁，心中老大不愉快。钱皇后见丈夫安然南归，喜出望外，她不因自己失去皇后宝座而痛苦，还常常劝慰抑郁不欢的英宗。钱后为英宗成了残疾，毫无怨言，反而百般温存，曲意承欢，这对实际上已被禁锢的英宗来说，已是最大的慰藉。

朱祁钰软禁英宗，心中总不踏实。尤其皇太子是英宗的儿子朱见深，这使他更感到自己帝位不稳固。考虑再三，决定采取更换太子的办法，来巩固自己的皇位。经过一番周折，景泰三年（1452年）五月初二，代宗正式颁诏，立自己的儿子朱见济为太子，改封原皇太子朱见深为沂王；原皇后汪氏因反对易储被废，改立朱见济的生母杭妃为皇后。

谁知天不遂愿，景泰七年（1456年），皇太子朱见济、皇后杭氏先后死去，代宗痛失妻、子，悲痛交加，也得了重病。代宗无其他子嗣，武清侯石亨与都督张軏、太监曹吉祥、右副都御史徐有贞等人密议，准备请太上皇英宗复位。第二年正月的一个夜晚，石亨等人率领亲兵子弟拥入禁中，夺取东华门，去南宫接出英宗直趋奉天殿。一面请英宗下舆登座，一面擂鼓鸣钟，让百官们入朝觐见。于是英宗的复辟大功告成。群臣登殿排班，欢呼万岁。

斗转星移，风云突变，被禁锢七年的英宗再次成为大明帝国的主宰，改元天顺。这一年，英宗已经三十一岁。英宗对钱皇后一直怀有感激和敬爱之情，复位后，自然恢复了钱氏的皇后地位。英宗长子、周贵妃生的朱见深也恢复了皇太子的名号。

钱氏恢复皇后地位后，贤德有增无减，使英宗更加敬爱。天顺六年（1462）孙太后病死，钱皇后为宣宗的胡善祥皇后辩白、申冤，力请恢复她皇后的名号。她对英宗摆了胡皇后种种高尚的品格后说："胡皇后贤而无罪，废为仙姑。其死也，人畏孙太后，殓葬皆不如礼，胡后位未复，惟皇上念之。"英宗遂复胡后号位，追谥"恭让皇后"，还下令为她专修陵寝。土木堡之役，钱皇后的弟弟钱钦钟为国殉难，英宗追念其功绩，想封钦钟的儿子爵位，钱皇后却推辞掉。

天顺八年（1464年）元月，三十八岁的英宗病势日渐沉重，临终前，他唯一担心的是皇太子即位后，不再尊崇钱皇后的地位，便对顾命大臣、大学士李贤嘱道："皇后千秋万岁后，应与朕同葬！"他见李贤恭敬受命，将遗言抄录后藏置阁中，这才放心。

天顺八年元月十七日，英宗驾崩。英宗在遗诏中明令从自己开始废止宫妃的殉葬，可能与钱皇后的贤德有很大的关系。宫妃殉葬，在中国历史上由来已久。明太祖去世时，首创本朝宫妃殉葬的成例，以后成祖、仁宗、宣宗去世，都有一些宫妃殉葬；诸王以及勋戚大臣也加以效法。这种制度极为残酷。殉葬制度的废除，在最后为英宗本不出色的形象添上了光彩的一笔。

英宗死后，十六岁的皇太子朱见深即位，史称明宪宗，年号成化，宪宗面对两宫，一个是嫡母钱皇后，一个是生母周贵妃，在给两宫上尊号的问题上引起一番争论。

宪宗生母周贵妃嫉妒钱皇后，密嘱心腹太监夏时，要他设法买通阁臣上奏宪宗，只立周贵妃一人为太后。夏时找到李贤说："钱皇后无子，且肢体残缺，不宜立为太后，当按前朝（宣宗朝）废后胡氏（胡善祥）成例，以皇上生母贵妃为太后。"李贤一听，非常生气，冷冷地道："先帝尸骨未寒，怎能即刻便违背遗命？"夏时依仗周贵妃这个大后台，毫不示弱地说："钱皇后和胡后一样都无子嗣，为何不让她草就一道让位奏疏？"大学士彭时道："先帝居世时未曾这样做，我们身为臣子，怎么敢逼迫钱皇后让位呢？"夏时自知理缺，沉下脸高声威胁说："尔等敢有二心，难道不怕得罪贵妃？"彭时向苍天发誓，自己并无二心，但还是申明自己的主张："皇上当以孝治人，岂有尊生母、不尊嫡母的道理？"李贤趁机道："彭学士所言极是，两宫并尊，理所当然，望先生照此复命。"夏时一看不能得逞，只得怒气冲冲离开内阁回宫。

夏时回宫不多时，一位名叫覃包的宦官，奉宪宗口谕至内阁，命速拟定两宫太后并尊的诏旨。李贤见宪宗同意两宫并尊，便放下心来。但彭时却说："两宫并尊，岂能毫无区别，应于钱太后尊号之前加入正宫二字，以显尊贵"。覃包再回宫请命，不一会儿，宪宗传谕恩准彭时所奏，于是诏书拟定，尊皇后钱氏为正宫慈懿皇太后，周贵妃为皇太后，两宫太后地位相等。事后，覃包私下对李贤说："两宫并尊也是皇上之意，因为周太后所迫，不敢自主。若不是公等守正不阿，力争两宫并尊，险些误了大事。"

成化四年（1468年）六月，钱太后逝世，在丧葬问题上又引起朝廷君臣的争议。

英宗曾留下遗言，钱皇后死后与他合葬。所以，英宗的裕陵的门还没有最后封闭，以待皇后去世后前来合葬。周太后却不愿让钱后与英宗合葬，想替钱后另造陵寝。宪宗宠爱的万贵妃迎合周太后的意思，力劝宪宗听从母后之命。宪宗在父命与母命之间难以抉择，不得已召集大臣，由廷议决定。经过反复争议，学士刘定元等出班齐声奏道："皇上大孝，当以先帝心为心，今若将钱太后葬于裕陵英宗梓宫的左首，右首则虚位以待将来，便是两全其美了。"宪宗略略点头，宣布退朝。

几天过去了，仍不见宪宗下达诏旨，大臣们猜想又是周太后的缘故。彭时又上一奏疏，竭力主张二太后并附陵庙。奏疏的大意是，钱太后行附葬之礼，于先帝伉俪之情和陛下母子之义皆可两全。况且前代一帝二后并配附庙的例子举不胜举，皇上尽可参照执行云云。

宪宗看了奏疏，又批给礼部议处。礼部尚书姚夔与廷臣九十九人都主张按彭时所说去办。宪宗还是犹豫不决，对群臣说："悖礼制不孝，违母命亦不孝，你们能否为朕想一个两全其美的办法？"大臣们执议如初，请求宪宗按彭时所奏去做，并跪在文华门前等候降旨。等了一段时间，宪宗传谕百官暂退，大臣们伏地大哭道："若不降旨，臣等不敢退去！"又等了一段时间，才见一名太监手持诏旨出来宣读，按群臣所议去办。大臣们听了，额手称庆，欢呼万岁。

这样，钱皇后总算和英宗同葬，未负生前之钟情，善始善终。

从此也可以看出，诸位大臣这么拥戴钱皇后、为其尊崇地位据理力争，说明了钱皇后的美德是深得人心的。

七年荣华一场梦——明代宗朱祁钰皇后汪氏

明宣宗的孙贵妃在宣德二年（1427年）十一月生了老大朱祁镇；而他的吴贤妃在宣德三年八月生了老二朱祁钰。朱祁镇是宣宗长子，后来被立为皇太子。宣德十年（1435年）正月，宣宗驾崩，九岁的朱祁镇即位为英宗，英宗封弟弟朱祁钰为郕王。

如果一切正常，在英宗驾崩之后，下面该轮到英宗的儿子朱见深当皇帝，轮不到英宗的弟弟朱祁钰当皇帝，而朱祁钰的夫人汪氏也不会当皇后。但是由于发生了土木堡之变，使得郕王朱祁钰当了皇帝，汪氏也当了皇后。郕王的"插队"后来终于酿成宫廷剧变。但汪氏却终能历经惊风骇浪，履险如夷，其原因就在于她有一个好心肠。

英宗九岁即位，还是小孩子，成天跟侍读宦官王振在一起，对王振十分宠信。当时政坛有大臣杨士奇、杨荣、杨溥（史称"三杨"）辅佐，尚称清明，又有公正严明的张太皇太后（仁宗的皇后）监督，所以一切都还算上轨道。明英宗正统七年（1442年）十月，张太皇太后病死了，太监王振开始专权。他把"三杨"挤下台，引诱十五岁的皇帝追逐逸乐，大权独揽，明朝政治开始腐败。

正统十四年（1449年）初秋，蒙古的瓦剌部首领也先率众南犯，并率主力部队进攻大同。王振怂恿英宗亲自率军扫平入侵的瓦剌人，结果不知深浅的英宗同意了，亲率五十万大军离京西征。没想到两军先锋部队在大同附近交战时，明军大败。结果明军在八月十三日退到土木堡时，被瓦剌大军包围，英宗成了敌人的俘虏。

英宗被俘的消息传来，朝野上下人心惶惶。但是皇太后孙氏（英宗生母）当机立断，主张死守北京，并命郕王朱祁钰监国，升兵部侍郎于谦为兵部尚书，并且征两畿、山东、河南备倭运粮诸军入卫北京，又移通州粮入京师。除此之外，还诏立英宗三岁的长子朱见深为皇太子以安定人心，又广开言路，令群臣直言时事、举人才，并且从优抚恤阵亡将士，还将祸首王振一家抄斩。

为了加强戒备，防范瓦剌人攻打京师，孙太后还诏令都督石亨为北京营兵总指挥，又将南京的军器运到北京，以充实战备力量。

当前方传来瓦剌大军挟持英宗，向北京一路杀来时，孙太后又当机立断，在九月初六把英宗升格为太上皇,让监国的郕王朱祁钰即位为皇帝,以免瓦剌人借英宗勒索,并且命令边将遇到挟持太上皇的瓦剌大军时,不要开城出战。

瓦剌大军一路上没有遇到阻挡,在十月兵临北京城下,因为明廷决心死守,准备充分,瓦剌人连连吃了几个败仗。而掳来的人质又未能发挥预期的效果,瓦剌首领也先只好带着人质退回漠北去了。

郕王朱祁钰临危受命做了皇帝,史称"景帝",他的妻子汪氏当然也升格为皇后。汪皇后十分贤德,在敌人退走之后,特别提醒皇帝对保卫京师而死难的军士和平民要厚葬厚恤,以收揽民心。

明代仕女

景帝即位,改元景泰。景泰元年(1450年)八月,瓦剌人见英宗没有作用了,便存心搅局地把他放了。英宗回到北京后,入居南宫,开始过太上皇的日子,这年他才二十四岁。一个正值盛年的人被迫退休,当然会产生问题。

祖籍顺天的汪皇后给丈夫生了两个女儿,一直没生儿子。景泰三年四月,景帝的妃子杭氏却为皇帝生了一个儿子,取名朱见济。

人都是有私心的,景帝有了自己的儿子,当然希望让自己的儿子将来继位做皇帝,不希望把皇位传给侄子,便有了废皇太子朱见深之意。汪皇后知道以后坚决反对。她觉得这样对皇太子朱见深不公平,更会造成皇帝和太上皇兄弟间的对立局面和紧张关系,很可能会惹来滔天大祸。

但景帝并没有看得这么深远,他的睿智早已被私心蒙蔽了。他认为汪皇后反对易储,是嫉妒情敌杭氏,便毅然在景泰三年五月把皇太子朱见深废为沂王,改立自己刚满月的儿子朱见济为皇太子。他又把汪氏废了,改立太子生母杭氏为后。

汪氏从皇后的位子上跌下来,幽居冷宫,看似倒霉到家了,但是塞翁失马,焉知非福。汪氏后来得享天年,全都多亏了她的善心和正义。

英宗太上皇在南宫早已郁闷不乐了，如今听说弟弟把自己儿子由皇太子废为沂王，更加气恼不平。但是人在屋檐下，怎敢不低头，英宗只有把不平之气埋藏在心里，伺机而作。

新立的皇太子朱见济没有福气，在景泰四年十一月夭折了。

景帝伤心，杭后难过。他们想再生一个皇太子，就没有把被废为沂王的侄儿朱见深再复位为皇太子；但是杭后的肚皮不争气，一直没再鼓起来。

后来，礼部郎中章纶、御史钟同、南京大理少卿廖庄上奏请复沂王为皇太子，结果触怒了景帝，将他们关入锦衣卫大牢之中。不久，三个"不识大体"的倒霉鬼统统死在狱中。

景泰八年正月，景帝生病，住在南郊斋宫养病，群臣义上奏请复立沂王为太子，景帝仍不听。结果武清侯石亨、副都御史徐有贞等人迎31岁的英宗复位，史称"夺门之变"。

英宗复位之后，把生病的景帝废为郕王，把自己的儿子朱见深复位为太子，没过几天，郕王就暴卒了。

景帝在位七年不忍心杀死被废的哥哥，英宗夺权复位后，却立刻把弟弟害死。在宫廷权位的争夺战里，谁心存仁慈，谁就是输家，可见政治斗争是多么的残酷。

明朝开国皇帝太祖朱元璋驾崩时，有许多宫妃殉死，她们的家人在惠帝、成祖朝受到朝廷的厚恤，带俸世袭，人称"太祖朝天女户"。因为这样的鼓励，所以仁宗、宣宗驾崩时，也有许多宫妃殉节自杀，形成一种风气和惯例。

景帝死后，英宗命景帝后宫唐氏等宫妃殉节。当时英宗还打算叫废后汪氏也一同殉死，但大学士李贤说："汪氏早已被废，又有两个女儿要照顾，情况十分可怜。"英宗便改变了心意，让汪氏死里逃生。

朱见深复位为太子后，感激汪废后几次反对景帝废除他的太子之位，便对汪氏特别恭敬。英宗觉得奇怪，一问之下，才知道汪氏是个正直的女人。太子趁机建议父王把汪氏遣放出宫，重过逍遥自由的日子。英宗同意了，结果汪氏得以平安出宫，还把当年景帝赐给她的财宝全部携带回家。

做了七年皇后的汪氏重回民间，回忆往事，恍如一梦。但是朝廷里华贵的服饰、宝器堆在眼前，又告诉她那一场荣华富贵不是梦。而且逢年过节，太子朱见深的生母周太妃，总令人把汪氏迎进宫，一同吃吃饭、聊聊天。汪氏与周太妃不拘礼数，相得甚欢。人生至此，也已无憾了。

英宗又做了八年的皇帝而后驾崩，享年三十八岁。太子朱见深继位，史称宪宗皇帝。而被英宗"抄家"的汪氏，比英宗又多活了三十六年，看着宪宗皇帝驾崩，把皇位传给三子孝宗；又看着孝宗皇帝驾崩，把皇位传给长子武宗。她在武宗正德元年（1506年）十二月才闭目辞世，估计她去世时的岁数应该在七十岁左右。

汪氏死时，是以嫔妃之礼安葬于景帝墓旁，而后依皇后之礼岁时祭祀。她被武宗追封为"贞惠安和景皇后"，这也算是善有善报了。

福祸相倚，世事难料——明代宗朱祁钰皇后杭氏

郕王妃杭氏生有一子朱见济，是为郕王世子。但是由于发生了土木堡之变，英宗朱祁镇成了敌人的俘虏，使得郕王朱祁钰当了皇帝，是为代宗，遂册封王妃汪氏为皇后。到1452年因汪皇后坚决反对易储换太子，被废黜。

朱见济被立为太子，成了未来皇位的继承者。杭氏也因此而被册立为后。此后，新皇后的外戚家人也备受皇帝恩赐，父亲杭昱景官锦衣卫指挥使，皇后的兄长杭聚则授予锦衣千户，杭府上下欣喜异常。谁知欢乐的气氛还没有完全展开，太子朱见济便在第二年（1453年）暴病而死。这个打击实在是太大了，悲痛欲绝的杭氏，忍受不了失子剧痛，在第三年也离世而去。代宗赐杭氏谥号为肃孝，让她进祖坟，葬在代宗为自己营建的寿陵，准备来世二人再相依为伴。又授杭皇后之弟杭敏为锦衣百户，这足以说明景帝对杭皇后的爱宠之深。

后来，英宗复辟，一切都发生了翻天覆地的变化。他尤其憎恶杭皇后，于是废杭氏皇后号，毁杭氏安葬的寿陵。其时，杭氏父兄已死，英宗就削其弟杭敏之职，命还归乡里。而杭氏所生之子朱见济，也由"怀献太子"降为"怀献世子"。

杭氏与汪氏的命运相比，真是印证了"福祸相倚"的老话。

遭遇强大的情敌——明宪宗朱见深皇后吴氏

公元1448年，吴氏出生在顺天的一个书香门第，父亲吴俊是远近有名的儒生，母亲也是位能琴善诗的才女。吴氏出生在这样一个书香门第，从小便耳濡目染，加上她天资聪明，很小就识很多字，愿意看书。父母见她聪明伶俐，就刻意培养，教她读书、教她抚琴。当她成为一个袅袅娜娜、亭亭玉立、标致绝伦的大姑娘时，她已经成为琴棋书画无所不晓、无所不能的才女了。

公元1457年，明英宗朱祁镇复位且下诏为皇太子朱见深选妃。英宗对为太子选妃特别重视，且尤其注重才德。这里，还有一个原因。英宗自从南宫复辟后，将长子朱见深复立为太子。因土木堡之役的惨痛教训和南宫的囚禁经历所产生的影响，英宗颇有意做一个名副其实的君主，十分珍惜这失而复得的帝位，因而他勤于政务，早出晚归，励精图治。"土木堡之变"后一年的被俘和南宫七年的囚禁生活，使他无论在身体上，还是在精神上都受到很大损害，虽然年轻，体弱多病，深感力不从心，所以他把革除积弊，重振大明伟业的希望更多地寄托在太子朱见深身上。他希望太子在将来不负嗣统之责的同时，能有

一位慧达贤明的皇后辅佐。

　　选太子妃的诏令下来后，各地进行了层层筛选。上百个候选的妙龄女子最后只留下三个。吴氏才貌双全、贤淑高雅，当然在这三人之列，另外二人，一为王氏，一为柏氏。由于这三人都是花容月貌、端庄娴雅，一时难分高下，英宗觉得经过一段时间的观察再行定夺，才更稳妥。

　　公元1464年元月，英宗突然身体欠安。正月初六，他让皇太子朱见深登文华殿摄事。临终，他对皇后钱氏说，三人中吴氏好像更好一些，他让钱皇后再观察一下然后确定未来皇后的人选，并尽快举行大婚。又传来贴身太监牛玉，让他协助钱皇后，负责这些事的具体事宜。正月十七日，明英宗朱祁镇病死于乾清宫。同日，十六岁的太子朱见深即皇帝位，是为明宪宗。

　　在朱见深登基时，虽然他尚未完婚，却早已和从小就侍奉他的宫女万氏如胶似漆、恩爱缠绵了。万氏比宪宗要大十七岁。公元1447年，年仅两岁的朱见深被册立为皇太子时，万氏就被派往东宫照料、侍奉他。公元1452年，朱见深被废为沂王逐出东宫，父亲幽居南宫，母亲周氏也很少能见到，年仅五岁的他孤苦无依，幸而有万氏给他以无微不至的照顾和体恤。他对万氏十分感激，更有依附、敬畏、爱恋等交织在一起的莫名情感，使他无法自拔。按宪宗的心意，是要立万氏为后，但英宗已确定了他皇后的候选人，他不能违背先帝的遗愿；况且他是一个宽厚仁柔的人，也不好把与万氏的私情立即提出来让内阁去廷议，而万氏不仅只是一般的宫女，还比他大十七岁，这在历代帝王的婚配中是没有先例的。因此此事只能从长计议。

　　皇太后钱氏对宪宗皇后的人选尚未确定，深感责任重大，为了更好更快地完成英宗生前的嘱托，她几次想找宪宗生母周贵妃商量此事，却被周氏借故避开了。周氏对钱氏是充满了敌意的。本来宪宗即位后准备给生母周氏与钱氏上尊号，这本是在情理之中的事。周氏却怎么也不同意两宫并尊，意欲自己独尊以独揽大权。钱氏是英宗的元配，为人端淑恭谨。她几次都谢绝了英宗对她的家人的赐封。英宗被俘后，钱氏跪在地上日夜啼哭，哭瞎了一只眼并弄伤了一条腿，拿出自己宫中所有积蓄以帮助营救英宗。英宗在幽居南宫期间心情郁郁不欢，亏得钱氏经常在旁劝解。英宗对她十分感激，临终曾遗命："钱皇后千秋万岁后，与朕同葬"。但钱皇后无子，周贵妃有子被立为东宫。母以子贵，周贵妃因此颇有骄色，英宗对此极为不满，曾几次让她给钱氏道歉。周氏对此耿耿于怀，她坚持要独尊为皇太后，宪宗不敢违背母亲的意愿，却遭到了廷臣们的坚决反对。周氏派人以钱氏肢体损伤、无子不宜为太后为理由试图说服廷臣，内阁大学士彭时据理力争，坚辞不让，周氏无奈，加之宪宗百般劝解，方才谕允廷议。钱氏上尊号为慈懿皇太后，周氏为皇太后。两宫太后的徽号之争既已结束，皇后人选的确定和宪宗的大婚就该列入议事日程了。

　　太监牛玉按照两宫太后的旨意，又对三位皇后候选人进行了德才、身体等方面的检查和比较，觉得三人中吴氏端庄雍容、知书识礼、贤惠明达，是个能母仪天下的人。牛玉便把这些情况如实向两宫太后作了启奏，恭请定夺。两宫太后决定选吴氏为皇后，传下旨令，择吉为明宪宗举行大婚。

明宪宗的大婚在即，可是他自己却并不感到高兴。他无法想象和这位即将被册封的皇后应该如何相处，加上万氏对他时时的挑唆和诱使，使他已经对这个未来的皇后不屑一顾了。当他看到册封皇后竟有如此的繁文缛节，甚至对大婚产生了厌烦之感。这一年的七月二十一日，明宪宗举行大婚。吴氏被册立为皇后。

此时的紫禁城里到处张灯结彩，金碧辉煌，夺目耀人。一时间丹陛大乐齐奏，把隆重的气氛烘托了起来。吴皇后头戴凤冠，镶有龙凤翠珠；身着霞帔，织有金云霞龙纹。她面如满月，微露羞涩，仪态高雅，款款而行，夺人眼目。文武百官朝服迎候于坤宁宫正门外。大婚举行后，宪宗与吴皇后昭告于天地宗庙。完婚后宪宗在御正殿受百官庆贺时，大臣们发现宪宗脸上并无悦色。随后，吴皇后在坤宁宫接受妃嫔、命妇庆贺，吴皇后发现在庆贺的人群中，有一个约三十岁左右、并不漂亮的女子站而不跪，并用一种挑衅的目光逼视着她。吴皇后听身旁的侍女介绍说，她就是宪宗宠爱的万氏。吴皇后联系起宪宗对自己的冷漠，一种不祥的感觉涌入她的全身。但初次与万氏见面，吴皇后觉得对宫里的情况还不了解，对万氏的举动她并没太在意。

吴皇后和万氏本来并无怨仇，只是由于吴皇后的到来阻碍了万氏梦寐以求的目标。万氏从四岁就来到宫中做宫女。长大后就开始侍奉朱见深，她是看着他长大的。眼见着自己成为半老徐娘，却连个名号也没混上，竟让吴皇后这黄毛丫头后来居上。多年来的不得志和情感的积聚与压抑，使她产生了一种少有的强烈嫉妒心，对阻碍她的目标的人恨得咬牙切齿，恨不能千刀万剐。万氏十分清醒地知道吴皇后比她年轻、漂亮、有才识，但她也有她的优势：警敏、富有后宫经验、善于迎合宪宗的心意、有一套取媚于男人的手法，更重要的是，

明代仕女 明 唐寅

凭她十多年对宪宗的侍奉，她对宪宗的性格、爱好等等了如指掌，她有办法控制住宪宗，并让宪宗完全听她的，这些都是吴皇后所远远不及的。因此，她深信自己的目标能够实现。

吴皇后与宪宗举行完大婚不久，就受到了宪宗的冷落。

宪宗由于自幼就与万氏一起生活，他对万氏的爱恋、依附和敬畏的情感加上万氏的挑拨离间，使他一开始就对吴皇后存有偏见，在心理上难以容纳吴皇后。他觉得吴皇后虽然年轻漂亮，却是一个冷美人，他始终无法得到万氏那种热情、温柔、体贴、娇媚以及温馨之感，从而对吴皇后产生了厌倦。这也难怪，吴皇后从小接受的是儒教"笑不露齿"，"窥必藏形"，更何况她是大家闺秀，感情内敛矜持，当上了皇后，更加端庄矜持，这是年仅16岁的宪宗不能理解的。

此后，万氏便利用宪宗对她的专宠，在宪宗面前千方百计地诋毁诬陷吴皇后；同时，她利用中宫受朝的机会，对吴皇后公然不恭，甚至讥讽相加。后来万氏竟致指桑骂槐，一次比一次厉害。吴皇后实在忍不住了，愤怒地斥责了万氏的粗俗和无礼。万氏见报复的时机已到，便跳起来大骂吴皇后。吴皇后愤怒至极，便命令身边的侍女，杖打了万氏。

万氏借着被打的狼狈相，跑到明宪宗那里哭天抢地，大声喊冤。使宪宗手足无措，百般哄劝。宪宗被寻死觅活的万氏吓坏了，再加上看到吴皇后把他心爱的万氏欺凌的如此可怜，就发誓定要借机废掉吴皇后，立万氏为皇后。万氏这才破涕为笑。但废后毕竟是一件大事。明朝历史上自宣宗才开始有过废后，不过那是因为胡皇后无子，并且是以胡皇后主动辞让的形式废后的；代宗时，汪皇后因为坚决反对易储，才被代宗废掉。而吴皇后又有什么大的过失呢？万氏和宪宗都明白，仅凭吴皇后杖责一个嫔妃的罪名是不足以废后的，况且吴皇后是经过两宫太后长时间的观察选定的，刚刚册立仅一个月的时间，不仅两宫太后不会同意，就连廷臣们也通不过。除非从立后本身做文章，才可能达到废后的目的。

万氏很快为宪宗想出了一个阴险毒辣的计谋。宪宗着人逮捕了当时负责选后具体事务的太监牛玉，打入大牢，对他严刑拷打。牛玉被迫作了伪证，说明英宗在世时已确定王氏为太子妃，但由于明英宗驾崩突然，未及正式诏示，而只有牛玉一人知道。在后来的选后过程中，吴氏的父亲吴俊，对牛玉进行了贿赂。故牛玉在对两宫太后启奏情况时，将先帝英宗选定的王氏改为吴氏。

在从牛玉那里逼取了假口供后，宪宗立即奏报两宫太后。他提出废掉吴皇后，请求两宫太后批准。钱太后明确表示不同意。周太后也觉得吴皇后是个贤后，但她总想与钱太后对着干，况且先帝对册王氏已有言在先，不废掉吴皇后怎么能表示对此事的惩戒呢？她于是同意废后。钱太后见宪宗态度坚决、周太后也同意，便不再坚持。

内阁大臣们在对废后进行廷议时,听说这是明英宗的遗愿,尽管将信将疑,却不好多说,况且两宫太后已经同意,便草草过场。

当万氏听到两宫太后同意废后的消息后,喜笑颜开,她和宪宗兴奋得彻夜未眠。万氏怕夜长梦多,急忙催促宪宗发布废后诏书,把生米做成熟饭。宪宗马上传谕礼部,立即颁布废后诏书,连发了三道诏书,第一道诏书发至吴皇后,上面说道:"朕以为作为皇后,应该与朕共同承继祖宗传下来的千秋万代的基业,德行应该成为六宫之表率。不是德行贤惠明达,谙熟礼度的是不能够成为皇后的。而你被册为皇后以后,却行为放肆,言语轻佻,留心曲词,礼度率略,德不称位,怎么能与朕共承这天下大业,更谈不上德行成为六宫的表率。因此,特令你交还皇后册宝,移居别宫。"

第二道诏书发至前廷和后宫,诏书中说:"朕谨遵先帝之命,册立皇后。本来先帝已经确定王氏,知悉底细的太监牛玉却收贿作弊,蒙骗两宫太后,将王氏改为吴氏,以致错将吴氏立为皇后。吴氏举动轻佻,德不称位,朕承继祖宗千秋大业,册立皇后,以为辅佐帝业,表正六宫。怎奈吴氏有负社稷之重托、朕之重望。现已请命两宫太后,废吴氏别宫。望尽知朕的苦心。"

第三道诏书发至全国各地:"先帝为朕简求贤淑,已定王氏,育于别宫,以待婚期。太监牛玉却收受贿赂,蒙骗两宫太后,把已选掉的吴氏又重新推荐复选。吴氏被册立之后,朕见她举动轻佻,毫无礼度,德不称位,经过调查其实,才知道她并非先帝所选定的人、实乃不得已而为之,经请命于两宫太后,决定废掉吴氏退居别宫。"

吴皇后接到诏书后,如雷轰顶,欲哭无泪。但诏书既下,一切都不能挽回,于是只做了一个月零一天的吴氏只得交还皇后册宝,迁居西宫。吴皇后废居西宫之后,过着十分冷清的生活。她才十六岁,便被打入冷宫,以后漫长的日子怎么打发?她恨透了万氏。

吴皇后被废,在被废掉吴皇后而制造的假证据里所涉及的一批人及其亲属,也遭受了不白之冤。一个月前,吴皇后的父亲吴俊因其女贵而贵,被封为都督同知。一个月后,则因其女被废而被革职下狱,后来又被贬谪到登州(今山东蓬莱)服役。太监牛玉被贬谪到孝陵(今江苏江宁东北)种菜。牛玉的侄子朱纶被革去太常寺少卿之职。牛玉的外甥吏部员外郎杨琮也被革职为民。此外,牛玉的姻亲怀宁侯孙镗也同时被勒令回家。

文武大臣们更是为了废后的诏书而议论纷纷,在背地里猜测分析,越来越觉得牛玉的证词漏洞百出,吴皇后被废得冤枉,他们对于这次废后的目的也愈加怀疑,但是他们又不能在上疏中直抒其疑,便采取了曲笔的方式。南京给事中王徽、王渊、朱宽、李翱、李钧等在给宪宗联名上疏中说:"太监牛玉隐瞒先帝遗言,收受贿赂,蒙骗两宫太后和陛下,偷梁换柱,易换皇后,把国家大事视同儿戏,屡数牛玉的一系列罪行,实乃十恶不赦,不杀不足以平天下人之愤，其族人也该当治重罪，而今牛玉却仅仅被罚去种菜，族人也仅被免职，这岂不是罪重罚轻了吗？此外，如果牛玉的罪名确实成立的话，不是也应该追究当时主管此事的大学士李贤的责任吗？"明宪宗自知做了亏心事，本来就非常心虚，被王徽等人的联名上疏一下子刺中了要害。他恼羞成怒，为挽回面子，压制大臣们对废后的猜疑，他下令将上疏的王徽、王渊、朱宽、李翱、李钧等人都贬为边远州镇的判官。结果是欲盖弥彰，这件事反而更证明了牛玉易后的罪名是假的，吴皇后则成了万氏觊觎、夺取后位的牺牲品。

尽管宪宗极力想让万氏当皇后，可是万氏的愿望还是没有实现。因为在假造的废后证据中先帝是想让王氏当皇后的，而不是万氏，于是王氏捡了个大便宜，成了一国之后。接下来，万氏就要花心思来对付新皇后王氏和其他的嫔妃了。

后来，吴皇后从宫中的侍女那里经常听到有关万氏的消息。先是万氏为宪宗生了皇长子后被封为贵妃，但不久皇长子便夭折，万氏从此不再复娠。万贵妃为保住自己的专宠地位，不让宪宗去召幸王皇后和其他嫔妃，凡是怀孕者一律堕胎。她还毒杀了皇太子。吴氏恨透了她的心狠手毒。

公元1407年，吴氏听说纪氏遇幸怀胎，不久将要分娩。为了能让纪氏逃过万贵妃的毒手，吴氏让人找来太监张敏与其商量对策，后来张敏安排纪氏在距西宫不远的安乐堂偷偷生下一皇子。后在吴氏的帮助下把小皇子藏在安乐堂旁边的一间密室里，吴氏还把自己积攒下来的一些粉饵饴蜜之类的食品拿去哺养小皇子。她还每天都亲自照料哺养皇儿。在吴皇后的帮助下，小皇子总算躲过了万氏的毒手，幸运地活了下来。这个皇子就是后来的明孝宗朱祐樘。后来，明孝宗朱祐樘即位后，一直念念不忘吴皇后的恩德。他令人把吴皇后迁出西宫，安居到条件很好的仁寿宫。同时，他命令要完全按皇太后的礼遇安排吴皇后的衣食住行。孝宗还封赐吴皇后的侄子为锦衣卫百户之职。

公元1509年，吴皇后病逝，享年六十一岁。

徒有虚名——明宪宗朱见深皇后王氏

王氏生于正统十四年（1449年），是上元（今江苏江宁）人。她是中军都督王镇的女儿。她早年就识字，随着年龄的长大，迷上了看书、写字、读史、吟诗，因而通晓文墨。到十三岁的时候，她已出落成一个光彩照人、才貌双全的美人。因此，天顺七年（公元1463年），明英宗朱祁镇为太子朱见深选太子妃时，王氏很顺利地被选拔入宫，成为太子妃的三个候选人之一。其中，数王氏的年龄最小，她比当时刚刚十五岁的太子朱见深还要小两岁。在这三人中明英宗比较看中吴氏，吴氏庄重雍容、丰姿绝世。但同时王氏所具有的南国女子的绰约风姿和灵巧韵味使英宗对确立谁为太子妃举棋不定，考虑再三，致使英宗于天顺八年正月突然崩逝也未确定好人选。由此竟引发了在宪宗大婚后，宪宗为使自己所宠爱的万氏取代吴皇后的位置，竟通过逼供的方式编造了明英宗生前已选定王氏为太子妃，太监牛玉隐瞒真相换皇后为吴氏的骗局，致使吴皇后被册立一个月即被废。

吴皇后被宪宗和万氏设骗局废掉后，宪宗便极力推荐万氏为新皇后，却遭到了两宫太后的坚决反对。

天顺八年（1464年）十月十二日，在与册立吴氏为皇后相隔八十一天后，宫廷又为册立王氏举行了相同规模的隆重的庆典。年仅十五岁的王皇后顺利地入主坤宁宫。

年轻的王皇后对万贵妃的宠冠六宫、专横霸道虽然也有所闻，但因为年龄尚小、阅历不深，仍然不大明白其中的奥妙以及背后错综复杂的关系。她对吴皇后被废的真正原因并不清楚。王皇后父亲王镇了解到万贵妃的阴险恶毒以及她设骗局废吴皇后的情况，为女儿捏了一把汗，他提醒女儿千万提防万贵妃，万事不可求强，由万贵妃而为之。父亲的话使王皇后吓了一跳，她从来也没想到过宫中情况如此复杂、险恶。

万氏吃了个哑巴亏。她原指望废掉了吴皇后，她必当皇后无疑。谁知费了九牛二虎之力，却让王氏白捡了个皇后，她对王氏恨得直咬牙，却没办法阻止王氏当皇后。

于是万贵妃对于新册立的王皇后心怀不满，她不甘心让王氏抢走了她就要到手的后位。她故伎重演，几次想找王皇后的茬。但因王皇后有了前车之鉴，她对万贵妃特别客气，甚至有时万贵妃故意做一些让她难堪的事，说一些让她难堪的话，她也能化怒为笑，婉言相劝，处之淡然。万贵妃是个非常狡猾的人，这使她感到，王皇后不是那么好对付的，她显得要比自己的前任聪明多了。她转念一想，废了吴皇后，对王皇后，岂有再废之理？两宫太后和廷臣们坚决不会答应不说，即使是废了，她也是半老徐娘，到那时皇后也轮不到她。再说，如果再次唆使宪宗废后，必会招致两宫太后和廷臣们对她用心的怀疑，到那时岂不是鸡飞蛋打了吗？现在这个王皇后一切由着她，何必非要再进一步不行呢？万贵妃从而心中释然了，她善于见机行事，现在有了台阶，她自然乐得一下。从此以后，万贵妃不但不再找王皇后的茬了，反而在礼节上显得十分尊重王皇后，两个人关系竟一直处得不错。

王皇后表面上对什么事都不在乎，内心里却异常的痛苦。万贵妃虽然不再为争夺后位而算计王皇后了，却为保住自己在宫中的专宠地位绞尽了脑汁、用尽了手腕。

万贵妃深知"有嫡立嫡，无嫡立长"的祖制，如果王皇后生了皇子或者其他嫔妃生了皇长子，她的美梦必然被打破。因此，万贵妃千方百计阻挠宪宗去召幸王皇后和其他嫔妃，还指使人对怀孕的嫔妃进行堕胎。而王皇后不愿与万贵妃争宠，为防止万贵妃的妒火烧到自己头上，当宪宗偶尔要来召幸她的时候，她便找出种种借口，推掉了事。加上宪宗在万贵妃的挑唆和离间下，渐渐地也疏远了王皇后，致使她没能为宪宗生儿育女。王皇后深知，母以子为贵，在历代朝廷中因皇后无子而被废后事件是屡见不鲜的，宪宗要借此废掉她也不是没有可能。所以她处事小心，时时约束自己，宪宗爱幸谁就幸谁，王皇后都装作毫不介意的样子，还要强装笑脸，其实她内心的那份悲苦是很少有人能理解的。王皇后常常在私下里独自伤悲叹息，自己虽为皇后，却徒有虚名，形同虚设。她很少能见到宪宗，甚至连一般的妃嫔都不如。

成化三年（1467年），明王朝讨伐广西一带南蛮部落的人民起义时，俘虏了一批人送来北京，其中一部分女子被送进皇宫当宫女。王皇后从中挑选侍候自己的宫女，一眼就看中了一个纪氏小姑娘，不但人长得漂亮，而且机智灵敏，便把她给留下了。纪氏秀外慧中，许多事情一学就会。纪氏在王皇后的宫中干活，很有眼色，所以很讨王皇后欢心。王皇后也因此对她另眼相待，亲自教她读书识字，教她汉族的生活风俗和宫中的礼节。

王皇后看到纪氏进步很快，大为高兴，于是便提拔她到宫廷内库去做管理人员，管理宫廷中的各种文字记录资料。纪氏对王皇后十分感激，成化五年（1469年），宪宗来到内库对纪氏非常赏识，便召幸了她。十个月后，纪氏生下一皇子，就是后来即皇帝位的明孝宗朱祐樘。

成化二十三年（1487年），万贵妃因病死去。宪宗悲伤过度，不久也驾崩归天。太子朱祐樘即皇帝位，尊王皇后为皇太后。孝宗感念于王皇后对他母亲纪氏的恩德，对王皇后特别孝敬，待之像亲生母亲一般。武宗即位后，尊王皇后为太皇太后，并于正德五年（1510年）十二月给她上尊号"慈圣康寿"。正德十三年（1518年）年二月，王皇后病故，享年六十九岁。经内阁廷议，为王皇后尊谥号为"孝贞庄懿恭靖仁慈钦天辅圣纯皇后"，为她在明宪宗朱见深的茂陵举行了隆重的合葬仪式，并在太庙为她举行了祭奠。

王皇后虽然稳固了皇后的位置直到最后，但她任人摆布，使皇后成了摆设，结果是既失去了做人的一般权利，也失去了做皇后的应有的特权。

畸形的爱——明宪宗朱见深贵妃万氏

万氏，乳名贞儿，生于贫家，幼时经常缺吃少穿，但她却生得聪颖伶俐，四岁时即善知人意，非常讨人喜欢。时逢宫廷选招侍女，万氏家贫，其父母不得已送选入宫，成为孙皇后的宫女。

公元1435年，宣宗死后，孙皇后被尊为皇太后迁居仁寿宫，万贞儿也跟随来到这里，一干又是许多年。这时万贞儿已经出落成很有姿色的大姑娘了，她虽算不上十分漂亮，但却身材十分丰满、皮肤白皙，同时她又性格爽朗，口齿利落，很受人喜爱，宫里宫外都管她叫"小答应"。万贞儿一个心思都扑在侍奉孙太后身上，希图孙太后感于她的勤快灵巧、忠心竭力，能给她一个出人头地的机会。虽然孙太后对这个"小答应"颇有好感，却并未往多处考虑，只是仅仅把她看作出身低微、贴身的宫女而已。万贞儿不觉已过了最富吸引力的青春韶华时期。这些年，她跟着孙太后识了点字，能粗通文墨，又由于跟随孙太后多年，对后宫后妃间的斗争耳濡目染，对很多事情亦都有自己的独到见解，并学会了察言观色及处理错综复杂关系的本领。这是她后来由卑贱宫女进为贵妃、又长期限制宪宗、控制六宫、立于不败之地的基础条件。

明代仕女图 明 唐寅

公元1449年，英宗被蒙古瓦剌部首领也先所俘，孙太后下诏，立两岁的英宗长子朱见深为皇太子，并派自己的贴身侍女万氏去照料太子，此时万氏已近二十岁，比太子大十七岁。万贞儿也曾忧虑，自己年过二十，而孙太后却不考虑自己的归宿，又让自己给两岁的小太子当"保姆"，这又要当到何时，故对太后不免暗怨。但她转念一想，想到若现在尽心侍奉太子，等太子将来即位，自己一定会得到好处。于是，万氏就像亲生母亲一样对太子关照得无微不至。尤其在太子被代宗废逐东宫之时，其父英宗释归后幽居南宫，其母周氏亦不便多见，废太子可谓是孤苦伶仃、举目无亲。万氏见废太子终日寡欢，对其更加疼爱、关心。废太子亦把万贞儿当作唯一的亲人，对万氏依恋万分，这种情感就像儿子对母亲一般的亲情，正是这种情感给年幼的太子在心理上打下了深深的烙印，以至于他后来做了皇帝仍然对万贵妃情有独钟、一往情深。

公元1457年，英宗复位，朱见深亦复立为太子。时年万贞儿已年过二十九岁，太子朱见深年刚十二岁。随着太子渐渐长大，太子朱见深对万氏的感情也由对母亲般的依恋转为男女之间的爱恋。太子十三岁的一天，他突然发现万氏有一双脉脉含情的眼睛，身上更有青春少女的诱人魅力，他遂将万贞儿抱住。万贞儿则更是求之不得，便与他尽情缠绵，从此二人便如胶似漆、恩爱不已。

万氏在太子朱见深身上下的功夫确实没有白费。尽管当初她对太子的关怀是带有极浓的母爱成分的，但是随着朱见深的长大成人，这种情感已经发生了变化。在万氏看来，只有太子朱见深是唯一有可能带给她幸福的机缘了。凭着她多年对朱见深性格的了解，凭着她机敏、善迎人意的天赋，凭着她对朱见深自幼给予的慰藉和关怀，万氏施展了浑身解数，动用了她的所有媚力，终于从感情上深深地俘虏了朱见深。

公元1464年，英宗死，太子朱见深继位，是为宪宗。遂封万氏为妃。

此时，明代历史已进入中期。明朝政治日趋混乱和黑暗，统治阶级靡财无度，宦官专权，社会矛盾激化，内忧外患，层出不穷。年仅十六岁的朱见深在此时即位，内心惶恐不安，他本来性格内向、敦厚，加上年龄又小，少有主见，以前做的很多事，都是极富心机的万氏帮他出的主意。现在虽有两宫太后帮他掌舵，他却想有一个他所宠爱并富有心机的皇后帮他出谋划策，按他的心意，此人非万氏莫属。但是，父亲英宗生前已为他确定了皇后的候选人，这又令他无可奈何。

年方三十三岁的万氏，有胆有识，敢做能为，这对于生性懦弱的宪宗来说是极富引力的，也是他生活中不能缺少的。万氏比宪宗要大十七岁，从某种程度上来讲万氏足以做宪宗的母亲，但宪宗根本不在乎这些。只要有万氏在身旁，宪宗从心里感到踏实；如果她不在，便觉得六神无主、空虚。所以，宪宗每次出外游幸，也总是要万氏戎装相陪。对于万氏与宪宗年龄相差悬殊，且得以专宠后宫而长久不衰，很多人对此都不能理解，连宪宗的母亲周太后也感到不可思议，历来帝王都喜欢年轻貌美的女人，而她儿子到底为哪桩？她不止一次地问宪宗："她哪点美啊，你怎么这么宠爱她？"宪宗回答说："有她在身旁，我心里就安稳，不在乎相貌。"这道出了他的由衷之意，也是他宠爱万氏的实质所在。多年来，万氏一直成为他精神上的支柱，并给予生活上无微不至的体贴，还帮他出谋划策，他对她一直无法摆脱掉童年时代的依赖感，万氏在他心目中是其他任何后妃所不能比的。结果导致宪宗对万氏有着一种特殊的依恋和敬畏，万氏敢于对他颐指气使、发号施令，而宪宗对涉及到万氏的过失都一概不闻不问。

当时吴皇后已册立，她是在众多美女中筛选出来的、无可挑剔的"大名女"。但宪宗却不喜欢她，而对各方面都无法与她相比的万氏极为宠爱，这使吴皇后很不理解。万妃恃宠而骄，根本不把吴后放在眼里，常常对吴后无礼。一次吴后气极之下，将万氏杖打了一顿。万氏找宪宗告状，谗毁吴后，逼宪宗将吴后废去，另立王氏为皇后。王后贤淑，又吸取吴氏被废的教训，从不得罪万氏，从此万氏实际上成了不是皇后的皇后。

处心积虑地扳倒了吴皇后的万氏，并没能如愿以偿地做成皇后。她不甘心就这样失去做皇后的机会，她想到，在后妃之间复杂的争斗中，最终起决定作用的还在于能否生皇子，尤其是能立为储君的皇长子。她如果能首先给宪宗生一个皇子，肯定会被立为皇太子，那样就会永远保持她在后宫实际的宠冠地位，并且将来儿子做了皇帝，她即是当然的皇太后。因此，万氏便暂时改变了谋取后位的目标，而把自己专宠地位的巩固寄托在为宪宗生皇子上。因此，她紧紧地把宪宗抓在手里，并防止宪宗去召幸其他妃嫔。

公元1466年正月，三十八岁的万氏得以偿愿，为宪宗生下皇长子，宪宗大喜。万氏更是心花怒放，多年的梦想终于成为现实，这自然意味着她在后宫中地位的巩固。宪宗喜不自胜，他不但有了以保国祚绵长的"国本"，更重要的是他可以照祖制很顺利地为万氏加封名号了。为了庆贺皇长子的诞生，他一面派出许多太监四处祈祷，乞求山河天地诸神保佑他的皇子健康成长，一面晋封万氏为皇贵妃，并移居昭德宫，宪宗在加封号时，特意在"贵妃"前加一"皇"字，以示对她的宠爱。一人得势，鸡犬升天。万贵妃的家人也因为她的原因而骤然显贵。万贵妃的父亲万贵，被封为锦衣卫都指挥使；万贵妃的哥哥万喜被封为指挥使，后又被晋封为都指挥同知；万贵妃的另一个哥哥万通被封为指挥使；她的弟弟万达被封为指挥佥事。万通的妻子王氏可随意出入于宫掖。

随着万贵妃的擅宠得势，一大群趋炎附势的无耻之徒云集其门下，正好满足了利欲熏心的万贵妃的需要，故而成化年间奸佞丛生，滥恩无纪。他们为了讨万贵妃的欢心，不惜"苛敛民财，倾竭府库"，以此作为进身之阶。在这群狐朋狗党之中，昏庸的大学士万安位居首要。万安本是眉州（今四川眉山）人，他仅靠着与万氏同姓，便买通了太监与万贵妃接近，慢慢地便与万贵妃成为同宗，自认是万贵妃的本家子侄；万贵妃正自愧于出身寒微、本家本族中没有高官显贵，也想借这个万安装饰自己家族的门面，便装作糊涂地认了这个侄子。从此万安得以经常向这位比自己小近二十岁的姑妈问安行礼。万安也凭借万贵妃的势力青云直上，由礼部左侍郎官至吏部尚书、太子太师兼文华殿大学士，后来又成为首辅主持内阁。万安是一个既无学术，又无端品的人。当时宪宗整日迷于声色犬马，君臣隔绝，内阁请宪宗召见大臣，及宪宗召见，万安不奏时政，只呼万岁，被大臣们私下讥讽为"万岁阁老"。万安还按万贵妃的旨意交结佞臣，排斥异己。内阁大学士刘吉久柄政权，权势显赫，为万贵妃尽心竭力，颇得万贵妃的赏识。宦官汪直幼年就入宫侍奉万贵妃，他为人狡黠，善于奉迎，深得万贵妃喜爱。成化十三年，宪宗设西厂时，万贵妃推荐汪直任提督太监。他倚仗万贵妃这一后盾，气焰十分嚣张，时常带领校尉出外侦察，上至王府，下至民间无不在缉察之列；他还受万贵妃指使屡兴大狱，罗织罪名，迫害朝臣，搞得人心惶惶。太监梁芳贪婪狡猾，善于阿谀逢迎，靠取悦于万贵妃得以"擅宠于内"，依附他得高官的达数千人之多。太监钱能、覃勤、韦兴等人也都聚在万贵妃的羽翼下，到全国各地借为皇宫进贡为名搜刮民财、巧取豪夺、贪污府库供万贵妃挥霍。

正当万贵妃为生皇长子而神气活现、身价倍增之时，天不作美，她的儿子还未及命名、活了不到一岁便夭折了，从此她再无生育。

这时的万氏嫉妒之火也烧得越来越旺，她深怕其他妃嫔生子夺宠，凡发现有宫女怀孕者，则立令堕胎。对于万贵妃派人送来的堕胎药，几乎没有哪个妃子敢违背意旨，她们必须吃下去，才不会遭受万贵妃的迫害，以保全性命。因此在一段时间里，妃嫔们为了免遭罪受，当皇上要召幸哪个妃嫔时，这个妃嫔就找出种种借口，推掉了事。对于这些事情，宪宗也不是不知道，他理解万贵妃的心情和处境，也希望万贵妃能再先生出个皇子来。因此，他对万贵妃的行为并不太在意。

由于万贵妃采取的严密措施，所以宫中妃嫔很少能有怀孕的。当然，也有个别漏网的。成化五年四月，柏贤妃在严格保密下生下了一个男孩，这是皇次子，取名祐极。成化七年，朱祐极被按照祖制立为皇太子，但不到四个月，皇太子突然死去。对朱祐极的死，宪宗十分难过，赠谥号为悼恭。紫禁城内，人们偷偷地议论，谁也不相信一向健康活泼的小太子会得"暴病"而死，但人们惧于万贵妃的心狠手毒，没有人敢公开提出自己的怀疑，宪宗也不加细问。事实上，悼恭太子的死，是万贵妃派人所为。万贵妃是不能容忍其他妃嫔有皇子的，尤其是立为太子的皇子。

宪宗有子即逝，中年无嗣，朝廷内外很多人为此而不满和忧虑。没有皇子，没有皇储，就等于没有国本。可是，在宪宗面前谁也不敢指责万贵妃的行径，这不仅因为宪宗根本听不进去，而且会把这些透露给万贵妃并因此而遭排斥。一些正直的大臣便采取旁敲侧击的方式，给宪宗进言，希望皇上不要受拘束，多多亲近其他妃嫔，普降甘露；请皇上博恩泽、广御幸，以广继嗣。宪宗见所论正中下怀，又没有明提对万贵妃不利的言论，也就听之任之。六科给事魏元等人借着彗星出现这些自然天象进一步劝说，内阁大学士彭时更是直言："现在后宫嫔妃佳丽众多，却没见到皇子的降生，大概是陛下宠幸所专、而受宠幸者虽溥陛下恩泽但已过了生育年龄的缘故，还请陛下为祖宗和社稷考虑，望均恩爱。"宪宗听了觉得有些掉面子，里面有涉及他宠妃的言论却又很委婉，他不能采纳但又不好驳回，便显得有些不耐烦地说："这是朕的内事，卿不必过问，朕自会处置。"以此来搪塞。万贵妃听说了，觉得宪宗很理解她，从此更加骄横无比。

公元1469年夏季的一天，明宪宗在宫中闲逛，偶然来到了内库。这里的女史纪氏举止娴雅，把内库到处收拾得干净利落，宪宗很高兴，顺便问及内库的管理情况。纪女史对所管之事了如指掌，回答得简洁明了，细致详明。宪宗听了，惊叹于她的伶俐美丽和燕语莺啼般的语音，不禁十分动心，当晚便留在内库让纪氏侍寝。这纪氏就是前文曾提及的被王皇后收入宫中又提拔重用的姑娘，她原是广西贺县的土官之女。

谁知这次宪宗与纪女史的极偶然的欢洽，居然使纪氏怀了身孕。纪氏为宪宗侍寝的消息第二天就传到了时刻注意宪宗动向的万贵妃的耳朵里，她立刻派一名女官前往内库逼纪氏服堕胎药，以防止怀孕。谁知纪氏所怀的胎儿生命力极强。一天天长大起来，这又让万贵妃的爪牙看出来了。万贵妃又气又恨，又派了一名女官去给纪氏堕胎。这次奉命去为纪氏打胎的宫女却左右为难了。如果打胎，皇上如今还没有儿子，这一胎关系到"国本"，一旦以后让皇上知道了，自己身家性命难保；可是如果不打，违反了万贵妃的命令也难逃万贵妃的毒手。她看到纪氏这样小小的年纪，又这样美丽，还是不忍下手，她灵机一动，回去向万贵妃报告说纪氏并非有身孕，而是肚子里长有瘤块，总算蒙混过了万贵妃。

为了防止宪宗再次召幸纪氏，万贵妃便命人把纪氏由内库贬谪到安乐堂去干重活。纪氏为了躲过万贵妃的监视与毒手，整日提心吊胆，躲躲藏藏，终于熬过了十个月，生下了一个男孩，这是明宪宗的皇三子。纪氏惶惶不可终日，她已经充分领教了万贵妃的阴毒和残酷，知道万贵妃自己没有了孩子，是绝不会容忍其他妃嫔生养孩子的，尤其是男孩子。她知道万贵妃的耳目到处都是，自己是没有办法把孩子养大的，这孩子与其说早晚让万贵妃害死，倒不如自己现在把他弄死算了，免得他以后受苦。她忍着巨大的悲痛，抱着孩子找到了安乐堂守门的太监张敏，哭着求他把孩子溺死后扔掉。

张敏双手颤抖着接过孩子，内心十分难受。他知道万贵妃的残酷无情，可这是皇上唯一的皇子啊，竟要溺死，他悲戚戚地说："皇上还没有儿子呀！现在好不容易有了儿子，是无论如何也不能溺死的。怎么也要想个办法，把皇子偷偷养起来。"张敏知道废后吴氏与万贵妃有着不共戴天之仇，他便偷偷到附近的西宫找到吴皇后商量办法。然后张敏依计偷偷地把皇子藏在安乐堂旁边的一间密室里，并以米、面调成的稀粥再加上蜜糖之类食品进行哺养。吴皇后所居的西宫距这里很近，也每天往来共同哺养。由于万贵妃所派的人严密监视纪氏。纪氏虽知道自己亲生儿子就在附近的密室里，却从来不敢去喂奶或是看一看。但在张敏和吴皇后的哺养下，皇子总算活了下来。

明宪宗自从太子祐极死后，一直郁郁寡欢。由于万贵妃控制的太严，他很少能去召幸其他妃嫔宫女，即使去召幸了，也没听说有怀孕的。他盼子简直是望眼欲穿，到了公元1475年，也没听到后宫有报喜的消息。这天，宪宗召唤太监张敏给自己梳头。张敏是刚刚被调到乾清宫侍候皇上的。宪宗从镜子中看到自己已有了几根白头发，不禁触景生情、情不自禁地长叹："朕即位有十一个年头了吧？不知不觉中老之将至，可至今尚未有子，这江山将来托付给谁呀！"张敏本不想太早地将纪氏生子的事情告诉宪宗，怕纪氏母子难逃万贵妃的毒手，自己也难逃厄运。可看到宪宗悲苦的样子，他难捺对皇上的一片赤诚，已经不能够再隐瞒。况且这样长期隐瞒也不是个办法，万一再让万贵妃知道了，皇子得不到皇上的保护，岂不更惨。张敏十分激动地扑通跪倒在地磕起头来，口里说着："老奴死罪，万岁早已有子了，怎么能说没有呢？"宪宗听了不胜惊诧，随后又生气地说："你胡说什么呀！朕哪儿来的儿子呢？"张敏还是不住地磕头，边磕边说："万岁确实已有皇子了。老奴只因担心皇子的安全，才一直没告诉万岁。请皇上为皇子做主，为老奴做主，万岁要是答应老奴的要求，老奴就冒死告诉万岁。"这时在一旁的司礼太监怀恩也跪到地下证实道："张敏所言，千真万确，臣敢拿脑袋担保。皇子现在西内安乐堂里抚养，已经六岁，因为怕招惹祸患，张敏才不敢透露消息，致使万岁一直不知道。"宪宗还是将信将疑，有些迫不及待地生气地说："朕当然会保证皇子和你们的安全，快说！怎么回事。"张敏便把纪氏生皇子的前后情况、曲折经历讲给宪宗听，宪宗这才确信无疑，他又惊又喜，激动万分。他立即起驾，来到西内，派人去安乐堂迎接皇子。

　　太监张敏疾步来到安乐堂旁的密室，向纪氏奉上皇上的旨意，说皇上要召见皇子，并向纪氏道喜。纪氏听了却十分悲戚地大哭起来，她多年来受尽磨难，不就是为了这一天吗？可这事一旦公开，凶多吉少，恶毒的万贵妃是不会善罢甘休的。自己的生命不保倒不要紧，关键是皇子的生命随时会受到威胁。倘若有个好歹，这些年受的苦岂不白费了？可是，皇儿总有一天是要见父皇的，况且，君命已下，哪敢不遵。她擦了擦脸上的泪水，对儿子说："孩子你去吧！事已至此，为娘的性命恐怕难保了。你跟着这位老公到那边去，看见一个身穿黄袍，脸上长有黑长胡须的，便是你的父皇。"说着，纪氏为儿子换了件红色长袍，把他抱到车上，让张敏等几个太监推走了。

　　小皇子在太监们的引导下，来到宪宗面前，他依照母亲的描述，一眼便认出了他的父亲，跑着扑向宪宗的怀抱。皇子出生后，纪氏等人一直不敢给他剪头发，让他看起来像个女孩。宪宗紧紧地把皇儿搂在怀里，望着他那几乎拖在地上的长发，不禁悲喜交加，潸然泪下。他扳起皇儿的脸细细端详，一边流泪一边说："是我的儿子呀！长得像我！长得像我！"

　　这几年，大臣们一直为皇上没有皇子而忧心忡忡，不断为此而上疏奏章。这年五月，乾清宫因雷击发生了火灾，大臣们认为这是上天对皇上没有继嗣的一个警告，便借此纷纷上奏，请求皇上为国家利益着想，赶快想办法生皇子。宪宗阅过奏章，有些按捺不住了，就派司礼太监怀恩前往内阁，宣布："皇上已有皇子，现已六岁！"大臣们莫名其妙、惊诧不已。等怀恩把原委讲了，群臣这才恍然大悟，个个兴奋不已。

　　随后，宪宗颁诏天下，皇嗣有人，大臣们纷纷入朝祝贺，礼部送上已为皇子拟好的名字，宪宗看了总觉得不甚满意，便亲自为之取名"祐樘"。

万贵妃听到这些消息，如雷轰顶。她无论如何也没想到宫中的妃嫔宫女和太监竟敢和她对着干，更没想到一个已经六岁的皇子像从地底下冒出来似的出现在面前。她知道纪氏的存在对她是一大威胁，一旦纪氏的儿子继了帝位是不会轻饶了她的，她必须先发制人。

大学士商辂为人正直，做事稳健，他知道万贵妃什么事都能做得出来，他见宪宗将皇子留在宫中，而纪氏却仍在安乐堂，他担心纪氏的安全，也担心皇子重蹈悼恭太子的覆辙。于是他率大臣上疏说："皇子为国本之所在。着以贵妃保护，恩谕已出，教养之事仍以其生母纪氏主持为好。但现在皇子之母因病别居宫外，致使母子不能相见，于情于理，均有不妥。请皇上降旨，令纪氏就近居住，使之母子朝夕相见，以便教养。"宪宗欣然准奏，让纪氏移居永寿宫并召见了她，第二天，宪宗册封纪氏为淑妃。从此，宪宗频频召见纪淑妃，与她饮酒作乐。

这年六月二十七日，纪淑妃在宪宗召她饮酒时，突然感到腹痛难忍，告病回宫。第二天，万贵妃便派太医院院使方贤、治中吴衡前去诊治，不几时纪淑妃就告薨。其时距宪宗召见皇子朱祐樘只有四十二天。这件事又是万贵妃的杰作，她首先指使人趁宪宗召纪淑妃饮酒之机在她的酒中下了毒，见没有毒死，便又串通太医借诊治为名将她毒死。

消息传来，举朝震惊，多数人都能猜出一二。宪宗想派人调查，但又怕如果是万贵妃所为不好收场，便息事宁人，说纪淑妃得急病而死，赶忙让人埋葬了事。大臣们都是敢怒而不敢言。太监张敏听到纪淑妃的死，心中已经明白了大半，自己抚养皇子的事已经人人皆知，自知不保，吞金而死。

纪淑妃死时，朱祐樘年仅六岁，但几年来他所处的险恶环境使他体味到了较深的人生艰难，对万贵妃充满了愤怒，当他听到母亲的不幸后，"哀默如成人"。这年十一月，他被明宪宗册立为皇太子。

周太后深知万贵妃的手段毒辣，她看到宪宗经常无暇顾及年幼的太子朱祐樘，担心太子也遭到万贵妃的毒手。便亲自把太子接入自己所在的仁寿宫中抚育，饮食起居，照顾得无微不至。

一天，万贵妃突然发出邀请，请太子到她那里去进膳。对于这种礼节性的邀请不去是不妥的，但去了难以保证不发生意外。周太后左右为难，千叮咛万嘱咐朱祐樘不吃万贵妃给的食物，不喝万贵妃给的水，因为里面可能有毒，然后才让他前去。万贵妃见太子如约前来，显得特别高兴，令人摆上宫廷中最好的美味佳肴，让太子入座进膳，朱祐樘却十分坚决地说："我已经吃过了，不能再吃了！"万贵妃心中不禁冷笑，又故作热情地让太监端上一杯热腾腾的羹汤给朱祐樘喝，朱祐樘连看也没看，用愤怒的眼睛直逼万贵妃："不喝，我怀疑汤中有毒！"说完，就起身告辞。望着太子远去的背影，万贵妃怔了好一会儿，等她缓过神来，才暴跳如雷地说："这么小的岁数，就对我这样，等他将来长大即位，还不把我当鱼当肉给撕着吃了！"万贵妃盛怒难平，得了一场大病。自此后，她一反常态，再也不阻挠宪宗去召幸其他妃嫔了。反而对宪宗说："历来帝王多子嗣者，基业稳固，国家昌盛，否则就会国本不固、危机频致。请皇上博恩泽广继嗣，以保国祚绵长。"并代宪宗下诏，广选民女，充实后宫。这些正中宪宗下怀。此后，后宫陆续传来皇子降生的消息。万贵妃自知已不能生子，此举是在无可奈何的情形下为谋易太子朱祐樘而做的准备。

一次，宪宗视察府库，发现几年工夫历朝百余年积累的七窖钱财全部用尽，便质问掌管府库的太监梁芳、韦兴："宫内所积存的金钱已消耗一空，倘要究其责任，在你们二人，你们知道吗？"韦兴心中害怕，不敢作答。梁芳却有恃无恐，振振有词地说："臣用金钱，是为修建显灵宫及各祠堂、庙宇时所用，这是为陛下造齐天之福，不能说是靡费。"说罢，便将给皇上建的和万贵妃建的祠堂庙宇一一罗列，并多报了许多数额。其实，宪宗心里有数，除了上述罗列的修建费外，他们为取悦于万贵妃而"日进美珠"以及中饱私囊而贪污了一大笔。但宪宗生性过于宽厚，因为里面涉及到万贵妃，他就不好加以追究。他不耐烦地、有些愠怒地打断了梁芳的禀报，说："朕即使现在宽恕了你们，恐怕后人也不会饶恕你们，迟早总要找你们算账的！"宪宗的话使梁芳、韦兴面如土色，惶恐不安。

宪宗一走，梁芳和韦兴立即来到安喜宫找万贵妃禀报。万贵妃是前几年从昭德宫移居安喜宫的，在这两座宫中有着大量的各地向皇宫进献的财物。她非法收受的还有她派人搜刮的珍奇宝物和钱财，比之王皇后的中宫要多得多。梁芳、韦兴在把宪宗视察府库的情况讲完后，梁芳有意蛊惑万贵妃说："皇上所说的后人，不就是指的东宫太子吗？倘若将来东宫太子即了位，奴才遭殃倒不要紧，奴才担心的是贵妃会受到连累。"万贵妃听了不由地倒吸一口凉气，她联系太子朱祐樘对她的仇视，愈发感到事情的严重和易储的必要。她一想到朱祐樘就恨得咬牙切齿，只因为别人对她存有戒心，几次欲谋害都不成，现在她又愁一时无法找到废太子的理由，以及另立太子合适的人选。她自感可悲的是自从她所生的皇长子夭折后，再也没有复娠，她自叹命运不济。万贵妃一时间是又怒又恼又愁又悲，眼圈儿也红了。梁芳是最会迎合万贵妃心意的，他一眼就看出了她的心思，趁机说出他已考虑好了的计策："皇上如今是最钟爱兴王祐杬了，只因早已立了太子，不好再改变，要按现在皇上的意思，恐怕是非兴王莫属。贵妃虽然膝下无子，却可以将兴王养于贵妃宫中，再保荐兴王为太子以达到易储的目的。到那时兴王就会对贵妃您感恩戴德，待之胜似生母。如此一来，就可使贵妃无子而有子，兴王无国而有国，岂不两全其美。"万贵妃听了梁芳的妙计，不由地破涕为笑，连称是个好办法。

万贵妃利用宪宗对她的宠爱以及自己所网罗的势力对宪宗展开了一场易储运动。在宪宗面前，万贵妃说了一大堆东宫太子朱祐樘的坏话，说他目无朝纲，不懂礼仪，蛮横粗野等等，要求宪宗废掉朱祐樘，另立知书识礼、文韬武略的兴王朱祐杬为太子。那些卖身投靠万贵妃的奸佞之徒积极响应，纷纷向宪宗奏章上疏要求废易皇储。宪宗虽然很喜欢邵宸妃所生的皇四子兴献王朱祐杬的"嗜诗书，绝珍玩，不畜女乐"，远见卓识，但对太子朱祐樘却也并无成见，故而从无易储的想法。可是这一次在万贵妃及其党羽的一再鼓噪下竟有些动心了，他向来是少主见的，看到万贵妃态度十分坚决，也就同意了。

宪宗准备易储的决定，遭到许多正直大臣的反对，司礼监大太监怀恩据理谏争，宪宗恼羞成怒，在万贵妃的怂恿下，把怀恩斥居凤阳（今安徽凤阳）。正在这时，突然传来泰山发生大地震的消息。有个大臣马上借机进谏，说皇上是上天派来治理凡间的天子，皇上的一举一动都会引起上天的注意，如今东方泰山大地震，表明上天对改易东宫太子的不满，说明这个太子是上天所认可的。

宪宗看了这个奏章，不觉大惊失色。他一辈子都崇佛道，好方术，对这种自然现象发生所做的附会解释尤其笃信。他害怕如果做出改易储位的忤逆天意的举动，各种灾难祸害就会接踵而至。他连忙到寺庙挂袍行香，祈求上天原谅他的过失，并下旨说："东宫太子之立乃天意，不可违背。任何人不得再提改易储位之事。"

改易太子不成，万贵妃无法咽下这口恶气，却又无可奈何。她知道有朝一日宪宗归天，太子即位，是不会饶恕她和她的家族们及她的党羽的。她变得心情低沉，郁郁不乐，嚣张之势有所收敛。

公元1487年春，万贵妃的心情越来越坏，动辄发脾气，由于她肥胖臃肿，一发起脾气来就呼吸急促，好半天喘不过气来。这天，一个宫女因一点小事触怒了万贵妃，盛怒之下，她操起驱赶蚊蝇的拂尘猛力地朝宫女狠打几下，气喘之下，一口痰堵在嗓子里，气绝身亡，卒年五十九岁。

出外参加庆成宴而回的明宪宗听到宠妃暴薨的消息，急忙赶到安喜宫，放声大哭，他抚摸着万贵妃的尸体，边哭边叹："万侍长去了，朕怎么能再久留于世呢！"为了表示对万贵妃的痛悼，他下旨辍朝七日以示哀悼，并按皇后礼葬万贵妃于昌平天寿山西南的苏山，赠谥号为"恭肃端慎荣靖皇贵妃"。

万贵妃之死，对宪宗是一个极大的打击，还不满四十岁的他竟因哀伤过度，一病不起，也于当年八月二十二日死去。历史上贵妃专宠不乏其例，但像明宪宗这样终生宠爱一个比自己年长十七岁的女子，则是绝无仅有的。

明宪宗去世后，太子朱祐樘即位，史称明孝宗。历经磨难的明孝宗深知匡时纠弊的必要，即位之初就惩治了靠依附于万贵妃而进身的贪赃枉法、奸佞无耻之徒。他命令把李孜省谪戍边卫，旋又下旨把他捕入大狱，最后拷死于狱中；僧人继晓也被逮捕法办，后来被处死；太监梁芳、韦兴等被充南京净军，至死未再复用。大学士万安一看势头不妙，慌忙改弦更张，逢人便辩解说：

"我与万家并无亲缘,我与万家已经很久没有来往了。"后来孝宗无意中翻得一小箧奏疏,里面全是讲房中术的,每疏末尾处都署有"臣安进"。孝宗阅后怒不可遏,立即派已被重新召回的、忠厚耿直的司礼太监怀恩提着箧子去内阁质问万安:"这难道是你大学士应该上的奏疏吗?"万安吓得魂飞魄散,跪在地上不敢作声。怀恩又将科道弹劾他的奏疏读给他听,让他辞职。可万安跪下哀求并无去意,怀恩只得摘其牙牌说:"请公去矣。"万安这才请求回乡。

朝廷憎恨万贵妃的人十分多,许多大臣纷纷奏章列举万贵妃残酷恶毒、杀人害命,以及其兄弟的骄横霸道。御史曹璘上疏要求孝宗拆掉万贵妃的坟墓,削夺她的谥号,并治万贵妃家属的罪。山东鱼台县丞徐顼上疏说,纪太后之死系万贵妃所为,请求逮捕当时的太医和万氏眷属曾出入宫禁者,究问纪太后的死因。但孝宗仅据事实降了万贵妃兄弟的职,降万喜都督同知为指挥使,降万通、万达都指挥同知为副千户,仅此而已,并未做过多处理。孝宗的孝悌观念很强,他正是因为孝敬父母才被后人称为"孝宗"的。孝宗下旨说,如果追究万贵妃的罪过,就会违背先帝(明宪宗)的意愿,他不能做不孝之事。

悔恨而终——明孝宗朱祐樘皇后张氏

成化二十三年(1487年),明孝宗已长大成人。昌国公的女儿张氏因善良美丽,天资聪慧,又知书达理被选为太子妃。同年,孝宗登上皇位,她也被册封为皇后。

婚后,明孝宗和张皇后两人形影相随,经常谈笑风生,恩爱无比。他们的关系之所以如此亲密,除了张皇后的温柔体贴外,与孝宗坎坷的出身经历是分不开的。孝宗自幼生活在宫中险恶的环境里,后妃集团内部尔虞我诈的政治斗争,使他饱受了人间的世态炎凉,过早地成熟起来。一直到他长大登基,他始终是在提心吊胆中度日,他的感情没有寄托,他的内心十分孤独。所以,他登基成婚后,张皇后了解了孝宗的身世,对孝宗也更加体贴入微。张皇后不仅负责皇上的起居饮食,而且还与皇上一起分担国事忧愁,加上本人聪慧伶俐,知书达理,两人的感情是越来越深。后宫里的佳丽成群,但孝宗平生所爱始终是张皇后一人,闲暇时他总和皇后一起,共度甜蜜时光。

张皇后忧国忧民,经常替皇上出谋划策,对明孝宗在政事的治理上有着重要的影响。孝宗的励精图治也与她的帮助与理解有关。在皇后的倡议和帮助下,孝宗对一系列的政治制度进行了改革:清除积弊,罢免和惩处了贪赃枉法、佞幸无耻之徒;任用贤能,亲近贤臣,远离小人,广开言路;注意民生,减免灾区赋税征收,促进生产,提高生产力;加强边关建设,巩固边备。

1505年,孝宗去世,朱厚照即位,即武宗。张皇后为朱厚照择选了美丽庄重的陈皇后,起初两人恩恩爱爱,国内也是一片升平的景象,而后来朱厚照在奸臣的挑唆下，变得荒淫无度，纵情声色，导致宦官专权，奸佞为非作歹，成为遭世人唾骂的昏君。

正德十六年（1521年），武宗朱厚照病死，他的后宫嫔妃成群，但未能留下后嗣。为了不让祖宗创立的基业就此毁掉，张皇后与众大臣商量，推荐孝宗的堂弟——朱祐元的儿子朱厚熜（世宗）即位。张皇后非常明确地把嗣君纳入了孝宗、武宗一系，自然保障了朱氏家族的利益。这样做要冒极大的风险，处理不好，不但新的皇帝不能顺利继位，甚至自己生命也有危险。新的皇帝还远在湖北，一时还赶不到京城。以江彬为首的反对势力，控制着首都的禁卫部队，妄图趁朝中无主的机会策动政变，京城内外，人心惶惶。

面临着这种情况，张皇后心里非常着急，她知道如果自己乱了方寸，整个朝廷就会乱作一团。她镇定自己的情绪，确定在当前形势下只可智取，不可力敌，要用智谋把江彬控制的部队支开，再设法和江彬斗。于是开始了细致而艰险的工作，先说服了宦官张永、魏彬等人，又秘密与内阁首辅大学士杨廷和等大臣紧急磋商。首先草拟出武宗的遗诏，让忠于江彬的一支部队到通州领赏，将其调离京师，以减轻宫中的压力，然后又在宫中设置埋伏，并以太后的名义邀请江彬到宫中参加"观兽吻"的仪式，乘机把江彬逮捕处死。紧接着又以迅雷不及掩耳之势抓获了江彬的余党，夺回了首都警卫部队的大权，稳定了人心。在某种程度上讲，在镇压政变的全过程，张皇后机智沉着，指挥自若，为朱氏基业立下了汗马功劳。逮捕了江彬的余党后，张皇后又以太后的身份，发出懿旨，进行改革，大批裁减宦官，清除了一批贪官污吏，使受到刘瑾、江彬一伙迫害的官员得到了平反昭雪；提拔了一批真正有才干的官员；免除了受灾地区的赋税，将皇庄和一部分贵族多占的土地分给无地的农民耕种，提高了农民生产的积极性。在张太后和杨廷和主政的四十七天中，由于上述措施的推行，朝政出现了明中期少有的兴盛局面。

令人遗恨的是，张皇后冒着生命危险保住的政权，却拱手送给一个心胸狭隘、狂妄自大、自己毫不了解的人。朱厚熜即是明世宗，当年14岁。朝廷上下一致拥戴这个年少君主，无非是以为皇帝年少便于控制，也可改变一下武宗时那令人不满的局势。但事与愿违，世宗比他的堂兄武宗强不了多少。他虽年纪轻轻，却个性极强，甚至乖张，又好虚荣。当他由外藩入继皇位、一步登天时，以维护自己的名誉为由，不接受以皇太子登极的礼仪迎接他，这无疑给张皇后迎头一棒。为了顾全大局，张皇后率文武大臣上表劝进。世宗方以天子之礼，在奉天殿即位，改年号为嘉靖。

世宗即位伊始，为了正本清源，下令要礼臣议生父兴献王的尊称。即：是要称自己的父亲为"皇考"呢，还是称孝宗为"皇考"？问题的核心，就是当皇帝后还能不能承认生父，如果能，按封建礼制，就有套礼仪问题。由于情况特殊，首辅大学士杨廷和与群臣共议援引宋代故事，认为世宗既是以宗藩入统继承孝宗、武宗一系，建议称世宗的伯父孝宗为"皇考"，称生父即孝宗的弟弟兴献王为"皇叔父"，称生母蒋氏为"皇叔母"，兴献王妃称世宗为"侄皇帝"。世宗一听，气愤难忍，怒气冲冲地说："世上哪有这个道理，父母还可以易换的吗？"四个月后世宗的母亲蒋氏自安陆进京，听到朝中大臣们的意见大发脾气，对陪同的朝使说："你们受职为官，父亲都得到了宠诰，我儿子当了皇帝，却成了别人的儿子，那我还进京做什么？"说完即停在通州，不肯再走。世宗闻报，哭着入禀张皇后（太后），说："您另选别人当皇帝好了，我要和母亲一同回安陆，还去当我的兴献王。"善良的张太后一面安慰，让他留下来，一面又让阁臣妥议。大学士杨廷和无奈，只好代世宗草敕下礼部，称朱祐杬为兴献帝，蒋氏为兴献后。

张皇后一生的最大错误是拥立了一个白眼狼为皇帝，她的一让再让，让出了更坏的结果。世宗上台后不久，便开始自行其是。他对大臣们讲："朕有生母，又有祖母，今天的朝廷不是昨天的朝廷，慈寿太后（张皇后）凭什么称尊至上？"并将张皇后主政时所下的命令逐一收回，又重用了一些嫉贤妒能、祸害朝廷的奸臣。张皇后悔恨交加，遂忧郁成疾，含恨死去。

礼仪之争——明武宗朱厚照皇后夏氏

公元1506年的金秋时节，十六岁的明武宗朱厚照大婚，册封为皇后的是军都督府都督夏儒的长女。

武宗朱厚照为孝宗皇帝的独子，刚两岁就被立为皇太子。因孝宗忙于政务，忽略了对这位储君的培养，让一批宦官陪伴他度过童年。这些宦官大多是市井之徒，粗通文墨，善于表演各种杂戏，如刘瑾等，为了博取皇储的欢心，常弄些鹰犬、鸟兽、角抵之戏供武宗游玩取乐，渐渐地使武宗玩物丧志，荒废了学业。

公元1505年，孝宗过世，十五岁的朱厚照继统，是为武宗。即位不几天，武宗就把批阅奏章朝政大事都交给宦官刘瑾，以其为司礼监。于是一批奸佞之人乘虚而入，集结在刘瑾身边。他们一共八人，皆为武宗东宫时的旧侍，此番凭借武宗的势力，成了宦官中的新贵，号称"八党"。

武宗与夏皇后新婚燕尔，渐渐又纵情声色了。他常常带几个宦官微服出宫，到青楼妓馆寻欢作乐。还误认良家妇女为娼妓，任意闯进门去，纵情取乐。夏皇后本性和柔，况且伴君如伴虎，对武宗一切作为都极力迁就。

公元1507年，武宗大兴土木。用长达五年、耗费二十四万余两白银的代价，在西华门外太液池附近修了座多层的宫殿，命名为"豹房"。"豹房"刚落成，武宗干脆搬出皇宫，住进了"豹房"，称之为"新宅"。日夜和一班美妓娈童纵情淫乐。刘瑾见武宗沉于声色，便乘机窃取权柄。当时有人讥讽说朝廷有两个皇帝，一个是"刘皇帝"，一个是"朱皇帝"。

正德末年，武宗又宠信边将都督佥事江彬。江彬是宣府人，为讨好皇帝和夸耀乡里，多次对武宗谈起自己家乡宣府的乐户美女和迷人的塞外风光。劝诱皇帝去宣府一游。这样，武宗自正德十二年（1517年）出幸宣府，十三年太皇太后驾崩回京奔丧，之后又出巡江西，十四年春回銮，接着又南巡，足足在外游幸了四年。他在位的十六年中，倒有一半的年头不视朝政，只在各处游幸，所以时人称他为"游龙"。

公元1520年，武宗游完南京回返顺天。路过积水池时驾小舟钓鱼为乐，落水染病在身。第二年三月终因纵欲过度而亡。

武宗一生虽嫔妃众多，但无子无女。为了确保帝统长存，张太后和内阁首辅杨廷和定策，以武宗遗诏的名义，召兴献王朱厚熜入继帝位。朱厚熜即是明世宗，当年十四岁。改年号为嘉靖。

世宗即位伊始，为了正本清源，下令要礼臣议生父兴献王的尊称。这时首辅大学士杨廷和与群臣共议援引宋代故事，认为世宗是继承孝宗、武宗一系，建议称世宗的伯父孝宗为"皇考"，称生父即孝宗的亲弟弟兴献王为"皇叔父"，兴献王妃蒋氏为"皇叔母"，兴献王妃称世宗为"侄皇帝"。世宗气愤难忍，怒气冲冲地说："世上哪有这个道理，父母还可以易换的吗？"从而挑起了"大礼仪"之争。

礼仪案争议之中，皇帝态度坚决，廷臣自杨廷和之下不肯更改他们的主张，双方僵持不下，谁都不肯让步。这样，你来我往，礼仪一案争持竟长达三年之久，最终世宗皇帝施展其无边的权威把违背自己意愿的官员惩治法办，处置了共达二百多人。兴献王的神主自安陆迎至顺天，摆放进奉先殿旁新建的观德殿，上册宝，尊号"皇考恭穆献皇帝"，而称孝宗为皇伯考。宫中就出现两位太后，一个是孝宗的慈寿张太后，一位是蒋氏兴国太后。至此，震动朝野的"大礼仪"一案以世宗的胜利而告一段落。

世宗即位时，册后妃、尊太后的同时，也给予夏皇后一个尊称"庄肃皇后"。

公元1535年正月，夏皇后孤寂地告别了人世。于是礼仪之争风波再起。夏皇后尸首停棺未葬之时，礼部朝臣上表，列丧葬礼仪之规制。按说，世宗皇帝应当以君臣之礼为夏皇后穿丧服，可是，世宗皇帝却不以为然，他说："大行夏皇后，是朕的嫂子，朕是她的小叔子，嫂、叔之间不用穿丧服。况且，朕现在还有张太后、蒋太后两宫太后在上，朕如果穿上这丧服，就好像为母后穿丧服一样，这不是太不像话了吗？"礼部尚书夏言接着说："既然皇上以嫂、叔之情，拒绝穿丧服，那么群臣也不敢以素服见皇上，群臣恳请皇上暂时罢朝。"世宗考虑了一下，答应了。等到再议定谥号时，又发生争议。大学士张孚敬附会皇帝意上奏说："大行皇后既然是皇上的嫂嫂，谥号用两个字或四个字就可以了。"李时及左都御史王廷相、吏部侍郎霍韬都表示反对。这时众臣皆议论纷纷,因古代一般人的谥号才用两个字,明代世宗之前的皇后,除懿文太子、建文帝一系两个皇后:一个没即位,皇后用两字,一个始终无谥号。其他封元后的皆用十二个字。故众臣集议奏道应行今制,大行皇后的谥号应与列圣列祖之皇后的谥号一样用十二个字。世宗见大臣竟敢如此放肆,引经据典为夏皇后说情,不由得大怒斥责,要群臣重新商议。大臣们哪敢再议,只好请以张孚敬的折中方案去办,即用六个字。皇帝也勉强同意,于是才给夏皇后上谥号:"孝静庄惠安肃毅皇后",这场争论就这样结束了。大行皇后的遗体总算可以埋葬了。

过了一年,世宗觉得张孚敬所上的谥号不完备,六个字不配称武宗皇帝,这才给夏皇后改成十二个字的谥号,即"孝静庄惠安肃温诚顺天皆圣毅皇后"。

不幸嫁入皇家——明世宗朱厚熜皇后陈氏

陈氏系元城(今河北大名)人,父亲陈万言为县学教授。她出自书香门第,端庄秀丽,温雅识礼。然而她不幸的是嫁给了明朝最淫暴的世宗皇帝,并当了他的皇后,最终含怨而死。

武宗正德十六年(1521年)三月丙寅,大明武宗皇帝朱厚照驾崩,按照惯例,应该由他的长子继承皇位,但是不巧,这位皇帝不但没有长子,而且没有一个儿子。于是宪宗皇帝的孙子、兴献王朱祐杭的儿子朱厚熜,被推上了宝座,是为世宗。

第二年,改元嘉靖,立王妃陈氏为皇后。陈皇后的父亲陈万言,在女儿被册立时得到了鸿胪卿的官职,后又改都督同知,封泰和伯。兄弟陈绍祖也曾得到尚宝司丞的印绶,赐第黄华坊,建房西安门,给田八百顷。

新婚的陈皇后与嘉靖帝十分恩爱。陈后通晓诗文,能写会画,夫妻二人或互相唱和,或同游御苑,或弹琴吟咏,确实过了几年和睦甜蜜的生活。但是好景不长,生性专横孤傲的嘉靖帝爱听谄媚阿谀之辞,对臣下的谏诤极为反感。仁慈善良的陈后却往往为皇帝着想,给他提些意见,引起皇帝反感而渐受冷落。嘉靖帝虽已贵为天子,但因自己是由藩王入承皇位,所以常怀疑忌。为了正本清源,他下令礼官集议生父兴献王的尊称,那些反对他意见的,不是下令当廷杖责,就是免官下狱。陈后得知深感同情,便劝谏嘉靖帝说:"陛下责罚臣下,办法可有许多,何必当廷杖责,不给臣下留点颜面?"嘉靖帝不耐烦地回答道:"你知道什么,那班人自以为是,好发议论,朕杖责他们,是要给他们点颜色看看。朝中之争,尔等女流之辈,休再多问!"由此可以看出,他对陈皇后的关心是反感的。

张皇后之弟张延龄封昌国公,在武宗时,因骄纵过度,被人告发,由于查无实据，未能定罪。嘉靖帝并不感谢张太后扶他嗣位，反而认为张太后对己态度倨傲。为整治张太后，在处理一件其他的谋逆案时，重翻旧账，硬说张延龄要谋害他，准备诛杀张延龄。这使张太后十分惶恐，连忙屈己求情，希望能救她弟弟一命，最后甚至自己解散头发，穿上粗布衣服，坐在草席上，乞求皇帝赦免。陈皇后怀着一种感恩的心情，为张太后向嘉靖帝求情，她态度非常和缓并带有几分乞求的语气说："陛下对张太后似乎有点太寡情了，让她披发坐藁，给人家谈论起来，会说陛下刻薄无情的。"嘉靖帝不以为然地说："她这样做是故意使朕难堪，不要理会她。怎么，你也想为张延龄脱罪吗？"陈皇后见再三劝解都无法使嘉靖帝改变主意，非常伤心，她又气又急，有点失控地说："依照国法，叛逆罪理该族诛，太后也是张家人，莫非到时候也要把她拉出去杀头吗？"嘉靖帝闻听此言，不禁愕然。陈后见状，自己也吓了一跳，她没想到在话赶话时自己态度竟那么不恭，赶忙赔起笑脸，细声轻语温柔地说道："张太后受的打击已不小了，陛下也得给她留条退路啊！"由于陈后的哀求，再加上朝中大臣的力争，嘉靖帝只得把张延龄下在牢里，搁置不问。但是，陈后因此事失去了嘉靖帝的宠爱。

嘉靖帝二十一岁时，慢慢开始厌弃他一度恩爱的陈后，看上了一个宫女，经常召幸她，还准备封她一个名号。陈后闻讯后，妒火上升，凭恃自己皇后的权威，暗中把那个宫女打发出宫。这一下自然是捅了马蜂窝，为此，嘉靖帝与陈后发生了争吵。陈后责怨皇帝违背当初永远相爱的诺言，嘉靖帝却无法忍受哭哭啼啼的陈后再三唠叨，索性避而不见，另求新欢。

嘉靖帝的父亲兴献王迷信道教神仙。嘉靖帝自幼耳濡目染，深受其影响。登位之后，因迷恋后宫，纵欲过度，常患疾病，身体欠佳。他对求长生、成神仙的方术比一般皇帝更为殷切，再加上太监崔文等人的诱引，因此他特别崇拜仙道。

专心信道的嘉靖帝为寻找神异之人，派宦官到九华山、龙虎山等地去访求，自己则潜心研读《道德经》。崔文从江西龙虎山弄来了一个自称能呼风唤雨、役使鬼神的道士邵元节。邵元节是个十足的江湖骗子，他勾结内廷太监，了解到了嘉靖帝的好恶与宫中的情形。待嘉靖帝召见时，便神乎其神地大谈了一通所谓修行之道。嘉靖帝听罢大有茅塞顿开之感，赞叹邵元节不愧为有道的高士。邵元节见嘉靖帝如此疯狂地迷信仙道，便欣然答应帮助他修炼。于是嘉靖帝将皇城东端的一座寺院改名为"显灵宫"，供奉道家诸神，由邵元节主持祷祀事宜。事有巧合，当时京师久旱不雨，经邵元节一番祷告之后，竟很快普降喜雨。这一下嘉靖帝大喜若狂，把邵元节看成了真正的神人，封他为"致一真人"，统辖朝天、显灵、灵济三宫，总领道教。嘉靖帝自己也在内宫修建了一座"天箓宫"，每天参拜，而且不时地找邵元节进宫，讨论修行碰到的各种问题。因嘉靖帝正值壮年，无法做到"禁女色"，他只得向邵元节讨教。邵元节深知要皇帝戒色之难，便投其所好，解释道："戒色只是一般说法，我师傅黄太初没有人知道他准确的年纪，少说也有一百五十岁。他曾告诉我，修道的人，并不需要禁绝女色。但必须懂得老阴耗精的戒条，不可轻犯。和童贞的处女相交，就没有关系，这就叫做采阴补阳，陛下不妨试试。"邵元节的话等于给淫荡成性的嘉靖帝撑腰打气。嘉靖帝以"博求淑女，为子嗣计"为由，频频派官到民间挑选淑女。数以千计的少年女子被选进后宫，以满足嘉靖帝贪婪的淫欲。

由于嘉靖帝迷恋道教，荒淫无度，陈皇后备受冷落。她整日在宫中苦苦盼望，一晃几年过去了，除重要的典礼外，她平常很少能看到嘉靖帝的影子。她知道皇帝被邵元节的所谓"法术"迷住了；为了重新获得失去的恩宠，她派人用重金贿赂邵元节，以便能使皇帝回到她身边。

一天，嘉靖帝在参拜祷祀后，忽然叹息说："朕正值壮年，为何没有子嗣呢？"邵元节随机应道："天道，乾为天，坤为地。天属阳，地属阴。阴阳调协，育生万物。人道亦如此，陛下为天，皇后为地，天地相配，皇子可生。陛下对皇后多施恩泽，定能诞生皇子。"他的话嘉靖帝焉有不听之理，于是回到陈皇后身边，重续旧情。陈皇后喜不自胜，也尽情笼络，唯恐皇帝再寻新欢。事也凑巧，陈皇后果然在嘉靖七年（1528年）怀了身孕，嘉靖帝也为自己将有子嗣降生暗自庆幸。

这年十月的一天，朱厚熜和陈皇后坐到了一起，这种夫妻同享秋光的情景，对陈皇后很是难得，加上她身怀六甲，想着自己即将生个小皇帝出来，她沉醉在欢乐之中。正在这时，张、方两位妃子端着白玉茶具，一个拿壶，一个捧杯，前来献茶。正沉浸在遐思中的陈皇后缓过神来，拿过茶杯，一抬头，发现朱厚熜正目不转睛地看着张妃的手。张妃的手也真是漂亮：那纤纤玉指，如削尖葱白，十指修长，灵巧无比，抚弄那茶托，如正要弹奏一首醉仙曲。嘉靖帝心中着实喜爱，不觉失声称赞道："好柔美的一双手呀！"说着便伸手去轻抚那张妃的玉手，双眼色迷迷地泛出贪婪的欲火。本来就好妒忌的陈后见此情景，义愤填膺，勃然大怒，猛推那张妃一把，张妃一个趔趄，扑跌在地，一杯茶泼了皇帝一身。嘉靖帝立刻喝住陈皇后，大发脾气。盛怒之下，他竟站起来朝陈后的身上猛踢一脚，嘴里还骂道："贱人竟敢如此无理，真是太不自量了！"说罢便头也不回地走出寝宫。

陈后对嘉靖帝那一脚无丝毫防备，遭此一击，立时昏厥过去。可怜的陈皇后已怀孕六个月，被皇帝正踢在小腹之上，下身血流不止，痛苦地小产了。宫人惊惶万状，忙请御医急救。但陈后终因失血过多，含怨而死。

世宗朱厚熜余怒未消，下令丧礼从简，并给了陈皇后一个"悼灵"的谥号。第二年三月，将陈皇后埋葬在襖儿峪。埋葬的那一天，也只是梓宫出王门，大臣们到现场一天，便把这位国母打发到地府去了。给事中王汝梅感到太不像话，上疏谏争，也是空言无补，无人理睬。陈皇后一朝失宠去世，父亲被罢黜，兄弟不让嗣封。

嘉靖十五年（1536年），礼部尚书夏言旧事重提，议请改谥。这时的朱厚熜因为贪恋太多，纵欲无节，即位近十年仍然没有儿子，因而怀念起了陈皇后，于是改谥曰"孝洁"。

穆宗即位后，将陈皇后的墓地由袄儿峪迁到了永陵。又尊谥她为"孝洁恭懿慈睿安庄相天翊圣肃皇后"。

死后没有谥号——明世宗朱厚熜皇后张氏

嘉靖七年（1528年）十一月，时为顺妃的张氏登上了皇后的宝座。张皇后虽然有沉鱼落雁之容、闭月羞花之貌，但她能册立为皇后，说起来令人难以置信，其实就因为她有双绝妙的玉手。

张皇后生性柔顺，对嘉靖帝那一套迷信举动多能听从。有时她随皇帝共同进香祷告，对那妖道邵元节也相当尊敬，并称他为太师。邵元节为了巩固自身的地位，也有意利用顺妃。嘉靖帝当时特别注重用庄严的古礼祭祀，他要廷臣考证古礼，从服饰到仪节，每一小节都力求隆重。他下令扩建了京城郊区的天坛、地坛，还听从邵元节的建议，在京城四郊分建风云雷雨坛，役使数万民工，大兴土木。坛成之日，他亲率文武百官用奢华的典礼跪拜祭祀。从嘉靖八年到十二年，五年之中，大规模的祭祀几乎没有中断过。每逢节日大祭，皇后必须着礼服陪祭，嘉靖帝除了自己搞祭礼外，还要求张皇后仿效古礼到东郊亲祀蚕神。为了此事，嘉靖帝命礼臣考证古礼，制定祭蚕神的礼仪，并特意修建了蚕神庙，五里以内，遍植桑树。祭祀日期一到，张皇后亲率内外命妇数百人，穿着特制的礼服，从京城浩浩荡荡地开往东郊。祭拜蚕神礼毕，每人还要亲自掘土栽植桑树。一次，仪式尚未进行完，倾盆大雨便从天而降，众人的衣履尽湿，满身泥浆，狼狈不堪。祭典只得草草收场。张皇后因受风寒，回宫后她大病一场，很久才得以康复。张皇后担心这样下去，没完没了地祭天祷神终非良策。她心里闷着一股怨气，决心要劝说皇帝不要再沉迷在虚无的幻想中，浪费自己的精力。

当时邵元节为鼓励妇女信道，特意编写了一本《圣女训》，内容荒谬不经，难以卒读。他说服皇帝让皇后及内宫妃嫔每三天听讲一次，讲经前还要有一套繁文缛节的祭拜仪式。张皇后对于这一套本已厌恶至极，如今实在是无法容忍了。她极力劝谏嘉靖帝说："邵真人编出些所谓的经典是愚弄陛下。陛下不应迷信他那一套。现在臣妾实在受不了啦，不想再参与这类无聊的事。"嘉靖帝责问道："卿身为国母，怎能不带头呢？"张皇后继续苦苦央求道："臣妾自从立后以来，事事顺依陛下。陛下如此虔诚地拜祷，天帝有知，也该另眼相看，可至今连个皇子都没有。臣妾希望陛下以龙体为重，不要再苦苦地祭祀。与其没日没夜地求神问天，不如让我们多享受一点现实的生活乐趣。"嘉靖帝哪里听得进去，不耐烦地答道："休用话来搪塞。卿不愿参加，朕不强人所难。"张皇后以为皇上真的宽免了她，忙拜伏在地，叩谢道："陛下大恩大德，臣妾永生不忘。"

紧接着又发生了一件事情：在张皇后卧病期间，嘉靖帝创制了一套祭服。最特别的是帽子，取名叫"香叶冠"。冠高一尺五，用绿纱制成，上绣太极图。祭服用杏黄色道袍，上绣八卦。皇后的祭服为橘红色，上绣水波云纹，帽子高一尺，用青纱制成，上绣云纹，取名"垂云冠"。这类祭服穿在身上，颇像一个怪异道士。嘉靖帝还将香叶冠做了几顶，赐给大臣。众大臣认为这种不伦不类的帽子有失体统，不肯戴。唯有礼部尚书严嵩，逢大朝时都把香叶冠戴在头上，因此很得嘉靖帝赏识。

张皇后病愈后，正值玉霄帝君生辰，嘉靖帝得意洋洋地命令张皇后穿上新制的祭服，参加陪祭。张皇后戴上垂云冠，穿上祭服一看镜中的自己活像一个巫婆。她勉强穿了一次，第二次便再也不肯穿了。嘉靖帝对张后的变化深感惊讶，对她背逆天子旨意的举动很是反感。他在想着如何找机会来整治一下这个胆敢违背他意愿的张皇后。

嘉靖十三年（1534年）三月，皇帝二十八岁寿辰时，浙江疆臣左均用奏称：在四明山发现了十株高大异常的灵芝，在挖掘的时候还发现有白龟蛰伏于根下。这是上天所示灵异，特意进呈到京，为皇帝贺寿。奸诈善谀的严嵩绞尽脑汁，做了一篇《白龟灵芝颂》。嘉靖帝看罢严嵩的贺表，连声称赞严嵩为难得的人才。严嵩见主子爱听溢美之词，又写了一份奏折，指出像这样硕大的灵芝，既是上天示瑞，必定不止浙江一地，其他地方也会有，希望皇上下诏征求。嘉请帝听信了他的鬼话，诏书一下，各地州官忙逼迫百姓到深山去掘灵芝，献给皇帝。时间不长，越来越多的献物已在殿前堆积如山。

嘉靖帝听说千年以上的灵芝是紫色的，将紫灵芝煮水服食，可以延年益寿。他对此说半信半疑，便命人择取几枝紫灵芝煎水，然后赐给张皇后服下。张皇后怕再次激怒皇上，不敢不吃，谁知药汤服下不久，张后便上吐下泻，险些丧命。她心中的怒火直往上升，积压已久的怨气一下子宣泄出来。她毫不留情对嘉靖帝说："陛下专门相信这些无稽之谈，以臣妾做试验。这条命早晚会被陛下折磨死。"嘉靖帝辩解道："千年灵芝乃世间稀珍，只怪卿无福享受，岂能说是朕之折磨。""如果此物真是稀世奇珍，陛下为什么不自己服用呢？可见做此事存心不良。"张皇后反唇相讥，揭露了皇帝的险恶用心。嘉靖帝恼羞成怒，决心废掉张皇后。其实，他要废掉张皇后，还有一个重要原因——随着时间的推移，张皇后的那双手变得有些粗糙了，渐渐失去了昔日的魅力。此外，新选入宫的淑女中有位方妃，长得十分可爱，她那南国丽质，光艳照人，在众妃嫔中犹如鹤立鸡群。

嘉靖十四年（1535年）正月，喜新厌旧的世宗下令废张皇后，将她移居别宫。张皇后听到诏令，如五雷轰顶，瞠目结舌，难以置信。她反复考虑，怎么也找不出自己的过错。她哪里会知道，她的过错就是没有很好地保持住昔日的娇颜和美丽的双手。

张皇后在冷宫中被囚禁了两年，再没有人来请安、探望，没有人来帮助解除寂寞。她幻想世宗能念及她的好处，回心转意，但几年过去始终不见世宗的影子。在万般失望和孤独中，身体日渐虚弱，颜容更加憔悴，于嘉靖十六年（1537年）离开了人世。嘉靖的第二个皇后就这样悲惨地死在这个昏君手下，当他听到张皇后的死讯后，并无哀悼之情，下令葬礼按宪宗时废后吴氏的规格进行，即用妃子的葬礼埋掉，也没有谥号。

死于宫中火灾——明世宗朱厚熜皇后方氏

公元1521年，世宗即位，十年来都没有子嗣。大学士张孚敬进言道："古代天子在立后时，并建六宫，三夫人，九嫔，二十七世夫，八十一御妻，目的在考虑子嗣。时陛下春秋鼎盛，宜博求淑女，为子嗣计。"此谏正中世宗下怀，于是遣官全国选取秀女。

当时选送京师秀女达五千人，万般精挑细选之后，入选合格者只有五十人，最后又选出九人，即方氏、郑氏、王氏、阎氏、韦氏、沈氏、卢氏、汀氏、杜氏，被封为"九嫔"。后来张皇后被废，世宗选立玉手美女方氏为第三任皇后。据言，这位方氏不但花容月貌，而且身材纤弱，尤其是有一双和已故张妃同样完美的手，深得明世宗朱厚熜喜爱。

那是世宗继位的第二十一个年头，由于世宗迷信方士，幻想通过方术得到长生，成为神仙。为了炼出长生不老药，他听信方士的话，广选天下美貌健壮的千余名少女入宫，以牺牲少女的健康性命为代价，毫无人性地强迫少女大量服用催经下血之药，用少女"精血"为自己炼丹制药，以供补身壮阳，将许多少女摧残成了为皇帝制药的"药渣"，并有不少人因此丧命。受害宫女对世宗恨之入骨！这种炼药法称为"先天丹铅"。明人王世贞的词中，曾有"灵犀一点未曾通"，"只缘身作延年药"，指的就是这种惨无人道的炼药法。明世宗这种做法，激起了宫婢们的强烈愤怒。这时他又宠爱有色的曹妃，册立她为端妃，经常住端妃宫，这也引起了妃嫔们的争风吃醋。于是以王宁嫔为首谋，宫婢杨金英等为主犯的一场弑逆行动便开始了。

这一年的某一天晚上，明世宗又住进了端妃宫，杨金英等十六名宫婢联合起来，趁世宗熟睡的时候，有的用绳子系脖子，有的用抹布堵嘴，有的骑在他身上用力勒绳子，遗憾的是，她们不懂打结的方法，将世宗脖子上的绳系为死结,屡收不死。本来这样折腾下去,时间一长,世宗也没有不死的道理,偏偏她们当中又出了一个叛徒张金莲。她见世宗没断气,以为皇帝真的有神灵保佑,谋事在人,成事在天,天子怎么能是凡人杀得了的?想到这里,她偷偷溜出,跑去告诉了方皇后。

方后急忙带人赶到,杨金莲等人已经离去,世宗已奄奄一息,她慌忙解开世宗脖子上的绳结,边抚摸伤痕边叫:"快拿水来!"一阵急救,世宗又慢慢醒了过来。她又命令内监张佐等,逮捕宫人,进行拷问。在一顿严刑拷打之后,首谋王宁嫔、主犯杨金英被供了出来。曹妃实际不知道这件事,但她被世宗宠幸,方后早已嫉妒怀恨,必欲置之死地而后快,因此说她也知道这个阴谋。

当时世宗余悸未消,说不出话来,方后便传他的命令,逮捕端妃、王宁嫔及杨金英等十六个宫婢,一起磔杀在市上,并杀掉她们的族属十几人。方后的功劳使她父亲由安平伯晋为安平侯,打破了祖宗"爵禄私外家,非法"的遗训。方后死后,其子方承裕又袭封了爵位,直到穆宗继位后,主事郭谏臣谏止,才罢袭。

最终,世宗知道了曹妃的死是冤枉的,对方后的救命之恩虽然不能割舍,但端妃的容颜又不时浮现眼前,这使世宗不能不怨恨方后。

公元1547年十一月,宫中发生火灾,大火在方后的宫中熊熊燃烧,宦官们请求救火,世宗的眼前又出现曹妃的情影,同时脑海里出现一个声音:"方后已经衰老,而她存在一天,你便一天没法自由寻欢,存在十年,你便要厮守十年!"他断然地摆了摆手:"此乃天意,随她去吧。"方后就这样被大火活活烧死。就因为那一点点遗憾,就因为她挡住了寻欢作乐的道路,明世宗竟置救命之恩于不顾,甘心让方后被烧死,其残忍程度由此可见。事后,他竟厚颜无耻地说:"皇后救我而我不救她,是想用隆重的葬礼来报答她。"他下诏说:"皇后曾经救我于危难之中,用元后的礼节埋葬。"预定葬地名称为永陵,赠谥号曰"孝烈"。谥号葬礼都是由明世宗亲自制定的,所以显得特别隆重。礼成后,诏告天下。

方后被活活烧死时年约二十四岁,谥"孝烈皇后",后葬于永陵。

穆宗即位后,方皇后被尊为"孝烈端顺敏惠恭诚祗天卫圣皇后"。

忠言获罪——明穆宗朱载垕皇后陈氏

陈氏,通州(今北京通州)人,其父系锦衣千户陈景行。嘉靖三十七年(1558年)九月,她入选裕王朱载垕继妃。隆庆元年(1567年),裕王终于登上了皇帝的宝座,是为穆宗,遂册立陈妃为皇后。

在激烈惊险、你死我活的皇位之争后,朱载垕以三十岁的年龄当了皇帝。

成人继位，在明代是少有的。经过长时期的苦难与压抑，朱载垕现在突然居于至高无上、可以为所欲为的位子上，于是便肆无忌惮地纵身声色之中。陈皇后对此婉言劝阻："圣上此位得之不易，身负祖宗之托，应谨慎小心才是。况且陛下也要注意保重身体。"穆宗非但不听规劝，反而责斥皇后："祖宗之法，后妃虽然母仪天下，但不可参与政事。朕的事，卿岂可多言！"为此竟将陈皇后赶出中宫，将她安排到别的宫殿，大有废弃之势。

陈皇后见忠言获罪，羞愤交加，便疾病缠身，卧床不起。大臣们闻讯纷纷上疏，请立即让皇后回到中宫。穆宗在批复中说："皇后无子多病，移居别宫，聊以自适以期痊愈，卿怎知道内廷之事，一派胡言！"在回答王之垣的疏请时，也说："皇后侍奉朕时间太长，无子多病，移居别宫，使其心情舒畅一下，其不知内廷之事，胡说什么！"但王之垣是个正直而认死理的人，皇帝的回答，他并不害怕进而又上疏说："皇后是先帝为陛下选的，有关雎之德，抑郁成疾，已经不好了，反而说移到别的宫中，使她心情舒畅一下。难道有夫妻分离而心情舒畅的吗？"穆宗无奈，只得说："皇后调理得稍有好转，就让她回本宫。"

不难看出，穆宗为了自己纵欲方便，想方设法不让皇后回中宫。他和其父世宗策略不同。其父爱够了某一皇后，即废掉；他是不喜欢就放到一边，尽管自己快活。为了发泄自己私欲，找回失掉的青春，他派人到民间，四处搜房美女。当时民间对挑选宫女非常恐惧，据传为了躲避朝廷选淑女，一时间男女纷纷娶嫁，不论长幼良贱，有垂髫即出嫁的，有乳臭就作新郎的，寡妇也都再嫁男人。乐工昼夜不息地忙碌，菜肴果品的价钱因之上涨，经过一个多月事情才平息。后来因为婚娶不般配，往往打官司，但已经来不及了。

皇帝沉溺于声色之中，一些奸佞之徒，投其所好，从中渔利，岂顾别人。这更使得皇帝的纵欲有恃无恐。陈皇后热心谏言，他视若眼中刺、耳边风。荒唐的结果是在位仅仅六年，便把身子骨弄得虚弱不堪，乃至一命呜呼，当了风流之鬼。

陈皇后是一位善良的皇后，她不因自己无子而妒恨别的妃嫔。神宗做皇太子时，每天早晨到她的住所问安，她听到脚步声，总是很高兴，即便身体不适，也为神宗强行起身。她平等对待神宗的生母李贵妃，两宫关系和睦融洽。

万历元年（1573年），穆宗死，神宗即位，上尊号为仁圣皇太后。年仅十岁的神宗不能决定国家大事，政务全由陈太后和李贵妃主持，两人任命张居正为首辅，对朝政进行了整顿，取得了很大成绩。嘉靖、隆庆时期，在经济上，朝廷的财政年年亏空；在军事上，"虏患日深，边事久废"。经过改革整顿财政绰有剩余，军事大为改观。可以说张居正的改革成功是与陈太后的支持分不开的。

万历二十四年（公元1596年）七月，陈太后去世，谥为"孝安贞懿恭纯温惠佐天弘圣皇后",祭祀神主于奉先殿别室,附葬于穆宗的昭陵,未与穆宗合葬。

精心辅佐幼帝——明穆宗朱载垕贵妃李氏

李氏,出身寒门,父亲李伟是个泥瓦匠。因家贫,李伟携全家迁居到顺天城里。令李伟欣慰的是,他的女儿长大后出落得妩媚动人,又非常懂事。为了帮助家里解忧,她自愿到裕王府做侍女。父亲在她的一再要求下,只好答应。她进入裕王府后,侍候裕王朱载垕。裕王特别好色,见有这么个美人儿每日侍候,怎能不动心?刚好裕王继妃陈氏不能生育,李氏又特别机灵,她对陈后毕恭毕敬,很得其欢心,所以对于裕王与侍女的举动陈后也就睁一眼闭一眼,听其自然了。

公元1562年,李氏生下一子,裕王的前两个儿子都夭折了,但这位王子却健康活泼,聪敏异常。裕王在宫中骑马驰骋,他就谏曰:"殿下是天下之主,一个人骑马驰骋,难说没有马翻的危险啊。"穆宗见他小小年纪说出这等话来,十分欣喜。

公元1567年,裕王继位为帝,李氏亦封为贵妃。第二年,她的儿子翊钧被立为皇太子,就是以后的神宗皇帝。

公元1572年,穆宗驾崩,神宗继位,以明年为万历元年。以前的制度是,天子立后,尊皇后为皇太后,若有生母称太后的,则加徽号以示区别。当时,太监冯保想取媚李贵妃,暗示大学士张居正让廷臣商定并尊,于是尊陈皇后为"仁圣皇太后",李贵妃为"慈圣皇太后"。仁圣皇太后住在慈庆宫,慈圣皇太后住在慈宁宫。这一行动使张居正得到了李太后的信任。张居正请李太后照看小皇帝的起居,于是李太后又徙居乾清宫。

李太后对神宗要求非常严厉,神宗有时不读书,她就罚他长跪。每次为神宗讲课的老师来后,她便命令神宗讲一下老师上次所讲内容,总是亲自听讲。遇到上朝的日子,五更她就到神宗的卧室,叫"皇帝该起床了"。命令左右扶神宗坐起,取水为他漱口洗脸,带着他登上车便走。

公元1578年,神宗大婚,李太后结束临朝,重返慈宁宫。

李太后性格严明,对朝中和家中都要求很严。给事中姜应麟上疏请求册立太子,受到神宗的谪谴,李太后听说此事后不太高兴。一天,神宗到慈宁宫请安,太后问不册立太子的原因,神宗说:"因为他(朱常洛)是都人的儿子。"太后大怒说:"你也是都人的儿子!"神宗知道失言,诚惶诚恐地伏在地上,不敢起身。因为内廷叫宫人为"都人",太后也是由侍女得幸升迁的,所以发怒。因为太后的这次发怒指责,朱常洛才被册立为太子。

太后的父亲李伟被封武清侯,家人曾经犯法,太后命令中使到家中责备父亲，并坚持让父亲的家人伏法。李伟曾经有过错，太后召他进宫，狠狠责备了自己父亲一顿，她不因为是父亲就枉顾祖宗之法。

李太后出身于贫苦的家庭，她本人就是为帮助父母减轻负担，才到裕王府做侍女的，所以她特别知道钱财的可贵。艰苦的环境造就了她的性格，也影响到了神宗，从而出现了明朝最爱钱财的一个皇帝。张居正刚一去世，神宗所宠幸的中官张诚便说："张居正的宝藏超过天府。"神宗心痒难熬，于是下令籍没张居正的家财。全部搜刮完张居正诸子兄弟所藏，也只有黄金万两，白银十余万两。这哪里符合张诚的原告？只好严刑逼供。张居正的长子礼部主事张敬修忍不住痛苦，诬言寄黄金三十万两在曾省吾、王篆及傅作舟等家，接着便上吊自杀。逼出了人命，朝臣们也看不下去了，合疏论争，神宗才下诏留空宅一所，田十顷，赡养他的母亲。对张居正及其制定的各项措施的否定，是明神宗政治的转折点，此后的神宗一意聚敛财富、骄奢淫逸。

公元1601年，神宗给他母亲加上慈圣皇太后的尊号。公元1606年，又加上皇太后徽号。

公元1614年，李太后去世，神宗上尊谥曰"孝定贞纯钦仁端肃弼天祚圣皇太后"，与穆宗合葬于昭陵。

雍容大度——明神宗朱翊钧皇后王氏

王氏性情端谨，淑颜姣美，但公元1578年被神宗册立为皇后后，不受皇帝的宠幸。王皇后对神宗的母亲李太后关心无微不至，博得了李太后的欢心。朱常洛被立为皇太子颇经周折，他数次遭遇劫难，王皇后以嫡母的身份多方调护，关怀备至，使朱常洛幸免于难。郑贵妃争宠，王皇后自知敌不过郑贵妃，就有意不与之争宠，一方面是为了显示自己是嫡后的气度，另一方面则加倍尊长爱幼，与郑贵妃的举动每每相反。因此正位中宫长达四十二年，赢得了宫内宫外的普遍赞颂。

公元1620年，王皇后驾崩，谥号"孝端"。明光宗朱常洛即位后，上尊谥为："孝端贞恪庄惠仁明媲天毓圣显皇后"。

由于明光宗从即位到晏驾一共才三十天，可谓中国历史上在位最短的皇帝之一。因此还没来得及商议王皇后的后事该如何处理。等到明熹宗朱由校登基方才上册宝，遂决定将王皇后与明神宗合葬于定陵（今北京昌平太峪山东），配祭于太庙。

三大奇案之凶魁——明神宗朱翊钧贵妃郑氏

郑氏，明神宗贵妃。她是一个野心勃勃的女人，为达到总揽朝政大权的目的，她不择手段，阴谋多断。她对朝廷的搅动，致使朝廷内外不得安宁，朝政荒废，腐败堕落，人心涣散，弄得万历江山危在旦夕，成为了明末社会不安定的重要因素。

争立太子遭惨败

郑贵妃，是大兴（今北京大兴）人。郑贵妃在万历所有的嫔妃中是唯一长得最为娇艳妖美而又最善于迎合万历的心意、得到万历欢心的妃子。所以一入宫即被越级加封为贵妃，甚至地位跃居已生有皇长子的王恭妃之上。

万历初年，李太后为万历帝娶的原配妻子是京师名门之女王氏。王皇后为人端谨知礼，伺奉太后用心周到，对万历帝百依百顺。但是万历帝并不喜爱她，加上她也没有给万历帝生下一子，所以她对神宗寻花问柳之事并不介意，只求相安无事。

万历九年（1581年）的一天，万历帝到太后处请安，发现服侍太后的宫女中有一个面容清秀的女孩，当时就临幸了这位姓王的宫女。不久，这位王氏宫女生下一子，即皇长子朱常洛（后来的光宗）。遵照李太后的旨意，王氏宫女被封为恭妃。与此相反，郑贵妃却受到万历如此的宠爱。按礼，母以子为贵，已生有皇长子的王恭妃，地位仅可略次于皇后，除皇后之外，没有一个有资格可以位居其上的。而郑贵妃一入宫即受万历帝如此宠幸，册封为贵妃，位于皇后之下、诸嫔妃之上，令人难以置信。当然，这也是早已习惯封建正统礼法的朝廷百官们所不能接受的，于是为此闹得举国上下，纷纷扬扬，奏章更是像雪片一样往京城铺天盖地袭来，搞得万历十分气恼，坐立不安，不知如何是好。此时郑贵妃却从旁说了句：何不把这些奏章一概留中，看看这些乡巴佬还能怎样？万历帝一听转忧为喜，便采纳了郑贵妃的建议。就这样时间一长，果然为此而上奏章的越来越少，渐渐地居然平息了下来，很少有人再提起这桩子事了。

可是一波稍平，一波又起。转眼间郑贵妃已有身孕，十月怀胎，一朝分娩，抱出来一看，竟然也是个小龙子，这就是三皇子朱常洵。母以子贵，随之郑贵妃又晋升为皇贵妃。这样郑贵妃在宫中地位更加稳固，其野心和私欲也就逐渐膨胀起来。在封建的宫廷中，一个女子的最高愿望无非是争得皇帝的宠幸，当上皇后，从而光宗耀祖，显达门庭。为了达到这一目的，首先要把自己的儿子推上太子席位，然后母以子贵，自己再做皇后。但此时最大的障碍就是皇长子朱常洛。

因为那些坚持封建正统"有嫡立嫡，无嫡立长"的朝中官员们，早已把皇长子朱常洛看做是未来的皇帝。虽然郑贵妃一心想立自己的儿子为太子，时常鼓动万历帝立其子为太子；虽然万历帝也一向偏爱郑贵妃和常洵，不喜欢常洛，又有立朱常洵为太子之意，但因立其子不合礼仪，势必要遭到众人的反对。所以，万历帝只好对立太子之事一拖再拖，以待时机，这也正符合郑贵妃的心计。然而，郑贵妃与万历帝这种计谋瞒不过朝中大臣们。这一年，给事中姜应麟上书皇帝，提出立皇长子朱常洛为太子，以避免朝廷中流言蜚语，万历帝看过姜应麟的奏章以后，顿时大怒，在郑贵妃的唆使下立举圣旨，降谕道："立储自有长幼，姜应麟疑君卖，可降极边杂职。"御旨一下，姜应麟即被贬往大同境内，但旨中有"立储自有长幼"一语，这句话实际上等于肯定了皇长子的地位。万历帝起初没有察觉有此一失，待诸大臣要求皇上实现诺言，按照"立储自有长幼"原则赶快立储时，方才感到竟然如此地失策。但因此时圣旨已下，已无法挽回，经过与郑贵妃的又一番密谋，决定还是使用惯常伎俩，拖拖看。万历帝于是出面对群臣推说，皇长子方才六岁，年纪尚幼，这时候谈立储，实非所宜。万历帝原以为，这么一说就可蒙混过去了。可反驳的奏章反而因此有增无减。这是因为万历帝本人就在六岁的时候被立为皇太子的，现在如何反说太早了呢？此时，人多口众，"孤家寡人"的万历帝一口如何能抵挡得起。拖了两三年实在熬不过去了，最后万历帝只好自己定出期限，让首辅传谕诸大臣，说立储一事应到万历二十年（1592年）才能议行，要诸臣安心等待着，不要再为此惊扰圣上。"如果大家能遵守，我后年即行册立太子，若再有人生事的话，就等皇长子长到十五岁的时候再行大礼。"此时皇长子年已十一岁了。但因神宗本人屡次失信于人，所以这次自定限期，仍有廷臣放心不下，唯恐万历帝会忘记或者是装聋作哑，所以就在限期临近的时候，工部主事张有德再也忍耐不住了，便变了个法进行试探，上疏请求把册立太子的仪注先行订出。没有此疏还罢，此疏一出，万历帝果然抓住了把柄，怒道：我早已有话在先，如若渎扰，便要延期，现在又来渎扰，只有延期，以向天下昭示大信。如再渎扰，还要再延。

此时立太子之事，虽然又延了期，但郑贵妃眼看形势对自己不利，于是左思右想，又想出一个"待嫡"之说，要万历帝加以宣谕。因为抬出了嫡子，则其他所有的皇子便都成了一样，都不是嫡子，也都没有什么当立为储的特权。但因礼法至上"有嫡立嫡，无嫡立长"，皇长子之所以不同于诸子，正是由于他是符合于"无嫡立长"这一条的。所以这一说还没等公议，就被廷臣们推翻了。郑贵妃见此计不成，又生二计，转眼又想出了一招，郑贵妃请求万历帝来个"三王并封"。

所谓"三王并封"，就在建储之前，先把皇长子朱常洛、皇三子朱常洵和另一个皇子朱常浩三人都先封王，只要三人同时封王，彼此都别无二致。郑贵妃于是让万历帝交与阁臣拟旨，经大臣们仔细一研究，认为这又是郑贵妃为抑制皇长子布下的一个陷阱，是郑贵妃为自己的下一步所做的铺垫，这道谕旨，阁臣万万不可拟就。经过大臣们的反对，这招又不灵了。

就这样彼此你来我往互相较量了无数个回合，皇长子朱常洛在这场马拉松赛中已长到了二十岁,万历帝此时自己也被这场斗争搞得精疲力竭,终于在万历二十九年(1601年)册立皇长子朱常洛为皇太子,并于第二年为他完了婚。至此,前后闹腾了十几年之久的立太子风波,才算告一段落。郑贵妃终于在争立太子问题上败下阵来。

利欲熏心无忌惮

郑贵妃不仅野心勃勃,一心想当皇后,而且对金银财宝等财物也贪得无厌,达到了登峰造极的地步。

万历二十四年(1596年)以后,万历帝派出大批矿监税吏,赋以种种特权,到各处去搜刮金银财宝。一方面,这些臭名昭著的矿监税吏如陈奉、马堂、梁永等都是郑贵妃的心腹宦官,他们知道郑贵妃受宠幸,无不极力巴结她。他们把从各地搜刮来的金钱和各地进贡的税银,进贡万历帝与郑贵妃大肆挥霍。仅供郑贵妃和其他嫔妃使用的胭脂费,每年就支用白银十万两,而万历初年全国的田赋收入每年才四百万两。另一方面,这些宦官称郑贵妃为"内主",他们依仗着后台在各地搜刮掠夺,杀人抢劫,无恶不作。虽然各地百姓群起反抗,一些正直的地方官员也纷纷上疏,要求惩办这些宦官,但是万历帝与郑贵妃极力为他们开脱,使他们逍遥法外。

万历二十九年(1601年)朱常洛立为太子后,朱常洵随之被封为福王。此后,福王朱常洵受命应到洛阳就任,但他却迟迟不肯就任。直至万历四十年(1612年),在群臣的一再呼吁和坚持下,郑贵妃已无法让福王留在北京了,便以此为借口,提出了种种条件,想大捞一把。郑贵妃提出要为福王在洛阳修建好藩邸方才就任。万历帝一看大势所趋,这次福王是非去不可了,只好命朝廷拨款二十八万巨资在洛阳为朱常洵修建福王藩邸。然而,全部完工后在郑贵妃的纵容下,福王坚决不到洛阳就任。借此,郑贵妃又要求划给福王庄田四万顷,不然福王就不到任。按照明初规定,藩王除岁禄外,划给的草地牧场,多不过千顷,给福王的土地,已大大超过此数。后来因群臣的坚决反对,万历帝不得已只好减半。

至此,郑贵妃还是不满足,又开始为儿子准备去洛阳的挥霍。如索要大学士张居正被籍没的财产及四川盐税和茶税,并要朝廷给淮盐三百引,让福王在洛阳开店卖盐,并垄断洛阳的卖盐权。神宗不仅答应了这些要求,又在福王临行之时,把历年来税吏、矿吏所进献的珍宝,大都交给福王带走。福王到洛阳后,横征暴敛,胡作非为,造成黄河南北、齐楚河淮骚动,河南数年大荒,甚至出现了人吃人的情况。而福王藩库有金钱百万,超过大内仓储。

郑贵妃自得宠后,其家族也大沾其光,飞黄腾达者前后三代。神宗对郑贵妃家人的赐封更是随心所欲,超出常制。郑贵妃的父亲郑承宪,横行地方,骄奢淫逸,为非作歹。然而明神宗不仅不加过问,反而将他晋升为都督同知。郑承宪死后，他的儿子郑国泰超出父死子袭的常例，万历帝竟破格授予他都指挥使，结果遭到朝廷中许多官员的反对，大臣们提出："妃家蒙恩如是，何以优后家"，都怀疑郑国泰兄妹阴谋篡权。果不其然郑国泰利欲熏心，后来竟策动宦官收买张差，企图杀害皇太子朱常洛，但因为是郑贵妃之兄，未受任何惩处，反而不久则升迁为左都督。郑贵妃的另一个弟弟郑承恩更是一个惯于挑拨离间、诬陷贤良的小人。当郑承恩得知给事戴士衡和全椒知县樊玉衡与礼部侍郎吕坤有矛盾，并对贵妃专权不满，便上疏皇帝说戴、樊二人离间皇室，攻击皇帝和贵妃，应予严惩，结果使戴、樊二人不仅遭受廷杖之苦，而且还被流放边地。

万历帝宠幸郑贵妃后，就经常不上早朝。郑贵妃见朝廷中有许多官员攻击自己，也害怕万历帝被这些官员说服，与己不利，便极力唆使万历帝少和朝廷中官员见面，于是万历帝从万历十八年（公元1590年）开始，不再上朝理政，终日与郑贵妃厮守在一起，或是与太监、宫女做游戏，寻欢作乐。他们除了关心废长立幼外，其他任何事都不愿与大臣商量处理，诸如地方和中央官员补缺、有关国计民生的措施，甚至到了宫廷失火都懒得过问的地步。

三大奇案之凶魁

皇长子朱常洛立为太子，福王朱常洵被迫迁往洛阳就任，这对郑贵妃来说，不能不算是沉重的打击。但是，郑贵妃并不因此就放松对目标的追求，反而更加猖狂，致使新的宫廷斗争愈演愈烈。

郑贵妃和她的父亲郑承宪、伯父郑恩、哥哥郑国泰狼狈为奸，互相勾结，极力在暗中搬弄是非，千方百计地要把被册立的太子给废掉。他们的心里都清楚只有废了太子，他们才会有救。于是，郑贵妃集团制造了"妖书"一案。所谓"妖书"一案，还是在皇长子朱常洛被册立以前发生的一件案子。当时有个刑部左侍郎叫吕坤，写了一本名叫《闺范图说》的小书，书中所载是历代一些有贤德淑名女子的图说。图说中首先写的是汉明德马皇后，因为那马皇后是从宫女逐渐被晋封为皇后的，其用意是在向郑贵妃献殷勤，为郑贵妃事后当皇后，找个史例和说法而已。万历帝偶尔翻见到此书，也就把它赐给了郑贵妃。赐者无意，可受者有心。郑贵妃看过这本小书以后，觉得在这问题上也可以加以利用做点文章，于是自己又另外加上了十二个人的图说，并且为之作序，又印发了一批，以期扩大影响。郑贵妃之所以要刻此书，其深意实在于为自己的儿子朱常洵能立为太子找个先例，加以宣扬罢了。万历三十一年（1603年），大学士朱赓又发现了在京城流传一部名为《续忧危竑议》的书。文章核心是说太子虽然已立，但在不久的将来一定会被废掉。因为皇上是在被逼无奈的情况下，不得已勉强册立太子的。那时候皇三子朱常洵已被封为福王。从这篇文章的内容一看便知，是暗喻郑贵妃的爱子福王必会成功之意。而此时，皇长子朱常洛已被立为太子。此书的出现,自然又触痛了郑贵妃的心病,她哭闹着要神宗追查写书的人。于是,再兴冤狱,朝廷闹得鸡犬不宁,许多朝臣百姓为此无辜受害死于非命,最后此案却不了了之。

郑贵妃的阴谋伎俩频出,但却屡次受挫,她曾一度绝望。眼下,她还寄予一线希望,那就是盼望着王皇后早日死掉。如果王皇后死了,正宫一席非郑贵妃莫属,到时候"子以母贵",母正位中宫,其子自然成为嫡子,皇长子的东宫太子也就当不成了。于是郑贵妃又开始实施新的计划。此时的王皇后身体欠安,她本来就清心寡欢,对万事抱着一种超然的态度,又加上李太后多方保护,居然熬到与万历帝同一年死去。因此,郑贵妃的这一幻想又破灭了,绝望之余,郑贵妃又决定铤而走险,连续发生了"三大奇案"。

万历四十二年(1614年)的二月,李太后死去,郑贵妃的顾忌再也没有了。于是郑贵妃等人采取了非常手段,这就是次年发生的明末第一大奇案"梃击案"。

万历四十三年(1615年)五月初四傍晚,有一个不知姓名的汉子,手持枣木棍,悄悄地闯进了皇太子朱常洛居住的慈庆宫,打伤守门太监,直到大殿前檐下才被内侍抓获。

第二天皇太子急忙把夜里发生的一切向万历帝启奏。万历帝得奏以后,就命先将罪犯交由近处法司先行审问。审理此案的巡皇城御史刘廷审问之后,向上奏报初审情况大致如此:罪犯名叫张差,是蓟州(今河北蓟县)人,自称靠乞讨为生,语无伦次,若涉疯癫,但是察看他的相貌,又像很狡猾的样子。因为此人有谋杀太子的嫌疑,所以,此案又接着移交到刑部由御史刘廷元与刑部郎中胡士相等会审。此时郑贵妃兄长郑国泰密访二人,经过一番协商,刘、胡二人也是习于官场、见风使舵的宦官,此时便顺着郑国泰的意思上疏说:这个男子叫张差,患有精神病,应速处决,万历帝也就同意了。然而,提牢主事王之寀对此事甚为怀疑,就私下询问张差,张承认是受内侍指使。王之寀深感事关重大,立即告诉了刑部侍郎张问达。一时间,有人要谋害太子的消息在京师传开。由于郑贵妃蓄谋夺权已久,其兄郑国泰又有秘密行动,朝议都指向郑贵妃兄妹。万历帝也察觉到此事非同小可,于是下令十三司会审,张差经此一审又供出自己谋害太子的行动是郑贵妃的心腹宦官庞保、刘成所指使,庞、刘二人曾许诺张差,事成之后给以厚赏,此案终于真相大白。此时最紧张、最害怕的莫过于郑贵妃了,她急得像热锅上的蚂蚁;那庞保、刘成都是她的贴身太监,他们一旦被审,那还了得!郑贵妃越想越害怕,只有使出女人的最后一招了。于是到万历帝面前,连哭带嚎地要万历帝给她做主,不然的话,就要死在万历帝的面前。经她这么一闹腾,果然万历帝怜惜起来,叹了口气,说道:"现今既然已经闹成这个样子,恐怕是难解了,我出面恐怕反倒会坏事,现在只有一人能救你母子性命。"郑贵妃一听,急切地问道:"是谁?"万历帝答道："就是你要害掉的皇太子。"郑贵妃一听不禁倒吸一口冷气，"这如何使得。"万历帝说道："以他的出身、地位和目前的处境，我想也许会饶过你的，你去好好说说吧。"郑贵妃低下了头，迅速盘算着，看来也只能有这一招了，于是心一横转身亲自求太子去了。到了东宫，她先是装出十分可怜的样子，抽泣着，一见太子便俯身下拜。太子一见顿时受惊不小，连忙回拜。郑贵妃顺势拉着太子的手，伤心地哭诉着，说她是如何如何地冤枉，只有太子能救她的命，给她辨明是非。

太子毕竟年纪还轻，对宫廷斗争的残酷性认识不足，没有多少经验，加上原先对郑贵妃有些胆怯，因而尽管他深知郑贵妃常欲加害自己，也无可奈何。眼下郑贵妃有求于自己，太子错误地认为这是缓和矛盾的好机会。就这样，皇太子很痛快地让手下草拟一道旨意，要朝中大臣们不必再为此事多加纠缠，既然凶手早已抓到，即刻正法就是了，不要牵扯他人了。郑贵妃见此连连称谢，把太子又好夸了一顿，才高兴地离去。

本来群臣认为必须揪出幕后指使人郑贵妃一家，否则国无宁日，民无宁日。可是经太子这么一处理，大臣们看到连被危及生命的太子对此事都不加追究，当然也不便再追究到底。随后按旨意将张差处死，把刘成、庞保秘密处决，使二人得到了应有的下场。这场兴师动众人命关天的梃击一案算是草草了结了。自始至终导演这场闹剧的郑贵妃却有惊无险地度过了一场危机。

五年后，也就是万历四十八年（1620年）七月，明神宗死了。皇太子朱常洛在八月初登了皇位，是为明光宗。可他在位才三十天。为什么在位只有这么几天呢？这就是明末发生的第二大奇案——"红丸案"。

梃击案了结以后，郑贵妃眼见皇太子的地位是不可动摇的了，因此对自己的前途感到了担忧。一旦神宗死了，自己该如何自处？为将来着想，现在必须讨好皇太子。于是郑贵妃索性来个顺水推舟，先借着感激皇太子在梃击案中的搭救之恩，极力接近皇太子，以改变长期的紧张关系，然后根据皇太子自幼宫中不得宠，生性懦弱，精神压抑，身体欠佳的弱点，使出一条妙计，致皇太子于死命。于是，郑贵妃先是把自己最喜爱的珠宝献给皇太子。皇太子得到郑贵妃的礼物，又见郑贵妃态度转变，也就忘记了过去的私怨。

同时，郑贵妃又在自己的宫中选出八名最为漂亮的美女，送给皇太子，让她们一定要尽心尽力服侍未来的皇上，使他心满意足。皇太子开始放纵，整日耽于酒色之中，年纪尚不足四十，却早已垮了身子。等到即位称帝时，已病得很重了，没过几天就病入膏肓、卧床不起了。内医太监崔文升开了一服泻药，光宗服后，腹泻不止，一日要拉三四十次。后来，鸿胪寺丞李可灼献上一颗红丸，自称是仙丹，光宗服后，觉得精神大有好转。过了半日，李可灼又献上一颗，光宗再服之后，睡到次日凌晨，竟然再也没有起来。此即为"红丸案"。光宗一死，内外官员都归咎于李可灼。原来进泻药而使病情骤然加重的崔文升，竟是郑贵妃属下的人，而李可灼又是方从哲带进宫中的。原本二人都应处以极刑，但最后却都从轻处理：李可灼充军，崔文升贬放南京，方从哲和郑贵妃却都躲了过去，"红丸案"就此收场。

光宗一死，郑贵妃顿感一块石头落了地，轻松了许多，又重新燃起了希望，于是唆使光宗爱妃李选侍霸居乾清宫，酿成了"移宫案"。

光宗死后，郑贵妃企图当太后垂帘听政。她一面把皇太子暂时隔离起来不让他登基与群臣见面，一面又唆使李选侍不要搬出乾清宫，以便向朝臣发号施令。但朝中官员们不买她们的账，联名上疏指责李选侍"既非嫡母，又非生母，俨然居正宫，而殿下（指熹宗朱由校）仍居慈庆宫，这种名分倒置的作法，是借抚养之名，行专政之实，武后之祸将见于今日"。并安排太监王安从宫内秘密接出太子，突然在文华殿升殿，接受群官朝拜。新皇帝即位，是为明熹宗。第二天，群臣又簇拥着新皇帝齐聚乾清宫，逼李选侍搬迁。李选侍见生米已成熟饭，只好离开乾清宫。不久，群臣又以熹宗名义宣布削去李选侍封号，对郑贵妃也不予理睬。在东林党人控制朝政的几年，郑贵妃勾结李选侍企图垂帘听政的美梦遭到了破灭，"移宫案"了结。

明熹宗末年，郑贵妃的权力欲望虽不减当年，但毕竟已年过六旬，力不从心了。崇祯三年（公元1630年）七月，这位一生享尽荣华富贵，连做梦都想做皇后的女人，终未能实现自己的欲望而结束了可悲的一生。郑贵妃死后，被谥"恭恪惠荣和靖皇贵妃"，埋葬在银泉山。

母以子贵——明神宗朱翊钧贵妃王氏

王氏，因长得颇有姿色且善于侍奉，十四岁被选为神宗母亲李太后的侍女。

一日，神宗到慈宁宫向母亲请安，刚好李太后不在宫中，神宗见王氏年轻美貌，又聪明伶俐，遂与其私幸。说来也怪，神宗与皇后大婚几年，竟一直无子，可神宗与王氏偶尔就这么一次，王氏就怀孕了。之后，李太后发现王氏不时呕吐，数月后又见王氏的肚子大了起来，李太后知王氏怀孕了。李太后本来对机灵勤快的王氏比较喜欢，便以关切的语言安慰她不要害怕，只要说出真情，一切由太后做主。王氏立即跪拜在地，声泪俱下，斥责自己不该与神宗私会。太后立即召神宗询问，神宗因这次是私幸母亲的贴身侍女，自感不太合适，怕太后责怪，就矢口否认此事。太后无奈，只好命人拿来"起居注"让神宗看，神宗这才承认。李太后当即对神宗说："这不是坏事。吾老矣，尚无有孙。如果王氏能为你生个皇儿，乃我社稷之福也！你不要在乎王氏的婢女身份，常言讲母以子贵，你可以加封她啊。"

公元1582年，即万历十年，神宗封王氏为才人，不久又晋封为恭妃。恭妃于这年八月，生下皇长子朱常洛（即光宗），但因受郑贵妃的迷惑，神宗对王恭妃母子并不喜爱，而是常把她冷落一旁。

时神宗宠爱郑贵妃及郑贵妃所生皇三子朱常洵，太后、皇后及廷臣们见郑贵妃排斥皇长子，欲争立己子为太子，遂坚持"有嫡立嫡，无嫡立长"的原则，终于1601年，即万历二十九年，立皇长子朱常洛为太子，然王恭妃的封号仍无变动。直到1605年，太子喜得长子，由于大臣们的连连上奏，神宗才晋封王恭妃为皇贵妃。在此之前，由于王氏独自幽居，长期见不上儿子，终日悲伤、哭泣，以致双目失明。

公元1611年，王贵妃病重，太子得讯急忙前去探望，时宫门紧闭，太子久叩始开，母子相见，悲恸非常，左右皆泣。不久王贵妃死，时年五十岁，谥"温肃皇贵妃"，葬于天寿山。其子光宗即位，然而他却只在位一个月便命归黄泉，后由王贵妃之孙、光宗之子熹宗即位，追谥祖母王贵妃为"孝靖皇太后"，并将祖母遗体迁葬于定陵，与神宗合葬。

死后追封——明光宗朱常洛皇后郭氏

郭氏，博平伯郭维城之女。公元1601年，明神宗长子朱常洛被立为太子，册封郭氏为太子妃。时年太子二十岁，郭氏年龄是十八岁。郭氏婚后生有一女，然不久夭亡，以后再无生育。

公元1613年，郭妃去世，时年约三十岁。时朱常洛虽为太子，因是宫女所生，其母王氏又失宠受冷落，太子妃郭氏亦没有地位，故在郭氏死后一直停尸二年，也不筑墓落葬。直到1615年，才开始选择墓地，葬于泰陵之后的长岭。后太子朱常洛即位为光宗，然仅做皇帝一个月，尚未来得及追封郭氏即死去。据说，朱常洛是因受郑贵妃谋害，连服两粒"红丸"药而死。

后光宗之子朱由校即位，是为熹宗，追封郭氏为皇后，并上谥号为"孝元贞皇后"。又将其遗体迁葬至光宗庆陵。

以正胜邪——明熹宗朱由校皇后张氏

张氏，明熹宗皇后，祥符（今河南开封）人。父亲张国纪，明熹宗封其为"太康伯"。天启元年（1621年）四月，张氏被册封为皇后。成婚之初，她与朱由校感情还算好，但由于双方性格各异，逐渐有了隔阂。

张氏好静，她喜欢在房中干些杂活，或看书、写字。朱由校去玩的时候总是来叫她，她多是托病不去。实在推不掉就去一会儿，但显得不太高兴，并且很快就回来。时间久了，皇帝再不叫她去玩了。显然，他觉得与这个不会玩的妻子在一起没兴致。

提起玩，自然要提起魏忠贤和客氏。客氏，一个农家村妇，被选为当今皇帝的奶妈。一般说来，皇上断奶后，奶妈就要打发出宫。因为客氏对朱由校太好，由校离开她便大哭不止，不吃不喝，便破例将她留下，待小皇上生母王氏一死，小皇帝不自觉地把客氏当成了母亲。朱由校继位使这个农家村妇的野心恶性膨胀起来，她要依靠皇帝的爱戴充分品味一下全国第一贵妇人的滋味。客氏在宫中遇到一个和她有同样出身、同样感情、同样野心的太监，二人一拍即合，随后夺取大权，搅乱天下，这太监就是魏忠贤。

　为了笼络小皇帝，魏忠贤和客氏利用了皇帝贪玩的性格，带他玩马、玩狗、玩猫、玩花、玩草，花样翻新地玩，玩得昏天黑地、大权旁落，俨然成了一个颠倒黑白、打击善良、奸佞得宠的客魏集团。张皇后为人正直，曾多次在明熹宗面前历数魏忠贤、客氏等不法行为。但熹宗竟没有听进去。有一次，客氏犯法，张皇后亲自派人召客氏进中宫，斥责她一番，并要绳之以法，经众人劝解才算罢手。因此魏忠贤与客氏对张皇后怀恨在心，想方设法诬陷张皇后，竟说她不是她父亲张国纪的女儿，明熹宗还险些被骗上当。过了三年，张皇后已怀有身孕，客氏和魏忠贤把不听他们使唤的宫人逐个逐出，都安插上了自己的心腹，这些爪牙在侍候张皇后时，粗手粗脚，一天，一个宫女给张皇后捶背用力过猛，使张皇后流产了。

　有一次熹宗来看望张皇后，张皇后正聚精会神地读《史记》。熹宗走过来她都没有知晓。熹宗忙问："是什么书，使你这般入迷，我也看一看好吗？"张皇后一听吓了一跳，连忙跪下请罪，说失礼了，然后一字一句地说："看的是《赵高传》。"朱由校搭讪问道："赵高是谁？"张氏气愤地回答："赵高是秦王朝权相，曾把揽朝政，指鹿为马，毒如蛇蝎，坏秦朝锦绣天下的小人。"张皇后的答语是很有寓意的，讽谏熹宗不要宠信阉党，否则会成为朱明王朝的千古罪人。可是明熹宗听了之后，只是沉默了一会儿，略有所思地走了，事过境迁，很快便把张皇后的话，忘到九霄云外了。

　一天，有位匿名者在宫门口偷偷张贴列举魏忠贤的逆状，读者无不拍手称快。魏忠贤得知后，恼羞成怒，怀疑是出自张皇后的父亲张国纪和一些被贬逐大臣之手。他与手下的死党邵辅忠、孙杰等密谋，打算借此兴大狱，这样既可以尽杀东林党一派诸臣，又可以借机动摇中宫的地位，事成之后，还可以立魏忠贤的侄孙女为皇后，那么大明江山就更在掌握之中了。这事不知怎的让顺天府丞刘志选暗中侦悉，为了抢头功，首先上疏弹劾张国纪，跟着御史梁梦环也紧随其后，一时奸佞无耻之徒，纷纷上告，幸亏朝中一些守正大臣极力谏阻，此事方算平息。

　熹宗生病之后，长时间卧病在床，他有了反思自己一生的时间。经过思考，他发现自己过去的一些做法甚为不妥，张皇后是一个贤德的皇后，遂对张皇后的态度有了很大转变。到了熹宗快要咽气的时候，张皇后为稳定局势和粉碎阉党图谋起了很大作用。她在熹宗病重期间，反复耐心地规劝明熹宗不要轻信阉党，揭露了魏忠贤的种种倒行逆施，极力谏言传位给信王，即后来的崇祯帝朱由检。最后明熹宗被说服了，生前做了一件唯一明白的事：从外召回朱由检，继立为君。

思宗（即崇祯）即位，果然不负张皇后和群臣重望，干脆利落地解决了阉党魏忠贤及其同伙。崇祯为感激张皇后，号为"懿安皇后"。"魏客集团"清除了，但明朝已是满目疮痍，腐朽透顶。崇祯十七年（1644年）三月，李自成领导的农民起义军攻陷北京，张皇后自缢身亡。后来，清世祖福临把张皇后的遗骸合葬在熹宗陵。

自缢全节——明思宗朱由检皇后周氏

天启年间，周氏被册封为信王朱由检的王妃。朱由检即位，是为明思宗（亦称崇祯帝），周氏被立为皇后。

周皇后严谨慎重，有一次京师告急，周皇后婉转进言说："我在南方尚有一家居室。"大概意思是提醒崇祯南迁。可崇祯想详细问清楚时，周皇后却不愿多讲。后来，崇祯也就淡忘了这件事。

田贵妃受崇祯宠幸，因而恃宠生骄，周皇后常用礼仪来严束田贵妃。有一年元旦，天气十分寒冷，田贵妃来朝见周皇后，周皇后有意拖延时间，让田贵妃在外冻了许久，才让田贵妃进宫。进宫以后又过了很久才出来，坐在御座上受田贵妃的朝拜，而周皇后没有任何表示，一言不发。田贵妃只好扫兴而去。过了不久，袁贵妃也来朝见，两人欢声笑语，说笑不停。田贵妃听说以后，就跑到崇祯那里连哭带闹告起御状来了。后来，崇祯在交泰殿与周皇后言语不合，一气之下把周皇后推倒在地，周皇后也气得绝食以示抗议。崇祯事后深表悔恨，派人给周皇后送去赏赐给她的貂褥，以表示委婉的道歉。没过多久，田贵妃就被找个过错，申斥之后移居启祥宫反省，长达三月不召。

有一天，周皇后和崇祯在永和门赏花，看到兴头上，就启奏崇祯请求把田贵妃找来一起玩赏，崇祯不肯答应。周皇后说以前我那样对待田贵妃是为了挫一挫她的骄气，既是为她好，也是为大明江山社稷着想，可没有私怨在里边。但崇祯还是不答应，周皇后索性说："这事我做主了。赶快派人用车把田贵妃接来一起游玩。"两人相见，前嫌尽弃，遂和好亲厚。

公元1644年，李自成的大顺农民军攻陷京城。崇祯哭着对周皇后说："大势去矣。"周皇后摇首道："贱妾事陛下已十八年了，您没有听进我一句话。所以才有了今日。"说着抱着皇太子大声痛哭起来，然后派人护送出宫。崇祯随后令周皇后自裁，周皇后于是自缢而死。

清世祖福临平定中原以后，谥周皇后为"庄烈愍皇后"，和崇祯同葬在田贵妃的寝园，取名叫思陵。

割股奉君——南明唐王朱聿键皇后曾氏

曾氏，诸生曾文彦之女。公元1632年，朱聿键袭位为唐王，曾氏与之成婚。时年朱聿键三十一岁，曾氏十九岁。

曾氏出身于书香门第，知书达礼，唐王也喜好读书，博通典故，两人常常谈古论今，情趣相投。唐王把内政统统交给曾氏管理，被打理得井然有序。唐王欣喜万分，两人感情日好。

公元1636年秋，清兵犯关。北京宣布戒严。唐王激于义愤，毅然起兵北上勤王。不料却被崇祯帝以擅发护军勤王的罪名，废为庶人。安置在凤阳的监狱。因为明朝的律令规定，没有奉到诏旨，是不得擅自出兵勤王的。在狱中，狱卒贪婪地向唐王勒索贿赂，不想此时的唐王已是一贫如洗。狱卒就想法子来折磨他。唐王哪里受得了这般皮肉饥饿之苦？他染上了重病，奄奄一息。曾氏惶急不堪，忽然想起了春秋时期介子推随晋文公流亡的故事。当时晋文公流亡在国外，也是奄奄一息，介子推就割下大腿上的肉，奉献晋文公。救活了晋文公，后来成就了晋文公的霸业。她于是毫不犹豫地剜下了大腿的肉奉给唐王。唐王奇迹般地活了过来。唐王病愈后得知此事，不由感激万分，更加怜爱曾氏。福王登基后，宣布大赦。唐王也被释放出来，可并没有被重用，而是命他移住到广西平乐。不久，南京陷落。

公元1645年，唐王在郑鸿逵、郑芝龙的拥立下在福州即帝位，建元隆武，是为隆武帝。封曾氏为皇后，封曾后的父亲曾文彦为吉水伯。

鉴于曾后具有一定的理政能力，过去治理内宫也很有条理，隆武帝就让她参与外政，凡是章表奏议，一般都要经过曾后的批阅。她在批阅过程中往往指出不合时宜的地方，提出自己的处理意见，多被隆武帝采纳。隆武帝觉得曾后确实是位干才，高兴之余，就让曾后在他临朝听政的时候，垂帘座后，一起帮助他听断朝廷大事。都御史张肯堂专为这件事上奏疏说："我朝太祖朱元璋、成祖朱棣皆雄才大略，两朝皇后也都圣德，助成王业，肇基于今，即便如此，她们也只是在宫闱之中默相赞助，垂帘听政不是我朝圣世所宜。"曾后看到奏疏后，非常怨恨，开始疏远张肯堂。张肯堂是隆武政权中一位较有作为的大臣，郑芝龙也忌恨其能，觉得他在朝中于己不利。其后张肯堂就被调出朝中，率水师在外，未能尽展其所用。相比之下，当大臣路振飞上奏说隆武帝"有爱民之心，未见爱民之政"时，隆武帝却能对这样敢于犯颜逆鳞、直言诤谏的大臣予以"优旨褒纳"。这件事引起了一些朝野人士的议论，他们说隆武虽有英明识见的美名，可太过于溺爱曾后，看来隆武帝是不能成就光复大业了。

同年十二月，隆武帝眼看二郑兄弟操纵兵权，观望不前，根本无意于抗清。而自己虽颇思有所作为但处处受制于郑芝龙。就决然让郑芝龙留守福州，亲征北伐，以复国土。曾后随军出征，暗中向隆武帝献计说："咱们再不能依靠郑氏兄弟了，莫不如借此脱离郑氏兄弟，去依靠何腾蛟，倒会有一番大的作为。"当时的明将何腾蛟正与李自成余部郝摇旗、高一功等领导的队伍联合抗清，组成荆襄十三家军，带甲数十万，声振中南。隆武帝却认为只有大军阀才能保障他的政权和生命，所以他对曾后提出的移驻江西、依靠声势浩大的何腾蛟的建议，顾忌多端，觉得荆襄十三家军原是农民军，还不如郑芝龙可靠。于是，隆武帝最终没采纳曾后的建议，犯了一个大错误。

郑芝龙当然不愿意隆武帝出征，为免失去对隆武帝的控制，就指使数万军民遮道呼号，把隆武帝的车驾拥住，不能前进一步。隆武帝没有办法，只好停驻延平，以府署为行宫。又失去了一次光复故土的良机。

公元1646年，曾后生下元子。八月清兵进犯仙霞关，当时郑鸿逵驻防仙霞关外，闻知清兵到来，立即弃关而逃。而郑芝龙早已暗通满清坐镇南京的洪承畴，准备投降，尽撤关隘水陆防线，仙霞岭二百里间空无一人，清兵得以长驱直入福建。隆武帝从延平出奔汀州。命曾后先走，宫眷都骑马相从。到达汀州之后，隆武帝与曾后不知为什么事情正在府堂上发生口角，突然就有十几骑清兵杀将进来，隆武帝和曾后猝不及防，都当了俘虏。在押送途中经过九龙潭时，曾后趁清兵看管不严，跳入水中自杀身亡。也有说曾后和隆武帝是在汀州的府堂上一起被杀害的。史称"汀州之变"。

永历帝即位后，遥尊曾后为思文皇后，后又加谥"孝毅襄皇后"。

义不受辱，以死全节——南明桂王朱由榔皇后王氏

王氏，江浙地区人，父亲王略，曾经做过粤中郡守。朱由榔被封为永明王时，王氏被封为王妃。王氏很懂礼节，对谁都既不傲慢无礼，又不低三下四，在宫中老幼上下尊卑没有不夸奖她的，朱由榔自然也感到很高兴。于是就让王妃总持内政，大小事悉听她决断。她处理起事来滴水不漏，左右逢源，八面玲珑，宫中上下俱是欢喜。

隆武二年（1646年）冬十一月，朱由榔称帝，册封王氏为皇后，她的父亲王略被封为长洲伯。

永历元年（1647年）春，孔有德、耿仲明率领清军向湖南进攻，何腾蛟的部将刘承胤率师进入桂林，拱卫皇室，想挟天子以自重，于是连骗带哄加威吓就把永历帝骗到了湘西山区的武冈，改武冈为奉天府，作为南明政府的政治中心。同年七月，清兵连破常德、宝庆，直犯奉天府。刘承胤眼见清军来势凶猛，感到大势已去，永历帝已毫无价值，再带着他们是一个大包袱，于自己不利，经再三斟酌，为保住自己的官职，最好的办法是把永历帝作为投降清军进

献的一份厚礼。于是急忙暗中与孔有德勾结,准备降清。就在这关键时刻,永历帝得到了消息,急忙率领宫中护卫后妃仓皇出逃。逃到二渡水时,由于人马都拥挤在一起,把桥都给压断了,很多人掉进了水里,弄得浑身是水是泥,哭声喊声乱作一团。为了逃命,谁也顾不得这些,紧紧跟着永历帝,一气徒步跑了三百多里,皇宫深院里的金枝玉叶哪受得了这些。

真是祸不单行,偏偏老天爷竟下起雨来,大家已经两日滴水未进,叫苦连天,哀声动地。但唯独王皇后脸色泰然,像是什么事也未发生一样,一面派人去寻找食物,一面令人去探明道路去向。也是天无绝人之路,正巧遇上了前来救援的明总兵商邱伯侯性,把帝后一行人马接到苗区,逃到柳州。后来瞿式耜保卫住了桂林,便派兵把永历帝及宫眷迎护回了桂林。经历了这件事之后,没有人不从心里佩服王后沉稳有胆略的。永历二年(公元1648年)三月,王后生下了儿子慈烜,永历帝宣布大赦以示庆贺。

南明政权移至桂林,清廷是绝不允许的,于是便派大军攻打。王皇后知道以后,二话没说马上带头把自己积存的粮食银饷衣物送给守卫将士,以激励士气。最后东西全送完了,王皇后就把头上戴的簪子、耳上挂的耳环等首饰当场取下,全部捐献出去。她激昂地说:"前方将士连生命都不要了,我要这些东西干什么?如果国家完了,我积攒得越多越是帮助敌人了,这道理我还是明白的。"瞿式耜的妻子邵氏在王皇后的召感下,也同样拿出金珠捐献出来,前方将士听了,无不感动,群情激奋,众志成城,士气大振,击退了多于自己数倍之清军,桂林保卫战终于以明军胜利告终。王皇后的贤德,一时在举国上下到处传扬。

永历六年(1652年)冬十月,占据云贵地区的张献忠农民军余部孙可望,派人迎接永历帝到贵州的安隆所(今贵州安龙),改为安隆府,作为行宫。孙可望只是想借一下"后明"的招牌,实际根本不把永历帝放在眼里,更不听他们的指挥。每年只送银八千两,米六百石作为永历帝及朝臣的口粮,在他的账本上仅写道:"皇帝一名,皇后一名及从官数名而已"。

眼见明政权日渐衰微,庸碌无能,永历朝部分权臣就想投靠孙可望,官僚马吉翔和太监庞天寿甚至怂恿孙可望"受禅"篡夺帝位取而代之。这样孙可望对永历帝更加傲慢无礼,这批权臣的野心,引起了朝臣中比较有骨气的吴贞毓、张福禄、全为国等18人的极大愤恨,他们暗中与正在出征广东的名将李定国联系,请他回来保驾,迎接永历帝。谁知走漏了消息,于是在永历八年(公元1654年)三月,大兴所谓"密诏之狱"。孙可望下令到处捕人,张福禄、全为国急急忙忙向坤宁宫逃去,请求马太后和王皇后救命,哪知庞天寿等人一直尾追其后,闯入宫门,把张福禄、全为国一举抓住。王皇后勇敢地冲上前去想解救他俩,庞天寿仗势欺人,对王皇后的干预毫不理睬,硬行将人抓走。结果这十八人全部遇害。他们就刑的时候,毫无惧色,引吭高歌。史书记载了当时的场面:"虽三尺童子无不垂涕者。"意思是说他们的浩然正气,连不懂事的孩子都被感染得热泪夺眶而出。

趋炎附势的马吉翔、庞天寿为进一步讨好孙可望,便借口王皇后曾在坤宁宫救人,此事证明王皇后参与密谋,知情不报可杀,免得留下后患。他们的目的是杀了王皇后,再废永历帝自然就少了一个障碍。想好了这主意,于是找来死党萧尹,指使他上疏密奏。当时的主事肖尹,心领神会,马上起草,无非是说后妃干预朝政如何如何扰乱朝纲,王皇后破坏朝廷规矩,理应废掉,不然后患无穷,希望永历帝明鉴。

王皇后得知这一消息,思绪万千。本想能帮助帝君为反清复明有一番作为,想不到今日竟连性命都不能保全,不觉悲从心来,她含着眼泪找永历帝哭诉说道:"真没想到西汉末期王莽篡汉的悲剧又要重演了,大明江山真的要葬送在我们手里了。"说完泣不成声。永历帝也是暗自落泪,默默无言,无可奈何。最后决定要死就一块死,就把王后留在寝宫中,用这种办法也许能救王皇后一命,也是向这些权奸们和孙可望表示一下态度。孙可望并不傻,他也有自己的打算,他虽说是杀了"十八先生",还是慑于外有李定国、郑成功一干武将继续尽忠于明朝,朝臣忠杰之士也还有不少。他权衡了利弊,未敢下手,王皇后的性命总算得以保全,永历帝也得以继续苟延残喘八九年之久。

永历十三年(1659年)正月,永历帝逃到了缅甸,只住在几间竹编的房子里度日,生活极其艰苦。王皇后由于长期奔波劳累,心境越来越坏,染上了疾病。永历十五年(1661年)缅甸发生政变,金楼白象王被他的弟弟猛白杀害,猛白自立为王。为了巩固新政权,向清朝讨好,猛白假意邀请永历帝的大臣沐天波、庞天寿等四十二人过江盟誓,同饮咒水,暗中却派兵将他们全部杀死,这就是史称的"咒水之祸"。这次事件之后,宫中的贵人、宫女以及大臣的妻女都预感到末日降临了,纷纷悬树自尽。每当听到这些不幸的消息,王皇后就哭着对手下人说:"我不是没有气节的人,我也不是不能像她们那样去做。可我还有马太后,她老人家需要照顾呀,我要一死了之,马太后还能活吗?皇上不就更凄惨了吗?我不能先死!"于是王皇后就拖着重病之躯,一直维持永历朝的残局。

永历十六年(1662年)二月,缅王见永历帝侍从已被除尽,就将永历帝献给清军将领吴三桂。王皇后在被清军押解进京途中,与马太后同时在槛车中自相扼喉而死。这样,忠烈的王皇后没有救得了南明政权,她与南明王朝一起消失了。

皇太极之母——清太祖努尔哈赤皇后叶赫纳喇氏

叶赫纳喇氏，叶赫部首领（称贝勒）杨吉砮幼女，十四岁嫁于爱新觉罗·努尔哈赤为妻，她端庄、聪慧、忠诚，从不干预政事，又能善处努尔哈赤的众多妻妾与子女的关系，故努尔哈赤对她十分敬重。

公元1592年，即明神宗万历二十年，纳喇氏为努尔哈赤生下第八子，努尔哈赤亲自为儿子取名为皇太极（意同皇太子）。皇太极十分聪明，所学过目不忘。努尔哈赤非常高兴，对纳喇氏更加宠爱。纳喇氏对儿子的学习亦非常重视，常诲其勤学苦练，使其进步甚快。

公元1599年，即万历二十七年，皇太极七岁，努尔哈赤因常年征战在外，纳喇氏全力辅佐皇太极主持家政，积极支持努尔哈赤建功立业，她对大清国的建立作出了一定的贡献。

公元1604年，即万历三十二年，纳喇氏病死，时年二十九岁，努尔哈赤及儿子皇太极十分悲痛，并下令所属男女老少，在一个月内不许吃肉饮酒，以表对纳喇氏的哀悼。后追谥为太祖"孝慈高皇后"。

公元1629年，即太宗皇太极天聪三年，皇太极以厚葬之礼，将生母迁葬于清太祖努尔哈赤福陵（为清朝"关外三陵"之一，在今辽宁沈阳市东北的丘陵地上）。

多尔衮之母——清太祖努尔哈赤皇后阿巴亥

乌拉纳喇·阿巴亥比努尔哈赤小三十一岁，她跟努尔哈赤征战了二十多年，她亲眼看着努尔哈赤创立了后金政权；她为努尔哈赤生了三个儿子，这三个儿子都是骁勇战将，特别是多尔衮，清入关中原，统一中国，他是关键人物。正因为阿巴亥给努尔哈赤付出太多，她生的儿子太强大，结果在争夺汗位的时候，她竟被逼着当了努尔哈赤的殉葬品。

阿巴亥是乌拉部首领布占泰弟弟满泰之女,她嫁给努尔哈赤,完全是政治联姻。

明万历二十一年(1593年),努尔哈赤打败叶赫、哈达、乌拉等九部联军以后,一方面加强军事进攻,乘胜挥军东进,逐渐消灭较弱小的几个部族;另一方面,他采取了分化和蚕食政策,拉拢乌拉部首领布占泰,目的在于拆散海西四部的联合,以便各个击破。为此,他用结盟联姻的手段将自己的侄女(舒儿哈赤之女)嫁给布占泰;又娶布占泰的女儿给舒儿哈赤为妻,他自己则娶了布占泰的侄女(满泰之女)为妻。

明万历二十九年(1601年),四十三岁的努尔哈赤娶了十二岁的阿巴亥为福晋(满语,意即夫人)。阿巴亥是努尔哈赤的第四位福晋。她面貌俊秀,体态丰满,而且很机智,又极能体贴丈夫,具有一种诱人的魅力。深得努尔哈赤的欢心,受宠专房。其余三位福晋都被冷落了。她入宫后的第三年,大福晋叶赫纳剌氏病死。不久她被立为大福晋,亦称大妃。她为努尔哈赤生了三个儿子:阿济格、多尔衮和多铎。

明万历四十六年(公元1618年),努尔哈赤以"七大恨"誓师告天,斥责明朝杀其父祖,以及明助叶赫,使其已聘之女转嫁蒙古等等。"七大恨"是努尔哈赤兴师伐明的一项政治宣言。接着他率军攻克抚顺、清水等地,明辽东防务受到很大威胁。于是明朝廷命杨镐为蓟辽总督,驻守沈阳,集中20万兵力,分四路出边关,扑向努尔哈赤。由于杨镐计划不周,他的进军计划早已被努尔哈赤侦知。努尔哈赤在兴京(赫图阿拉)附近的萨尔浒埋伏下重兵,以暗对明,将杨镐军打得大败,四路兵马三路覆灭,一路逃回。这次战败,使明朝廷大为震惊,而对努尔哈赤却是转折性的胜利。

萨尔浒大捷后,努尔哈赤在这里修筑了萨尔浒山城,将大妃及亲眷接到这里。他又率领军队攻取辽阳、沈阳去了。

明天启元年(1621年)后金攻占明辽东的首府辽阳,努尔哈赤遂将都城定在这里。大妃也同诸福晋一起,在众贝勒的迎接下来到辽阳,踏着铺设的红地毯走进后金汗的宫门。不久,后金又在辽阳旧城以东八里的太子河畔兴建辽阳京城的宫殿、城池、坛庙、衙署,是为东京。它已经是初具规模,比较正规的宫殿了。

四年后,努尔哈赤认为沈阳是"形胜之地",决定迁都沈阳。当时的沈阳比辽阳城小一半。但是它的地理位置却更为重要。

努尔哈赤迁都后,沈阳被称为盛京。天命十年(1625年)开始改建沈阳城,兴修沈阳宫殿。大政殿和十王亭是沈阳宫殿的主体建筑,也是当时努尔哈赤进行统治的权力中心。大殿坐北朝南,宏伟壮丽,金碧辉煌。整个结构既具有汉族传统的建筑形式,又具有少数民族的建筑特点和喇嘛教色彩。大殿与十王亭合成一组完整的建筑群。这里是汗与八和硕贝勒等议政的地方。另有崇政殿（笃恭殿）、凤凰楼、德宁宫等，是进行政治活动和后妃居住的地方。

阿巴亥跟从努尔哈赤的二十多年，正是努尔哈赤势力发展兴盛的关键时期。她跟随努尔哈赤从费阿拉到赫图阿拉，又到界凡，她看着努尔哈赤灭辉发，并乌拉，创八旗，征服东海女真，降服萨哈连部；她看着努尔哈赤在赫图阿拉创立"后金"政权，称大汗。

她跟随努尔哈赤从费阿拉到沈阳城，宫殿一天天宏伟豪华，地盘一天天扩大，后金政权一天天强盛起来。

在努尔哈赤雄起的漫长历程中，围绕着汗位权力的斗争也是激烈而残酷的。努尔哈赤为强化和扩大汗权，不惜囚弟杀子，骨肉相残，他的弟弟舒尔哈赤和长子褚英就死在他的手上。

长子褚英被囚死后，围绕后金"建储"问题的明争暗斗更为激烈了。当时虽有四大贝勒各掌重兵，但斗争主要在大贝勒代善和四贝勒皇太极之间展开。在削平诸部、夺取辽沈一系列战争中，他们跟随父汗东征西讨，立下赫赫战功。两人相比，以序齿论，褚英死后，代善居长，皇太极为弟；以武力论，代善独拥二旗，为皇太极所不及。且代善待人宽厚，深得众人之心，皇太极则威严色厉，为人畏惮。努尔哈赤高兴时曾对嫔妃们说过："俟我百年之后，我的诸幼子和大福晋就要交给大阿哥（即大贝勒代善）收养。"这就暗示出他日后要将大位传给代善。所有这一切，皇太极看在眼里，妒在心上，他不甘心汗位被别人占去，他要千方百计与代善争个高低。

争夺汗位的另一个潜在威胁，就是大妃阿巴亥的儿子们。阿巴亥是努尔哈赤晚年最宠爱的大妃，这位三十出头的少妇，更加明艳动人。努尔哈赤英雄暮年，儿女情长，望着她那白里透红的脸蛋，清澈明亮的眼睛，婀娜丰盈的体态和那勾魂摄魄的微笑，努尔哈赤从心里喜欢。只有她见了自己可以不行大礼，只有她可以在贝勒们议事时坐在自己的身旁。也只有她陪自己同桌进餐，子以母贵，阿巴亥的三个儿子，努尔哈赤自然特别喜爱了。尤其是多尔衮和多铎，长得最像他们的父亲，当时多尔衮虽然只有十几岁，却已多次跟随父汗出征，表现出非凡的勇敢和才智。努尔哈赤更是视之为将门虎子。如此一个受宠爱而年轻有心计的母亲，如此一个受宠爱又才智过人的儿子，虽然年纪还小，在皇太极看来无疑是他争夺汗位的一个潜在的威胁，他要千方百计地打击他们。经过精心的策划，一个阴谋终于出笼了。

天命五年（1620年）三月的一天。小福晋德因泽向努尔哈赤告发大福晋不守宫规，并和大贝勒有暧昧之情。根据是：大福晋多次备佳肴送给大贝勒代善，大贝勒受而食之；还有大福晋一天两三次派人到大贝勒家去，像是商量什么要紧的事。进而又含糊其辞，似有似无地说，大福晋有两三次深夜出宫院。努尔哈赤立即派人调查，结果竟是告发属实，而且进一步揭发大福晋在诸贝勒大臣举行宴会、集议国事的时候，与大贝勒眉来眼去。诸贝勒大臣早都看不惯，却因惧怕而不敢报告。努尔哈赤听后，极为震怒，他一向对后宫嫔妃管教甚严，并早已明令不准嫔妃和贝勒大臣有任何联系，不想自己最宠爱的大妃与寄以厚望的大贝勒却做出此等事来，怎能叫他不愤慨呢？但他不愿把家丑张扬出去，也不愿加罪于儿子，便借口阿巴亥窃藏皇帛，取消其大福晋资格。此后，小福晋德因泽因告讦有功，取代了阿巴亥在餐桌上的位置。代善则被停止了临朝摄政的权力，又被削夺了一旗。

德因泽的告讦是皇太极精心策划的阴谋，利用代善与大妃的隐私，施一箭双雕之计，既使大妃被废，使多尔衮重蹈莽古尔泰的覆辙，又使大贝勒代善声名狼藉，失去努尔哈赤的信任，为他以后夺取汗位迈出重要的一步。

然而，努尔哈赤对她的感情的确是太深了。他不能没有她。一年后，阿巴亥又被复立为大妃。也因为她终究没有做出什么大的错事，同时，努尔哈赤还将多尔衮、多铎封为贝勒，分别领有正白、镶白二旗。这样争夺汗位的斗争必将演出更加惨烈的一幕。

天命十一年（1626年）正月，努尔哈赤在宁远城下被袁崇焕打得惨败，自己被火炮击成重伤，众将士哭号着用红布将他包裹着抬下阵来。此后他心情十分沮丧，自起兵以来，四十四年的戎马生涯，铁骑横扫了几乎整个东北，可以说是战无不胜，攻无不克，不期今日竟败在乳臭未干的袁崇焕的手中，莫非我违了民情，失了天意？莫非我的气数将尽了吗？努尔哈赤百思不得其解。半年以来他终日陷入焦躁、痛苦之中。因而肝郁不舒，积愤成疾。他创伤未愈，痛疽突发，不得不于七月二十三日到清河汤泉沐养，但直到八月，治疗毫无起色，病势危重，便乘船顺太子河而下，准备返回沈阳。途中，他自己感觉不行了，便派人召大妃来迎。大妃在距离沈阳四十里的瑷鸡堡迎见努尔哈赤，八月十一日，六十八岁的努尔哈赤就在这里死去。

努尔哈赤死后，阿巴亥悲痛欲绝。她与群臣一起抬着努尔哈赤的灵柩返回沈阳宫中。努尔哈赤尸骨未寒，争夺汗位继嗣的斗争却已达到白热化程度。

这时，除了代善、阿敏、莽古尔泰、皇太极四大贝勒外，还有四小贝勒，他们是阿济格、多尔衮、多铎、济尔哈朗。自那桩风流案之后，代善无力争夺嗣位了，倒是多尔衮三兄弟成了劲敌。多尔衮这时十五岁，多铎十三岁，三兄弟各领一旗，又有其三十七岁正当盛年的生母阿巴亥控制于上，实力强大，那阿巴亥又是个极精明、有心计的人，多尔衮继承汗位可能性极大。权欲熏心的皇太极要取得成功，必须搬掉这个绊脚石。于是皇太极便用种种手段串通四大贝勒，在临终遗命上大做文章。

在努尔哈赤驾崩的第二天，皇太极与代善、莽古尔泰三人来到后宫，由莽古尔泰向阿巴亥宣布了努尔哈赤的遗命，说阿巴亥心怀妒忌，留之恐后为国乱，"俟吾终，必令殉之"。阿巴亥知道这是个阴谋，拒不从命，气愤地反驳道："老皇崩逝之时，我就在跟前，老皇根本没有说要我殉葬的话。"

皇太极绵里藏针，语调平缓地说："老皇早就预先留下遗言，他要你陪伴他于地下。"

阿巴亥看透了皇太极的心思，为了揭穿他的阴谋，怒斥道："你们为了夺取汗位，假传汗谕，老皇尸骨未寒，就来要我的命，你们还有点良心吗？"她哭喊着："我不要死！我不要死！"

"父皇的遗命，只怕由不得你了。"皇太极凶相毕露，在"由不得你"几个字上加强了重音。

"父皇是舍不得你，才要你相随于地下。你跟着去，也遂了父皇的心愿。他生前对你那么好，他死后你怎么能不服从他的命令呢！"莽古尔泰从另一面配合，来了个软硬夹攻。

阿巴亥睁着一双泪眼望着代善。希望代善替她说话，把她从死神手中夺回来。但懦弱的代善赶忙低下头，她绝望了，知道死已不可避免了，她停止了哭泣，想了想，决心以死换取儿子们的平安，于是动情却又威慑地说："我从十二岁嫁汗王，二十六年来汗王对我爱护备至，我与他同桌共饮，同甘共苦，还有什么不满足的呢？汗王去了，我应当相随。我死不难，只是我的两个孩子多尔衮、多铎年纪还小，我放心不下，拜托四大贝勒，念是汗王骨肉，多加照看，我在九泉之下，也会感谢你们的！"

"你能尽节，我们对天发誓，一定保护好你的儿子，你放心去吧。"可怜的代善总算说了句安慰的话。

阿巴亥坚持要三个人一起发誓，保护她的儿子。在三位贝勒对天鸣誓之后，沐浴盛装，佩戴上努尔哈赤赏赐的珠玉，于八月十二日辰时自缢而死。皇太极逼阿巴亥自缢后，又令当年为他出力、向努尔哈赤告发阿巴亥和代善暧昧关系的妃子德因泽和另一位庶妃阿济根一同殉葬，真是惨绝人寰。

大妃死后，多尔衮和多铎年少失去依恃，无力争汗位，代善等人早败下阵来，于是皇太极在扫清障碍后，顺利继嗣父汗以登大位。事后，为遮人耳目，皇太极称她不忘皇恩，殉葬死节，将她同先皇同柩装殓，葬于沈阳东石咀头山的福陵。

顺治初年，多尔衮摄政，于顺治七年（1650年）追谥其生母阿巴亥为"孝烈恭敏献哲仁和赞天俪圣武皇后"。

顺治八年，多尔衮获罪，遂罢谥，连她的牌位也被"赶"出了太庙。

政治婚姻——清太宗皇太极皇后博尔济吉特氏哲哲

博尔济吉特氏哲哲，科尔沁蒙古贝勒（首领）莽古思之女。因政治斗争的需要，努尔哈赤决定用满蒙联姻的方法加强与明朝斗争的势力，他把自己的女儿嫁给科尔沁蒙古贝勒，科尔沁蒙古贝勒亦将自己的女儿哲哲嫁给皇太极，成为清太宗皇太极的结发之妻。

公元1614年,哲哲出嫁那天,努尔哈赤命皇太极亲自迎至辉发扈尔奇山城,在这里大宴亲朋,举行了婚礼。哲哲美丽端庄,性情温柔,待人和善,婚后与皇太极生活得十分甜蜜,感情非常好。

公元1626年秋,努尔哈赤死去,经过激烈的争夺,皇太极于当年九月继承了汗位。哲哲被封为中宫大福晋。

公元1636年,盛京(今辽宁沈阳)城内张灯结彩,一片欢腾。后金大汗从这一天起改称皇帝,年号崇德,改国号为清。

这位大清第一个皇帝登基之后,对他的后宫也进行了加封。皇太极有后妃十五人,其中七人来自蒙古,这七人中又有三人来自科尔沁部,她们都姓博尔济吉特氏,而且是姑侄两辈。原来的中宫大福晋是科尔沁蒙古贝勒莽古思之女,名叫哲哲,现在被封为清宁宫皇后;她的大侄女海兰珠是莽古思之子宰桑之女,现在被封为宸妃,居于关雎宫;小侄女布木布泰是海兰珠的妹妹,现在封为庄妃,居于永福宫;其他两宫来自蒙古阿霸垓部,一个为麟趾宫贵妃,一个为衍庆宫淑妃。之后,皇太极又追封已去世的岳父莽古思为和硕福亲王,封太妃为和硕福妃。

哲哲皇后恪守妇道,与后宫嫔妃们和睦相处,从不妒忌,唯一的遗憾是她未能为皇太极生个儿子。因此,后来又把两个侄女进奉给皇太极为妃。皇太极对她们十分宠幸,但时间一长,对她这个皇后不免有些冷落。她也不计较,始终恭顺地侍候着皇太极,并且关心和照顾着诸宫妃嫔。

公元1643年秋,皇太极突然发病死去。哲哲皇后身不由己地卷入了新的皇位争斗中。急欲立自己的儿子福临为帝的庄妃利用哲哲皇后的仁厚,请她与自己一起说服皇长子豪格放弃争夺,争取大贝勒代善支持福临。最终使自己的儿子福临继承了帝位,是为清世祖。

福临即位后,尊皇后哲哲和自己的母亲庄妃为皇太后。不久,二位皇太后随顺治帝福临一起入关,进驻北京紫禁城。

公元1649年,哲哲皇后病逝,终年五十一岁,谥"孝端文皇后",与皇太极合葬"昭陵"。

著名的孝庄太后——清太宗皇太极庄妃博尔济吉特氏

孝庄文皇后,是明末清初中国历史舞台上有影响的人物之一。她在政治动荡的数十年中,历经二代(明、清)三朝(天聪、顺治、康熙)的变化,把全部精力都投入到风云变幻的政治斗争之中,对清王朝统一中国和入关初期巩固统治起到了重要作用。

预言成真,实非所愿

孝庄文皇后,博尔济吉特氏,名叫布木布泰,又叫大玉儿,是蒙古科尔沁贝勒寨桑的女儿。生于明万历四十一年(1613年)二月初八。天命(努尔哈赤在位时的年号)十年二月(公元1625年),时年仅十三岁的她因为一位喇嘛的预言被皇太极纳为侧福晋。此前,她的姑姑哲哲已经是皇太极的福晋了。

传说,年少的大玉儿与她的一个侍女在蒙古草原上巧遇一位喇嘛,喇嘛预言她"必定母仪天下"。也就是那年,大玉儿的姑姑哲哲回乡省亲。这一行不但将大玉儿带出了科尔沁大草原,来到皇都盛京,更将多尔衮带入大玉儿的生命中,却不料两人一见钟情,暗定终生。但是,天不遂人愿,喇嘛预言的事引起了皇太极的注意,让他产生了娶大玉儿的念头,因为他不能将当皇帝的机会让给其他人。大玉儿早在蒙古便曾读书知史,皇太极不时与她谈论国政、让她参与机密,增强了大玉儿的政治头脑和素养,加上大玉儿天生貌美使得皇太极越看越爱,越发倾心于大玉儿。

公元1626年,三十五岁的皇太极袭父亲汗位,改元天聪。1636年即天聪十年正式称帝,改国号为"清",改元崇德。大玉儿被封为永福宫庄妃(孝庄的名号由此而来)。皇太极很爱大玉儿,他对大玉儿玲珑剔透的心思尤其赞赏、疼爱,但在疼爱大玉儿的同时,皇太极也感受到,大玉儿虽然敬他、顺他、温柔可人,但却从不会在他面前争宠撒娇,他在大玉儿身上感受不到情人之间的"爱"。为此,皇太极感到十分失落。当他得知大玉儿仍然心系多尔衮时,对她不禁爱恨交织。于是皇太极专宠关雎宫宸妃,也就是大玉儿的亲姐姐海兰珠,海兰珠柔弱可怜的模样,打动了皇太极的心。海兰珠的款款深情与全心全意的对待,是皇太极之前很想从大玉儿身上得到却怎么样也得不到的。皇太极对海兰珠倾心,想借机激起大玉儿的忌妒,希望能引起大玉儿的争宠,却不料大玉儿不卑不亢、宠辱不惊。

崇德三年正月三十日,永福宫上红光冲天,大玉儿生子福临。

孝庄太后

崇德七年（1642年），皇太极取得松锦大战的胜利，俘虏了明朝的蓟辽总督洪承畴。深感"千军易得，一将难求"的皇太极为成就大业，一统中原，不惜一切代价劝其投降，又是金钱，又是美女，但洪承畴不为所动，大义凛然地说："我只知道有大明朝，不知道还有什么清朝，只求速死，不要多说，我不会投降的。"说罢，绝食求死。皇太极也拿他毫无办法。在洪承畴绝食的第四天，忽然一位汉族打扮的俏丽女子推门而入，陪坐在洪承畴的身边，竟使洪承畴丧失了戒心，攀谈起来。想起自己的娇妻爱子，百感交集，泪如泉涌。那女子悄声劝说道："人要想死还不容易，活下去才是最难的呀。将军是明朝的栋梁大将，却不能被朝廷重用，得不到皇帝的信任，袁崇焕是怎么死的，将军难道不知道吗？将军空有雄才大略，纵使不念及自身和家人的性命，也应念及黎民和社稷，现在清主仁慈宽宏，求贤若渴，正是将军施展才华的好机会呀。"洪承畴细思半响后，决定投降。

传说这个女子正是庄妃。此后，洪承畴跟随多尔衮入关，攻城略地，灭明辅清，平定江南，扫荡云贵，击败李定国，除去明桂王，为清王朝驰骋疆场二十余年，成为清王朝扫平中原的先锋。

崇德八年八月九日晚（1643年），大清开国皇帝皇太极突然猝死。当时孝庄三十二岁，她不到六岁的儿子福临继承了皇位，改元顺治。她"母以子贵"晋封为圣母皇太后，因为顺治帝年幼，孝庄以太后之尊"母仪天下"。

太后下嫁，保儿帝位

崇德八年（1643年），五岁半的顺治帝爱新觉罗·福临登上大清皇位宝座，其背后却蕴藏着激烈的帝位争斗。

大清朝能真正成为大清朝，与多尔衮有很大关系。多尔衮是清太祖努尔哈赤的第十四子，母亲是努尔哈赤的第四位大妃阿巴亥。他自幼深得父亲厚爱，而且在萨尔浒之战，攻克沈阳、辽阳、征服叶赫部、援救科尔沁等战役中，军功卓著，出类拔萃。大玉儿与多尔衮曾终身暗许，却被皇太极纳为侧妃，因此多尔衮与皇太极有夺爱之恨。

多尔衮曾率兵征战蒙古察哈尔，察哈尔林丹汗之子额哲投降，并献上"传国玉玺"。公元1636年，因此大功，多尔衮晋封和硕睿亲王。

皇太极的突然死亡给了多尔衮机会。想当年，在父汗努尔哈赤去世后，他的母亲阿巴亥被以皇太极为首的四大贝勒逼迫殉葬。对他来说，皇太极有着杀母夺位之仇，现在正是到了还他皇位的时候了。因为皇太极生前没有指定皇位的继承人，所以有实力的亲王都想争夺皇位。

皇太极的皇长子豪格也对皇位虎视眈眈。虽然此时多尔衮握有重权，但还有与他一直不合的郑亲王济尔哈朗对其有很大牵制。根据太祖努尔哈赤留下的"贵族共和政体制度"要求，将由各方贵族共同推选皇位继承人。

这天，礼亲王代善、郑亲王济尔哈朗、睿亲王多尔衮、豫亲王多铎、肃亲王豪格等都一起来到崇政殿。最后冲突集中在以豪格为首的两黄旗和以多尔衮为首的两白旗上。双方争执不下，这时，多尔衮却抓住两黄旗说"要立皇子"这一主张，提出立皇九子，也就是五岁半的福临为帝。两黄旗再无话说，其他王公大臣也表示同意。就此，福临于崇德八年，举行登基大典，年号顺治。

因顺治年幼，多尔衮提出由他和郑亲王一同辅政。而种种事实表明，多尔衮在眼见自己很难得到帝位的情况下，选择不懂事的小皇子做皇位的继承人，主要有两个目的：一是彻底粉碎豪格继承帝位的图谋；二是便于自己随意摆布小皇帝，实则"挟天子以令诸侯"。后来的实际情况也正是如此，多尔衮因拥立福临为帝，自己做了首席辅政大臣。次年封为摄政王，进而又晋封为叔父摄政王，至公元1648年，又自封为"皇父摄政王"。

多尔衮主张满汉统一，采取了许多笼络汉官、安抚民心的措施，对于清初的安邦定国起了重要的作用。但他也独断专行，实行了"圈地、投允逃人"、"薙发令"（即"留发不留头，留头不留发"）等残酷政策，有时对顺治也肆无忌惮，甚至不行跪拜之礼，并且将宫中的御印也拿回自己府中，随意使用。公元1651年，在去边外喀喇城（今河北承德市郊外）打猎期间，多尔衮暴亡，终年三十九岁。这时一直作为傀儡的顺治帝才终于亲政。

多尔衮对孝庄情深依旧，孝庄却为了大清基业与儿子的未来，对他若即若离，还得以柔情拴住他称帝的野心。而多尔衮与逐渐长大的顺治也产生了政见上、情绪上的尖锐对立，孝庄夹在两人之间，苦心设谋调停。斗争的结果，多尔衮对权力与爱情的强烈执著，终成为他致命的弱点。多尔衮英年早逝，孝庄虽松了口气，却也无比痛心难过。

顺治亲政之前，孝庄摄于多尔衮的权势，委曲求全，民间有太后下嫁的传闻。一种说法是清太宗皇太极晏驾后，当时还是妃子的孝庄文皇后找到了多尔衮，提出让多尔衮拥戴福临即位，条件之一就是让多尔衮担任摄政王。多尔衮权衡利弊后，同意了孝庄文皇后的意见。但有人认为其中还有一个不可告人的秘密，就是多尔衮与孝庄文皇后进行了一次权色交易。多尔衮长期以来一直痴迷于孝庄文皇后，孝庄早就知道这一点，因此，在皇位继承的关键时刻使出撒手锏，一举成功，让自己的儿子福临成功地继承了皇位。

此后，多尔衮率兵打进北京，控制了当时的军政大权，他已经不满足于偷偷摸摸，开始公开出入后宫禁地。而当时满族的习俗兄长死后弟弟可以娶嫂子，父亲死后儿子可以娶父亲的妾，因此对多尔衮的所作所为满洲贵族并不在意。所以多尔衮和皇后的感情发展可以说完全没有阻碍。

多尔衮与小皇帝顺治一直关系不好，这对摄政王多尔衮来说一直如骨鲠在喉。而此时多尔衮元妃去世，前明降臣钱谦益就向多尔衮说，"无非再娶，以慰悼亡"。就此即请皇太后下嫁多尔衮，使传言变现实，实至名归，这样也好控制顺治。这一提议很快就得到了多数大臣的支持，而福临也碍于多尔衮的权势勉强同意。就这样，太后正式下嫁多尔衮为妻。

还有一种说法是，摄政王多尔衮在逼死政敌豪格后，娶了豪格的福晋，她是来自蒙古科尔沁草原的博尔济吉特氏。但是民间却以讹传讹，传说当今皇太后，同样来自科尔沁的博尔济吉特氏下嫁多尔衮。其实，"太后下嫁"之说，首先起因于顺治五年（1648年），多尔衮被封为"皇父摄政王"，这个怪异的称呼引起了人们多种猜测。大家认为，皇帝之母降贵屈尊下嫁，才使多尔衮有了这种尊称。而也有人称当时顺治是为了孝顺，考虑到母亲的孤苦及与多尔衮多年的情谊，和多尔衮对自己拥立帝位的恩情，在大臣的提议下议请多尔衮与母亲结合。但不管怎样，"太后下嫁"的故事，反映出了顺治帝和孝庄皇后这对孤儿寡母当时尴尬险恶的政治处境。

儿逝孙继，再抚幼帝

顺治十八年（1661年）正月初四日，顺治帝身患"痘疫"（即天花），卧床不起，高烧不止，昏迷不醒，生命危在旦夕。此时皇太后孝庄不得不考虑其子身后之事，便授意翰林院学士王熙起草遗诏。遗诏内容主要有以下三点：

第一、明确指定皇三子玄烨为太子，避免了继位之争的重演。

第二、异姓辅政。孝庄想到玄烨年幼，须有重臣辅政，念及宗室多尔衮辅政期间的种种弊病，故决定选择非宗室大臣辅政，以便控制，更为效忠，故遗诏特命内大臣索尼、苏克萨哈、遏必隆、鳌拜为辅政大臣。

第三、安抚满贵。增强和巩固满族贵族内部的团结。

七日，顺治帝病逝，将遗诏广为发布，使天下人皆知，玄烨即帝位，年号康熙，孝庄成为太皇太后。

顺治帝死后，孝庄成为清朝统治集团中德高望重、一言九鼎的人物。为了大清王朝的巩固与发展，培养孙子成为一代英主，孝庄对玄烨一面加强教育，让他读书明理，提高以国事为重的个人素质；一面透过具体政务，增强他治国安邦的能力。但许多重大政务的处理与她的意旨是分不开的。

孝庄曾对辅政大臣深为信任，放手任用，但鳌拜居功自傲，权力欲逐步滋长，擅杀朝臣，专横跋扈。玄烨对此自然难以应付，但政治经验丰富的孝庄，却不露声色地密切注视事态发展。

康熙四年（1665年）九月初八日，孝庄让十二岁的玄烨与索尼的孙女举行大婚典礼，以此拉拢清朝元老索尼及其家族。玄烨大婚标志皇帝成年，其亲理政事已为期不远。而此举也改变了皇太极和福临时期皇后全都出自蒙吉尔济吉特氏的惯例。但这并不代表孝庄忽视满蒙贵族联姻的政策，而是从巩固皇权、安定政局的现实需要出发。

康熙五年（1666年），鳌拜在擅权乱政路上已愈走愈远。他不顾玄烨的反对大量圈占土地，矫诏将反对此举的大学士管户部事务苏纳海等三名大臣处死，造成一大冤案，致使广大农民流离失所，加剧了满汉民族冲突。

康熙六年（1667年）七月初七日，玄烨"躬亲大政"，但辅臣们"仍行佐理"。孝庄特为孙儿收权安排过渡阶段，以使他的威望逐步提高；同时也让辅臣有个适应过程，将他们因交权而产生的失落感，减少到最低限度，从而确保此次权力交接稳妥进行。

康熙六年六月索尼去世，鳌拜清除异己，独掌辅政大权，更为跋扈。他欺君擅权，全然不把玄烨放在眼中。他的种种僭越行径，已对皇权构成严重威胁。至此，孝庄终于作出决断，帮助玄烨制定了"擒贼先擒王"，迅速打击了鳌拜的主要党羽，并震慑住其他成员。清除了鳌拜集团，排除了威胁皇权的潜在危险，扫除了清朝向前发展的绊脚石后，玄烨真正掌捏了清朝大权。铲除鳌拜集团这场惊心动魄的政治较量，是玄烨君临天下后孝庄对他的一次关键性指导与帮助。当时，玄烨年仅十六岁，还缺乏足够的智谋与经验。若无孝庄的指教、授计，他很难在亲政后第三年，便一举粉碎这一把持朝政多年、势力颇大的政治集团，并且处理得稳妥、彻底，不留后患。

在对鳌拜集团的铲除过程中，孝庄、玄烨祖孙相互加深了解，感情更为深厚。其间，玄烨表现出他那一年龄少有的胆略和杰出才能，让孝庄感到满意且欣慰；另一方面，玄烨也从祖母身上学到很多东西，除了坚决、果敢的作风外，令他印象最深的，是祖母对人处事宽厚豁达的态度。正是在祖母的影响下，他处置鳌拜及其党羽时，运用宽严相济、安抚绝大多数朝臣的策略，收到人心安定、朝政稳固的效果。孝庄的言传身教使康熙逐步具备一代名君所应有的宽阔心胸与气度，在他其后的漫长统治岁月里，无论是平息党派之争，还是处理废太子事件，或采取其他重要举措，这种方针、策略依然完整地保留下来，足见孝庄的智慧、品德与作风，已经体现在孙儿身上，由他继承并发扬光大了。

康熙十二年（公元1673年）底，以明朝降将吴三桂等人为首的三藩发生叛乱，并有冒充"朱三太子"的杨起隆在京举事。孝庄和康熙都面临着严峻的考验。

此前，政治嗅觉敏锐的孝庄时常提醒孙儿不忘武备，居安思危；令汉臣翻译儒家经典，颁赐诸臣，帮助孙儿加强统治，进一步处理好君臣关系。因此，当三藩之乱发生，清朝统治面临巨大威胁的时刻，祖孙二人都表现得异常镇静。

康熙十三年（1674年）元旦。朝廷一如以往，举行盛大朝贺与筵宴，以此向臣民显示皇帝无所畏惧的气概，以及与叛军决战决胜的坚定信念，起到安定朝野、鼓舞士气的作用。康熙十四年（1675年）三月，蒙古察哈尔部布林尼乘清廷集中力量对付三藩，无暇他顾之机，发动叛乱。因京城八旗精锐大部分出征平叛，只有少部分肩负护卫京师之责。前往平叛已无兵可调。正当玄烨苦思筹集兵源及派谁充任领兵之将时，孝庄向他建议："图海才略出众，可当大任。"玄烨马上召见图海，任命为大将军，委以重任。图海果然不负重托，率领数万名八旗家奴，迅即平定了布林尼叛乱。这一事例表明，孝庄平时对文武重臣了若指掌，因而能在紧要关头及时指点玄烨，帮助他渡过难关。

平叛期间，每逢玄烨遇到棘手之事，孝庄便为之出谋划策，并凭借自己在朝中的崇高地位和威信，给予孙儿有力支持。因指挥得当，加之采取剿抚并用、重用汉人、孤立分化对方等一系列正确策略，平叛战争以清廷获取全胜而告结束。

整整八年，孝庄与孙儿一起分担了无尽的焦虑与辛劳，终于大功告成。孝庄在平定三藩之乱过程中的巨大功绩，举朝尽知。可是当玄烨和大臣们请求按照朝中惯例，为她加上尊号时，她却表现得十分谦逊，再三拒绝。孝庄全力扶持康熙，将功劳全归于爱孙，让孙儿的威望透过平定三藩更加扩大，进一步巩固康熙的政权。

从孝庄作为玄烨政治导师和保护人的角度审视，随着玄烨不断成熟与孝庄的日渐衰迈，康熙二十年前后，他们的关系逐步过渡到一个新的时期。直至康熙二十六年（1687年）孝庄去世，尽管玄烨早已对各项政务应付自如，不再需要祖母的指导，但还是将祖母视为顾问，朝廷有重大事件，皇上还是先请示孝庄，再作决定；孝庄虽然精力不济，但也仍同以往，时刻关怀孙儿，处处予以支持。

康熙二十六年十二月二十五日，孝庄与世长辞。弥留之际，她嘱咐孙儿玄烨："太宗文皇帝皇太极的梓棺安奉已久，不要为了我再开启了，况且我一心牵挂着你皇父和你，不忍心远去盛京。就在你父亲的孝陵附近选一块地方，给我安身，那我就心满意足了。"她知道孙儿对她的感情很深，担心孙儿过度悲伤，特意在遗诏中指出："只恐怕皇帝的孝心超越古人，希望不要过于悲痛，应该以江山社稷为重，勤政爱民。千万不要为我割辫守孝，按照旧制。我死后三天，皇帝要上朝听政，处理国家公务。"

尽管玄烨已有心理准备，但事情真的到来时，仍然难以承受。孝庄逝世后一连十余日，玄烨滴水未进，以致吐血昏迷。他违反清朝"太后丧，皇帝可以例外不割辫"的祖制，不遵祖母遗旨，毅然割辫；又拒绝臣子关于清朝年内的丧事年内办的奏告，决定将孝庄梓棺安放在慈宁宫内，直到第二年的正月十一日，孝庄才被安葬于今河北遵化马兰峪的清东陵旁的昭西陵，也就是儿子顺治的身边。

孝庄与玄烨，是一对不平凡的祖孙，他们之间多方位、多层次的关系，给人启迪，令人深思。对孝庄来讲，玄烨不仅仅是亲孙子，在他身上，还倾注了自己对儿子福临的眷恋与负疚之情。在玄烨心目中，孝庄也不仅仅是他的祖母,他八岁丧父,十一岁丧母,玄烨把孝庄看成自己的亲生父母,同时也将孙儿的亲情和孝敬,与作为儿子未能给与父母的回报,合在一起,一并给了祖母。

孝庄太皇太后虽然没有垂帘听政,但她在政治上继承、延续和光大了太祖的事业,而且在生活上传承、带动和示范着尚武精神。这位太皇太后辅佐了顺治、康熙两位幼主,为清初的繁荣和稳定立下汗马功劳,史学家对其评价甚高,称她是明末清初最杰出的女政治家,人称"两朝兴国太后"。

迟来的幸福——清世祖顺治皇后博尔济吉特氏

顺治十一年(1654年)六月,由福临(顺治帝)的母亲孝庄太后作主,将科尔沁蒙古贝勒绰尔济之女博尔济吉特氏选进宫中,初为顺治皇妃,一个月后册为皇后。同时,新皇后的妹妹和她同一年进宫,被册为淑惠妃。

顺治帝对这位皇后也没有什么好感,冷冷地对待她。顺治十五年(1658年),皇太后有病,顺治帝毫无根据地责备皇后不懂礼节,命令停止她应当享受的某些礼仪性待遇,并让诸王、大臣讨论执行。由于皇太后理直气壮的干预,皇后的这些待遇才得到恢复,但顺治帝一直冷淡这位皇后,直到他去世。

康熙帝即位后,博尔济吉特氏被尊为皇太后,居慈仁宫,而这成了她生活的转折点。

博尔济吉特氏和太皇太后与康熙帝的关系一直非常融洽。康熙二十二年(1683年),康熙奉太皇太后出塞,由于太后未同行,康熙中途射得一只鹿,他命人将鹿尾用盐腌好,亲自送给太后,极尽孝道。康熙二十六年,太皇太后病重,太后朝夕侍奉在身边。太皇太后去世下葬时,太后仆地大哭,痛不欲归。康熙帝令诸王大臣奏请太后节哀回宫,再三劝请,她才忍痛回宫。康熙二十八年,建宁寿新宫,奉太后居住。

康熙三十六年(1697年)二月,康熙帝亲征噶尔丹,驻扎在他喇布拉克。太后在康熙帝生日时,遣使给皇帝祝寿赐金银茶壶,康熙帝对细心而又体贴的皇太后十分感激。平定了噶尔丹后,群臣请康熙帝加太后徽号寿康显宁,太后因为康熙帝不受尊号,也坚决不受。康熙帝对皇太后的善解人意,更为钦佩。太后六十大寿时,康熙帝制《万寿无疆赋》,并送了礼品,又令膳房数米万粒,号"万国玉粒饭",及肴馔、果品等献上。到太后七十大寿时也是如此。很有作为的康熙皇帝在孝道方面,可谓是历代君王的典范。

康熙帝带病朝夕侍奉皇太后被传为佳话。康熙帝六十四岁时,太后病重。皇帝不顾自己身体欠佳,亲自到宫中看望太后,并跪在床下,双手捧着太后的手亲切地说:"母后,儿臣在此。"太后慢慢睁开眼睛,一边握着康熙帝的手,一边仔细地端详着他,感动得泪水不禁流出,可惜已不能说话了。太后去世,享年七十七岁。葬孝陵之东,即孝东陵。

辅政大臣索尼之女——清圣祖康熙皇后赫舍里氏

赫舍里氏,是辅政大臣索尼的孙女,领侍卫内大臣噶布喇的女儿。公元1665年夏,赫舍里氏被康熙帝册立为皇后,也是康熙帝的第一位皇后。

这门婚事是康熙的祖母布木布泰太皇太后定下的。康熙八岁即位,由索尼、苏克萨哈、遏必隆和鳌拜四大臣辅政。居四大臣首位的索尼是四朝元老,从一等侍卫累升至内大臣、一等伯,深得太皇太后的信任与赏识。因此,太皇太后便做主要把他的孙女立为皇后。当将此事交大臣们议论时,鳌拜坚决反对,并声称:"若将噶布喇之女立为皇后,必动刀枪。满洲下人之女,岂有立为皇后之理?"并会同遏必隆、苏克萨哈启奏太皇太后。太皇太后回答说:"满洲之女如何立不得皇后?我意已定,不必再议。"于是,赫舍里氏成为皇后,她一家成为皇亲,地位显赫。

公元1674年,皇后生下皇二子允礽。但她不幸在生允礽的当天就死去了。年仅二十二岁。谥为"仁孝皇后"。后改谥为"孝诚仁皇后"。

公元1681年,赫舍里氏皇后葬于孝东陵之东,即景陵。

谦逊仁孝——清世宗雍正皇后乌拉那拉氏

乌拉那拉氏,内大臣、步军统领费扬古之女。胤禛还是皇子时,娶乌拉那拉氏为妻。后来康熙帝册封其为雍亲王嫡福晋。胤禛即位为帝后,乌拉那拉氏的地位也随之提高。于公元1723年,她被册封为皇后。她在雍正的藩邸生活了三十年,亲历了康熙晚年种种残酷的宫廷斗争。

乌拉那拉氏孝顺恭敬、谨慎谦和,无论在藩邸之时还是被封为皇后之后,她始终如一。雍正对皇后很尊重,常称赞她谦和顺从。她曾为雍正生下长子弘晖,可惜长到八岁时不幸夭折。

公元1731年,皇后病死。雍正帝非常悲痛,要亲临合殓,但此时雍正大病初愈,身体十分虚弱,大臣们怕他触景增悲,纷纷谏止,雍正只得听从。雍正帝亲上谥号曰"孝敬宪皇后"。后与雍正帝合葬于泰陵。

乾隆之母,颐养天年——清世宗雍正皇后钮祜禄氏

钮祜禄氏,父亲凌柱是四品典仪官。钮祜禄氏出生于公元1692年,十三岁之时入胤禛贝勒府,号格格。

公元1711年,她生下雍正的第五个儿子弘历。但因李妃所生第二子早殇,

所以弘历排行为第四,称皇四子。后来弘历继承了皇位,这就是清高宗乾隆皇帝。

弘历自幼聪颖过人,深得祖父康熙帝和父亲的喜爱,他的生母也因此备受恩宠。雍正即位后,钮祜禄氏被封为熹妃,又进为熹贵妃。

弘历立嗣以后,又得母以子贵,雍正临终留下遗命,封为皇后。高宗即位后,尊为皇太后,居于慈宁宫。

乾隆帝非常孝敬自己的生母。作为一代风流皇帝,乾隆一生中经常巡游各地。他出巡时常常奉太后以行,她曾随乾隆帝三次南巡、三次东巡、三次到五台山。每次出巡,必兴师动众,修桥铺路,修葺行宫。所到之处,地方官民列队跪伏迎候,好不气派。

每遇太后生辰万寿之日,乾隆都亲率王公大臣奉觞称庆。特别是乾隆十六年太后六十大寿以及此后的七十、八十大寿,庆典一次比一次隆重。在她回宫所经的十几里路上,张灯结彩,几十步搭一个戏台,南腔北调,名伶毕集,轮番演出。以彩绢做高山,锡箔做海湖,一个寿桃竟有几间屋子那么大。乾隆帝知道母亲喜欢江南风光,还特地在万寿寺旁仿造了几里路长的"苏州街",奉迎母亲穿行于其间。每次寿典所进寿礼,更是不计其数。先进皇上亲制的诗文、书画,再进如意、佛像、冠服、簪饰、金玉、犀象、玛瑙、水晶、玻璃、珐琅、彝鼎、瓷器、绮绣、书画、币帛、花果等,各种外国珍品也无所不全。

太后为天下母四十余年,乾隆帝以天下养之。时值国家全盛,钮祜禄氏享尽了人间的荣华富贵。

公元1777年正月,钮祜禄氏死去,享年八十六岁。葬于泰陵东北,称泰东陵。后上谥号为:"孝圣宪皇后"。

生逢盛世,不忘节俭——清高宗乾隆皇后富察氏

雍正五年(1727年),乾隆帝为皇子时,察哈尔总管李荣保的女儿富察氏被封为嫡福晋。乾隆二年(1737年),册立为皇后。

富察氏是个注意节俭的人,她当皇后十三年,从没佩带过珠宝翠玉,只用通草绒花做装饰品。每年正月新春开始,后妃们都要做荷包献给皇帝。别的妃嫔都用金银丝线,非常华丽,唯独富察氏用鹿羔绒毛制作荷包。富察氏这样做,是想仿照清朝在关外时期的样式,以此提醒乾隆帝不忘祖宗。因此,乾隆帝很敬重她。她为乾隆帝生了永琏、永琮二子。

乾隆皇帝是个勤于政务的皇帝,也是个贪图享乐的皇帝,还是个风流的皇帝。他喜欢率大臣、后妃游山玩水。他在位期间,正是清朝最繁盛的时期,具有优越的物资条件。他曾经六次下江南,五次巡幸五台山,五次告祭曲阜,七次东谒三陵,两次巡游天津,一次登赏嵩山,一次游览正定,多次避暑热河,

堪称历代皇帝之最了。在交通不发达的十八世纪，每游一次，要耗多少人力、物力、财力，可想而知了。

为此富察氏多次劝告皇帝，乾隆帝表面点头应承，但心里却不以为然，他另有一番情趣，依然挥霍奢侈。乾隆帝大修避暑山庄，所费亿万；大修圆明园，也不下亿万。圆明园里奇珍异物，令人目眩神迷。还下令在福海东边的同乐园中，添修一条买卖街，各种时新货物、茶馆饭店，样样俱有。开店的是内务府太监，跑堂的则须从宫外挑选声响口亮的人，龙驾过时，更得把叫卖声、报账声、核算声喊得沸沸扬扬，此起彼伏，乾隆帝听了方能龙颜大悦。

乾隆帝口头上一再讲要节俭从事，但实际并未从事节俭。皇后富察氏再三提醒劝诫，也不起什么作用。乾隆十三年（1748年），富察氏随同乾隆帝东巡。三月，途径山东德州，准备乘船返回北京。她刚到德州，就得了感冒。赶巧，当地连日春雨纷纷，天气格外阴冷。她感冒没好，加之旅途劳累过度，转成肺炎，不治而死，享年三十七岁。富察氏死后，乾隆帝很悲痛，昼夜兼程返回北京，将富察氏殡于长春宫，服缟素十二天。

皇后富察氏曾对乾隆帝说过：“我百年之后，陛下如赐我谥号，就请赐'孝贤'。”于是，乾隆帝遂谥富察氏为"孝贤纯皇后"。

乾隆帝悲痛之余，为孝贤纯皇后撰写了碑文，其中写道：“忆昔宫廷相对之日，适当慧贤定谥之初。后忽哽咽以陈词，朕为欷而耸听。谓两言之征信，传奕禩以流芳。念百行以孝为先，而四德惟贤兼备。倘易名于他日，期纪实于平生。讵知畴昔所云，果作后来之谶。在皇后贻芳图史，洵乎克践前言。乃朕躬稽古右文，竟亦如酬夙诺。"字里行间情切意深，表达了乾隆帝对皇后的思念和敬重。

乾隆十七年（1752年），孝贤纯皇后葬孝陵西胜水峪。后来便在这里修建了裕陵。

性情刚烈，赌气剪发——清高宗乾隆皇后乌喇那拉氏

乌喇那拉氏，佐领那尔布的女儿，原为乾隆皇帝的侧室福晋。公元1737年，被封为娴妃，公元1745年进为贵妃。公元1750年，乌喇那拉氏被册立为皇后，成为乾隆帝的第二位皇后。生有永璂、永璟二子。

乌喇那拉氏个性很强，不似那种生性柔弱的女子。她也时常劝谏皇帝不要太奢侈挥霍，可乾隆帝依然如故。公元1765年，乌喇那拉皇后随同乾隆帝南巡到杭州。杭州地方官为迎驾，用彩绸、彩布搭建彩棚、点景，设立香案等，造成巷舞街歌的喜庆气氛。并雇下昆腔、京腔、秦腔、梆子腔、二簧腔等戏班子迎驾。御驾光临时，纷奏杂鸣，好不热闹。这份热闹再加上杭州的美景，使乾隆帝不愿回京城。乌喇那拉氏便劝乾隆帝不要过分迷恋，应早日返京，却遭

到乾隆帝的唾骂。她一气之下，就把自己美丽的头发全部剪光，以此来表示不满。乾隆帝认为她剪掉头发违背了祖宗传下来的规矩，大发雷霆，下令让乌喇那拉氏先返回京师。回京后，乌喇那拉氏心情郁闷，长久不能恢复，病死于公元1766年。

满人御史上疏请求仍以皇后礼葬乌喇那拉氏，乾隆帝不同意，诏曰："无发之人，岂可母仪天下哉。"命按皇贵妃仪礼治丧。

高产的母亲——清高宗乾隆皇后魏佳氏

魏佳氏，本姓魏，魏清泰之女。原为汉族，后入满洲旗，改姓魏佳氏。为清高宗乾隆帝第三位皇后。

乾隆帝曾经有过三位皇后，第一位皇后是富察氏，卒后谥"孝贤纯皇后"；第二位皇后是乌喇那拉氏，因巡游杭州时遭乾隆斥责，愤而削发，乾隆遂命人将她送回京城，后抑郁而死，以皇贵妃礼下葬，无谥号；第三位皇后即是魏佳氏。

魏佳氏因长得艳丽出众、娇巧可人，初入宫即被封为贵人，后累封令嫔、令妃、皇贵妃。生有四男二女：即皇十四子（早殇）、皇十五子颙琰（嘉庆帝）、皇十六子（早殇）、皇十七子永璘、皇七女固伦和静公主、皇九女和硕和恪公主。

公元1775年，魏佳氏病逝，终年四十九岁，谥"令懿皇贵妃"，后追谥为"孝仪纯皇后"，葬于裕陵。

不贪富贵盼和平——清高宗乾隆容妃和卓氏

容妃是乾隆帝后妃中惟一的维吾尔族王妃，进宫时年已二十七岁。入宫后，她对乾隆帝百依百顺，待人和蔼可亲，为人不卑不亢，处理后宫事务进退有度，进宫三年后就由贵人册封为容嫔。尽管她的地位一再上升，但并无丝毫傲气。此前，她是在干戈不息的战争岁月里度过的，因此渴求和平，不求荣华富贵，只求一生平安。最终如愿以偿，保全了自己和家族平安，过着安乐的生活。

战乱余生，企盼和平

康熙年间，准噶尔汗噶尔丹在沙俄势力支持下，发动大规模武装叛乱。蒙古铁骑越过天山，横掠南疆，绳系当时教主阿布都什特和卓木（阿里和卓堂叔），押往北疆伊犁。和卓家族第一次劫难从天而降。

阿布都什特死后，准噶尔汗策旺阿拉布坦率军再次攻进南疆。策旺亦效仿叔叔噶尔丹手法扣压玛罕木特并废黜和卓名号，将和卓家族包括阿里和卓在内的全部成员及一些教众掳往吐鲁番。

后来,玛罕木特含恨死于伊犁。自此数十年南疆没有自己的教主。而准噶尔汗策旺阿拉布坦对和卓家族的第二次劫难,更是凄惨。容妃自幼就在这种恶劣的环境之中度过了她的童年、少年时期。

乾隆二十年(1755年),乾隆帝谕令立即释放被准噶尔部囚禁多年的玛罕木特长子布那软和卓木,派军队护送他回叶尔羌城,恢复和卓教主地位,统领回部;次子霍集占和卓木暂居伊犁,统领迁居伊犁从事农垦的回部事务。

容妃一家仍居伊犁,与霍集占共同管理穆斯林。这年容妃21岁。容妃与霍集占实际上是远方的堂兄妹关系,而不可能像传说中的香妃与霍集占是夫妻。

乾隆二十三年(1758年),容妃的两个堂兄布那敦、霍集占又一次反清叛乱,其叔父额色尹和哥哥图尔都一并配合清政府军队作战,使大小和卓木腹背受敌,对于夺取战事的胜利起到了重要作用。次年八月,南疆大小和卓木叛乱被清兵平定的捷报传到北京,清廷为感谢容妃叔父、哥哥们的救国、协助之恩,也为了笼络边疆少数民族,容妃一家受到清廷重视,被召入京师。于是,额色尹、图尔都等人带着家眷,骑着骆驼,浩浩荡荡地向北京进发了。

乾隆二十四年(1759年)二月初,容妃随六叔帕尔萨、侄子巴巴和卓木一路风尘仆仆,最后一批到达北京,同叔叔、哥哥团聚于北京新家。

容妃亲身经历与目睹了分裂与统一国家的残酷战争,生灵涂炭、马尸横野的血腥战场在她脑海里留下了深刻的印象。从她童年起,战争的噩梦总是伴随着她,同时也伴随着和卓家族的荣衰之梦。因此,可以说,和平一直是她的愿望,如今她的愿望实现了。

当容妃随同六叔进京朝见天子的遥远路途中,她兴奋得难以自制,她的命运正在悄悄地变化。这年,容妃二十七岁。

温顺恬淡,宫内受宠

容妃从小生活在戈壁绿洲,从来没见过这么高大的房屋,繁华的街道,熙熙攘攘,车水马龙。看到这一切,她感到格外的兴奋。她端庄秀丽、善良勤快、热情活泼、能歌善舞。图尔都有一个好妹妹的消息传到了乾隆帝耳中。他早就听说回人女子窈窕娇美,一直未能亲眼得见,妃嫔之中,虽说不乏满、蒙、汉人,但却没有维吾尔族人。乾隆帝把图尔都的妹妹纳入宫中,可算是一举两得的美事,一来对安抚回部有利,二来后宫中又可多一位佳丽。于是乾隆帝决定纳容妃为妻。

乾隆二十五年(1760年)二月四日,容妃身着回部服装,默默祈祷着跨入庄严神秘的紫禁城内宫的门槛,成为乾隆帝一生中唯一一位回部妻子。当年六月,她被封为和贵人,时年二十七岁。乾隆二十七年五月,乾隆帝奉皇太后懿旨,册封和贵人为容嫔。乾隆三十三年六月,容嫔升为妃。

这年十月初六，在大学士尹继善的主持下，容妃穿着刚刚做好的满式朝服，戴着新赏的具有满族色彩的项圈、耳坠、数珠和朝服等，举行了隆重的晋封仪式。

容妃素无骄气，与乾隆帝嫔妃融洽相处，礼尚往来。也许是她没有生育子女的缘故，她把乾隆帝的最小女儿十公主视如掌上明珠，百般照顾，慈母之爱，时有流露。

容妃在宫中享有特殊的地位。细心的乾隆帝深知这位爱妻的所好所恶，对于容妃的宗教信仰十分尊重。赐给她的新疆哈密瓜等贡品就比一般妃嫔多些。他总是把上品花皮回子瓜单赏容妃，而其他嫔妃则赏给二等青皮哈密瓜。乾隆帝赐给她的御膳大都是羊肉、鸡、鸭和素菜等菜肴。宫中曾有一位名努倪玛特的维吾尔族厨司，专门为她做"谷伦杞"（抓饭）和"滴非雅则"（洋葱炒的菜）等维吾尔饭菜。

乾隆帝还特许容妃在宫中一直保持回部服饰，直到乾隆三十三年（1768年），因为由嫔升妃才为她做了满族朝冠与朝服。

乾隆帝对容妃的家属也很照顾。图尔都于乾隆四十三年（1778年）去世，因她死后无子，由侄子托克托袭辅国公。乾隆帝给予容妃及其家属很高的地位和优厚的待遇，这不能单从宠爱一个妃子的角度进行解释。清朝鼓励与外藩联婚，其目的是笼络各族上层人物支持朝廷，以加强中央政府对各民族的统治。

容妃对于皇上更不用说，更是竭力奉迎。进宫不到一年，她便恭请乾隆帝允许自己献上具有民族色彩的杂技班子进宫表演。在乾隆二十六年（1761年）正月，维吾尔族杂技班的玩小羊、玩绳杆、斗羊等精彩节目表演给新年佳节增添了许多笑声。乾隆帝龙心大悦，先赏艺人，后赏容妃。她还经常亲点菜谱，命回部厨师做出各种可口的清真佳肴，奉献给乾隆帝品尝。

容妃在宫中，待人和蔼可亲，为人不卑不亢，协助太后处理后宫事务，进退有度。从两次的册封可以看出容妃与皇太后的关系十分融洽。进宫第三年，乾隆二十七年（1762年）五月十六日，乾隆帝奉母亲懿旨册封二十九岁的和贵人为容嫔。同年容妃的哥哥图尔都晋封为辅国公。

乾隆三十六年（1771年）春，容妃随同乾隆帝东巡，登泰山，观日出，拜谒孔庙，领略了与江南旖旎风光迥然不同的鲁地风景。更使容妃欣慰的是，已婚十年，乾隆帝依然尊重她的生活习惯，格外照顾她的饮食起居。

乾隆四十三年（1778年），乾隆帝携嫔妃前往盛京避暑，一并拜谒祖陵，重游大清帝国的龙兴之地。在随行的六位妃嫔中，容妃的地位已居第二位。此后的数年里，容妃又伴随乾隆帝两次避暑热河行宫。在热河行宫澹泊敬诚殿的宴会上，容妃已坐在西边头座首位的位置。即使回到皇宫，在乾清宫论资排辈的万岁爷宴席上，她也坐到了东边桌第二位，距天子只有一人之隔了。容妃在宫中过着恬淡的生活，她没有染指权力的奢望，不想去偷偷品尝权力这个禁果，也不希望搞什么垂帘听政。她只求谨慎侍奉太后，小心处好宫廷复杂的人事关系，竭力取悦皇上，让居于宫外的兄长叔侄不致遭到灭顶之灾，让自己家族的教众能过上安居乐业的生活。

魂归真主，无限眷念

乾隆四十八年（1783年）九月十五日，是容妃的50大寿之日，乾隆给予了价值不菲的赏赐。从此以后，容妃便很少在宫中露面。乾隆五十二年（公元1787年）十月，容妃的贴身太监经常为她去御药房取药，从而证实容妃的确病了。当年年底到次年正月，容妃多次得到乾隆帝的单独恩典，赏赐果品。这三个月里容妃已经卧床不起，即使如此，她还惦念着乾隆帝，竭尽自己职责。在正月里，容妃在病榻上命回族厨师努倪马特六次专门给乾隆帝进奉热锅，两次进奉备受乾隆帝称赏的"谷伦杞"、"滴非雅则"，尽管她已不能陪侍乾隆帝共进晚餐。

乾隆五十三年（1788年）四月，容妃的病越来越重，她对宫中朝夕相处的妃嫔和本宫女子以及她娘家的叔叔、婶婶、嫂嫂、姐妹等都寄以无限的深情，她把毕生积存的全部衣物和珍贵的首饰分赠给他们留作纪念。从她的赠物单上，可以看出她对家乡亲人的怀念之情与处理事情的分寸把握，以及圆通的人缘关系。容妃吩咐将她死后的遗留之物，分赠愉妃、颖妃、惇妃、婉嫔、循嫔、林贵人、禄贵人、明贵人、鄂常在、白常在每人玉器一盒，宫扇数柄，伽南香十八罗汉一盘和玉如意一柄作为遗念。尤其是对于乾隆帝的最小女儿十公主，更是怀有一种特殊的情感，不忍离去。因十公主明年将要出嫁，留给十公主的最多，共留下二百四十多种东西；次之是大格格共赠一百五十多种遗物。此外，侍奉过她的宫内首领、太监、宫女、仆女她也没有忘记，赠银钱、赠衣物，对他们的孝心表示临终的谢意。

容妃对娘家更是有着特殊的感情，她希望通过遗物使大家经常念起她。她赠给叔叔额色尹、帕尔萨，堂侄喀申、巴克尔、阿克伯塔等和婶母、侄媳、侄孙女等如意、鼻烟壶、纱缎。在她的赠物单上，对嫂子格外照顾，另加有银子二百两，此时她的哥哥已经去世。对姐姐和妹妹除如意、鼻烟壶外，姐姐还赠有蓝大缎一匹，月白宁绸一匹；妹妹赠有酱色缎一匹，蓝大卷纱一匹。

容妃在清宫生活了二十八年，于乾隆五十三年（1788年）四月十九日病死，终年五十五岁。容妃的金棺安葬于纯惠皇贵妃园寝。嘉庆四年（1799年），乾隆帝死，葬于裕陵。容妃之墓就在裕陵之侧。

平淡的一生——清仁宗嘉庆皇后喜塔腊氏

喜塔腊氏，副都统、内务府总管和尔经额的女儿。公元1774年，嘉庆还是皇子时，册封喜塔腊氏为嫡福晋。

公元1782年，喜塔腊氏生下了嘉庆的第二子旻宁（后来的道光帝）。

嘉庆受禅登基后，喜塔腊氏随即被册封为中宫皇后，也是嘉庆的第一位皇后。喜塔腊氏的身体一直柔弱多病，到公元1797年，喜塔腊氏就一病不起。二月初七日，她在宫中逝去，结束了自己显贵而平淡的一生。当时，嘉庆正充当着傀儡皇帝的角色，他的日常举止时刻要受到太上皇乾隆的监督，搞得嘉庆诚惶诚恐。喜塔腊氏去世后，乾隆让嘉庆素服七日以示哀悼。嘉庆虽然表示尊奉皇父的旨意，但应当取意吉祥，况且喜塔腊氏被立为皇后的时间也并不长，许多丧礼都可以免掉。于是不仅嘉庆本人穿戴着常服，他身边的太监们也是如此。

喜塔腊氏去世后不久被谥为"孝淑皇后"，安葬在京西易县太平峪的昌陵。公元1803年，昌陵修筑完工，喜塔腊氏遂先于嘉庆皇帝葬入昌陵，嘉庆死后也葬于此。

喜塔腊氏一生为嘉庆养育了三个儿女。除皇子旻宁以外，还有两个女儿。其中一个女儿幼年夭折，另一个女儿成年后下嫁给蒙古贵族玛尼巴达喇。

在道光、咸丰年间，喜塔腊氏的谥号一再增加，被称作"孝淑端和仁庄慈懿敦裕昭肃光天佑圣睿皇后"。

工于心计——清仁宗嘉庆皇后钮祜禄氏

钮祜禄氏，乾隆朝礼部尚书恭阿拉的女儿。在嘉庆帝即位前，钮祜禄氏为嘉庆帝的侧室福晋。嘉庆称帝后，钮祜禄氏被封为贵妃，中宫喜塔腊氏去世后，太上皇乾隆诏令钮祜禄氏继位中宫，她进而被封为皇贵妃。嘉庆六年（1781年），钮祜禄氏被正式册封为皇后，成为嘉庆帝的第二位皇后。

钮祜禄氏是皇三子绵恺、皇四子绵忻的生母。绵恺在嘉庆年间被封为惇郡王，在道光年间又成为亲王；绵忻在嘉庆年间已被封为瑞亲王。此外，钮祜禄氏还生了一个女儿，只是未成年就夭折了。

钮祜禄氏是个工于心计的人。在成为皇后的最初几年，为人还比较平和，但渐渐地便开始恃宠弄权。嘉庆后期，随着皇帝年迈多病，皇位继承人的矛盾也变得日益突出，钮祜禄氏出于对自己利益的考虑，自然十分关切这个问题。

清王朝自雍正皇帝以后，在确定皇位继承人的问题上，通常的做法是由在位皇帝及早地写成继承大统的遗诏，盛在铁匣子里，放在乾清宫中正大光明匾额后面。只有在皇帝去世时大臣们才能打开匣子，按御书上的人选拥戴新的皇帝。

嘉庆二十五年（1820年）夏，嘉庆皇帝带着旻宁等人来到了承德避暑山庄。七月二十五日，原本身体好端端的嘉庆帝突然病倒，当天就与世长辞了。

嘉庆皇帝的病来得突然，死得也快。在嘉庆帝临终之前，内大臣赛冲阿、禧恩等人聚在一起打开了盛有皇帝御书的铁匣子。只见上面写着让皇次子旻宁继承皇位。这样看来，旻宁继位乃是嘉庆遗命、无可厚非的。但身体好端端的嘉庆皇帝为什么要将铁匣带到承德来呢？嘉庆皇帝刚刚晏驾，远在北京的钮祜禄氏就派人快马加鞭传来了她的旨意：让旻宁继承皇位。

这便成了一个永远的谜。当时并无现代化的通讯设施，钮祜禄氏是怎样知道皇帝驾崩信息的？似乎她对嘉庆帝的死早有预料。为什么她指定的新皇帝人选与嘉庆御书上所写的正相吻合，莫非她事先看过了御书？嘉庆帝驾崩前后发生一连串事情，是否隐含着钮祜禄氏的一番用心？这些确有令人起疑之处，幸好当时的政坛上并未激起轩然大波。旻宁平安地登上了皇位，这便是道光皇帝。道光皇帝尊奉钮祜禄氏为皇太后，安排她住在寿康宫，并且对这位皇太后一直十分敬重。

后世的一些人坚持认为：钮祜禄氏在嘉庆驾崩、道光继位的过程中扮演了很微妙的角色。不过，这毕竟是推测，并无真凭实据，尚无法成为定论。

在后世的一些描述中，做了皇太后的钮祜禄氏与道光帝皇后钮祜禄氏的死也有很大关系。这是怎么一回事情呢？原来，道光皇帝先后有过四位皇后，其中第三位皇后也叫钮祜禄氏，皇太后是她的姑姑。皇后钮祜禄氏俏秀俊美，聪明机智，颇得道光帝的欢心。皇太后钮祜禄氏在道光帝面前说话很有分量，道光帝的后妃对她自然不敢怠慢。这样，太后和后妃们相处得倒是比较平静。道光十六年（1836年），适逢太后钮祜禄氏六十大寿，皇宫内外隆重庆祝。这天，道光帝到太后处请安，闲谈时无意中谈起了皇后钮祜禄氏，道光帝禁不住对皇后的聪颖灵巧夸奖了几句。不料，太后钮祜禄氏却不以为然。她说："女子以德为重，德厚才能载福。若仅有点小聪明，那不算什么福相。"这些话后来传到了皇后那里，皇后当下便有些气愤。她想，我身为中宫皇后，执掌六宫。而且自己亲生儿子（即后来的咸丰皇帝奕詝），居各皇子之首，日后继承皇位估计也没有问题，将来自己就是皇太后，这怎么能是没有福相呢？太后分明是在背后拆自己的台。于是，便想给太后点颜色看看。每当跟太后接触，言语中便带了些讥刺。太后钮祜禄氏很快觉察到皇后对自己的态度不恭，待她明白了其中原委，顿时火上心头。她几次当面训斥了皇后，在道光帝面前也指斥他管教不严。不过，皇后根本不吃太后这一套，她依然是我行我素，甚至和太后当面顶撞起来。就这样，一来二去，两人的关系日趋紧张。

在与皇后的斗争中，太后钮祜禄氏施展了她毒辣的手段。道光十九年（公元1839年）腊月，京城里一连几天风雪交加，寒气袭人，皇后患了感冒，便未到太后那里去请安。谁知皇太后不仅不怨她，反以花甲之年不畏风寒，探望皇后病情，嘘寒问暖，煞是热情。皇后见到这番情景，想起自己以往对太后的不恭，心中不免有些愧疚。转年正月，皇后病愈，连忙去向太后请安。太后很是高兴，两人在一起说说笑笑，气氛极为亲切。婆媳情、姑侄情油然而生。过了一天，太后特地派人给皇后送来一瓶名酒，皇后很感激太后的情意，当着来人的面便饮了一杯，并连夸酒的味道不错。不想就在当天夜里，皇后突然去世了。在人们的心目中，太后钮祜禄氏是一个可憎的形象。

道光二十九年（1849年）十二月，七十四岁的皇太后钮祜禄氏在寿康宫去世。咸丰三年（公元1853年）钮祜禄氏被安葬在昌陵之西的昌西陵，谥号曰"孝和恭慈康豫安成钦顺仁正应天熙圣睿皇后"。

沐浴在帝国的夕阳中——清宣宗道光皇后佟佳氏

公元1796年，满洲镶黄旗钮祜禄氏嫁于十五岁的旻宁，成为原配嫡福晋，可这位嫡福晋薄命，没能活到旻宁做皇帝的那一天，就去世了。嘉庆皇帝于是册封三等承恩公舒明阿之女佟佳氏为旻宁的继嫡福晋。等到旻宁登上帝位，继福晋佟佳氏被立为皇后。

此时，清王朝在经历了康乾盛世及至嘉庆，整个社会已呈现出衰落之象。及至道光登上皇位，封建制度已病入膏肓，而西方资本主义正迅速发展，不断东侵，在中国沿海扣关。这是清帝国自立国以来从未遇到过的大变局。道光皇帝为挽救清王朝的衰败，即位之初，也想锐意图治，整饬朝政，对奢靡之风加以矫正。道光二年，他规定在皇子皇孙指婚其福晋后，父家置备妆奁"不得以奢华相尚，一概务从俭约……如有靡丽浮费之物，经朕看出，不惟将原物发还，并加以议处"，就连皇太后万寿圣节，"奉懿旨停筵宴"，道光帝自己更是以"俭德著称"。作为皇后的佟佳氏，就更应该以身作则了。可惜道光皇帝除弊乏术，宰辅又误政，没有能阻止国势日下、急剧衰落的局面。

佟佳氏就在这内忧外患交加、世界潮流剧变的时代，与道光皇帝共同生活了二十多年。其间佟佳氏给道光皇帝生过一个女儿，但幼年时就夭折了。

公元1833年，佟佳氏寿终正寝，葬在龙泉峪慕陵。道光皇帝给她上谥号为"孝慎皇后"。经过咸丰、光绪两代的加谥，佟佳氏的谥号全称为"孝慎敏肃哲顺和懿诚惠敦恪熙天诒圣成皇后"。

备受宠爱——清宣宗道光皇后钮祜禄氏

钮祜禄氏，生于嘉庆十二年（1807年），比道光皇帝小二十五岁。

钮祜禄氏的父亲颐龄在苏州做官，她随父亲生活在苏州。苏州女子，多半慧秀，通行七巧板拼字，作为兰闺清玩，钮祜禄氏也特别爱好，熟能生巧，后来她竟发明新制，斫了木片若干方，随字可以拼凑。人人羡慕她聪明、灵秀。道光皇帝亲选秀女，颐龄便把女儿送入宫中。因她生长在苏州，出落得委婉娇柔，秀丽聪慧，这与旗下格格的开朗爽健是大异其趣的，所以独得道光帝宠爱。因之，她不到一年就从全嫔晋封为全妃，接着又获得了全贵妃的封号。

道光十一年（1831年）六月全贵妃生了皇四子奕詝，就是后来嗣位的咸丰皇帝。娇妻爱子，道光皇帝对钮祜禄氏自然更加宠爱。皇后佟佳氏于道光十三年（1833年）去世后，道光皇帝将钮祜禄氏全贵妃晋升为皇贵妃，统摄六宫。第二年，又立钮祜禄氏为皇后，追封皇后父颐龄为一等承恩侯，由其孙瑚哩图袭爵。岂知好景不长，仅做了六年皇后，钮祜禄氏便于道光二十年正月暴崩。享年只有三十三岁。

皇后的突然去世，对道光皇帝是个非常严重的打击。年近花甲的道光时常哀戚。特谥大行皇后为"孝全"皇后，嗣后不再立中宫，也有意立皇后之子奕詝为皇太子，以报多年情谊。孝全皇后除生奕詝后来继皇位外，还有两个女儿。一个早年夭折，另一个即寿安固伦公主，嫁给奈曼部札萨克郡王德穆楚克扎布。

关于皇后的"暴崩"曾有各种说法，主流说法是饮毒而亡。一种说法：孝全皇后不仅能用七巧板"谱成六合同春字"，还在皇太后寿辰时填词写诗，大出风头。为此孝和皇太后对皇后的敏慧过人，未免有些惋惜，她对道光帝说："妇女以德为重，德厚乃能载福，若仗着一点才艺，恐非福相"。但孝全皇后因有皇四子，前面三个皇子生后早殇，奕詝就是长子，有可能就是将来的皇上，所以道光不以为然。这话传到孝全皇后耳朵里，自然不高兴了，于是婆媳之间有了嫌隙，为此怀疑是皇太后下毒致死的；另有一种说法，道光十一年，孝全皇后生奕詝。第二年静贵妃也生皇子，即皇六子奕䜣。奕䜣颇英挺，道光非常爱之，曾想立奕䜣为皇太子。金合缄名，当时写上奕䜣名字的人又特别多。可是因为皇一、二、三子早殇，奕詝实为长子，按皇室规矩皇帝逡巡来决。相传，孝全皇后隐知皇帝有意立皇六子奕䜣后，曾阴谋设毒，想害死奕䜣，以绝后患。但她的亲生儿子奕詝从小和皇六子一起玩大，感情颇深。奕詝不忍心残害亲弟弟，偷偷告诉了奕䜣。这样皇六子才免于一死。所以有人猜测：是不是此事被皇太后所知，有所责备，因为孝和太后秉性严毅，后妃畏惮。孝全皇后因而羞怯，自己服毒而亡？

道光皇帝又不是三岁小孩儿，加之他和皇后恩爱无比，对于孝全皇后的死因，他又怎么能不怀疑呢？可是孝和皇太后尚健在，家法严毅，道光皇帝又素以孝顺著称，不敢违命，只得不了了之。

纵虎成患——清文宗咸丰皇后慈安

在清朝历代皇后中，慈安皇后是最勤俭有德、宽厚仁爱、善良忠厚的。但令人遗憾的是，也正是由于这种性格，滋长了慈禧的专横，让她轻易地把大权夺走。她也曾想善劝慈禧骄横擅权的行为，并当面烧毁了文宗给她制约慈禧的密诏。结果却反遭暗算，被毒身亡。

勤俭德高，母仪天下

文宗皇后钮祜禄氏，生于道光十七年（1837年），满洲镶黄旗人，广西右江道员穆杨阿的女儿。在清文宗奕讠当皇帝之前，她就在奕讠宫中侍奉皇储。但那时她只是侧室，嫡福晋是富泰之女萨克达氏。

道光二十九年，萨克达氏病逝。道光三十年奕讠即位，就是文宗，也称咸丰皇帝，马上晋封钮祜禄氏为孝慈皇贵妃。咸丰三年（1853年）钮祜禄氏被立为皇后，从此开始"母仪天下"。

在清代各朝中，如果说道光皇帝是十二位皇帝中是最节俭的，那么，钮祜禄氏则是在所有皇后中最勤俭最有道德的一位。有时赶上她过生日，朝内外的大臣官员们为了巴结皇帝和皇后，便纷纷前来献送厚礼，钮祜禄氏一概拒绝，绝不通融。她在对待人们送礼一事上，曾这样告诫当时尚为兰贵人的叶赫那拉氏说："我们这些人若多接受一份礼物，老百姓们就会多一份饥寒。所以，我们应该戒除这些陋习！"慈安皇后平时穿的都是布衣服，帷帐、罩幕与雨披等也一律不用绣品，尤其不愿用进口的洋纺织物，她说那些东西只是好看而不中用。宫中穿用的花盆底的绣鞋，鞋面上的花，她都督令宫女们绣上去，每年必定要亲手绣一双花鞋面，以此对宫中女子表率，倡导人人都干些力所能及的活。她平时的一举一动，严格遵守各种封建礼法，绝没有疏漏越轨之举。夏天天气再热，她也不露出身体来，洗澡时也从不用宫女、太监们伺候，不换上礼服就不去见皇帝，坐着时腰板挺直，走动时都是慢步徐行，从不快步疾走。对待下人，她也比较和善，从不疾言厉色。她的所作所为，简直成了咸丰皇帝眼中的女圣人。一次，咸丰皇帝为了游乐，下令花巨款整饰圆明园等居处，为劝阻他这种做法，一向温顺的钮祜禄氏竟拔下头上的簪子，披头散发地对咸丰皇帝进谏。为此咸丰皇帝对她更为敬重。

按照清朝宫中的规矩，妃嫔以下所有女子穿的服装，都必须是窄袖长袍，不许穿裙子，头上的髻要统一梳成横长式，站时要挺直腰板。等到被册立为妃时，穿着、梳头、行动才能稍微自由一些。叶赫那拉氏（即后来的"慈禧"）初选入宫（1852年）刚被封为贵人时，由于不熟悉清宫里的礼制，偶尔梳过宫外满洲妇女们常梳的飞云髻，恰巧慈安皇后看到了。为此她传谕，申斥警告兰贵人要谨遵宫中法度。大概从这时起，兰贵人就对皇后有了不满，只是她当时地位不及皇后，又很善于伪装，善良的皇后又如何能看出来呢？

清代宫禁内有这样一种规定：能够与皇帝同房的妃嫔们要由皇后决定，如果皇帝要宠幸哪个妃嫔，必须先由皇后传谕旨给那个妃嫔，饬令该妃嫔做好接驾准备，然后皇帝才前往彼处。但这种谕旨上必须要盖上皇后的金印（即要

慈安皇后便服像

征得皇后的同意）。由此可见，皇后对于各个妃嫔的制约是很大的，她不让你见皇上，你就见不到，而妃嫔见不到皇帝面，是无望出人头地的。正是在这些方面，钮祜禄氏为叶赫那拉氏提供了很多方便，当然慈安皇后对其他嫔妃也不错。

其实，兰贵人（即后来的"慈禧"）之所以能够步步高升，与慈安皇后的提携是分不开的。她刚入宫时，先在皇后住处坤宁宫当差，皇后对她很好。以后为皇帝生了皇子载淳，地位才开始变化。按封建宗法制度，嫡庶之分极其严格。历史上正后夺取庶出的儿子占为己有，亲生母亲遭废黜甚至虐杀的事，不乏其例。可是，作为正后的钮祜禄氏，虽比叶赫那拉氏年轻两岁，却不争风吃醋，是个心地极善良的人。加之叶赫那拉氏处心积虑又功夫到家的曲意奉迎，竟使她对叶赫那拉氏有了很大的好感，甚至在风流皇帝面前时常说叶赫那拉氏几句好话。

咸丰十年（公元 1860 年），英法联军攻占大沽，兵进天津，直逼通州，欲进犯北京。咸丰皇帝带着皇后钮祜禄氏、懿贵妃叶赫那拉氏和皇子载淳一行，仓皇逃到热河行宫（今河北承德避暑山庄）。风流皇帝奕詝在北京时，沉溺于声色之中，由于纵欲过度，致使体弱多病，钮祜禄氏本性懦弱，根本无力劝止。御医诊治后说长饮鹿血，可补肾亏阳虚之症。于是设立鹿苑养了一百多只鹿，天天取鹿血以供其饮用。此次仓皇逃往热河，鹿自然没有带走。

到了热河行宫，情况与京城里自然有极大不同。据说由于行宫内外的防禁并不太严，协办大学士肃顺便经常带着奕詝皇帝偷空子出外游乐，使其更加沉溺于声色之中而无力自拔了。这样导致了他本已虚弱的身体越来越坏。咸丰十一年七月，皇帝开始大量咯血，身体急剧恶化，于当月十七日在承德寝宫病逝。这一年，皇后才二十四岁，叶赫那拉氏也不过二十六岁。

按礼制，皇帝死的当天，皇后独自到皇帝灵前祭酒，此时身为皇贵妃的叶赫那拉氏还没有资格参加这个仪式，她对此心中是很不快的。

咸丰皇帝死后，仅有六岁的皇子载淳即皇帝位。他马上尊封钮祜禄氏为皇太后，上徽号为"慈安"。由于懿贵妃叶赫那拉氏是小皇帝的生母，所以也一并尊封为皇太后,上徽号为"慈禧"。称慈安太后为"母后皇太后",称慈禧太后为"圣母皇太后"。两宫太后居住的宫院,慈安太后居上首,座东;慈禧太后居下首,座西。后来她们共同垂帘听政,同样是慈安太后坐皇帝座上首(东面),慈禧从下首(西面),因此慈安太后又称东太后,慈禧太后则称西太后。

两宫太后,垂帘同治

辛酉政变之后,慈安、慈禧两宫太后,在养心殿共同垂帘听政。开始的时候,由于慈安太后位居正宫,名位高于慈禧太后,因此慈禧不敢太张狂,大权一度由慈安太后掌握着。她大兴节俭自爱的政风,常以东南太平天国未灭,国家正处多事之秋为由,驳回一些阿谀奉承的大臣奏请大兴土木重修圆明园的奏折。

圆明园管理大臣殷德以园务不能振兴为一大憾事,他百般恳求两宫皇太后,坚持要重新修复圆明园。这时太平天国农民革命虽已失败,但捻军和西北回民的武装斗争却气势正盛。慈安太后不同意,所以殷德的愿望,无法实现,心中深感不快。

北京城内有一个大富豪名叫李三,他勾结广东商人李光照,投殷德所好,与殷德拉上了关系。他们在小皇帝载淳出外游玩时前往参见,哄骗小皇帝答应重修圆明园。李三与李光照暗自高兴,以为可借此次机会大捞一把。为了能取得慈禧太后的赞同,李光照前去用重金贿赂大太监安德海,安德海开口要价20万两白银,讨价还价一番后,终以十万两银子成交。李光照行贿之事不想被恭亲王奕䜣等大臣侦知了,上报给慈安太后,素以节俭著称的钮祜禄氏大怒,立即命令刑部官员逮捕李光照下狱。接着传下懿旨,命逮捕奸商李光照,并追查行贿修园一案。后来,安德海虽因慈禧太后关照,度过了这一风波,但重修圆明园之事直到同治皇帝亲政前,再也没被提起过。

在玩弄权术方面,慈安太后远远不是慈禧太后的对手。同治四年,恭亲王奕䜣遭到慈禧太后的暗算,被革除了议政王的头衔。此后,慈禧太后完全把持了朝政,慈安太后的"听政",也就只是作为一种陪衬,一个摆设。节俭的那一套做法当然也就随之消失了。

但是在诛杀安德海问题上,慈安太后起了决定性的作用。太监安德海是直隶南皮(今属河北)人。同治初年,他因受慈禧太后宠幸,开始干预国政。穆宗载淳尚未成年,但对安德海飞扬跋扈的一套非常不满,经常为一些事训斥安德海,而每次挨了训,安德海都要向慈禧太后诉委屈,慈禧太后马上便召载淳来指责一番,这样反而更加深了小皇帝对安德海的仇恨。

为除掉安德海,载淳曾找慈安太后密商办法,他们认为山东巡抚丁宝桢敢作敢为,因此在丁宝桢入京晋见时,令他俟机诛杀安德海,丁宝桢慨然允诺。

同治八年（1869年）七月，慈禧太后命安德海往南方采办宫中用物，安德海自然得意非常，他公然打着钦差大臣的旗号乘楼船沿运河南下，一路声势浩荡，招摇纳贿。安德海进入山东德州地界时，丁宝桢得知消息。他令总兵王正启率兵追安德海。等追到泰安，王正启抓住了安德海，并马上把他押送到济南府。安德海不识时务，死到临头还叫道："我奉皇太后的命令外出，谁敢冒犯我，那是他以卵击石自寻死路！"

逮住安德海后，丁宝桢便飞马上奏朝廷。慈安太后得到报告，立即召见军机大臣奕䜣及内务府大臣等商议处置办法。诸位大臣都说太监不得出都城之门乃是祖制，大清建立二百多年来还从没有敢违犯的，如有违犯者要坚决处死不可饶恕，安德海应就地正法。慈安太后果断地以皇帝的名义降旨，在济南杀掉了安德海。这是她一生中干得最漂亮的事。

纵虎成患，反遭暗算

穆宗死后，载湉被立为帝。即德宗，亦称光绪皇帝，本非出自慈安太后之愿，完全是慈禧太后的主张。由于德宗皇帝即位时年纪尚幼，两宫皇太后二次垂帘听政。这时虽然是二人同时训政，但慈安太后已无一分权力。实权都掌握在慈禧太后手中。在光绪年间，慈安太后诚心信奉佛教，在宫中天天以持斋念佛为主要功课。这样，慈禧太后更觉无所约束，益加肆意弄权，胆大妄为了。

光绪一朝，慈安太后日益倦怠不闻外事，而慈禧太后则日益振奋统摄全局大权独揽。从生活上说，慈安太后崇尚节俭，不事铺张，吃饭以素食为主。而慈禧太后却肆无忌惮地挥霍。她在体和殿每日正餐两顿，每顿饭仅主食就有五十多种，菜肴一百二十多样，每天需用猪、牛、羊、鱼、兔肉五百多斤，鸡鸭一百多只，前前后后要有四百五十多人伺候，花费白银达千两。耗费之大，实在惊人。同慈安太后形成了鲜明的对比。

慈禧太后经常单独召见大臣，决定大事要事逐渐地也不再告知慈安太后。过去她哪敢这样做，像同治年间补瑞麟为文华殿大学士这样的大事，她都要找慈安太后商量，取得慈安太后的同意后才可以实施。后来慈安太后竟成了可有可无之人。这使慈安太后心内愤愤不平，两人之间的矛盾也逐渐突出起来。

慈安太后打算劝阻慈禧太后的骄横擅权的独断行为，给她一个警告，使她收敛一些。在光绪七年（1881年）的某一天晚上，慈安太后在自己宫中置办酒宴，说是为慈禧太后祝福。酒至半酣，慈安太后屏退左右侍从人员，先热情详细地追述了在热河行宫，肃顺擅权，两宫太后受挤，随后果断谋划辛酉政变，以及同治十一年间二人同时垂帘听政的事情，动情处抽泣垂泪良久。慈禧太后听了也悲不自胜。慈安见打动慈禧，忽然话题一转道："咱们姊妹现在都老了，说不定哪天就要离开尘世。相处二十多年，所幸从来都是同心协力，连一句冲撞对方的话都没说过。而我这里存有一件东西，是过去从先帝文宗处接受过来的，现在它已经没什么作用了。"说完，慈安太后从袖子里拿出一个精微的信封递与慈禧太后，让她拆开看一下。慈禧太后接过信封，好奇的启封后细看，吓得脸色顿变，羞惭得不敢抬头看慈安太后。这封函内装的不是别的，正是清文宗交给慈安太后的遗诏。遗诏的大意是：

叶赫那拉氏是皇帝的亲生母亲，母以子贵，日后定会尊封为皇太后，我对此人实在是不能深信。此后如果她能安分守法也就罢了，否则，你可以出示这一纸诏书，命廷臣宣布我的遗命，把她除掉。

慈禧太后看完后，慈安太后把它要回，当着慈禧的面非常仗义地放在烛火上烧掉了。当时，慈禧太后惭愧与恼怒的心情交加，但仍勉强装出感激泪下的样子。慈安太后又对她百般劝解安慰，至此酒宴方才结束。过了几天，慈安太后偶然因有事到慈禧太后宫中，慈禧太后对她礼节周全非常恭敬，一反过去那样骄狂放纵，连一旁伺候的太监宫女都感到很奇怪。慈安太后也暗自高兴，认为是前日自己烧密旨的做法收到了预期的效果。两个人坐下来聊天，越聊越投机，时间稍长，慈安太后觉着腹内稍微有点饥饿，慈禧太后即令侍者捧来一盒糕饼，慈安太后吃着很香甜，很对口味，说这好像不是御膳房做的食物。慈禧太后回答："这是我妹妹送给我的。姐姐您喜欢吃，明天我叫她再送一份来。"过了一两天，慈禧太后派人把糕饼几盒送进慈安太后宫中，花色味道与慈安太后上次吃过的一模一样。慈安太后只吃了一两个，顿时就觉得不舒服，不料到了晚上，竟撒手归西。享年仅四十五岁。种种迹象表明她是中毒而死的。

慈安太后死后，被埋葬在定陵东面的普祥峪，取名为"定东陵"。当初，钮祜禄氏刚被尊封为皇太后，已加上了"慈安"的徽号。后来国家有喜庆事，又迭加徽号，称为"慈安端康裕庆昭和庄敬皇太后"。到她死时，光绪皇帝给她加谥。宣统年间再加谥，这样，钮祜禄氏的谥号全称就是"孝贞慈安裕庆和敬诚靖仪天祚圣显皇后"。

对慈安太后之死，另一种说法是，光绪六年（1880年）冬季，慈禧太后得病，请御医诊治无效，朝廷便诏令各行省的总督巡抚推荐各省的良医进京会诊。李鸿章、刘坤一等都推荐了良医进京。慈禧太后一病就是几个月，这期间只能由慈安太后单独听政。慈禧太后久病不愈，慈安太后即前往探望，到那里却看到慈禧太后正与她宠爱的伶人金某睡在床上，慈安太后气愤之极，严厉地痛斥慈禧太后的丑行，慈禧太后吓得跪地谢罪，尔后将金某驱逐出宫，不久将他赐死。慈安太后平常喜爱吃零食，她死的那一天，慈禧太后曾给她送过糕饼，糕饼送进几小时后，慈安太后就死了。

弄权有术，治国无方——清文宗咸丰贵妃慈禧

在中国历代皇后中，慈禧是最臭名昭著的一位。她是中国历史上把持国家

政权时间最长的一位女性，也是中国历史上给国家和人民造成灾难最大的一位女性。她迷恋政治，也留下了千古骂名。

女中枭雄，垂帘听政

叶赫那拉家世代出美女，和爱新觉罗家也是世代血统之亲。清太祖努尔哈赤、太宗皇太极都是叶赫那拉氏所生。乾隆的顺妃，也是出自叶赫那拉氏家族。但让叶赫那拉家族真正门庭显赫、名扬天下的，却是慈禧皇太后。

道光十五年（1835年）十月初十，慈禧出生在满洲镶蓝旗一个官宦世家，小名兰儿。父亲惠征是一个八品文官，在吏部任笔帖式。兰儿从小就聪慧伶俐，特别是具有普通孩子难得的谋略和远见。1849年，兰儿十四岁时家中突然遭难之时，表现了兰儿的智谋与手段。原来兰儿的曾祖父吉郎阿在担任户部员外郎时，负责中央金库。但就在他卸任十几年后，朝廷查到了金库亏空几十万两，道光非常气愤，下旨不管是谁、皇不管什么时期，凡是在金库工作的人，都要彻查到底。但经过反复的调查，最后竟查不出个结果。后来道光又下令，从亏损的那一年一直到现在，所有工作人员平摊这些亏空的银两，已经去世的由儿子、孙子偿还。这样，就把兰儿的祖父给抓了起来。事情一出，家里立时乱了，年少的兰儿此时却表现得非常镇静，她劝父亲惠征先将家里仅有的一点银两拿出来，交了出去。之后，又让父亲带着她去亲戚和朋友家借了一些银两，她想用这些钱去上下打通。因为兰儿的祖父景瑞曾任刑部员外郎，认识很多政府官员，她的父亲时任安徽的后补道台，也有很多做官的朋友，正是在年少的兰儿指点下，惠征打通了上下关系，很快将祖父救了出来。兰儿也因此受到了当时她所接触的那些满族贵族，特别是她的父母的偏爱。由此可见，她具有一般女子所没有的远见、胆识、机智、谋略和手腕。

正是在那些满族贵族的偏爱下，1851年，十六岁的兰儿以秀女身份被选入宫，号懿贵人，因得咸丰皇帝宠幸，1854年进封懿嫔。1856年生子载淳（后来的同治帝）。次年进位为"储秀宫懿贵妃"。

当时的清廷内有"南长毛、北捻子"之忧，外有列强重起战端之患。最高决策层为此产生了严重分歧，从而导致了政治势力的重新分解组合，因为太平天国猛烈发展，咸丰把决策权由"军机处"转移到几个干练的御前大臣手中，其核心人物为怡亲王载垣、郑亲王端华、户部尚书肃顺。"端肃集团"对内主张坚决镇压人民起义，为此，他们一方面力除积弊，但对汉人又心存疑虑。他们对外态度是排外，这就使得列强的政治经济触角，向中国更广、更深的地方伸展时，受到阻碍。恭亲王奕䜣曾是皇位的有力竞争者，受到地主阶级与列强的支持。

而奕䜣为改变受制于人的局面，在《北京条约》签字后，曾请咸丰回朝，想借洋人之力推倒"端肃集团"，从而钳制咸丰，却未能成功。

1861年八月,咸丰帝病死热河。遗诏立长子载淳继承皇位。任命怡亲王载垣、郑亲王端华、户部尚书肃顺等八人为"赞襄政务王大臣"辅政。同时授予皇后钮祜禄氏"御赏"印章,授予皇子载淳"同道堂"印章(由生母慈禧掌管)。顾命大臣拟旨后必须同时盖"御赏"和"同道堂"印章才能生效。慈禧取得代子钤印权力后,便理所当然地成为皇权的代表,因而干预朝政也就成为顺理成章的事。

咸丰之死,使本已复杂的权力之争更加复杂。权力欲极强的慈禧,对八大臣大权独揽极为不满,决意要从其手中分权。她与恭亲王奕䜣联合,秘密发动"辛酉政变"。结果年轻的帝后势力,战胜了老迈的宗室顾命大臣。慈禧开始垂帘听政。"辛酉政变"表现了两宫皇太后和恭亲王的聪明才智,是君权与相权的一次大冲突。"辛酉政变"后,恭亲王为议政王,这是当年睿亲王多尔衮辅政的再现。但有一点不同:既由帝胤贵族担任议政王、军机大臣,又由两宫太后垂帘听政。这样皇权出现二元:议政王总揽朝政,皇太后总裁懿定。这个体制最大的特征是,皇太后与恭亲王联合主政,后来逐渐演变为慈禧独揽朝政的局面。

慈禧便服像

慈禧发动"辛酉政变"后,垂帘听政,一言九鼎,她的性格、心态和见识,对这场改革运动的进程和结局关系十分重大,她不得不使出浑身解数,以撑持风雨飘摇的清帝国。通过政变登上政治舞台的慈禧太后,为摆脱危机,而施行了新的内外政策。对外执行议和外交,以取得"中外相安",并讨得列强对其政权的支持。突出的事例就是在宣布端肃等罪状时,就把"不能尽心议和,徒以诱获英国使臣以塞己责,以致失信于各国"列为首要罪状。从此,列强对华政策由主要是"打"变成"中立"。另一方面,慈禧对内实行满汉合流。太平军的作战能力很强,八旗兵和绿营都不堪一击,湘军成了能和太平军相抗衡的唯一力量。为尽早将太平天国革命镇压下去,慈禧调整和曾国藩等人的关系,给他们更多更大的权力。1861年十一月,即慈禧太后掌权的当月,就令曾国藩统辖苏浙皖赣四省军务,所有四省巡抚、提督以下文武官员悉归节制。不久，又加其"太子少保"衔和"协办大学士"，又加权于左宗棠、李鸿章。曾国藩集团成为当权派中势力最大的集团。这与咸丰朝对汉族人民的猜忌、压制恰恰形成鲜明对比。在内外势力联合绞杀下，太平天国起义被镇压，清政权在风雨飘摇中得到了暂时的喘息机会。

慈禧发动政变后，以"自强"、"求富"为宗旨的洋务运动，迅即拉开序幕。现在看来，如果没有慈禧太后的支持，洋务运动不可能在强大守旧势力的阻挠下延续那么多年。如今一些史学家称慈禧为"顽固势力的总代表"，说她"一贯顽固守旧"，却不知慈禧掌权正值国事衰微之际，她也并不缺乏改革进取之心。清朝回光返照的"同治中兴"，正是在慈禧当政期间发生。而洋务运动作为中国走向现代化的第一次努力，和慈禧大量信任、重用洋务派人士，有着必然关系。

洋务派招致顽固派和清流党的攻讦，使朝廷无一日安宁。慈禧太后巧妙地施展其政治手腕，逐渐地减少来自他们的阻力。1866年，洋务派在同文馆加设天文、算学馆，选派科甲正途出身的人进馆学习。文渊阁大学士、理学大师倭仁以中国之大，不患无才，"何必师事洋人"首倡反对。慈禧即令他保举数员精通自然科学的中国教师，另行设馆授徒，以与同文馆的洋教习相比试。倭仁见慈禧认真了，赶紧申辩，说所谓中国"不患无才"，不过是自己"以理度之"，为想当然之事，"应请不必另行设馆由奴才督饬办理。况奴才并无精于天文、算学之人，不敢妄保"。倭仁受此挫败，后竟郁闷成疾，请求开缺休养。清流派代表人物张佩纶也曾经领教过慈禧太后的厉害。中法战争期间，张佩纶放言高论，以谈兵事为能，对洋务派的军事外交政策不屑一顾。慈禧顺水推舟，任命张佩纶为福建海疆大臣，到前线指挥作战。张佩纶临事茫然，暗中却叫苦不迭。慈禧的治人之术，于此可见一斑。

慈禧一面应付顽固派、清流党的讧闹，一面给备受委屈的洋务派打气。慈禧不仅对曾国藩、左宗棠等洋务运动的"老班子"念念不忘，而且颇有后继乏人之虑。郭嵩焘作为洋务运动的新锐，是中国首任驻英法大使。他极力主张向西方学习，动辄与老臣们争论，得罪了许多人。在顽固派眼中，郭嵩焘被看成士林败类、名教罪人。"出乎其类，拔乎其萃，不容于尧舜之世；不能事人，焉能事鬼，何必去父母之邦。"这副刻薄的对联，便是顽固派送给郭嵩焘的礼物。慈禧说他"挨这些人的骂也挨够了"，实际上在为郭嵩焘鸣不平，同时对曾纪泽也是一种激励。

慈禧无疑是支持改革的，但处在一个社会大变革的时代，她与一个最高统治者应有的知识素养又有一定的差距。例如，认为修铁路会破坏风水，火车要用驴马来牵引等等；她贪图安荣享乐，不惜挪用海军军费修造颐和园。无知和私欲，直接影响她所支持的洋务运动的实绩。更重要的是，她对改革的进程和目标没有足够的心理准备和通盘考虑，而是在朝廷统治遇到重大挫折时才被动地调整政策,缺乏一个政治家所应有的远大眼光。

三次垂帘,镇压维新

1873年,载淳成年,慈禧太后宣布归政,但仍把持朝柄。

1874年,载淳病死,慈禧太后立宗室载湉继承皇位,年号"光绪",第二次垂帘听政。

1889年,载湉大婚成年,慈禧太后第二次宣布"归政",退居颐和园,但朝内一切用人行政仍出其手,光绪皇帝实际居于傀儡地位。

史书记载,1898年由光绪主持的戊戌变法维新运动,是慈禧太后一手镇压下去的,认为是慈禧阻碍了旧中国的改革进步。然而,慈禧并非一开始就反对变法维新。1895年甲午战争失败后,光绪皇帝愤于战败割台,决心变法。慈禧即对亲政的光绪皇帝说:"变法乃素志,同治初即纳曾国藩议,派子弟出洋留学,造船制械,以图富强也。"又说:"苟可致富强者,儿自为之,吾不内制也。"光绪抑郁顿释,也就大胆行动起来,1898年六月发布"明定国事上谕",实行变法。无奈欲速则不达,维新运动得罪了大批既得利益者,也渐渐超过了慈禧所能容忍的限度,以致吞下血腥政变的恶果。

慈禧的不满大概有两个原因。其一是维新派有针对她的

慈禧太后弈棋图

兵变计划,如果改革要以牺牲她的权力为代价,那是万万不行的。其二是光绪帝和维新派的急进变革主张,造成整个社会的强烈震荡,使许多与现存社会有利害关系的集团势力,觉得受到了威胁。百日维新期间上谕达一百一十多件,各地方官员都怨声载道。光绪帝严惩阻挠变法的官员,以致树敌过多。至于废除八股改革科举制度,又在庞大士人中引起恐慌。慈禧太后担心全面出击会造成大厦倾覆,只好出面干涉,稳定政局。九月,慈禧太后发动政变,囚禁光绪

皇帝于瀛台，开始第三次垂帘听政。

戊戌变法运动虽被镇压，可那只是宫廷内的权力斗争，改革毕竟已是大势所趋，关键在于由谁主持改革，以及如何进行改革。精明的慈禧太后透过戊戌政变确保了自己的地位后，立即主动发出继续改革的资讯："前因中外积弊过深不得不因时制宜力加整顿。而宵小之徒窃变法之说为煽乱之谋。业经严拿惩治以遏横流。至一切政治有关国计民生者无论新旧均须次第推行，不得因噎废食。"慈禧的这一举动，使主张变法维新的社会力量重燃希望之火，这实为她政治上的高明之处。

正当慈禧意欲缓进地推行改革时，义和团运动爆发。义和团运动打着"扶清灭洋"的口号，对于痛恨洋人的慈禧太后而言，一开始就颇对胃口。然而在如何对待义和团的政策上，却经过了一番激烈的争论，其间还夹有列强的干涉。1900年年初，义和团的主力转进直隶，逼进京畿，慈禧太后派刑部尚书赵舒翘、大学士刚毅先后去涿州调查情况。太后之所以对义和团采取慎重的态度，主要是义和团在痛恨洋人方面和太后有相似之处。

义和团提出"保护中原、驱逐洋寇"，他们因为教会"勾结洋人，祸乱中华"而焚烧教堂。

慈禧太后在1898年之后痛恨洋人，其根源在于她发动政变废光绪，另立新君的举措，遭到洋人的极力干涉；其次是英人庇护康有为事件，让慈禧太后大为愤怒。当慈禧太后发现义和团开始烧教堂、杀洋人的时候，其心态是复杂的。一方面她得到刚毅等的复命，言"义民无他心，可以依靠"；另一方面，她感到处处受洋人的"气"，又找不到报复的机会。

慈禧太后被几种力量推动着：一是，洋人对她的攻击，甚至想夺她的权，让她对洋人强烈地痛恨；二是，周围顽固派的火上浇油；三是，义和团煽动的对洋人的仇恨情绪，更给了她报仇的机会、理由和实力。这一切，都让慈禧太后感到了莫大的激愤和冲动。然而，慈禧太后并非真的是要倾全国之力与外敌决一死战。当这口恶气出得差不多时，她理性的察觉到双方实力的差距，也开始害怕了。慈禧态度之所以会出现如此大的变化，起因于六月二十五日早上，端王、庄王、瀛贝勒领带六十余名义和团员入宫寻找二毛子，至宁寿宫门，太后尚未起床，他们大声鼓噪请皇帝出来，说皇帝是洋鬼子的朋友，太后听到大怒。她这才意识到情况远比她意料的要复杂而危险，情况早已经超出了她的掌控。

八月十四日，慈禧太后挟光绪皇帝逃往太原、西安；十五日，联军攻入北京。面对无法收拾的局面，慈禧为了摆脱自身的罪责，将责任全归罪于义和团和办事不力的下臣。九月七日发出上谕，对义和团痛加铲除。这次打击，似乎使她有所清醒，内忧外患之时，清末的"新政"开始了。

与戊戌变法相比较，清末"新政"实际上是一场更具现代化的改革。政治上，清廷设立了外务部、商部、学部、巡警部、邮传部等新的政府机构，传统的六部体制已不存在；经济上，首先肯定了戊戌变法时奖励工商、发展实业的各种措施，而后颁布《商人通例》、《公司律》、《破产律》等多种经济法规，为工商业发展提供了必要的法制保障；军事上，戊戌变法时的主张为整顿团练、令八旗改练洋操，并着手改革军制，新政则致力于用现代化军队建制编练新军，军队组成、武器装备和指挥水准明显改善；文化教育上，戊戌变法时提出改革科举制度、设立新式学堂、奖励游学，新政则宣布废除科举制度，大规模开办新式学堂和派遣士人出国留学，并参照日本模式制定出中国最早的学制——《钦定学堂章程》以及《奏定学堂章程》。

慈禧对新政寄予厚望。她在古稀之年，对魏源的《海国图志》、徐继畬的《瀛寰志略》等介绍外国历史地理的书籍产生极为浓厚的兴趣，时常阅读以广见闻。新政推行过程中，虽有着种种弊端，但绝非乏善可陈。新政的推行，在为中国逐步积累着现代化资源，为社会的转型准备着物质和社会方面的条件。不过，当时的国内外环境没有再给中国提供一个稳健改革的机遇。1904年，日俄战争爆发，岛夷小国战胜了庞然大物俄罗斯。国内外舆论认为，这是立宪国战胜专制国的铁证，于是国内立宪的呼声由微弱转为高涨。慈禧在强大舆论压力下，不得不将新政归于宪政改革。

1906年，光绪奉慈禧谕旨，宣布"预备仿行宪政"，并以官制改革为下手处。官制改革，以行政和司法相互独立为基本原则。但由于官制改革牵涉权力和利益的重大调整，引起统治阶级内部的不安。有关官制改革的条陈，如雪片般飞到慈禧的眼前，其意见之纷杂、斗争之激烈，实属罕见，老佛爷知难而退，官制改革陷于进退维谷的境地。

1908年，宪政编查馆颁布九年预备立宪逐年筹备事宜清单。与此同时，慈禧和光绪皇帝联名发布《九年预备立宪逐年推行筹备事宜谕》。上谕中指出："当此危急存亡之秋，内外臣工同受国恩，均当警觉沉迷，扫除积习。……所有人民应行练学自

晚年慈禧像

治教育各事宜，在京由该管衙门，在外由各省督抚，督饬各属随时催办，勿任玩延。"这是慈禧生前颁布的最后一道谕旨，她的大限也快到了。

弄权有术，治国无方

慈禧西逃回到北京后，仍然将光绪皇帝囚禁在瀛台，自己大权独揽。参照"西法"，整顿一切政事。实质上，就是更加顺从帝国主义的驱使和控制，使清朝政府进一步买办化。慈禧不打自招地说："我们现在全力实行整顿政事，就是为了以后给各国提供更大的实惠。"于是帝国主义加紧了对中国的经济掠夺，中国的民族危机进一步加重。在这种情况下，反帝反封建的革命斗争也进入了一个新高潮，孙中山先生领导的资产阶级民主革命开始兴起。为了抵制日益发展的革命运动，挽救自己的统治地位，公元1906年（光绪三十二年），慈禧开始玩弄"预备立宪"的骗局，实行了一些不伦不类、欺世盗名的改良政策。但是，此时，一场大的革命运动已如"山雨欲来风满楼"，慈禧也即将走完了她一生中最后的岁月。

慈禧这个荒淫无度的女人，哪怕在她生命将近终结之时，也没有忘记利用权力及时行乐。光绪二十九年（1903），慈禧心血来潮，提出乘火车去谒祭东西祖陵，但当时并没有从北京城通往东西陵的铁路，为了满足慈禧的要求，只得立即抢修，结果单是铁路铺修到东陵，就花了一百五十三万多两白银。她过七十三岁生日时，仅袁世凯就送她两套玄狐裘袍褂，一枝旗妆大梁头横簪，两枝伽楠香木中镶宝石珠凤，还有一枝一人高的大珊瑚。盛宣怀则送了一批宋、元、明三朝名家书画，又用一千两黄金，打造了九柄金光闪闪的大如意。其挥霍程度，可见一斑。

为了填补她精神上的空虚，她请美国女画家卡尔进宫为她画像，还经常赌博、玩狗……她喜怒无常，动辄杀人。有一次，一个太监陪她下棋，说了句"奴才杀老祖宗这匹马。"她立刻大怒道："我杀你一家子！"叫人把这个太监拉出去，活活打死了。

慈禧直到生命的最后一刻，也没有放弃权力。光绪皇帝死后，她立即立了醇亲王载沣的儿子溥仪为皇帝，定年号为"宣统"。当时溥仪年仅三岁，自然什么事也不懂，因此慈禧又一次发布懿旨："小皇帝年纪还小，应当专心学习，所有军国政事，都按我的训令施行。"第二天，光绪三十四年（1908年）十月二十三日，慈禧便死在了中海仪鸾殿，终年七十四岁。慈禧死后，由徽号加谥号通称："孝钦慈禧端佑康颐昭豫庄诚寿恭钦献崇熙配天兴圣显皇后。"

慈禧一生给中国人民带来了巨大苦难。慈禧死后，慑于她的余威，清政府对她实行厚葬，浪费了国家大量的物力和财力。

光绪三十四年十一月十六日，慈禧入殓。慈禧的棺材，木料取自云南深山老林，光是运费就耗银数十万两。棺材成型后，用一百匹高丽布缠裹衬垫，然后油漆达四十九次之多，抬棺的杠夫分十几班，每班一百二十八人。出殡那天，送葬队伍达十几里，所过之处，凡有碍的建筑物，无论大小，一律拆除。从北京城到东陵，走了七天，途中这么多的人要设多少临时住所，已经不可计算。从慈禧断气到把她埋入地宫，折腾了将近一年的时间，耗白银达一百二十多万两。

慈禧厚葬的真正体现之处，还在于她的随葬品之多、之精、之珍、之异。慈禧的随葬品之丰富珍贵，是世界上任何帝王都难以比拟的。在慈禧的珍珠凤冠上，最大的一颗珍珠大如鸡卵。其口中所含夜明珠，在夜间百步之内光可鉴发。其身旁所放的众多佛像，全用金、玉、翠和宝石精雕而成。其他翡翠西瓜、玉石莲花、蝈蝈白菜、珊瑚树以及各色宝石制成的奇贵珍品，共计二千多种，价值难以估量。

公元1928年，即民国十七年，慈禧陵被盗（即震惊中外的东陵盗宝案），军阀孙殿英借军事演习的名义，将部队开进东陵，炸开慈禧陵地宫，当撬开慈禧棺盖时，慈禧面貌如生，似如睡觉，令在场者无不惊讶。但慈禧的艳丽面容和尸体见风则很快就退色、萎缩。

东陵大盗后，在全国各界人士的强烈谴责下，蒋介石曾下令严加惩办首恶孙殿英。孙殿英通过各种关系，将珍宝九龙宝剑、慈禧口含夜明珠、翡翠西瓜、朱红大朝珠等，分别送给了蒋介石、宋美龄、宋子文、戴笠等人，使此案不了了之。之后，被盗的慈禧陵，初由溥仪进行收拾殓葬，后经有关部门重新整理，并将慈禧尸体进行防腐保护，重新入棺，向游人开放。

聪明绝顶、专横一世、给中国人民造成巨大灾难的慈禧，无论如何也不能料到，死后竟然会被人挖坟掘墓，落得尸骨难全。

死得离奇——清穆宗同治皇后阿鲁特氏

阿鲁特氏，满清王朝唯一的满人状元阿鲁特·崇绮之女，生性贤惠，知书达礼。公元1872年，她被同治帝立为皇后。时年同治帝十七岁，阿鲁特皇后十九岁。

在同治皇帝十七岁时，两宫太后决定为他选立皇后。经过层层筛选及一轮轮激烈的竞争，最后选出了十名拔尖的"秀女"。这年二月初二为大吉大利的黄道吉日，两宫太后决定此日选定皇后，地点定在御花园钦安殿。这天，御花园热闹非凡，钦安殿布置得庄严隆重，两宫太后和皇帝就座于宝座之上，宝座前御案上，放着将要由皇帝递给皇后的"玉如意"和递给妃、嫔的几对红缎绣彩荷包。然后由内务府大臣带领十名秀女进殿，并按规矩分两排依次站列。

经第一轮挑选，先从十人中选出了四人，这四人将是一后一妃和两嫔。其中，刑部员外郎凤秀之女富察氏、翰林院侍讲官崇绮之女阿鲁特氏，即在这首选四人之中。当时，慈禧要立富察氏为后，慈安则说："富察氏虽然长得漂亮，但举止轻浮，不足以母仪天下。而阿鲁特氏雍容端庄，又知书达礼，应是皇后的理想人选。"在两宫太后意见不一的情况下，又问同治皇帝和恭亲王奕䜣的意见，结果皇帝和恭亲王都同意慈安的看法，于是就决定立阿鲁特氏为皇后，立富察氏为慧妃。慈禧对此极不满意，但当时她还没有完全掌权，也只好服从大家的决定。

同治帝此次大婚，耗资十分惊人，共耗费白银一千一百三十万两（很多未经报支不在其中），相当于当时全国一年财政收入的一半。

所幸的是，同治帝与皇后成婚后感情甚好。帝后之间情趣比较高雅，相亲相爱，堪称相敬如宾。但由于慈禧太后对阿鲁特氏心怀不满，所以她看到皇帝载淳对阿鲁特氏好，便格外不高兴。于是就对皇帝的私生活横加干涉，不让皇帝与阿鲁特氏同居，"欲令慧妃专夕"。小皇帝载淳也有几分倔强，偏不依母亲，干脆谁的寝宫也不去，一人独居乾清宫。载淳与慈禧太后母子失和，更使慈禧太后迁怒于阿鲁特氏，认为是她挑唆儿子不听自己的话。这给皇后带来了厄运。

当时慈禧爱看淫戏，皇后陪慈禧每看到淫秽地方时，都侧脸回避不看，慈禧对她很不高兴，并当面骂她是假正经。之后，慈禧便挑唆同治说："皇后性情高傲，不如慧妃贤淑，你以后要多召慧妃，少见皇后，以免影响政务。"由此，同治帝与母后慈禧更加不和。但慈禧却认为母子不和，原因出在皇后身上。于是便大骂皇后是"狐媚惑主"。皇后一时忍耐不住，遂言道："我乃奉祖宗之命，由大清门迎入，本光明正大，何言狐媚惑主？"慈禧认为皇后是在讥讽、挖苦她，恼怒难当，扑上去抓住皇后的头发，便连撕带打，竟将一撮头发连同头皮揪了下来，皇后顿时血流满面。而慈禧仍不解恨，又命太监以杖刑伺候，同治帝从未见过如此凶惨的场面，当场就吓得昏了过去，不日而死，终年二十二岁。

阿鲁特氏与皇帝婚后两年多的时间，同居的日子尚不足两个月。这当然主要是由于慈禧太后从中作梗的缘故。皇帝载淳身死，庙号定为"穆宗"，尊谥用"毅"字。穆宗毅皇帝的称号定了，穆宗皇后亦须有一封号；慈禧太后在内阁拟呈的字样中，圈定"嘉顺"二字。这实际上是对阿鲁特氏的一个警告，意思是顺从始可嘉，即使是逆来也要顺从。

此后，阿鲁特氏以泪洗面，过了不长时间，在光绪元年二月二十日半夜三更时分香消玉殒。距离同治帝死日仅差两个半月。在一百天内皇帝皇后先后去世，这在历史上极为罕见。皇后因何而死，又有几种不同的说法。

一说是因为大行皇帝之死，皇后哀伤过甚，缠绵病榻已久，并抱定必死的决心拒绝治疗而逝。一说是同治皇帝死的当天，阿鲁特氏就曾吞金自尽，遇救不死，因此这次身死，依然是自裁，以随皇帝于地下。还有一说是被慈禧太后迫害致死。从大行皇帝一崩，慈禧太后就归罪于阿鲁特氏，甚至诬赖她房帷不谨，以致同治皇帝发生"痘内陷"的剧变。嘉顺皇后遭遇了这样难堪的逆境，无复生趣，恹恹成病，终于不治。诸种说法，孰是孰非，难以判断。

阿鲁特氏死时仅二十二岁。她活着时，慈禧太后对她百般挑剔折磨，死后的丧仪却颇隆重。当天即发出了一道上谕，一道懿旨。派礼亲王世铎领头办理，又加派恭亲王奕䜣主持，很是大操大办了一番。刚死时梓宫暂时安置在隆福寺。直到光绪五年三月，惠陵修好后，才与同治皇帝合葬在惠陵，光绪皇帝给阿鲁特氏加谥。到宣统年间又加谥，谥号全称是"孝哲嘉顺淑慎贤明恭端宪天彰圣毅皇后"。

慈禧太后的侄女——清德宗光绪皇后叶赫那拉氏

隆裕皇后叶赫那拉氏，于光绪十四年十月初五（1888年11月18日），由慈禧太后做主嫁给光绪皇帝为后。此后，在帝后斗争、后妃斗争中，慈禧太后处处都向着她，但终究成了封建王朝内部斗争的牺牲品。她是封建王朝的末代皇太后，她被迫下诏同意共和，结束了清王朝对中国长达二百六十七年的统治，也结束了长达千年的中国封建社会。

身不由己

隆裕皇后系那拉氏家族中人，生于同治七年（1868年），比光绪帝大三岁。其父桂祥为慈禧太后的兄弟，所以她是慈禧太后的侄女。慈禧太后强行将其本家侄女立为皇后，主要是为了在光绪帝身边安插心腹，以便控制光绪帝，长期操纵清廷。光绪帝载湉继位时年仅四岁，慈禧太后大权独揽，"垂帘听政"。到光绪十三年（1887年），光绪帝已经十七岁，到了婚配的年龄。按照封建王朝的惯例，幼帝一经结婚，就要亲理朝政，太后必须"撤帘"归政。

慈禧太后一面提前宣布给光绪帝成亲，让其"亲裁大政"，一面加紧给光绪帝选后、妃。慈禧太后这样积极，当然并不是愿意"撤帘"归政。因为她自己就是从一个妃子渐次步入青云，成为清王朝的最高统治者的。她深知皇帝的后、妃对皇帝的思想及其政务活动的影响力，要巩固自己在清廷中的专权地位，牢牢地控制住亲政的光绪帝，未来的皇后人选对她是至关重要的。慈禧太后利用所谓"母子"情分和封建主义的"孝道"伦理，按着自己的意志，亲自主持了选后活动。

选后活动是在体和殿进行的，经过数次"备选"后的五名秀女依次排列，站在第一位的是慈禧的侄女都统桂祥之女,其次是江西巡抚德馨的两个女儿,站在最后的是礼部右侍郎长叙的两个女儿(即后来的珍妃姐妹)。慈禧太后上坐,光绪帝站立一旁,前面桌子上放着一柄镶玉的如意和两对绣花的荷包,按清宫惯例,选中皇后的,给玉如意一柄;选中妃子的,给荷包一对。

慈禧太后面色严肃,心情略有紧张,她看看站在一旁的光绪帝,一边把玉如意递给他,一边指着下面的秀女说:"皇帝,选谁当皇后,你自己决定,合你心意的可把玉如意授给她。"

光绪帝抬头看了看慈禧太后,胆怯地回答说:"这件大事应由皇爸爸(即慈禧太后)做主,儿臣不敢自作主张。"

慈禧太后假惺惺地说:"皇后是你的,你自己选吗!"光绪帝就拿着玉如意大胆地走到德馨的长女面前,正要授给她玉如意时,慈禧太后惊慌失措,猛然大叫一声:"皇帝!"

光绪帝吓了一跳,连忙回头看了一眼慈禧太后,见她用嘴暗示站在第一位的秀女。于是,光绪帝无可奈何地走到桂祥女儿的跟前,把玉如意授给她。

慈禧太后看到光绪帝中意的是德馨的女儿,如果入选妃嫔,必会有夺宠之忧,于是不允许光绪帝继续选妃,匆匆地命公主把两对荷包授给站在最后的长叙的两个女儿。

这场选后、妃的傀儡戏就这样草草地收了场。慈禧太后下懿旨宣布光绪帝的后、妃一并选定。光绪十五年正月(公元1889年2月),光绪帝举行大婚礼,正式册封桂祥的女儿为皇后。

这次选后、妃活动与光绪帝自身的利害攸关,慈禧太后专横跋扈,公然无视光绪帝的意愿,强行决断,使光绪帝受了很大刺激,给他留下难以忘怀的怨恨,由此也为光绪帝与皇后终生"不睦"和围绕后、妃产生的许多纠葛埋下了种子。

帝后不睦

大婚后,光绪帝住在养心殿,慈禧住在南海仪銮殿,皇后和珍、瑾二妃住在同豫轩。慈禧太后"强迫指定"皇后,给光绪帝感情上留下了创伤,婚后那拉氏皇后又倒向慈禧太后一边,更促成光绪帝对皇后感情上的疏远。而珍妃年轻活泼,性情开朗,志趣广泛,视野开阔,遇事颇有见解,在光绪帝料理政务当中,给予大力协助,光绪帝当然宠爱她了。

一天慈禧突然传令同豫轩侍奉珍妃的宫女、太监等到仪銮殿,询问珍妃平日的起居情况。

慈禧太后暴跳如雷,大声喝问宫女太监,宫女太监惊恐万状,跪伏在地上,战战兢兢地说:"珍主子平时很是谦和谨慎,从来没出过大差错。"

慈禧听后更是大怒,怀疑宫女太监护着珍妃不说实话,喊过掌刑太监:"给我打!"

虽然打得太监皮开肉绽,但仍和前面说的完全一样,慈禧气得火冒三丈。这时珍妃正好赶到仪銮殿,她被眼前的情景弄懵了,还未及开口,慈禧便劈头盖脑地斥责她,把一腔怒气转向她,让太监掌嘴,命她说实话。珍妃一向被皇帝宠幸,如今当众受辱,痛不欲生,但仍不向太后低头。

慈禧更加恼怒,下令夺其妃号降为贵人,宫女太监减逐大半。

由于光绪专宠珍妃,作为慈禧内侄女的那拉氏皇后因失宠,醋意大发,由嫉而恨,那拉氏的怨毒愈积愈深,渐渐地她那怀恨珍妃的心几乎超过怀恨光绪的心了,她自己也知道无从再掩饰;而且觉得无须掩饰,她几乎在每个人的面前诅咒过珍妃。当她们每天早上一起到太后宫里去请安的时候,皇后从不曾把眼睛向珍妃瞧过一次,只当眼前没有这个人一样。皇后为了泄愤,常在慈禧面前说珍妃的坏话。

其实珍妃入宫之初,慈禧太后并没有对她表现出恶感,反而见她聪慧乖巧,有时还让她侍在身旁批览奏章。到后来,慈禧太后得知那拉氏皇后"不得志于德宗",乃宠爱珍妃之故,才迁怒于珍妃姐妹。

光绪二十一年(1895年)适值慈禧太后六十大寿,福州将军出缺,那拉氏皇后欲将此职位给她的舅舅,因珍妃颇得光绪帝宠爱,便低声下气地求珍妃请于光绪帝,珍妃却谢绝说:"谁去说都是一样。"

皇后十分恼火,认为珍妃恃宠而骄,竟敢违抗皇后的意志,气冲冲地跑到慈禧那里告珍妃欺压皇后。慈禧本来处处护着皇后,平时有对皇后小不敬者,都要受到严厉责罚,今天听说敢欺压皇后的竟是平日嫉恨的珍妃,便火冒三丈,说一定要给皇后出气。于是才有了仪銮殿当众辱打珍妃之事。

这次后、妃之争可以看作光绪时期后妃之争的一个缩影,对于这种后妃纠纷,不能归结为宫廷中的所谓"醋海兴波"。光绪时期的后妃之争除了风情醋意的原因之外,还反映了慈禧太后与光绪帝在政治上的矛盾。此后光绪帝更加厌恶皇后,她的生活更加孤独寂寞了。

下面这两个例子,便清楚地看出光绪、慈禧、那拉氏三方面是如何斗心劲儿的了。

有一天,慈禧太后到景仁宫去,行至流水观音地方,见撑船太监未穿宫袍,勃然大怒,认为这是对自己的大不敬,下令杖打,当时宫杖未到,便下令让人拿轿竿打,直打得太监皮开肉绽,哀痛不已。

等到了景仁宫,仍然横眼立目,怒气未消,皇后和珍、瑾二妃都被慈禧的威风吓昏了过去,慈禧连忙去告诉光绪帝,光绪听后,气急败坏地说:"死就死了,此后永不立后。"慈禧太后也无可奈何。

又一次，光绪帝发怒，把皇后的发簪拔下摔碎，那簪子是乾隆时的遗物，皇后向慈禧诉苦，慈禧表情沉郁，没有多说话，只是叫她以后注意点儿。这件事后，皇后与光绪帝分居，具体年月虽不可考证，到光绪死时已有十年。

戊戌政变后，光绪被囚在瀛台，身同囚犯，不准皇后、妃、嫔随便接触，破格准许皇后每月初一、十五两天到瀛台看望。觐见时，有多名太监在旁边监视，加之隆裕和光绪素无感情，一般只是三言两语问安后便退出，有时光绪帝一言不发，以目送之。

那拉氏皇后在孤寂的宫廷生活中，开始找些事来填补空虚，她学会了养蚕。每天观察蚕的生长，吐丝做茧，见蚕变成蛾飞出，感慨万分。丝成后，她还拿到慈禧太后那里去鉴赏，慈禧也取出年幼时所制的丝来与皇后的新丝比较，两者同样的精美。

这种孤寂平淡的生活很快被八国联军的炮火给打破了。光绪二十六年七月（1900年8月），八国联军攻入北京，那拉氏皇后随慈禧太后、光绪帝逃奔西安。次年回京后，仍然默默无闻地过着孤寂的生活。

为立己子驱赶明宗遗孤

光绪三十四年（1908年）光绪皇帝和慈禧太后先后去世。慈禧太后弥留之际，指定那拉氏皇后为太后（下称隆裕太后），隆裕太后以刚继位一天的小皇帝名义发布谕旨："嗣后军国政事，均由摄政王裁定，遇有重大事件，必须取皇太后懿旨者，由摄政王面请施行。"隆裕太后从此摄取了清朝大权。

隆裕为人，平庸无识，优柔寡断，比慈禧远远不如。慈禧在政治上残暴自私，但还有自己的见解，对于王公大臣也有一定的笼络手段。而隆裕太后却无自知之明，她虽取得了军国大事一定范围的决定权，梦想"垂帘听政"，但要实现这一梦想，摄政王载沣就成了绊脚石。她用权无术，顾此失彼，后宫频频"起火"。

慈禧一死，后妃们争权夺利的斗争更加激烈，隆裕太后指使其宠信太监大总管小德张（即张兰德）直接参与了后宫的斗争。

慈禧下葬时，咸丰帝的几个遗嫔如瑜妃等想利用这一机会大闹东陵，夺得清廷的大权。她们到东陵后，要挟说："我们不回宫了，我们要在这里守陵。"

小德张马上说："好吧，马上给你们盖房子。"为防有变，他把当时负责守卫东陵的张勋叫来安排。张勋十分紧张，说："那要请各位首领（太监）看好各家的主人。"

小德张布置完毕后，便同隆裕一同回宫。

瑜妃等见隆裕毫不让步，不再回西六宫去，而要走启祥门，闯入内宫。

小德张按着隆裕的旨意，早已派太监首领张吉安把住启祥门，瑜妃等虽然叫开了启祥门，大发脾气，还打了张吉安的嘴巴，但终究没敢进入内宫。

隆裕以为小德张此事处理得果断利落，对他更为信任。在隆裕的支持下，小德张更加大胆妄为，在宫外公开拉拢王公大臣，在宫内也是说一不二，同时对隆裕太后，更是百般奉承，投其所好。

宣统帝继位，隆裕心中抑郁不乐，小德张趁机怂恿，在宫中东部大兴土木，修建"水晶宫"，作为玩乐之所。按清代制度，在"国服"期间，不得兴修宫殿，何况当时清廷正在组建新式海陆军，所需经费极大，国库本来已经空虚了，建军的费用尚且不足。而隆裕不管这些，竟然下诏拨出巨款来兴修宫殿，引起朝野的不满和议论，后因为革命军起义而不得不停止，从这件事更可以看出隆裕的平庸无为，不识大体。

载沣生性懦弱，在政治上也无主见，他虽为监国摄政王，里有隆裕掣肘，外受奕劻、那桐等人挟制，没有任何作为的空间。对隆裕兴建"水晶宫"一事，本来可以用"违反祖制"、影响建军的正当理由进行阻拦，但由于他怯懦怕事，不敢多说话，也就不加可否地听之任之。这样一来，给太监小德张以可乘之机，他实际操纵了隆裕太后，从中饱得私肥，有些事他和隆裕太后一说，再难也可以办成。如：

隆裕在服丧期间，按清例应换乘青色的轿子，制轿的费用竟达白银70多万两，小德张经手这件事，贪污之巨，令人咋舌。

先前宫中有几座佛殿，慈禧太后时年久失修，已经毁坏不堪。小德张怂恿隆裕修理，报销的钱数竟达二百多万两。当时内务府大臣李乐告发报销不实在，并要求给予处分。隆裕知道这笔钱的经手人是小德张，便保持缄默，压下不问，隆裕与小德张的关系亲密，可见一斑。

宣统二年五月（1910年6月）载沣命毓朗、徐世昌为军机大臣。数日后，隆裕突然心血来潮下令载沣将这两个人撤去，载沣则婉言相劝请求暂缓行事，隆裕毫不让步，载沣不得已反驳说："太后不应干预用人行政大权。"隆裕常凭自己感情冲动来制约载沣行动，两人矛盾日深。

光绪死后，隆裕在他的砚台盒内，发现光绪用朱笔写的"必杀袁世凯"的手谕，自己不敢决断，便交给载沣处理，载沣犹豫不决，与奕劻、那桐等商量。奕劻、那桐力主保袁，让袁世凯自行称病辞职。

袁世凯辞职后，隆裕和载沣不留他在北京加以控制，反而命他回家养病，这无异于"纵虎归山，养痈成患"。

无奈颁诏

宣统三年（1911年），辛亥革命爆发。武昌起义后，各省相继宣告独立，南方半个中国脱离了清政府的统治，清廷岌岌可危，不得已隆裕只得同意请袁世凯出山，任命他为内阁总理大臣，给予军政大权。袁世凯东山再起，首先搞垮了摄政王载沣，迫使隆裕下令摄政王归藩，禁止干预政事；同时袁世凯也与南方革命政府达成妥协，以当民国总统为条件逼迫清帝退位。从这也可以看出，袁世凯逼迫清帝退位，并非革命之举，而是借用革命党人之手，要自己取而代之。

袁世凯首先让邮传部大臣梁士诒唆使驻俄公使陆征祥等电请清帝退位。又指使姜桂题电奏清廷，请求朝廷恩准，将所存款项分别提回，接济军用。

面对这四面告急的场面，隆裕太后没有别的办法，只好答应这些请求，令宗人府传令各王公出钱赡军，但应者寥寥。于是袁世凯面奏隆裕，说军饷无着，对军队哗变的事甚为忧虑，请求隆裕拿出内帑黄金八万两充军饷。隆裕只得应允。

1912年1月16日，袁世凯又与内阁大臣联衔上奏清廷，奏请清帝退位。奏折中提出"民主如尧舜禅让"，要求清帝退位，实行共和，并威吓说："我皇太后皇上怎么能忍心让九庙祖宗受到炮火的震惊，怎么能忍心被驱出京城，政权被暴力推翻呢？"

之后袁世凯手捧奏折到养心殿见隆裕太后，隆裕坐在炕上沉默不语。袁世凯跪在红毡垫上，假戏真演，一时耸动着双肩，一时抽缩着鼻子，流着眼泪，向隆裕太后哭哭啼啼地诉说着。隆裕一言不发，只用手帕拭着泪水。

隆裕被袁世凯出色的表演弄得六神无主，不知所措，忙和王公贵族商量。皇族亲贵多把共和看成洪水猛兽，把袁世凯看作逆臣、革命党的奸细，千方百计想除掉他。载泽弹劾袁世凯"前借口军饷不足，不能开战；后颁短期公债，勒损亲贵大臣，合内帑黄金八万两，款近千万，仍不开战，是何居心？"隆裕被弄得将信将疑，更是举棋不定。

刚巧袁世凯从内宫出来遇到张先培等用炸弹袭击事件，袁世凯先前命人制造"革命党人已经遍布于北京城"的谣言，得到证实。他真是因祸得福，从此竟使隆裕开始相信他了。隆裕特派人前往慰问，而袁世凯则借此称病不入朝，把逼宫的任务交给亲信赵秉钧、胡惟德等人。

1912年1月17日，隆裕召集宗室王公召开御前会议，讨论是否实行共和的问题。奕劻和贝子溥伦主张自行退位，颁布共和。隆裕一听抱着宣统大哭，溥伟和载泽坚决反对，会议无结果而散。第二天，仍无结果，良弼、溥伟、铁良等王公大臣成立了保卫清室、反对议和的宗社党。

1912年1月19日，隆裕又召开御前会议，赵秉钧、胡惟德等人也参加了，在退位问题上，双方展开了激烈的争论。最后赵秉钧当众指斥王公贵族会而不议，议而不决，声称再如此下去，就要辞职不干，说完扭头就走，胡惟德、梁士诒也愤然离去。隆裕吓得不知所措，会议依然无结果。蒙古王公纷纷出京，各回本旗，组织义务勤王敢死队。

几天的御前会议弄得隆裕头昏脑涨，茫然不知所措，除了抱着小皇帝大哭外，没有其他办法。太监总管小德张和贪官奕劻、那桐受了袁世凯的贿买，从内部对隆裕太后进行恫吓。小德张在隆裕面前危言耸听，说什么"各省纷纷独立，前敌军队撤不下来，外债无望，饷项难筹，若不答应民党的要求，则革命军杀到北京，您的生命难保"。倘能依从让位，则有"优待条件"，"仍可安居宫闱，长享尊荣富贵，袁世凯一切可以担保"。奕劻为了迫使清廷屈服，不惜当众撒谎。优柔寡断、平庸无识的隆裕，遇到为难之事只有啼哭，在这内外夹攻之下，开始动摇了。

几天的御前会议都解决不了问题，隆裕命胡惟德转告袁世凯仍按召集正式国民会议办法与国民政府议和，袁世凯置之不理。袁世凯又密令段祺瑞联合北洋将领电奏赞成共和、反对帝制。段祺瑞在其通电中说："昨闻恭王（溥伟）、泽公（载泽）阻挠共和，多愤愤不平，……压制则立即暴动，敷衍亦必全溃。十九标昨几叛去……是动机已兆，不敢再为迟延。"要求实行共和。袁世凯在同一天也上奏清廷，提出清帝退位后皇室优待条件问题，并威胁说如果不实行共和，他不保证清廷退位后受到优待。

优柔寡断，软弱无能的隆裕正在犹豫之中，这时京城发生了一起惊人事件，逼她主演了清帝退位这场戏。

1月26日宗社党的首领良弼被炸，京师震动，上朝时，隆裕掩面大哭说："梁士诒啊！赵秉钧啊！胡惟德啊！我母子二人性命，都在你三人手中，你们回去好好与袁世凯说说，务必保全我们母子二人性命。"

赵秉钧首先放声大哭，誓言保驾，满朝一片抽泣声。

王公贵族闻风丧胆，有些人潜往青岛、大连、天津的外国租界，藏匿不出。

隆裕更是惊慌不已，为保全清廷，尽力拉拢袁世凯。隆裕颁发懿旨封袁为一等侯爵，并命退归藩邸的载沣到袁世凯的住所传旨，督促袁世凯入宫谢恩。

袁世凯再三辞谢，恳请收回成命，隆裕固执己见，一心想拉住袁世凯，不准袁世凯的请求，袁世凯没有办法，只得接受。

隆裕一心想用封赏的办法拉拢袁世凯，使他效忠清室，这说明她毫无政治见识，错把奸臣当忠臣，以致一错再错。袁世凯虽接受了封赏，但他为了自己统治天下的野心，继续进行逼宫活动。

1月29日，袁世凯命杨度在北京发起组织共和促进会，宣布目前主张君主立宪为时已晚，为救国家危亡，保全皇室，只有实行共和。这天，袁世凯上奏，催促清廷迅速做出选择，早早退位，并把一切推给朝廷自行处理，加紧刁难要挟。隆裕在其催逼下，整日抱着宣统皇帝痛哭流涕。载沣向来缺乏主见，此时更不敢参与决策。皇室贵族束手无策，乱作一团。

隆裕所能采取的唯一办法是尽可能拖延时日。2月1日，她召开御前会议，提出采取虚君共和政体，即君主不干预国政的办法把皇帝保留下来。民国政府和袁世凯都表示反对。隆裕经过反反复复考虑比较，觉得保留性命，退位后享受优待条件，总比宗族覆灭的结局强得多。她只好做出了皇帝退位，颁布共和的决定。

1912年2月3日，隆裕授袁世凯以全权，与南方协商清帝退位条件，袁世凯的病马上不治而愈，当即把所拟的退位条件电告唐绍仪转伍廷芳；并密令段祺瑞以前敌将领的名义发表通电，电文说，"现因几个王公阻挠共和，使全局危险，四面楚歌，万民受困，京津两地暗杀党林立，稍疏防范，祸变既生。"并声称："谨率全体将士入京，与王公剖陈利害。"电文字字句句透出刀光剑影，令人生畏。王公大臣看了，一个个面如土色、毛骨悚然，唯独溥伟觉得欺人太甚，发了几句牢骚，后来赵秉钧放出风，说要除掉他，把溥伟吓跑了。从此，再无人敢说一句反对退位的话。

2月8日，梁士诒携新拟的优待条件见隆裕，隆裕提出三条意见：一、留"大清皇帝尊号相承不替"十字；二、不用"逊位"一词；三、宫禁和颐和园随时听使居住。

2月11日，隆裕认可了优待条件的修正案，决定下诏退位。

2月12日，隆裕以宣统皇帝的名义颁发了三道诏旨，第一道是清帝退位诏，第二诏是公布优待条件，第三诏是劝谕臣民。

隆裕在极度惊吓、慌乱中度过了这三天，但她哪里知道，这三天改变了中国的历史，这是她一生中最光辉的三天。也就是在2月12日她主持了清王朝的最后一次御前会议。

这天，内阁总理大臣袁世凯率全体阁员、亲贵和朝廷官员同至养心殿，恭迎太后和年幼的皇帝进殿，并登上宝座，大臣们最后一次向皇帝山呼万岁。这时一位太监向隆裕太后呈递了退位诏书。隆裕太后在宣读诏书时，泪流满面。臣僚们匍匐在地，极度悲伤恐惧。

隆裕突然中止宣读，悲伤地放声大哭，将退位诏书交给世续和徐世昌盖上皇帝宝印，内阁成员随即依次在诏书上签名。在肃穆悲哀的气氛中，最后一次御前会议宣告结束了，清王朝统治中国长达二百六十七年宣告灭亡了。

末代皇太后

自宣布共和后，皇室虽然已失去了政权。但在清室宫中，仍然按照皇室的仪体，发布上谕。他们靠封建社会长期的影响，靠出卖宫里的珍宝和从中华民国政府领到的优待经费四百万两白银，在宫中仍过着穷奢的生活，保持着皇家旧有的淫威。这不能不说是中国社会转型的一个怪胎。

隆裕太后仍然住在宫中,宫殿依旧,世道今非。她心情忧郁,很少与外人接触,甚至北京发生兵变时,她只隐隐约约地听见炮声,不知发生了什么事。她娘家被劫三四天后,她才知道,痛哭流涕,哀恸不已,但此时大势已去,无法挽回。这件事使她更加郁郁寡欢,与宣统帝的关系也日渐疏远,教养侍奉之事,一概交给太监去管。

隆裕整日忧郁,起居没有节制,饮食更是不加注意,她每天只吃些水果,全天精神恍恍惚惚,太监只得拿着水果袋跟着她。时间一长,抑郁而病。到了1913年,便卧床不起了。

她去世前,正值深夜,世续、溥伦及载沣在一边侍奉。此时隆裕太后已昏迷不省人事。据说溥伦拟议遗诏,授命醇亲王载沣掌管宫中事务之权,世续等大声呼唤,不见太后醒来。

小德张来到榻前,在枕边对着太后耳朵大声呼唤说:"现在世续等王爷为太后能更好贻养身体,宫中事务请下旨命醇亲王管理。"

这样喊了三次,隆裕才慢慢睁开了眼,轻轻地点了点头,很久才说出一句话:"叫皇帝来。"

太监连忙把溥仪抱到床前,太后指着溥仪,使出全身的力气,慢慢地说:"他太小了,你们不要难为他。"说完,两眼一闭,命丧黄泉。

末代太后隆裕就这样结束了她平庸、孤寂的一生。享年四十六岁,谥为"孝定隆裕景皇后",葬于崇陵(河北省易县金龙峪)。

隆裕太后死讯传出,大总统袁世凯表示悼念、祭奠,参议院外交团发出了悼唁,国务院决定为她举行葬礼,并派吉员去办丧事,各党会团体也有表示追悼的,有的还提议为她铸造铜像。

参加隆裕的葬礼的除王公大臣外,还有国务总理和总统的代表、各国外交官、各局长并各部代表及陆海军人等三百多人。

隆裕太后的葬礼如此之隆重庄严,是她生前不可能想到的,她最后还是享受了末代皇太后的福,为自己画了一个不错的句号。

凄凉悲惨的一生——清末帝宣统皇后婉容

郭布罗氏婉容,全名叫郭布罗·婉容,字慕鸿,内务府大臣荣源之女,生得姿容娇美、聪明伶俐。原籍黑龙江省龙江县牤牛屯。婉容出身于世袭贵族家庭,其曾祖父长顺曾任吉林将军,其父荣源继承了祖上留下的大批房地产,后任逊清宫内务府大臣,其母爱新觉罗·恒馨是皇族毓朗贝勒的次女——人称"四格格",她是荣源在原配夫人死后继娶的妻子。婉容自幼长于深闺,姿质天然。据接近她的人回忆说，婉容不仅体态姣好，姿色迷人，而且举止文雅，谈吐得体，琴棋书画样样都通，是一位富有教养的才女。

1912年2月12日，宣统帝溥仪退位。根据《优待皇室条件》的规定，仍保留宣统皇帝尊号，逊位帝后与逊清皇室仍居紫禁城宫中。

末代皇后婉容

据记载，婉容被册立为皇后，却不完全是因其才色，而是出于某种偶然的"圈定"。公元1921年，溥仪年满十五岁，逊清皇室便开始为溥仪选立皇后。后位的归属，逊清室斗争依然激烈。时隆裕太后（光绪帝皇后）早已死去，剩下的端康太妃和敬懿太妃都想把自己的亲信立为皇后，并在议定时各执己见，互不相让。最后确定候选秀女为四人。遂拿出这四人的全身照片，让溥仪画圈决定。溥仪看了又看，比了又比，也分不出哪个最美。于是便拿起铅笔，随便在一张照片上画了个圈。此女是敬懿太妃的亲信叫文绣。这样一来，端康太妃就很不高兴。溥仪便又拿起铅笔，在端康太妃中意的照片上画了个圈，这就是婉容。这样溥仪先后画了两个圈，但清制规定皇后只有一人。最后还是考虑端康太妃的意见，确定婉容为皇后，文绣为妃子。

婉容当上皇后之后，其父被封为承恩公，其兄其弟均得赏护军参领，整个荣源家族都因婉容而获得了实惠。

婉容是我国历史上最后一位得到迎娶皇后礼遇的女性。当时清廷已被推翻十一年，中国社会已进入民主共和时代，但末代皇帝婚礼之隆重，较之封建社会帝王的婚礼毫不逊色。

1922年12月1日，是清逊帝溥仪的大婚之日，这天溥仪同时娶了皇后婉容和妃子文绣。大婚这天，迎亲队所经之路，均以黄土铺道，沿途观看者人山人海；迎亲队伍浩浩荡荡，军警、保安林立，军乐、鼓吹两班，彩装的汽车队、马车队、洋车队、清室及亲朋随从人员不计其数；皇后所乘的三十二抬金顶凤舆装饰华丽别致，十分气派；参加婚典的达官显贵、外国要员及中外记者共计数百人。其婚典的隆重场面，毫不逊色于历代帝王的婚礼，好像是大清王朝仍昂然犹存一样。婉容十分显赫地被立为皇后，入居紫禁城储秀宫，时年溥仪十七岁，婉容年近十八岁。

这时婉容虽名为皇后，但已是溥仪逊位后尚保留皇帝尊号的皇后。迎接她的已不是荣华富贵，而是孤独、凄凉与悲惨的生活。

婉容自幼生长于官僚世家，生活条件比较优越。少女时曾在天津一所女子中学读书，又学得一些英文，琴棋书画样样都通，也算得上是一位才女。她入宫后不大爱惜钱财，有时脾气不好，为人不够随和，再加上她未生"皇子"，故溥仪与她感情不好，常不理她，俩人既不同桌吃饭，也不同床睡觉。这样时间长了，婉容的脾气就变得更坏，还动不动就摔东西，难以伺候。

入宫后，婉容与一起被娶的淑妃文绣经常发生矛盾。在婚礼当日，溥仪就在无意中做了件损害后妃关系的事。按清室传统，在大婚前一日入宫的淑妃，要亲率女官及秀女在坤宁宫外跪迎皇后。但是，受新文化运动影响的溥仪却破除了这个旧制，宣旨免去了淑妃跪迎皇后之礼。这一下惹怒了婉容，此后后妃之间时常勾心斗角。从这里可看出婉容的爱虚荣。

婉容婚后在紫禁城里生活了近两年。其间虽身受宫廷家法的种种限制，但她是一位多少受过"五四"新文化洗礼的女性，入宫后仍没有放弃对美和自由生活的追求，她购买了许多"新潮"服装，将自己打扮得漂亮艳丽。她厌倦紫禁城里囚徒般的生活，渴望观赏城外大自然的美好景色，呼吸一下湖畔田间新鲜湿润的空气。有几次，她壮着胆子，与溥仪二人一起，以探亲为名走出宫墙，乘车在京城大街兜风，后来便游览颐和园和玉泉山。出游时几十辆汽车尾随其后，一路浩浩荡荡，好不气派。两年间，婉容还数次随皇帝出席过一些重大社交活动。如1924年1月13日，他们一起为溥杰结婚赴醇王府受双礼。1924年2月8日，他们一起参加醇王寿辰等等。这是历代帝后都不可能有的殊荣。

婉容入宫后，溥仪曾先后聘请了两位英文教师为她教授英文。第一位教师是美国牧师的女儿师盈，第二位是美国女教师任萨姆。婉容英文水平提高很快，不仅口语好，还能写简单的书信。她在宫中给溥仪写过不少抒情短信，溥仪也用英文给她回信，并给她起了个英文名字：伊丽莎白。

婉容还教会了溥仪吃西餐，开始吃时，婉容手把手地教他如何用刀，如何使叉，以及怎样吃等，后来，溥仪在婉容的影响下，渐渐地迷上西餐了。

在紫禁城的两年中，溥仪对婉容还是比较信任的，这从建福宫失火后溥仪要婉容为他守夜一事可看出来。1923年夏初，溥仪为查明珍宝失盗缘由，下令清查库存珍宝。偷盗的太监们为销赃灭迹，便放火烧掉了建福宫和附近十几座楼台亭阁。此时宫中又出现了太监报复伤人事件,溥仪想到平时他对太监的残暴,怕他们对自己行凶报复,就想挑一个可靠的人来为他守夜,挑来挑去挑上了婉容,他让婉容整夜守护在养心殿内为他壮胆。这段时间,两人感情还是融洽的。

婉容是一位富有同情心的皇后,每当她看到报纸刊出穷人挨饿或无钱就医、无力安葬的消息时,总要派人送去几元几十元。据1923年12月13日《事实白话报》载:一群由穷苦无靠者组成的"北京临时窝窝头会",一次就收到皇后使者送来的六百元大洋。婉容的行善乐施在京城是出了名的,不少人为之感动。表面看来,这时期的婉容悠闲快乐,其实内心里面有难言的苦衷,接近她的人发现她时常愁眉不展,她的贴身太监孙耀庭曾回忆说:"起先皇后的脾气挺好,皇上常到她屋里来,可是很少在她屋里宿夜,只是来了说会儿话,玩玩就走。后来,皇上来的次数少了,她的脾气也变得不太好,有时候在屋里绣着花就停下来,面壁而坐,半天不吭一声。每当这时,我们就得格外小心侍候。"可见,婉容虽在宫中有令人羡慕的高贵身份,却不能像平民百姓那样享受夫妻之爱和天伦之乐,在这种虚伪无聊的环境里生活,婉容内心里充满了郁闷无聊。她也曾看书、写字、作画,后来就开始抽大烟,并让太监跪在那里给她烧烟,一烧就是半个小时。她的人生之路,从此开始一步步走向悲惨。

公元1924年,直系军阀第三军总司令冯玉祥发动"北京政变",宣布废去大清皇帝与皇后尊号,驱逐溥仪及婉容出宫。溥仪夫妇一行出宫后,暂居醇王府,又居日本驻北京公使馆,不久溥仪和婉容被移居天津日本租界张园。溥仪与婉容在天津住了七年,这是他们生活中最愉快的一段时光。虽然被赶出了皇宫,但他们同时也获得了自由。因为婉容少女时代曾在天津读书,熟悉地方,还有不少的学友,所以经常领着溥仪游览名胜古迹、参加社交活动、溜冰、滑雪、唱歌、跳舞,又常与不少外国朋友交往。他们每到一处,都有很多人惊异地围观,并称溥仪为"末代皇帝",婉容为"明星皇后"。

婉容每年过生日,都有很多显贵、朋友及外国友人携昂贵珍品光临祝贺,使婉容也发了大财。这时,溥仪与婉容都觉得住在天津要比宫中好得多。

公元1931年"九·一八"事变后,侵华日军秘密将溥仪一行送到东北,并由日本侵略者操纵支持,在新京(当时将长春市改为新京)成立了伪"满洲国",年号"康德",溥仪当了傀儡皇帝,后又改称为"满洲帝国皇帝",婉容亦同时恢复皇后称号。从此,溥仪便公开走上了亲日叛国的罪恶之路。

溥仪上任一个多月后,伪执政府从长春市政公署搬到新修缮的前吉黑榷运局的房子,这里的八栋小楼在当时的长春是最好的建筑物。溥仪亲自为每幢房子命名,婉容和溥仪都住在缉熙楼内,溥仪住楼上西侧,婉容住楼上东侧,楼下是客厅和书斋,四壁用带有花纹图案的金黄色彩绸镶嵌,墙上挂着名画,墙角摆着落地大花瓶，整幢楼房布置得富丽堂皇。

婉容开始了执政夫人的生活，她心情非常兴奋，对自己的前途充满了幻想，但她很快发现，这里迎接她的不是尊严和幸福，而是新的禁锢。那是在溥仪就任执政三个月之后的一天，溥仪带着婉容和他的二妹、三妹坐上自己的汽车到大同公园（今长春胜利公园）去游玩，关东军得知后立即派兵将公园团团包围起来，硬将他们"接"回住处，并让他们保证今后不再发生类似事情。此事对婉容的心情影响很大，她对执政府内的生活失去了兴趣，对再次身陷"牢笼"感到懊悔。

婉容开始留恋在天津时那无拘无束、自由自在的生活了。于是，她寻找逃出"牢笼"的办法。据《顾维钧回忆录》一书记载，1932 年 5 月，为调查日本帝国主义在我国东北的侵略罪行，国际联盟派李顿调查团来到东北，婉容乘机派人与代表团中的中国代表顾维钧接触，说她在此生活得很悲惨，一举一动都受到监视，要求顾维钧帮助她从长春逃走。顾深为感动，但表示对此无能为力。婉容只好留了下来，从此开始了她在东北长达 14 年的软禁生活。

婉容在伪满宫中十四年的生活中，当"执政夫人"的两年还算是比较好的。这两年婉容偶尔还能出头露面，报纸上也常登出她的照片。这两年婉容的物质生活是很舒适的，溥仪每月分给她一千五百元，后随物价的上涨增加到三千元。婉容在执政府内有自己的膳房，虽然不能像在紫禁城中那样"吃一看二眼观三"，但仍然是荤素凉热五味俱全。伺候婉容的有四个人：两名太监和两名仆妇，还有一位名叫崔慧茀的小姐做她的闺中良伴，教她绘画、刺绣，陪她下棋、弹琴，以消磨无聊时光。

这两年中，溥仪与婉容的关系表面上还是可以的，但实际上两人之间的裂痕已愈来愈大了。两人一般很少交谈，溥仪偶尔在睡觉前去她那儿坐一会儿，夜深时便若无其事地走了。婉容心中是无限的冷漠、空虚和寂寞，时间一长便得了精神病，不过开始还是轻度的、不易被人察觉。

1933 年 8 月，伪满立法院院长赵欣伯的妻子前往日本，婉容托她帮忙东渡，结果又没能成功。

1934 年 3 月 1 日，溥仪在日本帝国主义的操纵下，在全国人民的唾骂声中登上了"满洲国"皇帝的宝座，年号"康德"。当时，溥仪举行即位大典，他披戴着从北京取回的龙袍龙冠，祭奠受贺，盛仪非凡。日本关东军要员、满洲国大臣及当地各界贵客都来庆贺，独不见皇后露面，原来这是溥仪的决定。在溥仪担任伪满执政和皇帝期间，参加一切仪式和社会活动都不用皇后陪同。只有日本雍仁亲王"访满"是一次例外，因为雍仁来访前受天皇之命，要求同时会见皇帝和皇后。婉容是个有政治理想的女子，她一心想帮助溥仪完成复辟帝制的大业。她在宫中订了近十份报纸，每天坚持阅读，非常关心国家大事，溥仪对她的限制，使她非常苦闷，而这一切她又不敢对人讲，终日被无形的精神压抑和烦恼缠绕着。

缺乏性爱是他们感情淡漠乃至破裂的主因。每当溥仪夜深离去时，婉容便独自漫步庭院，当她抬头观看那轮银光闪闪的圆月时，不禁为自己没有欢乐的青春而叹息。她想起出嫁前在父母跟前那些自由快乐的时光。那时，她撒娇于父母膝下，人们称赞她的美貌、孝行和品德。而婚后一切都变了，皇帝女眷对她评头品足。名为皇妻，却得不到常人都能得到的性爱的欢愉。这个世界为何如此不公正啊！婉容心境如此，但在虚荣心和传统礼教的重压下，却不敢有所表露。

婉容秉性高傲，曾以荷花自喻。婉容的高傲，表现在与帝、妃的关系上便是强烈的妒心。她以为皇帝夜里不与她在一起，便一定是跑到淑妃那里去了（其实皇帝是独睡），为此彻夜辗转反侧，妒忌、悲哀之情阵阵袭上心头，以致得了神经衰弱症。婉容与文绣的争斗，最后以文绣与溥仪离婚告终。婉容的胜利并未给她带来幸福，却为她的不幸埋下了伏笔。

由于腐朽的宫廷生活过早地伤害了溥仪的身体，使他在青少年时代就从生理到心理上厌恶女人。有一次他去大连游览，一群年轻貌美的姑娘跪在海滨旅馆门前静候他的光临。溥仪见后立即将负责安排这次游览的官员召来痛斥了一顿，这些姑娘立即被赶走了。以后凡是溥仪要去的地方，女人事先都得躲开。

可想而知，婉容与溥仪的婚姻是毫无幸福可言的。但由于极强的虚荣心作祟，婉容宁可做"挂名妻子"，以保持皇后尊贵的身份，也不想与溥仪离婚。那两位托婉容之福当上皇亲国戚的她的父亲和兄长、也绝不会容许她离开溥仪的。然而，婉容毕竟是位有七情六欲的年近三十的少妇，在自己正当的生理要求长期得不到满足的情况下，便与别人发生了私通。起初，婉容经别有用心的哥哥和佣妇牵线，与溥仪的随侍祁继忠发生了关系。

后来祁继忠作为伪满将校后补生，被溥仪送到日本陆军士官学校留学。其后婉容又与溥仪的另一随侍发生了性关系。婉容与人私通之事溥仪长期被蒙在鼓里。1935年，在婉容怀孕即将临产时，溥仪才弄清了真相。

溥仪为此嫉恨无比，为了泄愤，他首先将正在日本留学的祁继忠和仍在宫中的那名随侍借故开除，接着提出与婉容离婚，废掉皇后。作为太上皇的日本关东军司令菱刈隆没有批准溥仪的要求。

离婚不成，婉容从此陷入悲惨境地。临盆时，婉容双膝跪地，泪流满面地哀求溥仪，希望他能承认即将出生的无辜的婴儿，溥仪坚决不肯，最后允许孩子出世后可送到宫外由婉容之兄雇保姆抚养。

孩子出生了，这是一个像妈妈一样美丽俊俏的女婴。婉容多么想把她留在身边相依为命啊，但这是不可能的，她只好咬咬牙叫佣人把婴儿抱走了。此后，她按月给哥哥支付抚养费，她做梦都想见到那个美丽、活泼、可爱的小女儿。她万没想到，"小婉容"出世半小时就结束了幼小的生命并被溥仪让人把她扔到锅炉里烧化了。此事一直瞒着婉容。分娩之后，婉容被溥仪打入冷宫，一举一动受到严格监视，连亲属也不得进见。在一连串不堪忍受的打击之下，婉容的精神彻底崩溃了。她不梳洗，衣冠不整，不剪指甲，指甲长了往肉里弯，很快由一个花容月貌、身材窈窕的皇后变成了一个蓬头垢面、骨瘦如柴的令人恐惧的活鬼。对于相随多年身患重病的妻子，溥仪毫无恻隐之心，甚至以赴旅顺"避寒"为名，把婉容甩在宫里不管。冷漠和孤寂之中的婉容，只好整日以烟为伴，烟瘾日重，烟毒日深，处在慢性自杀之中。

十年冷宫生活，不仅重创了婉容的精神，也摧残了她的身体。在伪满末年，她的两条腿已不会走路，需别人架着才能挪动，两眼近乎失明，见人要以扇遮脸。尽管婉容已成了这般模样，但日本帝国主义出于政治上的需要，仍在利用皇后的身份招摇。如1935年4月溥仪访日，伪满报纸报道说什么，皇后听说皇帝已平安到达横滨，十分满意，皇后陛下观看了皇帝访日拍摄的纪录片如何如何高兴等。这纯粹是扯谎。

1945年8月11日，溥仪按照日本关东军的命令，将皇宫迁往通化临江县大栗子沟。8月15日，日本天皇宣布无条件投降，溥仪亦同时宣布再次退位。8月17日，溥仪按照日本侵略者的通知，由通化临江县急忙赶到沈阳，在沈阳机场准备逃往日本时，被苏军逮捕押往苏联。婉容和伪宫内府的其他人，先后由大栗子沟逃到临江，在临江由八路军将其送到通化。婉容这时仍患疯病，有时唠唠叨叨，有时大哭大闹。这时，多亏善良好心的玉琴同情、照顾她，才使她勉强地活下来。不久，长春、通化解放，婉容身边的人被分批送走。因婉容当时病重，无人收留，只好由部队暂管。后部队要行军打仗，带上她实在不便，就只好把她留托于地方照管，后死于敦化，时年四十二岁。死后葬于何处，至今无人得知。